NTJ
新約聖書注解

ルカ福音書
9章51節〜19章27節

嶺重　淑●著

Novum Testamentum Japonicum

日本キリスト教団出版局

「NTJ 新約聖書注解」の刊行にあたって

　古代教会の時代以来、あらゆるキリスト教会にとって、聖書を読むことはすべての宗教的実践の源泉であり、その手引きとなる聖書釈義ないし注解は、キリスト教信仰の基盤となる不可欠の取り組みであった。

*

　現代聖書学は、とりわけ聖書の権威を教会より上におく 16 世紀西欧の宗教改革の原理が、後の西欧近代の啓蒙主義や歴史主義と結びつくことで誕生した。聖書解釈は、文献学や言語学といった一般の人文諸学の手法を取り入れることにより、教会共同体や個人の信仰的敬虔と並んで、ときにはそれと対立しつつ、理性による検討対象となった。プロテスタント教会においてのみならず、カトリック教会においても第二バチカン公会議以降の神学的刷新を介して、またエキュメニズムの進展とも相まって、現代聖書学の研究方法と成果は広く受け入れられている。また 19 世紀以降、ユダヤ教学者による新約聖書理解への貢献も著しくなってきている。このように聖書研究は、特定の教派や信仰に偏るものではないし、またキリスト教信仰の有無をも越えて、他宗教の信者や無宗教者にも開かれたものである。このことを反映し、本注解シリーズの執筆者の信仰的背景も多彩なものとなったことを喜びたい。

　なお、本シリーズ監修者たちの教会宣教に関する理解の一端については、本シリーズに先立って公開された中野実（他）著『共同研究　新約聖書学と現代の宣教――学問と実践の協働を目指して』（2015 年、https://bp-uccj.jp/files/2015sympo.pdf）を、また現代の新約研究における方法論上の多様性については、同様に本シリーズ監修者を中心とする浅野淳博（他）著『新約聖書解釈の手引き』（日本キリスト教団出版局、2016 年）を、それぞれ参照していただきたい。

〔 「NTJ 新約聖書注解」の刊行にあたって 〕

＊

　本年 2017 年は、くしくも宗教改革 500 周年記念に当たる。当時の激烈な社会変動に応答し、同時にこれを先導するかたちで生じた宗教改革のひとつの重要な側面に、聖書の民衆語への翻訳と普及があったことはよく知られている。このことは、新しい時代が聖書の新しい理解を求めると同時に、聖書には新しい時代を拓く力が宿っていることを意味する。

　そして本注解シリーズは、今日、日本語で生き、考えている人々に、この聖書の力を明らかにすることを願って、日本語による書き下ろしとして企画された。これが最大の特徴である。シリーズの名称 Novum Testamentum Japonicum（NTJ）がそのことを示す。

　もちろん日本には、現代聖書研究の成果をよく踏まえた英米独語による優れた注解シリーズの翻訳が、すでに複数存在する。とりわけ『ATD 旧約聖書註解』と『NTD 新約聖書註解』（ともに ATD・NTD 聖書註解刊行会、1973 年以降）がドイツ語圏を、『ニューセンチュリー聖書注解』（日本キリスト教団出版局、2004 年以降）が英国圏を、そして『現代聖書注解』（日本キリスト教団出版局、1986 年以降）が米国圏をそれぞれ代表している。

　さらに日本語による書き下ろしも、本シリーズが最初でない。すでに『現代新約注解全書』（新教出版社、1969 年以降）と『新共同訳 新約聖書注解』（日本キリスト教団出版局、1991 年以降）がある。どちらも優れたシリーズである。とりわけ前者は学問的に本格的なものであるが、それだけに初学者や一般読者には詳細すぎる印象があり、他方で後者は説教準備や教会での聖書研究にはよく適しているが、コンパクトであるがゆえに釈義の結論にいたる論証プロセスを丁寧に追うことが必ずしも容易でない。

　これに対して本シリーズは、分量的にも学術的な水準の点でも、上述の二つの日本語による注解シリーズのいわば中間あたりを目指している。これが本シリーズの第二の特徴である。したがって古代ギリシア語（その他の古代語）を用いはするが、その知識は前提しない一方で、脚注による二次文献との詳細な折衝を基本的に行わない。

＊

　具体的には本シリーズは以下のような〈共通フォーマット〉を採用する。

　各注解書の冒頭に「緒論」を置き、当該文書の成立にまつわる歴史的問題と文書全体の構成および単元の区分について説明する。

これに続く本体部分では、各単元に区切って注解がなされる。そのステップは以下のとおりである（Word Biblical Commentary シリーズから着想を得ている）。

まず「翻訳」は、各文書に特徴的な文体上の個性を尊重しつつ、古代ギリシア語を解さない読者にも、原典本文の〈手ざわり〉を伝えることを目指す。もっとも翻訳は釈義の出発点であると同時に到達点でもあり、これに以下のステップが続く。

「形態／構造／背景」は、当該単元の様式上の特徴と構成、および必要な背景情報について述べる。

これを受けて「注解」が、上掲の「翻訳」に至った理由を含めて、当該単元がどのような歴史的・文化的・社会的状況を背景に、どのような内容を、どのような受け手に向かって、どのような仕方で表現および伝達しようとしているかを、既存の別訳との異同も含め、抑制された分量による諸学説との対決を踏まえつつ説明する。

最後に「解説／考察」は当該単元の要約的な解説、あるいは当該テクストで提起された問題が現代の私たちにとって持ちうる意味について、場合によっては特定の時代状況への適用も含めて考察する。とりわけこのステップに、21 世紀の東北アジアで生きるそれぞれの著者（および読者）の視点が、より明示的に反映されるであろう。

＊

聖書の新しい読解は、キリスト教信仰と教会に新しい自己理解を与え、それにより社会と時代精神の革新をもたらしてきた。この対話的で創造的な営みに、読者の皆さんがともに参加してくださることを願ってやまない。

2017 年 8 月（2022 年 9 月 12 日一部改訂）
「NTJ 新約聖書注解」監修者

浅野　淳博（関西学院大学神学部教授）

伊東　寿泰（立命館大学名誉教授）

須藤伊知郎（西南学院大学神学部教授）

辻　　　学（広島大学大学院人間社会科学研究科教授）

中野　　実（東京神学大学教授）

廣石　　望（立教大学文学部教授）

凡　　例

1、聖書の書名の略語は基本的に『聖書　新共同訳　旧約聖書続編つき』に準拠した。ただし第4エズラ記は「Ⅳエズラ」と略した。

その他は以下のとおり。

〈外典、偽典〉

アブラハムの遺訓	アブラハム遺訓
アブラハムの黙示録	アブラハム黙
アリステアスの手紙	アリステアス
エチオピア語エノク書	エチオピア・エノク
シビュラの託宣	シビュラ
十二族長の遺訓	
ルベンの遺訓	十二遺訓ルベン
レビの遺訓	十二遺訓レビ
ユダの遺訓	十二遺訓ユダ
イッサカルの遺訓	十二遺訓イッサカル
ゼブルンの遺訓	十二遺訓ゼブルン
ダンの遺訓	十二遺訓ダン
ナフタリの遺訓	十二遺訓ナフタリ
ガドの遺訓	十二遺訓ガド
アセルの遺訓	十二遺訓アセル
ヨセフの遺訓	十二遺訓ヨセフ
ベニヤミンの遺訓	十二遺訓ベニヤミン
シリア語バルク黙示録	シリア・バルク
スラブ語エノク書	スラブ・エノク
ソロモンの遺訓	ソロモン遺訓
ソロモンの詩編	ソロモン詩
バルナバ書	バルナバ
ペトロの黙示録	ペトロ黙

<table>
<tr><td rowspan="2">凡例</td><td>モーセの遺訓</td><td>モーセ遺訓</td></tr>
<tr><td>ヤコブ原福音書</td><td>ヤコブ原福</td></tr>
</table>

モーセの遺訓	モーセ遺訓
ヤコブ原福音書	ヤコブ原福
ヨブの遺訓	ヨブ遺訓
ヨベル書	ヨベル
第2エスドラス書	Ⅱエズラ LXX
第3マカバイ記	Ⅲマカ

〈ナグ・ハマディ文書〉

トマスによる福音書	トマス福

〈使徒教父文書〉

イグナティオスの手紙	
フィラデルフィア書	イグナティオス・フィラデルフィア
ローマ書	イグナティオス・ローマ
十二使徒の教訓	ディダケー
ヘルマスの牧者「幻」	ヘルマス「幻」
第1クレメンス書	Ⅰクレメンス

2、事典類の略記については以下のとおり。

Bauer	*Wörterbuch zum Neuen Testament* (Bauer)
BDR	*Grammatik des neutestamentlichen Griechisch* (Blass & Debrunner, bearbeitet von F Rehkopf)
Bill.	*Kommentar zum Neuen Testament* (Strack & Billerbeck, Hg.)
ThWNT	*Theologisches Wörterbuch zum Neuen Testament* (Kittel et al, Hg.)

3、テクストの略記については以下のとおり。

LXX	七十人訳ギリシア語聖書

4、その他

・【翻訳】の〔　〕は訳者による補足を、［　］は写本によっては存在する語句を示す。

・（　）内の「＜」は、その直後のギリシア語動詞が基本形（直説法現在一人称単数形）であることを示す。

・聖書箇所を示す（　）内ではルカ福音書の略語（ルカ）は原則として省略している。

NTJ 新約聖書注解

ルカ福音書
9章51節～19章27節

目 次

「NTJ 新約聖書注解」の刊行にあたって　3

凡 例　7

注 解

第Ⅱ部　エルサレムへの旅（9:51–19:27）　16

Ⅰ. エルサレムへの旅立ちと
　　　弟子たちの信従（9:51–10:42）　20

1. サマリア人の拒絶（9:51–56）　21
2. 信従の覚悟（9:57–62）　27
3. 七十二人の派遣（10:1–12）　38
4. 悔い改めないガリラヤの町への
　　裁きの言葉（10:13–16）　52
5. 七十二人の帰還とサタンの墜落（10:17–20）　58
6. イエスの賛美と弟子たちへの祝福（10:21–24）　65
7. サマリア人の譬え（10:25–37）　74
　　トピック　サマリア人の譬えの解釈史 90
8. マルタとマリア（10:38–42）　92
　　トピック　ルカの女性観 100

Ⅱ. 弟子と群衆への教え（11:1–54）　102

1. 祈りに関する教え（11:1–13）　103

2. ベエルゼブル論争（11:14–26）　120

3. 真の幸い（11:27–28）　131

4. しるしとこの時代（11:29–32）　136

5. 身体のともし火としての目（11:33–36）　143

6. ファリサイ派の人々と律法の専門家たちへの

　　禍いの言葉（11:37–54）　149

　　トピック　ルカの律法理解　169

Ⅲ. 終末を見据えての警告（12:1–13:21）　171

1. 恐れなき信仰告白の要求（12:1–12）　172

2. 愚かな金持ちの譬え（12:13–21）　185

3. 思い煩いの放棄と施しの要求（12:22–34）　197

4. 主の再臨への備え（12:35–48）　211

5. イエスの使命（12:49–53）　224

6. 時を見分ける（12:54–56）　230

7. 和解の要求（12:57–59）　234

8. 悔い改めの要求（13:1–5）　238

9. 実らないいちじくの木の譬え（13:6–9）　244

10. 腰の曲がった女性の癒しと

　　安息日論争（13:10–17）　249

11. からし種とパン種の譬え（13:18–21）　257

Ⅳ. 裁きと救い：神の国への道（13:22–14:35）　264

1. 神の国からの締め出しの警告（13:22–30）　265

2. 死に至るイエスの旅路と

　　エルサレムへの嘆き（13:31–35）　274

3. 水腫患者の癒し（14:1–6）　282

4. 招待客と招待者への教え（14:7–14）　289

5. 大宴会の譬え（14:15–24）　300

トピック　ルカ福音書における会食　313

6. 弟子の条件（14:25–35）　314

V. 悔い改めの要請（15:1–17:10）　327

1. 失われた羊と銀貨の譬え（15:1–10）　330

2. 父の愛の譬え（15:11–32）　344

トピック　父の愛の譬えの解釈をめぐって　363

3. 不正な管理人の譬え（16:1–13）　365

4. 律法と神の国（16:14–18）　385

5. 金持ちとラザロの譬え（16:19–31）　395

トピック　所有放棄と施し──ルカにおける富と貧困　410

6. 弟子への教え（17:1–10）　412

VI. 神の国の到来と
救いに至る生き方（17:11–19:27）　424

1. 十人の皮膚病患者の癒しと
サマリア人の信仰（17:11–19）　425

2. 神の国の到来と人の子の到来（17:20–37）　433

3. やもめと裁判官の譬え（18:1–8）　448

4. ファリサイ派の人物と徴税人の譬え（18:9–14）　457

5. 乳飲み子たちの受容と
神の国の受容（18:15–17）　470

6. 金持ちの議員（18:18–30）　476

7. 第三回受難予告（18:31–34）　491

8. エリコ周辺での盲人の癒し（18:35–43）　497

目次

9. 徴税人の頭ザアカイ（19:1–10）　503

10. ムナの譬え（19:11–27）　517

参考文献　531

あとがき　558

装丁　　熊谷博人

第 II 部

エルサレムへの旅

（9:51–19:27）

ルカ 4:14 以降のガリラヤ宣教の記述に続き、ルカ 9:51 よりルカ福音書の中心部分であるエルサレムへの旅行記が始まるが、この記事は明らかに著者ルカ自身によって構成されたものである（Robinson 1974:115–118 参照）。この旅行記は伝統的にルカ 19:27 にまで至ると考えられ、マルコやマタイの並行箇所と同様、その直後のいわゆるエルサレム入城の記事（19:28–40; 並行マコ 11:1–10; マタ 21:1–9; さらにヨハ 12:12–19 も参照）から次の新しい単元が始まると考えられてきた（Grundmann 1961:197–200; コンツェルマン 1965:103–121; レングストルフ 1976:270; Fitzmyer 1983:134; Schneider 1984a:225f; Wiefel 1988:186–189; Bovon 1989:14f; Schürmann 1994:15f; Pokorný 1998:34f; カルペパー 2002:273; Hotze 2007:49 他）。しかしながら近年では、この旅行記の結びを ① ルカ 19:28 とする説（Horn 1983:260, 362; Plummer 1989:260f; クラドック 1997:368f; ケアード 2001: 162; 森 2007:25f）、② ルカ 19:44 とする説（Miyoshi 1974:148–151; Ellis 1987:29; 三好 1991:319; Bock 1996:957–964; Talbert 2002:117; モリス 2014: 79; Spencer 2019:254）、③ ルカ 19:48（19 章末尾）とする説（Green 1997: 399; Löning 2007:11, 198f）等、様々な見解が打ち出されている（このほか、Marshall 1995:400f や H. Klein 2006:359 は 19:10 まで、大貫 2019:358–361 は 19:45 まで、Wolter 2008:365 は 19:46 までと見なす）。

①はおそらく、敵どもを打ち殺せという残忍な言葉（19:27）で旅行記全体が結ばれるのは不自然であり、むしろイエスのエルサレム行きを告げるルカ 19:28 を結びと見なした方が、旅行記冒頭のルカ 9:51 と共にエルサレム行きの記述によって旅行記全体が枠付けられることになり、すわりが良いという理由によるであろう。確かに、ルカ 19:28 は直前の 19:27 の内容を前提としているが、エルサレム上京に言及する 19:28 は明らかに新しい単元の始まりを示していることからもあまり説得的ではない。②はイエスのエルサレムでの活動は厳密にはルカ 19:45 から始まるという意味では適切であるが、イエスが商人たちを神殿から追放したことを簡潔に記すルカ 19:45–46 が大きな単元を導入しているとは考えにくい。③はちょうど 19 章末尾で旅行記が結ばれるという意味では分かりやすく、事実、直後の 20:1 から一連のイエスの教えが始まるが、すでに 19:45–48 にエルサレム神殿の境内におけるイエスの具体的な活動が記されているので、この箇所を旅行記に含めるのは適切ではないであろう。結局のところ、どの

見解にも長所と短所があり、いずれも決定打に欠けるというのが実際のところである。いずれにせよ、福音書全体の構成区分については、原著者のルカ自身が意識的に設定したものではなく後世の研究者が跡づけたものに過ぎないという意味でも必要以上にこだわるべきではないであろう。そのことも踏まえつつ、本注解ではルカの旅行記をルカ 9:51–19:27 と見なす伝統的な区分に従うことにする。

ルカはまた折に触れてイエスのエルサレム行きについて言及しているが（9:51; 13:22; 17:11）、それらの言及に基づいて、この箇所全体はエルサレムへの旅の第一期（9:51–13:21）、第二期（13:22–17:10）、第三期（17:11–19:27）の三つの部分に区分することができる。もっとも、各部分は内容的に明確に特徴づけられず、それぞれの箇所が、弟子に関する教え、癒しの奇跡、ファリサイ派への批判、富に関する教え、神の国と終末等、様々な主題を含んでいる。本注解ではこの区分を前提としつつ、この旅行記を以下のように計六つのセクションに区分して注解を試みていきたい。

Ⅰ．エルサレムへの旅立ちと弟子たちの信従（9:51–10:42）

Ⅱ．弟子と群衆への教え（11:1–54）

Ⅲ．終末を見据えての警告（12:1–13:21）

Ⅳ．裁きと救い：神の国への道（13:22–14:35）

Ⅴ．悔い改めの要請（15:1–17:10）

Ⅵ．神の国の到来と救いに至る生き方（17:11–19:27）

なお、Schweizer（1986:108f）は次頁の表に示すようなキアスムス（交差配列法）に基づく構成区分を提案しているが、これによるとこの段落は、「神の裁き、エルサレム」（13:22–25）の主題を中心として対称的に構成され、かつ「エルサレム、神の裁き」（9:51–56／19:11–27）の主題によって枠付けられている（さらにタルバート 1980:110–112; Bailey 1980:79–85; Talbert 2002:117f; 森 2007:61–64 も参照）。確かに、ここで示されている対応関係は必ずしも厳密ではないが、総じてこのような交差配列が確認できることは否定できないであろう。

第Ⅱ部　エルサレムへの旅（9・51―19・27）

【ルカの旅行記のキアスムス（交差配列法）に基づく全体構成】

A：エルサレム、神の裁き（9:51–56）
　B：信従（9:57–10:24）
　　C：幼子への啓示と永遠の命を受け継ぐためになすべきこと（10:25–42）
　　　D：祈り（11:1–13）
　　　　E：悪霊追放と神の国のしるし（11:14–36）
　　　　　F：ファリサイ派との論争、正しい弟子のあり方（11:37–12:1）
　　　　　　G：弟子の忠実さ、富をめぐって（12:2–34）
　　　　　　　H：来たるべき神の国への備え（12:35–59）
　　　　　　　　I：イスラエルへの呼びかけと悔い改め（13:1–9）
　　　　　　　　　J：安息日の癒し、神の国の本質（13:10–21）
　　　　　　　　　　K：神の裁き、エルサレム（13:22–35）
　　　　　　　　　J′：安息日の癒し、神の国の本質（14:1–14）
　　　　　　　　I′：イスラエルと部外者への呼びかけと悔い改め（14:15–15:32）
　　　　　　　H′：来たるべき神の国への備え（16:1–8）
　　　　　　G′：富をめぐって、弟子の忠実さ（16:9–13）
　　　　　F′：ファリサイ派との論争、正しい弟子のあり方（16:14–17:10）
　　　　E′：治癒と神の国のしるし（17:11–37）
　　　D′：祈り（18:1–14）
　　C′：幼子の祝福と永遠の命を受け継ぐためになすべきこと（18:15–30）
　B′：信従（18:31–19:10）
A′：エルサレム、神の裁き（19:11–27）

　この旅行記はルカ福音書の中間部を構成しているが、この箇所の大部分を占めるルカ9:51–18:14はマルコ以外の資料（Q資料及びルカ特殊資料）から構成されており（いわゆる「大挿入」）、ルカに特有の記述も多く、ルカ福音書の内容を特徴づけている。ルカは18:15以降、再びマルコ資料（マコ10:13–34; 46–52）に戻っているが、末尾の19:1–27では再びルカ特殊資料に依拠している。いずれにせよこの中間部全体は、マルコにおけるエルサレムへの旅の記述（マコ10:1–52; 並行マタ19:1–20:34）が大きく拡大された形で、より厳密には、マルコ9:41–10:12をルカ9:51–18:14で置き換える形で構成されているが（この「大挿入」の結果、ルカにおいてのみ第二回受難予告［9:43b–45］と第三回受難予告［18:31–34］の間隔が大きく開いている点に注意）、マルコやマタイとは異なり、ヨルダン川の向こう岸（ペレア）を経由することなく（マコ10:1; マタ19:1参照）イエス一行がエルサレムに向かうという設定のもとに描かれている（9:51, 53; 10:38;

13:22, 33; 14:25; 17:11; 18:31, 35; 19:11, 28 参照）。なお、この「大挿入」の部分にはサマリア（17:11）ないしサマリア人（9:52; 10:33; 17:16）への言及が集中しており、それらはいずれもルカ特殊資料に由来しているが、ルカはこの部分でサマリアを話題とする資料を用いるために旅程を変更しているのであろう。

　もっとも、ルカは旅の過程や経緯そのものにはほとんど関心を示していないことからも、これは厳密な意味での旅行記ではない。むしろこの中間部には、様々な主題に関する勧告や譬え等、弟子たちに対する多くの教えが含まれており、読者の現在の状況に向けて語りかけられている。

Ⅰ．エルサレムへの旅立ちと弟子たちの信従 (9:51–10:42)

エルサレムへの旅行記の冒頭部に位置するこのセクションは、旅の開始直後の状況について記している。二度にわたって弟子たちに自らの受難を予告し（9:22, 44）、三人の弟子たちに対して神の子としての自らの本質を示した（9:28–36）後、イエスはエルサレム行きの決意を固めるに至る（9:51）。この決断はそれ以降の弟子の信従に関する種々のイエスの言葉とも密接に関連しており、イエスに聞き従うことが、受難への道を歩むイエスに従い、自らも受難を覚悟しつつエルサレムへの道を歩むことを意味し、そのことが神の国（9:60, 62; 10:9, 11）、すなわち永遠の命の獲得（10:25, 28）に至ることが示される。なお、このセクション全体は旅を示唆する記述（9:51–53 及び 10:38）や拒絶（9:52–54）と受容（10:38）のモチーフによって枠付けられ（10:5–16, 31–35 も参照）、また《πορεύομαι + εἰσέρχομαι εἰς κώμην》（進んで行き、村に入る）という表現（9:52 と 10:38）によって囲い込まれている（Bieberstein 1998:124–127）。さらにここでは、ἀκούω（聞く）という鍵語（10:16[×2], 24[×3], 39）が頻繁に用いられている。このセクションは以下のような段落から構成されている。

1．サマリア人の拒絶（9:51–56）
2．信従の覚悟（9:57–62）
3．七十二人の派遣（10:1–12）
4．悔い改めないガリラヤの町への裁きの言葉（10:13–16）
5．七十二人の帰還とサタンの墜落（10:17–20）
6．イエスの賛美と弟子たちへの祝福（10:21–24）
7．サマリア人の譬え（10:25–37）
8．マルタとマリア（10:38–42）

ルカは 9:50 を最後に一旦マルコ資料からは離れており、マルコ

9:41–10:12 の箇所を割愛している（いわゆる「小割落」。一方でマコ 9:42 //
ルカ 17:1–2、マコ 9:49–50 // ルカ 14:34–35、さらにマコ 10:1 とルカ 9:51、マ
コ 10:11–12 とルカ 16:18 を比較参照）。このセクションのうち、弟子の信従
に関わる箇所（2〜4、6）は総じて Q 資料に由来し、それ以外の段落（1、
5、7、8）は全体としてルカ特殊資料に遡ると考えられる。おそらくル
カは、Q 資料に由来する信従を主題とする箇所をルカ特殊資料に由来する
資料で枠付け、適宜編集の手を加えることによってこのセクション全体を
構成したのであろう。

＊　＊　＊

1. サマリア人の拒絶（9:51–56）

【翻訳】

9:51 さて、彼（イエス）が〔天に〕引き上げられる日々が満ちると、彼自身は
エルサレムに進んで行くように顔を固く据えた。52 そして彼は自分の面前
に（自分より先に）使者たちを遣わした。そこで彼らは進んで行き、彼のた
めの準備をするためにサマリア人の村に入った。53a しかし、彼ら（村人た
ち）は彼（イエス）を受け入れなかった。b 彼の顔がエルサレムに進んでい
たからである。54 そこで弟子たちのヤコブとヨハネは〔それを〕見て、「主
よ、天から火が降り、彼らを焼き滅ぼすように私たちが命じることを望ま
れますか」と言った。55 しかし、彼は振り返って彼らを叱りつけた。56 そ
して彼らは別の村に進んで行った。

【形態／構造／背景】

　エルサレムへの旅行記（9:51–19:27）の冒頭に位置するこの段落は、イ
エス一行のエルサレム行きを告げる記述によって始められ、彼らはまず
サマリア人の村に入っていく。そして彼らは、まさにイエスが最初の宣

教地のナザレにおいて人々から拒絶されたように（4:28–29）、このエルサレムへの旅の最初の訪問地においても拒絶されることになるが（Miyoshi 1974:17f; Fitzmyer 1983:827）、このような描写はエルサレムでイエスを待ち受けている拒絶的な反応を予示している。サマリア人の拒絶的な態度に対して弟子たちは彼らへの報復を提案するが、イエスは彼らを叱責し、イエス一行はさらに旅を続けていく。このような弟子たちの攻撃的な態度とそれに対するイエスの否定的な反応は、同様に弟子たちの不寛容な態度が戒められている直前の段落（9:49–50）にこの段落を結びつけている。なお、直後の段落においても弟子のあり方が主題となり、信従の覚悟について記されているが（9:57–62）、この段落の結語と直後の段落の導入句には同様の表現が用いられ（καὶ ἐπορεύθησαν εἰς ... [9:56]／καὶ πορευομένων αὐτῶν ἐν ... [9:57]）、さらにこの段落と後続の七十二人の派遣記事（10:1–12）は、ἀπέστειλεν ... πρὸ προσώπου αὐτοῦ（彼の面前に……を遣わした [9:52/10:1]）、εἰσέρχομαι（入る [9:52/10:5, 8, 10]）、δέχομαι（受け入れる [9:52/10:10]）等の語句を共有している。

　この段落は、エルサレムへの旅の開始を示す導入句によって始められ（51節）、イエスのさらなる道行きを示す結語によって結ばれており（56節）、段落全体が πορεύομαι（［進んで］行く）によって枠付けられている（51, 52, 53, 56節）。さらに段落の前半部では「（彼の）顔」（(τὸ) πρόσωπον (αὐτοῦ)）という表現が三度にわたって繰り返されている（51, 52, 53節）。この段落全体は以下のような構成になっている。

　　（1）序：エルサレムへの旅立ち（51節）
　　（2）サマリア人からの拒絶（52–55節）
　　　　（a）使者たちの派遣（52節）
　　　　（b）サマリア人の拒絶とその理由（53節）
　　　　（c）ヤコブとヨハネの提案（54節）
　　　　（d）イエスの叱責（55節）
　　（3）結語：別の村への移動（56節）

　この段落は他の福音書に並行記事が見られず、総じてルカ特殊資料に由来すると考えられるが（9:52b–55をQ資料に帰すSchürmann 1994:31に

反対）、ブルトマン（1983:44）によると、このエピソードは古い伝承には遡らず、教会の宣教体験に由来する。冒頭の 51 節は、ἐγένετο δέ（新約ではルカ文書にのみ計 37 回使用）、ἐν τῷ ＋不定詞（新約用例 52 回中ルカ文書に 39 回使用）、ἐγένετο ἐν τῷ ＋不定詞（新約用例 24 回中ルカ文書に 23 回使用［BDR §404 n. 1 参照］）、καὶ αὐτός（καὶ αὐτός／καὶ αὐτοί は導入表現として福音書用例 39 回中ルカに 34 回使用）、πορεύομαι（［進んで］行く［新約用例 145 回中ルカ文書に 88 回使用]）、Ἰερουσαλήμ（エルサレム［新約用例 76 回中ルカ文書に 63 回使用]）等、多くのルカ的語彙を含んでおり（Miyoshi 1974:6–10; Jeremias 1980:179f 参照）、ルカの編集句と考えられる（コンツェルマン 1965:112f 参照）。さらに、同様に πορεύομαι や Ἰερουσαλήμ を含み、51 節のイエスのエルサレム行きの記述を繰り返している 53b 節や、πορεύομαι や ἕτερος（別の［共観福音書用例 43 回中ルカに 32 回、さらに使に 17 回使用]）を含む段落末尾の 56 節もルカの編集句であろう。おそらくルカは、ルカ特殊資料に由来する伝承（52–53a, 54–55 節）を編集句（51, 56 節）によって枠付けて 53b 節を付加し、テキスト全体を編集的に構成しつつ旅行記の冒頭に位置づけたのであろう。なお、一部の写本には 55 節の直後に「あなたたちは自分たちがどんな霊であるのかを知らない」、さらに続けて「というのは、人の子は人の命を滅ぼすためにではなく、救うために来たのである」（19:10 参照）という異文が含まれているが（D［前半のみ］, K, Γ, Θ, マルキオン他）、これらの言葉は、イエスの言葉を含まないこの伝承を宣言物語（アポフテグマ）にするために二次的に付加されたのであろう（Wolter 2008:369; さらに Marshall 1995:407f も参照）。

【注解】

51 節

　冒頭のこの節は、ルカ福音書の中間部を構成するイエスのエルサレムへの旅行記（9:51–19:27）の開始を明示している。新約にはこの箇所にのみ用いられている ἀνάλημψις（［天に］引き上げられること）は、しばしば「死」の意味で使用されるが（ソロモン詩 4:18; シリア・バルク 46:7; モーセ遺訓 10:12 参照）、使徒行伝の冒頭部分ではその動詞形（ἀναλαμβάνω）が受動態（神的受動）で繰り返し昇天の意味で用いられており（使 1:2, 11,

22; さらにマコ 16:19; Ⅰ テモ 3:16 参照）、さらにエリヤに関する記事（王下 2:9–11; シラ 48:9; Ⅰ マカ 2:58）との関連からも、ここでは昇天が意味されていると考えられる。その意味でも、この箇所はルカ福音書末尾の昇天の記事（24:50–53）を視座に置いており（Löning 2006:11）、ルカ 9:31 で言及されたエルサレムで成就するイエスの「旅立ち」（ἔξοδος）にも対応している。もっとも、ここでは「日々」（複数形）という表現と結合していることからも、昇天の出来事だけに限定されず、苦難と十字架の死において地上から取り去られ、復活、昇天へと至る一連のプロセス（22–24 章参照）を指し示しているのであろう（Miyoshi 1974:8f, 19f; Klostermann 1975:111; Bovon 1996:217; 大貫 2024:59）。また、「日々が満ちる」（ἐν τῷ συμπληροῦσθαι τὰς ἡμέρας）という表現は、神の計画における決定的な日々の到来を意味しており（cf. 使 2:1 : ἐν τῷ συμπληροῦσθαι τὴν ἡμέραν τῆς πεντηκοστῆς［五旬節の日が満ちて］; さらにルカ 1:23; 2:6, 21, 22; 21:22 参照）、ここでは最終的な完成は将来のことと見なされている。「顔を固く据えた」（τὸ πρόσωπον ἐστήρισεν）という表現は、エルサレムに向かおうとするイエスの決意（使 19:21 参照）を強調しているが（cf. エゼ 21:7 :「人の子よ、顔をエルサレムに向け、……」; さらにエレ 3:12; 21:10; エゼ 6:2; 13:17; 14:8; 15:7 参照）、ルカにおいてエルサレムは預言者を殺害する町と見なされている（13:33–34）。

52 節

そこでイエスは先に「**使者たち**」を遣わす（10:1; 22:8; 出 23:20; マラ 3:1 参照）。彼らはサマリア人の村に入っていくが、ガリラヤ人は祭りに際してエルサレムに赴く時にはサマリア人の土地を通って旅するのが慣例であった（ヨセフス『ユダヤ古代誌』20:118;『生涯』269）。ここで彼ら「**使者たち**」（< ἄγγελος）は、イエスのための準備をするために（彼の面前に）遣わされたと記され（1:17, 76; 3:4; 7:27 参照）、さらに裁きの火に言及されている点で（3:9, 17）洗礼者ヨハネのイメージと重なっている。そこで一部の研究者は、彼らの行為を具体的な宣教準備の意味で読み取ろうとしているが（Ernst 1977:318; Wolter 2008:370）、ここでは単に宿泊の準備のことが意味されているのであろう（Bauer 640; Creed 1930:141; レングストルフ 1976:271; Schneider 1984a:229; 田川 2011:271）。

サマリア人はゲリジム山の神殿を聖所とし（ヨハ 4:19–20 参照）、モーセ五書のみを正典としており、当時ユダヤ人とサマリア人は険悪な関係にあった（ヨセフス『ユダヤ古代誌』18:29–30; Bill. I:538–560 参照）。異邦人やサマリア人の地域に宣教に赴くことを禁じるマタイ 10:5–6 のイエスの指示はルカには見られず、サマリア人は比較的好意的に捉えられているが（10:30–37; 17:11–19）、ルカ文書の記述においてもサマリア人地域で宣教がなされるのはイエス亡き後の時代においてである（使 1:8; 8:4–13; 9:31）。なお、マルコはサマリアに全く言及していないが、ヨハネ 4:4–42 には生前のイエスのサマリアでの宣教活動について記されている。

53 節

しかし、サマリア人はイエスを受け入れようとしなかった。エルサレムに向かうユダヤ人巡礼者がサマリア人と衝突した事例も伝えられているが（ヨセフス『ユダヤ戦記』2:232;『ユダヤ古代誌』20:118–122 参照）、ここでは受け入れが拒否された理由として、イエスがエルサレムに向かっていた点が特に挙げられている。なぜエルサレムに向かうことが拒絶の理由になるのか。（巡礼者の場合と同様に）敵対するユダヤ人の政治と宗教の中心であるエルサレムを目指している点が問題にされたのか、あるいはサマリアに立ち寄るだけで、ガリラヤで行ったような奇跡行為を実践しなかったことが彼らの不興を買ったのか（田川 2011:271）、その点は明らかではない。その一方で、51 節に続いてここでもイエスのエルサレム行きに言及されているのは、エルサレムを目指すことが人々からの拒絶と受難による死を意味することを改めて強調するためであろう（三好 1991:319）。

54 節

このようなサマリア人の態度に対し、弟子のヤコブとヨハネ（＝ゼベダイの子）はイエスに「主よ」（κύριε）と呼びかけ、天から火を降らせ、彼らを焼き滅ぼすことを提案する（22:49 参照）。ここでは明らかにサマリア人に対する裁きが意図されているが、彼らはイエスが許可さえすれば、自分たちの力で神の裁きを呼び起こし、即座に彼らを焼き滅ぼすことができると考えていたようである。ここで彼らが考えた裁きは、天から火が降って来て、イスラエルの王アハズヤが遣わした五十人隊長とその部下五十

人が二度にわたって焼き尽くされたというエリヤの故事（王下 1:9–12）に対応しており、注目すべきことに、その直後の部分ではエリヤの昇天について記されている（王下 2 章）。ここではまた、「弟子たち」という表記に「**ヤコブとヨハネ**」という固有名詞が続くという福音書では異例の表現が用いられているが（οἱ μαθηταὶ Ἰάκωβος καὶ Ἰωάννης）、彼らが弟子たちの中でも特別な位置づけにあることが強調されているのであろう。なお、ヤコブとヨハネに対する「雷の子ら」（マコ 3:17）というあだ名がこのエピソードと関連しているかどうかは明らかではない。因みに多くの写本においては、54 節末尾に「エリヤもそうしたように」（ὡς καὶ Ἡλίας ἐποίησεν）という表現が付加されているが（A, C, D, W 他）、この表現は有力写本（𝔓⁴⁵, 𝔓⁷⁵, ℵ, B 他）には含まれていない。

55 節

しかしイエスは「**振り返って**」（10:23; 14:25 参照）彼らを叱りつけ、サマリア人への報復を意図する彼らの提案を退けた。事実弟子たちは、派遣に際して拒絶されても自ら報復することを求められておらず（9:5; 10:10–11 参照）、平地の説教においても、敵を愛し、憐れみ深い者になるように要求されている（6:29–30, 35–38）。その意味でも、イエスは天から火を降らせてアハズヤ王の部下たちを焼き尽くさせたエリヤとは明らかに異なる存在であり、そもそも裁きは神の事柄であることがここには示されている（10:12–15 参照）。

56 節

このサマリア人からの拒絶の結果、イエス一行は別の村へと進んで行く。その村の所在が明記されていないことから、その村がサマリア地域外に位置していたのか（Zahn 1988:402; Eckey 2004a:448; H. Klein 2006:363）、それともサマリア内の別の村であったのか（コンツェルマン 1965:111f; Klostermann 1975:112; Bovon 1996:24; Bock 1996:971）、明らかではない。しかし、ここでは特に弟子たちの無理解が問題になっているという意味でもその点はあまり重要視されておらず、ルカ自身はその点を特に意識していなかったと考えられる。

【解説／考察】

　エルサレムへの道を歩み始めたイエス一行は、その直後にサマリア人に拒絶されるが、このような描写は旅の目的地であるエルサレムにおけるイエスの将来の運命を暗示している。そして、暴力による報復を提案する弟子たちをイエスは叱責するが、これによってイエスが敵対者に暴力で報復するような裁きの主ではないことが明らかにされる。

　このようにイエスの弟子たちは自分たちの師であるイエスの真意を誤解し、自分たちの目的の達成のためには暴力の行使もあり得ると考えていたが、事実、歴史上のイエスの弟子たち、すなわち今日に至るキリスト教会も、十字軍、魔女裁判、ユダヤ人迫害等、しばしば彼らと同様の過ちを繰り返してきた。そして21世紀に入ってからも、暴力によって問題を解決しようとする動きは一向に収まる気配がなく、私たち自身も、他人からの仕打ちに対して思わず仕返ししたくなる衝動に駆られることがあるが、このエピソードは私たちに、敵対者を攻撃することによって「自らの正義」を振りかざそうとする誘惑に陥らないように警告を発している。事実イエス自身は、殺害と復讐を明らかに否定し、むしろ死を甘受し、赦すことによって暴力の連鎖を断ち切る姿勢を身をもって示そうとしたが、このことはルカ福音書のこれ以降の記述において明らかにされることになる。

2.　信従の覚悟（9:57–62）

【翻訳】

9:57a さて、彼ら（一行）が道を進んで行くと、b ある人が彼（イエス）に「あなたがどこに行かれようと、あなたに従います」と言った。58 そこでイエスは彼に言った。「狐たちには穴があり、空の鳥たちには巣がある。だが人の子には頭を横たえるところもない」。59a また彼（イエス）は別の人に「私に従いなさい」と言った。b しかし彼は「[主よ、]まず自分の父を葬りに行くことを私に許してください」と言った。60a すると彼（イエス）

は彼に言った。[b]「死人たちに自分たちの死人たちを葬らせなさい。しかし、あなたは行って神の国を言い広めなさい」。[61a]また別の人が言った。「主よ、あなたに従います。[b]しかし、まず自分の家の者たちに別れを告げることを私に許してください」。[62a]するとイエスは［彼に］言った。[b]「鋤に手をかけてから後ろを振り返る者は、誰も神の国にふさわしくない」。

【形態／構造／背景】

サマリア人の村への弟子たちの派遣とサマリア人の拒絶について語られた前段（9:51–56）に続いて、ここではイエスに信従する者の覚悟について述べられており、段落冒頭の πορεύομαι（進んで行く［57 節]）はこの段落を、同一の動詞を繰り返す直前の段落（9:51, 52, 53, 56 参照）に結びつけている。この段落の直後には七十二人の派遣記事（10:1–12）が続いており、両者は神の国の宣教の主題を共有している（9:60, 62／10:9, 11 参照）。その意味では、この段落は弟子の派遣について語る二つの段落に囲い込まれており、この段落にも派遣のモチーフが認められる（60 節参照）。

この段落は、状況設定を示す冒頭部分（57a 節）を除くと、イエスと三人の信従志願者との三重の対話によって構成されている。これらはいずれも ἀκολουθέω（従う）という鍵語を含み、それぞれが、εἶπεν (δέ)（[また]彼は言った）という表現で始まる匿名の信従志願者の言葉（57b, 59b, 61 節）と、同様の表現で始まる信従に関するイエスの言葉（58, 60, 62 節）から構成されている。後述するように、特に第二、第三の対話は並行関係が顕著であるが、ルカ版では第二の対話においては、イエスによる信従の要求（59a 節）が信従志願者の言葉（59b 節）の前に置かれることにより、やや統一性が乱されており、結果的に、「私に従いなさい」（ἀκολούθει μοι）というイエスの信従の要求によって始まる第二の対話が、「あなたに従います」（ἀκολουθήσω σοι）という信従志願者の言葉で始まり、イエスの格言的な言葉によって結ばれる第一、第三の対話によって囲い込まれる構造になっている（Bailey 1980:23; Talbert 2002:124 参照）。この段落全体は以下のように区分できる。

（1）序：状況設定（57a 節）

（２）第一の対話（57b–58 節）

　　（a）ある信従志願者の決意表明（57b 節）

　　（b）イエスの言葉：定住地を持たない人の子（58 節）

（３）第二の対話（59–60 節）

　　（a）イエスによる信従の要求とある信従志願者の願い（59 節）

　　（b）イエスの言葉：死者の葬りと神の国の宣教（60 節）

（４）第三の対話（61–62 節）

　　（a）ある信従志願者の決意表明と願い（61 節）

　　（b）イエスの言葉：鋤の比喩（62 節）

　この段落は、全体としてマタイ 8:18–22 に並行していることからも総じて Q 資料に由来し、Q 資料においても派遣言辞（10:1–12 // マタ 10:5–15）の前に位置していたと考えられる。もっとも、ルカがこの記事をエルサレムへの旅行記の冒頭部分に置いているのに対し、マタイの並行箇所は、ガリラヤ宣教におけるイエスが嵐を静める奇跡物語（マタ 8:23–27; 並行マコ 4:35–41; ルカ 8:22–25）の導入部に位置づけられており、両者の文脈は明らかに異なっている。さらにマタイの記事には第三の対話は見られず、また、イエスに語りかけるのは匿名の信従志願者ではなく、ある律法学者と一人の弟子である（マタ 8:19, 21）。

　冒頭の 57a 節は、πορεύομαι（進んで行く［新約用例 154 回中ルカ文書に 89 回使用、直前の段落にも 4 回使用]）、ἐν τῇ ὁδῷ（12:58; 19:36; 24:23, 35; 使 9:27 参照）、εἶπεν ... πρός ...（《言述の動詞＋πρός＋対象を示す対格》は新約用例 169 回中ルカ文書に 149 回使用）、τις（共観福音書用例 61 回中ルカに 39 回使用）等の多くのルカ的語彙を含んでおり、ルカの編集句であろう（Miyoshi 1974:34–36 参照）。一方のマタイ版の導入句（マタ 8:18）は、マルコ 4:35 をもとにマタイによって編集的に構成されたと考えられる（ルツ 1997:39）。

　これに続く 57b–60 節は逐語的にマタイの記事に並行しており、明らかに Q 資料に由来する。もっとも第二の対話（59–60 節）において、マタイ版では後半のイエスの言葉に含まれる ἀκολούθει μοι（私に従いなさい）という信従の要求（マタ 8:22）がルカ版では対話の冒頭に位置づけられており、弟子の召命物語の構成（マコ 1:16–20 並行; 2:13–17 並行;

ヨハ 1:43; 21:19 参照）に近づいている。59 節冒頭の《εἶπεν δὲ πρός ＋ 対格》という表現（57, 62 節参照）はルカに特徴的であることからも（文頭の εἶπεν(-ον, -αν) δέ は新約ではヨハ 12:6 を除くとルカ文書にのみ計 74 回使用、《言述の動詞 ＋ πρός ＋ 対象を示す対格》については上記参照）、マタイがこの要求を後方に移動させたのではなく（Schürmann 1994:39f; Miyoshi 1974:39 に反対）、むしろルカが、後続の信従志願者の言葉の中の、時間的順序で最初を意味する πρῶτον（まず）がイエスの信従の呼びかけを前提としているように感じたため、この要求を冒頭に位置づけたのであろう（Schneider 1984a:232; Bovon 1996:33）。また、マタイ版には見られない 60b 節の神の国の宣教の要求（62 節参照）については、イエスと弟子たちが舟に乗り込もうとしている文脈にそぐわないという理由からマタイが削除したとも考えられるが（Schürmann 1968:121; ルツ 1997:39）、ἡ βασιλεία τοῦ θεοῦ（神の国）はルカに特徴的な表現であることに加え（新約用例 64 回中ルカ文書に 38 回使用）、ルカはしばしばこの表現を言述の動詞と結合させており（4:43; 8:1; 9:2, 11; 16:16; 使 1:3; 8:12; 19:8; 20:25; 28:23, 31 参照 [Jeremais 1980:176 参照]）、さらに διαγγέλω（言い広める）は使徒行伝 21:26 にも用いられていることからも（出 9:16; 詩 2:7 LXX 等も参照）、ルカによる編集的付加と見なすべきであろう（Hengel 1968:4; Miyoshi 1974:39f; Zimmermann 1978:121; Jeremais 1980:181f; ブルトマン 1983:155; 1987:206; Schürmann 1994:42; Marshall 1995:412; Bovon 1996:35。一方で大貫 2021:50 は態度保留）。このほか、58, 60a 節の εἶπεν（言った [cf. マタ 8:20, 22 : λέγει]）や 59 節の ἀπελθόντι ... θάψαι（葬りに行く [cf. マタ 8:21 : ἀπελθεῖν καὶ θάψαι]）もルカの編集句であろう。なお、定住地を持たない人の子に関する言葉（58 節）を一部の研究者は真正のイエスの言葉と見なしているが（Casey 1958:12–15; Nolland 1993a:540; Eckey 2004a:449）、この点は明らかではない。その一方で、死者の葬りに関するイエスの言葉（60a 節）は、そのラディカルな内容から史的イエスに遡ると考えられる（Miyoshi 1974:40f; Fitzmyer 1983:835; Nolland 1993a:540; ルツ 1997:40; H. Klein 2006:367; Wolter 2008:373; 大貫 2021:47）。

　マタイに欠けている第三の対話（61–62 節）の起源については判断が難しい。一部の研究者はこの箇所を Q 資料に帰し、マタイがこの対話を削除したと見なしているが（Wellhausen 1904:47; A. Schulz 1962:105–108;

Hengel 1968:4 n. 10; Schürmann 1994:45–48; Marshall 1995:409)、マタイ
がそれを削除した明確な理由は認められない。そこで他の研究者は 61–62
節をルカ特殊資料（T. W. Manson 1954:72; Grundmann 1961:204; レング
ストルフ 1976:277; Ernst 1977:320; Petzke 1990:107; Löning 2006:21)、あ
るいはルカ版Q資料（Sato 55, Kosch 418; Hahn 1995:83 n. 4）に帰してい
るが、ルカ自身が 59–60 節等をもとにこの対話を構成した可能性も十分
に考えられる（S. Schulz 1972:435 n. 239; Lührmann 1969:58 n. 5; Miyoshi
1974:41–44; Horn 1983:194; Bovon 1996:32; Eckey 2004a:450; ディベリウス
2022:187, 注 42）。事実、第二と第三の対話は、家族との絆や神の国のモ
チーフ等を共有するのみならず、以下のような顕著な並行関係が認められ
る。

【9:59–60 と 9:61–62 の対応関係】

(59a) Εἶπεν δὲ πρὸς ἕτερον· ἀκολούθει μοι.	(61a) Εἶπεν δὲ καὶ ἕτερος· ἀκολουθήσω σοι, κύριε·
(59b) ὁ δὲ εἶπεν· [κύριε,] ἐπίτρεψόν μοι ἀπελθόντι πρῶτον θάψαι τὸν πατέρα μου.	(61b) πρῶτον δὲ ἐπίτρεψόν μοι ἀποτάξασθαι τοῖς εἰς τὸν οἶκόν μου.
(60a) εἶπεν δὲ αὐτῷ·	(62a) εἶπεν δὲ [πρὸς αὐτὸν] ὁ Ἰησοῦς·
(60b) ἄφες τοὺς νεκροὺς θάψαι τοὺς ἑαυτῶν νεκρούς, σὺ δὲ ἀπελθὼν διάγγελλε τὴν βασιλείαν τοῦ θεοῦ.	(62b) οὐδεὶς ἐπιβαλὼν τὴν χεῖρα ἐπ' ἄροτρον καὶ βλέπων εἰς τὰ ὀπίσω εὔθετός ἐστιν τῇ βασιλείᾳ τοῦ θεοῦ.

　これに加えて 61 節は、εἶπεν δέ（上記［59 節］及び 60, 62 節も参照）、δὲ
καί（共観福音書用例 31 回中ルカ文書に 26 回使用）、ἀποτάσσω（別れを告げる
［新約用例 6 回中ルカ文書に 4 回使用］）、ἐν の代用としての場所を示す εἰς
（新約用例 37 回中ルカ文書に 25 回使用［エレミアス 1980:59 参照］）等、多
くのルカ的語彙を含んでいる。その一方で、62 節のイエスの言葉は言語
的に非ルカ的であり（Jeremias 1980:182f）、ルカは当時流布していた格言
を用いてこの箇所を構成したのかもしれない。なお一部の研究者は、こ
の言葉をイエスの真正の言葉と見なしている（ブルトマン 1983:50; Bock
1996:976; H. Klein 2006:367f）。
　注目すべきことに、この第三の対話はエリシャの召命の場面（王上

31

19:19–21）と並行しており、双方の物語とも信従志願者が家族との暇乞い
を主人に懇願する場面が描かれている。おそらくルカは、この第三の対話
を第二の対話及びエリシャの召命物語との関連から編集的に構成したので
あろう。因みに Miyoshi（1974:56f）は、この三重の対話とエリヤとエリ
シャとの三度にわたる信従対話（王下 2:2, 4, 6）との類似性も指摘してい
る（三好 1991:319 も参照）。

　以上のことからも、ルカは Q 資料に由来する二組の信従対話（57b–60a
節）に導入句（57a 節）及び神の国の宣教の要求（60b 節）、自ら構成した
第三の対話（61–62 節）を付加し、さらに第二の対話（59–60 節）におい
てイエスの信従の要求を冒頭に移行する等、テキスト全体に適宜編集の手
を加えることによりこの段落を構成したのであろう。

【注解】

57 節

　段落冒頭の「さて、彼ら（一行）が道を進んで行くと」（καὶ πορευομένων
αὐτῶν ἐν τῇ ὁδῷ）という導入句は、直前の段落末尾（9:56）の「そして彼
らは別の村に進んで行った」（καὶ ἐπορεύθησαν εἰς ἑτέραν κώμην）に対応し
ており、前段から始まったエルサレムへの旅の状況を改めて思い起こさせ
る。この状況のもとで、ある人物がイエスの前に現れ、どこにでもイエス
に従って行く決意を表明する（22:33; 黙 14:4 参照）。時、場所、登場人物
等が特定されていないこのエピソードは明らかに例示的特徴をもっており
（Hengel 1968:6; Schürmann 1994:35）、ルカの時代のキリスト者に向けら
れている。一方のマタイ版では、イエスが弟子たちに向こう岸に行くよう
に命じた時、ある律法学者が近づいて来て、イエスに信従の意志を表明す
るという設定で始められており（マタ 8:18–19）、イエスが嵐を静める後続
の奇跡物語（同 8:23–27）を準備している。

58 節

　その信従志願者の決意表明を聞いて、イエスは「**狐たちには穴があり、
空の鳥たちには巣がある。だが人の子には頭を横たえるところもない**」と
格言調の言葉で答えている（並行マタ 8:20; トマス福 86; さらにプルタルコス

『英雄伝』「ティベリウス・グラックスとガイウス・グラックス」9:5 も参照)。この言葉は元来、自分たちの住みかを持つ動物たちに比べて人間は地上に住みかを持たないことを語る、周辺世界に流布していた格言であった可能性も指摘されているが（ブルトマン 1983:49; Schulz 1972:438 n. 260)、大多数の人間は住まいを持っている点や、典拠が確認されていないことからも反論も多い（Creed 1953:142; シュヴァイツァー 1978:289; Fitzmyer 1983:835; Schürmann 1994:37)。ここではむしろ、活発に動き回っていても自らの住みかを持つ動物と、定住地を持たずに放浪する「人の子」(ὁ υἱὸς τοῦ ἀνθρώπου) とが対比的に描かれており、ここでの「人の子」は「人間」ではなく（Luria 1926:282–286 に反対)、明らかにイエスを指している（6:22; 7:34 参照)。なお、T. W. Manson (1954:72f) は、狐や空の鳥はローマ人やエドム人等の異教徒の象徴であり、人の子は真のイスラエルを意味すると主張しているが、推測の域を出ないであろう。

この言葉は何より、イエスが定住地（故郷／休息場所）を持たないことと彼の極度の貧困を示している。ルカの文脈においては、故郷を去ったイエスが定住地を持たないことは、彼のエルサレムへの旅、さらには受難への道と密接に関わっており（9:51; 13:33 参照)、ルカはここで、エルサレムで完成するイエスの道行きを改めて強調している（Miyoshi 1974:44)。また、定住地を持たない旅人イエスの姿は、前段におけるサマリア人による拒絶（9:53) とも密接に関わっている（Glombitza 1971:17; Miyoshi 1974:45)。

このイエスの返答は、信従の意志を示した人物の思いそのものを否定するのではなく、人の子の運命を指し示すことによって、信従から生じる必然的帰結を彼に知らしめようとしている。すなわち、イエスの弟子になろうとする者は、定住地を持たずに旅を続けるイエスの生き様に倣って生きることを覚悟すべきであり、その意味でもイエスへの信従は、故郷を持たない極貧の旅人としてイエスにつき従って行くことを意味している。

59 節

第二の対話においては、イエスはまず「別の人」(cf. マタ 8:21：「弟子の一人」) に従って来るように促している。しかしその人物は、その前にまず自分の父親を葬りに行かせて欲しいと願い出る。彼の父親がすでに亡くなっていたかどうかは明らかではないが、彼の願いは十分に理解できる

ものである。事実、死者の葬りは古代世界の各文化圏で死者への崇敬の念に基づく当然の行為と見なされており（Hengel 1968:9f; Bill. I:487–489; IV:560f, 578–592 参照）、例えば古代ギリシアの悲劇詩人ソフォクレスの『アンティゴネー』では、主人公のアンティゴネーが王の禁令にも拘らず兄を葬ったことが主題になっている。ユダヤ社会においても、両親を敬えとの十戒の第五戒のみならず、死者に対する愛の業は特に重視されており（シラ 7:33; 22:11–12; 38:16–23）、息子たちによって葬られる願望も一般化していた（創 49:29–33; 50:1–13, 24–26; トビ 4:3–4; 6:15; 14:9, 11–12; ヨベル 23:7; 36:1–2, 18; 十二遺訓ルベン 7:1; 同レビ 19:5; ヨセフス『ユダヤ戦記』5:545; さらにフィロストラトス『テュアナのアポロニオス伝』1:13 も参照）。また、ファリサイ派においても死者に対する最後の奉仕はあらゆる善行の頂点と見なされ、その際にはシェマーの祈りや十八祈禱文（シュモネ・エスレ）等の祈禱の義務も免除されていた（ミシュナ「ベラホート」3:1a）。なおBailey（1980:26f）は、彼の父親は死去したわけでも危篤状態にあるわけでもなく、将来的に父親が亡くなって葬りの義務を全うするまで待って欲しいという思いからこの言葉が語られたと主張しているが、このような理解は、後述するような切迫した終末状況の文脈にそぐわない。

60 節

しかしイエスは彼の願いを拒絶し、「**死人たちに自分たちの死人たちを葬らせなさい**」と答えている。この発言は常軌を逸しており、確かに見かけ上の並行例は旧約聖書にも（レビ 21:1–3, 11; 民 6:6–7; エレ 16:4–7; エゼ 24:15–24; さらに Hengel 1968:11–13 参照）、ヘレニズム文献にも（ルキアノス『デモナクスの生涯』66; クセノフォン『ソクラテスの想い出』1:2:53–55; プラトン『パイドン』115c–e 参照）見られるが、実質的な意味での並行箇所は存在しない（イグナティオス・ローマ 4:1 も参照）。そのため、この言葉はしばしばその過激さを抑える方向で解釈されてきた（Klemm 1969/70:60–75; 大貫 2021:51–63 参照）。

例えば一部の研究者は、アラム語からギリシア語への翻訳の際に誤訳が生じたと考え、最初の νεκρούς（< νεκροί [死人たち]）を「墓掘り人」（Perles 1919/20:96; 1926:286f）や「決断力がない者たち」（Black 1967:207f）と解しているが、推測の域を出ない（さらに Schwarz 1981:272–276 も参照）。また

Bockmühl（1998:553–581）は、このイエスの言葉は、律法への批判としてではなく、死体との接触を忌避する当時のナジル人の生活様式との関連で理解すべきであると主張しているが、この見解も十分に根拠づけられない。

　特に問題となる最初の νεκρούς については、これまでしばしば「霊的（精神的）な死者たち」の意で解されてきた（W. Manson 1930:121; Hengel 1968:8f; Fitzmyer 1983:836; Schürmann 1994:40f; 三好 1991:277; Marshall 1995: 411; Bock 1996:981; カルペパー 2002:277; さらに Bill. I:489 参照）。確かに νεκρός は新約ではしばしば転義的な意味で用いられ（15:24, 32; ロマ 6:11, 13; エフェ 2:1, 5; コロ 2:13; 黙 3:1）、ユダヤ教・キリスト教文書においては罪人や異邦人の意でも使用されている（Bill. II:489 参照）。しかしながら、最初の νεκρούς を「霊的な死者たち」と解するなら、信従志願者の父親を含む後続の νεκρούς も同様に「霊的な死者」の意で解すべきであり、そうするとこの言葉は意味不明となる。その意味でも、「**自分たちの死人たち**」を葬るその死人たちも、葬られる死人たちと同様、現実的な意味での死人と見なすべきであろう（T. W. Manson 1954:73; Klemm 1969/70:65–68; ルツ 1997:44f; 大貫 2003:112f; 2021:45, 79; Wolter 2008:373）。すなわちイエスは、「死人たちに死人たちを葬らせよ」という誇張を含んだラディカルな言葉によって、今は死人たちのことよりもはるかに重要なことが問題になっていることを示そうとしている。

　父親の葬りを拒絶するこのイエスの挑発的な返答は、律法重視の伝統を明らかに逸脱しており、ユダヤ思想においては冒瀆行為もしくは不敬行為と見なされたに相違ない。その意味でこの言葉は、律法に対する絶対的自由の立場を表明しているが、その背景には後続の第三の対話と同様、終末時の試みにおける家族の崩壊の預言的・黙示的動機（Hengel 1968:14）があったと考えられる（ルカ 14:26 // マタ 10:37; ルカ 12:51 // マタ 10:34 参照）。しかし、より重要なのは、マタイ版には言及のない神の国の宣教（62 節及び 9:2, 10:9, 11 参照）への要請であり、ここでは神の国の宣教のために故郷と家族を棄て去ることが要求されており、何より切迫した終末状況における家族との断絶が問題になっている。なぜなら、真の命は神の国においてのみ存在するという意味でも、葬る人と葬られる人との区別は重要ではなく、神の国の告知の前では肉体の生死は問題にならないからである

（Wolter 2008:373）。その意味でも、イエスの信従の要求はエルサレムへの旅という文脈と共に神の国宣教の要求と密接に関わっている（Miyoshi 1974:46）。なお大貫（2021:79f）は、このイエスの言葉は元来「死人たちのことは死人たちに任せておきなさい」という意味の比喩であり、イエスがそのように命じることができたのは、今まさに天上から地上へと実現しつつある「神の国」の中で死者たちにも固有の未来と復活の希望があるためであると論じている。

61 節

　第三の対話においても第二の対話と同様、信従に関わる家族との関係が問題になっている。第三の人物はイエスに「**主よ**」（κύριε）と呼びかけ、最初の人物と同様、まず自分から信従の意志を表明する。しかし彼は、第二の人物の場合と類似して、従って行く前にまず家族に別れを告げることを望んでいた。前述したように、この場面はエリヤにつき従う前に家族と暇乞いすることが認められたエリシャの召命記事と共鳴している（王上 19:19–21; ヨセフス『ユダヤ古代誌』8:354 参照）。

62 節

　しかしエリヤがエリシャの願いを認めたのに対し、イエスは「**鋤に手をかけてから後ろを振り返る者は、誰も神の国にふさわしくない**」と断言し、彼の願いを明確に拒絶している（ヘシオドス『仕事と日』441–445; エピクテートス『要録』7; Bill. II:165f 参照）。なお、エリシャは畑を耕している際に（ἠροτρία）エリヤから召し出された（王上 19:19）という意味では、この 62 節もエリシャの召命物語と関連していると見なしうるであろう（Miyoshi 1974:55; Schneider 1984a:233; Brodie 1989:244; Ravens 1990:127; Johnson 1991:163）。

　鋤で耕すという行為は注意深く視線を前方に向けることによってのみ可能となるが（エレミアス 1969:213 参照）、同様のことはイエスの信従についても当てはまり、後ろ（過去）を振り返らず、前方をしっかりと見据える者のみが（9:51 参照）神の国にふさわしい（εὔθετος [14:35 参照]）。それゆえ、信従志願者は自分自身の目的、すなわち神の国に集中しなければならず、家族、所有、住居等の他のあらゆるものは二義的であるだけでなく

完全に除外される。このように、自分たちがその奉仕のために召し出された神の国を見据え、自らの視点を前方に集中させなければならないということがここでは特に強調されている（創 19:17, 26; フィリ 3:13 参照）。

【解説／考察】

　ルカ 9:57–62 のテキストは三名の匿名の信従志願者を扱っており、それぞれがイエスにつき従って行くことを望んでいたが、彼らの決意はいずれも十分なものではなかった。最初期の弟子たちが信従の際に自主的にすべてのものを捨て去ったように（5:11, 28; 18:28）、これらの信従志願者は、イエスから彼らの故郷のみならず彼らの家族とも別れを告げるように要求される。すなわち彼らは、自分の故郷も家族も棄て去ったイエスの生き様（マコ 3:31–35 並行 ; 6:1–6a 並行参照）に倣うように要求されており、何より切迫した状況における決断が求められている。

　信従志願者に対するこのようなイエスの徹底した要求は、イエスのエルサレムへの旅の文脈において理解される。彼らは今やイエスと共にエルサレム（受難）への道を歩むべきであり、イエスの苦しみに与らねばならない。イエスへの信従はまた神の国宣教とも密接に関わっており、この段落の例示的特徴からも明らかなように、これらの信従の言葉は何より宣教に従事しようとしているルカの時代のキリスト者たちに対して語りかけられている。

　イエスの時代の信従（弟子入り）は、ある意味で今日におけるキリスト教への入信に相当するが、一部の新興宗教は別として、今日では家族と縁を切るまでの覚悟を要求されるようなことは通常あり得ない。その意味では、今日における信従のハードルはそれほど高くないとも言えるが、しかしそれだけに信仰の維持は容易ではないのかもしれない。いずれにせよこのテキストは、最初期のキリスト者が極めて厳しい状況の中で信従を決断していったことを後世の信従志願者に伝えようとしている。

3. 七十二人の派遣 （10:1–12）

【翻訳】

^{10:1} さてその後、主はほかの七十二人を任命し、彼自身が行こうとしていたすべての町や場所に彼らを二人ずつ自分の面前に（自分に先立って）遣わした。^{2a} そこで彼は彼らに言った。^b「収穫は多いが、働き人たちは少ない。だから、収穫の主に彼の収穫のために働き人たちを送り出してくださるように願いなさい。³ 行きなさい。見よ、私はあなたたちを狼たちの只中に小羊たち〔を遣わす〕ように遣わす。^{4a} 財布も袋も履き物も持って行くな。^b また道中では誰にも挨拶するな。⁵ そしてどこかの家に入ったら、まず『この家に平和があるように』と言いなさい。^{6a} そして、もし平和の子がそこにいるなら、あなたたちの平和は彼の上に憩う。^b しかし、もしそうでなければ、それはあなたたちの上に戻ってくる。^{7a} それで、その家に留まって、彼らから出される物を食べて飲みなさい。^b 働く者は自分の報酬〔を受けるの〕にふさわしいからである。^c 家から家へと渡り歩くな。^{8a} また、どこかの町に入り、人々があなたたちを受け入れるなら、^b あなたたちに出される物を食べ、^{9a} そしてその（町の）中にいる病人たちを癒し、^b また彼らに『神の国はあなたたちのところに近づいた』と言いなさい。¹⁰ しかし、どこかの町に入り、人々があなたたちを受け入れないなら、その（町の）大通りに出て行って、こう言いなさい。^{11a}『私たちの両足についたあなたたちの町の埃さえも私たちはあなたたちに対して打ち払う。^b しかし、神の国が近づいたことを知りなさい』と。¹² 私はあなたたちに言っておくが、かの日にはソドムにとっての方がその町にとってよりも耐えやすい」。

【形態／構造／背景】

　信従の覚悟に関するイエスの言葉（9:57–62）に続いて、ここでは七十二人の使者の派遣について語られる。この派遣記事と先行する十二人の派遣記事（9:1–6）は、《派遣の言葉（9:2／10:1）→装備に関する禁令

（9:3／10:4）→振る舞いに関する指示（9:4–5／10:5–11）→使者たちの帰還（9:10a／10:17）》というように同様の構造をもち、いずれも病人の癒しと神の国告知の任務に言及している。なお、この段落における使者の人数は「七十」（א, A, C, D, L, W, Θ 他）と「七十二」（𝔓⁷⁵, B, D 他）の間で揺れており（10:17 も同様）、確定は難しい（Metzger 1958/59:299–306; Jellicoe 1959/60:319–321 等参照）。注目すべきことに、七十人訳聖書（LXX）についても、成立の逸話によると翻訳者の総数は「七十二人」であり（アリステアス 50, 307）、その意味でも、旧約でも使用例が少ない「七十二」の端数が切り捨てられて「七十」に変化したと見なす方がその逆の可能性を想定するよりも自然であり、「七十二人」が原初的と見なしうるであろう（Miyoshi 1974:61; Klostermann 1975:476; Fitzmyer 1983:845f; Tannehill 1986:233; Metzger 1994:126f; Eckey 2004a:454f; Wolter 2008:376f）。

この派遣記事は、冒頭の μετὰ δὲ ταῦτα（さてその後）によって直前の段落と緊密に結びつき、イエスは信従志願者に厳しい要求を突きつけた直後に七十二人を派遣しており、双方の段落は、神の国の宣教の指示（9:60, 62／10:9, 11）や要求の厳格さ（9:58, 60, 62／10:3–4）において共通し、その意味では直前の段落は本段落の導入部とも見なしうる（Schmithals 1980:121; Sato 1986:37）。この派遣記事の直後にはガリラヤの町々に対する裁きの言葉（10:13–16; 並行マタ 11:20–24）及び七十二人の帰還とサタンの墜落に関する記事（10:17–20）が続き、2–16 節の一連のイエスの教えは使者の派遣（1 節）と帰還（17 節）の記述によって枠付けられていることから、ルカ 10:1–20 全体を一段落と見なすことも可能であろう（Schürmann 1994:50; Bovon 1996:45 参照）。この段落は内容的に以下のように区分できるが、注目すべきことに、使者たちの振る舞いに関するそれぞれの指示（5–7, 8–9, 10–11 節）は、いずれも同様の導入表現（εἰς ἣν (...) ἂν ... εἰσέλθητε (εἰσέρχησθε) [どこかの〜に入り／入ったら]）によって始められており、さらに、受け入れる町での振る舞いの指示（8–9 節）と拒絶する町でのそれ（10–11 節）が対比的に記述されている。

（1）序：七十二人の派遣（1 節）

（2）収穫の言葉（2 節）

（3）狼の中の羊としての使者の派遣（3 節）

（4）装備に関する禁令と道中での挨拶の禁止（4節）

（5）滞在先の家での振る舞いの指示（5–7節）

（6）受け入れる町での振る舞いの指示（8–9節）

（7）拒絶する町での振る舞いの指示（10–11節）

（8）裁きの言葉（12節）

　先行する十二人の派遣記事（9:1–6）が総じてマルコ 6:6b–13 に由来するのに対し（上巻 402 頁参照）、この七十二人の派遣記事は、各部分がマタイ 9:37–38; 10:7–16 に並行しており、全体として Q 資料に由来すると考えられ（ルカ特殊資料に帰すレングストルフ 1976:281 に反対）、マルコの記事と Q 資料を組み合わせて構成されたマタイ版以上に Q 資料の順序と用語を保持している（Hoffmann 1972:267; Schulz 1972:408; Fitzmyer 1983:842; Bovon 1996:46; ツェラー 2000:83; ハーン 2012:44）。

　もっとも冒頭の 1 節は、μετὰ ... ταῦτα（その後［共観福音書にはルカ 5:27; 10:1; 12:4; 17:8; 18:4 にのみ使用］）、ἀναδείκνυμι（任命する［新約ではこの箇所と使 1:24 にのみ使用］）、ὁ κύριος（ルカではしばしばイエスの別称として使用［7:13; 10:39; 11:39; 12:42; 13:15; 17:5, 6; 18:6; 19:8; 22:61］）、ἕτερος（ほかの［共観福音書用例 43 回中ルカに 32 回、さらに使に 17 回使用］）、ἀποστέλλω（遣わす［新約用例 132 回中ルカ文書に 50 回使用］）、πρόσωπον（顔［9:51, 52, 53 にも使用］）、πᾶς（すべて［Jeremias 1980:30f 参照］）、πόλις（町［新約用例 164 回中ルカ文書に 82 回使用］）、μέλλω（〜しようとしている［新約用例 109 回中ルカ文書に 46 回使用］）等、多くのルカ的語彙を含んでいることから、Q 資料等の伝承に由来するのではなく（Nolland 1993a:547f; Schürmann 1994:56f; Marshall 1995:414; H. Klein 2006:372 n. 2 に反対）、ルカの編集句と考えられる（Jeremias 1980:183; Hoffmann 1972:248f; Schulz 1972:404–407; Miyoshi 1974:59–62 も同意見。さらに 1b 節の καὶ ἀπέστειλεν αὐτοὺς ... πρὸ προσώπου αὐτοῦ と 9:52 の καὶ ἀπέστειλεν ἀγγέλους πρὸ προσώπου αὐτοῦ を比較参照）。また「七十二人」という人数も、Q 資料に由来する「働き手たちは少ない」（2 節）という表現と明らかに矛盾していることからもルカの編集句であろう。

　2 節はマタイ 9:37–38 と逐語的に並行しており、Q 資料に由来すると考えられるが、マタイはこの箇所を彼の派遣記事の直前に位置づけている。

もっとも冒頭の ἔλεγεν δὲ πρὸς αὐτούς（そこで彼は彼らに言った）はルカの編集句であろう（ἔλεγεν δέ は新約用例 11 回中ルカに 9 回使用、《言述の動詞＋ πρός ＋対象を示す対格》は新約用例 169 回中ルカ文書に 149 回使用）。なお、この箇所はトマス福音書〔語録 73〕とも逐語的に一致し、トマス版では「収穫の主」が「主」となっている点のみが異なっている。また、比較的多くの研究者はこの言葉の真正性を主張している（Marshall 1995:417; ルツ 1997:115; H. Klein 2006:373 n. 10; ハーン 2012:43）。続く 3 節もマタイ 10:16a と並行し、Q資料に由来する。ルカはマタイ版の πρόβατα（羊［マタ 9:36; 10:6 参照］）に対して ἄρνας（小羊）を用いているが、おそらくマタイがより一般的な用語に置き換えたのであろう（Schulz 1972:405; Bovon 1996:46; Schürmann 1994:62。一方で Hoffmann 1972:263; Nolland 1993a:551 はこの見解に否定的）。なおマタイ版では、この言葉は後続の迫害に関する段落（マタ 10:16–23）の導入句として用いられ、その直後には蛇と鳩に関する格言が続いている（マタ 10:16b）。

　4a 節は内容的にマタイ 10:9–10a に並行しており、マタイがマルコ 6:8–9 とQ資料を結合する形で構成しているのに対し、ルカは専らQ資料に依拠しているが、両者は μὴ πήραν (...) μὴ (μηδὲ) ὑποδήματα（袋も履き物も［〜するな］）等の表現を共有している。βαλλάντιον（財布）は新約ではルカにしか用いられず（計 4 回）、ルカの編集句であろう。ルカにのみ見られる挨拶の禁止の言葉（4b 節）の起源については、ルカがこれを付加する理由が確認できないことからもQ資料に含まれていたと考えられる（Hoffmann 1972:298; Schürmann 1994:67; Marshall 1995:418; Catchpole 1991:168; 山田 2017:46, 197）。もっとも、κατὰ τὴν ὁδόν（道中で）という表現は新約にはルカ文書にのみ用いられていることから（使 8:36; 24:14; 25:3; 26:13 参照）、ルカの編集句であろう。Miyoshi（1974:63）は、ἀσπάζομαι（挨拶する）がマタイ 10:12 で用いられていることから、ルカはQ資料に含まれていたこの動詞をここに移行することによってこの節を構成したと主張しているが、マタイ 10:12 ではこの語は家に入る際の平和の挨拶の意で用いられていることからも、その蓋然性は高くないであろう。おそらくマタイは、彼の派遣記事の文脈にそぐわないと考えてこの禁令を削除したのであろう（Hoffmann 1972:267, 298; Marshall 1995:418）。その一方で、異邦人やサマリア人への宣教を禁じるマタイ 10:5–6 はQ資料に含まれていたと考え

られるが（Bovon 1989:48; Schürmann 1994:98f; H. Klein 2006:373 も同意見。
一方でルツ 1997:125 はマタイの特殊資料もしくはマタイ版Q資料に帰す）、ル
カは先行するルカ 9:51–56 との関連、あるいはサマリア・異邦人宣教の
観点から削除したのであろう。

　5–12 節は総じてマタイ 10:7–8, 10b–15 に対応しているが、個々の言葉
の順序は異なっており、ルカが家への入場（5–7 節）と町への入場（8–11
節）を区別して記述しているのに対し、マタイは両者を区別していな
い。おそらく「家」と「町」はルカが並置したのではなく、すでにQ資
料（マタ 10:14, 15 参照）の段階で並置されていたのであろう（Schweizer
1986:113f; ルツ 1997:125）。5–7 節（並行マタ 10:10b–13）は総じてマタイ
版以上にQ資料の内容を保持しているが、マタイ版には見られない 7c 節
の宿泊地変更の禁令については、一つの家に留まるようにとの指示（9:4b;
並行マコ 6:10; マタ 10:11b）を強調するためにルカが編集的に構成したので
あろう（Hoffmann 1972:274）。8–9 節（並行マタ 10:7–8a, 11a; トマス福 14）
についてもルカ版の方が原初的と考えられるが、7a 節を反復し、滞在地
で出された物を食べるように指示する 8b 節（παρατίθημι［出す、前に置く］
は新約用例 19 回中ルカ文書に 9 回使用）はルカの編集句であろう。9 節では、
ルカ 9:2, 6 やマタイ 10:7–8a（マコ 6:12–13 参照）とは異なり、病人の癒
しが神の国宣教に先行しているが、ルカはしばしば「行為」を「言葉」の
前に位置づけていることから（13:10–21; 14:1–24; 17:11–37）、この順序も
ルカに由来するのかもしれない（Miyoshi 1974:65–67）。10–11 節（並行
マタ 10:14）についてはルカはQ資料に比較的強く編集の手を加えており
（Hoffmann 1972:272 参照）、特に 10 節末尾の εἰς τὰς πλατείας（πλατεῖα［大
通り］は 13:26; 14:21; 使 5:15 にも使用）及び 9b 節を反復する 11b 節（πλήν
［しかし］は新約用例 31 回中ルカ文書に 19 回使用、τοῦτο γινώσκετε［このこと
を知れ］については 21:20, 31; 使 2:36 も参照）はルカの編集句と考えられる。
12 節は全体としてマタイ 10:15（並行同 11:24）に並行しており、Q資料
に由来する。

　以上のことからも、ルカはこの段落を、Q資料に由来するイエスの言葉
（2b–7b, 8a, 9–11a, 12 節）に導入句（1–2a 節）及び 7c, 8b, 11b 節等を付加
し、さらにテキスト全体に編集の手を加えることにより構成したのであ
ろう（Q資料の再構成についてはさらに Robinson 1985:97–99; Luz 1985:101f;

Catchpole 1991:147–174; Weder 1991:54f; 山田 2017:197f 等参照）。なお、この派遣記事は内容的に放浪のラディカリストとしての歴史上のイエスの生き様に適合しており、その核において史的イエスに遡ると考えられる（ルツ 1997:126; ハーン 2012:49）。

【注解】

1 節

信従志願者への要求（9:57–62）に続いて、「**主**」（ὁ κύριος）と表現されたイエスは「**七十二人**」の使者を任命し、彼自身が赴こうとしていたあらゆる町や場所に彼らを二人ずつ組にして派遣する。ここで「**場所**」（τόπος）という語が用いられているのは、指示対象に建物としての家を意味する οἰκία を含んでいるためかもしれない（Schürmann 1994:55; マコ 6:11 参照）。ἀναδείκνυμι（任命する［ダニ 11:20 LXX; I エズラ 8:23 LXX; II マカ 9:25 LXX; 使 1:24 参照]）は、その名詞形の ἀνάδειξις がルカ 1:80 で洗礼者ヨハネのイスラエルの人々に対する公的活動への任職の意味で用いられていることからも、公的な意味を含んでいると考えられる（Grundmann 1961:208; Miyoshi 1974:60; Schürmann 1994:53; Bovon 1996:49）。ἑτέρους（ほかの）がルカ 9:52 に関連づけられているのか（Grundmann 1961:208; Miyoshi 1974:60f; Löning 2006:29）、それとも十二人の派遣（9:1–6）に関わっているのか（Ernst 1977:331; Schürmann 1994:53; Marshall 1995:415; Bovon 1996:49; Bock 1996:994; H. Klein 2006:375）、明らかではないが、いずれにせよ、ルカはこれらの使者たちを十二人からも、ルカ 9:52 で言及している使者たちからも区別している。なお、この七十二人が派遣されている間、十二人はイエスのもとに留まっていたと考えられるが（コンツェルマン 1965:122、注 5）、装備の規則（4 節）の解消を命じる後続のルカ 22:35 のイエスの言葉は十二人に向けられていることから、彼らにもこの派遣記事のイエスの指示が該当することが前提とされている。また、この七十二人がイエスが赴こうとする場所に彼に先立って派遣された（9:52 比較参照）ということは、彼らがイエスの道備えをするために派遣されたことを示しており、彼らの役割を洗礼者ヨハネのそれと結びつけているが（Tannehill 1986:233f）、その一方で彼らは、ヨハネとは異なり、神の国の

宣教を指示されており、その意味ではルカの時代のキリスト者に向けて語られている。

この「七十二」が象徴的な意味をもっていたかどうかは明らかではない。一部の研究者は、十二人の派遣はイスラエルに、七十二人の派遣は異邦人世界に向けられていたと主張しているが（Grundmann 1961:207; Ernst 1977:331; Tannehill 1986:233; Bovon 1996:45, 62）、「七十二」を創世記10章の民族表（厳密には七十一人［マソラ本文］／七十三人［LXX]）における異邦の民の暗示と見なすことは可能であるとしても、この数字をそのまま後代の異邦人宣教と関連づけることはできないであろう。なぜなら、ここで使者たちは、マタイ 10:5–6 の場合とは異なり、サマリアや異邦地域での宣教を特に禁じられなかったとは言え、それらの地域に赴くように指示されたわけではなく、直後の段落の裁きの言葉もガリラヤの町々（10:13, 15）に向けられているからである（Löning 2006:29）。さらに言えば、二人一組の派遣であるならば、実際には三十六（三十五）の地域にしか赴くことができない計算になる（Schweizer 1986:114; Schürmann 1994:54）。その一方で、十二人から七十二人への人数の増大が宣教地の拡大（10:2 参照）及び将来の世界宣教を暗示している点は否定できないであろう（Miyoshi 1974:77f; Horn 1983:195f; Nolland 1993a:549; Eckey 2004a:460）。このほか、この数字とモーセが任命したイスラエルの七十人の長老（出 24:1; 民 11:16–25［三好 1991:321; Schürmann 1994:54 参照]）やエジプトに下った七十人のヤコブの孫たち（出 1:5）との関連性も指摘されているが、その点は明らかではない。

二人一組での派遣については、旧約には典拠は認められないが、新約（使 8:14; 11:30; 13:2; 15:27, 39–40; 19:22; さらにルカ 7:18; 19:29; 22:9 参照）のみならずラビ文献にもしばしば言及されており（Jeremias 1966:132–139 参照）、おそらくルカはこの記述をマルコ 6:7 から受け継いだのであろう。このように使者たちが二人一組で派遣されたのは、彼らの告知の有効性を示すためであったと考えられる（申 17:6; 19:15; 民 35:30; マタ 18:16; ヨハ 8:17; Ⅱコリ 13:1 等参照）。

2 節

使者の派遣に際してイエスは彼らに**「収穫は多いが、働き人たちは少な**

い」と語り、収穫の大きさのゆえに彼らはイエスの宣教に携わるべきであ
ると、まず派遣の意義が根拠づけられる。もっとも、働き手の増員を主に
願うようにとの後続の言葉は、これから派遣されようとする者たちに対す
る要求としては少々不自然であることから、元来は異なる文脈に置かれて
いたのであろう（Wolter 2008:378）。

「**収穫**」は古くより蒐集と分離の象徴であり、旧約では特に諸民族に対
する神の最後の審判と関連づけられている（イザ 17:5; 18:4–5; 27:12; エレ
51:33; ホセ 6:11; ヨエ 4:13; ミカ 4:11–13; さらに IVエズラ 4:28–32; マコ 4:29;
マタ 13:30, 39; 黙 14:15, 18; Bill. I:672 参照）。ここでも終末が問題になって
いるが、ルカの文脈においては裁きのモチーフは後退しており、事実、使
者たちに託されたのは裁きの告知ではなく神の国の接近の告知であり（9,
11節）、段落末尾の拒絶された町に対する裁きの言葉（12節）も使者たち
からではなくイエス自身から発せられている（Venetz 1980:150f）。その
意味でも、ここではむしろあらゆる人々に対する神の国への招き（Weder
1991:56）が問題になっており、「**収穫**」は神の国（支配）のメタファーと
見なしうる（ショットロフ／シュテーゲマン 1989:103）。ここではまた宣教
地の拡大が示唆されているが（Ernst 1977:331; Wiefel 1987:197）、その一
方で、この言葉がすでにQ資料の段階で異邦人宣教を前提としていたとい
う主張（Bornkamm 1960:16; Lührmann 1969:60）は受け入れられない。

収穫の大きさと働き手の少なさとの落差は何より切迫した状況を示して
おり（Venetz 1980:152–154; Hoffmann 1972:291）、それゆえ使者たちは「**収
穫の主**」に働き人たちをさらに送ってくれるように願うように求められる。
おそらくルカはここで、将来のキリスト教宣教の豊かな実りを考えている
のであろう。なお、1節の「主」は明らかにイエスを指しているが、この
「**収穫の主**」は神を意味している。

3節

さらにイエスは「**行きなさい**」（ὑπάγετε）と使者たちに語りかけ、「**私
はあなたたちを狼たちの只中に小羊たち〔を遣わす〕ように遣わす**」（使
20:29 参照）と、彼らを待ち構えている困難な状況に注意を向けさせる。
狼たちの中の小羊たちのイメージは、敵対する権力によって包囲されるイ
スラエルの民の状況を描くユダヤ教黙示文学に頻繁に見られるが（IVエズ

ラ 5:18; エチオピア・エノク 89:13–27, 55; シラ 13:17; ソロモン詩 8:23; さらに
Bill. I:574 参照)、その背景には最初期のキリスト者がユダヤ人世界におい
て経験した迫害状況があったと考えられる（6:22 参照）。そのように使者
たちは小羊のように無防備であるがゆえに、抵抗と迫害を受けることを覚
悟しなければならないのである（12:4–12 参照）。

4 節

ここでは使者たちの道中での装備と振る舞いについて述べられるが、こ
こで強調されている装備の放棄はこの節を前節に結びつけている。この装
備に関する要求は否定の命令文によって特徴づけられる。最初に「**財布**」
の携帯が禁じられるが（9:3; 並行マコ 6:8; マタ 10:9 参照）、$\beta\alpha\lambda\lambda\acute{\alpha}\nu\tau\iota o\nu$（財
布）は裕福な者のみが所有しており、前述したように、この語は新約では
ルカ福音書にのみ用いられている（12:33; 22:35, 36）。続いて旅行用の「**袋**」
（$\pi\acute{\eta}\rho\alpha$）の携帯が禁じられるが（9:3; 並行マコ 6:8; マタ 10:10 参照）、ルカ
9:3 の場合と同様、ここでも物乞い用の入れ物ではなく、食糧保存用の袋
を意味しているのであろう（上巻 405 頁参照）。さらにマルコ 6:9 において
は草履（$\sigma\alpha\nu\delta\acute{\alpha}\lambda\iota\alpha$）の携帯が明らかに認められているのに対し、ここでは
マタイ 10:10 と同様、「**履き物**」（$\dot{\upsilon}\pi o\delta\acute{\eta}\mu\alpha\tau\alpha$）の携帯が禁じられているが、
パレスチナ地域の旅行には履き物は必須とされていたことからも、これは
究極の貧困を意味している（Hoffmann 1972:324; Sato 1988:311 n. 603; Bill.
I:569 参照）。ルカ 9:3 ではパンと杖と二枚目の下着の携帯が禁じられる一
方で、履き物については言及されていなかったが、いずれにせよこのよう
な禁令は、実質的に必要最低限のものさえ携帯できない状況を示しており、
この点はキュニコス派の放浪の哲学者たちの生き様と比較される（クロッ
サン 1998:187–199; タイセン 2010:103–108; 嶺重 2012:134–149 参照）。ここ
ではまた、使徒たちを受け入れる住民への全面的な依存が強調されてい
るが、この点は同信の旅人の衣食住の面倒を見ていたエッセネ派の人々の
状況と近似している（ヨセフス『ユダヤ戦記』2:124–125 参照）。なお、この
財布、袋、履き物の携帯の禁令は、後出の受難物語におけるイエスの言葉
（22:36）によって解消されることになる。

さらに使者たちは道中で挨拶することも禁じられる。$\dot{\alpha}\sigma\pi\acute{\alpha}\zeta o\mu\alpha\iota$ はル
カにおいてはしばしば「旅行中に誰かを訪問する」の意で用いられ（使

18:22; 20:1; 21:7, 19; 25:13）、決して「誰かの家に宿泊する」という意味では用いられない（Lang 1982:75–79 に反対）。この挨拶の禁令は、預言者エリシャの使いであるゲハジが道中で誰にも挨拶しないように命じられる列王記下 4:29 の記述を思い起こさせるが、寸暇を惜しんで急ぐように（Grundmann 1961:209; S. Schulz 1973:65; Schweizer 1986:114; エレミアス 1998:250）、もしくは本来の目的に集中するように（Fitzmyer 1985:847; Schürmann 1994:67; カルペパー 2002:281）との警告の意で解すべきであろう。つまり、使者たちはいかなる理由によっても自らの行動を停止・遅延させられるべきではなく、道中での人との接触さえも避けるべきなのである。その意味でこの禁令は、信従志願者に家族との別れの挨拶を禁じた前段のイエスの要求（9:61–62）とも響き合う（Miyoshi 1974:63）。いずれにせよ、使者たちの視線は、常に本来の目的である福音宣教に向けられねばならない。なお、この挨拶の禁令について Schlatter（1975:276f）は、イエスはここで儀式的な挨拶を禁じたと見なしているが、Theißen（1989:93）は、自らの貧困を誇示した者が誰かに話しかけることにより、物乞いと混同されるのを避けようとしたと主張しており、またショットロフ／シュテーゲマンは、この指示は「使者たちが祝福の担い手として持っている（魔術的に理解された）力が、そのような挨拶によって減少してしまうことを防ぐ」（1989:112）ためであったとしている。

5 節

5–7 節では受け入れられた家での振る舞いについて述べられる。使者たちは道中で挨拶を禁じられる一方で、家（οἰκία）に入った時には「**この家に平和があるように**」と語るように要求される（24:36; サム上 25:6 参照）。すなわち、宣教はまず家の中で始められるべきなのである（H. Klein 2006:377）。セム語の言語領域では「挨拶」と「平和」は同じ語で表現されるが、ここでは平和を願う日常的なセム語の挨拶ではなく、神の救い（神支配）の到来を告知する祝福の挨拶（1:79; 2:14）が意味されている。

6 節

そして、その平和の挨拶の結果、その家に「**平和の子**」（υἱὸς εἰρήνης）がいるなら、平和はそこに留まるが、そうでないなら、それは使者のとこ

ろに帰って来る。「**平和の子**」はセム語的表現であり（16:8; 20:34; 使4:36
参照）、平和を所有し、平和に規定されている者を意味している（cf. 詩
37:37：「平和の人」）。すなわち、「**平和の子**」がその家に存在するなら（そ
の家の主人が「平和の子」であるなら）、使者たちと彼らの使信は受け入れ
られるが、それが存在しない家では受け入れられず、平和の挨拶は機能し
ないというのである。一方のマタイにおいては「平和の子」には言及さ
れず、「もしその家が［平和を受けるのに］ふさわしいなら／ふさわしくな
いなら」（マタ10:13）と表現されているが、これも同様の意味で解しうる。
なお、ここでの「平和」は救いそのものではなく、将来的に町々に向かっ
て告知される救いの前兆となるものであろう。

7節

　そして使者たちは、彼らを受け入れた最初の家に安心して留まるべきで
あり、そこで出された物を何でも食べたり飲んだりすることができる。な
ぜなら「**働く者は自分の報酬〔を受けるの〕にふさわしいからである**」（Ⅰ
コリ9:14; Ⅰテモ5:18; ディダケー13:1–3参照）。この指示は律法の食物規定
に関わる思い煩いからの解放ではなく（Ⅰコリ10:27参照）、食糧確保の心
配からの解放を意味している。なお、マタイ版においては飲食に関する指
示はなく、「働く者は自分の食べ物〔を受けるの〕にふさわしいからであ
る」という言葉が、装備に関する禁令の根拠としてその直後に位置づけら
れている（マタ10:10b）。使徒たちはまた、より良い条件／待遇の宿泊場
所を探し求めて「**家から家へと渡り歩く**」べきではなく（9:4; マコ6:10参
照）、与えられたもので満足するように求められる。

8節

　家の中での振る舞いの指示のあとには町中での振る舞いに関する指示
が続き（8–12節）、まず好意的に受け入れられた際の振る舞いについて述
べられる。その際には使者たちは、彼らを受け入れた家での振る舞いと
同様、町の住民たちの歓迎を受け入れ、提供された食事を食べるべきで
ある。直前の7a節に続き、ここで再び食事に言及されているのは、おそ
らく異邦人地域における諸民族への宣教が念頭に置かれているためであり、
食物規定からの自由を告げる言葉として書き加えられたのであろう（レ

ングストルフ 1976:283; Schweizer 1986:115; 川島 2016:237f。一方で Nolland
1993a:553 はこの見解に否定的)。

9 節

　さらに使者たちは、その町で病人たちを癒し、神の国の接近を告知す
るように要求される。ここでの病人の癒しは、神の国宣教との関連に
おいて終末論的な意味で理解されるべきであろう（Hoffmann 1972:299;
Lührmann 1969:59）。また、神の国は「**近づいた**」（ἤγγικεν）という完了
時制による表現はその到来の接近を強調しており、マタイ版には見られな
いその直前の「**あなたたちのところに**」（ἐφ᾽ ὑμᾶς）という表現は、使者
たちを受け入れた町の住民と神の国との結びつきを強調している。Miyoshi
（1974:67, 81）はこの表現を直前の「**病人たち**」にのみ関連づけているが
（さらに三好 1991:320f も参照）、そのように限定する必要はないであろう。
また直後の 11 節では、町の住民がそれを受け入れるかどうかに関わりな
く、神の国が絶対的な意味で接近する状況が描かれていることからも、こ
こでの神の国の接近に関する告知を限定的・局地的な意味で解すべきでは
ないであろう。そのようにこれらの使者たちは、十二人の使者たちの場合
（9:2 参照）と同様、この使命を果たすことによってイエスの働きに参与す
ることになる。なお、並行するマタイ 10:7–8 においては、病人たちの癒
しと神の国の告知の指示に加えて、死者たちの蘇生、皮膚病患者たちの清
め及び悪霊追放が求められている。

10–11 節

　使者たちを受け入れる町での振る舞いに続き、ここでは不信仰な町にお
ける振る舞いについて述べられる（6b 節参照）。受け入れを拒否された際
には、使者たちは大通りに出て行って、自分たちの足についた町の埃さえ
も「**打ち払う**」（ἀπομασσόμεθα）と宣言しなければならない（11a 節）。こ
の儀式的行為は十二人に与えられた「埃を払い落しなさい」（9:5）という
指示に対応しているが、ここではその箇所以上に人間関係の断絶が強調さ
れている。ルカにおいてはまた、「**その〔町の〕大通りに**」（εἰς τὰς πλατείας
αὐτῆς）という表現（13:26; 14:21; 使 5:15 参照）を通してこの行為の公的な
性格が強調されている。

さらにルカのイエスは、使者たちを拒絶したその町の人々に「**神の国が近づいたことを知りなさい**」と告げるように指示しているが（11節）、これは彼らにとっては裁きの宣告を意味しており、このように神の国の到来は、その告知が受け入れられるかどうかに関係なく、必然的なものとして語られている。一部の研究者は、悔い改めの可能性が残されていることをこの言葉は示唆していると主張しているが（Grundmann 1961:210; Wiefel 1987:198; Schweizer 1986:115）、9節とは異なり、ここには ἐφ' ὑμᾶς（あなたたちのところに）という表現が欠けていることからも、それは考えにくいであろう。

12節

このことは、「**私はあなたたちに言っておく**」という強調表現によって導入される直後の「**かの日にはソドムにとっての方がその町にとってよりも耐えやすい**」（12節）という不信心な町に対する裁きの言葉からも確認できる。「**かの日には**」（ἐν τῇ ἡμέρᾳ ἐκείνῃ）という表現は明らかに裁きの日を意味している（6:23; 21:34; マタ 10:15; 11:22, 24; エレ 37:8 LXX; ゼカ 12:3–4 LXX 参照）。ユダヤ教世界においてソドムの町はその罪で有名であり（創 19章; エゼ 16:48–50; ヨベル 13:17; 16:5–6; ルカ 17:28–29; ヨセフス『ユダヤ戦記』5:566; さらに Bill. I:571–576）、ユダヤ教文書には頻繁にソドムが引き合いに出されており（エレ 23:14; 49:18; ヨベル 20:6; 十二遺訓ナフタリ 3:4; 同アセル 7:1; 同ベニヤミン 9:1）、それだけにここでは裁きの徹底性が強調されている。因みに、並行するマタイ 10:15 ではソドムと共にゴモラにも言及されている。

神の国は近づいているが、それはすべての人にとって救いを意味しているわけではなく、町の住民の振る舞いが将来の裁きにおける彼らの運命を決定することになる。この 12節と後続の 13–15節は緊密に関連しており、コラジンとベトサイダに対する裁きの宣告（13節）において明らかになるイエスの宣教の終末論的意味は、ここでは使者たちの振る舞いを通して示されている。そのように、彼らを拒絶する人々はイエスに聞き従わなかった町々と同様に罪深いと見なされるが、それは「あなたたちに聞く者は私に聞くのであり、そしてあなたたちを拒む者は私を拒む」（16a 節）からであり、使者たちの宣教は、彼らに対する態度において裁きの運命が決

定づけられるという意味でも、イエスの宣教と同様の重要性をもっている（Lührmann 1969:64）。

【解説／考察】

　この七十二人の派遣記事は先行する十二人の派遣記事（9:1–6）に内容的にも対応しており、そこでも使者たちは病人たちを癒し、神の国を宣教することにより、イエスの宣教活動に参与するように求められている。ここではまた、大人数での使者の派遣について記されることにより、宣教地の拡大及び異邦人地域への宣教が示唆されている。彼らはここでも実質的に何も持たずに旅立つように要求されているが、その際彼らは、派遣先の人々から受け入れられ、養われることを期待することができたのであり、厳格な要求の実践はそのような受容を前提としていた。その意味でも、ここでは単なる所有放棄や貧者崇拝が問題にされているのではなく、様々な困難があっても一切を神に委ねて歩んでいく姿勢が求められている。

　この段落はイエスによる使者たちの派遣について述べているが、彼らに対する厳格な禁令については後続のルカ 22:36 で解除されており、その意味では、これらの禁令はルカの時代の弟子たちに対しては直接求められていない。しかしそれでも、この派遣記事は最初期のキリスト教会の宣教者のあるべき姿をを指し示しており、自らの受難の地であるエルサレムに向かうイエスの旅が、ここでは最初期のキリスト教会における弟子たちの宣教の旅と重ねられて描写されている（Schürmann 1994:51 参照）。

　この段落に描かれている宣教者に対するラディカルな要求は、今日の教会が置かれている状況との間に大きな落差が存在することを感じさせ、それだけに宣教に従事する者の生き様について改めて考えさせられる。アッシジのフランチェスコは、旅には何も持って行くなとのイエスの言葉（マタ 10:9–10a）に感銘を受けてキリストに倣う生き方を実践することを決断し、また多くの宣教師たちもこの言葉に心を動かされ、困難や危険をも厭わず、それぞれの宣教の地へと旅立って行った。その意味でもこの言葉は、今日の宣教者に対しても覚悟をもって宣教の場へ旅立って行くように促している。

4. 悔い改めないガリラヤの町への裁きの言葉（10:13-16）

【翻訳】

10:13a「禍いだ、お前は、コラジンよ。禍いだ、お前は、ベトサイダよ。b なぜなら、お前たちの間で起こった〔数々の〕力ある業がティルスやシドンで起こっていれば、彼らはとっくに粗布と灰の中に座り、悔い改めていたであろう。14 しかし、裁きにおいてはティルスやシドンにとっての方がお前たちにとってよりも耐えやすい。15 そしてお前、カファルナウムよ。お前は天まで上げられる〔という〕のか。お前は陰府にまで降るのだ。

16a あなたたちに聞く者は私に聞くのであり、そしてあなたたちを拒む者は私を拒むのである。b また私を拒む者は、私を遣わされた方を拒むのである」。

【形態／構造／背景】

　七十二人の派遣記事（10:1-12）のあとには悔い改めないガリラヤの町に対する裁きの言葉が続いている。13-15 節の裁きの言葉は、前段末尾の預言的な裁きの言葉（10:12）を具体化しており、また、その 12 節と 14 節は「～の方が～よりも耐えやすい」（ἀνεκτότερον ἔσται ... ἤ ...）という表現を共有していることからも、12 節はこの段落への移行句として機能している。その一方で段落末尾の 16 節は、先行する使者たちへの言葉（10:2-12）を締めくくる機能をも果たしている（マタ 10:40 参照）。また、ここで言及される三つの町はいずれもガリラヤ湖北岸近くの町で、カファルナウムを中心とし、コラジンはカファルナウム北方に、ベトサイダはカファルナウムの東方に位置している。この段落は以下のように区分できる。

（１）コラジンとベトサイダへの裁きの言葉（13-14 節）
（２）カファルナウムへの裁きの言葉（15 節）
（３）派遣される者と派遣する者の同質性（16 節）

13–15 節はマタイ 11:21–23a に逐語的に並行しており、Q 資料に由来すると考えられるが、洗礼者ヨハネに関する段落（マタ 11:2–19; 並行ルカ 7:18–35）の直後に続くマタイ版のテキストはヨハネと関連づけられている。テキストの伝承史に関して、マタイに特有のマタイ 11:20, 23b–24 の由来が問題となるが、マタイ 11:20 は同 11:21b（並行ルカ 10:13b）等をもとにマタイ自身によって構成された導入句であろう（ルツ 1997:252）。一方でマタイ 11:23b, 24 は、それぞれマタイ 11:21b（並行ルカ 10:13b）及び同 11:22（並行ルカ 10:14）の形式を反復し、さらに後者についてはマタイ 10:15（並行ルカ 10:12）とも並行していることから、ルカが重複を避けてこの箇所を削除したという可能性も完全には否定できないが（Fitzmyer 1985:851; Marshall 1995:426）、むしろマタイ自身によって構成されたのであろう（Gnilka 1986:427; ルツ 1997:252; Nolland 1993a:555, 557; Eckey 2004a:459）。

　先行する派遣記事が弟子たちに語られているのに対し、この段落の裁きの言葉はガリラヤの三つの町に向けられており、さらにコラジンとベトサイダはイエスの主要な宣教地ではなく、また、そもそも裁きは派遣された使者たちの主な任務ではないことからも、両者は元来結びついていなかったのであろう（Fitzmyer 1985:850）。おそらく Q 資料の編集者がこの裁きの言葉（13–15 節）を、14 節と響き合う不信仰な町への裁きの言葉（12 節）によって町への派遣の記述（8–11 節）と結びつけたと考えられ（Lührmann 1969:60–63; Hoffmann 1972:284; ルツ 1997:252）、並行するマタイの記事も、洗礼者ヨハネに関する段落（マタ 11:2–19; 並行ルカ 7:18–35）を度外視すれば、派遣の記事に続いている点もその傍証になるかもしれない。その一方で、マタイとルカの文脈は明らかに異なっていることから、ルカが両者を結びつけたという可能性も完全には否定できないであろう（T. W. Manson 1954:76f; Fitzmyer 1985:851）。また、バビロンの王に対する勝利の歌（イザ 14:13–15）と響き合う 15 節は原初的には独立した言葉であったと考えられる。ブルトマン（1983:191）は 13–15 節を最初期のキリスト教会に帰しているが（Käsemann 1960:178; H. Klein 2006:375 も同意見）、その一方で比較的多くの研究者は、旧約聖書の記述と明らかに相違している点やコラジンやベトサイダにおけるイエスの奇跡行為に関する伝承が欠如している等の理由から、13–14 節（シュヴァイ

ツァー 1978:357; ルツ 1997:253; ハーン 2012:34f）もしくは 13–15 節全体を
（Grundmann 1961:211; Fitzmyer 1985:852; Nolland 1993a:548; Bock 1996:
989; 大貫 2003:119）イエスに帰している。

　16 節はマタイ 10:40 と内容的に並行しており、13–15 節と同様、Q 資
料に由来すると考えられるが（さらにマコ 9:37; マタ 18:5; ルカ 9:48; ヨハ
13:20 参照）、この節が Q 資料の段階ですでに 13–15 節に続いていたかど
うかは明らかではなく、あるいは元来は、先行する 11a 節（Schürmann
1994:85）もしくは 12 節（T. W. Manson 1954:77; ブルトマン 1983:247; ツ
ェラー 2000:84）に接続していたのかもしれない。その一方で、ここには
ルカ的語彙（属格を伴う ἀκούω［聞く］はルカ文書に 39 回使用、ἀκούω と
ἀθετέω［拒む］は 7:29–30 でも対比的に使用）が確認できることを勘案す
るなら、むしろルカがこの節を編集的に付加したとも考えられる（Miyoshi
1974:70–73; レングストルフ 1976:285; Schweizer 1986:114; Bovon 1996:48）。
なお、マタイ版ではこの箇所は弟子たちの受容に関する言葉として構成さ
れており（マコ 9:37 参照）、その直後には預言者及び義人の受容に関する
言葉が続いている（マタ 10:41）。

【注解】

13 節

　使者たちを受け入れない町に対する裁きの言葉（10:12）に引き続き、
イエスはガリラヤの町々を振り返り、裁きの言葉を発する。13–14 節の
コラジンとベトサイダに対する裁きの言葉は、① 禍いの言葉（13a 節）、
② 異邦人の町との比較による根拠づけ（13b 節）、③ 深刻な裁きの警告
（14 節）から構成されている。

　冒頭の οὐαί（禍いだ）はその運命に対する嘆きや呪いを表現してお
り（6:24–25 参照）、七十人訳聖書に頻出するが（民 21:29; コヘ 10:16; イザ
10:5; エレ 13:27 他参照）、ここでは異邦人地域ではなくユダヤ人の町に向
けられている。「コラジン」は旧新約聖書全体を通してこの箇所にしか見
られず（並行マタ 11:21）、初期ユダヤ教文献にも言及されていないが、カ
ファルナウムの北方約 3 キロメートルに位置する廃墟の町キルベト・ケ
ラゼとしばしば同定される。「ベトサイダ」はヨルダン川がガリラヤ湖に

流入する河口近くに位置する漁村であり（マコ 6:45 参照）、ペトロとアンデレの出身地とも見なされ（ヨハ 1:44）、ルカはこの町でのイエスの奇跡行為について報告している（9:10–17）。これらの町がイエスの宣教に否定的な態度を取ったことについてはどこにも記されていないが、ここでは、イエスによる「〔数々の〕力ある業」を目撃しても悔い改めなかったこれらの町の住民たちに対する神の裁きが告げられている。δύναμις（力ある業）は神の力によるイエスの奇跡行為全般を意味している（19:37; 使 2:22; 8:13; 19:11 参照）。

コラジンとベトサイダは、旧約ではイスラエルの敵対者として否定的に描かれているフェニキアの港町のティルスとシドンと対置されるが（イザ 23 章；エレ 25:22; 47:4; エゼ 26–28 章［特に 28:2–23］；ヨエ 4:4; アモ 1:9–10; ゼカ 9:2–4; マタ 15:21 参照）、ここでは、異邦人地域のティルスやシドンの人々でさえもイエスの奇跡行為を目にしたなら、ヨナの時代のニネベの人々のように（ヨナ 3:5）、早々に悔い改めただろうと述べられており、冒頭の「とっくに」（πάλαι）はこの点を強調している。因みにルカは、ティルスとシドンを比較的肯定的に描いており、ルカ 6:17（並行マコ 3:8）には双方の町から大勢の人々がイエスのもとにやって来たと記されている（4:26; 使 21:7; 27:3 も参照）。

「粗布」（σάκκος）は山羊などの動物の毛から作られた濃い色の衣服を意味するが、悔い改めと喪に服すことのしるしと見なされ、旧約聖書に頻出する（創 37:34; サム下 3:31; 王上 21:27; 詩 69［LXX68］:12; イザ 20:2; 32:11）。「灰」（σποδός）も同様に喪に服すことのしるしと見なされ、両者はしばしば結合して用いられている（エス 4:1; イザ 58:5; エレ 6:26; エゼ 27:30; ダニ 9:3; ヨナ 3:6; Ⅰマカ 3:47; さらにヨセフス『ユダヤ戦記』2:12:15;『ユダヤ古代誌』5:1:12; 19:8:2; 20:6:1; Bill. IV:103f. 典拠についてはさらに Stählin, *ThWNT* VII:56–64 参照）。灰は頭上からかけられたり（サム下 13:19; イザ 58:5; エレ 6:26; ユディ 4:11 参照）、その中に座ったりするが（ヨブ 2:8; エゼ 27:30; ヨナ 3:6 参照）、ルカのテキストには「悔い改めた」（μετενόησαν）というアオリスト形動詞の直前に κάθημαι（座る）の現在分詞形（καθήμενοι）が用いられていることからも後者の状況が描かれているのに対し、この分詞を欠くマタイ 11:21 においては前者の状況が描写されている。

14 節

　ティルスやシドンの町は実際には悔い改めたわけではなかったが、それにも拘らず、これらの町は「**裁きにおいては**」（ἐν τῇ κρίσει）ガリラヤの町々よりも耐えやすい、すなわち、裁きはそれほどひどいものにはならないと予告される（cf. 10:12：ἐν τῇ ἡμέρᾳ ἐκείνῃ［かの日には］；マタ 11:15, 22：ἐν ἡμέρᾳ κρίσεως［裁きの日には］）。ここでは決して異邦人の町が正当化されているわけではないが、ソドムの町を引き合いに出す直前のルカ 10:12 と同様の表現を用いて、悔い改めたであろう異邦人の町と悔い改めなかったガリラヤの町とを対比することにより、後者に対する裁きが一層強調されている。その一方でルカにとっては、異邦人の悔い改めの姿勢（4:25–27 参照）を示すことが重要だったのかもしれない（Schweizer 1986:115）。

15 節

　続いて「**カファルナウム**」にも裁きが告げられるが、この箇所の背景にはバビロンの王に対する預言者の勝利の歌（イザ 14:13–15）があると考えられる。カファルナウムはイエスの宣教活動が最初に行われた町であり（4:23, 31–42; 7:1 参照）、イエスの居住地であったとも伝えられている（マコ 2:1；さらにマタ 9:1 の「自分の町」も参照）。特にルカ 4:42 ではカファルナウムを去ろうとするイエスを住民が引き止めようとした状況が記されているだけに、この町に対する裁きの宣告は意外な印象を受ける。

　ここでカファルナウムは「**お前は天まで上げられる〔という〕のか**」と問いかけられ（A, W, Θ 等は μὴ ... ὑψωθήσῃ ではなく ἡ ... ὑψωθεῖσα と記載）、「**お前は陰府にまで降るのだ**」と期待とは正反対の結果になると宣告される。「**陰府**」（ᾅδης）は空間的に天の対極にあるものと見なされるが（16:23 参照）、このような天への上昇と陰府への転落の対比は広く普及していた修辞表現である（アモ 9:2; オバ 4; ソロモン詩 1:5）。因みにエゼキエル 28:8 にはティルスが陰府に突き落とされる描写が見られる（エゼ 26:20 も参照）。なお一部の研究者は、カファルナウムの上昇に関する記述はこの町でのイエスの宣教活動を指していると主張しているが（Fitzmyer 1985:854; Wiefel 1988:199）、その点は十分に根拠づけられない。また一部の写本（𝔓⁴⁵, ℵ, A, C, L, R, W, Θ 他）では、καταβήσῃ（καταβαίνω［降る］の直説法

未来中動態［イザ 14:15 LXX も同様］）ではなく κατββιβασθήσῃ（καταβιβάζω［落とす］の直説法未来受動態）が用いられているが（マタイ版も同様）、この読みは内容的に直前の記述（ὑψωθήσῃ：ὑψόω［上げる］の直説法未来受動態）に対応していることから、二次的と見なしうる。

いずれにせよ、13–15 節ではガリラヤの町に対する裁きが強調されているが、必ずしもイスラエルに対する最終的な裁きが宣告されているわけではないであろう（Schürmann 1994:81f）。その一方で、ルカはこれらの町が改心（メタノイア）する可能性を残しているという主張（木原 2012:175f）は十分に根拠づけられない。なお、マタイ版ではこの記述に続いて、コラジンとベトサイダに対するティルスとシドンへの言及（マタ 11:21b–22 // 13b–14 節）に対応する形で、カファルナウムの比較対象としてソドムに言及されている（マタ 11:23b–24）。

16 節

ここでは再びイエスの使者たちに向かって語りかけられ、イエスが彼らに与える権能について述べられるが、裁きの主題とも間接的に関わっている。ここでは使者たちを拒絶する町に対する裁きの言葉（10:12）を受け、使者たちに聞き従う者は彼らを遣わしたイエスに聞き従い、使者たちを拒む者はイエスを拒み、さらにイエスを拒む者はイエスを遣わした神を拒むと述べられ、「使者」、「イエス」、「神」の三者の結びつきが示されている。

この言葉は、派遣される者は派遣する者の代行者としてその権能と権限をもつというユダヤ的原則を前提としており（Bill. I:590; II:167）、特にイエスと彼の使者たちとの緊密な関係が強調されている。イエスの使者たちは言葉を通してイエスと同様の権能をもち、イエスの代理人と見なされるが、この点においてこの箇所は先行する派遣記事（10:1–12）と密接に関連している。並行するマタイ 10:40 では ἀκούω（聞く）の代わりに δέχομαι（受け入れる）が用いられ、肯定形のみで構成されているのに対し（マコ 9:37; ルカ 9:48; ヨハ 11:20 も同様）、ルカにおいては「聞く」（ἀκούω）ことと「拒む」（ἀθετέω）ことが対比的に表現されており（7:29–30 も同様）、ルカの時代における教会の経験を反映しているのかもしれない。

このような使者たちとイエスとの類比は、さらにイエスと彼を遣わした神との類比へと展開されていく。その意味でも、ここでは使者たちに与え

られた権能はその根拠をイエスのみならず、それを越えてイエスをこの世に派遣した神自身にもっているが、このようなイエスと彼を遣わした神との等価性はヨハネ福音書においてしばしば強調されている（ヨハ 5:23; 7:28; 12:44–45, 48; 13:20）。

【解説／考察】

　七十二人の使者たちの派遣に続いて、この段落では彼らに聞き従わない町に対して裁きの言葉が告げられ、コラジン、ベトサイダ、カファルナウムというガリラヤの三つの町に対する裁きが、異邦人の町との対比において強調されている。このことはイエスのガリラヤ宣教の終焉を暗示しており、それによって異邦人世界への否定的評価は結果的に相対化され、将来における異邦人宣教が示唆されることになるが、このような裁きの言葉の背景には、イエスのみならず最初期のキリスト教会の宣教活動における否定的な経験があったとも考えられる。ここではまた、「使者たち」、「使者たちを遣わしたイエス」、「イエスを遣わした神」の三者の連なりが示されており（9:48 参照）、使者たちも神の子であることを示唆している。

　ここでのイエスの裁きの言葉はガリラヤの町に向けられているが、ルカの文脈においてはルカの時代のキリスト者に向けて語られている。その意味では、この裁きの言葉は現代に生きるキリスト者に対しても向けられており、それぞれがこの言葉を自らに対する警告として重く受け止めるべきであろう。

5. 七十二人の帰還とサタンの墜落（10:17–20）

【翻訳】

¹⁰:¹⁷ さて、七十二人は喜んで帰って来て言った。「主よ、あなたのお名前によって悪霊たちも私たちに屈服します」。¹⁸ そこで彼（イエス）は彼らに言った。「私はサタンが稲妻のように天から落ちるのを見ていた。¹⁹ 見

よ、私はあなたたちに、蛇やさそりを踏みつけ、敵のあらゆる力を〔支配する〕権能を授けた。それで、あなたたちに危害を加えるものは何もない。[20] しかし、〔悪〕霊たちがあなたたちに屈服することを喜ぶのではなく、あなたたちの名が天に書き記されたことを喜びなさい」。

【形態／構造／背景】

　ガリラヤの町に対する裁きの言葉（10:13–16; 並行マタ 11:20–24）のあとには、七十二人の帰還及び悪霊追放に関する彼らの報告とそれに対するイエスの言葉が続いており、これによってルカ 10:1 以降の七十二人の派遣記事全体が締めくくられる。この段落の直後には、イエスの賛美の言葉と弟子たちへの祝福の言葉（10:21–24; 並行マタ 11:25–27; 13:16–17）が続いているが、弟子たちによる悪霊追放と彼らの救いに言及するこの段落を含むルカ版の方が、それを欠き、派遣された弟子たちについて語らないマタイ版よりも自然に後続の段落に接合している。

　この段落は、七十二人の帰還と報告（17 節）及びそれに続くイエスの三つの言葉（18–20 節）から構成されており、18 節の「天から」（ἐκ τοῦ οὐρανοῦ）は 20 節の「天に」（ἐν τοῖς οὐρανοῖς）に対応し、「喜び」（17 節／20 節）、「名」（17 節／20 節）及び「悪霊」（τὰ δαιμόνια [17 節]／τὰ πνεύματα [20 節]）の屈服等の主題が段落全体を結びつけている。この段落は以下のように区分できる。

（1）七十二人の帰還と報告（17 節）
（2）イエスの言葉（18–20 節）
　（a）サタンの墜落（18 節）
　（b）弟子たちへの権能付与（19 節）
　（c）喜びの真の根拠（20 節）

　この段落は他の福音書に並行記事が見られず、ルカに特有の記事である。もっとも冒頭の 17 節は、十二人の派遣記事の帰還の記述（9:10a // マコ 6:30）と部分的に並行しているのみならず、ὑποστρέφω（帰って来る［新約用例 35 回中ルカ文書に 32 回使用、9:10a にも使用]）、「七十二人」（10:1 にも

使用）、μετὰ χαρᾶς（喜んで [8:13; 24:52 にも使用]）、「悪霊」の意の δαιμόνια（ルカはしばしばマルコ資料の πνεῦμα を δαιμόνια に変更：4:35 [cf. マコ 1:26]; 8:27 [cf. マコ 5:2]; 8:33 [cf. マコ 5:13]; 9:1 [cf. マコ 6:7 // マタ 10:1]; 9:42 [cf. マコ 9:20]）、ὑποτάσσομαι（屈服する [福音書ではルカ 2:51; 10:17, 20 にのみ使用]）、「イエスの名」（9:48, 49; 使 3:6, 16; 4:10, 18, 30; 5:40; 16:18 参照）等、多くのルカ的語彙を含んでいることから、伝承に由来するのではなく（Petzke 1990:108; Nolland 1993a:561; Schürmann 1994:88 に反対）、ルカが十二人の派遣記事（9:1–6）やイエスの名による悪霊追放に言及するルカ 9:49（並行マコ 9:38）、後続の 20 節等をもとに編集的に構成したのであろう（Jeremias 1980:63; 三好 1987:293; 同 1991:322; Eckey 2004a:471; H. Klein 2006:372）。

　その一方で 18–20 節は、18 節冒頭の εἶπεν δὲ αὐτοῖς（そこで彼は彼らに言った [文頭の εἶπεν(-ον, -αν) δέ は新約ではヨハ 12:6 を除くとルカ文書にのみ計 74 回使用]）や πλήν（しかし [新約用例 31 回中ルカ文書に 19 回使用]）を除いてルカ的語彙はほとんど認められず、総じてルカ特殊資料に由来すると考えられる（Q資料に帰す Schürmann 1994:97; Marshall 1995:427 に反対）。これらの言葉は、内容的にはただ緩やかに結合していることから、元来は相互に独立した言葉であったと考えられ（ブルトマン 1983:272f, 279）、ルカ以前の伝承の段階では結合しておらず（T. W. Manson 1954:74, 258f; Petzke 1990:108; Schürmann 1994:96f に反対）、ルカが編集的に結合したのであろう（Hoffmann 1972:248–254; Fitzmyer 1983:859）。

　サタンの天からの墜落に関するイエスの証言（18 節）については、最初期のキリスト教会におけるキリスト論的な関心が認められない等の理由から真正のイエスの言葉と見なしうるであろう（Hengel 1968:73; Fitzmyer 1985:859; Schürmann 1994:90f; 大貫 2003:45; 同 2006:71–77; ロロフ 2011:102）。さらに一部の研究者は、19–20 節も史的イエスに遡る可能性を指摘しており（Miyoshi 1974:109; Vollenweider 1988:189f; Eckey 2004a:472）、特に三好（1987:300–302）は 19 節に関して、その各部分にパレスチナ・ユダヤの語法が確認されることから申命記 8:15 を拠り所とするパレスチナ・ユダヤの地に由来し、イエスによる弟子たちへの権能委任の形式の最古のものであると主張している。なお、後続のイエスの賛美の言葉と自己証言（21–22 節; 並行マタ 11:25–27）は、Q資料においてはマタイと同様、

裁きの言葉（13–15 節；並行マタ 11:21–24）の直後に続いていたと考えられ、ルカに特有の 16 節及び 17–20 節は、ルカによって両者間に挿入されたのであろう（Lührmann 1969:60f; Miyoshi 1974:69; Schneider 1984a:241; Fitzmyer 1985:859）。

【注解】

17 節

　ガリラヤの町に対する裁きの言葉に続いて、ここでは派遣されていた「七十二人」（10:1 参照）の使者たちの帰還について語られているが、この箇所は、同様に ὑποστρέπω（帰って来る）によって導入される十二人の帰還の記述（9:10a）に対応している。使者たちは喜んで帰還し、イエスに「主よ」（κύριε）と呼びかけ（10:1 参照）、宣教の成果を報告する。注目すべきことに、ここでは派遣記事の中で言及されていた神の国の宣教（10:7, 9）や宣教活動中の否定的な経験（10:10–12）について語られるのではなく、使者たちがイエスの名において悪霊たちを屈服させたことのみが報告されている。なお、ここまでの箇所で悪霊を屈服させたのはイエスのみであり、その際、悪霊は常にイエスの名（本性）に言及している（4:34, 41; 8:28）。

　「喜んで帰って来て」（ὑπέστρεψαν ... μετὰ χαρᾶς）という表現はルカ 24:52 にも見られるが（さらに 1:14; 8:13; 2:10 参照）、「喜んで」（μετὰ χαρᾶς）を後続の動詞にかけて「喜んで言った」と訳出することも可能である（Schneider 1984a:240f; 田川 2011:41 参照）。彼らの喜びの根拠は悪霊を屈服させたことにあるが、それは彼ら自身の力によるのではなく、イエスの名を用いることによって成し遂げられた。イエスの名は、それが呼び起こされることによりイエスの力が現存するという意味で重要であり、ルカ 9:49 や使徒行伝 19:13（マコ 16:17; マタ 7:22 も参照）でも、イエスの名が悪霊追放と結びついている（使 3:6; 4:10, 17–18, 30; 5:40; 9:27; 16:18 も参照）。

　この七十二人の報告は、悪霊追放以外のことについては言及されていないという点で、イエスが彼らに与えた神の国の宣教や病人の癒しの指示（10:9）には対応していない。あるいはルカは、使者たちによる神の国の宣教（及び病人の癒し）を前提としていたか、もしくは悪霊追放という出来事において神の国の到来を見ていたのかもしれない（11:20 参照）。そ

の一方で、十二人の派遣記事においては悪霊を支配する力と権能の付与について言及されていることから（9:1; さらにマタ 10:8 参照）、七十二人にもこの力と権能が付与されていたと見なすことも可能であろう（19 節参照）。なお、弟子たちが悪霊追放をなし得なかったことを記すルカ 9:40 の記述との関連から、イエスの力と権能がここに至って完全に弟子たちに付与されたことを示すために、ルカはマルコ 6:13 に見られる悪霊追放の記述をその対応箇所のルカ 9:6 からここに移行させたのかもしれない。

18 節

　使者たちの報告に対するイエスの返答（18–20 節）は三つの言葉から構成されているが、「**私はサタンが稲妻のように天から落ちるのを見ていた**」という最初の言葉は共観福音書伝承における唯一のイエスの幻視体験の報告であり（ブルトマン 1983:185, 279; Bovon 1996:49）、使者たちが悪霊追放をなし得た理由を示している。「**サタン**」（Σατανᾶς）という名称が用いられるのはルカ福音書ではこれが最初であり（11:18; 13:16; 22:3, 31 参照）、ここまでは常に διάβολος（悪魔）が用いられていた（4:2, 3, 6, 13; 8:12）。ここではまた、「**見ていた**」（ἐθεώρουν）というように θεωρέω（見る）の未完了過去形が用いられていることから、過去の一度限りの出来事ではなく、過去の継続的行為を表現しているのであろう（Creed 1953:147; 大貫 2003:44f）。この動詞は字義的意味でも（14:29; 21:6; 23:35, 48; 24:37, 39）、また転義的（象徴的）な意味でも（ヨハ 4:19; 12:19; 使 4:13; 17:22; 21:20; 27:10; 28:6）用いられるが、ここでは転義的意味ではなく（Fitzmyer 1985:860, 862; Marshall 1995:428 に反対）、字義的意味で解すべきであろう（ブルトマン 1983:185, 279; Schweizer 1986:118）。

　神とサタンが天上で戦い、サタンが天上から地上に放逐されるという描写はユダヤ教黙示文学に特徴的であり、例えばヨハネ黙示録には巨大な竜や蛇、悪魔／サタンが投げ落とされる描写が見られ（黙 12:7–12）、イザヤ 14:12–15 にも類似した描写が見られる（ἐκ τοῦ οὐρανοῦ πεσόντα［ルカ 10:18］と ἐξέπεσεν ἐκ τοῦ οὐρανοῦ［イザ 14:12 LXX］を比較参照。さらに死海文書「戦いの書」15:12–16:1; モーセ昇天 10:1–2; ソロモン遺訓 12:6–7; シビュラ 3:796–807 も参照）。またヨブ 1:6–12; 2:1–7 においては、サタンが本来は人間の告訴人として天に居住していたことが前提とされている（王

上 22:21–22; ゼカ 3:1–2; ヨハ 12:31; 黙 12:7–8 も参照）。いずれにせよ、サタンが稲妻のように天から墜落するという描写は、天的・悪魔的存在が光の現象に伴われて深みにまで墜落する状況を示しており（Vollenweider 1988:196）、また**「稲妻のように」**（ὡς ἀστραπήν）という表現は、その現象の速さや明るさのみならず突発性をも示している。ここでは地上を破壊しようとするサタンの試みではなく（Spitta 1908:160–163 に反対）、サタンが天における地位をすでに失い、サタンの無力化が神の領域において生じていることを示しているが、このような証言は、すでに今、神の国が生起し始めているとするイエスの宣教使信の特質と一致している。もっとも、このことはサタンの最終的な滅亡を意味してはおらず（Ernst 1977:337; Wiefel 1988:200 に反対）、地上においてはなおサタンが勢力を保っているが、将来的にはサタンは無力化されることを暗示している。

19 節

　二つ目の言葉は使者たちに付与された権能について語られるが、この節は 17 節で報告された弟子たちによる悪霊追放を根拠づけると共に、17 節と 18 節の関連性を明らかにしている。すなわち、蛇（ὄφις）やさそり（σκορπίς）を踏みつけ、敵のあらゆる力に打ち勝つ権能がイエスから使者たちに付与されることにより、人間を支配するサタンの力は失われることになる。注目すべきことに、イエスの立場はここで、サタンの墜落を目撃する第三者的存在から使者たちに権能を授ける主体へと移行している（大貫 2003:44）。この言葉はまた十二人の派遣記事の導入部分（9:1）と、δίδωμι（与える）、ἐξουσίαν ... ἐπὶ πᾶσαν（πάντα）（あらゆる〜を〔支配する〕権能）及び δύναμις（力）を共有している。また一部の研究者は、この言葉と詩編 91（LXX 90):13 との関連性を重視しているが（Creed 1953:147; Eckey 2004a:475; Bill. II:168f）、詩編 90:13 LXX（「あなたは蛇と毒蛇を踏み、獅子と大蛇を踏みにじる」）における ἀσπίς（蛇）と βασιλίκος（毒蛇）は ὄφις（蛇）に相当するとは言え、ここにはさそりに相当する語は見られず、両者間に共通の語彙は存在しない（cf. 詩 91:13［マソラ本文］:「あなたは獅子と毒蛇を踏み、若獅子と大蛇を踏みにじる」）。むしろ注目すべきは、ὄφις（蛇）と σκορπίς（さそり）を共有する申命記 8:15 との関連であり（ミシュナ「アヴォート」5:5 も参照）、そこには、イスラエルの人々が神の力によってエ

ジプトから解放され、蛇とさそりのいる荒れ野においても神の導きによって守られていたことを思い起こすようにとの警告が記されている（Miyoshi 1974:102f; 三好 1987:294–296; 1991:322）。

この「蛇やさそりを踏みつけ」という表現に関して、Schürmann（1994:92）は裸足で行動した宣教者たちが蛇やさそりに煩わされた状況との関連で理解しているが、ここでの「蛇やさそり」は字義的に解すべきではなく、邪悪で危険な諸力を意味しているのであろう（11:11–12; さらに蛇については創 3:1–15; 民 21:6–9; シラ 21:2、さそりについては王上 12:11, 14; 代下 10:11, 14; シラ 39:30 を参照）。すなわち、「敵のあらゆる力を〔支配する〕」という表現が示しているように、ここではサタンを意味する「敵」（ἐχθρός）の危険で邪悪な諸力の屈服について語られており（cf. 十二遺訓レビ 18:12：「彼〔＝主〕は彼の子らに悪霊を踏みつぶす力を与える」）、天におけるサタンに対する勝利は、地上においては邪悪な諸力に打ち勝つ権能を弟子たちにもたらし、そのため弟子たちを貶めようとするサタンのあらゆる試みは失敗に帰し、もはや彼らに危害を加えるものは何もないというのである。

20 節

ルカに特徴的な πλήν（しかし）によって導入される第三のイエスの言葉は、帰還した使者たちが喜ぶべき真の根拠を示そうとしており、その喜びは悪霊たちの屈服にではなく、彼らの選び、すなわち彼らの名前が天に書き留められた点に根拠づけられるべきであると述べている。その意味でも、ここでは彼らの真の喜びは彼ら自身の選びと救いに関わっていることが強調されており、それと共に、サタンが「天から」墜落することと使者たちの名が「天に」記されることは緊密に関連づけられている。なお、17 節の τὰ δαιμόνια（悪霊）に対してここでは τὰ πνεύματα（〔悪〕霊）が使用されていることはこの箇所の独立性を示している。

最終的な救いの保証を意味する神の選びは、このように天の住民票への登録として表現される。ユダヤ教世界においても良く知られていたこの表象は、旧約聖書にも（出 32:32–33; 詩 69:29; 87:6; イザ 4:3; ダニ 12:1; ヨベル 19:9; 30:19–23; 36:10; エチオピア・エノク 47:3; 104:1; 108:3, 7; 死海文書「戦いの書」12:2 参照）、ラビ文献にも（Bill. II:169–176 参照）見られ、最初期

のキリスト教に受け継がれていった（フィリ4:3；黙3:5；13:8；17:8；20:12, 15；21:27参照）。ルカはこの記述を通して、小さな者への啓示に関する後続のイエスの賛美の言葉（10:21-24）を準備している。

【解説／考察】

　この段落冒頭の七十二人の帰還の記述はルカ10:1に対応し、七十二人の派遣記事を締めくくる機能を果たしており、使者たちによって語られた悪霊追放の報告は、使者たちに敵の力を支配する権能が与えられることによってサタンの力が打ち破られたことを示している。しかしながら、喜びの真の根拠はそこにではなく、何より彼らが救いの保証を得たことに存しており、自らの力を誇示する勝利主義や業績主義に陥るのではなく、真の救いを追い求めることが最も大切であるとここで改めて強調されている。

　この箇所はエルサレムに向かうイエスの旅の文脈を必ずしも前提としておらず、むしろここには後代の教会の状況が反映され、最初期の教会の使徒たちの力ある業（奇跡行為）が予示されている。あるいはこのテキストは、弟子たちはもはや悪霊追放等の奇跡行為を遂行できなくなったが、その名が天に記されていることを喜ぶことができたルカの時代のキリスト教の状況を示唆しているのかもしれない（Hoffmann 1972:253f）。今日の多くのキリスト者にとって、救いを現実的なものとして受け止めることは容易ではないが、その意味ではこのテキストは、救いを確信できない私たちに対しても将来への希望を語ろうとしている。

6. イエスの賛美と弟子たちへの祝福（10:21-24）

【翻訳】

10:21a まさにその時、彼（イエス）は聖霊によって喜び、そして言った。b「私はあなたをほめたたえます、父よ、天地の主よ。c なぜなら、あなたはこれらのことを知者たちと賢者たちには隠して、それらを幼子たちに顕され

たからです。^d そうです、父よ、このようになることはあなたの御前に喜ばれることでした。^{22a} すべてのことが私の父によって私に引き渡されました。^b そして、子が誰であるかを知る者は父以外におらず、^c また、父が誰であるかを知る者は、子と、子が顕そうと思う者以外におりません」。

²³ それから彼（イエス）は弟子たちの方を振り向いて彼らだけに言った。「幸いだ、あなたたちの見ているものを見る目は。²⁴ なぜなら、私はあなたたちに言っておくが、多くの預言者たちと王たちは、あなたたちが見ているものを見たいと欲したが見ることがなく、またあなたたちが聞いているものを聞きたい〔と欲した〕が聞くことがなかったのである」。

【形態／構造／背景】

イエスは帰還した七十二人にサタンの天からの墜落と将来の救いの保証について語った直後に、神を賛美し、弟子たちに対して祝福の言葉を語り出す。段落冒頭の「まさにその時」（ἐν αὐτῇ τῇ ὥρᾳ）という表現に加えて、弟子たちに対する肯定的評価や喜びのモチーフは、この段落を直前の段落（10:17–20）に結びつけている。直前の段落はルカによって挿入されたと考えられるが、ルカは双方の段落を通して「天地の主」（21 節）である神の存在を強調しようとしている（Schneider 1984a:243）。この直後の段落（10:25–37）では新たに律法の専門家が登場し、新しい主題が導入されていることからも、この段落は弟子たちの使命と祝福について記すルカ9:51 以降の一連の段落を締めくくる機能を果たしている。この段落は以下のように区分される。

（1）神に対するイエスの賛美（21 節）

　　（a）序：導入句（21a 節）

　　（b）神への賛美（21b 節）

　　（c）知者たちと賢者たちからの隠蔽と幼子たちへの開示（21c 節）

　　（d）神の喜び（21d 節）

（2）父と子に関わるイエスの証言（22 節）

　　（a）父から子への委任（22a 節）

　　（b）子が誰であるかを知る者（22b 節）

(c) 父が誰であるかを知る者（22c 節）

（3）弟子たちへの祝福（23–24 節）

(a) 弟子たちの幸い（23 節）

(b) 幸いの根拠：かつての預言者たちや王たちとの比較（24 節）

この段落の前半部（21–22 節）はマタイ 11:25–27 に、後半部（23–24 節）はマタイ 13:16–17 に緊密に並行しており、全体として Q 資料に由来し、前半部は Q 資料の段階で裁きの言葉（10:13–15）の直後に続いていたと考えられる。なお、マタイ 11:25–27 の直後には重荷を負っている者たちへのイエスの招きの言葉（マタ 11:28–30; 並行トマス福 90）が続いているが、ルカがこの記事を削除したとは考えにくいことから、マタイがユダヤ教の知恵伝承（マタイ特殊資料）からこれを取り入れて付加したのであろう（ブルトマン 1983:275f; ルツ 1997:261）。マタイはまた、後半の弟子たちに対する祝福の言葉（23–24 節 // マタ 13:16–17）を、マルコの文脈（マコ 4:10–12）に組み入れる形で、譬えで語る理由に関する記述（マタ 13:10–17）の末尾に移行させたと考えられる（Marshall 1995:431; Eckey 2004a:477; H. Klein 2006:382）。その一方で、21–22 節と 23–24 節が Q 資料の段階ですでに結合していたかどうかは明らかでなく、ルカ版 Q 資料の段階で結合した可能性も考えられなくはないが、おそらくルカが両者を結びつけたのであろう（Fitzmyer 1985:865; Nolland 1993a:569f; Löning 2006:40; 原口 2011:86）。

冒頭の導入句は、マタイ版と同様、前段との時間的連続性を示す表現（21a 節：ἐν αὐτῇ τῇ ὥρα［まさにその時］／マタ 11:25a：ἐν ἐκείνῳ τῷ καιρῷ［その時］）及び動詞 εἶπεν（言った）を含んでおり、Q 資料に由来すると考えられるが（Lührmann 1969:65; Schulz 1972:213）、その一方でルカ的語彙も見られることから（後述の注解部分参照）、ルカはこれを編集的に構成したのであろう（Miyoshi 1974:120f）。マタイ版と逐語的に一致する 21b–22 節は、ヨハネ的な響きをもつ「父」（πατήρ）と「子」（υἱός）に複数回言及し、父と子の相互認識について語っているが（ヨハ 10:15; 17:25 参照）、ヨハネ福音書との直接的依存関係は確認できず、むしろ知恵に関するユダヤ思想が背景にあるものと想定される。特に 22 節のイエスの言葉については、そのヘレニズム的（ヨハネ的）特徴が指摘されてき

たが（ブルトマン 1983:275）、むしろこの言葉はセム語的特徴を示している（T. W. Manson 1954:79; Miyoshi 1974:126; Hahn 1995:322–325; エレミアス 1998:112–115）。なお、21 節（並行マタ 11:25–26）と 22 節（並行マタ 11:27）のイエスの言葉は、発言の対象が異なっていることからも原初的には結合しておらず、22 節は Q 資料以前の段階で 21 節に付加されたのであろう。これらの言葉がイエスに遡る可能性も指摘されているが（T. W. Manson 1954:79; Fitzmyer 1985:870; Nolland 1993a:570; Marshall 1995:432; エレミアス 1998:115 参照）、特に 22 節については十分に根拠づけられない。後半部（23–24 節）については、στρέφω（振り返る［新約用例 21 回中ルカ文書に 10 回使用］）や πρὸς ... εἶπεν（〜に言った［《言述の動詞＋πρός＋対象を示す対格》は新約用例 169 回中ルカ文書に 149 回使用］）等のルカ的語彙を含む 23a 節の導入句はルカの編集句と考えられる（Miyoshi 1974:131）。一部の研究者はそれ以外の伝承部分をイエスの真正の言葉と見なしているが（Hoffmann 1974:210; ルツ 1997:392）、その点は明らかではない。おそらくルカは、Q 資料に由来する 21–22 節及び 23b–24 節を彼自身が構成した 23a 節によって結合し、さらに導入句（21a 節）等に適宜編集の手を加えることによってこの段落全体を構成したのであろう。

【注解】

21 節

　直前の箇所で弟子たちに救いの保証について語った後、イエスは「**聖霊によって喜び**」（使 13:52 参照）、語り出す。冒頭の ἐν αὐτῇ τῇ ὥρᾳ（まさにその時）はルカに特有の表現であり（12:12; 13:31; 20:19 参照）、編集句と考えられ、この段落を直前の七十二人の帰還の場面（10:17–20）に結びつけている。また「**聖霊によって**」（τῷ πνεύματι τῷ ἁγίῳ［1:41, 47; 3:22; 4:1, 14, 18–19; 使 2:46–47 参照］。一部の写本［$\mathfrak{P}^{45vid}$, ℵ, D, L 等］は ἐν τῷ πνεύματι τῷ ἁγίῳ［聖霊において］と記載）及び「**喜び**」（ἠγαλλιάσατο < ἀγαλλιάω［1:47; 使 2:26; 16:34］、名詞形の ἀγαλλίασις も 1:14, 44; 使 2:46 に使用）という表現もマタイの並行箇所には見られず、ルカの編集句と考えられるが、このイエスの喜びは直前の段落の弟子たちの喜び（10:17, 20）と共鳴している。この導入句のあとに終末論的賛歌が続いているが、この

部分は ① 神への賛美（21b 節）、② 知者たちと賢者たちからの隠蔽と幼子たちへの開示（21c 節）及び ③ 神の喜び（21d 節）に区分される。冒頭の ① と末尾の ③ は「**父よ**」（πάτερ）との呼びかけにおいて相互に対応し（a ／aʹ）、② における否定的記述と肯定的記述は対比的に構成されており（b ／bʹ）、この箇所全体はキアスムス（交差配列法）によって構成されている（Feldkämper 1978:159f; Eckey 2004a:477 参照）。

　イエスはまず、「**私はあなたをほめたたえます、父よ、天地の主よ**」と語り出す（cf. 死海文書「感謝の詩篇」2:20, 31; 3:19 他：「主よ、感謝します」）。ここでは、通常は「告白する」を意味する ἐξομολογοῦμαι が「ほめたたえる」の意で用いられているが（詩 51:11; 53:8 LXX; シラ 51:1 LXX 参照）、この語は七十人訳聖書の詩編ではしばしば前出の ἀγαλλιάω（喜ぶ）と結合して用いられている（詩 32:1–2; 66:4–5; 70:22–23; 106:21–22 LXX）。神に対する「父よ」との呼びかけは旧約及びユダヤ教文書にはほとんど類例がなく（本書 110 頁参照）、イエスの祈りに特徴的な表現であり（11:2; マコ 14:36; ロマ 8:15; ガラ 4:6 参照）、イエスと神との親密な関係を示しているが（エレミアス 1998:122–133 参照）、特にこのルカの文脈においてはイエスによって表明された新しい神理解を示している（22c 節の「父が誰であるか」を参照）。また、神が「天地の主」であることは、創造者であると同時に歴史の主であることを示している（創 14:19, 22; ユディ 9:12; 死海文書「外典創世記」22:16, 21; マタ 6:10; 使 17:24 参照）。

　これに続いてイエスは、その賛美の根拠として「**これらのことを知者たちと賢者たちには隠して、それらを幼子たちに顕された**」と逆説的な見解を述べる（死海文書「感謝の詩篇」7:26–27 参照）。ここでルカは、Q 資料（＝マタ 11:25）における ἔκρυψας（κρύπτω［隠す］のアオリスト形）を、おそらく直後の ἀπεκάλυψας（< ἀποκαλύπτω［顕す］のアオリスト形）と韻を踏ませるために、ἀπέκρυψας（ἀποκρύπτω［隠す］のアオリスト形）に修正している。また「これらのこと」は、前段で記されたサタンの墜落及び悪霊の屈服による弟子たちへの救い（神の国）の告知か、あるいは直後の 22 節で言及される父と子に関わる認識を指しているのであろう（Eckey 2004a:479）。

　「**知者たち**」（< σοφός）と「**賢者たち**」（< συνετός）はここでは同義的に用いられており（箴 16:21; シラ 9:14–15）、特に前者はしばしば律法の

専門家の意味で用いられるが（Wilckens, *ThWNT* VII:505f; さらにシラ 38:24 以下; シリア・バルク 46:5 参照）、ルカの文脈においては同様の傾向をもっていた当時のキリスト者の教師たちのことが考えられているのであろう（Schürmann 1994:107）。一方の νήπιος の原意は「幼子／乳飲み子」であるが、比喩的に「未熟な」を意味し、七十人訳聖書においてはしばしば神に顧みられる「無学／無知な者」（律法を知らない者）を指し（詩 18:8; 114:6; 118:130 LXX; 箴 1:32 LXX）、その意味でこの語は、この世的な知識をもたない弟子たちらの身分の低い人々とも関連し、貧者を肯定的に捉えるルカの思想的特徴（4:18; 6:20; 7:22）にも対応している。因みに Miyoshi（1974:139f）は、この語を謙虚さという倫理的特質との関連で解している。なお旧約においては、神は知者に知恵を、識者に知識を与えると記すダニエル 2:21–23 や神の秘義を賢者たちに教えるように指示する IV エズラ 12:36–38 等、これと逆行する記述も多く見られるが、その一方で「知恵ある者の知恵は滅び、悟りある者の悟りは隠される」（イザ 29:14）等、近似する記述も見られ（詩 19:8; 119:130; イザ 44:25; シラ 3:19 も参照）、I コリント 1:18–25 にも、知者たちから知恵を隠し、純朴な者に真理を啓示する神の業について記されている。この箇所はまた、「私の霊（τὸ πνεῦμά μου）は私の救い主である神を喜びます（ἠγαλλίασεν < ἀγαλλιάω）」（1:47）と語り出し、対照的な二組の人間集団（「権力者たち／富める者たち」と「卑しい者たち／飢えた者たち」）の将来の逆転について述べるマリアの賛歌（1:46–55）とも響き合う。

　さらにイエスは、同意を強調する「**そうです**」（ναί）という語で言葉を続け、このようになったことが神の御前に喜ばれることであった（εὐδοκία ἐγένετο）と語る（2:14 参照）。このことは、人知で計り知れない神の意思に基づく選びを示しており、その意味でも、神から啓示を与えられる者は神によって選ばれた者なのである。

22 節

　続いてイエスは、父から子への全権委任に言及し、その上で父と子の緊密な関係について語り、神からの啓示がイエスを通してのみ弟子たちに伝えられることを示そうとする。前節の言葉が直接父に向かって賛美していたのに対し、ここでは弟子たち（帰還した七十二人）に向かって語ら

れており、おそらくそのために、一部の写本ではこの節の冒頭に「それから彼は弟子たちの方を振り向いて言った」（καὶ στραφεὶς πρὸς τοὺς μαθητὰς εἶπεν）という後続の 23 節と同様の導入句が挿入されているのであろう（A, C, W, Θ 他）。その一方で、この言葉と先行する賛美の言葉は、πατήρ（父 [21b, d 節／22a, c 節]）及び ἀποκαλύπτω（顕す [21d 節／22c 節]）という鍵語によって相互に結びついている。この箇所はまた、① 父から子への委任（22a 節）、② 子を知る者としての「父」（22b 節）、③ 父を知る者としての「子」及び ④ 父を知る者としての「子が顕そうと思う者」（22c 節）というように区分することが可能であり、②と③は対比的に構成され（b／b′）、①の「父」と「子」の関係は④における「子」と「子が顕そうと思う者」の関係に対応しており（a／a′）、この箇所もキアスムス（交差配列法）によって構成されている（Feldkämper 1978:159f; Eckey 2004a:478）。

　最初に、父から子にすべてのことが「引き渡された」（< παρεδίδωμι [18:32; 20:20; 22:4, 6, 21, 22, 48 参照]）と述べられ、イエスは神の「子」として受領する存在であることが示されるが、「私の父」という表現は両者の緊密な関係をより一層強調している。「すべてのこと」はここでは何より「すべての権能（力）」（ダニ 7:13–14; エチオピア・エノク 62:6; 29:27; マタ 28:18 参照）を意味していると考えられるが（Lagrange 1927:307; Bock 1996:1011）、後続の記述内容との関連からは「あらゆる知識（啓示）」も意味する可能性も否定できず（Fitzmyer 1985:869; エレミアス 1998:116）、そのような知識も含んだあらゆる権能を意味しているのであろう（Miyoshi 1974:127; Marshall 1995:436; Bovon 1996:72）。いずれにせよ、イエスがすべての権能を受領したという点は、子に委任され、子が明らかにする啓示に関わっており、イエスはそれゆえ、子としては受領者として神の前に立つが、人間に対する唯一の啓示者として神の側に立つ存在なのである。この言葉はまた、マタイ 28:18 の復活のイエスの言葉やヨハネ福音書におけるイエスの主張と並行している（ヨハ 3:35; 5:20–22; 10:29–30; 13:3; 17:2）。

　続いて父と子の認識に関する言葉が続いているが、マタイ 11:27（＝ Q 資料）では「子を知る者は〜以外におらず、父を知る者は〜以外におりません」と、その事実のみが記され、双方の個人的関係が強調されているのに対し、ルカにおいては「子が誰であるかを知る者は〜以外におらず、ま

た、父が誰であるかを知る者は～以外におりません」と、単なる知識ではなく両者の本質に関わる相互の認識が強調されている。また、ここでイエスは三度にわたって自らを「子」（ὁ υἱός）と称しているが、このような例はヨハネ福音書には頻繁に見られる一方で（ヨハ 3:35–36, 5:19–26; 6:40; 8:36; 14:13; 17:1）、共観福音書ではここ以外では並行箇所のマタイ 11:27 を除くとマルコ 13:32 に見られるのみである（Hahn 1995:319f; 329f 参照）。

　ここではまず「子」の認識が問題にされ、「父」以外に子が誰であるかを知る者はいないと表明される。その意味で、イエスの神の子性は神以外には開示の対象とされていないが、この点はイエス自身の本質は隠されたままであるという理解から説明できるであろう（Schneider 1984a:245）。続いてこれに対応する形で、「父」が誰であるかを知る者として「子」が挙げられ、父と子の緊密な関係が改めて示されるが、ここではさらに「子が顕そうと思う者」が挙げられ、その意味では父と子の排他的な相互関係が一部相対化されている。このことはまた、人間が父の存在を知るようになるのはイエスを通してのみであり、イエスを介さずに神に到達し得ないことを示しており、21 節では啓示者としての父の存在が強調されていたのに対し、ここでは啓示者としてのイエスの姿が示されている。その意味では、ここでもイエスと神との緊密な関係は保持されているが（ヨハ 1:18 参照）、それと共に、イエスを知る者は神を知り、イエスに聞く者は神の言葉を受け入れるというように、ルカ 10:16 と同様、「父」（神）、「子」（イエス）、「弟子たち」の三者間の緊密な関係が示されている。

23 節

　続いてイエスは、啓示の受領者である弟子たちに幸いの言葉を語るが、ルカの文脈においてはこの弟子たちは 21 節の「幼子たち」と同一視されている。ルカの編集句である「それから彼（イエス）は弟子たちの方を振り向いて」という導入句は、κατ᾽ ἰδίαν（彼らだけに）という表現（9:10; 使 23:19 参照）と共に、以下の言葉が特に弟子たちに向けられていることを明示している。ここで弟子たちは「幸いだ、あなたたちの見ているものを見る目は」と祝福されており、「あなたたちの目は見ているから幸いだ」と語る並行箇所のマタイ 13:16 とは異なり、見ている対象にも焦点が当てられている。さらにマタイ版では、直後のマタイ 13:17 と同様、「見るこ

と」に加えて「聞くこと」にも言及されているが、これはおそらく、「聞くこと」と「見ること」の双方に言及するイザヤ6:9–10を引用する直前のマタイ13:14–15との関連から、さらには「聞くこと」を主題とする譬え講話という文脈のためにマタイが付加したと考えられる。確かに、ルカが啓示の視覚的側面を強調するため、あるいは、使徒派遣の記述を締めくくる文脈において聞くことが求められているのは使者たちではなく使者たちの宣教対象になった人々であるという理由から、「聞くこと」を削除した可能性も完全には否定できないが（Miyoshi 1974:132f）、直後の24節では「見ること」と「聞くこと」が並列されていることからも、それは考えにくいであろう。

24節

ここでは「**私はあなたたちに言っておく**」という強調表現に導かれて弟子たちの幸いの根拠が示され、過去の預言者たちや王たちを引き合いに出して弟子たちの特別な立場を明言している。すなわち弟子たちは、かつての「**多くの預言者たちと王たち**」（アブラハム黙25:4; Ⅱマカ2:13参照）でさえ望んでも見たり聞いたりできなかった救いのしるしを、イエスの業を通してすでに見聞きしているのである。マタイ版においては「王たち」の代わりに「義人たち」が用いられているが（マタ13:17）、「預言者と義人」という組み合わせはマタイ10:41及び同23:29にも見られることからも、「義人」という語を好むマタイが編集的に置き換えたのであろう（ルツ1997:392f, 407。一方でMiyoshi 1974:133はルカが置き換えた可能性を指摘）。一部の研究者は、21節における「幼子たち」と「知者たちと賢者たち」の場合と同様に、ここでも弟子たちと「**預言者たちと王たち**」が対立的に捉えられていると見なしているが（Green 1997:423; Wolter 2008:389）、ここでは決して預言者や王たちが否定的に捉えられているわけではなく、むしろ彼らは弟子たちに付与された特権（10:19参照）を際立たせるために引き合いに出されたと解すべきであろう。なお、ここでは見ることに加えて聞くことにも言及されているが、これはイエスの宣教活動との関連において理解される。

【解説／考察】

　サタンの墜落と弟子たちの救いについて述べる前段を受けて、この段落では、知者たちには隠され、幼子のような小さな者たちに顕された啓示について語られる。そして、すべての権能を神から与えられた御子イエスを通して、父なる神に関する認識を与えられ、見るべきものを見ている弟子たちが祝福されるが、ここでは改めて「父」と「子」及び「弟子たち」の関係が明示されている（10:16 参照）。

　この段落においては何より終末論的観点が強調されており、聖霊によって喜ぶイエスの神賛美は明らかに終末論的な次元に関わり、知者たちにではなく幼子たちに与えられる啓示は終末論的逆転の状況を示しており（1:51-53 参照）、さらに弟子たちは終末論的な救いの証人として幸いを告げられている。その意味でもこの段落は、今日のキリスト者に対しても改めて将来の救いの希望について語ろうとしている。そしてこのように、イエスの弟子たちが救いのしるしを見聞きする幸いな存在と見なすこの段落は、弟子たちの使命や彼らの派遣について記すルカ 9:51 以降のイエスのエルサレム旅行記の冒頭部分を締めくくっているが、それと共に、弟子たちの実践に焦点を当てる後続の箇所へと橋渡しする機能をも果たしている。

---

7. サマリア人の譬え（10:25-37）

【翻訳】

10:25 すると見よ、ある律法の専門家が立ち上がり、彼（イエス）を試みて言った。「先生、私は何をすれば永遠の命を受け継ぐことができるでしょうか」。 26 そこで彼（イエス）は彼（律法の専門家）に言った。「律法には何と書かれているか。あなたは〔それを〕どのように読んでいるか」。 27 すると彼は答えて言った。「『主であるあなたの神を、あなたの心全体から、あなたの魂全体で、あなたの力全体で、あなたの知力全体で愛しなさい、また、あなたの隣人をあなた自身のように〔愛しなさい〕』〔とあります〕」。 28 そ

こで彼（イエス）は彼に言った。「あなたは正しく答えた。それを行いなさい。そうすればあなたは生きるだろう」。

²⁹ しかし、彼（律法の専門家）は自らを義としようとして、「では私の隣人とは誰ですか」とイエスに言った。³⁰ᵃ イエスは〔その問いを〕取り上げて言った。ᵇ「ある人がエルサレムからエリコへ下って行き、〔その途中で〕強盗たちの手に落ちた。そして彼らは彼から服をはぎ取り、〔彼に〕打ち傷を負わせ、半殺しのまま見捨てて立ち去った。³¹ さて、たまたまある祭司がその道を下って来たが、彼を見ると〔道の〕反対側を通り過ぎて行った。³² また同じように、〔一人の〕レビ人もその場所にやって来たが、〔彼を〕見ると〔道の〕反対側を通り過ぎて行った。³³ ところが、旅をしていたあるサマリア人が彼のそばにやって来て、〔彼を〕見て憐れに思い、³⁴ そして近寄って来て、オリーブ油とぶどう酒を注いで彼の傷に包帯をして、そして彼を自分の家畜に乗せ、彼を宿屋に連れて行って彼を介抱した。³⁵ そして翌日、彼（サマリア人）はニデナリオンを取り出して宿屋の主人に渡し、そして言った。『彼を介抱してください。何であれさらに費用がかかったら、戻って来る時にこの私があなたに支払います』。³⁶ あなたはこの三人の中で誰が強盗に襲われた人の隣人になったと思うか」。³⁷ᵃ すると彼（律法の専門家）は言った。「彼に憐れみ〔の行為〕を行った人です」。ᵇ そこでイエスは彼に言った。「行って、あなたも同じように行いなさい」。

【形態／構造／背景】

イエスによる神への賛美と弟子たちへの祝福の言葉（10:21-24）のあとにはこのサマリア人の譬えが続いており、平地の説教（6:20-49）において幸いの言葉（6:21-23）に続いて愛敵の教え（6:27-38）が語られていたように、ここでは幸いの言葉（10:23）の直後に隣人愛の教えが続いている。この段落の直後には、イエスの言葉に聞くことの大切さを示すマルタとマリアのエピソード（10:38-42）が続いている。

この段落は、永遠の命をめぐる問答について記す前半部（25-28節）と譬え本文を含む後半部（29-37節）から構成されているが、前半部においては神への愛と隣人愛の二つの掟が並列する形で言及されているのに対し、後半部の譬えにおいては専ら隣人愛に焦点が当てられている。その一方で、

前半部と後半部との間には以下の表に示すような構造上の対応関係が認められる。

【ルカ 10:25-37 の前半部と後半部の対応関係】

【永遠の命をめぐる問答】		【隣人をめぐる問答】	
25 節	律法の専門家の問い	29 節	律法の専門家の問い
26 節	イエスの反問	30–36 節	譬え及びイエスの反問
27 節	律法の専門家の返答	37a 節	律法の専門家の返答
28 節	イエスの認証と「行いなさい」との勧告	37b 節	イエスの「行いなさい」との勧告

　このように、前半部も後半部もイエスと律法の専門家の対話がまず後者の問いによって始まり（25 節／29 節）、それに対してイエスは直接答えずに問い返し（26 節／36 節）、そのイエスの反問に律法の専門家が返答し（27 節／37a 節）、最後にその返答に対してイエスが「行いなさい」（ποίει）と勧告して締めくくられる（28 節／37b 節）というように、前半部と後半部が共通の構造をもっており、両者で二重の論争的対話が構成されている（Sellin 1975:19f; ハルニッシュ 1993:347–350; Bovon 1996:823 参照）。

　後半の譬え（29–37 節）については、後出のルカ 12:16–21; 16:19–31; 18:9–14 と同様、伝統的に「例話」と見なされる（Jülicher 1910a:112–115 参照）。この譬えはまた、「旅人」、「祭司・レビ人」、「サマリア人」という三者が中心的な役割を果たす三人格構造をとっており（Sellin 1974:166–189; ハルニッシュ 1993:90–106 参照）、それもルカの譬えに特徴的な、対照的な位置づけにある二者の対照的な振る舞いを軸に物語が展開していく筋立てになっている（15:11–32; 16:19–31; 18:9–14 参照）。その意味でも、この譬えの主眼点を見極めるためには、瀕死の状態にあった同胞の旅人を見捨てて「〔道の〕反対側を通り過ぎて行った」（ἀντιπαρῆλθεν）祭司及びレビ人と、その旅人に「近寄って来て」（προσελθών）彼を救出したサマリア人との対照的な位置づけを明確にする必要がある。なお、これら三人の人物の振る舞いの描写は、いずれも καὶ ἰδών（そして［彼を］見ると）という表現（31, 32, 33 節）を含んでいる。

　一部の研究者は、この譬えの自律性（独立性）を強調する立場から譬え本文（30b–35 節）のみを取り出して解釈することの正当性を主張してい

るが（Funk 1974:74–81；ハルニッシュ 1993:329 以下；さらにペリン 1981:244
以下も参照）、本注解ではルカの文脈に従って読み解いていくことにする。
この段落全体は以下のような構成になっている。

（1）永遠の命をめぐる問答（25–28 節）
　　（a）永遠の命をめぐる律法の専門家の問い（25 節）
　　（b）律法に関するイエスの反問（26 節）
　　（c）旧約章句による律法の専門家の返答（27 節）
　　（d）イエスの認証と勧告（28 節）
（2）隣人愛をめぐる問答（29–37 節）
　　（a）隣人をめぐる律法の専門家の問い（29 節）
　　（b）譬え本文（30–35 節）
　　　　① 導入句（30a 節）
　　　　② 強盗たちによる旅人への襲撃（30b 節）
　　　　③ 祭司の振る舞い（31 節）
　　　　④ レビ人の振る舞い（32 節）
　　　　⑤ サマリア人の振る舞い（33–35 節）
　　（c）譬えに関するイエスの問い（36 節）
　　（d）律法の専門家の返答とイエスの勧告（37 節）

　この段落の前半部（25–28 節）はマルコ 12:28–34 及びマタイ 22:34–40
に並行し、いずれのテキストも、律法学者（律法の専門家）が発する律法
に関する問いに対してイエスが答えるという筋立てになっている。もっと
もマルコとマタイにおいては、この段落はエルサレム入城後のイエスとユ
ダヤ人指導者層との間でなされた一連の論争の中に位置づけられ、最大の
掟に関する律法学者（γραμματεύς）の問いにイエス自身が律法を引用して
神への愛と隣人愛について答えているのに対し、ルカにおいてはこの段落
はエルサレム途上の出来事として位置づけられ、永遠の命に関する律法の
専門家（νομικός）の問いに対してイエスが反問し、その反問に対して律法
の専門家が神への愛と隣人愛について答え、最後にイエスがそれを認証・
勧告するという筋立てになっている。
　以上の点からもマタイがマルコに依拠していることは明らかである

が、ルカとマルコの関係については否定的な見解をとる研究者も少なくなく、例えばエレミアス（1969:221）は、生前のイエスが類似した話を繰り返し語った可能性を指摘し、マルコとルカの直接的な関係を否定している。しかしながら、① ルカはそもそもマルコを資料として保持していた点、② エルサレム入城後のイエスとユダヤ人指導者層との一連の論争記事においてもルカは基本的にマルコに依拠しており（マコ 11:27–12:47 // ルカ 19:28–20:44）、「最大の掟」（マコ 12:28–34）の並行記事のみがルカに欠けているが、その直前の「復活問答」（マコ 12:18–27 並行）のルカ版の結びのルカ 20:39–40 はマルコ 12:32a, 34c に並行しており、ルカがマルコから「最大の掟」の部分を抜き取った痕跡と考えられる点、さらに ③ 申命記 6:5 LXX から引用された「あなたの〜全体から／で」という一連の表現については、マルコとルカは申命記やマタイには見られない ἰσχύς（力）を共有し、他の名詞についても一致していることから（下表参照）、マタイと同様、ルカもマルコに依拠していることは確実であろう（Bimder 1959:176f; Linnemann 1966:146f; Zimmermann 1970:61f; Schramm 1971:47–49; Schneider 1984a:247; Schürmann 1994:136–138）。

【申命記 6:5 LXX と三福音書の対応関係】

申命記 6:5（LXX）	マルコ 12:30	ルカ 10:27	マタイ 22:37
ἐξ ... καρδίας	ἐξ ... καρδίας	ἐξ ... καρδίας	ἐν ... καρδίᾳ
ἐξ ... ψυχῆς	ἐξ ... ψυχῆς	ἐν ... ψυχῇ	ἐν ... ψυχῇ
ἐξ ... δυνάμεως	ἐξ ... διανοίας	ἐν ... ἰσχύϊ	ἐν ... διανοίᾳ
—	ἐξ ... ἰσχύος	ἐν ... διανοίᾳ	—

その一方で一部の研究者は、ルカはマルコ資料のみならずQ資料も用いてこの箇所を構成したと考えており（Sellin 1975:20f, 59; 川島 1988:12f; ハルニッシュ 1993:347f）、さらに Crossan（1971/72:287–291）は、マタイがマルコ及びQ資料に依拠しているのに対し、ルカは全面的にQ資料に依拠しており（橋本 1977:42f; Klinghardt 1988:138; 辻 2010:28f も同意見）、この箇所はQ資料の段階で後続の譬えと結合していたと見なしている。確かに、マタイとルカにのみ共通する語彙として、マルコの γραμματεύς（律法学者）に対する νομικός（律法の専門家）の他、(ἐκ)πειράζων（試みて）、διδάσκαλε（「先生」との呼びかけ）、ἐν τῷ νόμῳ（律法において）等が挙げられ、申命記

6:5 LXX からの引用箇所についても、マルコが申命記と同様に ἐξ（〜から）を用いているのに対して、マタイとルカは総じて ἐν（〜において）を用いている（ルカは冒頭部分のみ ἐξ を使用）。しかしながら、マタイ版では ἐκπειράζων の接頭辞 ἐκ が欠けており、νομικός と ἐν τῷ νόμῳ については用いられている文脈が明らかに異なっていることからも、両者の共通性はそれほど顕著ではなく（Schürmann 1994:138f 参照）、むしろマタイとルカはここでは現存のマルコとは異なる改訂版を用いたと考えるべきであろう（Nolland 1993a:580; Ennulat 1994:278–287; Eckey 2004a:485; H. Klein 2006:388）。また一部の研究者は、後続の譬え部分のみならず、この前半部もルカ特殊資料に帰しているが（T. W. Manson 1954:259f; レングストルフ 1976:294; Fitzmyer 1985:877f; Schweizer 1986:121; Bovon 1996:84）、マルコとの関連性が明らかであることに加えて、段落全体の枠組みや主眼点においてルカ的な特徴が確認できることからも、それは考えにくいであろう。以上のことからも、マタイが基本的にマルコに依拠しているのに対し、ルカはこの前半部をマルコに依拠しつつも後続の譬えとの関連から編集的に構成したと考えられる。

　これに対して 29 節以降の後半部はルカ特有の記事であり、特に 30–35 節の譬え本文には多くの非ルカ的語彙が含まれていることから（Jeremias 1980:191f）、全体としてルカ特殊資料に由来すると考えられる（代下 28:8–15 も参照）。問題となるのは、この後半部における伝承と編集の範囲に関してである。ルカ 10:25–37 を伝承史的に考察する際、一部の研究者は 29 節（27 節も参照）及び 36 節における二種の「隣人」（πλησίον）、すなわち、「愛の対象としての隣人」と「愛の主体としての隣人」（エレミアス 1969:223）の間に存在する意味上の相違に注目し、29 節と 36 節の間に伝承史的段階の差異を想定することにより両者間の意味のずれを説明し、そこからテキスト全体を伝承史的に跡付けようと試みている。例えば Crossan（1971/72:288f）は、この段落は前半部（25–28 節）と譬え部分（30–36 節）に、29 節及び 37 節が付加されることによって現在の形に構成されたと考えている。しかしながら、29 節の「隣人」なしに 36 節の「隣人」概念は十分に伝わらず、36 節の問いそのものが理解できなくなり、また、これら二つの「隣人」の間に意味上の相違があるのだとしたら、なぜ異なる意味の「隣人」が二次的に付加されたのか、十分に説明できない

ことからも、このような想定は難しいであろう（Sellin 1975:29–31）。

　それでは、譬え部分を 35 節までに確定し、前半部分（25–28 節）と譬え部分（30–35 節）にあとから（ルカによって）29 節と 36–37 節が付加されることによってこの段落が構成されたと考えるべきであろうか（Jülicher 1910b:596; ユンゲル 1970:238f; Horn 1983:108f）。しかしながら、譬え部分にも ἄνθρωπός τις（ある人）をはじめ、ルカ的語彙が少なからず認められるのみならず（Binder 1959:178f n. 13; Sellin 1975:35–37; Jeremias 1980:190–193; H. Klein 2006:389 n. 11 参照）、後述するように、内容的にも極めてルカ的であることからも、この譬え部分（30–35 節）がルカ以前にすでに現在の形に構成されていたとは考えにくく、さらに 29 節と 36–37 節の各節についても単純にルカの編集句と断定することはできないであろう。

　以上のことからも、この箇所全体の伝承史を厳密に見極めることはほとんど不可能であり、結局のところ、この段落の伝承と編集について確認できることは、ルカはマルコより得たイエスと律法の専門家の論争記事（25–28 節）とルカ特殊資料から得た譬え部分（30–35 節）とを自らの視点のもとに結合し、二重の論争的対話を構成するようにこの箇所全体を編集的に構成したという点のみである。なお比較的多くの研究者は、この譬えの核となる部分はイエスに遡ると考えている（エレミアス 1969:222f; Nolland 1993a:590; Bock 1996:1020f 他）。

【注解】

25 節

　この段落は、ある律法の専門家がイエスに問いかける場面から始まっているが、冒頭の καὶ ἰδού（すると見よ）は新しい主題の始まりを示している。「**律法の専門家**」（νομικός）は律法解釈を専門とする学者であり（7:30; 11:45, 46, 52 参照）、前段において天からの啓示が隠されていると見なされた「知者たち」（10:21）に該当する。「**試みて**」（ἐκπειράζων）は、この律法の専門家が敵意をもってイエスに問いかけたことを示しており（Fitzmyer 1985:880; Plummer 1989:284; Löning 2007:41）、「**先生**」（διδάσκαλε）との呼びかけもイエスを教師と認めた上での発言ではなく、

皮肉を含んでいたと考えられる。

前述したように、ルカ版における律法の専門家の問いは、マルコやマタイの場合のように最大の掟に関する問いではなく、「**何をすれば**」（τί ποιήσας［3:10–14; 使 2:37 参照］）永遠の命を受け継ぐことができるかという、その条件を問う、より実践的・救済論的な問いになっている。「**永遠の命**」（ζωὴ αἰώνιος）は、ヨハネ福音書に比較的多く用いられている一方で（新約用例 27 回中 17 回）共観福音書には 8 箇所にしか見られず、ルカ 10:25 とマタイ 25:46 を除く 6 箇所はすべてマルコ 10:17–31 の金持ちの男の物語とその並行記事（マタ 19:16–30 // ルカ 18:18–30）に含まれており（ダニ 12:2 も参照）、「私は何をすれば永遠の命を受け継ぐことができるでしょうか」という問いは、ルカ版の金持ちの男（議員）の問い（18:18）と逐語的に一致している。そしてルカがここで「**永遠の命**」という表現を用いたのは、ただ単に「最大の掟」という概念がルカの読者である異邦人キリスト者には伝わりにくかったという理由のためだけでなく（Linnemann 1966:63 参照）、行為を重視する 30 節以降の譬えとの関連において、行為と直接関わる「何をすれば〜」という表現を導入するためであったと考えられる（「最大の掟」の場合は「何をすれば〜」にスムーズに接続しない）。なお、この永遠の命の主題は、使者たちの名が天に記載されているという記述（10:20）を思い起こさせる。

26 節

律法の専門家の問いかけに対して、イエスは直接答えずに「**律法には何と書かれているか。あなたは〔それを〕どのように読んでいるか**」と反問している。問いに対する答えが反論、比喩表現、旧約章句からの引用等によってなされるこのような論争方法はラビに典型的なものであり（ブルトマン 1983:72f）、律法の内容に関して律法の専門家に問いただす、このような振る舞いはイエスの権威を示している。なお、「**あなたは〔それを〕どのように読んでいるか**」（πῶς ἀναγινώσκεις）という問いはしばしば「あなたはどのように理解するか」の意で解されるが（Nolland 1993a:583; Green 1997:428）、後続の 27 節に引用されている申命記 6:5 の言葉はユダヤ人が日毎に唱えるシェマーの祈りの冒頭部分であることから（並行箇所のマルコ 12:29 には「聞け、イスラエルよ」以下のシェマーの祈りの第一行

［申 6:4］が記載されている点に注意）、この箇所はむしろ「あなたは日頃からどのように唱えているか」という意味に解すべきであろう（エレミアス 1998:345。一方で Schürmann 1994:132 n. 29 はこの見解に否定的）。

27 節

マルコやマタイにおいては、律法学者（γραμματεύς）の問いに対してイエス自身が、第一に神への愛の掟について、第二に隣人愛の掟について、それぞれ申命記 6:5 とレビ記 19:18 を引用して答えているのに対し、ルカにおいては、イエスの反問に対して最初に問いを発した律法の専門家（νομικός）自身がこれら二つの愛の掟について答えている。ルカにおいてはまた、「愛しなさい」（ἀγαπήσεις）という動詞は「**主であるあなたの神**」と「**あなたの隣人**」の双方にかかっており、双方の愛の掟は接続詞 καί によって結合されて一文で構成されている。このような神への愛と隣人愛との結合については初期ユダヤ教文書にも関連箇所が見られることから（十二遺訓イッサカル 5:2; 7:6; 同ゼブルン 5:1; 同ダン 5:3; 同ベニヤミン 3:3–4; フィロン『十戒各論』『律法詳論』2:63 等）、当時のユダヤ社会においてすでに両者を結合する思想が確立していたという見解も見られる（ヒルトン／マーシャル 1991:69–71; Nolland 1993a:584f; 辻 2010:63–65）。しかしながら、双方の愛の明確な結合を示す典拠は確認できないことからも、両者の結合が当時のユダヤ世界においてどの程度一般化していたかは明らかではない。いずれにせよ、両者を結合して捉える思想はイエスの信奉者たちの間で確立、発展したと考えられるが、それだけに律法の専門家がそのように両者を結合させて返答するルカ版の記述は注目に値する。

ここではまた、あなたの神を「**あなたの心全体から、あなたの魂全体で、あなたの力全体で、あなたの知力全体で**」愛するように要求されており、まさに全身全霊で神を愛することが求められている（類似表現については王下 23:25; 代下 35:19b; ヨベル 1:15 参照）。これら四つの修飾句の冒頭の「**あなたの心全体から**」のみは ἐν（～において）ではなく ἐξ（～から）が用いられているが、おそらくそれは καρδία（心）が人間の内面の中心にあることと関連しており、この箇所が標題的意味をもっているのに対し、「**魂**」（ψυχή）、「**力**」（ἰσχύς）、「**知力**」（διάνοια）に関わる後続の三つの表現はそれを展開している（前掲の【申命記 6:5 LXX と三福音書の対応関係】参

照)。さらにマルコとは異なり、「**知力**」を含む表現が末尾に置かれているのは、ルカの文脈においては特にこの概念が重要視されていたためかもしれない（10:21–22 参照［Schürmann 1994:133］）。

さらにここでは、あなたの隣人を「**あなた自身のように**」（ὡς σεαυτόν）愛しなさいと、自己愛を引き合いに出して隣人愛が要求されている。もちろん、ここでは特に「自己愛」が要求されているわけではないが、その一方で一概に否定されているわけでもなく、むしろ「隣人愛」に橋渡しするものとして肯定的に捉えられているのであろう（宮田 1996:230–243; フロム 2013:92–100 参照）。

28 節

律法の専門家の返答に対してイエスは「**あなたは正しく答えた**」（ὀρθῶς ἀπεκρίθης）と確証を与えており、律法尊重の点では両者間に見解の相違はなかったことが示される。しかし重要なのは、その直後の「**それを行いなさい。そうすればあなたは生きるだろう**」（τοῦτο ποίει καὶ ζήσῃ）という発言であり（cf. レビ 18:5 LXX：ἃ ποιήσας ἄνθρωπος ζήσεται ἐν αὐτοῖς［人はそれらを行って、それらによって生きる］）、確かに律法に関する認識において両者は一致していたが、その律法に基づいて実践的に行動するという観点がこの律法の専門家には欠如していたことが明らかになる。このようにここでは、律法の中心内容を認識しながらも隣人愛を実践しようとしないこの律法の専門家の偽善的な姿勢が示されているが、この点は後続の譬え本文における祭司やレビ人の態度とも関わってくる。

この段落前半部は、25 節の「（私は）何をすれば（ποιήσας）、永遠の命を（ζωήν αἰώνιον）受け継ぐことができるでしょうか」という問いに始まり、28 節の「それを行いなさい（ποίει）、そうすればあなたは生きるだろう（ζήσῃ）」という答えで結ばれる枠構造をもっているが、その意味でも、この箇所全体は「行為」と「命」を軸に構成されており、この点は「隣人愛」を主題とする後続の譬え本文の内容とも密接に関連している。

29 節

愛の行為の実践を促された律法の専門家は、今度は隣人に関する問いをイエスに投げかける。この問いは、前半部の 25–28 節を 30 節以下の譬え

本文に橋渡しする移行句の機能を果たしており、この問いを契機として隣人愛そのものに焦点が当てられ、イエスと律法の専門家との論争的対話は新たな展開を見せることになる。

ここで律法の専門家は「**自らを義としようとして**」問いを発するが（16:15; 18:9; さらにヨブ 32:2 LXX; 箴 30:12 LXX 参照）、ここでの「義とする」（δικαιόω）は、イエスを試そうとして発した永遠の命に関する問い（25 節）を簡単にかわされて面目を失った自分自身の正当化を意味しており、彼はここで新たな問いを発することによって自分の不面目を取り繕おうとしているのであろう。ここで彼は「**私の隣人とは誰ですか**」（τίς ἐστίν μου πλησίον;）と問いかけているが、これは「隣人」の定義そのものよりもその範囲に関する問いであり、律法の有効範囲を問うものであった。「隣人」は本来ユダヤ人同胞を意味し（レビ 19:18 参照）、当時のユダヤ教においてはユダヤ人同胞の他にユダヤに居住する改宗者まで含めるという点までは概ね一致していたが（レビ 19:34; 申 10:19; さらに Bill. I:353f も参照）、それ以上の詳細については様々な見解があった（エレミアス 1969:221f; 辻 2010:48–52, 66–77; さらに死海文書「宗規要覧」1:9–10; 2:24; 5:25;「戦いの書」1:1 参照）。

30 節

律法の専門家の問いかけに対して、イエスは直接答えずに譬えを語り始める。最初に「**ある人**」（ἄνθρωπός τις）がエルサレムからエリコに向かって旅をしていた状況が語られるが、特に説明がないことから、この人物はユダヤ人と考えられる（ハルニッシュ 1993:332）。「**下って行き**」（κατέβαινεν）という表現は、エルサレムからエリコに向かって傾斜勾配が下っているという意味ではなく、首都エルサレムから遠ざかるという意味で用いられている。エルサレムからエリコに至る約 27 キロメートルの道は荒涼たる岩地で、人気のない荒野であり、しばしば強盗が出没する危険な場所であったとされる（ヨセフス『ユダヤ古代誌』4:474; ストラボン 16:2:41 参照）。

果たして、この旅人は強盗たちに襲われ、服をはぎ取られ、傷を負わされ、半殺しの状態で放置されるが、ここでは彼の持ち物も奪われたことが前提にされている（Bovon 1996:89）。λῃσταί（強盗たち）はヨセフスの著作

においては常に熱心党員の意で用いられているが、ここでも（逃亡した）熱心党員が意味されているという見解（Grundmann 1961:223）は十分に根拠づけられない。また一部の研究者は、この旅人は防御（抵抗）したために傷を負ったと想定しているが（エレミアス 1969:222; Eckey 2004a:489; ベイリー 2010:440）、この想定も推測の域を出ず、物語の関心はむしろ、この旅人が誰かの助けを必要とする危機的な状況に陥ったことに向けられている。

31–32 節

　そこに偶然、その襲われた旅人と同様、その道を「**下って来た**」（κατέβαινεν）一人の「**祭司**」（ἱερεύς）がその場を通りかかる。祭司はイスラエルの民を代表して神に仕え、祭儀を執り行う公職であり、神と人との仲保者としての立場にあった。エリコは祭司の町として知られており（Bill. II:180 参照）、おそらく彼は、エルサレムでの職務を終えてエリコに戻る途中であったと想定される。しかし彼は、その傷つき倒れている人を見ると、道の反対側を通って立ち去ってしまう。次に「**レビ人**」（Λευίτης）がその場を通りかかる。レビ人も宗教的公務の補佐的役割を果たす祭儀職にあったが、その瀕死の旅人を見ると、彼も祭司と同様、道の反対側を通って立ち去っていった。

　祭司とレビ人（ヨハ 1:19 参照）がその瀕死の旅人を見捨てて立ち去った理由については、まだ近くに潜んでいる可能性がある強盗たちに自分自身も襲われることを恐れたためと考えるのが自然であろう（Nolland 1993a:593）。その一方で、このような彼らの振る舞いについて、彼らは自らに義務づけられている律法の「清浄規定」（レビ 21:1–4; 民 6:6–8 他）に従って、死体との接触による汚れを避けるためにこのような行動をとったという説明もしばしばなされてきた（ベイリー 2010:441f; ボウカム 2013:118f 参照）。しかしながら、今日では大半の研究者はこの見解に懐疑的であり（Linnemann 1966:59; Sellin 1975:38f; Eichholz 1979:166f; ハルニッシュ 1993:333; カルペパー 2002:294）、祭司とレビ人はエルサレムでの職務を終えてエリコに戻る途上にあったという状況を勘案するなら、そこまで清浄規定に拘る必要はなかったようにも考えられる（山口 2017:198）。加えてミシュナ「ナージール」7:1 には、祭司が旅の途上で死体を見つけ

た場合、彼にはそれを埋葬する義務があったことを示す記述も見られる。その一方で、もし清浄規定が問題になっているなら、ここでは祭司・レビ人批判というよりは、イスラエルの神殿祭儀そのものに対する批判が意図されていることになるであろう（Binder 1959:189–191; 荒井 1974:133; 2009:175）。しかしここで特に重要なのは、理由はどうあれ、彼らがここで瀕死の同胞を見捨てたという事実である。

　確かにイエスの時代においては、祭司やレビ人は民衆の支持を失い、もはやユダヤの民衆に対して大きな影響力はもたなかったようであるが（Bill. II:182; Linnemann 1966:59）、少なくともルカの文脈においては民衆に尊敬されている人々として捉えられていた。しかしそれだけに、ここで祭司やレビ人が傷ついた同胞を見過ごして助けなかったということは、少なくとも先に触れた神への愛と隣人愛の結合が彼らには見られなかったことを示している。すなわちここでは、愛の行為には至らなかった祭司やレビ人の振る舞いを通して、隣人愛に結実しない彼らの表面的な神への愛が批判されている。ルカの文脈においては、イエスはまさに今、受難と死の場所であるエルサレムに向かう途上にあるが、エルサレムとその神殿を象徴する祭司とレビ人に関するこのような描写は、エルサレムの否定的側面を示している。

33–34 節

　祭司、レビ人に続いてこの場所に現れたのは一人の「**サマリア人**」（Σαμαρίτης）であった（9:52–53 参照）。元来のユダヤ人聴衆は、祭司、レビ人のあとにはむしろ一般のユダヤ人が登場することを期待しており、この意外な展開に驚いたかもしれない（ベイリー 2010:443; 山口 2017:202f）。サマリア人はユダヤ人から半異教徒と見なされ、両者は敵対関係にあり（ヨハ 4:9 参照）、特に紀元 6–9 年頃、サマリア人がエルサレム神殿に人骨を撒き散らすという事件が起こって以降、ユダヤ人とサマリア人との関係は非常に険悪であったとされる（ヨセフス『ユダヤ古代誌』18:29–31 参照）。

　ところがそのサマリア人は、祭司とレビ人から見捨てられた瀕死のユダヤ人を見て「**憐れに思い**」（< σπλαγχνίζομαι：内臓［σπλάγχνον］が動かされる［7:13;15:20 参照]）、近寄って来て、持ち合わせていたオリーブ油とぶどう酒を彼の傷口に注ぎ、包帯した上で彼を自分の家畜に載せ（19:35 参

照)、宿屋に連れて行って介抱する。「**オリーブ油**」（ἔλαιον）は傷の手当て
に（イザ 1:6）、「**ぶどう酒**」（οἶνος）は傷の消毒に使われたと考えられるが、
医療目的のために初めから両者を混合して用いたのかもしれない（ベイリ
ー 2010:411）。なおエレミアス（1969:222f）は、このサマリア人は頭巾か
亜麻の下着を切り裂いて包帯として用い、また商人であった彼は、一頭の
家畜に荷物を積んで、もう一頭の家畜に彼自身が乗っていたと想定してい
る。

35 節

　翌日、このサマリア人は二デナリオンを宿屋の主人に差し出して傷つい
た旅人を託し、費用がそれ以上かかったら、帰りがけに支払うと約束する。
二デナリオンは当時の日雇い労働者の 2 日分の賃金に相当し（マタ 20:2 参
照）、ここで支払う金額としては十分であったと考えられる。また「**この
私があなたに支払います**」（ἐγὼ ... ἀποδώσω σοι）という表現からも、ここ
では、要した費用はすべて自分が支払うという彼の強い意志が表明されて
おり、最後まで責任をもってこの旅人を助けようとした彼の態度が示され
ている。

　このように、この譬えにおいては祭司・レビ人とサマリア人が対照的
に描かれており、本来、神殿に仕え、神と民との間を取り持つはずの前者
が傷ついた同胞のユダヤ人を見捨て、ユダヤ人と敵対関係にあった後者が、
隣人愛を実践する様子が描写されている。その意味でも、ここには何より、
愛の行為を実践する者こそが律法（＝神への愛＋隣人愛）を守る者である
ことが強調されている。ルカは、譬えの聴衆であるユダヤ人から尊敬され
る立場にあった祭司・レビ人と軽蔑されていたサマリア人との対照的な位
置づけをこの物語の中で逆転させることにより、このことを示そうとした
のであろう。

36 節

　譬えを語り終えたあと、イエスは律法の専門家に「**誰が強盗に襲われた
人の隣人になったと思うか**」と尋ねた。この問いは 29 節の「私の隣人と
は誰ですか」という律法の専門家の問いに形式的には対応しているが、愛
の対象ではなく愛の主体について問われている点で異なっており、律法の

専門家の問いにおいて示されていた受動的な「隣人」（静的に「隣人」である）理解に対し、イエスはここで主体的な「隣人」（動的に「隣人」になる）理解を提示している。さらに、29節の律法の専門家の問いにおける「隣人」は民族的・宗教的枠内に限定された「隣人」であったが、ルカのイエスはこの譬えを通して、真の「隣人」はそのような枠に規定されない開かれた存在であることを示そうとしている。

37節

　イエスの問いに対して、律法の専門家は「**彼に憐れみ〔の行為〕を行った人です**」と答えるが、ここで彼が直接「そのサマリア人です」と答えなかったことは、譬えの中の出来事であっても、サマリア人が隣人愛を実践したことを認めたくなかった彼の心情を如実に物語っている。しかしそれだけに、そのサマリア人の行為が紛れもなく真の隣人愛の行為であったことがより明確に示されることになる。

　最後にイエスは「**行って、あなたも同じように行いなさい**」と要求するが、「あなたも」（καὶ σύ）という表現は明らかにこの勧告を強調している。おそらくルカは、緊張関係にある二つの「隣人」、すなわち、限定的で受動的な「隣人」と枠に捉われない主体的「隣人」の両者を提示することによって、助けを要する者に愛の行為を実践する者としての真の「隣人」のあり方を示すと共に、主体的に「隣人」になるように勧告しようとしたのであろう。事実この段落全体は、「私は何を<u>すれば</u>（ποιήσας）永遠の命を受け継ぐことができますか」という律法の専門家の問い（25節）に始まり、「あなたも同じように<u>行いなさい</u>（ποίει）」というイエスの勧告（37節）で結ばれているが、ルカは律法の中心内容としての愛の行為の実践を勧告する意図をもって、ποιέω（行う）という鍵語を軸にこの箇所全体を構成したのであろう。

【解説／考察】

　この段落では隣人愛が主題になっているが、ここに示されているルカの愛理解の特質は以下のようにまとめられる。第一に、神への愛と隣人愛の二つの愛の掟は形式的にも実質的にも緊密に関連づけられ、両者は不可分

なものとして捉えられている。第二に、隣人愛の対象となる「隣人」の範囲は民族的・宗教的枠内に限定されず、広く開かれている。第三に、隣人愛については特に行為の側面が強調されており、主体的に隣人になることが強く勧告されている。

　しかしここには、隣人愛に関してさらに重要なことが示されている。「隣人」はそもそも関係を表す相対的な概念であり、本来的に行為の主体と対象（能動と受動）のいずれにも固定することはできない。つまり、ある人が他の人の「隣人」であるという場合、双方のうちの一方が「助ける人」で他方が「助けられる人」というような固定した一方的な関係を意味しているのではなく、両者の間に相互に助け合う「隣人」関係が存在していることを意味している。すなわち、真の隣人とは、困窮している時や弱っている時にはいつでもお互いに助け合うことができる関係を指し示しており、ルカはそのような点も踏まえて、それぞれが主体的に「隣人」になるように勧告している。

　ところで、このサマリア人の一連の行為についてシュラッター（1976: 128f）は、彼はその傷ついた旅人のために自分の旅を中断したわけでも全財産を与えたわけでもなく、状況が求める以上のことをしたわけではないという意味で、これは聖なる愛ではないと述べている。確かに彼は自分のすべてを犠牲にしたのではなく、彼の愛の行為は彼自身にとって大きな支障のない範囲でなされたものであり、その意味では犠牲的な愛の行為とは言えないかもしれない。しかしながら、彼の行為は傷ついて倒れていた旅人にとっては十分なものだったのであり、現実的な観点から見るならば、このような行為こそが日常の営みにおいては大切になってくると考えられる。その意味でも、たとえ愛の行為を実践する当人にとってはごく些細な行為であったとしても、それを受ける相手にとっては大きな救いになり得るということを改めて覚えておくべきであろう。

　ルカ福音書の文脈においても、元来の譬えと同様、この譬えそのものの聞き手はユダヤ人と同定されている。事実、祭司・レビ人とサマリア人との対照的な登場人物の立場の逆転について語るこの譬えは、その両者の位置づけを熟知していたユダヤ人にこそよりよく理解されるはずのものであった。しかしながら、ルカが実際にこの譬えを提示しようとしたのは、そのような逆転を理解し得ない異邦人キリスト者であった。おそらくルカは、

89

元来はユダヤ人を対象にしていたこの譬えをその本来の意味を知り得ない異邦人キリスト者を対象とする自らの文脈に適合させていく過程において、元来は聞き手を傷ついた旅人（ユダヤ人）と同一視させる方向性をもっていたこの譬えをサマリア人と同一視させる方向へと移し換えていくことにより、最終的には「隣人」の範例を指し示す「例話」としてこの譬えを枠付けていったのであろう。

なお、この譬えの聞き手が自らを旅人と同一視するか、サマリア人と同一視するかの相違は、この譬えのキリスト論的（救済論的）解釈と倫理的解釈との相違に対応しているが、事実この譬えは古代から今日に至るまでこの二つの立場からの解釈が交互に展開されてきた。このほかにも、この譬えについては様々な観点から解釈が試みられてきたが（以下のトピック参照）、この譬えに関する多様な解釈の可能性は将来に向かっても大きく開かれている。

トピック
サマリア人の譬えの解釈史

この譬えに関しては古代から今日に至るまで様々な解釈が試みられてきた（ハンター 1962:27–61; Monselwski 1967; ペリン 1981:129–262; Bovon 1996:93–98; 細田 2010:70–94 参照）。古代においては寓喩的解釈が盛んに行われていたが、その大成者として知られるオリゲネス（184/5–253/4）は、『ルカ福音書講話』第 34 講話の中で彼以前の寓喩的解釈を紹介している。それによると、譬えの中の「旅人」は「アダム」、「エルサレム」は「楽園」、「エリコ」は「この世」を指し、「強盗」は「敵対する力」、「祭司」は「律法」、「レビ人」は「預言者たち」、「サマリア人」は「キリスト」、「傷」は「不従順」、「家畜」は「主の身体」、「宿屋」は「教会」、「二デナリオン」は「父と御子」、「宿屋の主人」は「教会指導者」、そして「サマリア人の再訪の告知」は「救い主の再臨の約束」を意味する。オリゲネスはこのような解釈を踏まえて、この譬えをキリストによる救済物語と見なし、キリスト論的観点から独自の解釈を展開するが、彼によると、まずキリストが人間の

「隣人」となることによって私たちがキリストに倣うことが可能となり、そうすることによって私たちもキリストにおいて永遠の命を得ることができるのであり、ここでは普遍的な隣人愛ではなく、キリストに倣うことが求められている（土井 2005:38–52 参照）。アウグスティヌス（354–430）もこの譬えを寓喩的に解釈しており、旅人をアダム（人類）、強盗たちを悪魔とその使い、サマリア人を守護者（＝主自身）、傷への包帯を罪の抑制、宿屋を教会、二デナリオンを二つの愛の掟、宿屋の主人を使徒と見なしている（*Quaestiones Evangeliorum ex Metthaeo et Luca* 2:19）。

　このような寓喩的解釈は中世から近代に至るまで多大な影響を及ぼしていくことになる。宗教改革者ルターは、キリストをサマリア人と同定する伝統的なキリスト論的解釈を退け、カトリック教会の行為義認を批判する立場から信仰に基づく行為の観点を強調するが、依然として寓喩的解釈の影響下に留まっている。一方でカルヴァンは、譬えの字義的意味を強調し、伝統的なキリスト論や寓喩的解釈を排し、隣人愛の普遍性を強調したが（カルヴァン 2023:217f）、大きな影響力をもつには至らなかった。

　しかし 19 世紀末に A. ユーリッヒャーは譬えの寓喩的解釈を徹底的に批判し、この譬えを隣人愛を勧告する「例話」と見なして倫理的な解釈を試み、この理解が今日の一般的理解に繋がっている。その後、20 世紀後半に入ると、独立した物語としての譬えの自律性が重視され、特に隠喩としての譬えの特質が注目されるようになり、文学的観点から解釈が試みられるようになった。例えば R. W. ファンクはこの譬えを例話ではなく隠喩と見なし、聴衆（読者）を譬えの世界に引き込む点にその機能を見ようとし、この譬えは聴衆を傷ついた旅人と同一視する方向に導いていき、サマリア人による救出の出来事は聴衆に衝撃を与え、決断を迫る機能を果たしていると主張している（Funk 1974:74–81; ペリン 1981:200–202）。また J. D. クロッサンによると、この譬えはその字義的意味において、不可解な状況（サマリア人＝隣人）を示すことにより聴衆にラディカルな問いを突きつけるが、譬えの隠喩的意味においてそれと全く同様の仕方で神の国が突然到来することを指し示し、聴衆に価値観の転換を迫っている（Crossan

1973:57–66; ペリン 1981:235–240)。

　因みに近年では「善きサマリア人の法」（良きサマリア人法）と呼ばれる法律がアメリカやカナダ等、一部の国でつくられているが、これは「災難に遭ったり急病になったりした人などを救うために無償で善意の行動をとった場合、良識的かつ誠実にその人ができることをしたのなら、たとえ失敗してもその結果につき責任を問われない」という趣旨の法である。

8. マルタとマリア（10:38–42）

【翻訳】

10:38 さて、彼ら（イエス一行）が進んで行くうちに彼（イエス）自身はある村に入った。すると、マルタという名のある女性が彼を迎えた。39a ところで、彼女にはマリアと呼ばれる姉妹がいたが、b 彼女（マリア）は主の足もとに座って彼の言葉を聞いていた。40a しかしマルタは多くのもてなしのことで忙殺されていた。b そこで彼女は近寄って来て言った。「主よ、私の姉妹が私だけにもてなしをさせて〔私を〕放っていることをあなたは気になさらないのですか。ですから、彼女に私を手伝うようにおっしゃってください」。41 しかし、主は彼女に答えて言った。「マルタ、マルタ、あなたは多くのことで思い煩い、かき乱されている。42 しかし、必要なことは一つだけである。確かにマリアは善い方を選んだのであり、それは彼女から取り上げられてはならない」。

【形態／構造／背景】

　隣人愛の実践を要求する直前のサマリア人の譬え（10:25–37）の直後には、イエスの言葉に聞くことの大切さを示すこのマルタとマリアのエピソードが続いている。比較的多くの研究者は、直前のサマリア人の譬えが、その導入部で言及されていた愛の二重の戒め（10:27）の中の「隣人

愛」の掟に対応するのに対し、このエピソードは「神への愛」の掟に対応していると見なすことにより、双方のテキストを相互に関連づけているが（Grundmann 1961:225; Schmithals 1980:129; Nolland 1993a:601; Talbert 2002:131f; カルペパー 2002:297f）、このエピソードの主題を単純に「神への愛」と見なしうるかどうかは疑問である。その一方でこの段落は、「旅」（38節／9:51–53, 57）、「使者の受容」（38節／9:5; 10:5–11）、「聞くこと」（39節／10:16, 24）等のモチーフ及び κύριος（主［39, 40, 41節／10:1, 17］）や εἰσέρχομαι（入る［38節／9:52; 10:5, 8, 10]）等の語において先行箇所と結びついている。このエピソードの文学様式については、「聖人伝（レゲンデ）」（ディベリウス 2022:138–140）、「伝記的アポフテグマ」（ブルトマン 1983:58, 93f）、「宣言物語」（Tannehill 1981:105–107）等、様々な提案がなされているが（Brutscheck 1986:153–159; Schürmann 1994:162f 参照）、いずれも適切とは言えず、特定の類型に分類することはできない。なおこのエピソードは、中心人物としてのイエスと、相互に対照的な位置づけにあるマルタとマリアの姉妹によって物語が展開しており、直前の譬えと同様、三人格構造をとっているが、物語の中で主導的な役割を果たしているのは否定的に評価されているマルタの方であり、肯定的に描かれているマリアは一言も発していない。この段落は以下のように区分される。

（1）序：イエス一行の旅とマルタの出迎え（38節）
（2）マリアの振る舞い（39節）
（3）マルタの振る舞いとイエスへの要請（40節）
（4）イエスの返答（41–42節）

　注目すべきことに、段落の中心に位置するマリアとマルタの振る舞い（39–40a節）が動作の継続を示す未完了過去形で記されているのに対し、それを囲い込む前後の箇所（38節／40b–42節）には一度限りの過去の行為を表すアオリスト形が主に用いられている。また（2）以降の箇所は「主」（κύριος）によって相互に結合されており（39, 40, 41節）、（3）と（4）は近似表現（περὶ πολλὴν διακονίαν［多くのもてなしのことで］／περὶ πολλά［多くのことで］）によって結びついている。

　前段と同様、このエピソードも他の福音書に並行記事が見られず、ル

カ福音書に特有の記述であるが、非ルカ的表現も多く見られることから（Jeremias 1980:194f 参照）、ルカの創作とは考えにくく（Schmithals 1980:129 に反対）、全体として伝承（ルカ特殊資料）に遡り、ヘレニズム地域で成立したと考えられる（ブルトマン 1983:99）。その一方で冒頭の 38–39a 節は、《ἐν τῷ ＋不定詞》（新約用例 52 回中ルカ文書に 39 回使用）、πορεύομαι（進んで行く［同 154 回中 88 回使用］）、εἰσέρχομαι（入る［同 194 回中 83 回使用］）、《名詞＋形容詞的 τις ＋ ὀνόματι ＋人名》（ルカ文書にのみ計 7 回使用）、ὑποδέχομαι（迎える［新約用例 4 回中ルカ文書に 3 回使用］）、人や物の名称を導入する受動態分詞の καλούμενος（～と呼ばれる［同 27 回中 24 回使用］）等の多くのルカ的語彙を含んでおり、ルカの編集句と考えられる（Jeremias 1980:53, 193; Brutscheck 1986:66–75; Schürmann 1994:155, 157 n. 35 参照）。それゆえ、この段落と直前の譬えが伝承の段階ですでに結びついていたとは考えにくく（Wiefel 1988:212; Bovon 1996:102 に反対）、ルカが両者を結合したのであろう。以上のことからも、ルカは特殊資料に由来する伝承（39b–42 節）に、自ら構成した 38–39a 節を付加する等、適宜編集の手を加えることによってこの段落を構成し、エルサレムへの旅の文脈に位置づけたのであろう（Jeremias 1980:193–195; Brutscheck 1986:65–95; Bieberstein 1998:128 参照）。

　マルタとマリアの姉妹はヨハネ 11:1–12:8 にもラザロの姉妹として登場しており、両者は「村に入る」という表現（38 節／ヨハ 11:30）、彼女らの家への言及（38 節／ヨハ 11:20, 31; 12:3）、そこに至るイエスの道行き（πορεύομαι［38 節／ヨハ 11:11］）、マルタの出迎え（38 節／ヨハ 11:20, 30）と給仕（40 節／ヨハ 12:2）、屋内で座るマリア（39 節／ヨハ 11:20）等の要素を共有している（Brutscheck 1986:147–150）。その一方で、ヨハネのエピソードではマルタが総じて肯定的に描かれているのに対し（特にヨハ 11:20–28 参照）、この物語では妹のマリアの方が模範的な女性として評価されている等、物語の主眼点そのものが相違していることからも、双方の伝承の間に直接的な依存関係があったとは考えにくいが、原初的に同一の伝承に遡る可能性は完全には否定できないであろう（Bovon 1996:103; Hotze 2007:82; Wolter 2008:399）。なお、この段落と後出の徴税人の頭ザアカイの物語（19:1–10）は文脈や語彙等、多くの点で共通しており（Brutscheck 1986:102–105, 151f; Schürmann 1994:165; Hotze 2007:82f,

88–90 参照)、また神学的観点から、何事も思い煩わずに主に仕えること
に心を配るように勧める I コリント 7:32–35 との関連性も指摘されてい
る（Brutscheck 1986:145–147 参照)。

【注解】

38 節

　弟子たちと共に旅を続けていくうちにイエス一行はある村に入っていく
が（9:6 参照)、マルタという名の女性がイエスを客として迎え入れた。冒
頭の「**彼ら（イエス一行）が進んで行くうちに**」（ἐν τῷ πορεύεσθαι αὐτούς）
という表現は、イエス一行がエルサレムに向かって旅立った状況を思い起
こさせるが（πορεύομαι［進んで行く］は 9:51, 52, 53, 56, 57 にも使用)、サ
マリア人から受け入れを拒絶された旅行記冒頭の場面（9:53）とは異な
り、ここでは好意的に迎え入れられている。当時のユダヤ社会において
は、女性が家全体を管理したり、女性だけの家庭に男性客を迎え入れるこ
とは異常なことであったと考えられることからも（H. Klein 1987:114; Bill.
II:438)、ここでは女性の自由が比較的認められていたルカの時代のヘレニ
ズム地域の状況が前提とされており（使 16:14–15 参照)、後代の家の教会
の状況が反映されているのであろう（Bovon 1996:105; 荒井 2009:154–156)。
　ヨハネ福音書の記述によると彼女らの家はエルサレムに近いベタニアに
位置していたが（ヨハ 11:1, 18; 12:1; さらにルカ 19:29 参照)、ルカにおいて
は具体的な地名は記載されていない。あるいは、エルサレムへの旅の出発
直後という文脈にそぐわないために、ルカはこの地名を削除したとも考え
られる（Fitzmyer 1985:891; Marshall 1995:451; Bock 1996:1038)。さらに、
ヨハネ 11:1 以下に登場する姉妹の弟のラザロもここでは言及されていな
い。また、マルタがイエスを「**迎えた**」（< ὑποδέχομαι）とあることから
も、彼女がこの家の女主人であったと想定されるが（19:6 参照)、事実マ
ルタ（Μάρθα）という名はアラム語（מָרְתָא）で「女主人」を意味してい
る（Bauer 997; Bill. II:184f)。なお、段落冒頭ではイエス一行の旅の状況
が示唆されているが、途中からイエス一人に焦点が当てられ、他の同行者
は背景に退いている。

39 節

　マルタにはマリアという姉妹がいたが、文脈からもマリアは妹だったと考えられる。彼女は「**主の足もとに座って**」（παρακαθεσθεῖσα πρὸς τοὺς πόδας τοῦ κυρίου）イエスの言葉を（注意深く）「**聞いていた**」（ἤκουεν：ἀκούω［聞く］の未完了過去三人称単数）。このマリアの態度は典型的な弟子の態度であり（王下 4:38; 6:1; ルカ 8:35; 使 22:3; ミシュナ「アヴォート」1:4; Bill. II:763–765 参照）、彼女が真剣に聞き入っていた様子を示している。荒井（2009:156f）は、使徒行伝 22:3 の「ガマリエルの足もとで」（παρὰ τοὺς πόδας Γαμαλιὴλ）という表現との関連から、この箇所は「弟子入りして」という意味で解しうると主張しているが、そこまで読み取ることはできないであろう。ユダヤ教のラビは女性の弟子入りを認めず、女性にトーラー（律法）を講じなかったことからも（ヨハ 4:27; Ⅰコリ 14:35; Bill. II:438; III:468f 参照）この描写は注目に値し、イエス独自の宣教姿勢、ひいては最初期のキリスト教会の状況を示している。

40 節

　マリアが座ってイエスの話を聞いていたのとは対照的に、マルタは多くの「**もてなし**」（διακονία）のことで「**忙殺されていた**」（περιεσπᾶτο：περισπάω［混乱させる］の未完了過去受動態三人称単数形）。ここでは「**多くの**」という形容詞が付せられていることからも、マルタのもてなしの量的側面が強調されている。その意味でも、ここで問題視されているのはもてなしそのものではなく、彼女があまりに多くのことに忙殺されていたことであり（41 節参照）、ここでは聞くことと奉仕することが対比されているのではなく、聞くことと思い煩うことが対比されている（Brutscheck 1986:48）。なお、この時のマルタの状況は、思い煩いのために結実に至らない茨の中に落ちた種（8:14）としばしば比較されるが（荒井 2009:161–163）、彼女はイエスのもてなしのことで思い煩っていたのであり、現世的・私的なことで思い煩っていたわけではない（Bovon 1996:109）。

　そこでマルタは近寄って来てイエスに「**主よ**」（κύριε）と呼びかけ、「**あなたは気になさらないのですか**」とイエスの態度を咎めようとする。そして彼女は、自分だけにもてなしをさせているマリアを非難し、自分からマ

リアに直接語りかけるのではなく、自分を手伝うようにマリアに言い聞か
せてくれるようにイエスに要請するが、繰り返される「私」という表現
（μου, με, μοι）は彼女の関心の所在を示している。すなわち、ここでマル
タが問題にしているのは、マリアがイエスの話を聞いていること自体では
なく、マリアが自分だけにもてなしをさせていることであり、マルタはマ
リアの振る舞いをイエスではなく自分自身に関連づけ、何よりマリアに自
分を手伝わせるように要請している（Wolter 2008:400f）。

41 節

　そこでイエスは「**マルタ、マルタ**」と語りかけて彼女に答えるが、イエ
スの返答はマルタの期待を完全に裏切るものであった。39, 40 節に続い
てイエスはここでも「主」と称せられるが、この表現は「復活の主」を暗
示しているのかもしれない（三好 1991:325）。マルタに対してなされた二
重の呼びかけはルカに特徴的であり（6:46; 13:34; 22:31; 使 9:4; 22:7; 26:14
参照）、ここでは親しみを込めつつ自省を促そうとする表現と考えられる
（因みに山口 2004:245 はこれをマルタに対する宣教奉仕への呼びかけと見なす）。
ここでマルタは「**あなたは多くのことで思い煩い、かき乱されている**」と
指摘されている。「思い煩う／思い煩い」（μεριμνάω／μέριμνα）の主題につ
いてはルカ 12:22–31 においても扱われているが（8:14; 12:11; 21:34 も参
照）、ここでは何より「多くのこと」（40 節参照）に心を乱されていること
が問題視されている（Wolter 2008:401）。

42 節

　さらにイエスはマルタに「**必要なことは一つだけである**」（ἑνός δέ ἐστιν
χρεία）と語る（cf. エピクテートス『語録』1:1:14：「しかし、現に私たちは一
つのものに心を配り、一つのものに専念することができるのに、多くのものに
心を配り、身体、財産、兄弟、友人、子ども、奴隷といった多くのものに縛ら
れたがっているのである」）。この言葉については、「必要なことは僅かであ
る」（ὀλίγων δέ ἐστιν χρεία）や「必要なことは僅かであるか一つだけであ
る」（ὀλίγων δέ ἐστιν χρεία ἤ ἑνός）等の異読が存在している（Brutscheck
1986:5–12; Schürmann 1994:159f; Marshall 1995:452f 参照）。最後の読みは
最も多くの写本が示しているが（𝔓³, ℵ, B, L 他）、他の二つの読みを合成

したものであることから原初的とは考えにくい（Wiefel 1988 211–213; H. Klein 2006:397 n. 29; Spencer 2019:289f に反対）。その一方で「**必要なことは一つだけである**」という読みは、ルカの最古の本文を保持している $\mathfrak{P}^{75}$ 他の有力写本（$\mathfrak{P}^{45}$, A, C, W, Θ 等）が示していることに加え、41 節の「**多くのこと**」という表現と対比的であることや直後の「**マリアは善い方を選んだ**」という表現との適合性からも原初的と見なしうる。おそらく他の二つの読みは、巡回説教者へのもてなしが疎かにされることへの危惧から、聞くことだけが唯一必要なことと断言するそのラディカルな内容を和らげようとする意図から生じたのであろう（Brutscheck 1986:11, 28）。

そのようにマルタは必要な一つのことに集中するのではなく、多くのことに思い煩っていたが、ここでの「**必要なこと**」とはマリアが選んだ「**善い方**」（ἀγαθὴ μερίς）、すなわちイエスの言葉に聞くことであり、それは「**取り上げられてはならない**」ものであった（cf. シラ 26:3 LXX：γυνὴ ἀγαθὴ μερὶς ἀγαθή［良い妻はすばらしい分け前］）。その意味でも、この段落においてはマルタの行為は明らかに批判的に捉えられており（Schneider 1984a:253 に反対）、マルタはここでマリアのように必要な一つのこと（＝イエスの言葉に聞くこと）に集中するように求められている。なお、ルカ 12:31 においては神の国を求めることこそが必要なことと明言されていることからも、この「**善い方**」も終末論的意味を含意していると考えられる（Bovon 1996:109; Löning 2006:53）。

なお、「もてなし／もてなす」と訳出した διακονία／διακονέω は通常「奉仕／奉仕する」と訳され、ステファノら七人の選出のエピソード（使 6:1–6）にも三度にわたって用いられている。このエピソードは、食事よりも神の言葉を重視している点でこのマルタとマリアの物語と共通しているが（荒井 2009:158–161）、ここではそのエピソードとは異なり、神（イエス）の言葉の宣教ではなく、その言葉に聞くことが問題にされていることからも、両者の関連性を必要以上に強調すべきではないであろう。おそらくルカ以前の伝承の段階では、教会内における神の言葉の宣教の奉仕と慈善の奉仕の区別と分担が問題になっていたのに対し、教会内で女性が指導的な役割を果たすようになってきたルカの段階においては、神の言葉に聞くことと教会における奉仕全般との関係が問題にされるようになってきたのであろう（Bovon 1996:111f）。また、イエスをもてなすことよりもイ

エスの言葉に聞くことを重要視するこの箇所は、イエスが仕えられるために来たのではないことを間接的に示している（マコ 10:45 // マタ 20:28 参照）。

【解説／考察】

　隣人愛（行為）の実践を勧告する前段のサマリア人の譬えとは対照的に、ここでは奉仕をすることよりもイエスの言葉に聞くことの重要性が強調されているが（2:19, 51; 8:15; 11:28 参照）、おそらくルカは、両テキストのこのような強調点の相違に特に矛盾を感じていなかったのであろう（Schneider 1984a:252）。むしろルカは、行いによってのみ救われるという誤解を防ぐため、この段落の主眼点を前段の主張に対する補足として、愛の掟もイエスの言葉に基づいており、イエスの言葉を忠実に聞くことによって隣人愛の実践も可能になることを示そうとしたと考えられる。

　このテキストをめぐっては今日に至るまで様々な解釈が試みられてきたが、古代教会以来、その中心となってきたのは vita activa（πρᾶξις）［活動的生活］と vita contemplativa（θεωρία）［観想的生活］の対立軸である。中世期においてはマルタを評価しようとする傾向も見られたが（モルトマン＝ヴェンデル 1982:55-83）、多くの宗教改革者たちは信仰義認の立場からマルタを明らかに否定的に評価している。19 世紀以降にはマルタを肯定的に評価しようとする動きが再び見られるようになり、近年ではフェミニスト聖書学者たちが盛んにこのテキストの解釈を試み、行動的な女性（マリア）を否定的に評価する福音書記者ルカへの批判も展開されているが（モルトマン＝ヴェンデル 1982:52f）、その一方で、ここではむしろ接待等の家事全般を女性の仕事と決めつける当時の女性差別的な社会的慣習からの解放が語られているとする主張も多く見られる（ショットロフ／フィオレンツァ 1986:98f; Tannehill 1986:137; 荒井 1988:38-39; 絹川 1989:124f）。

　いずれにせよ、このエピソードは伝統的に行動的・積極的なマルタと受動的・観想的なマリアという二種類の女性のタイプを描いた物語として捉えられてきたが、ここではイエスの言葉に聞くこと（＝礼拝）とイエスのために世話する（＝行動する）こと（奉仕）の二者択一（「あれかこれか」）が問題になっているのではなく、むしろ思い煩うこととイエスの言葉に聞くことが対比されている。あるいは、行動すべき時と言葉に聞くべき時、

それぞれにふさわしい時が存在し、イエスが健在である今の時はイエスの話を聞くべき時であり、婚礼の客たちの比喩（5:34–35）にも示されていたように、今は何をなすべき時かという点がここでは問題にされているとも考えられる（カルヴァン 1984:474）。そしてまたこの物語は、目まぐるしく時代が変化する今日の社会に生きる現代人に対して、多くのことに忙殺されて真に大切なものを見失わないように注意を促そうとしている。

　マルタとマリアの姉妹の家をイエスが訪れて話をするという描写は、ルカの時代の「家の教会」の状況を反映していると考えられ、キリスト教会の原点はここにあると見なしうる（使 6:1–6 参照）。おそらく当時の教会においても神の言葉に聞くことを疎かにする傾向も見られたと想像されるが（Ernst 1991:156）、そのような状況においてルカは改めて神（イエス）の言葉に聞くことの大切さを強調しようとしたのであろう。

トピック
ルカの女性観

　ルカの女性観については、それを肯定的に評価する立場と否定的に評価する立場の双方が認められ、研究者の間でも意見が対立している。一部の研究者はルカを「女性の福音書記者」（Schmithals 1980:13）と見なし、ルカは女性を真の弟子として評価し、「男女関係の逆転」を意図していたと主張している。その一方で特にフェミニスト神学者たちは、マルタとマリアのエピソード（10:38–42）から、ルカは男性中心的な視点から女性を受動的存在と見なしていると痛烈に批判している（モルトマン＝ヴェンデル 1982:45–47; 荒井 1999:172–180 参照）。

　確かに一方で、ルカ福音書には他の福音書よりも頻繁に女性が登場し、しばしば肯定的に描かれており（誕生物語［ルカ 1–2 章］におけるマリアとエリサベト、愛の行為の実践者としての罪深い女性［7:36–50］、イエス一行の活動を物質面で支援していた女性たち［8:2–3］等）、また使徒行伝においても特に中盤以降には入信した社会的地位が高く裕福な女性たちに頻繁に言及されており（多くの善行と施しをした女弟子タビタ［使 9:36 以下］、信徒たちの集会場所として自宅を開放していたヨハネ

の母マリア［同 12:12］、家族と共に入信した紫布商人リディア［同 16:14］、パウロとシラスに従ったテサロニケの高位の女性たち［同 17:4］、ベレアで入信した上流階級のギリシア人女性たち［同 17:12］、アキラの妻プリスキラ［同 18:1–3 他］等）、ルカは特に敬虔で愛の行為を実践する身分の高い女性を高く評価していたと考えられる。

　他方、他の福音書においては、女性たちのみがイエスの十字架の死の証人として描かれているのに対し（マコ 15:40–41; マタ 27:55–56; ヨハ 19:25–27）、ルカの記事では女性たちは男性たちの陰に隠れる形になっており（23:49）、またイエスの復活に関しても、マタイやヨハネにおいてはまず女性たちの前に復活の主イエスが出現するが（マタ 28:9–10; ヨハ 20:14–18）、ルカにおいては最初に男性の弟子たちの前に現れている（24:13 以下）。加えてルカにおいては「女弟子」（μαθήτρια）と表現されている女性はタビタのみであり（使 9:36）、女性の使徒については全く言及されておらず、さらにアキラの妻プリスキラを除いて（使 18:26）、御言葉の宣教は男性信徒に限定されている。その意味でも、ルカはマルコの伝承に比べ、女性を指導者として描くことに関しては消極的であったと見なしうるであろう。

　もっともルカは、「男女」あるいは「男も女も」という表現を頻繁に用いており（使 5:14; 8:3, 12; 9:2）、その意味では男女の信徒を同等に描いている。ルカはまたしばしば男性と女性の登場人物を併記し、あるいは交互に言及している（ザカリアとマリア［1:5–38］、シメオンとアンナ［2:25–38］、サレプタのやもめとナアマン［4:25–27］、カファルナウムの百人隊長とナインの寡婦［7:1–17］、ファリサイ派のシモンと罪の女［7:36–50］、サマリア人に対するマルタとマリアの姉妹［10:25–42］、百匹の羊を持つ男と十ドラクメを持つ女［15:4–10］、やもめと裁判官［18:1–8］、墓のもとに現れた女性たちとエマオ途上の弟子たち［23:55–24:35］、アナニアとサフィラ［使 5:1–11］、アイネアとタビタ［同 9:32–42］、ディオニシオとダマリス［同 17:34］等）。もちろんルカ自身も、古代社会全般に見られた男性中心主義に基づく女性観の影響を強く受けているが、男女が頻繁に並列されている点からもうかがえるように、他の新約著者に比べると、女性に対して比較的強い関心をもっていたと見なしうるであろう。

Ⅱ. 弟子と群衆への教え

（11:1–54）

　イエスへの信従を中心的な主題とする旅行記冒頭のセクション
（9:51–10:42）に続いて、この 11 章ではそれを展開する形で弟子と群衆に
対するイエスの種々の教えについて述べられる。このセクションは以下の
ような段落から構成されている。

1．祈りに関する教え（11:1–13）
2．ベエルゼブル論争（11:14–26）
3．真の幸い（11:27–28）
4．しるしとこの時代（11:29–32）
5．身体のともし火としての目（11:33–36）
6．ファリサイ派の人々と律法の専門家たちへの禍いの言葉
　　（11:37–54）

　このうち、神の言葉を聞いて守ることを強調する（3）は前後の文脈か
ら独立しており、このセクション全体の中心に位置づけられているが、そ
の（3）を囲い込む（2）と（4）は、しるしのモチーフ（11:16, 29, 30）
において結びついている。また、後半の（4）と（5）は、いずれも偏
狭なものの見方の危険性について語っており（Bovon 1996:195）、（4）と
末尾の（6）は、この時代の人々に対する裁きのモチーフ（11:29, 31–32,
51）を共有している。
　さらに注目すべきことに、（1）は弟子たちに（1 節参照）、（2）と（3）
は群衆に（11:14 参照）、（4）と（5）はさらに増し加わった群衆に（29
節参照）、（6）は敵対者であるファリサイ派の人々と律法の専門家たちに
語られており、対象が身内から群衆、敵対者へと徐々に移行している。な
お（2）の段落に関し、末尾のルカ 11:24–26 は先行箇所（11:14–23）か
ら独立しているとも見なしうるが、本注解では汚れた霊（悪霊）のモチー

フを共有している点を重視し、一つの段落として扱うことにする。

　このセクションの各段落は、総じてＱ資料ないしルカ版Ｑ資料（1、2、4〜6）もしくはルカ特殊資料（1、3）に由来する（一部マルコ資料も使用）。ルカはこれらの資料を用いて、適宜編集の手を加えつつ、このセクション全体を構成したのであろう。

＊　＊　＊

1. 祈りに関する教え（11:1–13）

【翻訳】

11:1 さて、彼（イエス）はある場所で祈っていたが、〔祈りを〕終えた時、彼の弟子たちのある者が彼に「主よ、ヨハネが彼の弟子たちに教えたように、私たちに祈ることを教えてください」と言った。2a そこで彼（イエス）は彼らに言った。b「祈る時には〔こう〕言いなさい。c『父よ、あなたの名が聖とされますように。d あなたの国が来ますように。3 私たちに必要なパンを日々私たちに与えてください。4a 私たちの罪を私たちに対して赦してください、私たち自身も私たちに負債のある人を皆赦しますから。b そして私たちを誘惑に導き入れないでください』」。

5a 彼（イエス）はまた彼ら（弟子たち）に言った。b「あなたたちの中の誰かに友人がいて、真夜中に彼のところに行き、彼に〔このように〕言うとする。『友よ、パンを三つ私に貸してください。6 私の友人が旅の途上で私のところにやって来たのですが、私は彼に差し出すものを持っていないのです』。7 すると彼は〔家の〕中から答えて言うだろう。『私に面倒をかけないでください。すでに戸は閉められており、私の子どもたちは私と一緒に寝床に入っています。起きてあなたに〔何かを〕与えることはできません』。8 私はあなたたちに言っておくが、彼（その友人）は〔その人が〕彼の友人だからという理由では起きて彼（その人）に〔何かを〕与えるようなことはなくても、〔執拗に頼めば〕彼の執拗さのゆえに起き上がって必要なも

103

のを彼に与えるであろう。^{9a} そこで私はあなたたちに言っておくが、^b 求めなさい。そうすればあなたたちに与えられる。^c 探しなさい、そうすればあなたたちは見出す。^d 〔門を〕たたきなさい、そうすればあなたたちに〔対して〕開かれる。¹⁰ というのも、誰でも求める者は受け、探す者は見出し、〔門を〕たたく者に〔対して〕開かれるからである。¹¹ また、あなたたちの中に、息子が父親に魚を求めているのに魚の代わりに蛇を彼に与える者がいるだろうか。¹² あるいは、彼（息子）が卵を求めているのにさそりを彼に与える者がいるだろうか。¹³ このように、あなたたち自身は悪い者たちであっても自分たちの子どもたちには良い贈り物を与えることを知っているなら、ましてや天の父は彼に求める者たちに聖霊を与えてくださる」。

【形態／構造／背景】

　隣人愛の実践を勧告するサマリア人の譬え（10:25–37）とイエスの言葉に聞くことの重要性を強調するマルタとマリアの物語（10:38–42）の直後には、祈りに関する一連の教えが続いている。この段落は、冒頭の導入句（1節）を除けば、主の祈り（2–4節）、パンを求める人の譬え（5–8節）、祈願の要求と聴許の確信（9–13節）という三つの小段落に区分されるが、各小段落は、「父」（2, 11, 13節）、(ἐπι)δίδωμι（与える〔3, 7, 8^{×2}, 9, 11, 12, 13節〕）及び「食物を求める願い」（3, 5, 11–12節）によって相互に結合している。なお、マタイ版の主の祈り（マタ 6:9–13）は山上の説教（マタ5–7章）の中心部に位置し、祈りに関する教え（同 6:5–8）と他人の過ちを赦すようにとの要求（同 6:14–15）によって枠付けられており、また祈願の要求と聴許の確信に関する記述（9–13節）に並行するマタイ 7:7–11は山上の説教の後半部に置かれ、その直後に黄金律（マタ 7:12）が続いている。この段落全体は以下のような構成になっている。

　　　（1）序：イエスの祈りとある弟子の要望（1節）
　　　（2）主の祈り（2–4節）
　　　　　（a）イエスの返答と指示（2ab節）
　　　　　（b）呼びかけ及び第一祈願：神の名の聖化（2c節）

（c）第二祈願：神の国の到来（2d 節）

（d）第三祈願：日々のパン（3 節）

（e）第四祈願：罪の赦し（4a 節）

（f）第五祈願：誘惑の回避（4b 節）

（3）パンを求める人の譬え（5–8 節）

（a）導入句（5a 節）

（b）友人への願い（5b–6 節）

（c）友人の当初の反応（7 節）

（d）結語：執拗な願いに対する友人の態度の変化（8 節）

（4）祈願の要求と聴許の確信（9–13 節）

（a）祈願の要求とその帰結（9 節）

（b）祈りの聴許（10 節）

（c）修辞疑問による二つの実例（11–12 節）

（d）結語：聴許の確信と聖霊の付与（13 節）

　弟子たちがイエスに祈ることを教えてくれるように要望する冒頭の序（1 節）は、直後の主の祈り（2–4 節）のみならず、後続の箇所（5–13 節）も含めてこの段落全体にかかっている。

　主の祈りは、冒頭の導入句に続く神への呼びかけと計五つの祈願の祈りから構成されているが、祈願の祈りのみから構成されている点にこの祈りの特質がある。五つの祈願は二つの「汝祈願」（2cd 節）と三つの「我ら祈願」（3–4 節）に区分できるが、二つの「汝祈願」は並列的に構成されており（《命令文アオリスト［-τω］＋定冠詞＋名詞＋σου》）、韻を踏んでいる。後半の「我ら祈願」については目立った並行性は確認できないが、一人称複数の人称代名詞（ἡμῶν, ἡμῖν, ἡμᾶς）が繰り返し（計 6 回）用いられている。因みに Schweizer（1986:125）は、ルカ版の主の祈りの最初の三つの祈願はイエスが受けた三つの誘惑（4:1–12）に逆順で対応し、最後の祈願はその結語（4:13）に対応すると主張しているが、両者の対応関係は必ずしも明確ではない。

　これに続くパンを求める人の譬え（5–8 節）は、祈願の祈りとしての主の祈りの特質を強調しており、パンを求める願い（3, 5 節）が両者を結びつけている。この譬えはまた後出のやもめと裁判官の譬え（18:1–8）と、

困難な状況に陥った人から助けを求められても当初はその願いを聞こう
としなかった人物が、依頼人の執拗さのゆえに途中で考えを変えて最終
的にその願いを聞き入れたという共通の筋をもち、熱心な祈りは必ず聞
き届けられると語っている点においても共通しており（Ott 1965:23–31;
Catchpole 1983:407f, 411f 参照）、両者は元来一対の譬え（男／女）だった
とも考えられる（Jülicher 1910b:283; Loisy 1924:436; Ott 1965:71f; Ernst
1977:365）。

　段落末尾の小段落（9–13 節）は直前の譬えの内容を受けて、願い求め
るようにとの要求とその願いが聞き届けられることを語っており、9, 10
節の「〔門を〕たたく」（κρούω）は直前の譬えの内容を思い起こさせる（さ
らに 11 節の τίνα ... ἐξ ὑμῶν と 5 節の τίς ἐξ ὑμῶν も比較参照）。また、αἰτέω
（求める［9, 10, 11, 12, 13 節]）と (ἐπι)δίδωμι（与える［9, 11, 12, 13 節]）が
この箇所全体を特徴づけており、さらに末尾の 13 節はこの小段落のみな
らず、祈りの聴許を強調する 5 節以下全体を締めくくる結語として機能
しており、神を「天の父」と表現している点で主の祈りの冒頭の「父よ」
との呼びかけ（2c 節）にも対応している。なお、一部の研究者は 5 節以降
の箇所を 5–10 節と 11–13 節とに区分しているが（Green 1997:445; Wolter
2008:410; さらに Ott 1965:100–102 も参照）、双方の箇所はいずれも日常的
な題材からの比喩表現（5–8 節／11–12 節）とそれへの適用句（9–10 節／
13 節）から構成されているとは言え、9–10 節と 11–13 節は神による祈り
の聴許とその例証という観点において緊密に結合していることからも、そ
のように考える必要はないであろう。

　この段落の成立の経緯は明らかではない。冒頭の序（1 節）は、《καὶ
ἐγένετο ἐν τῷ ＋主語を伴う不定詞》（9:18, 29, 33; 14:1; 17:14; 19:15; 24:4,
15, 30 参照。導入表現としての καὶ ἐγένετο は共観福音書用例 30 回中ルカに 22
回使用、καὶ ἐγένετο ἐν τῷ εἶναι αὐτὸν ἐν ... προσευχόμενον は 9:18 と一致、《ἐν
τῷ ＋不定詞》は新約用例 52 回中ルカ文書に 39 回使用）、ἐν τόπῳ τινί（形容詞
的 τις は福音書用例 50 回中ルカに 39 回、さらに使に 63 回使用）、ὡς ἐπαύσατο
（〔祈りを〕終えた時［5:4 参照]）、εἶπέν ... πρός αὐτόν（《言述の動詞 ＋ πρός ＋
対象を示す対格》は新約用例 169 回中ルカ文書に 149 回使用）等のルカ的表
現を含んでおり、ルカの編集句と考えられる（Jeremias 1980:33, 195 参照。
一方で Schürmann 1994:177 は 1 節後半部が Q 資料に遡る可能性を指摘）。

主の祈り（2–4 節）はマタイ 6:9–13 にも伝承されており（ディダ
ケー 8:2 も参照）、総じて Q 資料に遡ると考えられるが（11:2 の ὅταν
προσεύχησθε はマタ 6:5 にも使用）、ルカ版の方が簡潔に構成されている。
一方のマタイのテキストが山上の説教の中心部の「施し・祈り・断食」
（マタ 6:2–4, 5–15, 16–18）というユダヤ的敬虔の文脈に置かれ、直前の
言葉数の多い異邦人の祈り（マタ 6:7–8）と対置させられているのに対し、
ルカのテキストでは祈ることを教えて欲しいとの弟子たちの要望にイエス
が答える形で語られ、その直後に熱心に祈り求めることの大切さを示す
言葉（11:5–13）が続いている。また、パンを求める祈願（3 節 // マタ 6:11）
においては、双方のテキストとも、ギリシア語文献に全く用例が認められ
ない ἐπιούσιος（必要な）という語を含んでいることから、かなり初期のギ
リシア語伝承に基づいていると考えられる。もっとも、双方のテキストは
それぞれの教会で用いられていた祈りの本文を反映していると考えられ、
形式的に整えられているマタイ版よりも簡略なルカ版の方が総じて原初的
な形を保持していると想定されるが（マタイ版を原初的とする Ott 1965:123
に反対）、個々の用語についてはマタイ版の方が原初的と想定される（エレ
ミアス 1966:48–52; シュヴァイツァー 1978:192; Schürmann 1994:204）。

　冒頭の呼びかけについては、元来の「父よ」との呼びかけが、「天」と
いう語を好むマタイによって「天におられる私たちの父よ」（マタ 6:9b）
に拡大されたのであろう（一方で Nolland 1993a:612f; ヤング／ビヴィン
1998:13f はマタイ版を原初的と見なす）。また、マタイ版にのみ伝承されて
いる御心の成就を求める祈願（マタ 6:10bc）については、韻律上の理由か
らルカが削除したのでも（フィロネンコ 2003:83, 131 に反対。因みに Wolter
2008:404 もルカがこの祈りを知っていた可能性［22:42; 使 21:4 参照］を指摘）、
マタイによる編集的付加でもなく、マタイの教会で用いられていたテキス
ト（＝マタイ版Q）にすでに含まれていたと考えられ、同様に、誘惑から
の回避を求める祈願に続く「私たちを悪（悪魔）より救い出してください」
（マタ 6:13a）という後続文もマタイ以前に付加されたと考えられる（ルツ
1990:479; Marshall 1995:455。一方で大貫 2019:356 は後者についてはルカが
削除した可能性を指摘）。その一方でルカは、δός（δίδωμι［与える］の命令
法アオリスト形）を δίδου（同命令法現在形）に、σήμερον（今日）を τὸ καθ᾽
ἡμέραν（日々）に（3 節）それぞれ置き換える等、部分的に編集の手を加

えている。また、双方のテキストとも祝禱（及び末尾の「アーメン」）を含んでいない（代上 29:11–13; ディダケー 8:2 参照）。

主の祈りが元来アラム語で構成されていたことは多くの研究者が認めているが（Fitzmyer 1985:901; ルツ 1990:481; Schürmann 1994:204; クルマン 1999:86f; フィロネンコ 2003:10f 参照）、そのことはマタイとルカが、それぞれ同一のアラム語（חוֹבָא）に由来すると想定される ὀφείλημα（負債）／ἁμαρτία（罪）を用いていることにも示されている。主の祈りはまた十八祈禱文（シェモネ・エスレ）やカディシュの祈り等のユダヤ教の祈りに近似し、特にキリスト論的要素が見られないという意味でもユダヤ的な祈りであるが、「父よ」との呼びかけや祈りの簡潔さ、祈願の祈りのみによる構成、報復を求める祈願の欠如等はイエスに特徴的であり（中野 2008:195–208 参照）、少なくとも核となる部分はイエスに遡ると考えられる（ルツ 1990:482; Schürmann 1994:205f; Marshall 1995:455; クルマン 1999:83f; フィロネンコ 2003:15; 中野 2008:179f）。

パンを求める人の譬え（5–8 節）はルカに特有の記事であり、導入句（5a 節）の καὶ εἶπεν πρὸς αὐτούς（《言述の動詞 + πρός + 対象を示す対格》については上記参照）を除くとルカ的語彙は限られていることから（Jeremias 1980:197f 参照）、全体としてルカ特殊資料に由来すると考えられ、イエスに遡る可能性も完全には否定できないであろう（Nolland 1993a:623）。一部の研究者は、前後の小段落と同様、この譬えも Q 資料に含まれており、マタイが削除したと主張しているが（Catchpole 1983:423f; H. Klein 1987:103f; 2006:402; Förster 2007:257f; Wolter 2008:402 他）、明確な削除の理由は確認できない。その一方で、この段落がルカ版 Q 資料において前後の箇所と結合していた可能性は十分に考えられる（Sato 1988:56; 廣石 1991b:71–73）。なお、末尾の結語（8 節）は、譬えの内容とスムーズに接合しないことからも二次的にルカによって付加されたのであろう（廣石 1991b:73f; Eckey 2004b:518）。

末尾の祈願の要求と聴許の確信（9–13 節）はマタイ 7:7–11 と緊密に並行しており、Q 資料に遡る（トマス福 92, 94 も参照）。ルカはマタイ 7:9 の ἤ（あるいは）に対して δέ（さて）を、ἄνθρωπος（人）に対して πατήρ（父親）を用いているが（11 節）、前者については 11–12 節の修辞疑問を強調するために、後者については地上の父と天の父との対比（13 節）を強

調するために置き換えたのであろう。ルカはまた「パンに対する石」（マタ 7:9）の実例を「卵に対するさそり」の実例（11 節）で置き換え、末尾の 13 節では伝承（＝マタ 7:11）における ἀγαθά（良いもの）を πνεῦμα ἅγιον（聖霊）で置き換えており（Lagrange 1927:328; Ott 1965:108; Schulz 1972:162; Bovon 1996:148）、さらに ὄντες（εἰμί の現在分詞）の代わりに ὑπάρχοντες（ὑπάρχω［〜である］の現在分詞）を用いている（新約用例 35 回中ルカ文書に 23 回使用）。この小段落もその核においてイエスに遡る可能性がある。

一部の研究者は、三つの小段落はすでにルカ以前に（ルカ特殊資料において［レングストルフ 1976:303; Ernst 1976:357］／Q において［Schürmann 1968:119; Catchpole 1983:420; H. Klein 2006:400］／Q ルカにおいて［廣石 1991b:72］）結合していたと主張しているが、《言述の動詞＋πρός＋対象を示す対格》というルカ的表現（上記参照）を含む譬えの導入句（5a 節）のみならず、最後の小段落の導入句（9a 節：κἀγὼ ὑμῖν λέγω）もルカの編集句と見なされることからも（Ott 1965:100f; Schulz 1972:161; Bovon 1996:151。一方で Fitzmyer 1985:913 は Q に帰す）、むしろルカが結合したと考えるべきであろう。以上のことからも、ルカは Q 資料より得た 2–4 節と 9b–13 節（すでに Q で結合［Ott 1965:92; Schürmann 1994:220f］？）をルカ特殊資料から得た 5b–8 節で結合し、自ら構成した序（1 節）や 5a 節及び 9a 節を付加するなど適宜編集の手を加えることによって、この段落全体を祈りの文脈のもとに構成したのであろう（エレミアス 1969:172; Talbert 2002:133）。

【注解】

1 節

イエスが祈り終えた時、弟子たちは洗礼者ヨハネを引き合いに出し（1:5–2:40; 3:1–4:44; 7:18–35 参照）、ヨハネが彼の弟子たちに祈ることを教えたように自分たちにも教えてくれるようにイエスに要望する。このような弟子たちの要望は、イエスが祈る姿を彼らが頻繁に目にしていたことに起因するのであろう（3:21; 5:16; 6:12; 9:18, 28–29; 10:21 参照）。ヨハネの弟子たちの祈りについてはすでにルカ 5:33 でも言及されているが、「教え

る」（διδάσκω）行為を実践するのはルカにおいてはイエスと聖霊（12:12）のみであり、実質的にイエスが唯一の教師と見なされている（Schürmann 1994:176）。

2 節

　弟子たちの要望に答えて、イエスは「**祈る時には**」（ὅταν προσεύχησθε）こう言いなさいと語り出し、主の祈りを唱え始める。マタイと彼の教会は伝承を編集的に拡大することに特に抵抗を感じていなかったと推察されることからも、主の祈りを一つの実例として捉えていたのに対し、ルカはこの祈りを祈りの定式として示しており、この箇所は明らかに弟子たちに向けられていることからも（1 節）、教会における祈りの定式として示している（Fröster 2007:254–257）。

　最初に「**父よ**」（πάτερ）との呼びかけがなされるが（10:21; 22:42; 23:34, 46 参照）、この呼びかけはアラム語の「アッバ」（אַבָּא）に相当し、イエス自身も「アッバ」を用いて祈ったと考えられる（マコ 14:36 参照）。当時のユダヤにおいても神をイスラエルの民の「父」と見なすことは珍しくなかったが（申 32:6; 詩 89:27; マラ 2:10; シラ 51:10; Ⅲマカ 6:3, 8; 死海文書「感謝の詩篇」9:29; さらにルカ 6:36; 12:30 並行参照）、それでも神に対して直接「父よ」と呼びかけることは稀であり（シラ 23:1, 4; 知恵 14:3; Ⅲマカ 6:3, 8 のみ参照）、ましてやごく親しい間柄を前提とする「アッバ」を用いることは考えにくかった（エレミアス 1966:116–141; 1998:122–133 参照）。確かに、神に対する「アッバ」という呼びかけがイエス以前になされていた例も確認されていることから（詩 89:27; マラ 2:10 のタルグム及び死海文書 4Q372 1:16 参照）、この呼びかけは必ずしもイエス固有のものではないが（Nolland 1993a:613; フィロネンコ 2003:43–52 参照）、それでもこの呼びかけがイエスに特徴的であることは否定できないであろう（ベイリー 2010:137–140 参照）。そして何より注目すべきことは、イエスがここでこのような呼びかけを弟子たちにも求めた点であり（ロマ 8:15; ガラ 4:6 参照）、このことは弟子たちと神との親しい関係性（10:22）を前提としている。

　同様の形式で並列的に構成されている最初の二つの祈願は、内容的に相互に密接に関わっているが、アラム語で構成されたカディシュの祈り（「彼

の大いなる御名が、御心のままに創られた世界において讃えられ、崇められますように。彼の御国があなたがたが生きている間に、その時代に、また全イスラエルが生きている間に、一日も早く支配しますように。これに対してアーメンと唱えよ」『聖書学用語辞典』68 頁）と多くの点で並行しており、そこから影響を受けていると考えられる。

神に対する「父よ」との呼びかけに続いて、まず神の名が聖とされるようにとの祈願が唱えられる（1:49; ヨハ 12:28; さらに十八祈禱文の第三祈禱の「あなたは聖く、あなたの御名は聖い」も参照）。注目すべきことに、イエスの宣教活動に関わる共観福音書の記述において「神の名」に言及されるのはここのみである。ここでの「名」（ὄνομα）は神の内的本質を表し（出 3:13, 24 参照）、この祈願は神の力強い働きと輝かしい存在がこの世において表明されることを祈り求めており（エゼ 36:23 参照）、その意味で直後の神の国の到来の祈願とも密接に関わり、元来は終末論的に理解されていたと考えられる。また、ここでは命令法アオリスト受動態を用いてἁγιασθήτω（聖とされるように）と表現されていることも（神的受動）、神が主体であることを示している。その一方で、神の名の聖化は神によってのみならず、人間によっても達成されるべきものであり（ルツ 1990:491; モリス 2014:254）、その意味でこの祈願は、すべての人間が神の名を崇める（聖別する）ようにとの願いとも解され（イザ 29:23; 詩 99:3）、祈禱者が神に服従する意志を表明する信仰告白とも見なしうる。

神の名の聖化を求める祈願のあとには神の国（神支配）の到来を求める祈願が続いている。神支配についてはイエス以前のユダヤ世界においても待望されていたが（イザ 40:10; モーセ遺訓 10:1 参照）、神の国の到来の使信はイエスの宣教の中心内容であり（4:43; 8:1; 9:11）、Schürmann（1994:186f）はこの祈願を主の祈りの中心と見なしている（シュールマン 1967:51–55 も参照）。この祈りが弟子たちによって唱えられたのであれば、彼らはなお神の国の到来を待ち望んでおり、終末遅延は前提とされていなかったことになる。もっとも、ルカとその読者にとっては、神の国はイエスにおいてすでにしるしとして生起したのであり（11:20; 17:20–21 参照）、それゆえ彼らは神の国が生起するその只中においてこの祈りを唱え、この祈願の成就をイエスにおいて確信しようとしたのであろう。

なおベザ写本（D）では、この祈願の冒頭に「私たちの上に」（ἐφ᾽ ἡμᾶς）

111

という表現が加えられており、また写本 162 及び 700 には「あなたの聖霊が私たちの上に到来し、それが私たちを清めるように」という異文が見られる。写本上の証拠は強くないが、特に神の国が聖霊に置き換えられている後者の読みは、後続の聖霊の付与の記述（13 節）との関連から（使 15:8 も参照）、一部の研究者によって支持されている（Loisy 1924:315; Ott 1965:112–123; さらにフィロネンコ 2003:75–82 参照）。

3 節

　マタイ版とは異なり、神の意思の成就の祈願（マタ 6:10）を欠くルカにおいては、神の国の到来の祈願の直後に最初の我ら祈願であるパンを求める祈願が続いているが（4:3–4 参照）、この祈願が順序の上では主の祈りの中心に位置している。ここでのパンは文字通りのパンのみならず、食物全般を意味している。この祈願はその元来の形においては、神が「今日」パンを与えてくれるようにとの祈りであったと考えられるが（マタ 6:11）、ルカは「今日」（σήμερον）を「日々」（τὸ καθ᾽ ἡμέραν）に置き換え（9:23; 16:19; 19:47; 22:53; 使 17:11 参照）、δός（δίδωμι［与える］の命令法アオリスト形）を δίδου（同命令法現在形）に置き換えていることからも、継続性を強調すると共に終末論的観点を和らげようとしており（Ernst 1977:363 に反対）、終末遅延の状況が示唆されている（Wiefel 1988:216）。確かに、この祈願が来たるべき神の国とその食事にも関連づけられていた可能性も完全には否定できないが、ルカの文脈に鑑みても、ここで特に終末論的観点が強調されているとは考えにくい（Catchpole 1983:420）。

　マタイもルカも、人々が願い求めるべきこのパンを、新約のこの箇所以外には一部のパピルス文書にしか認められない珍しい ἐπιούσιος という語で形容している。この語は ①《ἐπί（～の上に）＋ οὐσία（存在・実体）》から「実体を超えた」あるいは「（生存に）必要な」、② ἐπὶ τὴν οὖσαν (ἡμέραν) から「今日のための」あるいは「日毎の」、さらに ③ ἐπιέναι（近づいてくる）ないし ἡ ἐπιοῦσα（来たる日）から「来たるべき日の」／「明日の」と解される可能性があり、決定は難しい（Bauer 601f; 『釈義事典』II:62 参照）。比較的多くの研究者は③の「明日の」という意味で解しているが（ルツ 1990:492–495; クルマン 1999:106–109; ヴェーダー 2007:229 他）、この理解は、今日「明日のパン」以外には何も求めない者は、神の配慮に信頼し、神に

新しいマナの奇跡（出 16:4 以下）を願うという意味でふさわしいように思えても、明日のことを思い煩うなというイエスの発言（12:22–31 並行）とは矛盾している（祈ることと思い煩うことを区別するクルマン 1999:108f に反対）。むしろ、特に「今日」を「日々」で置き換えているルカの文脈においては①の「必要な」の意味で解するのが適切と考えられ（シュールマン 1967:88–90; Schürmann 1994:193, 195; ヤング／ビヴィン 1998:43–45; カルペッパー 2002:301; H. Klein 2006:406）、この理解は箴言 30:8（「私に適する量のパンで味わわせてください」）とも共鳴している。

4 節

パンを求める祈願のあとには「**私たちの罪を私たちに対して赦してください**」という祈願が続く。この祈りは内容的に十八祈禱文の第六祈禱の冒頭部分（「われらの父よ、われらを赦し給え。われらは罪を犯した故に」）と近似しており（さらに 6:37c; シラ 28:2–4 参照）、旧約聖書や同時代のユダヤ教文献にも多くの並行例が確認できる（中野 2008:209–213 参照）。ここでルカは、異邦人読者にも理解できるように、人間間の借金の意味でも解しうる「負債」（ὀφειλήματα［マタ 6:12]）を「罪」（ἁμαρτίαι）に置き換えている（Fitzmyer 1985:906; Bovon 1996:121; 中野 2008:213f 参照。一方で「罪」を原初的と見なす Ernst 1977:363 に反対）。

罪の赦しを求める祈りの直後には「**私たち自身も私たちに負債のある人を皆赦しますから**」（17:3–4 参照）という理由を示す γάρ に導かれる従属文が続いているが、これについてはユダヤ教文献に並行例が見られず、イエスに特徴的なものと見なしうる（中野 2008:212）。ここでは ὀφείλοντι（ὀφείλω［負債がある］の現在分詞男性単数与格）という語が用いられ、ὀφειλέταις（ὀφειλέτης［負債者］の男性複数与格）を用いるマタイ 6:12 と同様、人間間の負い目が問題にされている。ルカはまた、マタイの ὡς（〜のように）に対して γάρ（〜だから）及び強意代名詞の αὐτοί を用いることによりこの箇所を強調している。さらにマタイ版では、「私たちも……赦しましたように」（ὡς καὶ ἡμεῖς ἀφήκαμεν ...）とアオリスト形を用い、過去の事柄として神の赦しに対する前提条件のように表現されているのに対し（cf. シラ 28:2：「隣人から受けた不正を赦せ。そうすれば、願い求める時、お前の罪は赦される」）、ルカ版では「私たちも……を赦しますから」（καὶ γὰρ αὐτοὶ ἀφίομεν ...）と現在形を用いて決意表明として表現されているが（ディダケー 8:2 も同様）、問題となるのは、これがルカ自身によってもたらされたかどうかという点である。確かに直後のマタイ 6:14–15 は、マタイがここでも人間間の赦しを神の赦しの前提条件として構成したように想定させるが（マタ 5:23–24; 7:1; 18:35 も参照）、ルカがすでに 3 節で継続性を強調しており、さらにここでは「皆」（παντί）という編集句によって文意が強調されていることは、ルカがこの箇所を決意表明の観点から構成した可能性を示唆している。なお一部の研究者は、両福音書記者が用いた ἀφήκαμεν／ἀφίομεν は同一のアラム語動詞の現在的用法の完了形に遡り、それがマタイにおいてはそのままアオリスト形で訳され、ルカではアラム語の原意に従って現在形で訳されたと見なしている（エレミアス 1966:51f, 67; 1998:363f クルマン 1999:110f 参照）。また、この罪の赦しの祈願と将来の終末の裁きとの関連性は否定できないが（Ernst 1977:364; シュトレッカー 1988:227 参照）、ルカにおいてはその点は強調されておらず、神が今日にもその赦しをもたらすことが求められている。

　そして、これに続く「**私たちを誘惑に導き入れないでください**」という祈願（4b 節）によって主の祈りは締めくくられる（22:40, 46 参照）。πειρασμός（誘惑）はギリシア語の世俗文学には稀にしか見られないが、七十人訳聖書に頻出する。この語は本来、忠実さを試すための試練という意で肯定的に用いられるが、悪魔による誘惑等の否定的な意味でも用いられ（4:13 参照）、ルカの文脈においても、誰によってそれが起こされるかどうかは明らかにされないまでも否定的な意味合いが強く看取される（Wolter 2008:409 に反対）。ここではまた終末時の誘惑よりもむしろ日常的な誘惑が意味されており、神によって様々な誘惑が取り除かれることが求められているが（21:8 以下）、誘惑の時は離反の最大の危機でもあるからこそ（8:13 参照）、誘惑を回避できるように祈り求めるべきなのである。

5–6 節

　主の祈りを弟子たちに示した後、イエスは祈願を主題とする譬えを弟子たちに語り出す。ここでイエスは「**あなたたちの中の誰か**」（τίς ἐξ ὑμῶν）と、しばしば譬えの導入部分に使用される表現を用いることにより（11:11; 12:25; 14:28; 15:4; 17:7 参照）、聞き手である弟子たちを話の中に引き込み、

彼らを譬えに登場する懇願者と同一視させる方向へと導いていく。

この譬えはガリラヤの村の状況を念頭に語られている。ある人のもとを旅行中の友人が訪れるが、突然の来客をもてなす食物がないため、彼は真夜中に別の友人を訪ね、客に振る舞うためのパンを三つ貸して欲しいと懇願する。旅人をもてなすことはユダヤ世界において伝統的に重視されており（創 18:1 以下；ヨブ 31:32 他）、三つのパンは一人分の食事に相当すると考えられる（エレミアス 1969:172。一方で Bailey 1976:121f はそれ以上の分量を想定している）。なお、真夜中に訪問客が訪れるという状況の不自然さがしばしば指摘されるが、決してあり得ないことではなく、その理由（日中の暑さを避けて夜間の旅？、船の到着遅延のため？）を必要以上に詮索すべきではないであろう。

7 節

しかしその友人は「**私に面倒をかけないでください**」（18:5 参照）と、その願いをはっきりと拒絶する。すでに戸は閉められ、おそらく一部屋しかない貧しい農民の住居の中で（マタ 5:15 参照）子どもたちはすでに寝床に入っており、今から起きて何かを与えようとすると扉の錠とかんぬきをはずさねばならず、その物音で家族を起こすことにもなり、迷惑だというのである（エレミアス 1969:172f)。「**すでに**」（ἤδη）という表現は、この友人が彼の依頼を迷惑に感じていることを強調している（Bovon 1996:150)。また、直前の懇願者の発言が「友よ」との呼びかけで始まっているのに対し、ここでの友人の返答がそのような呼びかけを含んでいないことは、その友人のいらだちを示しているのかもしれない（15:29 参照）。なお、比較的多くの研究者は、5–7 節全体を一まとまりの修辞上の問いかけと見なし、願いを拒絶する 7 節の友人の描写は、「そのようなことは絶対にあり得ない」というそれに対する聞き手の否定的反応を前提に語られていると主張している（エレミアス 1969:173f; Bailey 1976:119–121; Schneider 1984b: 259; Ernst 1977:365f; Schürmann 1994:209; カルペパー 2002:304; Förster 2007:259)。確かに、5–7 節で完結していたと考えられる元来の譬えにおいてはそうであった可能性は十分に考えられるが、後続 8 節の「彼の友人だからという理由では……与えるようなことはなくても」という表現は、通常の友人関係においてはその願いが拒絶されることを前提としているこ

とからも、ルカの文脈においてはそのように考える必要はないであろう（Fitzmyer 1985:910f）。

8節

　ここでは「**私はあなたたちに言っておく**」（λέγω ὑμῖν）という強調表現に導かれて譬えの結語が述べられる。この結語は直前の7節と「起きて……与える」という表現を共有しているが（ἀναστὰς δοῦναί [7節] ／ δώσει ... ἀναστάς [8節]）、ここでは7節の記述とは明らかに異なり、最終的にはその友人もその願いを聞き入れてくれるというイエス自身の確信が述べられる。すなわち、友人だからという理由ではその願いは聞き入れられなくても、熱心に願い求めるその（恥をも厭わぬ）「**執拗さ**」（ἀναίδεια [新約ではここのみ]）のゆえにその願いは聞き届けられるというのである。祈りの聴許に言及する後続の箇所（9–13節）との関連においても、ここではすでに、熱心な祈りは必ず聞き届けられるという確信が表明されている。なお ἀναίδεια は本来「恥知らず」や「厚かましさ」を意味するが、多くの研究者はこの語をむしろ肯定的に「羞恥心（恥の感覚）」の意味で捉え、この名詞の直後の αὐτοῦ（彼の）を懇願された友人の方にかけ、この箇所をその友人が願いを拒絶したことが知れ渡ることから生じる彼自身の「恥辱のゆえに（恥辱を避けるために）」という意に解している（エレミアス 1969:173; ユンゲル 1970:224f; Bailey 1976:125–133; Nolland 1993a:624–626; Marshall 1995:465）。しかしながら、並列されている直前の「**彼の友人**」（φίλον αὐτοῦ）の「彼」（さらにその直前の αὐτῷ [彼に] も参照）は明らかに懇願者を指していることからも、この「彼」も同一人物と解すべきであり、仮に懇願されている友人を指しているなら、ἀναίδεια の直後に αὐτοῦ（人称代名詞三人称男性単数属格）ではなく ἑαυτοῦ（再帰代名詞）を用いるべきところであろう（Fitzmyer 1985:912; Bovon 1996:150; Bock 1996:1060; Förster 2007:260f）。

9節

　直前の譬えの内容を受け、ここでは「**そこで私はあなたたちに言っておく**」（κἀγὼ ὑμῖν λέγω）という導入句に続き、「**求めなさい**」、「**探しなさい**」、「**門をたたきなさい**」と三重の要求が語られ、それに続いて、そうすれば

「**与えられる**」（6:30 参照）、「**見出す**」（2:44, 46, 48; 使 17:27 参照）、「**開か
れる**」（12:36; 13:25 参照）と、それぞれの要求の実践に対する帰結が述べ
られる（エレ 29［LXX 36］:12-14 参照）。三重の要求は、反復・継続を意味
する命令法現在形で構成されていることからも継続的に求め続けるように
要求しており、また、未来形受動態で構成されている最初と最後の帰結文
においては神の意思が示され（神的受動）、終末論的観点が含まれている
（Löning 2006:60f）。特に最初の「**求めなさい。そうすればあなたたちに与
えられる**」という言葉は標題的機能を果たしており（Bill. I:458 参照）、同
様の表現が繰り返されることによって要求の緊急性・切実性が強調されて
いる（シュトレッカー 1988:288; ルツ 1990:551）。

10 節

　続いて、「（誰でも）〜する者は〜されるから」というように、同様に三
重の文章によって前節の記述が根拠づけられる。要求された行動のそれぞ
れの帰結について、直前の箇所では未来形で記されていたのに対してここ
では現在形が用いられており（一部の写本は未来形）、願いが聞き届けられ
るという確信がより一層明確に表現されている。その一方で、マタイの並
行箇所では願いが文字通りに聞き届けられることが自明のこととして語ら
れているのに対し（マタ 7:8）、執拗さのゆえに願いが聞き届けられるとい
う先行する譬えの結語（8 節）の直後に続くルカの文脈においては、願い
の執拗さとの関連において聴許について語られている（Ott 1965:99-101）。
なお、ここでは求める対象は明示されていないが、イエスの宣教の元来の
文脈においては「神の国」が対象とされていたのかもしれない（マタ 6:33
// ルカ 12:31 参照）。

11-12 節

　そこで、願いが聞き届けられることを示す二つの実例が示されるが、こ
れらの二つの修辞疑問文は否定の答えを前提としている。魚を求める息子
に蛇を与えるような父親はおらず、同様に、卵を求める息子にさそりを
与えるような父親もいない。マタイの並行箇所では、ルカ版には見られ
ない「パンに対する石」の実例が最初に示され、そのあとにルカ版では
最初に挙げられている「魚に対する蛇」の実例が続いているが、「卵に対

するさそり」の実例は見られない（マタ 7:9–10）。蛇とさそりの対句は申命記 8:15 にも見られるが、この箇所に関してはおそらくマタイ版の方が原初的であり（Nolland 1993a:629f に反対）、ルカは Q 資料における「必要なものと不必要なものとの対比」を「役立つものと有害なものとの対比」に置き換えたのであろう（Loisy 1924:319; Ott 1965:110; Schulz 1972:162; Klostermann 1975:126; 山田 2017:215）。また、この改変の背景には、ルカが蛇やさそりを踏みつける権能をイエスが弟子たちに授けたと記すルカ 10:19 の影響があるのかもしれない。なお、「パンに対する石」の実例は、有力写本（$\mathfrak{P}^{45}$, $\mathfrak{P}^{75}$, B）には見られない一方で大部分の大文字写本には含まれていることから（א, A, C, D, L, W, Θ, Ψ 他）、一部の研究者は元来のルカのテキストにはこの実例も含まれており、直前の祈願の要求の言葉に対応する形でここでも三つの実例が並列していたと主張している（Bailey 1976:135–137; Bovon 1996:153f; 田川 2011:298f）。確かに「パンに対する石」の実例は直前の箇所（3, 5 節）に対応し、一貫性の観点からも整合性が認められるが、それだけに省略された可能性よりも二次的に付加された可能性の方が高いと考えられ、「より短い本文がより原初的」という本文批評の原則からも、そのように解すべきであろう。

13 節

　最後に、ここまでの記述を踏まえつつ、「**悪い者たち**」（πομηροί）である人間と天の父との対比のもと、《小から大への推論》によって祈りの聴許について結論的に述べられる。すなわち、邪悪な存在であるこの世の父親たちですら自分の子どもたちには「**良い贈り物**」（δόματα ἀγαθά）を与えることを知っているなら、天の父である神はなおさら祈り求める者にそれ以上のものを与えるに違いないというのである。ルカはここでマタイ 7:11 の「良いもの」（ἀγαθά）を「**聖霊**」に置き換えることにより、人間と神の対比を一層際立たせると共に、神が与えるものが、「この世のもの」ではなく、それを越えた次元に存在し、将来的に（イエス亡き後に）与えられ、終末の時まで教会が必要とする聖霊であることを明らかにしている（24:49, 使 1:5, 8; 2:4, 34 参照）。なお、ὁ πατὴρ [ὁ] ἐξ οὐρανοῦ δώσει という珍しい表現は、本文批評上、意見が分かれている πατὴρ の直後の ὁ の存在を認めるなら「天からの父が〜を与える」という意味になるが、それを認め

ないなら「父が天から〜を与える」という意味になる。

【解説／考察】

　イエスの祈りについては、ここまでの箇所でも頻繁に言及されてきたが（3:21; 5:16; 6:12; 9:16, 28 [上巻 148 頁参照]）、この段落ではまず、弟子たちが唱えるべき祈りとして主の祈りが示される。その意味では、この祈りは「主の祈り」よりも「弟子たち（信者たち）の祈り」と称すべきかもしれない。この祈りは近代に至るまで非ユダヤ的なものと見なされてきたが、特に前半部の「汝祈願」についてはユダヤ教的な祈りの影響を受けていることは明らかである。しかしその一方で、冒頭の「父よ」との呼びかけをはじめ、この祈りはイエスに特徴的な要素を幾つも含んでいる。なお、この「父よ」との呼びかけはアラム語の「アッバ」に遡ると考えられるが、このことは何より、神が人間にとって親しい存在であることを示している。今日でも日本の多くのプロテスタント教会では 1880 年訳「主の祈り」が用いられているが、冒頭の「天にまします我らの父よ」というあまりに荘重すぎる表現は、無意識のうちに神を遠くへと押しやってしまっているのかもしれない。

　主の祈りはキリスト教の歴史全体を通して多様に解釈されてきた。テルトゥリアヌス（160 頃–220 以降）は「福音全体の要綱」と見なし、キュプリアヌス（200 頃–258）はこの祈りを「比類なき教義要綱」と見なしたが、今日のキリスト教会においても「主の祈り」は「祈りの中の祈り」として重要視されている。事実、この祈りは今日においても教会の礼拝をはじめ様々な機会に唱えられ、キリスト者にとっては欠くことのできない大切な祈りであるが、この祈りを形骸化させないためにも、この祈りが今の私たちに何を語ろうとしているかを、それぞれが意識的に問い直してみる必要があるだろう。

　主の祈りに続いて、熱心な祈りの要求と祈りの聴許の確信について述べられ、特に失望することなく熱心に祈り求め続けるならばその願いは必ず聞き届けられると、その熱心さ（執拗さ）が要求されている（マタ 6:7–8 比較参照）。もっともルカにおいては、祈願の文字通りの聴許が言明されているわけではなく、熱心な祈願に対して「この世のもの」を越え

た次元にある「聖霊」が与えられるという意味での聴許なのであり（Ott 1965:106–109）、ここでは祈りそのものがこの世的な次元から天的な領域にまで高められている。

　事実、「祈りは聴かれる」という言い回しは、キリスト者同士の間では決まり文句のようになっており、また多くの信仰者は特に抵抗を感じることなくこの表現を受け入れている。しかしその一方で私たちは、敬虔な人物がどんなに熱心に祈っても現実には叶えられない祈りが無数に存在することも経験的によく知っている。ここでももちろん、熱心に祈りさえすれば、どんな祈願でも文字通りに叶えられると言われているわけではなく、むしろ祈禱者が祈りを通して神と対話を続けていく過程の中で、その祈りの内容が最終的には御心に適うものへと変えられていくことを示唆しているのであろう（マコ 14:36 参照）。

2.　ベエルゼブル論争 （11:14–26）

【翻訳】

11:14a さて、彼（イエス）は口の利けない悪霊を追い出していた。b そして悪霊が出て行くと、口の利けない人が話をし始めたので、それで群衆は驚いた。15a しかし彼らの中のある人たちは、b「彼は悪霊たちの頭であるベエルゼブルによって悪霊たちを追い出しているのだ」と言い、16 また別の人々は、〔彼を〕試みて彼から天からのしるしを求めた。17a しかし、彼（イエス）自身は彼らの考えを見抜いて彼らに言った。b「自らに敵対して分裂しているあらゆる国は荒廃し、c 家々は重なり合って倒壊してしまうものだ。18a そこで、もしサタンも自らに敵対して分裂しているなら、どうして彼の国は立ち行くだろうか。b というのも、あなたたちは私がベエルゼブルによって悪霊たちを追い出していると言っているからである。19 しかし、もしこの私がベエルゼブルによって悪霊たちを追い出しているなら、あなたたちの息子たちは何によって〔悪霊たちを〕追い出しているのか。それゆえ、彼ら自身があなたたちの裁判官になるのである。20 しかし、も

し〔この〕私が神の指によって悪霊たちを追い出しているなら、それなら神の国はあなたたちのところに到来したのである。²¹ 強い者が完全武装して自分の屋敷を守っている時には彼の持ち物は安全である。²² しかし、彼より強い者が襲って来て彼に打ち勝つと、彼が頼みにしてきた彼のすべての武具を彼（より強い者）は奪い取り、自分の分捕品を〔仲間に〕分配する。²³ 私と共にいない者は私に敵対し、私と共に集めない者は散らすのである。

²⁴ᵃ 汚れた霊は人から出て行くと、休む場所を探して水のない場所をさまよい歩くが見出さない。ᵇ〔そこで〕それ（霊）は『出て来た私の家に戻ろう』と言う。²⁵ そしてそれが戻って来ると、〔その家が〕掃除され、飾られているのを見出す。²⁶ そこでそれは行って、自分より邪悪な他の七つの霊を連れて来て、入って来てそこに住み着く。そうなるとその人の最後〔の状態〕は最初よりも悪くなる」。

【形態／構造／背景】

祈りを主題とする前段（11:1–13）に続いて、ここでは悪霊追放に関わる論争記事が記され、イエスの宣教活動においてすでに神の国が到来していることが告知される。前段末尾（11:13）では聖霊に言及されていたのに対し、ここでは悪霊について語られているが、「悪霊」（δαιμόνιον〔14, 15, 18, 19, 20 節〕）や「ベエルゼブル」（Βεελζεβούλ〔15, 18, 19 節〕）の他、「サタン」（Σατανᾶς〔18 節〕）、「汚れた霊」（τὸ ἀκάθαρτον πνεῦμα〔24 節〕）、「邪悪な霊」（πνεῦμα πονηρός〔26 節〕）にも言及されているという意味でもこの段落は統一的に構成されておらず、複数の資料に遡ると考えられる。段落全体は以下のように区分され、拡大されたアポフテグマ（それが語られた具体的状況を伴って記されているイエスの言葉）と見なしうる（Schulz 1972:208）。

（1）序：イエスの悪霊追放と群衆の驚き（14 節）

（2）イエスの悪霊追放に対する否定的評価（15–16 節）

　　（a）ベエルゼブルによる悪霊追放であるとの非難（15 節）

　　（b）天からのしるしの要求（16 節）

（3）イエスの反論（17–20 節）

（a）イエスの返答（17a 節）

（b）第一の根拠：分裂した国の比喩（17bc–18 節）

（c）第二の根拠：ユダヤ人悪霊追放者への言及（19 節）

（d）神の国の到来の告知（20 節）

（4）強い者とより強い者の比喩（21–22 節）

（5）イエスの敵対者への批判（23 節）

（6）汚れた霊の帰還（24–26 節）

段落の前半部では、「〜によって悪霊たちを追い出している」（ἐν ... τὰ δαιμόνια ἐκβάλλω）という表現が繰り返され（15, 18, 19, 20 節）、悪霊追放が何の力によってなされるかが問題にされている。また、イエスの反論（3）における三つの文章はいずれも εἰ δέ（そこで／しかし、もし）という表現によって始められ（18, 19, 20 節）、前二者においては修辞疑問文を用いて反論の根拠が述べられ、末尾の文章においては神の国の到来が告知されている。さらに 17, 18, 20 節は βασιλεία（国）を共有しており、18 節の「サタンの国」と 20 節の「神の国」は対比的に捉えられている。また、後半部の二つの小区分（4, 6）はいずれも接続詞 ὅταν（〜する時）によって導かれる節によって導入されており（21, 24 節）、冒頭の（1）と末尾の（6）は ἐξέρχομαι（出て行く）を共有している（14b 節／24a, b 節）。

14–23 節は総じてマルコ 3:22–27 及びマタイ 12:22–30（マタ 9:32–34 も参照）に並行しているが、マルコに対するルカとマタイの並行関係が顕著であることから、このエピソードの背景にはマルコ資料と共に Q 資料が存在していると考えられる。多くの研究者は、マタイがマルコと Q 資料を混合して用いているのに対し、ルカは、マルコ 3:22bc と逐語的に一致する 15b 節（「彼は悪霊たちの頭……によって悪霊たちを追い出している」［ἐν ... τῷ ἄρχοντι τῶν δαιμονίων ἐκβάλλει τὰ δαιμόνια]）及び βασιλεία ἐφ᾽ ἑαυτὴν（17b 節／マコ 3:24）を除いて、基本的に Q 資料に依拠していると考えている（Lührmann 1969:32–34; Schulz 1972:203–213; Hoffmann 1972:37f; Fitzmyer 1985:917f; Marshall 1995:471; ルツ 1997:331 他）。この箇所の原初的中核はベエルゼブルに言及する 14–15, 19 節であり、これに他の箇所が徐々に付け加えられ、拡大していったのであろう（シュヴァイツァー 1978:381; ルツ 1997:333; 山田 2018:218）。

冒頭の 14 節はマタイ 12:22–24 に並行しているが、マタイ 9:32–33 とも緊密に並行しており（悪霊追放による口の利けない人の癒しの主題及び καὶ ἐθαύμασαν οἱ ὄχλοι［そして群衆は驚いた］という表現を共有）、Q 資料の本来の内容を保持していると考えられる。ルカに特有のしるしの要求（16 節）は、後続のヨナのしるしに関する段落（11:29–32）を準備するために、マルコ 8:11–12 との関連（両者は πειράζοντες, ἐξ/ἀπὸ οὐρανοῦ, ἐζήτουν/ζητοῦντες, παρ' αὐτοῦ を共有）からルカが挿入したのであろう（Schramm 1971:47; Fitzmyer 1985:918; 三好 1991:327; Nolland 1993a:637; Bovon 1996:167f; Wolter 2008:417。一方で山田 2018:224f は Q に帰す）。なお、このヨナのしるしに関する段落はマタイにおいても同様の文脈に置かれていることから（マタ 12:38–42）、14–23, 24–26, 29–32 節（並行マタ 12:22–30, 43–45, 38–42）はすでに Q 資料において結合していたと考えられる（Schneider 1984b:265）。17ab, 18a 節もマルコ 3:23–24, 26 よりもマタイ 12:25ab, 26 に緊密に並行しており、Q 資料に由来すると考えられるが、対応するマルコ 3:25 // マタイ 12:25c と明らかに異なる 17c 節はルカの編集句であり、イエスがベエルゼブルによって悪霊を追い出しているとの敵対者の発言の反復（18b 節）もルカが編集的に付加したのであろう（Ernst 1977:374; Schweizer 1986:128; ブルトマン 1987:207; Eckey 2004b:527。一方で Marshall 1995:474 はこの見解に否定的）。マタイ 12:27–28 に並行する 19–20 節はマルコに並行箇所が見られず、Q 資料に由来する。また、ルカ版の「神の指」（20 節）に対してマタイ 12:28 では「神の霊」が用いられているが、ルカが「霊」（πνεῦμα）を改変したとは考えにくく（Nolland 1993a:639f; Eckey 2004b:528 に反対）、むしろマタイが後続のマタイ 12:31–32 との関連から改変したのであろう（Schulz 1972:205 n. 218; Marshall 1995:475f; ルツ 1997:332）。なお、この 20 節はイエスに遡る可能性も指摘されている（ブルトマン 1983:280; Nolland 1993a:635; Schürmann 1994:242f; Bovon 1996:174; Eckey 2004b:528）。

21–22 節の強い者とより強い者の比喩は、戦闘状態においてより強い者が所有物を奪い取る状況を語っているのに対し、これに対応するマルコ 3:27 // マタイ 12:29 では強盗が家に押し入る状況が描かれており、内容的に大きく異なっている。一部の研究者は、ルカが Q 資料とは異なる伝承（ルカ特殊資料？）を用いたと見なしているが（Lührmann 1969:33）、む

しろ、マタイ版がマルコに依拠しているのに対し（並行トマス福35）、ル
カのテキストはQ資料に由来すると考えるべきであろう（シュヴァイツァ
ー 1978:382; Schweizer 1986:128; Schürmann 1994:245f; Bovon 1996:167 n.
9, 177; ルツ 1997:332）。23節はマタイ 12:30と逐語的に一致し、明らかに
Q資料に由来する。

　24–26節もほとんど逐語的にマタイ 12:43–45に並行しており、Q資
料に由来する。マタイ版は先行するベエルゼブル論争に関わる記述との
間に二つの段落（木とその実の比喩［マタ 12:33–37］及びヨナのしるし［同
12:38–42]）を挟んでいるが、おそらくルカ版の方が元来のQ資料の順序
を保持しているのであろう（Lührmann 1969:34; Schulz 1972:476 n. 562;
ブルトマン 1983:24; 山田 2017:222）。もっとも、内容的には直前の部分
（14–23節）との関係は緊密ではないことからも、元来両者はそれぞれ独
立した伝承であったと考えられる。

　以上のことからも、ルカはQ資料に由来する記述（14–15a, 17ab, 18a,
19–20, 21–22, 23, 24–26節）をもとに、一部はマルコ資料を用い（15b節)、
さらに幾つかの編集句を付加することによって（16, 17c, 18b節）この段
落全体を構成したのであろう。

【注解】

14節

　直前の段落では祈りに関するイエスの教えが記されていたが、ここから
突然場面が変わり、弟子たちは姿を消し、イエスが悪霊を追い出す場面が
描かれている。イエスが悪霊を追放すると、それまで口が利けなかった人
が語り出したので群衆は驚いたという。冒頭の καὶ ἦν ἐκβάλλων δαιμόνιον
κωφόν（さて、彼は口の利けない悪霊を追い出していた）という表現に関し
て、大多数の写本では δαιμόνιον の直後に καὶ αὐτὸ ἦν という語句が続いて
おり（A, C, W, Θ, Ψ, f^{13} 他）、それを組み入れると「さて、彼は悪霊を追い
出していたが、それは口が利けなかった」となるが、有力な写本（𝔓[45.75],
𝕬, A*, B, L等）はこれを欠いているため、二次的付加と考えられる。また
一部の聖書翻訳は「**口の利けない悪霊**」という表現を「口を利けなくする
悪霊」と訳出しているが（新共同訳、新改訳2017、協会共同訳他）、事実古

代世界においては、外的な病気の症状から悪霊の種別が推定されていた（Bill. IV:501–535 参照）。マタイの並行箇所では、悪霊に取りつかれて目が見えず、口が利けなかった人の目が見え、口が利けるようになり、その結果群衆は「この人はダビデの子ではないだろうか」と語ったとあり、より肯定的な反応を示している（マタ 12:22–23）。

15 節

しかし一部の人々は、イエスによって悪霊が追放されたという事実は認めつつも、それを否定的に捉えようとした。すなわち彼らは、イエスは悪霊たちの頭であるベエルゼブルの力によって悪霊たちを追い出していると断定し、イエスを悪霊の仲間と見なしたのである。ルカにおいては群衆の一部が否定的な反応を示したのに対し、マタイの並行箇所では群衆とは明確に区別されたファリサイ派の人々が（マタ 12:24）、マルコ 3:22 においてはエルサレムから来た律法学者がそれぞれ否定的に反応しており、後者においてはさらに、イエスは「ベエルゼブルに取りつかれている」（Βεελζεβούλ ἔχει）という非難の言葉が加えられている（cf. マタイ 11:28 // ルカ 7:33：δαιμόνιον ἔχει「（彼は）悪霊に取りつかれている」）。ユダヤ教文献に用例が確認できない Βεελζεβούλ（ベエルゼブル）はフェニキアの神の名に由来し（「バアル・ゼブブ＝蠅の主」［王下 1:2, 3, 6, 16］及び「バアル・ゼブル＝高殿の主／家の主人」参照。後者の意味についてはマタ 10:25 も参照）、ユダヤ世界において偶像名となり、紀元 1 世紀にはサタンの同義語になっていたと想定される（Fitzmyer 1985:920f; Wolter 2008:416f 参照）。

16 節

さらに「**別の人々**」（ἕτεροι）はイエスを試みて、彼に「**天からのしるしを求めた**」（11:29–32 及びマコ 8:11 参照）。未完了過去形で記されているここでの「**求めた**」（ἐζήτουν）は、求めても実現しなかったという意味合いを含んでいる。また、この「**しるし**」は、当時の黙示思想における天体の動きによって神の国の到来の時期を示すしるし、終末のしるしとしての天空からの現象（21:25）を指しているのであろう（三好 1991:327）。また「**試みて**」（πειράζοντες）という表現は誘惑の記事（4:2）を思い起こさせるが、事実ルカが πειράζω（試みる）を用いているのはこの二箇所のみであ

る（10:25 の ἐκπειράζω も参照）。なお、このしるしの問題に関するイエスの応答は後続の 29–32 節で示されることになる。

17 節

しかしイエスは彼らの考えを見抜き（5:22; 6:8 参照）、分裂した国の比喩を用いて、内部で分裂しているような国はいずれ荒廃すると反論する。マルコやマタイでは、国の例に並列する形で（町や）家の場合も同様に内部分裂すれば立ち行かないとする記述が続いているが（マコ 3:25 // マタ 12:25c）、ルカにおいてはその代わりに「**家々は重なり合って倒壊してしまう**」（直訳：「家は家の上に倒れる」）と記されており（あるいは「家は家に敵対して倒れる」という訳出も可能）、内乱によって多くの家屋が倒壊する様子が描かれている。

18 節

続いてイエスは、そのようにサタンの勢力も内輪もめするようではその国はどうやって立ち行くのかと問いかける。この発言はマタイと同様、修辞疑問文によって構成されているが（18a 節 // マタ 12:27）、マルコの並行箇所は平叙文で記されている（マコ 3:26）。ルカのイエスはさらに、自分が「**ベエルゼブルによって悪霊たちを追い出している**」と見なす 15 節の敵対者の発言を繰り返すが、ここではおそらくサタンとベエルゼブルが同一視されているのであろう（Fitzmyer 1985:921; Marshall 1995:474。一方で Wolter 2008:417f はこの見解に否定的）。

19 節

さらにイエスはユダヤ世界における悪霊追放者にも言及し、もし「**この私**」（ἐγώ）がベエルゼブルの力によって悪霊を追放しているなら、「**あなたたちの息子たち**」（οἱ υἱοὶ ὑμῶν）、すなわち、ソロモン王をはじめとする多くのユダヤ人霊能者たち（マコ 9:38 並行；使 19:13；ヨセフス『ユダヤ古代誌』8:45–47 参照）も同様にベエルゼブルの力によって悪霊を追放していることになり、彼らをも批判していることになると指摘する。そのように述べることにより、イエスは自らの悪霊追放がベエルゼブルの力によるのではないことを示そうとしているが、ここで問題となるのは、イエス自

身（あるいは著者ルカ）がユダヤ人霊能者たちによる悪霊追放をどのように捉えていたかという点である。前後の文脈からは、イエスは彼らが実際に神の力によって悪霊を追放していたことを前提に語っているようにも考えられるが、そうだとすると、彼らの悪霊追放は直後の 20 節で神の国のしるしと見なされるイエスの悪霊追放と同質ということになるのだろうか。おそらくこのような難点は、元来は異なる文脈に置かれていた 20 節が二次的に付加されたことによって生じたと考えられ（Schürmann 1994:237; Marshall 1995:474f 参照）、その意味でも、後続の 20 節ではユダヤ人霊能者による悪霊追放についてはもともと考慮に入れられておらず、イエスによって悪霊が追放される時にのみ、それは神の国の到来のしるしと見なされていると考えるべきであろう（Davies/Allison 1991:339; Wolter 2008:419）。そして、そのようにイエスに反論する彼らはユダヤ人霊能者たちから裁かれることになると述べられる。この発言の具体的な意味は明らかではないが、これをそのまま最後の審判と関連づけることはできないであろう（Fitzmyer 1985:922; Marshall 1995:475; Bovon 1996:174 に反対）。

20 節

　続いてイエスは、もし自分が「**神の指**」（cf. マタ 12:28：「神の霊」）によって悪霊を追放しているなら、神の国は「**あなたたちのところに**」（ἐφ᾽ ὑμᾶς ［10:9 参照］）到来したと断言する。すなわち、イエスの悪霊追放は神の国到来の見えるしるしだというのである。また「神の指で悪霊を……」という表現の背景には、エジプト王の前で魔術師がモーセのしるしについて「神の指〔によるもの〕」と説明する出エジプト 8:15 があると考えられる（出 31:18; 申 9:10; 詩 8:4 も参照）。

　注目すべきことに、ここでは φθάνω（到来する）のアオリスト形（ἔφθασεν）が用いられており、神の国の到来が将来のこととしてではなく、イエスの宣教活動において（少なくとも一部の人にとっては）すでに生起した出来事として語られている（ドッド 1964:55f 参照）。そこで、聞き手がそれにどのように備えるかが問題となるが、その点については後続の箇所で語られることになる。

21–22 節

　ここでは強い者とより強い者の比喩が語られ、強い者が武装して自分の屋敷を守っている間はその持ち物は安全だが、より強い者が襲って来て彼を打ち負かすと、その持ち物は奪い取られ、それらは分捕り品として分配されると述べられる。この比喩は戦闘状態を描写している点で先行する分裂した国の比喩（17b–18 節）と緩やかに結合している。ここでの「**強い者**」(ὁ ἰσχυρὸς) はサタンを意味し、「**彼より強い者**」(ἰσχυρότερος αὐτοῦ) は神（Wiefel 1988:221）もしくは神の力で悪霊を追放するイエス（Plummer 1989:303; Bock 1996:1082f; Eckey 2004b:531; H. Klein 2006:416）を指していると考えられ（3:16 参照）、そのようにサタンは人々（心と身体）を支配して捕虜にし、その持ち物を自分のものにするが、より強い神の力によってそれは非武装化され、捕虜は解放され（13:16; 使 10:38 参照）、分捕品は分配される。これはおそらくイスラエルの民が神によって救われる状況について語る旧約の表象に由来し（イザ 49:24–25; 53:12 参照）、分捕品の分配は完全な勝利を表現しているのであろう。なお、並行するマルコ 3:27 // マタイ 12:29 では戦争ではなく強盗の住居侵入について語られ、押し入る側の視点から、家を略奪するためには最初に強い者を縛り上げねばならないと述べられている。

23 節

　強い者とより強い者の比喩に続いてイエスは、「**私と共にいない者**」、すなわち仲間でない者は私に敵対する者であると述べ、イエスとサタンの闘いにおいては中立の立場はあり得ないことを示している。この発言は、逆らわない者は味方であると見なすルカ 9:50 の記述とは方向性を異にしており（上巻 467 頁参照）、確固たる決断が要求されている。また、後半の「**集めない者は散らす**」という表現の背景には、宣教活動を暗示する収穫のイメージか（Bock 1996:1084）、あるいは羊を呼び集める羊飼いのイメージとの関連から散らされたイスラエルの民が終末時に集められるという表象（申 30:3; イザ 40:11; エゼ 28:25; 29:13; 34:13; ヨハ 11:52 参照）があると考えられる。そのように、このイエスの働きに参与しない者はその働きに逆行する者であることがここでは示されており、それと共に、イエスと共にいることは、イエスへの信従においてサタンとの終末の闘いに参与す

ることを意味している。

24 節

「汚れた霊」（4:33, 36; 6:18; 8:29; 9:42 参照）の帰還について語る 24–26
節は、「悪霊」（δαιμόνιον）が「汚れた霊」（τὸ ἀκάθαρτον πνεῦμα）に置き
換えられている等、直前の箇所とは必ずしもスムーズに接合していない
が、悪霊追放の効果（肯定的側面）について語る 21–22 節に対して、ここ
では直前の 23 節と共に悪霊追放後の危険性（否定的側面）を示している
（Nolland 1993a:645）。

ある人に取りついていた汚れた霊が（そこから追放されることによって）
その人から出て行き、水のない場所をさまよい、休息場所を探し求めたと
いう。ユダヤ世界の悪霊理解においては荒れ野は悪霊の住みかであり（レ
ビ 16:10; イザ 34:14 参照）、霊は水のない場所に赴いて、休息の場所を求め
てさまようと考えられていた。しかしここでは、その霊はそれを見出さな
かったため、かつて取りついていた人のところ、すなわち「私の家」に戻
ろうと決意する。

因みに大貫（2003:93f）は、この汚れた霊は狂犬病にかかった野良犬の
イメージで描かれていると主張している（詩 59:15–16 参照）。この病はま
た、それにかかった犬や人間が水を怖がることから恐水病とも呼ばれるが、
確かにこの点は「水のない場所をさまよい歩く」という描写と符合してい
る（さらに Onuki 2000:358–374 も参照）。

25–26 節

しかしその霊が戻ってみると、その家が掃除され、飾られていた。そこ
でその霊は出て行って、自分より邪悪な七つの霊を連れて戻って来て、か
つて取りついていた人のところに再び住み着くが、ここでの κατοικέω は
定住（永住）することを意味している。そしてその結果、その人の最終的
な状態は一つの霊に取りつかれていた最初の状態よりも悪くなるというの
である（IIペト 2:20 参照）。七は完全数であり、「七つの霊」（十二遺訓ルベ
ン 2:1–3; ルカ 8:2 参照）は邪悪さ全体を象徴的に示していると考えられる
が（エレミアス 1969:214; Fitzmyer 1985:925）、結果的にその人は計八つの
霊に取りつかれることになり、事態はさらに深刻なものになる。

ここで問題になるのは、汚れた霊が最初に出て行ったあと「**掃除され、飾られている**」家の状態が何を意味しているかという点である。ここでは κεκοσμημένον（κοσμέω の完了分詞受動態）を「飾られている」と訳出したが（文語訳、口語訳、岩波訳、協会共同訳等）、この語は「整えられている／片付いている」とも訳出しうる（新改訳 2017、新共同訳）。この描写は文字通りには快適な状況を示しているように思えるが、ここでは前後の文脈からも決して好ましい状況を意味しておらず（Ernst 1977:376f; モリス 2014:261 に反対）、悪霊が立ち去ってその家は今や悪霊から解放され、新たな客を迎える準備が整えられていたが（エレミアス 1969:215; Fitzmyer 1985:925）、裏を返せばそれは悪霊にとっても好都合な無防備な状態にあり、さらに強大な悪霊に取りつかれる危険性があることを示唆している。その意味でも、悪霊から一旦解放されたとしてもそれは永続的な安全を保証しておらず、悪霊が回帰することもあり得るので決して油断すべきではなく、23 節との関連からも悪から離れるだけでなくイエスとしっかりと結びついているように、さらには後続の 27–28 節との関連からも、イエスが発する神の言葉を聞いてそれをしっかりと守ることを通して、悪霊追放によって空室となったその場所を神の言葉（霊）で満たしていくように（I コリ 6:19 参照）警告している（エレミアス 1969:215; Klostermann 1975:127; レングストルフ 1976:316; Fitzmyer 1985:925; カルペパー 2002:312）。あるいはまたこの箇所は、悪霊が追放されても、それによって示されている神の国を受け入れようとせずに結果的に事態を一層悪化させている、イエスに与しないユダヤ人の悪霊追放者（19 節）に警告を発そうとしているのかもしれない（Marshall 1995:479; さらに Davies/ Allison 1991:359f 参照）。

　なお、ルカにはマタイ 12:44 の「空き家になっており」（σχολάζοντα）という語が欠けているが、これはマタイによる編集的付加と考えられる。さらにマタイ版の末尾には「この邪悪な時代もそのようになる」（マタ 12:45c）という一文が付されているが、これは直前のしるしを求める「邪悪で不義な時代」（マタ 12:39）との関連からマタイが付加したと想定され（Schürmann 1994:252; ルツ 1997:355）、その意味でもマタイはこの言葉を、イエスを拒否した邪悪な時代の人々に対する警告と見なしている。

【解説／考察】

　この段落でイエスは、悪霊たちの頭であるベエルゼブルの力によってではなく神の力によって悪霊を追放していることを表明しており、自らと神との緊密な関係を改めて示している。ここではまた、イエスの悪霊追放行為は神の国の到来のしるしと見なされ、まさにイエスの宣教の只中において悪霊による支配から人々を解放する神支配が現実のものになることが示されているが、その一方で、再び悪霊に支配される危険性を示唆することによって神の言葉（霊）によって満たされるように警告が発せられている。

　この段落はまた、イエスを魔術師と見なして否定的に評価しようとする敵対勢力に対してイエスが弁明する状況を描いているが、その意味では、自らの立場を弁証する必要に迫られていた当時の教会の状況をも示唆している。最後の小段落（24–26 節）の背後には、どんな病気もぶり返すと最初の状態よりもひどくなるという経験的知識があると考えられるが、最初期の教会はこれを信仰的観点から、一度棄教した者が心から悔い改めることは難しいという意味で理解したのであろう（ヘブ 6:4–6 参照）。この箇所はまた、一つの危機的状況を脱した直後の安堵感と慢心がさらなる危機的状況を招くという、私たちもしばしば直面する事態に関して警告を発しており、一時的な安心感と永続的な真の救いとが対比的に描かれている（Nolland 1993a:647 参照）。

3. 真の幸い（11:27–28）

【翻訳】

11:27a さて、彼（イエス）がこれらのことを話していると、ある女性が群衆の中から声を上げて彼に言った。b「幸いです、あなたを宿した胎とあなたが吸った乳房は」。28 しかし彼自身は言った。「いや、むしろ幸いなのは神の言葉を聞いて〔それを〕守る者たちである」。

【形態／構造／背景】

悪霊追放に関わる前段（11:14–26）に続いて、ここでは真の幸いに関するイエスの言葉が記され、前段で警告されていたような事態を免れるためにも神の言葉を聞いて守ることが大切であると述べられている（Schürmann 1994:254）。この小段落は簡潔に構成されたアポフテグマであり、種々のイエスの教えから構成されているこのセクション全体（11:1–54）の中心に位置している（本書 102 頁参照）。この箇所はまた、イエスが自分の肉親よりも神の言葉を聞いて守る人々を評価している点で先行するイエスの親族に関する記述（8:19–21; 並行マコ 3:31–35; マタ 12:46–50）と関連しており、一部の研究者は両者が同一の伝承に遡ると考えているが（Creed 1953:162; Klostermann 1975:127）、両者間には状況設定や言葉の形式等、相違点も多く見られることからもそれは考えにくい（ブルトマン 1983:53; Bovon 1996:185f）。この段落は（1）ある女性の発言（27 節）と（2）イエスの返答（28 節）の二つの部分から構成されている。

この小問答はルカに特有の記述であり、全体としてルカ特殊資料に由来すると考えられる（Petzke 1980:116f）。なお、マタイにおいても、前述のイエスの親族に関する記述（マタ 12:46–50）が汚れた霊の帰還の記述（マタ 12:43–45）の直後に続いていることから、Q 資料の影響を指摘する主張も見られるが（Schürmann 1968:231; 1994:257–260; Brown et al 1978:171 参照）、マタイがこの小問答そのものを知っていた痕跡は確認できず、むしろ、すでにイエスの親族に関する記述（8:19–21）を記載していたルカが、マルコの順序に従ってこれと関連した記事をベエルゼブル論争の記述の直後に挿入したと考えるべきであろう（Wiefel 1988:222; Marshall 1995:481）。また一部の研究者は、このルカ 8:19–21 をもとにルカ自身がこの段落全体を構成したと考えているが（Loisy 1924:325; Nolland 1993a:648; Wolter 2008:416 参照）、28 節の「神の言葉を聞いて守る者たち」（οἱ ἀκούοντες τὸν λόγον τοῦ θεοῦ καὶ φυλάσσοντες）についてはルカ 8:21 の「神の言葉を聞いて行う者たち」（οἱ τὸν λόγον τοῦ θεοῦ ἀκούοντες καὶ ποιοῦντες）からの影響が考えられる一方で、それ以外の点では両者間に顕著な並行性は認められないことからも、ルカが他の資料を用いずにこの段落全体を構成したとは考えにくい。

前段と接合する冒頭の導入句（27a 節）は多くのルカ的語彙を含んでおり（ἐγένετο δέ は新約ではルカ文書にのみ計 37 回使用、《ἐν τῷ ＋不定詞》は新約用例 52 回中ルカ文書に 39 回使用、τις を伴う名詞は共観福音書用例 41 回中ルカに 38 回使用、使に 63 回使用、ἐπαίρω［声を上げる］は新約用例 19 回中ルカ文書に 11 回使用、《(ἐπ)αίρω (τὴν) φωνήν (λέγων)》は新約ではルカ文書にのみ計 6 回使用）、ルカの編集句であろう。その一方で、それに続く女性の言葉（27b 節）はルカ的語彙を含んでいないことから伝承に由来すると考えられるが、この箇所は、誕生物語においてエリサベトがマリアに語った、彼女は女性の中で最も祝福され、胎内の実も祝福されており（1:42）、主が語ったことは実現すると信じた彼女は幸いである（1:45）という言葉と響き合っている。これに続く 28 節にも比較的多くのルカ的用語が含まれている（αὐτὸς δέ［しかし彼は］は新約用例 23 回中ルカ文書に 12 回使用、ὁ λόγος τοῦ θεοῦ［神の言葉］は共観福音書用例 18 回中ルカ文書に 16 回使用、φυλάσσω［守る］は共観福音書用例 16 回中ルカ文書に 14 回使用）。なお、トマス福音書〔語録 79〕に並行記事が見られるが、トマス版はルカ 23:29 に並行する言葉と結合していることからも明らかにルカに依拠している。以上のことからも、ルカは特殊資料及びルカ 8:21 等をもとに、比較的強く編集の手を加えつつこの段落全体を構成したのであろう。

【注解】

27 節

　ルカ 11:17 以降の一連のイエスの教えは、群衆（11:14 参照）の中にいたある女性の発言によって一旦中断させられる。彼女はこの時、イエスを宿した胎とイエスが吸った乳房（創 49:25; ルカ 23:29 参照）、すなわちイエスを生み、育んだ母マリアは幸いだと叫んだという。この発言は、先行するイエスによる悪霊追放（Green 1997:460）、もしくはイエスの教え全般（Fitzmyer 1985:927）によって誘発されたと考えられるが、マリア（とイエス）に対する祝福を語っており、前段における人々の否定的な反応（11:15–16）とは明らかに異なっている。偉大な息子をもつ母は幸いであるという理解は当時のユダヤ社会においても広く浸透していた（1:42; シリア・バルク 54:10; ミシュナ「アヴォート」2:8; さらにブルトマン 1983:52;

Bill. II:187f 参照）。

28 節

　この女性の言葉は、自らが幸いな者と呼ばれると予言的に語るマリア
の賛歌の一節（1:48）の成就とも見なしうるが（1:45 も参照）、その言葉を
聞いたイエスは、幸いなのはむしろ「**神の言葉を聞いて〔それを〕守る者
たちである**」と断言する（6:46–49; 8:15 参照）。ここではルカ 8:21 とは異
なり、（神の言葉を）「行う」（ποιέω）ではなく「守る」（φυλάσσω）と表現
されているが、同様の意味で解しうるであろう（因みに φυλάσσω は前段の
11:21 では「屋敷を守る」の意で使用）。

　ここで問題になるのはイエスの発言冒頭の不変化詞 μενοῦν の意味であ
り、この語は先行する記述内容の ① 肯定・強調（はい、本当に）、② 否
定・反論（いいえ、そうではなく）、もしくは ③ （一部）訂正・修正（はい、
しかし）を意味しうる（BDR §450 参照）。このうち、①については文脈に
そぐわないことから容易に除外されるので②と③の可能性が残るが、特に
カトリックの研究者の多くはマリアの幸いについて語るルカ 1:48 等を根
拠に③の意味にとり、この語を「はい、そうです。しかしそれ以上に」と
いう意で解し、イエスはその女性の発言そのものは否定しなかったと主
張している（Ernst 1977:377; Brown et al 1978:171f; Schneider 1984b:269;
Fitzmyer 1985:927–929; 1989:77; Schürmann 1994:255f; 朝山 2008:244。さ
らに Nolland 1993a:649; Bock 1996:1094f; Eckey 2004b:534; モリス 2014:262
も同意見）。しかしながら、対照的な二つの幸いの言葉から成るこの段落
の基本的な構成を勘案するなら、エリサベトのマリアへの祝福（1:42）の
場合とは異なり、前半部で言及されている母性としてのマリアは明らかに
相対化されており、後半部の幸いの言葉が前半部の母性評価をそのまま肯
定している（Brown et al 1978:171f; Fitzmyer 1985:927; 1989:77）とは考え
にくいことからも、この語はむしろ②の否定の意で解すべきであろう（T.
W. Manson 1954:88; レングストルフ 1976:317; 荒井 1988:160, 164; Marshall
1995:482; 原口 2011:87f）。すなわち、ここで真に幸いだと言われているの
は、イエスの母としてのマリアではなく、神の言葉を聞いて守る者たちな
のである。

　この点に関連してさらに問題になるのは、イエスが幸いだと述べる「神

の言葉を聞いて〔それを〕守る者たち」の中にマリアも含まれるのか、もし含まれるとするなら、どのような意味でそうなのかという点である。一部の研究者はルカ 1:38, 45 を引き合いに出し、マリアはその中に含まれると解し、彼女はただ単にイエスを産んだ母性としてではなく、神に聞き従うその敬虔な態度のゆえに幸いな者と見なされ（Grundmann 1961:240; Brown et al 1978:172; Fitzmyer 1989:77; 朝山 2008:244）、さらにはその代表者（ロールモデル）と見なされている（Ernst 1991:175）と主張している。

　確かに、神が語ったことは成就すると信じたマリアは幸いだと述べるルカ 1:45 のエリサベトの言葉との関連で考えるならば、ここでもマリアが神の言葉を聞いて守る幸いな者として捉えられている可能性も否定できないであろう。しかしながら、たとえイエスが語る幸いな者の中にマリアが含まれるとしても、その点はここでは特に強調されておらず、ましてや、マリアが信仰者のモデルとして賞賛されているとは考えにくい。その意味でも、ルカ 8:21 の場合と同様（上巻 367f 頁参照）、ここでもマリアが神の言葉を聞く人物と見なされている点は否定できないとしても、彼女が特別に評価されているわけではなく、評価されているとしても、それはあくまでも神の言葉を信じる一信仰者に対する評価なのである（嶺重 2012:190–204 参照）。

【解説／考察】

　この小段落は二つの幸いの言葉から構成されているが、幸いなのはイエスの母としてのマリアではなく、ひとえに神の言葉を聞いて守る人々であると明言されている。それゆえ、マリアにおけるイエスとの血縁的繋がりはここでは相対化され、信仰による繋がりの重要性が強調されている。その意味でも、神の言葉を聞いて守るようにとの勧告がこの段落の主眼点であることは明らかであり、単に神の言葉を聞くだけでなく、その言葉を実践することに強調が置かれている。そのようにここでイエスは、マリアとの母子関係を越えて福音の本質を明らかにしようとしており、神の言葉を聞いて守るという基本的な信仰の姿勢を保ち続けるように読者に対しても強く求めている（ロマ 2:13; ヤコ 1:22–25; Ⅰヨハ 3:18 も参照）。

135

4. しるしとこの時代 （11:29-32）

【翻訳】

^{11:29} さて、群衆がさらに集まってきたので、彼（イエス）は話し始めた。「この時代は邪悪な時代だ。それ（この時代）はしるしを求めるが、それにはヨナのしるし以外にしるしは与えられない。³⁰ 確かに、ヨナがニネベの人々に対してしるしとなったように、人の子もこの時代に対して〔しるしと〕なる。^{31a} 南の国の女王は裁きの時、この時代の男たちと一緒に起き上がり、彼らを罪に定めるであろう。^b 彼女はソロモンの知恵を聞くために地の果てからやって来たからである。^c しかし見よ、ここにソロモンより偉大なものがある。^{32a} ニネベの男たちは裁きの時、この時代〔の人々〕と一緒に立ち上がり、それ（この時代の人々）を罪に定めるであろう。^b 彼ら（ニネベの男たち）はヨナの宣教のゆえに悔い改めたからである。^c しかし見よ、ここにヨナより偉大なものがある」。

【形態／構造／背景】

　神の言葉を聞いて守ることの大切さについて記された前段に続いて、ここではしるしを求めるこの時代の人々に対する裁きの言葉が述べられている。この段落は、先行する悪霊追放の場面で群衆の中から発せられた「天からのしるし」の要求（11:16）に対する応答と見なされ、前段とは「聞く」（ἀκούω）という鍵語によって緩やかに結びついている（11:28／31節）。

　この段落は以下のように三つの部分に区分され、各部分は「ヨナ」（29, 30, 32節）及び「この時代〔の人々〕」（ἡ γενεὰ αὕτη［29, 30, 31, 32節]）という鍵語によって相互に結合しているが、各構成要素の相互関係は必ずしも明確ではない。

　　（1）序：しるしを求めるこの時代に対する批判（29節）
　　（2）ヨナのしるしと人の子のしるし（30節）
　　（3）この時代の人々に対する裁きの告知とソロモンやヨナより偉大

なもの（31–32 節）

　　　（a）ソロモンの知恵を求めた南の国の女王の例（31 節）

　　　（b）ヨナの説教のゆえに悔い改めたニネベの人々の例（32 節）

　また、後半の二重の言葉（31, 32 節）は形式的にも内容的にも以下の表
に示すように緊密に並行している。

【11:31 と 11:32 の対応関係】

31 節	32 節
βασίλισσα νότου ἐγερθήσεται ἐν τῇ κρίσει μετὰ τῶν ἀνδρῶν τῆς γενεᾶς ταύτης	ἄνδρες Νινευῖται ἀναστήσονται ἐν τῇ κρίσει μετὰ τῆς γενεᾶς ταύτης
καὶ κατακρινεῖ αὐτούς, ὅτι ἦλθεν ἐκ τῶν περάτων τῆς γῆς ἀκοῦσαι τὴν σοφίαν Σολομῶνος, καὶ ἰδοὺ πλεῖον Σολομῶνος ὧδε.	καὶ κατακρινοῦσιν αὐτήν· ὅτι μετενόησαν εἰς τὸ κήρυγμα Ἰωνᾶ, καὶ ἰδοὺ πλεῖον Ἰωνᾶ ὧδε.

　この段落はマタイ 12:38–42 と並行しており（さらにマコ 8:11–12 // マタ
16:1, 4 も参照）、全体として Q 資料に由来すると考えられるが、総じてル
カ版の方が Q 資料の内容を保持していると想定される。また段落後半部
（31–32 節）ではしるしの主題から裁きの告知へと主眼点が移行しており、
さらに前半部の 29 節と 30 節の関連性も不明瞭であることから、この段
落を構成する各要素（29, 30, 31–32 節）は元来は結合していなかったと考
えられる。

　独立属格（Τῶν ... ὄχλων）によって始められる冒頭の導入句（29a 節）
はマタイの並行箇所には見られず、ルカが編集的に構成したのであろう
（ὄχλος［群衆］の複数形 ὄχλοι は新約用例 56 回中ルカ文書に 23 回使用、さら
に 7:31; 9:41 参照）。しるしの拒絶に関する言葉（29b 節 // マタ 12:39）は
マルコ 8:12（並行マタ 16:4）にも同趣旨の記述が見られ、原初的には同
一の伝承に遡ると考えられる。これに続く 30 節はマタイ 12:40 に対応
しているが、ルカにおいてはヨナのしるしと人の子のしるしの対応関係
について述べられているのに対し、マタイ版では 3 日 3 晩に及ぶ大魚の
腹の中でのヨナの滞在（ヨナ 2:1）及び人の子の大地の中（墓の中？［ルツ
1997:359]）での滞在について記され、明らかに内容は異なっている。一

部の研究者はマタイ版の方が原初的でルカがこの箇所を編集的に構成したと考えているが（Lührmann 1969:34–43; レングストルフ 1976:319）、比較的多くの研究者は、ルカがこのような記述を削除するとは考えにくいという理由から、むしろルカ版の方が原初的でマタイが編集的に構成したと見なしている（Vögtle 1971:115–118; Schulz 1972:451f; Fitzmyer 1985:931; Bovon 1996:196; ルツ 1997:354f; H. Klein 2006:419）。その一方で、双方の福音書記者がＱ伝承を個々に編集的に構成した可能性（Schürmann 1994:282）や両者間の相違は双方が用いた相異なる伝承資料（ＱマタイとＱルカ）に由来する可能性（田川 2011:305 参照）も完全には否定できない。

　後半の南の国の女王とニネベの人々に関する言葉（31–32 節）はマタイ 12:41–42 と緊密に並行しているが、マタイでは逆の順序で記され、ヨナに関する記述が連続しているのに対し、ルカ版ではこの段落全体はヨナへの言及（29, 30, 32 節）によって枠付けられている。この点については、ルカが順序を入れ替えたのではなく（レングストルフ 1976:319; Ernst 1977:378; Nolland 1993a:650f; 木原 2012:180 に反対）、むしろ歴史的な順序に対応しているルカ版の方が原初的と考えられ、マタイがヨナに関わる記述を結合するために入れ替えたのであろう（Vögtle 1971:117f; シュヴァイツァー 1978:391; ブルトマン 1983:192; Schürmann 1994:288; Marshall 1995:482; ルツ 1997:355）。

　おそらくＱ資料以前の段階で、29b 節と 31–32 節が「ヨナ」と「この時代（の人々）」という鍵語によって結合し、さらに両者を繋ぐ移行句として 30 節が挿入されていたと考えられる（Lührmann 1969:40–42; H. Klein 2006:418）。ルカはＱ資料の伝承をもとに、導入句（29a 節）を挿入する等、適宜編集の手を加えることによってこの段落を構成したのであろう。

【注解】

29 節

　冒頭の「**群衆がさらに集まってきたので**」という表現は、群衆に対してイエスが語るルカ 11:17 以降の場面設定を引き継ぎつつも（27 節も参照）、直後の「**彼（イエス）は話し始めた**」と併せて新たな段落の始まりを示し

ている。そのように、群衆の数が増えていく状況の中でイエスは改めて語り始めるが、マタイの並行箇所では律法学者とファリサイ派の人々のイエスに対するしるしの要求によって始められているのに対し（マタ 12:38; さらにファリサイ派［及びサドカイ派］の人々がイエスに天からのしるしを求めるマコ 8:11 // マタ 16:1 も参照）、このような導入句を欠くルカにおいては、イエスの言葉はルカ 11:16 の群衆による「天からのしるし」の要求に対する返答として語られており、その箇所がこの段落の本来の導入句であったとも考えられる。

これらの群衆に対してイエスは「**この時代は邪悪な時代だ**」と語り（cf. マタ 12:39; 16:4:「悪しき姦淫的な時代は……」）、その根拠として彼らがしるしを求めている点を挙げ（Ⅰコリ 1:22 参照）、彼らには「**ヨナのしるし**」（cf. マタ 12:39:「預言者ヨナのしるし」）以外には「**与えられない**」（δοθήσεται：δίδωμι の未来三人称単数受動態）と告げる。「**この時代**」（ἡ γενεὰ αὕτη）はイエスと同時代の人々（ユダヤ人）を指しているが、ルカ 9:41 でもイエスによって「不信仰で曲がった時代」（γενεὰ ἄπιστος καὶ διεστραμμένη）と否定的に表現され、ルカ 7:31 では洗礼者ヨハネやイエスの教えを受け入れようとしない「この時代の人々」（οἱ ἄνθρωποι τῆς γενεᾶς ταύτης）が批判されている（さらに 11:50, 51 参照）。

「**ヨナのしるし**」（τὸ σημεῖον Ἰωνᾶ）が具体的に何を指しているかは明らかではない。この表現は、ヨナの悔い改め（裁き）の説教（ヨナ 3:4）を意味しているとも（Fitzmyer 1985:933; Bock 1996:1095f; ルツ 1997:361f）、ヨナ 2 章に記されている魚に呑み込まれたヨナの奇跡的救出を指しているとも考えられるが（Jeremias, *ThWNT* Ⅲ:412; Schürmann 1994:272f）、あるいはヨナの存在そのものを意味しているのかもしれない（Nolland 1993a:652; Wolter 2008:423f）。いずれにせよ、ルカの文脈におけるこの表現の具体的意味は後続の箇所との関連において解すべきであろう。なお、並行するマルコ 8:12（並行マタ 16:4）では、今の時代には（ヨナのしるしも含めて）決してしるしは与えられないと記されている。

30 節

ここでは前節の内容を受けてヨナと人の子が並列され、ヨナが「**ニネベの人々**」に対してしるしとなったように人の子は「**この時代**」に対してし

るしとなると述べられるが（2:34 参照）、この時代の人々にはヨナのしる
し以外は与えられないと前節で言明された直後にこのように語られている
という意味で、前節とはスムーズに接合していない。

　「人の子」イエスのしるしの具体的な意味に関して、比較的多くの研究
者は、並行するヨナのしるしとの関連も踏まえ、地上のイエスの説教と
見なそうとしている（T. W. Manson 1954:90f; Schulz 1972:255f; Fitzmyer
1985:933; 三好 1991:328; Bock 1996:1097; H. Klein 2006:420）。しかしなが
ら、前節の「与えられない」と同様、ここでも「**人の子も……〔しるしと〕**
なる」（ἔσται καὶ ὁ υἱὸς τοῦ ἀνθρώπου ...）と未来形で構成され、また、人の
子の出現について記すルカ 17:26 においても同様の文章構成（《καθὼς (...)
ἐγένετο ..., οὕτως ἔσται καί ...》）を用いて過去の出来事と将来の出来事が対
比的に描かれていることからも（17:28–30 も参照）、ここでもルカは少な
くとも彼の立場から将来に起こる出来事について語ろうとしていたと考え
られ（Wolter 2008:424）、このしるしがイエスの説教を意味しているとは
考えにくい。

　むしろ、後続の 32 節では、ヨナがニネベの人々に対してニネベの都の
滅亡を告知したように（ヨナ 3:4）、この時代の不信心者に対して将来的に
裁きが行われることが予告されていることからも、この時代の人々に与え
られるしるしとは終末の裁きの時に現れる人の子イエス自身であると考え
られる（ブルトマン 1983:201; Hahn 1995:37; Wolter 2008:424）。なお、マ
タイにおいては、3 日 3 晩、大魚の腹の中にいたヨナに言及することによ
り、死から救われたヨナの経験がイエスの復活の出来事と関連づけられ
ているが（マタ 12:40）、ルカにおいては、このヨナの奇跡的救出の出来事
が示唆されている可能性は完全には否定できないまでも、イエスの復活
が直接意味されていたとは考えにくい（Schürmann 1994:276–279; モリス
2014:263; 山田 2018:226 に反対）。また、終末の審判者としてのイエス理解
はQ資料において初めて見られるものではなく、イエス自身においてす
でに確認できるが（マコ 14:62 参照）、この言葉はイエス自身の説明として
よりも最初期の教会の宣教的観点からの解説としてよりよく理解できる
（Vögtle 1971:134; Schneider 1984b:271）。

31-32 節

　段落後半部ではイスラエルに対する二重の威嚇の言葉が語られ、将来的に福音がユダヤ人の手から異邦人の手に移ることが暗示されている。いずれの言葉も、最初に異邦人（南の国の女王／ニネベの人々）が裁きの時にこの時代の人々（不信人なユダヤ人）と一緒に起き上がり、彼らに罪を宣告すると告知し（31a 節／32a 節）、続いてその宣告が根拠づけられ（31b 節／32b 節）、最後にソロモンやヨナ以上に偉大なものに言及されるが（31c 節／32c 節）、異邦人がユダヤ人を罪に定めるという状況はユダヤ人の信仰とは正反対のものである（知恵 3:7–8; I コリ 6:2 参照）。なお、31a 節の ἐγερθήσεται（起き上がる）及び 32a 節の ἀναστήσονται（立ち上がる）は、裁判官以外は立ち上がる（ダニ 7:9–10; エチオピア・エノク 62:2–5; 黙 20:4 参照）裁きの際の状況を描写しているとも考えられるが（Marshall 1995:486; Wolter 2008:425）、死者からの復活を意味しているのかもしれない（Schürmann 1994:286f; 大貫 2003:69; 田川 2011:46）。また、31c 節／32c 節の πλεῖον ... という表現は男性形ではなく中性形で表現されており、「〜より偉大な者」ではなく「〜より偉大なもの」と訳すべきであり、「イエスによって始められた新しい現実」（岩波訳 247、注 10）、すなわち、生起しつつある神の国を示唆しているとも考えられる（大貫 2003:68f）。なお、直前の箇所ではニネベの人々とこの時代の人々が共にしるしが与えられる対象として並列されていたのに対し、ここではニネベの人々が南の国の女王と同様にこの時代の人々に罪を宣告する存在として描かれており、その意味で両者はスムーズに接合していない。

　「**南の国の女王**」はシェバ（アラビア南西部）の女王を指しており、彼女はソロモンの知恵を聞くために遠方から旅をして彼のもとへと赴いた（王上 10:1–13; 代下 9:1–12; ヨセフス『ユダヤ古代誌』8:165–168 参照）。すなわち、それだけの優れた知恵をソロモンが有していたことがここでは強調されているが、イエスはソロモンを凌駕していた。それゆえ裁きの時に彼女は、この時代の男たちがソロモンより偉大なイエスに出会いながらも彼に聞こうとしなかったので、彼らに罪を宣告するというのである。ルカはここで、後続の 32 節やマタイ 11:41, 42 の「この時代の人々と一緒に」（μετὰ τῆς γενεᾶς ταύτης）とは異なり、「**この時代の男たちと一緒に**」（μετὰ τῶν ἀνδρῶν τῆς γενεᾶς ταύτης）と記しているが、この表現が性別無関係の

単なる言い換え（Fitzmyer 1985:936; Bock 1996:1099）でないとするなら、このように表現することによって女王（＝女性）との対比を意図的に作り出そうとしたのかもしれない（Marshall 1995:486; Eckey 2004b:536f）。

　同様に、ヨナの宣教（κήρυγμα）によってニネベの人々は悔い改めたが（ヨナ 3:4–9）、イエスはヨナ以上の存在であったがゆえに、ニネベの人々（男たち）も裁きの時に、イエスの宣教に触れても悔い改めなかったこの時代の人々に罪を宣告するだろうと語られている。そのように、イエスはかつての知者や預言者を凌駕する存在であることが示されているが、これらの記述は、イエスの力強い働きを目にしながら悔い改めなかったコラジンとベトサイダに対する警告を思い起こさせる（10:13–15）。ルカはこのように警告を発することによって、聞くことと悔い改めることの重要性を強調しているのであろう（木原 2012:180f 参照）。因みに、ルカ版もマタイ版もニネベの人々の悔い改めを強調しているが、旧約のヨナ書においては彼らの悔い改めについては明言されていない（土岐 2015:12, 17 参照）。

【解説／考察】

　この段落ではしるしを求めるこの時代の人々の姿勢が問題にされており、彼らには人の子イエスのしるしが終末時の裁きの場において初めて与えられると告げられる。それは何より、異邦人がソロモンの知恵やヨナの宣教に耳を傾けようとしたのに対し、彼らがソロモンやヨナ（＝王と預言者）を凌駕する存在であるイエスの言葉に聞こうとせず（28 節参照）、悔い改めようとしなかったためである。その結果、今の時代の不信のユダヤ人たちは異邦人によって罪を宣告される立場に陥ることになるが、ここにもルカの普遍主義が示されている。

　この段落は「この時代の人々」に裁きを告知すると共に、それを通して当時のキリスト者に対しても自らの信仰の姿勢を省みて悔い改めるように促している。もっとも、神の言葉に聞こうとせず、しるしを追い求めようとしているのは当時の人々だけでなく、現代人も同様であろう。今日、多くの人々の心を捕らえているのは、映像化され、数値化された目に見えるこの世のしるし（偶像）であり、それらのこの世的な価値観が人々の心を支配している。その意味でもこの箇所は、現代に生きる読者に対しても、

目に見えるこの世のしるしに目を奪われることなく目に見えない真実のものを見据えるように促そうとしている。

5. 身体のともし火としての目 （11:33–36）

【翻訳】

11:33 「誰もともし火をともして〔それを〕穴蔵の中［や升の下］に置いたりはせず、燭台の上に〔置く〕。入って来る人々にその光が見えるようにするためである。

34a 身体のともし火はあなたの目である。b あなたの目が純真な時、あなたの身体全体が輝いている。c しかしそれが邪悪な時、あなたの身体も闇である。35 だから、あなたの中にある光が闇とならないように警戒しなさい。36a そこでもし、あなたの身体全体が輝いており、少しも闇の部分がなければ、全体は輝いているだろう。b ちょうどともし火がその明るさであなたを照らす時のように」。

【形態／構造／背景】

しるしを求めるこの時代の人々に対する裁きの言葉（11:29–32）の直後には光に関する一連の言葉が続いており、ここでは物理的な光から始めて、人間の内なる光について隠喩的に語られている。前段との結びつきは必ずしも明瞭ではなく、ここでは聞くという行為（11:28, 32）から全身を輝かせる目をもつことに焦点が移行しているが、πονηρός（邪悪な［29 節／34節］）という語が双方の段落を結合している。

この段落は、ともし火の譬え（33 節）と身体全体を輝かせる光に関する言葉（34–36 節）から構成され、両者は明らかに区別されているが、λύχνος（ともし火［33 節／34, 36 節］）及び τὸ φῶς（光［33 節／35 節］）という鍵語によって相互に結びつけられ、統一的に構成されている。後者については冒頭の比喩（34 節）と二重の適用句（35, 36 節）から構成され

ており、ἁπλοῦς（純真な）と πονηρός（邪悪な）、φωτεινόν（輝いている）と σκοτεινόν（闇である）、φῶς（光）と σκότος（闇）等の対をなす表現がこの箇所全体を特徴づけている。この段落全体は以下のように区分できるが、34–36 節については《A：身体のともし火としてのあなたの目（34a 節）、B：身体全体を輝かせる純真な目（34b 節）、C：身体を闇にする邪悪な目（34c 節）、C′：あなたの中の光が闇とならないように（35 節）、B′：全体を輝かせる身体全体の輝き（36a 節）、A′：あなたを照らすともし火（36b 節）》というようにキアスムス（交差配列法）を構成していると考えられる。

（1）ともし火の譬え（33 節）
（2）身体全体を輝かせる光（34–36 節）
　　（a）身体のともし火である目（34 節）
　　（b）光を保つようにとの要求（35 節）
　　（c）人間の内なる光の効用（36 節）

　冒頭のともし火の譬え（33 節）はマタイ 5:15; マルコ 4:21 及びルカ 8:16 に並行しており（さらにトマス福 33:2–3 参照）、先行するルカ 8:16 が主にマルコに依拠しているのに対し（上巻 361 頁参照）、この箇所は総じて Q 資料（＝マタ 5:15）に由来すると考えられるが、双方のルカのテキストは近似していることからもルカの編集の手が入っており、その意味ではここでも部分的にマルコの影響を受けていると考えられる。なお、マルコとトマスはこの譬えを「福音」に関連づけているのに対し、マタイは弟子たちに、ルカは内的な光に関連づけている（エレミアス 1969:132）。

　これに続く 34–35 節はマタイ 6:22–23 に並行しており（さらにトマス福 24 も参照）、その意味でも 33–35 節全体は Q 資料に由来し（34–36 節とマタ 6:22–23 を異なる資料に帰す Wrege 1968:115 に反対）、すでに Q 資料の段階で 29–32 節と結合していたとも考えられる（Hahn 1973:132f; Schürmann 1994:299）。もっとも、33 節と 34–35 節は形式的にも内容的にも明らかに相違していることから、両者は元来、独立した伝承であったと考えられる。多くの研究者は、両者はすでに Q 資料の段階で結合しており、マタイが両者を分離して山上の説教の異なる箇所に配置したと考えているが（Schürmann 1994:299; Bovon 1996:206f; Eckey 2004b:541; 山

田 2018:228)、「ともし火／光」のモチーフにおいてルカ自身によって（三好 1991:328; Nolland 1993a:656; H. Klein 2006:421）、あるいはルカ版Q資料の段階で結びつけられた可能性も完全には否定できないであろう。なお、34 節とマタイ 6:22–23a はかなり緊密に並行しているのに対し、35 節とマタイ 6:23b は表現がかなり異なっており、マタイ版では「あなたの中にある光が闇であるなら、その闇はどれほどであろうか」（マタ 6:23）という問いかけになっているのに対し、ルカにおいては「あなたの中にある光が闇とならないように警戒しなさい」と要求されている。おそらくマタイ版の方が原初的であり、ルカは倫理的な観点から編集的に構成したのであろう（Bovon 1996:208）。

　マタイに並行箇所が見られない段落末尾の 36 節の由来については判断が難しい。一部の研究者はこの節をルカの編集句と見なしているが（Schulz 1972:469; Nolland 1993a:656; カルペパー 2002:313f; H. Klein 2006:422）、この節にはルカ的な語彙はほとんど認められない。そこで他の研究者は、むしろマタイが反復を避けてQ資料に記載されていたこの箇所を削除したと考えているが（T. W. Manson 1954:93f; Schürmann 1994:301f; Marshall 1995:488f）、この見解は、いずれも εἰ οὖν τό ...（そこでもし〜ならば）という表現で始まるマタイ 6:23b とこの 36 節がもともと対比的に構成されていた可能性を勘案することによって強化される（Hahn 1973:115f 参照）。あるいは、この箇所はルカ版Q資料（Sato 1988:56）もしくは異なる資料（Bovon 1996:209）に由来するのかもしれない。もっとも段落末尾の 36b 節については、マタイ版では異なる文脈に置かれている段落冒頭の 33 節の内容を前提としていることから、33 節と 34–36a 節が結合した以降に挿入されたとも考えられ、ルカの編集句である可能性も否定できないであろう（Bovon 1996:209）。

【注解】

33 節

　まず最初に、光の本来の機能は輝きを放って対象物を照らすことにあるという意味でも、ともし火をともしてわざわざそれを穴蔵の中に置いて隠そうとする者はおらず、むしろそれを燭台の上に置いて人々にその光がよ

く見えるようにするという一般的真理が述べられる。この譬えは先行箇所（8:16）では弟子たちに向けて語られていたが（上巻362頁参照）、ここでは群衆に対して語られている（11:29参照）。κρύπτη は「隠れた場所」あるいは「穴蔵」を意味し、ここでは（パレスチナ地域では見られない）「地下倉庫」（エレミアス 1969:20、注1）もしくは「地下室」（田川 2011a:305f）を指しているとも考えられるが（ドッド 1964:187、注32も参照）、その一方で、そのような場所でこそ光は必要とされるとも言える（Marshall 1995:488）。なお、一部の写本（א, B, C, D, W 他）では、ともし火を置かない場所として、「**穴蔵の中に**」（εἰς κρύπτην τίθησιν）の直後に「〜や升の下に」（οὐδὲ ὑπὸ τὸν μόδιον）という表現が加えられている。

　この言葉の後半部は、先行箇所（8:16）と同様、「**入って来る人々にその光が見えるようにするため**」という目的を示す ἵνα 節が続いており、光をともす目的が家の中に入って来る人々にその光が見えるようにすることにあると述べられている。「光」（φῶς）（cf. 𝔓⁴⁵, A, W 他：φέγγος [輝き、光輝]）は、先行箇所と同様、神の言葉を表しているとも考えられるが（11:28参照）、直前の「ソロモン／ヨナより偉大なもの」（11:31–32）という表現がイエスに関わっているとするなら、イエス自身（Hahn 1973:132; Schweizer 1986:129; Wiefel 1988:225; カルペパー 2002:314; さらに 1:78–79; 2:32参照）あるいはイエスの宣教（Fitzmyer 1985:939; 三好 1991:328）を指していると考えられる。なお「**入って来る人々**」は、先行箇所（8:16）と同様、その光を受け入れようとする外部の人々を指しているものと考えられる。

34節

　34節以降は直接「あなた」に語りかけられる（σου ×⁵, σοι, σε）。冒頭の34節は主題文（34a節）とそれに続く対照的な内容を含む説明文（34bc節）から構成されているが、ここでは前節の譬えが異なる観点から展開され、人間の目がともし火の光と見なされ、光が照らし出す対象は家から人間の身体に変化しているが（11:24参照）、身体を輝かせる光としての目は前節における光（＝イエスとその宣教）を受け入れていることが前提とされている（Schürmann 1994:296f）。現代人は目が外からの光に反応する（光を受ける）ことを知っているが、古代においては、目は光を身体の中に受け

入れる窓（門）と見なされると共に、（自ら光を発するという意味で）太陽や月にたとえられ、また、目から放たれる光と太陽からの光が出会う時に視力が生じると考えられていた（Betz 1995:442–448; Bovon 1996:210f; カルペパー 2002:314 参照）。

　ここでは、目は身体のともし火であるので、目が純真である（ἁπλοῦς）なら（太陽の光を受け止められるなら）身体全体が輝いている（健康である）が、逆に目が邪悪である（πονηρός）なら（健全に機能しなければ）、身体も闇である（不健康である）と語られる。もっとも、本来は「単純な／純粋な」を意味するἁπλοῦς は、ヘレニズム・ユダヤ教において「完全さ、二心に分裂しない一つの心を表す宗教的人間の模範的特徴を示す重要概念」（三好 1987:233）であり、対語的に用いられているπονηρός（邪悪な）と同様、倫理的意味を含んでおり、ここでも両者は身体的状態のみならず倫理的姿勢も示していると考えられる。事実、ἁπλοῦς／ἐν ἁπλότητι は「他人を妬まず、物惜しみせず、物欲をもたない」等の意味でも用いられ（箴11:25 LXX; 十二遺訓イッサカル 3:2–8; 4:1–6）、その一方でὀφθαλμὸς πονηρός（邪悪な目）という表現はマルコ 7:22 の悪徳表にも認められ、同様の表現は「隣人を顧みず、妬ましく思う」という意味合いで用いられており（cf. マタ 20:15 : ὁ ὀφθαλμός σου πονηρός ἐστιν［あなたの目は邪悪になっている］。さらに申 15:9 LXX; シラ 14:10 LXX も参照）、いずれも所有欲に関わる観点を含んでいる。このような観点は、所有物との関わりを主題とする記述（マタ 6:19–21, 24）に挟まれているマタイの文脈では明らかであるのに対し（シュトレッカー 1988:257; ルツ 1990:516f）、ルカにおいては特に強調されていないが、直後の段落では内面が強欲と悪意に満ちているファリサイ派の人々が批判されている（11:39）。

35 節

　ここでは前節を受けて、だからこそ、自分の中に存在する内なる光（箴20:27 参照）が闇とならないよう警戒するように要求されるが、先行する33–34 節との関連を踏まえるなら、光（＝イエスとその宣教）を受け入れることによって、自らの光を隠すことなく、その光で身体全体を輝かせ続けるように要求されている。なお、マタイの並行箇所では「あなたの中の光が闇であるなら、その闇はどれほどだろうか」と否定的側面が強調され

147

ている一方で具体的な要求は記されていないが、これはマタイの文脈では直後にマモンではなく神に仕えるべきとの結語（マタ 6:24）が続いていることと関係しているのであろう。

36 節

ルカに特有のこの節では前節の内容を引き継いで、「**あなたの身体全体が輝いており、少しも闇の部分がなければ、全体は輝いているだろう**」と 34b 節の記述と部分的に重複する内容が記されているが、この言葉は、直前の 35 節に対応し、かつ否定的な側面を強調しているマタイ 6:23b と対照をなしている。ここでは「**全体**」（ὅλον）という語が繰り返されているが、二度目の「**全体**」は、他の和訳のように「**身体全体**」の意味で解すると、すでに輝いている「**身体全体**」が将来的に輝くだろうと意味不明の文章となることからも、ここではむしろ「あなたに関するすべて」（存在自体）を指しているのであろう（Fitzmyer 1985:941; Davies/Allison 1988:636）。また、未来形で表現されている「**輝いているだろう**」（ἔσται φωτεινὸν）は将来の約束を意味し、終末を含意しているとも考えられる（Hahn 1973:131; Wiefel 1988:225; 三好 1991:329; Wolter 2008:428）。なお、段落末尾の「**ちょうどともし火がその明るさであなたを照らす時のように**」（36b 節）という表現は、段落冒頭のともし火の譬えの内容に再び言及することにより、この段落全体を枠付けている。

【解説／考察】

この段落のイエスの言葉は、前段と同様、イエスの時代の人々に対する警告として発せられ、何より純真な目をもって、真の光（＝イエスとその宣教）を受け入れることによって自らの身体全体、さらには存在自体を輝かせるように要求している。この要求はルカの時代の読者に対しても、さらに今日の読者に対しても向けられており、神との出会いによってもたらされた内的な光を闇に変えることなく、しっかりと輝かせているかと問いかけている。まさに「主よ、あなたは私のともし火をともし、私の神は私の闇を照らす」（詩 18:29）とあるように、この言葉は、神の力によって自らの光を輝かせ、妬みや物欲に象徴される独善的な生き方を棄て去り、自

らの存在全体を照らし出す生き方を実践していくように要求している。

6. ファリサイ派の人々と律法の専門家たちへの禍いの言葉 (11:37-54)

【翻訳】

11:37 さて、彼（イエス）が語っていた時、あるファリサイ派の人物が自分のところ（家）で食事をしてくれるように彼に頼んだ。そこで彼は〔その人の家に〕入って行って〔食事の〕席に着いた。38 ところがそのファリサイ派の人物は、彼が食事の前にまず〔身を水に〕浸さなかったのを見て驚いた。39a しかし主（イエス）は彼に言った。b「実に、あなたたちファリサイ派の人々は杯や皿の外側は清めるが、あなたたちの内側は強欲と悪に満ちている。40 愚か者たちよ、外側を造られた方は内側も造られたではないか。41 むしろ、〔器の〕内にあるものを施しとして〔人に〕与えなさい。そうすれば見よ、あなたたちにとってすべてのものが清くなる。

42 しかし禍いだ、あなたたちファリサイ派の人々は。あなたたちはミントやコヘンルーダやあらゆる野菜の十分の一税は献げるが、正義と神への愛は無視しているからだ。しかしこれらのことを行うべきである。〔もとより〕前者（十分の一の献げ物）も軽視してはならないが、43 禍いだ、あなたたちファリサイ派の人々は。あなたたちは会堂での最上席と広場で挨拶〔されること〕を好むからだ。44 禍いだ、あなたたちは。あなたたちは目に入らない墓のようなものだからだ。そしてその上を歩いている人々は〔そのことに〕気づかない」。

45 そこで律法の専門家たちのある者が答えて、「先生、そんなことをおっしゃると、私たちをも侮辱することになります」と彼に言う。46 すると彼（イエス）は言った。「あなたたち律法の専門家たちも禍いだ。あなたたちは人々には背負いきれない重荷を負わせながら、あなたたち自身は自分たちの指一本でもその重荷に触れようとしないからだ。47 禍いだ、あなたたちは。あなたたちは預言者たちの墓を建てているからだ。だが、あなたたちの先祖が彼らを殺したのだ。48 こうしてあなたたちは自分たちの

149

先祖の〔数々の〕所業の証人となり、それに同意している。なぜなら、一方で彼ら（先祖）自身は彼ら（預言者たち）を殺し、他方であなたたちは〔彼らの墓を〕建てているからだ。⁴⁹ このため神の知恵も〔こう〕言った。『私は彼らの中に預言者たちと使徒たちを遣わす。しかし彼らはそのうちの〔ある者たち〕を殺し、迫害する』。⁵⁰ こうして、世界の初めから流されたすべての預言者たちの血〔の代償〕がこの時代から要求されることになる。⁵¹ 〔それは〕アベルの血から、祭壇と神殿の間で殺されたゼカリヤの血にまで及ぶ。そうだ。私はあなたたちに言っておくが、この時代から〔代償が〕要求される。⁵² 禍いだ、あなたたち律法の専門家たちは。あなたたちは知識の鍵を取り上げ、あなたたち自身は入って行かず、また入ろうとする人々をも妨げたからだ」。

⁵³ そしてそこから彼（イエス）が出て行くと、律法学者たちとファリサイ派の人々は激しい敵意を抱き、様々なことで彼に質問を浴びせ始め、⁵⁴ 何か彼の言葉じりをとらえようと彼を待ち構えていた。

【形態／構造／背景】

　光に関する言葉（11:33–36）のあとにはファリサイ派の人々と律法の専門家たちに対する非難の言葉が続いており、これによりルカ 11:17 以下の一連のイエスの教えは締めくくられることになる。また、ここまでは群衆に対して語られてきたのに対し（11:14, 29 参照）、ここではファリサイ派の人々と律法の専門家たちに向かって語られているが、この時代に対する批判（11:29–32, 50–51）が双方の箇所を結びつけている。

　この段落は、並行するマタイ 23 章の記述がエルサレム入城後のイエスの神殿での一連の教え（マタ 21:23 以下）の文脈に置かれているのとは異なり、エルサレム途上の出来事として語られている。ルカのテキストはまた、導入部（37 節）の「入って行く」（εἰσελθὼν）と結部（53 節）の「出て行く」（ἐξελθόντος）という対応表現によって枠付けられ、あるファリサイ派の人物の家での会食の場面に位置づけられている（7:36–50; 14:1–24 参照）。冒頭の清めに関する記述（38–41 節）のあとにはファリサイ派の人々と律法の専門家たちに対するそれぞれ三つの禍いの言葉（42–44 節／46–48, 52 節）が続いているが（6:24–26 参照）、両者はある律法の専門家に

よる発言（45節）によって区分され、神の知恵による預言者たちの殺害の証言とこの時代の人々への裁きの告知（49–51節）を除けば、並列的に構成されている。この段落の各構成要素はまた、τὰ μνημεῖα（墓 [44節／47節]）、οἰκοδομέω（建てる [47節／48節]）、ἀποκτεῖνω（殺す [47節／48節]）、προφῆται（預言者たち [47節／49, 50節]）、αἷμα（血 [50節／51節]）等の語によって相互に結びついている。なお、ルカ 6:21b–23 の幸いの言葉の直後に禍いの言葉（6:24–26）が続いていたように、これらの一連の禍いの言葉も内容的にはルカ 11:28 の幸いの言葉のあとに続いている。この段落全体は以下のように区分できる。

（1）序：あるファリサイ派の人物による食事への招き（37節）

（2）ファリサイ派の人物の驚き（38節）

（3）内側と外側の清め（39–41節）

（4）ファリサイ派の人々に対する禍いの言葉（42–44節）

　　（a）第一の禍いの言葉：正義と神への愛の無視（42節）

　　（b）第二の禍いの言葉：名誉心（43節）

　　（c）第三の禍いの言葉：見えない墓（44節）

（5）移行句：ある律法の専門家の反論（45節）

（6）律法の専門家たちに対する禍いの言葉（46–52節）

　　（a）第一の禍いの言葉：重荷の押し付け（46節）

　　（b）第二の禍いの言葉：預言者たちの墓の建立（47–48節）

　　（c）預言者たちの殺害の証言とこの時代への裁きの告知（49–51節）

　　（d）第三の禍いの言葉：知識の鍵の没収（52節）

（7）結語：イエスの退出と律法学者たちとファリサイ派の人々の敵意（53–54節）

　ルカ 11:37–54 は全体としてマタイ 23:1–36 に並行している。冒頭の 37–38 節はマタイに対応箇所が見られず、その直後の 39 節から主題が祭儀的清めから容器の清めに移行していることからも、二次的に付加されたと考えられる。確かにここには動詞の歴史的現在の用法（ἐρωτᾷ αὐτὸν Φαρισαῖος）等、非ルカ的要素が認められるが（Cadbury 1920:158f;

Jeremias 1980:205f; Fitzmyer 1983:107 参照)、ルカ特殊資料（T. W. Manson 1954:94–96; ケアード 2001:187）等の伝承に由来するとは考えにくい。むしろこの箇所にはルカ的語彙も多く含まれており（《ἐν τῷ ＋不定詞》は新約用例 52 回中ルカ文書に 39 回使用、ἐρωτάω［頼む］は同 22 回中 15 回使用、ἀναπίπτω［席に着く］は同 7 回中 4 回使用）、またイエスがファリサイ派の人物から食事に招かれる場面を描く福音書記者はルカのみであり（7:36 以下; 14:1 以下; さらに Steele 1984:379–394 参照）、とりわけ冒頭の 37 節とルカ 7:36 は文章構造において近似している（Jeremias 1980:205）。さらに、ルカがその並行箇所で割愛したマルコ 7:1–23（特に 7:1–5）とルカ 11:37–39 は、ファリサイ派らとの食事、祭儀的な清めのモチーフの他、ἔξωθεν – ἔσωθεν（外側と内側［マコ 7:15, 18, 21／ルカ 11:39, 40]）、πονηρία（悪［マコ 7:22／ルカ 11:39]）、καθαρίζω（清める［マコ 7:19／ルカ 11:39]）等の要素を共有していることから、ルカはマルコ 7:1–5 との関連から 37–38 節を編集的に構成したと想定できる（Lührmann 1969:44; Fitzmyer 1985:943f; Kosch 1989:63–73; Nolland 1993a:663; Schürmann 1994:308f; Bovon 1996:220）。

　ファリサイ派の人々と律法の専門家たちに対する一連の禍いの言葉（39–52 節）は、次頁の表が示しているように、ルカの編集句と見なしうる 45 節を除いて総じてマタイ 23 章に対応箇所が見られることからも、ルカ特殊資料ではなく（Schlatter 1975:303–308; レングストルフ 1976:324f; Bock 1996:1105–1108 に反対）、総じて Q 資料に遡ると考えられ（ブルトマン 1983:192–194 参照）、すでに Q 資料の段階で直前の 11:33–36 と結合していたのかもしれない（Schneider 1984b:274）。もっとも、マタイ版においては律法学者とファリサイ派は単一集団と見なされ、両者に対する計七つの禍いの言葉（マタ 23:13, 15, 16–22, 23–24, 25–26, 27–28, 29–32）が列記されているのに対し、ルカ版では両者は明確に区分され（上巻 223f 頁参照）、各集団に対して三つの禍いの言葉が語られており、両福音書のテキストに共通する禍いの言葉は四つのみで（42 節／マタ 23:23、44 節／マタ 23:27、47–48 節／マタ 23:29–32、52 節／マタ 23:13）、マタイ 23:1–3, 5, 8–12, 15–22, 24, 33 に対応する箇所はルカには見られない等、両テキストは内容や順序のみならず、語彙や文体においてもかなり相違している。多くの研究者はルカ版の方が Q 資料の内容を保持していると考えているが

(Schulz 1972:94 n. 5; Kosch 1989:84–92; 三好 1991:329; Marshall 1995:492; Bovon 1996:221; ツェラー 2000:122; ルツ 2004:381; Hotze 2007:182。一方で Schürmann 1994:330f はマタイ版を原初的と見なす)、むしろ双方の福音書記者が編集の手を加えていると考えられ（Schürmann 1986:37–40, 58; H. Klein 2006:425 参照）、その原初形を再構成するのはほとんど不可能である。加えて、マタイとルカのあらゆる相違点を両者の編集作業から合理的に説明することはできないという意味でも、マタイ特殊資料（T. W. Manson 1954:96; ルツ 2004:350, 380; Eckey 2004b:547）もしくは二つの異なる Q 資料（Marshall 1995:493; Sato 1988:195 n. 272）を想定すべきであろう（詳細については Haenchen 1951:38–63; Schulz 1972:94–114, 336–345; Sato 1988:194–198; Kosch 1988:61–92; Schürmann 1994:330–335; ルツ 2004:380–382; Hotze 2007:180–184 参照）。なお、これらの禍いの言葉の中にイエスの真正の言葉が含まれている可能性も十分に考えられる（シュヴァイツァー 1978:591; Schürmann 1994:330–334; Marshall 1995:493）。

【ルカ 11:37–54 とマタイ 23:1–36 の対応関係】

ルカ	主　題	マタイ
ルカ 11:37–38	導入句	（マルコ 7:1–5 参照）
ルカ 11:39–41	外側と内側の清め	マタイ 23:25–26 ⑤
ルカ 11:42	正義と神への愛の軽視①	マタイ 23:23（正義、憐れみ、信実の軽視）④
ルカ 11:43	名誉心②	マタイ 23:6–7（並行マルコ 12:38b–39）
ルカ 11:44	見えない墓③	マタイ 23:27 (28)（白塗りの墓）⑥
ルカ 11:45	（移行句）	――
ルカ 11:46	重荷の押し付け④	マタイ 23:4
ルカ 11:47–48	預言者たちの墓の建立⑤	マタイ 23:29, 31 (32) ⑦
ルカ 11:49–51	預言者たちの殺害の証言とこの時代の人々への裁きの告知	マタイ 23:34–36
ルカ 11:52	知識の鍵の没収⑥	マタイ 23:13（天国の門の閉鎖）①
ルカ 11:53–54	（結部）	――
		cf. マタイ 23:15 ②、マタイ 23:16–22 ③
＊〇内数字は各福音書における禍いの言葉の記載順序を示す		

内側と外側の清めに関する言葉（39–41 節）はマタイ 23:25–26 に対応しているが、マタイ版とは異なり、禍いの言葉の形式をとっていない等、

両者間には多くの相違点が見られ、おそらく統一的に構成されているマタイ版の方がＱ資料の内容を保持していると考えられる（Sato 1988:195f）。冒頭の 39a 節は多くのルカ的表現を含んでおり（文頭の εἶπεν(-ον, -αν) δέ は新約ではヨハ 12:6 を除くとルカ文書にのみ計 74 回使用、《言述の動詞＋πρός＋対象を示す対格》は新約用例 169 回中ルカ文書に 149 回使用、イエスを意味する絶対用法の ὁ κύριος は共観福音書ではルカにのみ 15 回使用）、ルカの編集句であろう。39b 節は総じてマタイ 23:25b に並行し、Ｑ資料に由来する。もっとも νῦν（実に）はおそらくルカの編集句であり（共観福音書用例 21 回中ルカに 14 回、さらに使に 25 回使用）、ルカは 39─41 節が会食の場面に適合していることからここに位置づけ、さらにその会食の場面設定（37─38 節）にスムーズに接続させるため、οὐαὶ ὑμῖν（禍いだ、あなたたちは［マタ 23:25］）を νῦν で置き換えたのであろう。マタイに並行箇所が見られない 40 節（トマス福 89 参照）については、マタイがこれを削除する理由が確認できないことからもＱ資料に由来するとは考えにくく（ブルトマン 1983:225; Marshall 1995:495 に反対）、またそれ以外の資料を用いたとも考えにくい（Miller 1989:92–105; Nolland 1993a:664 に反対）。むしろここには複数のルカ的語彙が認められることから（ἄφρων［愚か者］は共観福音書ではここと 12:20 にのみ使用、神の創造を表す ποιέω は使 4:24; 14:45; 17:24, 26 に使用）、ルカによる編集的構成と考えられる（Schulz 1972:96; Kosch 1989:107f; ルツ 2004:400; 川島 2016:232, 246 n. 14）。マタイ 23:26 に並行する 41 節はＱ資料に由来すると考えられるが、施しの要求（6:30, 35, 38; 12:33–34; 19:8）等、ルカ的特徴が認められることから（πλήν［むしろ］は新約用例 31 回中ルカ文書に 19 回使用、καὶ ἰδού はルカ文書に 34 回使用）、最終的にはルカが編集的に構成したのであろう（Schulz 1972:96f; Kosch 1989:108–110）。

　最初の禍いの言葉（42 節 // マタイ 23:23）は総じてＱ資料に由来すると考えられるが、マタイ版では内側と外側の清めの言葉に先行しており、Ｑ資料においても同様であったと考えられる（Kosch 1989:104; H. Klein 2006:426; 山田 2018:230）。マタイ 23:24 のぶよとらくだの対比の言葉はルカに欠けているが、これはマタイ版Ｑ資料に由来し、ルカの用いたルカ版Ｑ資料には記載されていなかったのであろう（Marshall 1995:498; ルツ 2004:380, 394）。名誉心を主題とする 43 節はマタイ 23:6–7 のみならずマ

ルコ 12:38b–39 にも並行しているが、マタイがここでマルコとQ資料の双方を用いているのに対し、ルカはマルコの記述を後出の 20:46 で記載していることからもこの節はQ資料に由来すると見なしうる。マタイ 23:27 に対応する 44 節もQ資料に由来すると考えられるが、マタイ版がそうであるように、Q資料においても「清め」の主題を共有する内側と外側の清めに関する言葉（39–41 節 // マタ 23:25–26）の直後に続いていたのであろう。

　移行句である 45 節は、διδάσκαλε（先生［弟子以外の人物からのイエスへの呼びかけとして福音書用例 27 回中ルカに 12 回使用]）や「侮辱する」という意の ὑβρίζω（新約用例 5 回中ルカ文書に 3 回使用）等のルカ的語彙を含み、ルカの編集句と考えられる（Kosch 1989:73f 参照）。46 節は総じてマタイ 23:4 に並行しているが、人称の相違（二人称複数形［ルカ］／三人称複数形［マタ]）の他、マタイ版では禍いの言葉の形式をとっていない等の相違点も見られ、どちらがQ資料の内容を反映しているかは明らかではない。47–48 節は全体としてマタイ 23:29, 31 に並行しており、簡潔に構成されているルカ版の方が総じて原初的と考えられる。ルカに対応箇所が見られないマタイ 23:30 の起源は明らかではないが、マタイに特有のマタイ 23:32–33 はおそらくマタイによる編集的拡大であろう（Heanchen 1951:39; ルツ 2004:409 参照）。これに続く 49–51 節（並行マタ 23:34–36）は、一連の禍いの言葉の形式を乱していることからも、元来は別個の伝承であったが、すでにQ資料において結合しており、この箇所もルカ版の方が総じてQ資料の内容を保持していると考えられる（ルツ 2004:450）。マタイ版ではその直後にエルサレムへの嘆きの言葉（マタ 23:37–39 // ルカ 13:34–35）が続いているが、Q資料においてもそうであったかどうかは明らかではない。52 節は内容的にマタイ 23:13 に対応しているが（トマス福 39a 参照）、相違点も多く（アオリスト時制［ルカ］／現在時制［マタ]、知恵の鍵の奪取［ルカ］／天国からの締め出し［マタ]、禍いの言葉の末尾［ルカ］／禍いの言葉の冒頭［マタ]）、その原初形を見極めるのは困難である。

　マタイに対応箇所が見られない末尾の 53–54 節の由来については判断が難しい。ここまではファリサイ派の人々と律法の専門家たち双方に対する非難が述べられてきたが、ここでは「律法学者たちとファリサイ派の人々」と、記載の順序が逆になっていることに加え、νομικός（律法

の専門家 [7:30; 10:25; 11:45, 46, 52; 14:3]）に代えて突然 γραμματεύς（律法学者）が用いられ、さらには直後のルカ 12:1 ともスムーズに接続していない。それゆえ、この箇所は二次的に付加されたと考えられ、Q資料（Marshall 1995:491）よりもルカ特殊資料（T. W. Manson 1954:94–96; ケアード 2001:187）に由来すると想定される。しかしその一方で、ここには κἀκεῖθεν（そしてそこから [新約用例 10 回中ルカ文書に 9 回使用]）や ἐνεδρεύω（待ち伏せする [新約ではこの箇所と使 23:21 にのみ使用]）等のルカ的語彙が含まれ、さらにこの結部がルカによって構成された導入部分（37–38 節）と共にこの段落全体の枠構造（会食の場面）を構成している点を勘案するなら、何らかの伝承（マコ 3:6; 12:13 [並行ルカ 20:20] も参照）を用いつつも最終的にはルカ自身がこの箇所を編集的に構成したのであろう（Schlatter 1975:309; ブルトマン 1983:193; Fitzmyer 1985:943f; Schürmann 1986:37 n. 13f; 1994:330; Kosch 1989:74f; Hotze 2007:211）。

　以上のことからも、ルカはQ資料（あるいはQルカ）を主な資料とし、他の資料も用いて適宜編集の手を加えつつ、ファリサイ派の人々と律法の専門家たちに対するそれぞれ三つの禍いの言葉が並行し、かつこの段落全体を食事の場面で枠付けるように構成したのであろう。

【注解】

37 節

　この段落は「さて、彼（イエス）が語っていた時」という前段との結びつきを示す表現で始まっており、ルカ 11:17 以降、群衆に向けて語られていたイエスの一連の教えは、あるファリサイ派の人物がイエスを食事に招くことによって中断することになる（7:36; 14:1 参照）。ἀριστάω は元来「朝食をとる」という意味であったが（ヨハ 21:12, 15 参照）、後に昼食の意味にも用いられるようになった（cf. 14:12：ἄριστον ἢ δεῖπνον [午餐や晩餐]；ヨセフス『ユダヤ古代誌』8:356：μήτε ἄριστον ... μήτε δεῖπνον [昼食も夕食も〜]）。もっとも、次節で用いられている名詞形の ἄριστον は、朝食や昼食のみならず、食事一般をも意味することから（マタ 22:4 参照）、ここでもいずれの食事であるか（食事の時間）を特定することなく「食事をする（会食する）」という意味で用いられているのであろう（Bauer 214; Bill.

II:204f; Schürmann 1994:307; 田川 2011:307 参照）。そしてイエスはその招きに応じて食事の席に着いたが、そこには律法学者たちやファリサイ派の人々も同席していたと考えられる（53 節参照）。

38 節

ところが、イエスを招いたファリサイ派の人物は、イエスが食前に「〔**身を水に〕浸さなかった**」（身を清めなかった）ので非常に驚いた。βαπτίζω（浸す）は、ここでは浸礼（バプテスマ［3:7 参照］）ではなく、また単に手を洗うことでもなく（レングストルフ 1976:325; Ernst 1977:384f; Fitzmyer 1985:947; Plummer 1989:309; 三好 1991:329; Marshall 1995:494; H. Klein 2006: 429 に反対）、祭儀的な意味で手足を洗うことや身体全体の沐浴（全身浴）を意味していたと考えられる（Zahn 1988:476 n. 69; 田川 2011:307f; さらにマコ 7:3–4; ヘブ 9:10 も参照）。因みにヨセフスは、エッセネ派の人々が食前に全身を冷水で清めていたと報告している（『ユダヤ戦記』2:129）。

39 節

すると「主」（イエス）はそのファリサイ派の人物の疑念を見抜いて（5:22 参照）「**あなたたちファリサイ派の人々は杯や皿の外側は清めるが、あなたたちの内側は強欲と悪に満ちている**」と語り出すが、この発言は内なる光である目と身体全体とを区別する前段の内容（11:34 参照）を思い起こさせる。また、容器の内側が清められている時、外側も清めねばならないかという問いは、ユダヤ教のセクト間で論争されていた（ミシュナ「ケリム」25:1 以下; さらに Neusner 1975/76:486–495 参照）。このイエスの発言は直前の記述（38 節）と厳密には適合していないが、両節は祭儀的清浄のモチーフによって緩やかに結合している（マコ 7:3–4 参照）。

マタイ 23:25 と同様、ここでは τὸ ἔξωθεν（外側）と τὸ ἔσωθεν（内側）が対置されているが、後者に ὑμῶν（あなたたちの）という所有代名詞が付されているルカ版においては容器の外側と内側ではなく（Bill. II:188; Degenhardt 1965:57 に反対）、容器の外側とファリサイ派の人々の内側が対置されている。その意味でもここでの対置は厳密なものではないが、容器の外側のみの清めはあり得ないという意味でも、ルカの文脈においては「**杯や皿の外側**」という表現も隠喩的にファリサイ派の人々の外側の意味

で解すべきであろう（Maccoby 1982:5; 川島 2016:232）。

ἁρπαγή は悪徳表にも記載されており（ディダケー 5:1; バルナバ 20:1）、マタイにおいては容器がこれで満ちている状況について語られていることからも「強奪されたもの」の意で解されるが、ルカの文脈では人間の内面に関わっていることから「強欲」を意味している（Bauer 218; Moxnes 1988:111 n. 7; さらに 16:14; マタ 7:15 参照）。この ἁρπαγή と並列して πονηρία（悪）が挙げられているが（cf. マタ 23:25：ἀκρασία［放縦］）、この語は何より倫理的・道徳的意味をもち、新約の悪徳表にも用いられている（マコ 7:22; ロマ 1:29 参照）。すなわちここでは、自分たちの外側（外面）にのみ神経を使い（11:42 参照）、その内側（内面）は「強欲と悪に満ちている」（マコ 7:21–22 // マタ 15:18–19 参照）ファリサイ派の人々の偽善的な姿勢が特に問題視されており（並行例としてモーセ昇天 7:7–9 のエッセネ派によるファリサイ派批判を参照）、彼らの外的・表面的な清さと彼らの心の不純さ（汚れ）との落差が強調されている（16:15 参照）。

40 節

続いてイエスは「**愚か者たちよ**」（ἄφρονες）と厳しく語りかけ（cf. マタ 23:24：「盲目のファリサイ人よ」［Φαρισαῖε τυφλέ］）、「**外側を造られた方は内側も造られたではないか**」と修辞疑問文によって外側と内側の統一性を強調するが、ここでの「**造られた方**」（ὁ ποιήσας）は人間ではなく（T. W. Manson 1954:269; Klostermann 1975:130 に反対）、明らかに創造者としての神を指している。また、ここでファリサイ派の人々が「**愚か者たち**」と見なされているのは、外的な清浄規定さえ満たしていれば神の意思を実行していることになると考え、神が外側のみならず内側も創造したことを見落としていたためであろう。すなわち、まさに神が外側と内側の全体を創造したように、清めも全体的なものでなくてはならないのである（Bill. II:188 参照）。なお、ルカ 12:20 の「愚か者」も貪欲のモチーフ（12:15）と結びついている。

41 節

さらにイエスは、πλήν（むしろ）という強意の導入表現を用いて「**内にあるものを施しとして〔人に〕与えなさい**」とファリサイ派の人々に

要求する。ἐλεημοσύνη は新約では常に「施し」の意で用いられ、マタイ
6:2–4 以外ではルカ文書にのみ見られる（12:33; 使 3:2, 3, 10; 9:36; 10:2, 4,
31; 24:17 参照。この語のユダヤ的背景については田中 2014:89–106 参照）。こ
こでの「施し」への言及は唐突な印象を与えることから、一部の研究者
はアラム語の דכו（清める）が זכו（施す）と誤訳された可能性を指摘して
いるが（Marshall 1995:496; ケアード 2001:187）、この点は明らかではない
（Fitzmyer 1985:947 参照）。並行するマタイ 23:26 では「まず、杯の内部を
清めなさい。そうすれば外部も清くなる」とあり、祭儀的な清めも断念さ
れていないが（ルツ 2004:403）、ルカにおいてはその点は問題にされてい
ない。確かにこの施しの要求は文脈を乱しているように思えるが、対照的
な意味をもつ 39 節の ἁρπαγή（強欲）と関連しているのであろう。すなわ
ち、彼らはその強欲を施し行為に置き換えねばならないのである。

　「**内にあるもの**」（τὰ ἐνόντα）はマタイ 23:26 の「杯の内部」（τὸ ἐντὸς
τοῦ ποτηρίου）に対応しているが、この言葉が具体的に何を指しているか
が問題となる。一部の研究者はこの表現を 39 節の「内側」（τὸ ἔσωθεν）
との関連からファリサイ派の人々の内面、すなわち「心の内側」（Bovon
1996:228）あるいは「内なる人」（レングストルフ 1976:326）、「（あなたたち
の）内側にあるもの」（川島 2016:233f）と解しているが、このような理解
では、彼らの心の内にある「強欲と悪」がどのように施しとして用いら
れるのかが説明できない。また他の研究者は、この表現を「手元にあるも
の」、「彼らが所有しているもの」の意で解そうとするが（Zahn 1988:480;
Wiefel 1988:228）、この見解も十分に根拠づけられない。むしろこの表現
は、マタイの並行箇所と同様、容器の中身、すなわち飲み物や食べ物の意
で解すべきであろう（シュテーゲマン 1982:109 n. 50; Schneider 1984b:275;
Fitzmyer 1985:945; Schweizer 1986:131; Plummer 1989:311; Schürmann
1994:312）。

　これに続く「**そうすれば見よ、あなたたちにとってすべてのものが清
くなる**」（テト 1:15 参照）という説明句は明らかに清浄規定を批判してい
る。内側が清められれば外側も清くなるのだから（11:34 参照）、祭儀的な
清めはもはや重要ではない。その意味でも、ここでは施し行為によって達
成される内側（＝心）の清さが問題になっており（cf. シラ 3:30：「水が燃え
盛る火を消すように、施しの業は罪を償う」）、外側と内側双方の清めについ

て述べる 39–40 節の内容とは厳密に対応していない。ルカはここで、強欲と悪で心が満たされているファリサイ派の人々に施し行為を要求することによってこの箇所の強調点を祭儀的清めから倫理的清めへと移行させ、祭儀的清浄に関わる行為を倫理的・社会的行為に置き換えている（川島 2016:234 はこの見解に否定的）。

なお、この施しの要求はファリサイ派に向けられているが、このことは、他の福音書には同様の記述が見られず、またヨセフスの『ユダヤ古代誌』18:12 には、ファリサイ派が贅沢を避け、簡素な生活を好んでいたと記されているだけに注目に値する。その意味でも、ここにはファリサイ派の歴史的実像ではなくルカによるファリサイ派像が描かれており（上巻 223 頁参照）、おそらくルカは彼の時代の富めるキリスト者に対して、清くされるように施し行為を実践するように要求しているのであろう。

42 節

ここからファリサイ派の人々に対する三つの禍いの言葉（42–44 節）が語られるが、最後の言葉（44 節）のみは直前の箇所で言及された清めの主題を扱っている。最初の禍いの言葉は彼らが「**ミントやコヘンルーダやあらゆる野菜の十分の一税**」は献げても（Bill. II:189; V:640–697 参照）「**正義と神への愛**」は無視していることを問題にしているが、前者は外側の清めに、後者は施し行為にそれぞれ対応しており、注目すべきことに、十分の一税は施し行為に関連づけられていない。

神殿への十分の一税は、旧約律法においては穀物や果実、牛や羊、ぶどう酒、オリーブ油等がその対象として定められていたが（レビ 27:30–33; 申 14:22–29; さらに申 12:6–7; 26:12–15; マラ 3:8–10; ルカ 18:12 も参照）、ミシュナにおいては草木等を含めてあらゆる収穫物に拡大されている（「マアセロート」、「マアセル・シェニー」参照）。ファリサイ派と律法学者の双方に語られているマタイ版においては「ミント、ディル、クミン」が十分の一税の対象として挙げられているのに対し（マタ 23:23–24）、ルカは「ディル、クミン」の代わりに「**コヘンルーダやあらゆる野菜**」を挙げており、より包括的なリストになっている。比較的多くの研究者はこれをルカの編集に帰しているが（カルペパー 2002:319; Eckey 2004b:548 他）、相異なる Q 資料（Q マタイと Q ルカ）に由来するとも（Marshall 1995:497）、両

福音書記者それぞれの編集の結果（Schürmann 1994:315）とも考えられる。「ミント」（ἡδύοσμον）や「コヘンルーダ」（πήγανον）は薬用植物であるが、実際にこれらに十分の一税が納められたことを示す証言はない（Bill. I:932f 参照）。ルカはまた、彼らが疎かにしているものとして、マタイ 23:23 の（律法の中で最も重要な）「正義（ἡ κρίσις）、慈悲（τὸ ἔλεος）、誠実（ἡ πίστις）」に対して「**正義と神への愛**」（ἡ κρίσις καὶ ἡ ἀγάπη τοῦ θεοῦ）を挙げている。両者に共通する ἡ κρίσις は「裁き」とも解しうるが（岩波訳他）、倫理的な「正義」の意で解するなら、ルカ版の記述は二つの重要な戒め（神への愛と隣人愛［10:27］）に逆順で対応していることになる（Schürmann 1994:314）。

　このように、ここでは十分の一税以上に正義や神への愛が重要であると述べられるが、その一方で「**もとより前者（十分の一の献げ物）も軽視してはならない**」という後続の発言は、十分の一税そのものが否定されているわけではないことを示している（コヘ 7:18 参照）。ルカはここで、マタイ 23:23 の ἀφίημι（放置する）に対して παρίημι（軽視する）を用いることによりその点をマタイ以上に強調しているが、これは律法を重視するルカの姿勢と関わっているのであろう（本書 169–170 頁参照）。

43 節

　第二の禍いの言葉は、会堂では最上席に座り、公共の場では人から挨拶されることを好む彼らの名誉欲に関わっている。この箇所はマタイ 23:6–7 の他、マルコ 12:38b–39 やルカ 20:46 にも並行しているが、それらの箇所では律法学者が批判の対象になっており、事実この批判はファリサイ派よりも律法学者に適合している。また「好む」という表現に関して、マタイ 23:6 の φιλέω に対して ἀγαπάω を用いるルカは、ἡ ἀγάπη τοῦ θεοῦ（神への愛）に言及する直前の第一の禍いの言葉と関連づけると共に、神よりも自分の名誉を重んじるファリサイ派の人々の姿勢をより鮮明に描き出している。ここではこのように、自分たちの義と栄光を誇示しようとする彼らの傲慢な姿勢が問題視されており（14:7–11 参照）、真の敬虔は他人から賞賛を求めることではなく、そのような名誉欲は前述の正義や神への愛とは正反対のものであることが示されている（マタ 6:1; マコ 12:38–39 参照）。なお、マタイ版では禍いの言葉の形式は用いられておらず、この言

葉の直後には「先生」（ῥαββί）と呼ばれてはならないという主旨の発言が続いている（マタ 23:8–12）。

44 節

第三の禍いの言葉においてはファリサイ派の人々は直接名指しされていないが、引き続き彼らに対して語られていることは明らかである。ここではファリサイ派の人々が「**目に入らない墓**」にたとえられ、その上を行き交う人々はそのことに気づかないと述べられる。死体との接触は他人を汚すと考えられていたため（レビ 21:1–4; 民 19:11–22）、墓は不浄な場と見なされ、誤って接触するのを避けるため墓にはしるしがつけられていた（ミシュナ「シェカリーム」1:1;「モエード・カタン」1:2;「マアセル・シェニー」5:1 参照）。マタイ版ではすべての通行人がそれに気づくように墓に漆喰を塗る（白く塗る）習慣が言及され、律法学者やファリサイ派は漆喰を塗られた墓のように外側はきれいにしていても（使 23:3 参照）内側は汚れに満ちていると、直前の内側と外側の清めの言葉（マタ 23:25–26）と同様、内と外との対比が強調されている（マタ 23:27–28）。一方のルカ版では墓はしるしがつけられていないイメージで用いられ、自らの外側を飾ろうとするファリサイ派の人々の邪悪な本質は隠されて人目につかないだけに誰もそれに気づかず、結果的に周囲の人々を汚すことになると、その本質のみならず、それがもたらす実害についても述べられている（カルペパー 2002:319）。

45 節

ファリサイ派の人々に対する三つの禍いの言葉が述べられたあと、会食の場で話を聞いていた「**律法の専門家たち**」（νομικοί）の中の一人が口を挟んで、それらの禍いの言葉は自分たちにも該当し、自分たちをも侮辱することになるとイエスに抗議する。律法の専門家たちの一部はファリサイ派に属しており（上巻 223f 頁参照）、彼らの律法解釈がファリサイ派の実践活動に多大な影響を及ぼしていたことは十分に考えられる。また、彼の「**先生**」（διδάσκαλε）との呼びかけは、イエスに対する敬意を示しているのではなく、彼はこの時点ですでにイエスに対して少なからず反感を抱いていたと考えるべきであろう（10:25 参照）。

46 節

それに対してイエスは直接答えず、今度は律法の専門家たちに対して三つの禍いの言葉を語り始めるが、ファリサイ派の人々に対する非難が主に清めの問題や日常的な実践に関わっていたのに対し、律法の専門家たちへの非難は総じて彼らの律法解釈や生きる姿勢に向けられている。

最初の禍いの言葉は、彼らの要求が人々に過重な重荷を負わせており（使 15:10 参照）、その一方で彼ら自身は「**指一本でもその重荷に触れようとしない**」点に向けられる。後半部分については、人々がその重荷に苦しんでいるのを彼らが全く助けようとしないことが指摘されているのか（T. W. Manson 1954:100f; Grundmann 1961:249; Fitzmyer 1985:945f, 949; Nolland 1993a:666; Talbert 2002:149; Eckey 2004b:555）、それとも彼ら自身が全く重荷を負おうとしないことが言われているのか（Creed 1953:167; Schulz 1972:107f; Schürmann 1994:318f; Marshall 1995:500; Bovon 1996: 233; Wolter 2008:434; さらに Bill. I:913f 参照）、研究者の見解は分かれている。禍いの言葉の形式を伴わないマタイの並行箇所では、彼らは言うだけで実行しないと指摘するマタイ 23:3 の直後に続いていることからも後者の見解が妥当であると考えられるが（ルツ 2004:363 参照）、ルカの場合も同様であるなら、彼らの言行不一致が批判されていることになる（ガラ 6:13; エピクテートス『語録』3:24:110; ディオゲネス・ラエルティオス『ギリシア哲学者列伝』6:28 参照）。いずれにせよ、ここでは彼らが人々に課す過大要求と彼ら自身の実践の欠如との隔たりが問題にされている。その一方で、これらの非難が彼らの歴史的実像を示しているとは考えにくい（ルツ 2004:363）。

47–48 節

続く第二の禍いの言葉においては律法の専門家たちは直接呼びかけられていないが（44 節参照）、引き続き彼らが対象とされていることは文脈からも明らかである。あるいは、後続のこの時代の人々に向けられた裁きの告知（50–51 節）との関連から、その呼びかけは削除されたのかもしれない。この箇所はまた、《あなたたちは預言者たちの墓を建てている（A）》→《あなたたちの先祖が預言者たちを殺した（B）》→《あなたたちは先祖の所業の証人となり、それに同意している（C）》→《彼ら（あなたたち

の先祖）は彼ら（預言者たち）を殺した（Bʹ）》→《あなたたちは〔彼らの墓を〕建てている（Aʹ）》というようにキアスムス（交差配列法）によって構成されている。

　彼らが預言者たちの墓を建てているという発言は、イエスの時代にアモス、ハバクク、ダビデ等の記念堂（塔）が建てられたこと（使 2:29 参照）とも関連しているのであろう（Stöger 1990:334; 三好 1991:329f）。そしてここでは、彼らが預言者たちの墓を建てていること自体、自分たちの先祖による預言者殺害を証明することになり、彼らはその悪行に同意していると述べられている。墓の建立は通常はその故人に対する敬意を示す行為と見なされるだけに、彼らによる預言者たちの墓の建設と彼らの先祖の預言者殺害がどのような意味で関連しているかが問題となる。墓の建設によってかつて殺害された預言者たちが今も死んだ状態にあることを確認している（祝っている）という皮肉が込められている可能性も否定できないが（T. W. Manson 1954:101; シュヴァイツァー 1978:610; Nolland 1993a:667）、ここではおそらく、預言者たちの墓を建てることによって彼らとの連帯と自らの敬虔さを誇示しようとしながら、現実には預言者たちの言葉に聞き従おうとしない彼らの偽善的な姿勢が、彼らの先祖の預言者殺害に対応していると見なされているのであろう（Grundmann 1961:249; Bock 1996:1120; Wolter 2008:435）。すなわち、彼らの先祖が預言者たちを殺害し、彼ら自身はその墓を建てることによって、彼らは先祖の悪行を完成させているというのである。そしてまた、この言葉を伝承した最初期のキリスト教会が、ここからイエスの殉教を連想したことは十分に考えられる（Bovon 1996:234）。なお、マタイ版では預言者たちの墓を建てることと並んで義人たちの記念碑を飾ることが挙げられ（マタ 23:29）、さらに「もし私たちが自分たちの先祖の時代にいたなら、預言者の血について彼らの共犯者にはならなかったであろう」（マタ 23:30）という彼ら（律法学者たちとファリサイ派の人々）の発言が記されている。

49 節

　ここでは一連の禍いの言葉の中に挿入される形で「**神の知恵**」（ἡ σοφία τοῦ θεοῦ）による証言として「**私は彼らの中に預言者たちと使徒たちを遣わす。しかし彼らはそのうちの〔ある者たち〕を殺し、迫害する**」と出

所不明の引用句が語られ（エレ 7:25–26; ルカ 13:33–34; 使 7:52; 黙 18:24 参照）、その直後にはこの時代の人々に対する裁きの言葉（50–51 節）が続いている。「神の知恵」の意味内容に関しては、確かに新約においてはイエスを「神の知恵」と見なす証言も認められるが（Ⅰコリ 1:24, 30; 2:4; コロ 2:3; さらにルカ 7:35; 11:31 参照）、ルカ自身がイエスと知恵を同一視したとは考えられず（コンツェルマン 1965:192 n. 20）、また旧約では知恵はしばしば神のイメージで捉えられていることから、ここではイエス自身ではなく（Schmithals 1980:140; Schürmann 1994:323; Wilckens, *ThWNT* VII:516 に反対）神自身と見なすべきであろう（Bovon 1996:235; Bock 1996:1121f; Frauenlob 2015:261）。なお、「神の知恵」への言及がない並行箇所のマタイ 23:34 ではイエス自身の言葉として語られ、派遣する主体としての「私（ἐγώ）＝イエス」が強調されており、またルカの未来形（ἀποστελῶ）に対して現在形動詞（ἀποστέλλω）が使用されている。さらに派遣先に関しては、ルカの三人称複数形（彼ら）に対して二人称複数形（あなたたち）が用いられ、その「あなたたち」が派遣される預言者たちを殺し、十字架につけ、会堂で鞭打ち、町から町へと迫害すると、より具体的に述べられている。

　また派遣される人々については、マタイの「預言者たちと知者たちと学者たち」に対してルカでは「**預言者たちと使徒たち**」となっている。マタイにおける「知者たち」（σοφοί）はQ資料に由来し（ルツ 2004:439）、「学者たち」（γραμματεῖς）についても、律法学者たち（γραμματεῖς）を激しく非難する文脈にわざわざマタイが同一語を異なる意味で編集的に挿入したとは考えにくいことから、Q資料に遡ると考えられ、おそらくルカは混乱を避けるため、肯定的な意味で用いられている γραμματεῖς（11:53 参照）を省略したのであろう。また、預言者と使徒の組み合わせはキリスト教文書に特有であり（Ⅰコリ 12:28; エフェ 2:20; 3:5; 4:11; Ⅱペト 3:2; 黙 18:20; イグナティオス・フィラデルフィア 9:1）、多くの場合は「使徒→預言者」の順で記されている。しかしここでは、50–51 節の記述内容からも明らかなように、かつて派遣された「旧約預言者たち」とキリスト教宣教者の「使徒たち」を意味しており（G. Klein 1972:121; H. Klein 2006:433; Wolter 2008:435）、両者で旧約と新約を指し示す（Frauenlob 2015:261, 264）と共にイスラエルとキリスト教会の緊密な結びつきを表現しており（Schmithals 1980:140）、さらに使徒たちへの言及は彼らの将来の殉教（使

12:2–5 参照）をも暗示している（G. Klein 1972:121; カルペパー 2002:320; Eckey 2004b:557; H. Klein 2006:433）。

50 節

預言者たちと使徒たちの派遣と殺害の記述に続いて、ここでは「**世界の初めから流されたすべての預言者たちの血〔の代償〕がこの時代から要求される**」と述べられる。「流された血」（τὸ αἷμα τὸ ἐκκεχυμένον）という表現は暴力による殺害行為を前提としており（創 9:6; 民 35:33; 使 22:20）、完了形の使用はこの殺害行為に対する報復が今なおなされていないことを示唆している（Wolter 2008:435; さらに詩 78:10 LXX 参照）。ἐκζητέω τὸ αἷμα（血〔の代償〕が要求される）という表現は七十人訳聖書に由来し（創 9:5; 42:22; サム下 4:11; エゼ 3:18, 20; 33:6, 8; 詩 9:13 参照）、元来は、殺害された者の血（命）の責任は殺害した者に求められ、殺害者は自らの命をもってその責任を負わねばならないという考えを示していた（Wolter 2008:436）。また「**この時代**」はイエスと同時代のユダヤ人全体を指しており（11:29–32 参照）、その意味でもここで批判の対象は、律法の専門家たちからユダヤ人全体へと拡大している。なお、ルカ版の「すべての預言者たちの血の代償が要求される」に対して、マタイの並行箇所では「すべての義人の血があなたたちの上に到来する」（マタ 23:35）と記されているが、この表現は、後のピラトの尋問の場面で「その血〔の責任〕は私たちと私たちの子孫に〔ふりかかれ〕」（マタ 27:25）と述べるエルサレムの人々の言葉と共鳴している。

51 節

ここで、前節の「すべての預言者たちの血」が具体的には「**アベルの血**」（創 4:10; ヘブ 12:24 参照）から「**ゼカリヤの血**」を指していることが明らかになる。アベル（創 4:8–10）は預言者ではないが、このような記載の仕方は、旧約の人物を何らかの意味で預言者と見なそうとするルカの傾向に合致している（Fitzmyer 1985:951）。また「**祭壇と神殿の間で**」殺されたゼカリヤは、特にルカ版では（同様に預言者ではない）祭司ヨヤダの子のゼカリヤと同定され（代下 24:20–22）、歴代誌下の記述によると、彼はヨアシュ王の時代（前 840–801）に「主の神殿の庭で」石で打ち殺され

た（代下 24:21）。ここで彼ら二人に言及されているのは、両者の殺害がイスラエル史全体における原型的な殺人であり、さらには当時の聖書の最初の書（創世記）と最後の書（歴代誌）に記され、聖書において最初と最後に殺害された人物と見なされたためとも考えられる。

なお、マタイの並行箇所では「（あなたたちが……殺した）バラキアの子ゼカリヤ」（マタ 23:35）と記されており、そうするとこのゼカリヤは、紀元 66 年に神殿の中で熱心党員によって殺害されたとされる「バレイスの子ザカリアス」（ヨセフス『ユダヤ戦記』4:334–343 参照）か、あるいは、十二小預言者の一人の「ベレクヤの子ゼカリヤ」（ゼカ 1:1, 7）を指しているとも考えられるが（イザ 8:2 も参照）、後者については殺害されたわけではない。マタイに特有のこの表現は、歴史的事実に合致しないという意味でもマタイの編集的付加とは考えにくく、Q 資料に遡るのであろう（ルツ 2004:439）。因みに一部の古代の解釈者は、神殿と祭壇への言及から、ゼカリヤを洗礼者ヨハネの父ザカリアと見なしている（ヤコブ原福 23–24 参照）。

51 節後半部でも「この時代から〔代償が〕要求される」という前節と同様の表現が繰り返されるが、ここでは「そうだ、私はあなたたちに言っておく」（ναὶ λέγω ὑμῖν）という表現によって導入されており、イエス自身がこの点を特に強調していたことを示している。その意味でも、先行する 29–36 節では裁きに関する警告と悔い改めへの呼びかけが記されていたのに対し、ここでは禍いの言葉を通して明確に裁きが告知されており（Schürmann 1994:304）、しかもその対象はあらゆる世代の人々に拡大している。おそらくここでルカは、紀元 70 年のエルサレム陥落を念頭に置いているのであろう。

52 節

最後の禍いの言葉は、律法の専門家たちが「知識の鍵」（ἡ κλεὶς τῆς γνώσεως）を取り上げ、自分たちもその中に入ろうとせず、かつ人々がその中に入ろうとするのを妨げてきたことを問題にする。「知識の鍵」はおそらく知識に至る鍵を意味しており、ルカ 1:77 の「救いの知識」（γνῶσις σωτηρίας）との関連からも、ここでは救いに至る扉の鍵が意味されているのであろう（Wolter 2008:436）。並行するマタイ 23:13 ではこの言葉は一

167

連の禍いの言葉の冒頭に位置づけられ、天の国の門を閉ざすことについて語られているが、Q資料の内容を保持しているのはマタイ版か（Schneider 1984b:276; Schürmann 1994:328f）、それともルカ版か（ルツ 2004:382; Hotze 2007:205f）、明らかではない。ここではこのように、律法の専門家たちは神認識の鍵（救いの知識）を所有しながらもそれを用いようとせず、それどころか人々がその認識を得ようとするのを阻止したという理由のために非難されている（同様の鍵の隠喩としてシリア・バルク 11:18 参照）。

53–54 節

　一連の禍いの言葉を語り終えるとイエスはその場から立ち去るが、律法学者たちとファリサイ派の人々は彼に対して激しい敵意を抱き（19:47; 20:19–20; 22:2 参照）、様々なことに関してイエスに質問を浴びせ始め、何とかして彼の言葉じりをとらえようとしたという。ここから「律法の専門家たち」（νομικοί）から「**律法学者たち**」（γραμματεῖς）に表記が移行し、また律法学者たちがファリサイ派の人々の前に位置づけられているが、このことは、ここでは特に律法学者が主導権を握っていたことを示唆しており（嶺重 2008:65 参照）、この点はファリサイ派ではなく律法学者がイエス殺しに加担したというルカの理解にも対応している（上巻224頁参照）。ここではまた、イエスがその場から立ち去った後に敵意を抱いた「**律法学者たちとファリサイ派の人々**」が（その場にいないはずの）イエスに質問を浴びせ始めたという不可解な描写になっているが、イエスが立ち去った直後に彼らもそのあとを追ったという状況が前提にされていると考えるべきであろう（Bock 1996:1125 参照）。事実、そのような不可解さのゆえに、多数の写本（A, K, W, Γ, Θ, Ψ）は冒頭の「**そしてそこから彼（イエス）が出て行くと**」を「そこで彼が彼らにこのことを言うと」に書き換え、イエスが引き続きその場に留まっていたかのように表現している（田川 2011:313–315 も参照）。

【解説／考察】

　あるファリサイ派の人物宅での会食という場面設定のもとに構成されているこの段落では、まず外的（祭儀的）な清めと内的（倫理的）な清めと

の対立が問題にされ、人間の内と外の双方を清める内的な清めが重要視され、それは施し行為の要求へと具体化されていく。ここで展開されている祭儀的な清めの規定に対する批判は、おそらくルカの時代の異邦人宣教と密接に関わっているのであろう。ここではまた、ファリサイ派の人々と律法の専門家たちに向けて、形式主義、名誉欲、偽善的態度、他者への強要や妨害等に関する様々な禍いの言葉が連ねられているが、51–52節ではその対象が「この時代（の人々）」に拡大されていることにも示されているように、ルカはこれらの非難の言葉をユダヤ人指導者層のみならずユダヤ人全体、さらには彼の時代のキリスト者にも向けて記している。

　そしてまた、ここに挙げられている禍いの言葉の内容は、今日の読者にとっても決して他人ごとではない。表面だけを取り繕う中身のない振る舞いや言行不一致、他人からの評価への過度の囚われと自己顕示欲や独善主義、責任回避と責任転嫁、困窮する隣人に対する無関心や傲慢な態度、他人からの忠告の無視と自己絶対化等々である。さらに、今日しばしば問題にされている強い立場にいる人物（権力者）による各種のハラスメントの実態はまさにこれらの振る舞いや姿勢と密接に関わっているが、現実には誰もがそのような弊に陥る危険性をもっており、おそらく最大の問題は、これらのことを自分とは全く無縁な他人ごとと思いこみ、自分自身を省みようとしないことなのだろう。その意味でも、この禍いの言葉は現代の読者に対しても自らのあり方を真摯に省みるように警告している。

トピック
ルカの律法理解

　マタイ福音書において律法が重んじられていることはよく知られているが（マタ 5:17–20 参照）、ルカ福音書においても律法そのものは総じて肯定的に捉えられ、重要視されている。例えば、福音書冒頭の誕生物語ではイエスの両親が律法規定を遵守している様子が頻繁に描かれており（1:6; 2:21–24, 27, 39, 41–43）、ルカはまた、律法に批判的なマルコの記述を和らげている（例えば 6:1–5 とマコ 2:27–28 を比較参照）。平地の説教（6:20–49）においては、確かに伝統的な律法重視の

視点が相対化されているかのように記されている箇所もあるが、そこでも律法そのものは決して否定されておらず、むしろその徹底化が意図されており、ルカ 10:25–28 におけるイエスと律法の専門家との対話においても律法そのものは否定されておらず、それを越える愛の行為の実践が求められている（10:37; さらに 18:18–23 も参照）。確かに、ルカ 16:16 では律法と預言者はヨハネの時まででそれ以降は神の国の福音が宣べ伝えられていると、律法を過去のものと見なすようなイエスの発言が見られるが、その直後には律法の文字の一点一画も天地が消えうせるまでは滅びないと律法自体の存続が強調され（16:17; さらに 24:44 も参照）、さらに後続のルカ 16:18 でも、姦淫を禁じる規定に関して旧約の掟がより厳格化・先鋭化して捉えられており（川島 2016:244）、ルカ 16:29, 31 においても、モーセと律法の重要性が強調されている。

　しかしその一方で、ルカ福音書においても安息日規定に関する記述（6:1–5; 6–11; 13:10–17; 14:1–6）や罪人との食事の描写（5:29–32; 15:1–3）においては、律法から比較的自由な理解が示されている（さらに 9:59 以下参照）。また使徒行伝においては、ステファノの説教（使 7 章）やコルネリウスの物語（同 10 章）、エルサレム会議の記述（同 15 章）等、律法に対する批判的な記述や律法規定を相対化する記述が多く認められるが、その背景には異邦人宣教及び異邦人教会の存在があると考えられる。その意味でも、ルカは律法に対して一貫して肯定的であり、異邦人も律法から自由ではないと見なしていると断言するイェルヴェルの主張は受け入れられない（Jervel 1998:100–102; イェルヴェル 1999:70–79。ルカの律法理解については、さらに Wilson 1983; Blomberg 1984:53–80; Klinghardt 1988 も参照）。

Ⅲ. 終末を見据えての警告

（12:1–13:21）

　ルカ 11 章における弟子と群衆に対する種々の教えに引き続いて、この
セクションでも様々な主題に関する弟子と群衆に対するイエスの教えが記
されている。その前半部分においては信仰告白やこの世の富に関する主題
が扱われるが、特にルカ 12:35 以降は終末を見据えての振る舞いに焦点が
当てられ、さらに 13 章に入ってからは終末状況における悔い改めが勧告
されている。このセクションは以下のような段落から構成されており、特
に冒頭の三つの段落は、「恐れ」（12:4, 5, 7, 32）、「思い煩い」（12:11, 22,
25, 26）、「富の蓄財」（12:21, 33–34）等の主題において相互に結合している。

　　１．恐れなき信仰告白の要求（12:1–12）

　　２．愚かな金持ちの譬え（12:13–21）

　　３．思い煩いの放棄と施しの要求（12:22–34）

　　４．主の再臨への備え（12:35–48）

　　５．イエスの使命（12:49–53）

　　６．時を見分ける（12:54–56）

　　７．和解の要求（12:57–59）

　　８．悔い改めの要求（13:1–5）

　　９．実らないいちじくの木の譬え（13:6–9）

　　１０．腰の曲がった女性の癒しと安息日論争（13:10–17）

　　１１．からし種とパン種の譬え（13:18–21）

　注目すべきことに、このセクションのイエスの言葉は、弟子たちと群衆
に対して交互に語られている（ショットロフ／シュテーゲマン 1989:155–158
参照）。すなわち、冒頭の信仰告白に関わる一連のイエスの教え（12:1b–12）
は、確かに群衆も背後に存在しているが、主に弟子たちに語られている
（12:1a）。これに続く愚かな金持ちの譬え（12:13–21）においては、まず群

衆の中の一人がイエスに語りかけ（12:13a）、それに対してイエスは「彼らに」（12:15, 16）語っていることからも、群衆が対象であったと見なしうる。ルカ 12:22–53 は再び弟子たちに語られ（12:22a; さらに 12:32 の「小さな群れ」を参照）、12:41 以降は弟子たちの中でも特に指導者層に向かって語られている。これに続く 12:54 以降は再び群衆に向かって語られ（12:54a）、13:1–9 に関してはその対象は明示されていないが、場面は継続しており、また 13:10 以降の箇所でも時おり群衆に言及されていることから（13:14, 17）、引き続き群衆に対して語られていると見なしうる。なお、それぞれの区分の導入句（12:1a, 13a, 22a, 54a）はいずれもルカの編集句と見なしうることから、それぞれの箇所の聞き手を割り当てたのはルカであろう。

　このセクションの各段落は、総じてQ資料ないしルカ版Q資料（1、3〜7、11）もしくはルカ特殊資料（2、8〜10）に遡ると考えられる（一部マルコ資料も使用）。ルカはこれらの資料を用いて適宜編集の手を加えつつ、将来の運命（終末）を見据えてのこの世での振る舞いという主題のもとにこのセクション全体を構成したのであろう（Stegemann 1991:41 参照）。

＊　＊　＊

1. 恐れなき信仰告白の要求（12:1–12）

【翻訳】

12:1a そうしているうちに無数の群衆が集まって来て、互いに足を踏み合うほどになった時、彼（イエス）はまず自分の弟子たちに語り始めた。b「ファリサイ派のパン種——それは偽善である——に注意しなさい。

　2 また、完全に覆われてしまっているもので露わにされないものはなく、隠れているもので知られないものはない。3 だから、あなたたちが闇の中で語ったことは何でも光の中で聞かれ、また、あなたたちが奥の部屋で

〔誰かの〕耳にささやいたことは屋根の上で告知される。

⁴ そこで私は私の友であるあなたたちに言っておくが、身体を殺しても、その後、それ以上何もできない者たちを恐れるな。⁵ むしろ私は、誰を恐れるべきか、あなたたちに示そう。殺した後、地獄に投げ込む権威を持っている方を恐れなさい。そうだ、私はあなたたちに言っておくが、この方を恐れなさい。⁶ 五羽の雀たちが二アサリオンで売られているではないか。だが、それらの一羽でさえ神の前で忘れられてしまってはいない。⁷ それどころか、あなたたちの頭の髪の毛までもすべて数えられている。恐れるな。あなたたちは多くの雀たちよりも優れている。

⁸ そこで私はあなたたちに言っておくが、人々の前で私のことを告白する者は誰であれ、人の子も神の天使たちの前で彼のことを告白する。⁹ しかし、人々の前で私を否認する者は、神の天使たちの前で否まれる。

¹⁰ また、人の子に敵対して言葉を語る者は誰でも赦される。しかし、聖霊を冒瀆する者は赦されない。

¹¹ ところで、人々があなたたちを諸会堂や官憲たちや権力者たちのところに連行する時には、どのように、あるいは何を弁明しようか、あるいは何を言おうかなどと思い煩うな。¹² というのも、言うべきことはまさにその時に聖霊があなたたちに教えてくれるからである」。

【形態／構造／背景】

ファリサイ派の人々と律法の専門家たちへの禍いの言葉（11:37–54）のあとには種々の言葉から構成されている一連のイエスの言葉（12:1–12）が続いているが、段落冒頭の「そうしているうちに」（ἐν οἷς）という表現及びファリサイ派のパン種への警告は前段との結びつきを示している。これらの言葉は弟子への教えと見なされ（1a, 4 節）、偽善に対する警告から恐れなき信仰告白の要求に至り、先行する祈りの教え（11:1–13）と同様、聖霊への言及（12 節）によって結ばれている。この段落は 4 節及び 8 節冒頭の「そこで私はあなたたちに言っておく」（λέγω δὲ ὑμῖν）という導入句によって大きく三つの部分（1–3, 4–7, 8–12 節）に区分され、段落全体は以下のような構成になっている。

（1）偽善に対する警告（1–3節）

　　（a）状況設定：群衆の殺到（1a節）

　　（b）ファリサイ派のパン種への警告（1b節）

　　（c）露わになる隠れているもの（2–3節）

（2）神への信頼（4–7節）

　　（a）真に恐るべき者（4–5節）

　　（b）雀の比喩と弟子たちの価値（6–7節）

（3）公的な信仰告白の要求（8–12節）

　　（a）イエス（人の子）に対する告白／否認とその帰結（8–9節）

　　（b）赦されない聖霊への冒瀆（10節）

　　（c）思い煩うなとの警告と聖霊による教示（11–12節）

　この段落に含まれる種々の言葉相互の関連性は必ずしも明確ではないが、恐れの主題が4–5節と6–7節及び11–12節を、「人の子」が8–9節と10節を、「聖霊」が10節と11–12節をそれぞれ結びつけている。

　この段落は総じてマタイ10:26–33と並行している。冒頭の導入句（1a節）は、λέγειν πρός …《言述の動詞＋πρός＋対象を示す対格》は新約用例169回中ルカ文書に149回使用）や群衆の殺到のモチーフ（4:42; 5:1, 19; 6:19; 8:19, 40; 21:38参照）等のルカに特徴的な要素を含んでおり、ルカの編集句と考えられる（ルカ特殊資料に帰すレングストルフ1976:332に反対）。ファリサイ派のパン種の言葉（1b節）はマルコ8:15及びマタイ16:6に並行しており、マルコに由来すると考えられるが（Qに帰すGrundmann 1961:252; Schneider 1984b:277; Marshall 1995:510fやルカ特殊資料に帰すT. W. Manson 1954:268; Fitzmyer 1985:953fに反対）、マルコ版やマタイ版とは文脈が明らかに異なっている。また、マタイとルカはπροσέχετε（注意しなさい）を共有しているが（cf. マコ8:15：βλέπετε［気を付けなさい］）、προσέχετε ἑαυτοῖς（与格の再帰代名詞を伴うπροσέχω［注意する］の命令法現在二人称複数形）は新約ではルカ文書に特有の表現であることから（17:3; 21:34; 使5:35; 20:28）、ルカの編集句であろう。

　2–7節はマタイ10:26–31に（2節についてはマコ4:22 // ルカ8:17及びトマス福5–6、3節についてはトマス福33aも参照）、8–9節はマタイ10:32–33に並行しており（マコ8:38; ルカ9:26も参照）、Q資料に由来すると考え

られるが、迫害の予告（マタ 10:16–25）の直後に続くマタイ版は、マタイ 10:26 冒頭の「だから彼らを恐れるな」との命令文にも示されているように、迫害の主題との関連において構成されている。4–7 節（並行マタ 10:28–31）については総じてマタイ版の方が Q 資料の内容を保持していると考えられ（ルツ 1997:165）、4 節の μετὰ ταῦτα（その後［マルコやマタイに見られない一方でルカ文書に計 9 回使用]）や 5 節の ὑποδείκνυμι（示す［新約用例 6 回中ルカ文書に 5 回使用]）等のルカ的語彙が見られることからも（Jeremias 1980:212f 参照）、ルカは比較的強く編集の手を加えている（Bovon 1996:253f）。10 節はマタイ 12:31–32 及びマルコ 3:28–29 に並行し（さらにトマス福 44 参照）、ルカ版が Q 資料の内容を保持しているのに対し、マルコと同様、ベエルゼブル論争の段落に直結しているマタイ版は Q 資料とマルコ資料を組み合わせて構成されたのであろう（Marshall 1995:516; Bovon 1996:260; ルツ 1997:335）。11–12 節はマタイ 10:17b–20 及びマルコ 13:9, 11 に並行し（さらにルカ 21:12–15 も参照）、これらの節も総じて Q 資料に由来すると考えられる（マルコに帰す三好 1911:330 に反対）。以上のことからも 2–12 節全体は Q 資料に由来し、総じてルカ版の方が Q 資料の順序を保持しており（Bovon 1996:244f; 山田 2017:238–243）、一方のマタイ版は Q 資料に依拠しつつも、マルコ資料との関連において構成されたと想定される。

　ルカは Q 資料に由来する伝承（2–12 節）に自ら構成した冒頭の 1a 節及びマルコに由来する 1b 節や各小段落を接合する λέγω δὲ ὑμῖν（そこで私はあなたたちに言っておく［4, 8 節]）を付加する等、適宜編集の手を加えつつこの段落全体を構成したのであろう。なお、個々の言葉（2–3, 4–5, 6–7, 8–9, 10, 11–12 節）は内容的に緊密に関連していないことから、元来は相互に独立していたと考えられる。

【注解】

1 節

　この段落は、無数の群衆がイエスのもとに集まって来たという描写によって導入されている。この描写は、イエスがファリサイ派と律法学者を非難して会食の場を立ち去った直前の箇所の状況（11:53）とはスムーズに

繋がらないが、ルカの文脈においては、イエスが再び群衆（11:14, 29 参照）のもとに戻って来たか（Wolter 2008:440）、あるいは群衆が再びイエスのもとに集まって来たか（Stegemann 1991:40）、いずれかの状況が想定されているのであろう。μυριάς は字義的には「一万」を意味するが（使 19:19 参照）、ここでは「多数／無数」を意味し、「**互いに足を踏み合うほどになった**」という直後の記述からも想定されるように、想像を絶するような大群衆が押し寄せて来た状況を示している（使 21:20 参照）。イエスはここでまず弟子たちに向かって語り始めるが、群衆も周りでその話を聞いていたことが前提とされている（12:13 参照）。なお、πρῶτον は（時間的な）「まず」に限らず、「とりわけ」の意で解することも（Creed 1953:170; Nolland 1993a:677）、あるいはまた、直前の πρὸς τοὺς μαθητὰς αὐτοῦ（彼の弟子たちに）ではなく直後の προσέχετε（注意しなさい）にかけて「特に〜に注意しなさい」と解することも可能である（Hauck 1934:146; Klostermann 1975:133; Johnson 1991:193; Bovon 1996:248; Wolter 2008:440）。

　ここでは前段のファリサイ派の人々と律法の専門家たちへの禍いの言葉（11:37–54）に続いて、「**ファリサイ派のパン種**」（cf. マコ 8:15：「ファリサイ派とヘロデ党のパン種」、マタ 16:6：「ファリサイ派とサドカイ派のパン種」）に注意するように弟子たちに警告が発せられる。「**パン種**」（ζύμη [13:20–21 参照]）は出エジプト記における種入れぬパンに関する記述（出 12:14–20 参照）を想起させるが、比喩的に隅々まで浸透する力という意味で用いられ、ここでは否定的な作用を及ぼす影響力を意味している（Ｉコリ 5:6–8 参照）。注目すべきことに、ルカのみがファリサイ派のパン種を「**偽善**」（ὑπόκρισις）と表現しているが（cf. 6:42：ὑποκριτά [偽善者よ]）、この語は演劇用語に由来し、役者が自分自身とは別人格の他人を演じることを意味しており、転じて自分の本質を偽る振る舞いを指すようになった。ここでは何より、ファリサイ派の人々が「内的な腐敗を隠す敬虔の仮面を着けていた」（カルペパー 2002:324）ことが非難されているのであろう（11:39–42, 44 参照）。

2–3 節

　この箇所は直前のファリサイ派のパン種（偽善）への警告について説明すると共にそれを根拠づけている。まず２節では「**完全に覆われてしま**

っているもので露わにされないものはなく、隠れているもので知られない
ものはない」と、どんなものも隠し通すことはできないと述べられるが、
同様の言葉はラビ文献にも見られる（Bill. I:578f 参照）。続く 3 節では「あ
なたたちが闇の中で語ったことは何でも光の中で聞かれ、また、あなた
たちが奥の部屋で〔誰かの〕耳にささやいたことは屋根の上で告知される」
と、2 節と同様、二重の並行句によって構成される同趣旨の言葉が続いて
いるが、ここでは弟子たちの状況に直接関連づけられ、隠されているもの
よりもむしろ秘かに語られることが問題にされ、視覚的視点から聴覚的
視点へと移行している。ταμεῖον は古代の家屋に見られる窓のない「奥の
部屋」を指しており（創 43:30 LXX; イザ 26:20 LXX; マタ 6:6 参照）、δῶμα
（屋根）の上（＝屋上）はパレスチナ地域では公の告知がなされる場所で
あった（イザ 15:3; 22:1 参照）。なお、通常は福音宣教の意味で用いられる
κηρύσσω は、ここでは公的に告知するという意で用いられている。

　Q 資料の段階では、この箇所を通して恐れずに宣教することが要求さ
れていたと考えられ、「私があなたたちに闇の中で語ることを光の中で
語りなさい。また、あなたたちが耳もとで聞いたことを屋根の上で宣べ
伝えなさい」（マタ 10:27）と要求するマタイ版では、その点がより明確
に打ち出されている。その意味でも、「覆われ、隠されているもの」と
は弟子たちに示されたイエスの言葉（神の言葉）であり（マコ 4:22 // ルカ
8:17 も同様）、弟子たちはその言葉を公的に宣教するように要求されてい
る。それに対して、この両節を直前のファリサイ派のパン種への警告（1b
節）と関連づけているルカ版においては、弟子たちの宣教の観点は強調
されておらず（Ernst 1977:393; Bovon 1996:252f に反対）、むしろファリサ
イ派の偽善が問題にされ（Fitzmyer 1985:957; Marshall 1995:510; Wolter
2008:441）、そのように偽善は隠し通すことはできないので誠実に生きる
ように求められている（カルペパー 2002:325）。その意味では、自分自身
を偽らずに真実を語る（信仰を表明する）ようにとの要求とも解され、後
続の公的な信仰告白の要請（8 節）に繋がっていく（Marshall 1995:508;
Wolter 2008:440–442）。その一方で、ここでは公的な信仰告白と対立す
る「隠れてなされる信仰告白」が偽善として批判されていると見なす
Stegemann（1991:43, 48–54）の主張は行き過ぎであろう。また一部の研
究者は、いずれも未来時制で表現されている隠れたものが明らかになると

177

いう表現が終末論的な意味での最後の審判に関わっていると主張しているが（Marshall 1995:512; Bock 1996:1134 他）、この点は明らかではない（ルツ 1997:165–168 参照）。

4 節

　神への信頼について語る二つ目の小段落（4–7 節）は「**恐れるな**」（μὴ φοβηθῆτε／μὴ φοβεῖσθε）との勧告によって枠付けられている。ここでイエスはまず、「**そこで私は……あなたたちに言っておく**」（λέγω δὲ ὑμῖν）という強調表現によって語り始め、弟子たちを「**私の友**」（φίλοί μου）と呼び、肯定／否定の要求を用いて真に恐るべき存在について語っている。イエスが弟子たちを「友」と表現しているのは共観福音書ではここだけであり（ヨハ 15:13–15 参照）、明らかにイエスと弟子たちとの親密な信頼関係が強調されているが、法廷における状況（11 節参照）を前提とするなら「被後見人」の意味が込められているのかもしれない（Stegemann 1991:56）。

　ここで弟子たちは、身体を殺す以上のことはできない者たちを恐れるなと勧告されている（Ⅳマカ 13:14–15 参照）。そのように、この世の敵対者（あるいはこの世の法廷？）の力は限定的であって真実の命に影響を及ぼすことはなく、この世における生死ではなく決定的な意味をもつ来たる世における生死にこそ目を向けるべきだというのである（Löning 2006:79）。注目すべきことに、マタイ版では「身体を殺しても魂を殺すことのできない者たちを恐れるな」（マタ 10:28）というように身体（σῶμα）と魂（ψυχή）が明確に区別されている（さらにその直後の「身体も魂も地獄で滅ぼすことのできる方を恐れよ」も参照）。ルカにおいても身体と魂の区別は見られるが（12:19–23; 使 20:10）、おそらくルカは、特にヘレニズム地域の読者には魂の死が考えられなかったために（16:19 以下; 使 2:27 参照）、ここではこの点に言及しなかったのであろう（Eckey 2004b:563）。

5 節

　続いてイエスは「**むしろ私は、誰を恐れるべきか、あなたたちに示そう**」と前置きした上で、そのように身体を殺す以上のことはできない人間ではなく、人の死後、地獄に投げ込む権威を持つ方（知 16:13–15 参照）、すなわち死をも凌駕する存在を恐れなさいと続けている（エチオピア・エ

ノク 101 参照）。「**地獄**」と訳した γέεννα（ルカではここにのみ使用）は元来エルサレム南方に位置する「ヒンノムの谷」（ヨシュ 15:8; 18:16; ネヘ 11:30; エレ 19:2 参照）を指していたが、ユダヤ教黙示文学では罪人が火刑に処せられる場を意味している（マコ 9:43–47; Ⅳエズラ 7:36 参照）。一部の研究者は、特にマタイ版に関してこの「恐るべき存在」を悪魔（サタン）と見なしているが（Lührmann 1969:50; Wiefel 1988:233）、これは明らかに神を指しており（ルツ 1997:170）、ここではおそらくヨハネ黙示録で「第二の死」と表現されている状況が描かれているのであろう（黙 2:11; 20:6, 14; 21:8）。そのように、ここでは真に恐るべき存在は神であり、その神を恐れることによって人間への恐れから解放されることが示されているが、ルカ版では最後に「**そうだ、私はあなたたちに言っておくが、この方を恐れなさい**」と繰り返されることにより、この点がより一層強調されている。なお、この 4–5 節の背景に迫害あるいは殉教の状況があることは明らかであるが、ルカは迫害に言及するマルコの記述をしばしば削除していることからも（マコ 4:17 // ルカ 8:13; マコ 10:30 // ルカ 18:29–30 参照）、ルカの時代の読者が具体的な迫害状況にあったとは考えにくく（Schmithals 1980:142 に反対）、ルカの文脈においてはこの点は特に強調されていない。

6 節

ここでは、殺すことしかできない者たちを恐れるなとの直前の勧告が、《小から大への推論》を用いて人間に対する神の保護と配慮を強調することにより根拠づけられる。すなわち、雀は五羽二アサリオンで売られているが、そのような安価な雀一羽さえ神に忘れられることはない。アサリオンはデナリオンの 16 分の 1 に相当し、マタイ版では「二羽一アサリオン」となっているが、地域によって価格は異なっていたと考えられる。事実、雀は市場で売られる馴染みの商品であり、貧しい庶民の食べ物であった（ルツ 1997:170f）。なお、ルカの「**それらの一羽でさえ神の前で忘れられてしまってはいない**」に対して、マタイ版では「その一羽でさえ、あなたたちの父〔の許し〕なしに地に落ちることはない」（マタ 10:29）とより具体的に表現されているが（そのまま「父なしに」と読めば「地に落ちても神が共にいる」の意になる［岩波訳 111, 113、注 19 参照］）、「落ちる」という表現は直後に言及される「髪の毛」にも適合することから（サム上

4:45 参照）、Q 資料の原初形を反映しているのかもしれない（T. W. Manson 1954:108）。その一方で、ルカの「**忘れられてしまってはいない**」（οὐκ ἔστιν ἐπιλελησμένον）と同様の表現が、旧約ではイスラエルに対する神の配慮を示す表現として用いられている（詩 9:13, 19; 13:2; 42:10; 112:6; イザ 44:21; 49:14–15 参照）。

7 節

　雀の例に続いて、今度は人間の髪の毛一本まで神によってすべて数えられていると述べられる（21:18; 使 27:34 参照）。髪の毛はユダヤ教文書においても神の配慮の例示として用いられるが（Bill. I:584 参照）、ここでも《小から大への推論》を用いて神の配慮が強調されている（12:24–28 参照）。すなわち、神が小さな存在である雀のことさえ忘れないなら個々の人間のことを忘れるはずがなく、髪の毛一本という人間の最小の部分にまで目を留めているなら、人間そのものを配慮しないはずがないというのである。最後に、人間は多くの雀たちより優れていると述べられることにより、改めてこの点が確認される。

8 節

　恐れるなとの勧告の直後には、人の子に関わる約束（要請）と警告の一対の言葉（8–9 節）が続いており、ここでも 4–5 節と同様、元来は迫害状況が前提とされていたと考えられる。ルカは 4 節と同様、「**そこで私はあなたたちに言っておく**」という表現で導入することにより、これらの言葉を強調している。ここでは、誰でも「**人々の前で**」イエスのことを「**告白する**」（ὁμολογέω）、すなわちイエスとの関係を表明する者は皆、同様に人の子から「**神の天使たちの前で**」告白されると（使 7:56 参照）、現在の行為とそれに対応する将来の結果について述べられる。「**人々の前で**」（ἔμπροσθεν τῶν ἀνθρώπων）という表現は後続の「**神の天使たちの前で**」（ἐνώπιον τῶν ἀγγέλων τοῦ θεοῦ）という表現に対応しており、さらに公的な告白について述べる 3 節の内容とも共鳴しているが、ἔμπροσθεν（〜の前に）は公的な承認の意を強調しており、この世の法廷における状況を示唆しているとも考えられる（Stegemann 1991:62f はこの見解に否定的）。また「**神の天使たち**」（9 節; 15:10; ヨハ 1:51 参照）という表現はここでは神名の

言い換えではなく（マタ 10:32 参照）、最後の審判に際しての天上会議にお
けるメンバーを指しており（Fitzmyer 1985:960; Bock 1996:1139）、マルコ
8:38 やマタイ 25:31 においても「天使たち」が最後の審判の場面に登場
している。

　ここではこのように「人の子」（5:24; 7:34; 9:22 参照）と終末におけるそ
の機能が告知されており、「人の子」は弁護者、保証人、裁き人として機
能している。なお、マタイ版とは異なり、「私」（＝地上のイエス）と（将
来訪れる）「人の子」とが区別して記されているルカ版の言葉はより原初
的と考えられ、イエスへの信従が最後の審判における救いをもたらすこ
とを示している（Grundmann 1961:254）。一方のマタイ版では、「人の子」
に対して「私（＝イエス）」、「神の天使たちの前で」に対して「天の父の
前で」（ἔμπροσθεν τοῦ πατρός μου τοῦ ἐν [τοῖς] οὐρανοῖς）という表現が用い
られている（マタ 10:32）。

9 節

　その一方で、「人々の前で私を否認する者は、神の天使たちの前で否ま
れる」（9:26 参照）。並行箇所のマタイ 10:33 では、直前の箇所と同様、ル
カ版の「神の天使たちの前で」に対して「天の父の前で」が用いられ、ま
た「私を否認する者は、私も……その人を否認する」と、直前の言葉と厳
密に対応・並行する形で記されているが、ルカ版においては「私を否認す
る（ἀρνέομαι）者は、……否まれる（ἀπαρνηθήσεται）」と、後半部では異
なる動詞 ἀπαρνέομαι（否む）の未来形受動態が用いられ、「否む」主体が
明示されていない。8 節との並行関係から人の子を「否む」主体と見なす
ことも可能であるが、ここではむしろ神による裁きが暗示されているので
あろう（神的受動）。

10 節

　イエス（人の子）に対する告白と否認の言葉に続いて、「人の子に敵
対して言葉を語る者」は赦されても「聖霊を冒瀆する者」は赦されない
と述べられるが、「人の子に敵対して言葉を語る」（ἐρεῖ λόγον εἰς τὸν υἱὸν
τοῦ ἀνθρώπου）という表現は、並行するマタ 12:32 の「人の子に逆らっ
て（κατά）言葉を語る」と同様、明らかに人の子に言い逆らうことを意味

している。この節は先行する箇所と類似した構造をもち、前半部は 8 節に（πᾶς ὃς ...［～する者は誰であれ］＋未来形動詞）、後半部は 9 節に（δέ による直前の箇所との接続＋分詞句）それぞれ対応しているが（Stegemann 1991:65f 参照）、直前の 9 節ではイエス（人の子）の否認が明確に否定されていたのに対し、ここではそのことが許容されているという意味で双方の発言は明らかに対立している。

なぜ人の子に言い逆らう者が赦されるのかという点については、①（なお悔い改めの機会が残されている）聖霊によって導かれる「教会の時」以前のイエスが宣教していた時代の状況、すなわち復活以前の地上のイエスに対する発言が意味されているとか（コンツェルマン 1965:270, 305f; Schulz 1972:247–250; Ernst 1977:395; Wiefel 1988:235; Talbert 2001:156f; Löning 2006:81 他多数）、②（イエスを知らない）部外者による拒絶（信仰告白あるいは洗礼前の拒絶）が問題にされているとか（レングストルフ 1976:334; Schneider 1984b:280; Marshall 1995:519; ツェラー 2000:145）、③ 告白者（弟子たち）に敵対する者たちの振る舞いが問題にされているとか（Stegemann 1991:68–71）、あるいは ④ ペトロの否認（22:43–62）に見られるような衝動的・一時的な拒絶（Bock 1996:1143; カルペパー 2002:326）もしくは悪意や故意性のない悪口（三好 1991:331）が示唆されている等、様々な説明が試みられているが、現時点でのイエスに対する否定的発言は赦されるという意で解する①がもっとも妥当であろう（Bovon 1996:261）。なお、マルコの並行箇所には「人の子らには罪も〔神を〕冒瀆するあらゆる冒瀆もすべて赦される」（マコ 3:28）と、「人の子ら」（複数形）が冒瀆する側の立場に置かれており（cf. マタ 12:31：ἄνθρωποι［人々]）、こちらの方が原初的と考えられる（Manson 1954:109f; Colpe 1970:66–75; 大貫 1993:201）。おそらく両者の相違はアラム語表現の解釈の相違から生じたのであろう（O'Neill 1983:37f; Marshall 1995:518f 参照）。いずれにせよここでは、聖霊を冒瀆することが究極的な罪に当たるという点が強調されている。なお、マタイ 12:32 では「この世でも、来たるべき世でも赦されない」と記されているが、これはマルコ 3:29 の「永遠に赦されない」から影響を受けていると考えられる。

11–12 節

聖霊に対する冒瀆を禁じる言葉に続いて聖霊の働きについて述べられるが、8–9 節では最後の審判の状況に言及されていたのに対し、ここでは地上の法廷の状況が描写される。ここではまた、キリスト教信者に対する迫害状況が前提とされており、「**人々があなたたちを諸会堂や官憲たちや権力者たちのところに連行する時**」というように尋問される際の状況が具体的に述べられている（21:12 を比較参照）。「**諸会堂**」（συναγωγαί）は各地に点在するユダヤ教会堂を指しており、地方においては裁判所としての機能も果たしていたと考えられるが、ここでは尋問を担当する会堂の役人を指しているのかもしれない（Stegemann 1991:80）。それに対して「**官憲たち**」（ἀρχαί［使 17:6, 8 参照］）や「**権力者たち**」（ἐξουσίαι［5 節；ロマ 13:1 参照]）はヘレニズム諸都市におけるローマの公権力を指し、異邦世界の法廷を描いているのであろう。なお、ἀρχαί と ἐξουσίαι の組み合わせはルカ 20:20（「支配と〔司法〕権力に」［τῇ ἀρχῇ καὶ τῇ ἐξουσίᾳ]）や I コリント 15:24 の他、第二パウロ書簡にも頻出するが（エフェ 1:21; 3:10; 6:12; コロ 1:16; 2:10, 15; テト 3:1）、第二パウロ書簡ではしばしば地上の権力者ではなく天使や他の天的権威が意味されている。ここでは殉教の覚悟は要求されないまでも、公の場での弁明が求められる状況が描写されており、同様の状況はしばしば使徒行伝の中で描かれ（使 4:5–7; 5:27–28; 6:9, 12–15; 17:6–8; 18:12–13; 22:30; 24:1–9; 25:6–8, 23–27）、ἀπολογέομαι（弁明する）という語もルカ 21:14 の他、使徒行伝の後半部分で繰り返し用いられている（使 19:33; 24:10; 25:8; 26:1, 2, 24）。なおマタイの並行箇所では、弟子たちが裁判所（法廷）に引き渡され、会堂で鞭打たれ、さらには総督や王たちのところに証しをするために連れて行かれると、ルカとは異なる状況が描写されている（マタ 10:17b–18）。

しかし弟子たちは、尋問を受ける裁きの場においても「**どのように、あるいは何を弁明しようか、あるいは何を言おうか**」と思い煩う必要はない（12:22 以下参照）。なぜなら、「**まさにその時に**」（ἐν αὐτῇ τῇ ὥρα［2:38; 10:21; 13:31; 20:19; 24:33 参照]）「**聖霊**」（cf. マタ 10:20：「父の霊」）が何を語るべきか教えてくれるからである（マコ 13:11; さらにルカ 11:13; ヨハ 14:26; 使 4:8 以下参照）。そのように、ここでは危機的な状況にあっても聖霊を通じて与えられる神の力に信頼するように要求されており、その意味

では、尋問に対して聖霊に満たされて証言したペトロの振る舞い（使4:8以下）は読者にとっては一つの模範的事例と見なしうるであろう。なお、同様の状況はルカ21:12–15にも記されているが、そこでは、尋問の場に連行されても私が語るべき言葉と知恵を授けるから弁明の準備をする必要はないというイエスの言葉が記されている。

【解説／考察】

この段落においては、迫害状況を視野に入れつつ、神の配慮を信じて恐れることなく信仰を公的に告白するように要求されている。まず冒頭部分では、すべてのものが明らかになるという理解のもと、偽善的な生き方を避け、誠実に生きていく姿勢が要求され（1–3節）、続いて神の配慮を示しつつ、人を恐れるのでなく神を恐れるように求められる（4–7節）。8–9節では改めて迫害状況におけるイエスへの信仰告白が要求され、それに続いて聖霊に対する赦されない罪について警告がなされ（10節）、最後に、裁きの場にあっても聖霊の助けを信じて恐れないように要求される（11–12節）。段落全体を通して強調されているのは、イエスに対する確固たる信仰告白の要求であり、そこでは中立的立場は考えられていない。因みにStegemann（1991:90）は、この段落において強調されている公的な信仰告白の要求は、ルカの時代の異邦人教会が置かれていた状況、具体的には、ユダヤ教会堂とローマ帝国の当局の間の緊張状態の只中に置かれたキリスト者の危機的状況を反映していると見なしているが、ルカの教会が恒常的に迫害下にあったとは考えにくい（Horn 1983:216–220参照）。

この段落全体は「恐れるな」との勧告によって貫かれているが、多くの現代人も様々な恐れを抱いて生きている。私たちはいったい何を恐れているのか。私たちは何より人間（他人）を恐れている。大人にとっても子どもにとっても職場や学校、地域社会（さらに最近ではSNS）における人間関係は最大の悩みの種であり、多くの人が周囲の人からの評価や評判を日々気にしながら生きている。あるいは私たちは、自分自身や身近な人の死を恐れている。死んだら自分はどうなるのか、遺された家族はどうなるのか、この人に死なれたら自分はいったいどうすればいいのか。このような漠然とした不安に私たちはしばしば苛まれる。しかしここでイエスは、

真に恐るべきものはそのようなものではなく、この世の生死を凌駕する存在である神のみであり、神が生においても死においても共におられることを示そうとしている。そしてまた、神を恐れることは神を愛することとも密接に関わっているが、心から神を愛することによって初めて、私たちはあらゆる恐れを克服することができるのであろう（Ⅰヨハ4:18参照）。

2. 愚かな金持ちの譬え（12:13–21）

【翻訳】

12:13a すると、群衆の中のある人が彼（イエス）に言った。b「先生、私の兄弟に遺産を私と分けるようにおっしゃってください」。14 しかし彼（イエス）は彼（その人）に言った。「人よ、誰が私を裁判官や分配人としてあなたたちの上に立てたのか」。15a 彼（イエス）はまた彼ら（一同）に言った。b「あらゆる貪欲に注意し、警戒しなさい。c ある人に〔財産が〕有り余っていても、彼の命は彼の所有物から生じないからである」。

16a そこで彼は彼らに譬えを語って言った。b「ある金持ちの土地が豊作だった。17 それで彼は彼自身の中で思案して言った。『どうしよう。私には私の収穫〔物〕を集めておく場所がない』。18 そして彼は言った。『こうしよう。私の倉を壊して、もっと大きなものを建て、そしてそこに私の穀物すべてと財産を集めよう。19 そして私は自分の魂に〔こう〕言おう。「魂よ、お前は〔これからの〕多くの年〔月〕のための多くの財産を蓄えている。休み、食べ、飲み、楽しめ」と』。20 しかし神は彼に言った。『愚か者よ、今夜、彼らはお前からお前の命を取り上げる。そうなるとお前が用意したものはいったい誰のものになるのか』。21 自分自身のために宝を積んでも、神に対して豊かにならない者はこのようになる」。

【形態／構造／背景】

弟子たちの迫害状況を前提とする恐れなき信仰告白の要求（12:1–12）

185

に続いて、ここからは倫理的な問題に主題が移り、最初にこの世の富の用い方について譬えを用いて語られる。直前の段落が偽善に対する警告（12:1）によって導入されていたのに対し、ここでは貪欲に対する警告（15節）が譬え本文（16–20節）を導入している。また、段落末尾の結語（21節）は、施しを要求する直後の段落の結部（12:33–34）に対応している。

この段落は、（１）ある人とイエスの遺産相続をめぐる対話（13–14節）、（２）貪欲に対する警告（15節）、（３）譬え本文（16–20節）及び（４）譬えの適用句（21節）に区分され、13, 15, 16節の εἶπεν δὲ πρὸς αὐτούς（そこで彼は彼らに言った）という表現が（１）から（３）までの各部分を結合している。この段落全体は以下のような構成になっている。

（１）ある人とイエスの遺産相続をめぐる対話（13–14節）
（２）貪欲に対する警告（15節）
（３）譬え本文（16–20節）
　　（a）導入句（16a節）
　　（b）状況設定（16b節）
　　（c）問題の発生（17節）
　　（d）行動への決断（18–19節）
　　（e）神の反応（20節）
（４）譬えの適用句：神の前の豊かさ（21節）

このように、ある人物とイエスの対話（13–14節）が譬え本文に先行し、譬えの適用句（21節）によって結ばれる構成は、先行するサマリア人の譬え（10:25–37）のそれと近似している（Eichholz 1979:181; Bailey 1980:58）。さらに16節以降の譬え部分と同様の構成は、後出の不正な管理人の譬え（16:1–9）や不正な裁判官の譬え（18:1–8）においても確認できる（導入句［16:1a／18:1］、状況設定［16:1b／18:2–3a］、問題の発生［16:2–3／18:3b］、独白による行動への決断［16:4／18:4–5］、主人／イエスの反応［16:8a／18:6］、適用句［16:8b–13／18:7–8］）。

この段落はマルコにもマタイにも並行記事が見られず、また非ルカ的用語が少なからず含まれていることから（Jeremias 1980:215f 参照）、全体としてルカ特殊資料に由来すると考えられる。おそらくルカは、地上の富へ

の囚われへの警告という共通の主題のもとに、この段落を思い煩いの放棄と施しを求める段落（12:22–34）の直前に位置づけたのであろう。

冒頭の 13a 節は、εἶπεν δέ ...（すると彼は～に言った）というルカに特徴的な導入句（文頭の εἶπεν(-ον, -αν) δέ は新約ではヨハ 12:6 を除くとルカ文書にのみ計 74 回使用）で始まっていることからも、ルカの編集句と考えられる。続く 13b–14 節はルカ的語彙を含んでおらず（Jeremias 1980:215）、伝承（ルカ特殊資料）に遡ると考えられるが、14 節の τίς με κατέστησεν κριτὴν ἢ μεριστὴν ἐφ᾽ ὑμᾶς（誰が私を裁判官や分配人としてあなたたちの上に立てたのか）という表現は、出エジプト 2:14 LXX の τίς σε κατέστησεν ἄρχοντα καὶ δικαστὴν ἐφ᾽ ἡμῶν（誰があなたを指導者や裁判官として私たちの上に立てたのか）に近似している。この出エジプト記の記述は使徒行伝 7:27, 35 にも逐語的に引用されており、おそらくこの箇所はこの旧約章句をもとに（ルカ以前に）構成されたのであろう（Schweizer 1986:136 参照）。15a 節はルカに特徴的な導入句（εἶπεν δὲ πρός ...）で始まっており（εἶπεν δέ については上記参照、《言述の動詞 + πρός + 対象を示す対格》は新約用例 169 回中ルカ文書に 149 回使用）、ルカの編集句であろう。それに続く 15bc 節についても多くの研究者はルカに帰しているが（ブルトマン 1983:329; 同 1987:220; Horn 1983:60; Fitzmyer 1985:968; H. Klein 2006:443）、ここにはルカ的語彙は含まれておらず、文体もルカ的でないことから、伝承に由来すると考えられる。おそらくルカは、末尾の ἐκ τῶν ὑπαρχόντων αὐτῷ（彼の所有物から [《τὰ ὑπάρχοντα + 人称代名詞与格形》は新約ではルカ文書にのみ使用]）のみ付加したのであろう（Bovon 1996:280; Degenhardt 1965:73f）。

愚かな金持ちの譬え本文（16–20 節）は全体としてルカ特殊資料に由来するが（Sato 1988:56f; 廣石 1991b:74–77 は Q ルカに帰す）、冒頭の 16a 節は多くのルカ的語彙を含んでおり（《εἶπεν δὲ πρός ...》については上記参照、《λέγειν/εἰπεῖν παραβολήν》[譬えを語る] は新約用例 15 回中ルカ福音書に 14 回使用、《言述の動詞 + λέγω の分詞》は新約用例 199 回中ルカ文書に 91 回使用 [Jeremias 1980:67–70 参照]）、ルカの編集句と考えられ、16b 節の ἀνθρώπου τινὸς πλουσίου（ある金持ちの）もルカが編集的に構成したのであろう（《ἄνθρωπός + 形容詞的 τις》は新約ではルカ文書にのみ計 9 回使用、《ἄνθρωπός τις ... πλούσιος》[ある金持ち] は 16:1, 19 にも使用）。その他、17 節の τί ποιήσω（どうしよう [新約ではルカ 12:17; 16:3; 20:13 にのみ使用]）や

19 節の εὐφραίνεσθαι（楽しむ［共観福音書ではルカ 15:23, 24, 29, 32; 16:19 にのみ使用]）もルカの編集句と考えられる。なお、この譬え（16b–20 節）の真正性を見極めることは難しいが、その核においてイエスに遡る可能性は否定できないであろう。

　段落末尾の適用句（21 節）は、譬え部分と必ずしもスムーズに繋がらないことからも原初的には譬えに含まれていなかったと考えられるが、この結語はすでにルカ以前に付加されていたのか（Horn 1983:64; H. Klein 1987:85）、それともルカ自身が付加したのかが問題となる。確かにここにはルカ的語彙は僅かしか認められないが、譬えの適用を導く οὕτως（このように）はルカ 14:33; 15:7, 10; 17:10 にも用いられ、θησαυρίζω（積む）はルカ 12:21 以外には共観福音書ではマタイ 6:19, 20 にしか用いられていないことからも、おそらくルカがマタイ 6:19–21 // ルカ 12:33–34 の背景にあるＱ資料をもとに編集的に構成したのであろう。

　いずれにせよ、先行する 13–14 節及び 15 節とこの譬え（16–20 節）は、元来はそれぞれ異なる伝承に由来し、ルカ以前には結合していなかったと考えられる（T. W. Manson 1954:270; Bovon 1996:274; H. Klein 2006:443 に反対）。おそらくルカは、三つの伝承句（13b–14, 15bc, 16b–20 節）を自ら構成した移行句（15a, 16a 節）によって接合し、譬え本文（16b–20 節）を貪欲に対する警告（15bc 節）の範例として言語的・文体的に編集し、それらを導入句（13a 節）と結語（21 節）によって枠付けることによってこの箇所全体を構成したのであろう。なお一部の研究者は、前後の段落（12:1–12, 22–34）と同様、この箇所全体（13–21 節）をＱ資料に帰しているが（Schürmann 1968:119f; 232; Marshall 1995:522）、マタイがこの段落を削除した理由が説明できないことからもそれは考えにくい（Horn 1983:58f）。因みに 13–14 節はトマス福音書〔語録 72〕に、16–21 節は同〔語録 63〕に並行している。

【注解】

13 節

　ルカ 12:1 以降の弟子に対するイエスの教えは、その場に居合わせた群衆（12:1 参照）の中からある人物が進み出てイエスに語りかけることによ

り一旦中断させられ、ここからは群衆が前面に現れることになる。その人物はイエスに「先生」（διδάσκαλε）と呼びかけ、自らが関わる遺産相続問題について、遺産を分けるように彼の兄弟を諭してくれるように依頼する。διδάσκαλε という呼称は、ルカにおいては常に弟子以外の人物がイエスに対して用いている（3:12; 8:49; 9:38; 10:25; 11:45; 12:13; 18:18; 19:39; 20:21, 28, 39; 21:7）。また、ユダヤ教の律法教師は宗教的な事柄のみならず、法的な問題全般を扱っていたことからも（民 27:1–11; 申 21:15–17 参照）、この依頼人はイエスを律法教師と見なしていたと考えられ、その意味でもこのエピソードは紀元 1 世紀のパレスチナの状況を反映している（Degenhardt 1965:71; Bovon 1996:276）。ここでは兄弟間の遺産相続争いが問題になっているが、詳細については記されていない。二人兄弟の弟と想定されるこの依頼人は、律法教師の権威を借りて、彼に財産を分け与えようとしない兄の態度を何とか軟化させようと考えたのであろう。

14 節

それに対してイエスは彼に「人よ」（ἄνθρωπε）と呼びかけ、「**誰が私を裁判官や分配人としてあなたたちの上に立てたのか**」と問いかけるが、この「**人よ**」との呼びかけは、すでにイエスの拒絶の態度を示しているとも考えられる（22:58, 60; さらに Bock 1996:1149; Bovon 1996:277; ベイリー 2010:457 参照）。また、「**分配人**」（μεριστής）は明らかに直前の 13 節の「分ける」（μερίζω）に関連づけられている。モーセはこれと類似した訴えを取り扱ったが（民 27:1–11 参照）、イエスはここで、その二人の兄弟のどちらが正当かという点に関して彼自身の判断を示すことなく、彼の依頼を明確に拒絶している。それは何より、そのような財産をめぐる営みが、神の国の宣教という彼の本来の任務と無関係であるという理由によるのであろう。なお、この直後には貪欲に対するイエスの警告（15 節）が続いていることからも、イエスはこの依頼人の態度を貪欲の表現と見なしている。

15 節

そこでイエスは群衆に目を向け、あらゆる貪欲に警戒するように警告するが、貪欲に対する警告は古代文献にもしばしば認められる（プルタルコス「富への愛着について」参照）。ここでは ὁράω（注意する）及び φυλάσσω

（警戒する）という同趣旨の動詞が重ねられているが、この二重の命令文は πλεονεξία（貪欲）の直前の πάσης（あらゆる）と共にこの警告を強調している。また「貪欲」と訳される πλεονεξία は「所有物の増大に対する（飽くなき）欲求」を意味し（Delling, *ThWNT* VI:270）、新約聖書の悪徳表に頻出し（マコ 7:22; ロマ 1:29; エフェ 5:3; コロ 3:5）、また偶像礼拝ともしばしば関連づけられている（エフェ 5:3; コロ 3:5; 十二遺訓ユダ 19:1）。

イエスはさらに「**ある人に〔財産が〕有り余っていても、彼の命は彼の所有物から生じないからである**」（15c 節）と語り、その貪欲に対する警告を根拠づけている。ルカはここで περισσεύω を通常の「豊かである」（15:17 参照）という意味を越えて「有り余っている」（9:17; 21:4 参照）の意で用いており、τὰ ὑπάρχοντα（所有物）は明らかに地上の富を意味している（14:33; 19:8 参照）。すなわち、人の「**命**」（ζωή）は地上の富には基づかず、有り余るほどの財産もその人の命を保証できないのだから、所有への欲求は人間の生の本質ではあり得ないというのである（9:25 参照）。その意味でこの箇所は、自らの命の保証を財産に求めようとした金持ちについて語る後続の譬えへの導入句となっている。なお一部の研究者は、ここでの「**命**」を「永遠の命」と解しているが（Seccombe 1982:140f; Maier 1974:153）、この理解は後続の譬えの内容に適合していない。

16 節

貪欲の警告に引き続き、イエスは譬え（παραβολή）を語り出す。A. ユーリッヒャー以来、この愚かな金持ちの譬えは、実例を直接示しつつ誤った行為を戒めて正しい行為へと勧告しているという意味で、ルカ 10:29–37; 16:19–31; 18:9–14 と同様、伝統的に「例話」（Beispielerzählung）と見なされてきた（Jülicher 1910a:112–115 参照）。

ここには、自らの畑が大豊作だったある金持ちの男が主人公として登場する。特に説明がないことからも、彼の財産は不正な手段を用いて獲得されたものと見なすことはできない（エレ 17:11; エチオピア・エノク 97:8–10 比較参照）。彼はまた、その大豊作以前にすでに金持ちであったことから、ここでは生きていくために必要な資金ではなく余剰の富が問題になっている。その一方で、後続部分からも明らかなように、彼自身はこの時点では、生涯安泰であることを見込めるほどの大金持ちではなかったことが前提と

されている。

17 節

　この譬えの中心に位置しているのは、この男が彼の考えと計画について語る 17–19 節の独白部分である。このような独白（モノローグ）はルカに特徴的であり、特に譬えにおいて登場人物の心の中の考えを明らかにする上で重要な機能を果たしている（15:17–19; 16:3–4; 18:4–5; 20:13 参照）。予想外の大豊作にこの金持ちは当惑し、「**どうしよう。私には私の収穫〔物〕を集めておく場所がない**」と、自分の倉の容量を越える収穫にどのように対処すべきかと心の中で思案し始める。冒頭の τί ποιήσω（どうしよう［= 私は何をなすべきか]）という表現（12:17; 16:3; 20:13 参照）は、τί ποιήσωμεν（私たちは何をなすべきか）という表現（3:10, 12, 14; 10:25; 18:18; 使 2:37; 16:30; 22:10）と同様、ルカに特徴的である。

18–19 節

　そして彼は、現在の「**倉**」（複数形）を壊して新たに大きなもの（複数形）を建て、「**穀物すべてと財産**」をそこに収めようという考えに至る（ℵ, D, A, W, Θ 等においては πάντα τὸν σῖτον［穀物すべて］の代わりに πάντα τὰ γενήματά μου［私の産物すべて］と記載）。τὰ ἀγαθά は文字通りには「良いもの／価値あるもの」を意味するが、ここでは「財産」を意味しているのであろう（cf. 岩隈 1978:27 :「作物」）。さらに彼は続けて「**お前は〔これからの〕多くの年〔月〕のための多くの財産を蓄えている。休み、食べ、飲み、楽しめ**」と「**自分の魂**」（ψυχή μου）に語りかける。ψυχή はここでは「命」ではなく、人格的主体としての「魂」の意で用いられている（詩 106:9 LXX; 箴 25:25 LXX; ソロ詩 3:1 LXX 参照）。なおコヘレト 8:15 LXX にも、食べること（φαγεῖν）と飲むこと（πιεῖν）と楽しむこと（εὐφρανθῆναι）以上のものはないという主旨の発言が見られる（φαγεῖν と πιεῖν の組み合わせについてはさらにコヘ 2:24; 3:12–13; 5:17; 9:7 LXX; イザ 22:13 LXX; トビ 7:10 LXX 参照）。

　この金持ちが、現在の倉を残したまま新たに倉を増築するのではなく、（経費と時間をさらに要するにも拘らず）現在の倉を一旦壊してから新しい倉を建てようとした点はやや不自然に思えるが（H. Klein 2006:447）、手

狭になった自分の倉を増改築しようとしたこと自体は真っ当で常識的な判断であり、特に非難されるべきものではない。比較的多くの研究者は、この金持ちが大きな倉庫を建てて収穫物をしまっておこうと考えたのは、凶作時にずっと割のよい価格でそれを売りさばこうという貪欲な計算があったためと主張するが（Eichholz 1979:184; Pilgrim 1980:111; W. シュテーゲマン 1989:204f; Petzke 1990:118; Beavis 1997:64; Green 1997:490）、テキストからはそのような動機は読み取れない。ルカにおいてはまた、イエスが罪人たちと食事し、会食や宴会に参加していた様子が頻繁に記されており（5:30; 7:34, 36; 11:37; 14:1; 15:3）、飲み食いすること自体は決して否定的に捉えられていないことからも（Ⅰコリ 15:32; イザ 22:13 のみ参照）、この金持ちが「食べて、飲んで、楽しもう」と考えたこと自体に特に問題があったとも考えられない（Eichholz 1979:185f に反対）。また、ここで彼が一休みしようと考えていたのなら、彼の欲求は自己保存的なものであり（廣石 1991b:76f）、自分の富を増大させることを常に考えていたほど貪欲であったわけではなく、むしろ彼は、自分の将来のための蓄えを確保できたら、あとはゆっくり休んで楽しもうとする享楽主義者であったと見なすべきであろう（Wolter 2008:450）。

その意味でも、彼の過ちは何より、自らの命の保障をこの世の富に求め、生と死を支配する神の存在を忘れていた点にある（Jülicher 1910b:616）。さらにルカの文脈においては、この金持ちが自分のことのみを考えて他の人々のことを全く考慮しなかった点もこれに加えられるであろう。事実、彼は独白の中で「私の収穫〔物〕」、**「私の倉」、「私の穀物すべてと財産」**というように、彼の所有物に繰り返し**「私の」**（μου）という所有形容詞を付して語っており、その意味でも彼にとってこれらのものは彼自身の所有物以外の何ものでもなかった。つまり、それらのものは神から借り受けたものであることを彼は見落としており、自分以外の存在は彼の視界には初めから入っておらず（ベイリー 2010:466f 参照）、そのような彼の姿勢が 15 節との関連から貪欲と見なされているのである。

20 節

ところが、ここで突然、神が登場し、金持ちに「**愚か者よ**」と呼びかけ、「**今夜、彼らはお前からお前の命を取り上げる**」と告げる（ヤコ 4:14 参

照）。「**愚か者よ**」（ἄφρων）との呼びかけは、背後に知恵文学的思想があることを示唆している（cf. 11:40：ἄφρονες［愚か者たちよ］）。また、神の告知における「**今夜**」は「〔これからの〕多くの年〔月〕のための」という直前の金持ちの発言と対比をなしており、彼の思惑が完全にはずれたことを強調している。さらに、この節の ψυχή は 19 節のそれとは異なり、「魂」よりも地上における人間の「命」、すなわち 15 節の ζωή（命）に近い意味で用いられている。なお、「取り上げる」と訳した ἀπαιτέω の本来の意味は「返還要求する」であり、命が（神の）借り物であるという理解を反映している（三好 1991:331; Wolter 2008:450）。ここではまた現在形動詞の三人称複数形（ἀπαιτοῦσιν）が用いられ、「**彼ら**」が形式上の主語になっているが、それは「死の天使」（Grundmann 1961:258; Marshall 1995:524; Bovon 1996:286; H. Klein 2006:448）を指すのでも（ヘブ 2:14; Bill. I:144–149）、「搾取されてきた農民たち」（山口 2014:150–153）等の特定の人物を指すのでもなく、神的受動の書き換えと見なすべきであり（Schweizer 1986:136; カルペパー 2002:331; 田川 2011a:322）、彼の命を取り上げる主体は神であろう。

　いずれにせよ、自分の死後には自分の財産は役に立たないということに思い至らなかったこの金持ちは、自分の財産を自ら用いることなく生涯を終えることになり、彼が蓄えたその富は彼には何ももたらさなかったという皮肉な結末を迎えることになる。最後の「**お前が用意したものはいったい誰のものになるのか**」という疑問文は、彼は生前蓄えた富を保持したままでこの世を去ることはできず（ヨブ 1:21; Ⅰテモ 6:7 参照）、その富は見知らぬ他人の手に渡ることを示しているが、このモチーフは知恵文学においてしばしば主題化されている（詩 39:6–7; 49:11, 18; コヘ 2:18–19; 6:2; シラ 14:4, 15）。さらにこの結語は、遺産相続の主題（13–14 節）とも、人の命はその所有物から生じないとする 15c 節の言葉とも響き合う。なおエレミアスは、この譬えに「切迫した終末的破局と切迫した審判」（1969:182）を見ようとするが、ここではその金持ちの愚かさのゆえに神による裁きが与えられているのであり、この金持ち個人に対する裁きの告知を切迫する終末の裁きと関連づけるべきではないであろう（Seng 1978:139f）。

　この譬えと同様のモチーフは知恵文学や黙示文学に見出され（並行例については Seng 1978:141–150; Petracca 2003:120–130 参照）、例えばシラ

11:18–19 LXX には以下のように記されている。

> （金の出し入れに）用心し、切り詰めることによって富を積む者もある
> が、その労働に対する報いはこれである。やれやれこれで安心、自分
> の財産で食っていける身分になった、と言ってみても、それがいつま
> で続くのやら知りようもなく、死んだら他人の手に渡るのである。
>
> 　　　　　　　　　　　　　　　　（村岡崇光訳『ベン・シラの知恵』）

　愚かな金持ちの譬えとこのシラ書の箇所との間には、内容のみならず、
τὰ ἀγαθά（財産 [12:18／シラ 11:19]）、ἀναπαύω（休む [12:19]）と ἀνάπαυσις
（休息 [シラ 11:19]）、ἐσθίω（食べる [12:19／シラ 11:19]）、πλουτέω（富む
[12:21／シラ 11:18]）等、言語的にも多くの共通点が見られる。シラ書に
登場する金持ちも、一息ついて自分の財産の恩恵に与ろうという考えを独
白の中で吐露するが、結局は自分の財産を見知らぬ他人に引き渡すことに
なる。確かに、シラ書においては、その金持ちは用心と倹約（吝嗇）によ
って富を得ている点においてルカの譬えとは異なっているが、人間の命の
はかなさを忘れてこの世の富を積み上げることの空しさを強調している点
において両者は一致している。
　エチオピア・エノク 97:8–10 においても、金持ちの運命について語ら
れている。

> わざわいなるかな、銀と金を正当な手段によらず手に入れておきなが
> ら、われわれは大いに富んだ、たいへんな物持ちになった、欲しいも
> のは全部手に入れた、と豪語するきみたちは。（きみたちはまた言う、）
> 「さて、かねて思い定めていたことをやるとするか。銀はかき集めた
> し、倉は満ち、家には宝がどっさり、水のようにあふれている」。だ
> がきみたちはだまされたのだ。富はきみたち（の手）に残りはしない。
> またたくまに消え去る。全部よからぬ手段で手に入れたものゆえ。そ
> して、きみたちは大いなる呪いに引き渡されるであろう。
>
> 　　　　　　　　　　　　　　　（村岡崇光訳『エチオピア語エノク書』）

　ここでも金持ちたちが独白のなかで思案し、倉は満ち、宝があふれてい

るという理由から自分たちの計画を実行しようとしている。ルカ 12:20 と同様、ここでも裁きの言葉が金持ちたちの運命を明らかにし、彼らも自分たちの財産を他人の手に渡すことになる。もっとも、ここではルカの譬えとは異なり、明らかに不正に獲得された財産が問題にされており、また、即座の死ではなく、大きな呪いに引き渡されると告知されている。

さらにまた、ルキアヌスの「死者の対話集」1:3 においては、キュニコス派のディオゲネスが、死者の国から金持ちたちに「なぜ、愚か者たちよ、黄金を守ろうとするのか。なぜ利息を数えたり、何タラントンもの金貨に金貨を重ねたりして自分を苦しめるのか。そのうちお前たちは、一オボロス〔三途の渡し賃〕を所持金にしてこちらへ来ねばならないのだ」（内田次信訳『ルキアノス選集』207 頁）と伝えさせたと記されており、ここでも、この世の富がその持ち主の死後には全く役に立たないと語られている。

21 節

段落末尾のこの節は、冒頭の οὕτως（このように）が示しているように（14:33; 15:7–10; 17:10 参照）、先行する譬え本文に対する倫理的適用句と見なされ、ここでは「神の前の豊かさ」という新しい主題が導入されている。

「自分自身のために宝を積む」（θησαυρίζω ἑαυτῷ）という表現は、マタイ 6:19 の「宝をあなたたちのために地上に積んではならない」（Μὴ θησαυρίζετε ὑμῖν θησαυροὺς ἐπὶ τῆς γῆς）という表現を思い起こさせる。また、これと対立する「神に対して豊かになる」（εἰς θεὸν πλουτῶν）という表現は後続のルカ 12:33b の「天に宝を積む」（θησαυρὸν ... ἐν τοῖς οὐρανοῖς）という表現に対応しており、その意味でも、施しによって天に宝を積む（12:33a 参照）ことを暗示している。なお、εἰς θεόν（神に対して）は「神のもとで」という意にも解しうる。

ルカはここで、この譬えの強調点を貪欲に対する警告から富を正しく用いるようにとの要求へと移行させている。すなわち、人は富を利己的に積み上げるべきではなく、神の前に豊かにならねばならず、この譬えの金持ちは、何より彼の財産を自分のためだけに積み上げ、他者のために用いようとしなかったために裁かれたのである。おそらくルカは、元来は人生のはかなさとそれに伴うこの世の富のむなしさについて語っていたこの譬えを、貪欲に対する警告の言葉（15 節）とその適用句（21 節）によって枠

195

付けることにより貪欲に対する警告の実例として構成し、施しを要請しようとしたのであろう。事実この結びの句は、ここまでの段落（13–20節）を締めくくる機能を果たすのみならず、これと対応する結語（33–34節）によって結ばれる後続の思い煩いに関する段落（22–34節）を導入する機能をも果たしている。

【解説／考察】

　愚かな金持ちの譬えを中心とするこの段落は、貪欲を戒め、物質的な富によって将来を確保しようとする生き方を批判し、むしろ施しの実践によってもたらされる真に豊かな命について語ろうとしている。おそらく本来の譬えにおいては、この世の命のはかなさを語ることにより、この世で蓄財することの無意味さが強調されていたと考えられるが、ルカは特にこの譬えを貪欲に対する警告（15節）と結びつけることにより、余剰の富を保持することが自らの命の保証に繋がらないことを強調し、さらにこの金持ちが自分のためだけに宝を積んで神の前に豊かにならなかったために断罪されたと結論づけることにより（21節）、余剰の富を他者のためにも用いるように要求しようとしている（Derrett 1977a:148–150参照）。

　この譬えの主旨は一見したところ明らかであるように思えるが、その一方で、果たしてこの金持ちはそんなに愚かだったのかという素朴な疑問も生じてくる。事実、この金持ちは決して不正を働いたわけではなく、たまたま大豊作で収穫した穀物を将来に備えて蓄えるために、自分の倉を増築しようとしただけであり、このようなことは誰もが考えそうなことである。いやむしろ、思いがけず手にした財産をいたずらに浪費することなく、しっかりと将来に備えて蓄えようとした彼の行為は、現代人の目から見れば、むしろ堅実で賢明な態度として評価されるところかもしれない。その意味でも、彼の愚かさは何より「彼の誤った現実認識」（廣石 1991b:76）、すなわち、人間の生死を支配する神の存在を忘れ、どんな財産も死の前に無力であることを忘れ、自らの命の保障をこの世の富に求めたこと、さらには、自分の財産が神から与えられたものであることを忘れ、他人のことを全く配慮せず、その富を自分のためだけに用いようとした点に存している。

　前述したように、譬えに登場する金持ちは、もともと生涯安泰であると

確信できるほどの大金持ちではなかったとするなら、彼の姿は現実の私たちそれぞれの姿とも重なってくるようにも思える。人生100年時代に突入したと言われる今日、私たちの多くは自分たちの老後の生活を経済的にどう成り立たせていくべきなのかといろいろと気をもみ、将来に対して大きな不安を抱いて生きている。しかし、まさに将来の保障を求めてあれこれ思い悩んでいる現代人に対して、この譬えは「愚か者」と語りかけ、生死を越える神の存在を見据えるように促している。

3. 思い煩いの放棄と施しの要求（12:22-34）

【翻訳】

12:22a そこで彼（イエス）は［彼の］弟子たちに言った。b「だから私はあなたたちに言っておく。命のことで何を食べようか、身体のことで何を着ようかと思い煩うな。23 というのも、命は食べ物に優り、身体は衣服に優っているからである。24 鳥たちのことを考えてみなさい。それらは〔種を〕まかず、刈り入れず、それらには納屋も倉もない。だが、神はそれらを養ってくださる。あなたたちは鳥たちよりどれほど優れていることか。25 あなたたちの中の誰が、思い煩うことによって自分の寿命を1ペキュスでも延ばせるだろうか。26 だから、もし最も小さな事さえできないなら、なぜあなたたちはほかの事について思い煩うのか。27 花がどのように育つか、考えてみなさい。それらは労せず、紡がない。しかし、私はあなたたちに言っておくが、その栄華の絶頂期におけるソロモンでさえ、これらの〔花の〕一つほどにも着飾ってはいなかった。28 しかし、今日は野にあり、明日は炉に投げ込まれる草を〔さえ〕神がこのように装ってくださるなら、ましてあなたたちをはるかに優って〔装われる〕、信仰の薄い者たちよ。29 そこであなたたちも、何を食べようか、何を飲もうかと求めるな。また、不安になるな。30 というのも、これらのものすべてはこの世の異邦人たちが切に求めているものだからである。しかし、あなたたちの父は、これらのものがあなたたちに必要なことをご存じである。31 むしろ彼（神）

の国を求めなさい。そうすれば、これらのものはあなたたちに加えて与えられる。³² 恐れるな、小さな群れよ。あなたたちの父はあなたたちに神の国を与えることを良しとされたのだから。

³³ª あなたたちの所有物を売り払い、施しなさい。ᵇ 自分たちのために古びない財布を作り、尽きない宝を天に〔積みなさい〕。ᶜ そこでは盗人が近寄ることも虫が食い荒らすこともない。³⁴ というのも、あなたたちの宝があるところに、そこにこそあなたたちの心もあるからだ」。

【形態／構造／背景】

　愚かな金持ちの譬え（12:13–21）の直後に続くこの段落は、恵み深い神を信頼して思い煩いを放棄し、施しを実践して天に宝を積むように要求している。双方の段落は、この世の富に対する正しい態度と真に豊かな生き方という共通の主題によって結ばれ、ὑπάρχοντα（所有物［15 節／33 節］）、ἀποθήκη（倉［18 節／24 節］）、ψυχή（魂／命［19 節×², 20 節／22, 23 節］）、φαγεῖν／πινεῖν（食べる／飲む［19 節／29 節］）等の語句（さらに 21 節の θησαυρίζων［宝を積む］と 33 節の θησαυρόν［宝］を比較参照）の他、命／寿命（20 節／25 節）、施し（21 節／33 節）等のモチーフを共有しており、この段落は直前の譬えの主題を展開し、その帰結を引き出す機能を果たしている。

　この段落は種々の言葉から構成されており、様々な要求を通して示される倫理的特質や例示による教育的特質等、複合的な要素を含んでいるが、冒頭の導入句（22a 節）を除くと、思い煩うなとの要求（22b–28 節）、神の国を求めよとの要求（29–32 節）、施しの要求（33–34 節）の三つの小段落に区分できる。注目すべきことに、これらの小段落はいずれも命令文によって始められ（22b, 29, 33 節）、その直後に γάρ（というのも……から）によって導かれる説明文が続いている（23, 30, 34 節）。また、自然界からの二つの実例を含む最初の小段落（22b–28 節）は、μεριμνάω（思い煩う［22, 25, 26 節］）という鍵語に加えて、κατανοήσατε（考えてみなさい［24 節／27 節］）、οὐ … οὐδέ, …（～もせず、～もしない［24 節／27 節］）、πόσῳ μᾶλλον（どれほど優って……［24 節／28 節］）等の並行句によって構成されており、これに続く小段落（29–32 節）は、ζητέω／ἐπιζητέω（求める［29, 30, 31 節］）、

ταῦτα／τούτων（これらのもの［30 ×², 31 節]）、ὑμῶν ... ὁ πατήρ／ὁ πατὴρ ὑμῶν（あなたたちの父［30, 32 節]）、ἡ βασιλεία（神の国［31, 32 節]）等の鍵語を含んでいる。この段落全体は以下のような構成になっている。

（1）導入句（22a 節）
（2）思い煩うなとの要求（22b–28 節）
   （a）食べ物と衣服に関する思い煩いに対する警告とその根拠（22b–23 節）
   （b）烏の実例（24 節）
   （c）思い煩いの無意味さ（25–26 節）
   （d）花の実例（27–28 節）
（3）神の国を求めよとの要求（29–32 節）
   （a）思い煩いに対する否定的評価（29–30 節）
   （b）神の国を求めるようにとの要求と神の国の付与（31–32 節）
（4）施しの要求（33–34 節）
   （a）施しと天に積む宝（33 節）
   （b）宝の所在と心の所在（34 節）

　この段落のうち、22b–31 節については総じてマタイ 6:25–34 に並行しており（トマス福 36; オクシリンコス・パピルス 655 も参照）、全体としてＱ資料に由来すると考えられる。μεριμνάω（思い煩う）や μὴ φοβοῦ（恐れるな）は、同様にＱ資料に由来する恐れなき信仰告白の要求の段落（12:1–10; 並行マタ 10:26–33）にも用いられており（12:4, 7, 11 参照）、さらにそこには烏や花の実例（24, 27–28 節）に近似する雀の比喩（12:6）が記されていることから、Ｑ資料の段階ではその段落の直後に続いていたとも考えられる。

　その一方で、冒頭 22a 節（文頭の εἶπεν(-ον, -αν) δέ は新約ではヨハ 12:6 を除くとルカ文書にのみ計 74 回使用、《言述の動詞 + πρός + 対象を示す対格》は新約用例 169 回中ルカ文書に 149 回使用）、直前の譬えの金持ちの状況と直接関わる 24 節の οἷς οὐκ ἔστιν ταμεῖον οὐδὲ ἀποθήκη（それらには納屋も倉もない［ταμεῖον は 12:3 に、ἀποθήκη は 12:18 に使用]）、24, 27 節の κατανοήσατε（考えてみなさい［κατανοέω は新約用例 14 回中ルカ文書に 8 回

使用])、マタイに直接対応する記事がない 26 節全体（ἐλάχιστον［最も小さな事］は新約ではこの箇所以外にルカ 16:10; 19:17 にのみ使用、λοιπός［残りの］は 18:9, 11; 24:9, 10 でも編集的に使用）、29 節の ζητεῖτε（ζητέω［求める］は共観福音書用例 59 回中ルカ文書に 25 回使用）、31 節の πλήν（むしろ［新約用例 31 回中ルカ文書に 19 回使用]）等はルカの編集によるものと考えられ、さらにルカは修辞疑問文を三度にわたって削除している（マタ 6:25, 26, 30 参照）。また、マタイに見られない小さな群れに関する言葉（32 節）は前後の箇所とスムーズに接合していないことから、ルカの編集句（荒井 2009:107）ともルカ特殊資料に由来する（Ernst 1977:404; Eckey 2004b:584, 592）とも考えにくく、むしろルカ版 Q 資料に由来し、これに対応するマタイ版の結部（マタ 6:34）はマタイ版 Q 資料に由来するのであろう（Sato 1988:57; ルツ 1990:522; Schmeller 1999:87）。いずれにせよ、この箇所全体（22–32 節 // マタ 6:25–34）の伝承史を明確に跡付けることは難しく、様々な見解が打ち出されているが（山田 2018:245f 参照）、ルカ版とマタイ版の間に存在するすべての相違点を両福音書記者の編集作業として説明することはできないことからも相異なる二つの Q 資料（Q マタイと Q ルカ）の存在を想定すべきであろう。なお、22b–24 節（並行マタ 6:25–26）及び 27–31 節（並行マタ 6:28–33）については全体として伝承の古層に遡ると考えられ、その核となる部分はイエスに遡ると考えられる（ルツ 1990:523f; ヴェーダー 2007:255）。

　段落末尾の 33–34 節はマタイ 6:19–21 の内容に対応しており（トマス福 76 も参照）、全体として Q 資料に由来すると考えられるが（ルカ特殊資料に帰す Grundmann 1961:262 に反対）、ルカに特徴的な τὰ ὑπάρχοντα（動詞 ὑπάρχω［所有する］は新約用例 60 回中ルカ文書に 40 回使用）や ἐλεημοσύνη（施し［新約においてはマタ 6:2–4 以外ではルカ文書にのみ計 10 回使用]）を含む 33a 節はルカの編集句であろう。また、この箇所と先行する 22–31 節は、マタイの並行箇所においても比較的近接していることから、すでに Q 資料において（この順序で？）結合していたとも考えられるが（Bovon 1996:296f; 山田 2018:251）、両者の中心的主題は必ずしも緊密に関連していないことからも、むしろルカが両者を結合したのであろう。33bc 節については直前の 33a 節との関連から比較的強くルカの編集の手が加えられており（βαλλάντιον［財布］は新約ではルカにのみ計 5 回使用、ἐγγίζω［近

づく〕は新約用例 42 回中ルカ文書に 24 回使用、διαφθείρω〔食い荒らす〕は共観福音書にはここにのみ見られ、その名詞形 διαφθορά は新約では使 2:27, 31; 13:34, 35, 36, 37 にのみ使用）、マタイ 6:19–20 が Q 資料の対立的並行構成を保持しているのに対し、ルカはここではその後半部分のみを取り入れている。段落末尾の 34 節はマタイ 6:21 とほとんど逐語的に一致しているが、この段落の対象を弟子たちと見なすルカは σου（あなたの）を ὑμῶν（あなたたちの）に置き換えている。この言葉は、厳密な意味での並行箇所が同時代文献に確認できないことからイエスに遡るかもしれない（Bovon 1996:301）。

　以上のことからも、ルカは Q 資料（もしくは Q ルカ）に由来する 22b–25, 27–32 節及び 33b–34 節を、彼自身が構成した編集句（33a 節）によって結合し、さらに導入句（22a 節）や 26 節を付加する等、適宜編集の手を加えることによってこの段落全体を構成したのであろう。なお一部の研究者は、この段落と直前の段落（12:13–21）はすでに Q 資料（Schürmann 1968:119f, 232; Marshall 1995:522）もしくはルカ版 Q 資料（Sato 1988:56f）において結合していたと考えているが、ルカが編集的に構成した導入句（22a 節）が示しているように、むしろルカが施しのモチーフ（21, 33–34 節）によって両者を結合し、地上の富に対する正しい姿勢という統一的な主題のもとにこの段落全体を構成したのであろう（Horn 1983:58f）。

【注解】

22 節

　先行するルカ 12:1–12 と同様、イエスはここから再び弟子たちに向かって語っている。もっとも、発言冒頭の διὰ τοῦτο（だから）という表現（並行マタ 6:25）はこの発言が直前の愚かな金持ちの譬え（12:13–21）に直結していることを示しており、この譬えの対象であった群衆もその場に留まっていたことが前提とされている（12:54 参照）。

　イエスはここで、「**命**」（ψυχή）のことで何を食べようか、「**身体**」（σῶμα）のことで何を着ようかと思い煩うなと警告している。ここでの ψυχή は「身体」に対立する「魂」ではなく（12:19 参照）、実際に食べた

り飲んだりする人間の総体（命）を意味しており（12:20 参照）、その意味でもここでの ψυχή と σῶμα は「魂と身体」というように二元論的・対立的に捉えられているのではなく、むしろ並列する形で相補的に捉えられている。鍵語である μεριμνάω（思い煩う）は、「心配する」もしくは「努力する（苦労する）」を意味する（Bultmann, *ThWNT* IV:596; Bauer 1023 参照）。29 節でマタイ 6:31 の μεριμνάω に代えて ζητέω（求める）が用いられていることは後者の意味を支持しているように考えられるが（エレミアス 1969:231f）、その直後に付加された μετεωρίζομαι（不安になる）はむしろ前者の意味を示唆しており、さらにルカにおける μεριμνάω がしばしば否定的意味で用いられている（10:41; 12:11; 21:34 参照）こともその点を裏付けている。その意味でも、「思い煩い」におけるこれら二つの要素を相互に切り離すべきではなく、ここでは双方の意味合いを考慮すべきであろう（ルツ 1990:526f）。なお、マタイ版の一部の写本（B, W, K, L, Δ 他）では「何を食べようか」の直後に「何を飲もうか」という表現が続いている。

23 節

　この節は直前の要求を根拠づけ、「**命**」は食べ物に優り、「**身体**」は衣服に優ると述べている。もっとも、人はまさに命のことを思い煩うからこそ食べたり飲んだりすることを思い煩い、身体のことを思い煩うからこそ衣服のことを思い煩うという意味でも、この節は文脈を乱している（ルツ 1990:527）。この箇所は、人間の命や身体のことを気遣う神は、それより価値の低い食物や衣服のことも気遣うであろうと神学的に解することも、あるいは、先行する愚かな金持ちの譬えとの関連から、人間はあくせく働いて思い煩ったところで自分の命に関してどうすることもできないと、過度の心労に対する警告として知恵文学的に解することも可能である（ルツ 1990:527）。なおカルペパー（2002:334）は、食物や衣服を十分に所有しながら、さらに多くを得ようとする人々にこの言葉は語られていると見なしているが、ここでは明らかに弟子たちに向けられていることからもそれは考えにくい。因みに、マタイの並行箇所は修辞疑問文によって構成されている（マタ 6:25; さらに後続のマタ 6:26, 30 も同様）。

24 節

　食べ物と衣服に関する思い煩いに対する包括的な要求（22–23 節）のあとには自然界からの二つの実例（24, 26–27 節）が続き（12:6–7 の雀の比喩を参照）、《小から大への推論》を用いてその要求が根拠づけられている。最初の鳥の実例（24 節）における「養う」は先行箇所の「食べる／食べ物」に対応し、後続の花の実例（27–28 節）における「着飾る／装う」は先行箇所の「着る／衣服」に対応している。

　最初の実例は「烏たちのことを考えてみなさい」（κατανοήσατε τοὺς κόρακας）という導入句によって始められ、烏と農夫が比較されている。「烏たち」（< κόραξ［新約ではここのみ］）は種をまくことも刈ることもせず、「納屋」（ταμείον）も「倉」（ἀποθήκη）も所有しないが、その烏を「神」（cf. マタ 6:26:「あなたたちの天の父」）が養っているのであれば、そのような鳥たちよりもはるかに価値のある人間のことを神はそれ以上に配慮するはずだというのである。この言葉は楽観的な自然観に基づいており、何より神の恵みに対する信頼を呼び起こそうとしているが、ルカのテキストにおいては、前段の愚かな金持ちの場合とは異なり（12:18 参照）、烏には（食料をためておくための）「納屋も倉もない」（cf. マタ 6:26:「〜は倉に収めない」）という点が強調されている（Bovon 1996:304）。

　不浄な鳥と見なされていた烏は食べることを禁じられていたが（レビ 11:15; 申 14:14）、烏に対する神の配慮については旧約聖書にも述べられている（詩 147:9; ヨブ 38:41; さらに Bill. II:191 参照）。なお並行箇所のマタイ 6:26 では、「空の鳥たちを見なさい」（ευβλέψατε εἰς τὰ πετεινὰ τοῦ οὐρανοῦ）となっており、ルカの κατανοέω（考える［6:41; 12:27; 20:23 参照］）に対して βλέπω（見る）が、「烏たち」に対して「空の鳥たち」が用いられている。後者の点については、特殊な個別的な表現（烏）から一般的表現（空の鳥）に変えられたと考える方が自然であり（荒井 2009:108）、加えて価値が低いと見なされていた烏の方がこの文脈に即していることからも（大貫 1993:75f, 152f; 荒井 2009:110f）、ルカ版の方が原初的で、Q 資料のテキストを反映していると考えられる（Bovon 1996:297 も同意見。一方で「鳥」を原初的と見なすシュトレッカー 1988:273、注 29; 田川 2011:323 に反対）。

25 節

　二つの実例に挟まれた 25–26 節はやや文脈を乱しており、ここでは神の配慮については特に問題にされておらず、思い煩いそのものが無意味であることが二つの修辞疑問文を用いて強調されている。ἡλικία は「寿命」（詩 39:5–6 参照）の他、「身長」（2:52; 19:3 参照）もしくは「年齢」（ヘブ 11:11 参照）の意味でも解しうるが、身長の意で解すると（T. W. Manson 1954:113; ルツ 1990:529f; Talbert 2002:158; 大貫 2003:70; 岩波訳）、自分の身長を「1 ペキュス」（約 45cm）加えることができるだろうかという不自然な意味になり、次節の「最も小さな事」という表現にも適合せず、また現在の年齢にさらに歳を加えるという見解（Wolter 2008:454）も受け入れにくい（シラ 30:24 参照）。その一方で、直前の愚かな金持ちの譬えでは自分の命を永らえさせることができなかった人物を描いていることからも、特にルカの文脈では「寿命」を意味していると考えるべきであり（Grundmann 1961:260; Bovon 1996:305; H. Klein 2006:454 他）、その際にはペキュスは「最小限の時間」の意になる。いずれにせよ、思い煩ったところで人間にはごく小さなことさえなし得ないという点がここでは強調されている。

26 節

　さらにルカは、思い煩いは放棄すべきだとするここまでの論点を再び修辞疑問文を用いて繰り返している。すなわち、そのように「**最も小さな事**」さえなし得ない無力な人間が、「**ほかの事**」（＝食べ物や衣服のこと）についてあれこれ思い煩っても無意味だというのである。

27 節

　「**花**」（< κρίνον）を主題にする第二の実例は、先行する鳥の実例（24 節）と同様、「**考えてみなさい**」（κατανοήσατε）という命令文によって導入される（cf. マタ 6:28：「よく観察しなさい」[καταμανθάνω]）。鳥の実例においては種まきと刈り入れという男性の労働が挙げられていたのに対し、ここでは働いたり紡いだりする女性の労働に言及されている。すなわち、「**花**」（cf. マタ 6:28：「野の花」）は（衣服を作るために）「**労せず、紡がない**」（cf. D, sy[s.c]：「紡がず、織らない」）が、衣服をまとっていない花の方が、栄華の

絶頂期にあったソロモン王（王上 10:4–7, 14–29; 代下 9:13–28 参照）よりも着飾っていたというのである（シラ 40:22 参照）。なお、この「花」は伝統的に（白）百合と同定され、現在では一般的には（深紅色の）アネモネの花であると見なされているが（あるいはクロッカス、グラジオラス、ショウブ？）、荒井（1999:105–120, 142f; 2009:111f）は、先行する烏の実例と同様、ここでも価値の低いものが例として挙げられている可能性が高く、さらに色からの連想や枯れると燃料にされる等の理由から、むしろここでは、イバラと関係が深く、美しい花とは見なされないアザミが意味されていると主張している（大貫 1993b:65 も参照）。

烏の実例と同様、ここでも価値が劣る花であってもしっかりと神に装われていると述べられているが、その花が栄華の絶頂期のソロモン以上に着飾っているというイエスの発言は、少なくとも美しさの点では人間は花に劣っていることを示唆しており、人間はそのような自然界の生物から命のありようを学ぶべきだというメッセージが込められているとも考えられる（荒井 1999:139）。

28 節

ここでは前節の「花」が、今日は野に咲いていても明日にはもう炉に投げ込まれて燃やされる「草」（χόρτος）に言い換えられている（cf. マタ 6:30:「野の草」）。事実、野の草はパレスチナ地域では燃料として用いられ、はかなさと弱さを象徴しているが（ヨブ 8:12; 14:2; 詩 37:2; 90:5–6; 102:12; 103:15–16; イザ 40:6–7; Ⅰペト 1:24）、ここでも《小から大への推論》を用いて、そのようにはかない存在である野の草でさえ神によって装われるなら、人間はどれだけ装われるのかと語られている。また「**信仰の薄い者たちよ**」（ὀλιγόπιστοι）という呼びかけは、この箇所以外ではマタイにのみ見られ（マタ 6:30; 8:26; 14:31; 16:8）、常にイエスが弟子たちを叱責する文脈で用いられている。おそらくここでは、この一連のイエスの言葉を十分に理解していない弟子たちに対する叱責の意味が込められており、はかない植物である花も、汚れた鳥である烏と同様、神によって養われ、装われているなら、たとえ小さな信仰しかもたなくても、人間は神によってそれ以上に配慮してもらえるに相違ないとの確信が表明されている。

29 節

　二つの実例のあとには最初の議論に立ち返り、「信仰の薄い者たち」である「**あなたたち**」（弟子たち）に改めて語りかけられる。もっともここでは、並行するマタイ 6:31 とは異なり、思い煩いよりも弟子たちが求めるべき事柄が主題となっており、思い煩いから求める姿勢へと焦点が移行している。

　ここでは、段落冒頭の「〜何を食べようか、〜何を着ようか」（22b 節）とは異なり、「**何を食べようか、何を飲もうか**」という組み合わせが用いられ、並行箇所のマタイ 6:31 に見られる「何を着ようか」という表現は欠けている。ルカはまた、伝承資料における μὴ μεριμνήσητε（思い煩うな［マタ 6:31 参照］）を μὴ ζητεῖτε（求めるな）で置き換えているが、この変更は明らかに後続の 31 節の「彼（神）の国を求めなさい」（ζητεῖτε τὴν βασιλείαν αὐτοῦ）という要求と関わっており、これによりルカは、神の国と食べたり飲んだりすることとの対比を強調している。また、ルカ版にのみ記されている μετεωρίζομαι（新約ではここにのみ使用）は「落ち着かず不安である」状態を表しており（Bauer 1041）、この言葉によって省略された μεριμνάω（思い煩う）の意味合いが補われているのであろう（Degenhardt 1965:83）。

30 節

　29 節の要求は、弟子たちと異邦人たちとが対比的に捉えられることによって根拠づけられる。「**これらのものすべて**」、すなわち食べたり飲んだりすることは「**この世の異邦人たち**」（cf. マタ 6:32：「異邦人たち」）が追い求めるものであり、あなたたちはそうであってはならないというのである。そして、「**あなたたちの父**」（cf. マタ 6:32：「あなたたちの天の父」）である神は、あなたたちが「**これらのもの**」（cf. マタ 6:32：「これらのものすべて」）を必要としていることはご存じであるという確信がその根拠として述べられる。

　このようにここでは異邦人が明らかに否定的に捉えられているが（マタ 6:7；Ⅰテサ 4:5 参照）、イエスの思想に鑑みてもイエス自身がこのような差別的表現をそのまま用いたとは考えにくい（Nolland 1993a:691; 大貫 1993b:75; 荒井 2009:108f）。おそらく、この言葉が最初期のキリスト教会

において伝承されていく過程において、このような表現が加えられたのであろう。

31節

　食べたり飲んだりすることの追求に対する警告（29–30節）のあとには、何を求めるべきかを示す肯定的な要求が続いており、マタイ版では「まず（πρῶτον）神の国と彼の義を求めなさい」（マタ 6:33）と記されているのに対し、ルカ版では「**むしろ彼（神）の国を求めなさい**」と記されている。冒頭の πλήν（むしろ）はその要求の転換を強調しており、さらにルカにおいては神の国だけが求めるべき対象と見なされている。

　続いて「**そうすれば、これらのものはあなたたちに加えて与えられる**」と語られるが、ここでの「これらのもの」（ταῦτα）は、直前 30節の「これらのものすべて」（ταῦτα ... πάντα）及び「これらのもの」（τούτων）に対応しており、具体的には食べたり飲んだりすること（29節）を意味している。すなわち、神の国を求め、それに専心する者には、食べたり飲んだりするものも加えて与えられるというのである。もっともここでイエスは、あらゆる願望の成就を確約しているのでなく、むしろどんな願いも神に委ねるように促している（レングストルフ 1976:343）。なおこの言葉は、神の国の到来の祈願の直後に続く日毎の糧を求めるルカ版の主の祈りの第三祈願（11:3）を思い起こさせる。

32節

　この節は「**あなたたちの父**」（神）及び「**神の国**」によって先行箇所と結びつき、後続の 33–34節への移行句として機能している。ここでは、弟子たちは「**小さな群れ**」に過ぎないが、「**あなたたちの父**」である神が彼らに神の国を与えることを良しとされたのだから（ダニ 7:27 参照）恐れる必要はないと語られる。「**恐れるな**」（μὴ φοβοῦ）という表現は七十人訳聖書のみならず（創 15:1; 21:17; サム上 4:20; ルツ 3:11）ルカ福音書にも頻出するが（1:13, 30; 5:10; 8:50; さらに 12:4, 7 も参照）、ここではキリスト教会に対する迫害状況（12:1–12 参照）を示唆しているのかもしれない（Bock 1996:1165）。また「**小さな群れ**」（τὸ μικρὸν ποίμνιον）は羊飼い（神）によって養われる羊の群れ（神の民）を思い起こさせ、同様の表現は旧約

にも頻出し（詩 77:21; 80:2; イザ 40:11; エレ 13:17; 23:4; エゼ 34:11–16; ミカ 2:12–13; ゼカ 10:3）、新約にも見られるが（マタ 9:36; 10:6; マコ 6:34; 14:27 並行; 使 20:28–29; Ⅰペト 5:2–3）、ここでは前出の「世の異邦人たち」（30 節）と対比的に用いられており、特にキリスト教会の姿を暗示している。このような慰めの言葉は、自分たちに神の国を与えることが父なる神の意思であるという弟子たちの確信を示しているが、《「恐れるな」との勧告→呼びかけの言葉→勧告の根拠》という構造をもつこの節は、イスラエルの残りの者に関わる捕囚期の旧約預言者の表現形式（イザ 41:8–10, 13–14; 43:1–7; 44:1–3 他）に対応している（W. E. Pesch 1960a:26–40）。なお、この節に直接対応する箇所が見られないマタイ版では、明日のことを思い煩うなという要求（マタ 6:34）によって段落が結ばれている。

33 節

　ここでは弟子たちに対して、天に宝を積むために自分の持ち物を売り払って施しとして与えるように要求されており、前段結部の 21 節と明らかに並行している。事実、自分のために宝を積むこと（21a 節）は地上に宝を積むことを意味するのに対し（マタ 6:19 参照）、神の前に豊かになること（21b 節）は施しを通して天に宝を積むことを意味している（マタ 6:20 参照）。このようにこれらの箇所（21 節及び 33 節）においては、マタイ 6:19–20 と同様、相対立する二つの宝（地上の宝と天の宝）が問題にされており、おそらくルカは、マタイ版に保持されている Q 資料の本文における否定的・肯定的勧告を分割し、それぞれを双方の段落（13–21, 22–34 節）の結部に用いることにより、両段落をこの世の富に対する正しい態度という観点において構成したのであろう。その意味でも、段落末尾の 33–34 節は 22 節以降の箇所のみならず 13 節以降全体の結びと見なすことができ、さらに直前の譬えの中の金持ちの「どうしよう（私は何をなすべきか）」という問い（17 節）への回答にもなっている。

　33 節冒頭の「あなたたちの所有物を売り払い、施しなさい」（18:22 参照）という要求においてはこの世の富の正しい用い方が問題になっており、弟子たちは彼らの所有物を売り払い、その代価を施しとして貧しい人々に与えるように求められている。これに続く 33bc 節（マタ 6:20 参照）は 33a 節の要求を敷衍している。すなわち、あなたたちは「古びない財布」

を作り、「尽きない宝」を天に積むべきであるが、それは何より、天に積まれた宝は盗人に奪われることも虫に食い荒らされることもないからであり（トマス福76参照）、ルカはここで何より、天の宝が廃れずに永続することを強調している。また「虫」（σής）が食い荒らす状況に言及されているのは、古代においては高価な衣服が富の象徴であったためであろう。なお、マタイ版に見られる「錆びつき、腐食」（βρῶσις）の危険性についてはルカにおいては言及されていない。

このようにルカはここで、天の宝を施し行為との関連において理解している。すなわち、自らの財産を慈善行為に用いる者はその宝を天に積むことができるが（マコ 10:21 参照）、その財産を自分のためだけに保持しようとする者は逆にそれを失うことになる。先行する愚かな金持ちの譬え（12:16–20）との関連から、ここでは死を迎えても失われることのない宝のことが考えられており、直前の 32 節との関連からもこの宝は神の国と密接に関わっている。

慈善行為によって（天の）宝を積むというモチーフは、黙示文学等のユダヤ教文献においても広く認められる。例えばシラ 29:9–13 では、施し行為は神の掟に従って富を積む行為として賞賛され、スラブ・エノク 50:5–6 には、兄弟のために金銀を失う者は裁きの日に（尽きない）富を得ると記されている。また、トビト 4:7–11 では施しは自らの苦境の際の神のもとでの積立金と見なされ（箴 19:17; シラ 12:2; IVエズラ 7:77 も参照）、同 12:8–9 によると、慈善は金銭に優り、死を遠ざけ、罪を清めると記されている（箴 10:2; シラ 3:30; さらにイザ 58:6–10; シラ 5:8; IVエズラ 6:5 以下; ソロ詩 9:5; シリア・バルク 14:12; 24:1 も参照）。なお、「天における宝」という表現はラビ文献にも見られるが（Bill. I:430f 参照）、そこでは天の宝は必ずしも施しによってもたらされるのではなく、律法の学びによってもたらされると見なされている（「天における宝」についてはさらに W. E. Pesch 1960b:361–366; Koch 1968:47–60; Klinghardt 1988:43–49 参照）。

ところで、この施しの要求はルカの文脈においてはイエスの弟子たちに向けられているが（16:9 参照）、ルカはその一方で、弟子たちがイエスに従って行く際にすべてを棄て去ったことを強調しており（5:11, 28; 18:28）、その意味で齟齬がある。研究者によっては、ここでの弟子たちをルカの時代の富めるキリスト者と見なすことにより、この矛盾を説明しようとして

209

いるが（Horn 1983:68）、22–28節の思い煩うなとの要求は明らかに貧しい人々に向けられており、富めるキリスト者には適合しない。その意味でも、相互に緊張を孕むこれら二つの要求（思い煩うなとの要求と施しの要求）はルカの教会を構成する社会層との関連で理解すべきであり、ルカの教会には裕福な信徒のみならず、貧しい信徒も属していたが、思い煩うなとの要求は特に後者を対象に、施しの要求は主に前者に向けられていたのであろう。

34節

施しの要求を根拠づける結びの部分では、「**あなたたちの宝があるところに、そこにこそあなたたちの心もあるからだ**」と格言風に語られる。「**心**」（καρδία）は人間の中心であり、「**宝**」（θησαυρός）のありかは人間にとって何が一番重要であるかを明らかにする。人間の心は、同時に地上の宝と天の宝の双方によりかかることはできない（16:13並行参照）。天に宝をもつ者はその心も天にあるが、地上に宝をもつ者（地上の宝に依存する者）はその心も地上にある。ルカはこのように、天の宝と地上の宝との対比を強調することによって弟子たちに決断を促している。

【解説／考察】

この段落においては、まず思い煩いの放棄が主題となっており（22–28節）、命や身体は食べ物や衣服に優るという意味でも、神の配慮を信頼し、食べ物や衣服のことで思い煩わないように要求している。その直後には神の国を求めるようにとの要求が続き、思い煩いから神の国へと主題が展開している（29–32節）。そして結部においては、直前の段落で示唆されていた、施し行為を通して天に宝を積むようにとの要求が明確に示されるが（33–34節）、この要求は、神の配慮を前提とする思い煩いからの解放との関連において捉えられ、さらに施し行為による天の宝は神の国との関連において捉えられているという意味でも、この段落のみならずルカ12:13–34全体を締めくくっている。そのようにこの段落は、神の国を追い求める生き方を実行するためにも、この世の富のことで思い煩うのではなく、真に価値あるものを見出すように求めている。

「何を食べようか、何を着ようかと思い煩うな」という要求は本来、生きるために最低限必要な日常の食べ物や衣服にも事欠く貧しい庶民に向けられていたが、物が溢れる環境下に生きている現代人は、むしろ数多くの選択肢の中から食べ物や衣服を選び出すことに日々思い煩っているのかもしれない。アウシュヴィッツ収容所での体験を記した『夜と霧』の著者として知られる V. E. フランクルは、人間を「苦悩する存在」と定義したが、事実、思い悩むこと自体は必ずしも否定されるべきことではなく、むしろ人間に特徴的な資質である。しかしながら、ここで問題にされているのは、本質的な事柄に関する思い煩いではなく、この世的な思い煩いである。その意味でもこのテキストは、この世的な思い煩いに囚われて生きている現代の私たちに対しても、神の恵みを信じてその種の思い煩いから解放され、富への執着も断ち切り、神の国を求めつつ歩んでいくように促し、その帰結として、自分たちが所有する余剰の富を、それを必要とする人々のために用いるように求めている。

4. 主の再臨への備え （12:35-48）

【翻訳】

12:35「あなたたちの腰に帯を締め、そしてともし火をともしていなさい。36 またあなたたちは、主人が帰って来て〔戸を〕たたく時、彼のためにすぐに〔戸を〕開ける〔ことができる〕ように、いつ自分たちの主人が婚宴から帰って来るかと待ち受けている人々のように〔なりなさい〕。37a 幸いだ、主人が〔帰って〕来た時、目を覚ましているところを彼が見出すそれらの僕たちは。b まことに私はあなたたちに言っておくが、彼は〔腰に〕帯を締めて、彼らを食卓に着かせ、歩み寄って彼らに給仕してくれる。38 また、たとえ彼が第二〔警時〕もしくは第三警時に〔帰って〕来ても、そのようであるところを彼が見出すなら、それらの者たちは幸いだ。39 しかし、このことを知っておきなさい。家の主人は、盗人がどの時刻にやって来るかを知っていたら、自分の家に押し入らせはしなかっただろう。40 あなたたち

もまた備えていなさい。なぜなら、人の子はあなたたちが思ってもいない時に来るからである」。

⁴¹ そこでペトロが言った。「主よ、この譬えは私たちに語っておられるのですか。それともすべての人にですか」。^{42a} すると主は言った。^b「主人が彼の召使いたちの上に、割り当てられた穀物をふさわしい時に〔彼らに〕与えるように任命する忠実で賢い管理人はいったい誰か。⁴³ 幸いだ、彼の主人が〔帰って〕来た時、そのようにしているところを彼が見出すその僕は。⁴⁴ 確かに私はあなたたちに言っておくが、彼（主人）は自分の全財産の上に彼（その僕）を任命するだろう。⁴⁵ しかし、もしその僕がその心の中で『私の主人が〔帰って〕来るのが遅れている』と言い、下男たちや下女たちを殴ったり、食べたり飲んだり、酔っぱらったりし始めるならば、⁴⁶ その僕の主人は彼が予期しない日に、彼の知らない時に〔帰って〕来て彼を厳しく罰し、彼の運命を不忠実な者たちと同様にするだろう。

⁴⁷ また、その僕が自分の主人の意思を知りながら、彼の意思に沿うように備えず、あるいは行わなかったなら、多く鞭打たれる。^{48a} しかし、〔主人の意思を〕知らずに鞭で打たれるにふさわしいことをした者は少ししか鞭打たれない。^b そこで、すべて多く与えられた者からは多く求められ、多く任された者からは一層多く要求される」。

【形態／構造／背景】

　僕の像を通して主の再臨に備えておくように要求するこの段落は、前段に引き続き弟子たちを対象にしているが、42 節以降は弟子集団の中でも特に中枢の人々に向けられ、ルカの時代の教会の指導者たちが念頭に置かれている。前段（12:22–34）においては、思い煩いの放棄や施しの要求等、倫理的勧告の要素が顕著に見られたのに対し、この段落では再臨への備えが主題となっており、終末論的観点が前面に現れている。

　主人と僕に関わる複数の譬え及び比喩的言辞から構成されているこの段落は、41 節のペトロの発言によって前半部（35–40 節）と後半部（41–48節）に二分される。前半部では予期しない到来への備えを主題にする二つの譬えが語られ（35–38, 39–40 節）、後半部では忠実／不忠実な僕の譬え（42–46 節）及び主人の意思の認識の有無による裁きと責任（47–48 節）

について述べられており、「僕」（δοῦλος）は前半部では複数形が（37節）、後半部では単数形が用いられている（43, 45, 46, 47節）。その一方で両者は、κύριος（主人［36, 37, 42, 43, 45, 46, 47節］、主［41, 42節］）、ἔρχομαι（［帰って］来る［36, 37, 38, 39, 43, 45節］）、εὑρίσκω（見出す［37, 38, 43節］）、ὥρα（時［39, 40, 46節］）等の語彙によって相互に結びつけられ、さらに37節と43–44節は、幸いの言葉（37a節／43節）と「私はあなたたちに言っておく」という強調表現によって導入される報いに関する言葉（37b節／44節）から構成されている点において対応している。この段落全体は以下のように区分できる。

（1）目を覚ましている僕の譬え（35–38節）

    （a）導入句：備えておくようにとの要求（35節）

    （b）主人を待ち受けているようにとの要求（36節）

    （c）目を覚ましている僕への幸いの言葉と報い（37–38節）

（2）盗人の譬え（39–40節）

    （a）盗人と家の主人（39節）

    （b）適用句：人の子の再臨（40節）

（3）移行句：ペトロの問い（41節）

（4）忠実／不忠実な僕の譬え（42–46節）

    （a）忠実で賢い管理人（42節）

    （b）忠実な僕への幸いの言葉と報い（43–44節）

    （c）不忠実な僕と裁き（45–46節）

（5）裁きと責任（47–48節）

    （a）主人の意思の認識の有無による裁きの軽重（47–48a節）

    （b）多く与えられた者の責任（48b節）

　この段落は相互に緩やかに結びついた種々の言葉から構成されており、その伝承史的背景は非常に複雑で、その全容を見極めるのはほとんど不可能である（Petzke 1990:120–122参照）。冒頭の35–38節はマルコにもマタイにも明確な並行記事が見られず、またルカ的語彙も限られていることからルカが独自に構成したものとも考えにくい（田川 2011:327に反対）。そこで、比較的多くの研究者はこれをルカ特殊資料に帰してい

るが（Grundmann 1961:264; レングストルフ 1976:347; Fitzmyer 1985:984; Petzke 1990:120f; Schnelle 2013:217）、必ずしも統一性をもたないこの箇所がこのままの形で伝承されてきたとは考えにくい。他の研究者は、この箇所と密接に関連する記述がQ資料の随所に認められることから、後続の 39–46 節と同様にQ資料に帰し、マタイが省略した（十人の乙女の譬え［マタ 25:1–13］によって置き換え？）と考えているが（Creed 1953:176; Schneider 1984b:288; 三好 1991:332; Marshall 1995:533; H. Klien 2006:461）、マタイがこの箇所を削除した明確な理由は見出せない。その意味でも、この箇所はむしろルカ版Q資料に由来し、その段階において後続の 39–40 節と結合していたと考えるべきであろう（Sato 1988:57; Eckey 2004b:597）。なお、この箇所はマルコ 13:34–36 の門番の譬えと部分的に並行しており（特に 38 節とマコ 13:35 // マタ 24:42 を比較参照）、直接の依存関係は認められないまでも、両者は同一の伝承素材に遡ると考えられる（Weder 1990:164; Marshall 1995:537; Eckey 2004b:597; Wolter 2008:460）。また、主人と僕たちの立場の逆転に言及する 37b 節は、文脈を乱していることから二次的付加と考えられるが、そこには多くの非ルカ的語彙が含まれており（Jeremias 1980:220 参照）、ルカの編集句とは考えにくい（Eckey 2004b:597 に反対）。

これに続く 39–40 節はマタイ 24:43–44 に（トマス福 21:2; 103 も参照）、42b–46 節はマタイ 24:45–51 にそれぞれ並行しており、全体としてQ資料に遡ると考えられるが、マタイのテキストはエルサレム入城後のイエスの一連の終末講話（マタ 24–25 章）の中に位置づけられており、両者の文脈は明らかに異なっている。なお、39–40 節は「盗人」という鍵語によって先行する 33–34 節とQ資料の段階で結合していたのかもしれない（山田 2018:254）。その一方でQ伝承に挟まれた 41–42a 節は、文頭の εἶπεν δέ（文頭の εἶπεν(-ον, -αν) δέ は新約ではヨハ 12:6 を除くとルカ文書にのみ計 74 回使用）、《言述の動詞 + πρός + 対象を示す対格》（新約用例 169 回中ルカ文書に 149 回使用）、《λέγειν/εἰπεῖν παραβολήν》（譬えを語る［新約用例 15 回中ルカ福音書に 14 回使用]）、ὁ κύριος（イエスを意味する「主」は共観福音書ではルカにのみ計 15 回使用）等のルカ的語彙を含んでいることからも、伝承に由来するのではなく（ルカ特殊資料に帰す Grundmann 1961:266 やQに帰す T. W. Manson 1954:117; Marshall 1995:539f に反対）、ルカの編集

句と考えられる（Schulz 1972:271; Fitzmyer 1985:985; Nolland 1993a:700; Bovon 1996:324）。末尾の 47–48 節は、マルコやマタイに並行記事が見られず、ルカ的語彙も見られないことから、ルカ特殊資料に由来し、ルカによって付加されたのであろう。この箇所は簡潔な譬え（47–48a 節）と格言（48b 節）から構成されているが、両者は元来独立しており（ブルトマン 1983:203 参照）、ルカ以前の伝承の段階で結合したと考えられる。

　おそらくルカは、「主の再臨」及び「主人と僕」という共通主題のもとにルカ版 Q 資料から得た 35–40 節と Q 資料に由来する 42b–46 節を自らが構成した移行句（41–42a 節）によって結合し、さらにルカ特殊資料に由来する 47–48 節を付加し、適宜編集の手を加えることによりこの箇所全体を構成したのであろう。なお、この段落に記されているイエスの言葉が史的イエスに遡るかどうかという問いは、イエス自身の終末理解と密接に関わっているが、その点を明確に結論づけることはできない。おそらく、元来は群衆に対して差し迫った終末的破局の警告として語られたものが、最初期の教会において再臨遅延の状況との関連から常にそれに備えておくようにとの弟子（教会指導者）への教えとして再構成されていったのであろう（エレミアス 1969:47–49, 58）。

【注解】

35 節

　思い煩いの放棄と施しの要求（12:22–34）に続いて、移行句を差し挟むことなく、イエスは新たな主題について語り始める。ここではまず「**あなたたちの腰に帯を締め、そしてともし火をともしていなさい**」と、後続の 36 節からも明らかなように僕の立場に立って準備を整えておくように要求される（ディダケー 16:1 参照）。「腰に帯を締める」（17:8; 出 12:11; 王下 4:29; 9:1; ヨブ 38:3; 40:7; エフェ 6:14; Ⅰペト 1:13; トマス福 21:2 参照）とは、活発に動けるように長い外衣の帯を締め、衣の裾をたくし上げてそれを腰の周りの帯に挟み込む身支度の描写であり（カルペパー 2002:339; ベイリー 2010:566）、過越の食事の場面（出 12:11 参照）を暗示しているのかもしれない（Fitzmyer 1985:987; Bovon 1996:325f; Green 1997:500）。また、「ともし火をともす」（8:16; 11:33; マタ 25:1–12 参照）のは夜間に行動するための

215

準備と考えられるが（眠り込まないため？［Wolter 2008:461]）、この表現は十人の乙女の譬え（マタ 25:1–13）を思い起こさせる。

36 節

　続いて前節における二つの要求の具体的な背景が示される。すなわち、ここで弟子たちは、婚宴に出かけて行った主人がいつ帰って来て戸をたたいても即座に戸を開けて彼を出迎えることができるように、常に待ち受けている僕たちと同様に振る舞うように要求されており、冒頭の ὑμεῖς（あなたたちは）はこの要求を強調している。κύριος は「**主人**」のみならず「**主（イエス）**」の意味でも用いられることから、この描写は主の再臨待望を暗示しており、弟子たちにはその観点から用心深く備えているように求められている。この箇所はまた、再臨のキリストが戸口に立って扉をたたくヨハネ黙示録 3:20 の描写を思い起こさせる。

37 節

　37–38 節では目覚めている僕たちに対する二つの幸いの言葉（37a, 38 節）と彼らに対する報い（37b 節）が記されており、後者は前者によって囲い込まれている。まず、主人が帰って来た時、目を覚まして主人の帰宅を待ち受けていたところを主人に見出される僕たちは幸いだと述べられるが（43 節参照）、ここでは僕たちが居眠りする可能性が前提とされている（マコ 13:36 参照）。このあとには、（ルカには比較的珍しい）「**まことに私はあなたたちに言っておく**」（ἀμὴν λέγω ὑμῖν）という導入句（4:24; 18:17, 29; 21:32 参照）に続いて、そのような僕の姿を認めた主人は、自らが僕の立場に立って帯を締めて（35 節参照）僕たちを食卓に着かせて給仕してくれると、彼らに対する報いについて語られる。ここでは、主人と僕の立場の逆転という現実にはありそうにない状況が語られており（17:7 参照）、比喩的な意味で理解すべきであろう。その意味でも、社会的役割を一日だけ入れ替えるローマのサトゥルナリア祭の影響を想定する必要はなく（Lagrange 1927:367; Plummer 1989:330）、むしろ福音書に記されているイエス自身の姿が指し示されている（22:27; マコ 10:45 並行；ヨハ 13:1 以下参照）。ここではそのように忠実な僕に与えられる報いについて語られているが（13:22–30; 22:27, 30 参照）、ここに神の国の祝宴（イザ 25:6; ル

カ 13:29; 14:15–24 参照）が暗示されている（カルペパー 2002:339; H. Klein 2006:463）かどうかは明らかではない。

38 節

ここでも前節と同趣旨のことが強調して述べられる。ここでは夜間（日没から明け方まで）を四回の夜警時間（18–21 時、21–0 時、0–3 時、3–6 時）に区分するローマ式慣習（マコ 6:48; 13:35; さらに使 12:4 参照）ではなく、三回の夜警時間（18–22 時、22–2 時、2–6 時）に区分するユダヤ式慣習（出 14:24; 士 7:19; さらに Bill. I:688f 参照）が前提とされており、第二警時は真夜中を、第三警時は夜明け前後を意味している。そのように、主人の帰宅が予想外に遅くなっても、主人を常に待ち受けている姿を認められる僕は幸いだというのである。ここには明らかに再臨遅延が暗示されており、冒頭の 35 節と同様、待ち続けることの大切さが強調されている。

39 節

目を覚ましている僕の譬え（35–38 節）の直後には「**しかし、このことを知っておきなさい**」という導入句に続いて盗人の譬えが語られ、ここでも備えておくようにとの要求が強調されている。この譬えでは僕には言及されずに「**家の主人**」（οἰκοδεσπότης）のみが登場するが、ここでの彼の立場は待ち受けられる側ではなく待ち受ける側である。ここではまた、再臨の遅延よりもむしろその突然の到来と不可知性に焦点が当てられ、盗人に押し入られた「**家の主人**」は、あらかじめ盗人が押し入る時間を知っていたなら自分の家に簡単に押し入らせはしなかっただろうが、その時を知らなかったために押し入られたと述べられている。διορύσσω は文字通りには「穴を開ける」という意であるが（マタ 6:19, 20; 24:43 参照）、この語はすでに「押し入る」を意味する術語的表現として定着しており（ルツ 2004:544）、それゆえ必ずしも、家の中に侵入するために家の前に穴を掘る（Grundmann 1961:265; レングストルフ 1976:348f）、あるいは壁に穴を開ける（Fitzmyer 1985:989; Eckey 2004b:602）という意に解する必要はないであろう。

40 節

　ここでは前節の譬えの適用句が記され、まさに盗人の侵入の場合と同様、「人の子」も知らない時に突然やって来るのだから、常にそれに備えておくように弟子たちに要求されている。もっともこの適用句は、阻止すべき盗人の侵入が待望すべき主の再臨に適用されている点において、さらには、家の主人はその時を知らなかったために備えていることができずに盗人に押し入られた状況を語る譬えに対し、その時を知らないがゆえに弟子たちに主の再臨に常に備えておくように要求している点において、厳密には譬えの内容に適合していない（ルツ 2004:540, 545）。特に盗人の侵入が主の再臨に適用される点は奇異に感じられるが（Jülicher 1910b:142; エレミアス 1969:48f）、同様の比喩は新約の他の箇所にも認められる（Ⅰテサ 5:2–4; Ⅱペト 3:10; 黙 3:3; 16:15; さらにトマス福 21, 103 も参照）。いずれにせよこの譬えは、再臨遅延の状況を踏まえつつ、主の再臨の時が盗人の侵入のように思いがけなく生起するという点を強調することにより、読者に注意を促し、危機的状況に目を開かせようとしている。

41 節

　ここで、ここまでの話を聞いていたペトロが言葉を差し挟むことによりイエスの話は一旦中断させられ（11:45 参照）、ここから新たな展開を見せることになる。冒頭の「**主よ**」（κύριε）との呼びかけは（次節の「主」も参照）、イエスと弟子たちの関係を明らかにすると共に、前後の譬えの中に登場する「**主人**」（κύριος）がイエス自身をも指していることを暗示している。ここでペトロはイエスに、この譬えは「**私たちに**」（πρὸς ἡμᾶς）語られているのか、それとも「**すべての人に**」（πρὸς πάντας）向けられているのか（cf. マコ 13:37：「あなたたちに言うことはすべての人に言うのだ」）と尋ねている。「**この譬え**」（単数形）が何を指しているかは必ずしも明らかではなく、文脈上は直前の盗人の譬え（39–40 節）を指していると考えられるが、この譬えと先行する目を覚ましている僕の譬え（35–38 節）は、備えておくようにとの要求において緊密に結びついていることからも、ここではその両者を含んでいると見なすべきであろう（Marshall 1995:540）。また、ルカの文脈構成においてはこれらの譬えは弟子たちに向けられているが（12:22 参照）、このペトロの問いは、後続の譬えが誰に向けられてい

るかという点に読者の注意を向けさせている。ここでペトロは弟子たちと群衆とを区別していたと想定されるが、召使いたちの上に立てられた管理人を主人公とする後続の譬えとの関連においては、責任を与えられた一部の弟子たち（使徒？）とそれ以外の弟子たちとの区別が暗示されており、それはルカの時代の教会指導者と一般信徒との区別に対応しているのであろう。

42 節

　ペトロの問いに対して「**主**」（イエス）は直接答えずに譬えを語り始める。ここでも先行する目を覚ましている僕の譬え（35–38 節）と同様、主人の不在中の僕の振る舞いが問題になっているが、ここでは主人の帰宅に際する備えではなく、与えられた職務の忠実な遂行が問題になっている。イエスはまず、「**主人が彼の召使いたちの上に、割り当てられた穀物をふさわしい時に〔彼らに〕与えるように任命する忠実で賢い管理人はいったい誰か**」と問いかける。マタイの並行箇所では δοῦλος（僕）が用いられているのに対し（マタ 24:45）、ルカ版ではここで新たに οἰκονόμος（管理人 [テト 1:7; I ペト 4:10 参照]）が用いられているが（もっとも 43, 45, 46 節では δοῦλος を使用）、この「**管理人**」は「**召使いたち**」（θεραπεία [新約ではここにのみ使用／cf. マタ 24:45：οἰκετεία]）の上に立てられ、彼らに「**割り当てられた穀物**」（σιτομέτριον ／ cf. マタ 24:45：τροφή [食物]）を与える任務を課されていた。このことからもルカ版では多くの使用人を擁する富裕者層の家庭環境が想定されており、また、ここで管理する立場にある人物に言及されていることは、イエスが誰に向かって語っているかとの前節のペトロの問いに間接的に答えている。なお、ここで καθίστημι（任命する）の未来形である καταστήσει（44 節も同様）が用いられていることは（cf. マタ 24:45：κατέστησεν [アオリスト形]）、将来の教会の状況を暗示しているのかもしれない（Bovon 1996:324）。最初期のキリスト教会では食物の分配は特に重視されていたが、この箇所は使徒行伝に言及されている日々の食物分配を監督する七名の指導者（使 6:3–6）のことを思い起こさせる。なお、管理人の特性として πιστός（忠実な）と φρόνιμος（賢い）という二つの要素が挙げられているが、πιστός は管理人に特に求められる資質であり（12:42; 19:17; マタ 24:45; 25:21, 23; I コリ 4:2 参照）、また φρόνιμος は宗

教的な知恵を意味し、福音書においてはしばしば終末の文脈で用いられる（マタ 7:24; 25:2, 4, 8, 9; ルカ 16:8 [×2]）。

43–44 節

そして、その管理人が召使いたちに対する穀物の分配の任務を果たしているところを帰って来た主人に見出されるのなら、その僕（管理人）は幸いだと述べられる。先行する 37–38 節においては、主人が帰って来た時に目を覚ましている僕たちの幸いについて語られていたが、ここではより具体的に、割り当てられた穀物をふさわしい時に召使いたちに与える任務を果たしている僕（単数）は幸いだと述べられ、特にルカの文脈においては共同体内で責任を与えられている教会指導者のことが念頭に置かれているのであろう。

さらに、「まことに私はあなたたちに言っておく」（ἀμὴν λέγω ὑμῖν）という表現に続いて報いについて語られた 37b 節に対応する形で、「**確かに私はあなたたちに言っておく**」（ἀληθῶς λέγω ὑμῖν）という強調表現（cf. マタ 24:47：ἀμὴν λέγω ὑμῖν）に導かれ、そのような僕に対する報いとして「**彼（主人）は自分の全財産の上に彼（その僕）を任命するだろう**」と語られるが、これは主人の全財産を管理するというさらに重要な任務の付与を意味している（19:17; 22:30 参照）。言うまでもなく、この「全財産の管理」の委任は、その僕に対する主人の全幅の信頼を前提にしており、主人の信用を得た者に対してはさらに重要な任務が与えられることが示されている。

45–46 節

僕の忠実な振る舞いの描写に続いて、今度はそれとは逆に「その僕」（ὁ δοῦλος ἐκεῖνος）が不忠実に振る舞った場合について述べられる。すなわち、もしその僕が主人の帰りは遅いと思い込み、与えられた任務を遂行しようとせず、逆に付与された権限を悪用し、「**下男たちや下女たちを殴ったり、食べたり飲んだり、酔っぱらったり**」、自分の立場をわきまえずに好き勝手に振る舞うなら、主人は思いもよらない時に帰って来て彼を厳しく罰するというのである。

ここでルカは、マタイ 24:49 の「彼の仲間の僕たちを」（τοὺς συνδούλους αὐτοῦ）に対して「**下男たちや下女たちを**」（τοὺς παῖδας καὶ τὰς παιδίσκας）

と記しており、この僕（管理人）と彼らとの上下関係を明示している。また「食べたり飲んだり」することはここでは明らかに否定的に捉えられており、「酔っぱらう」ことは主の再臨に備えていないことを明らかに示している（Ⅰテサ 5:6–7 参照）。なお、ἐσθίω（食べる）、πίνειν（飲む）、μεθύσκεσθαι（酔う）という組み合わせは、七十人訳聖書においては贅沢な酒宴の描写に用いられる（サム下 11:13 LXX；雅 5:1 LXX）。

「厳しく罰する」と訳出した διχοτομέω は字義的には「真っ二つに切り裂く」という意味であり（出 29:17 LXX）、元来はこの残忍な方法による処刑を意味していたとも考えられるが、鞭打ちの処罰に言及する 47–48 節との関連からも、並行するマタイ 24:51 とは異なり（ルツ 2004:552 参照）、ルカの文脈においては文字通りの意味ではなく（Creed 1953:177; Plummer 1989:332; Nolland 1993a:304f に反対）、厳しい刑罰の意味で理解すべきであろう（Fitzmyer 1985:990; Bock 1996:1182）。これに続く「**彼の運命を不忠実な者たちと同様にするだろう**」（直訳：「彼の割り当て分を不忠実な者たちと共に置くだろう」）という表現も同様の状況を示していると考えられるが、ここでの「**不忠実な者たち**」（οἱ ἄπιστοι）は 42 節の「忠実な管理人」（ὁ πιστός οἰκονόμος）と対照的な位置づけにあり、「不信仰な人々」とも解しうる（Wolter 2008:466。cf. 田川 2011:330：「非信者たち」）。

なお、マタイの並行箇所ではこの僕は「悪い僕」（ὁ κακὸς δοῦλος）と表現され、また「酔っぱらいどもと一緒に」食べたり飲んだりすると記されており（マタ 24:49）、この僕が仲間と一緒になって酒宴に興じていた様子が描写されている。さらにマタイ 24:51 では「不忠実な者たち」の代わりに「偽善者たち」（ὑποκριταί）が用いられているが、これはマタイの編集的改変であろう（ルツ 2004:548）。なおマタイ版においては、この直後に続く「そこでは嘆きと歯ぎしりがあるだろう」（マタ 24:51；さらに同 8:12; 13:42; 50; 22:13; 25:30 も同様）というマタイ自身が付加した編集句によってこの段落は結ばれている。

いずれにせよ、この譬えにおいては、主人は予期しない日、知らない時に帰って来るのだから、その時に裁かれることのないようにしっかりと自分の職務を果たしておくように求められている。この譬えは元来、神が定めた管理人と見なされていた律法学者ら宗教指導者に対する警告であったと想定されるが（エレミアス 1969:57f）、ルカの文脈においては、主人の帰

宅の遅れが再臨遅延と関連づけられ、人の子の再臨が遅れてもその時は突然訪れるのだから、誘惑に陥らずに備えているように教会指導者に警告しようとしている。

47–48 節

忠実／不忠実な僕の譬え（42–46 節）のあとには、ルカ特殊資料に由来する二つの言葉（47–48a 節及び 48b 節）が続いている。直前の箇所（45–46 節）では不忠実な僕の振る舞いと裁きについて述べられていたが、ここではまず、主人の意思に従わなかった「**その僕**」（ἐκεῖνος ... ὁ δοῦλος）に対する（神の意思の認識の有無による）裁きの軽重に関する原則が語られる（47–48a 節）。すなわち、主人の意思を知りながらそれに従って備えず、行動しなかった者は多く鞭打たれるが、主人の意思を知らずにそのように振る舞った者は少ししか鞭打たれないとあり（使 3:17 参照）、ここでは主人の意思を認識していたかどうかが特に問題にされており、この言葉の背景には多くの離反者を出した最初期のキリスト教会の状況があるのかもしれない（Petzke 1990:122）。この言葉はまた、イエスに敵対する律法学者に向けられているとも考えられるが（11:46–52 参照）、意図しない過失は赦されるという考えの背景には、責任は律法の理解と知識に応じて課されるとするユダヤ思想の影響があると考えられる（民 15:27–31; 詩 19:13; ミシュナ「シャバット」7:1; ヤコ 4:17; Ⅱペト 2:21 参照）。もっともルカの文脈においては、ユダヤ人と異邦人の区別ではなく、あるいは弟子と群衆の区別でもなく（Nolland 1993a:704f; Kim 1998:140–145; Wolter 2008:463, 466 に反対）、むしろ教会指導者と一般信徒の区別が考えられており、その意味でもこの言葉は、イエスの言葉は誰に向けられているのかとのペトロの問い（41 節）に対する一つの答えになっている。さらに注目すべきことに、ここで人々が罰せられているのは、誤った行為のためではなく、なすべきことをしなかったためである。

最後の 48b 節では「**すべて多く与えられた者からは多く求められ、多く任された者からは一層多く要求される**」と、二重に構成された一般原則が語られる（19:11–27 参照）。これらの文章の主体は明らかに神であり、人間が生前、神から与えられるものとはこの世の報酬ではなく、信仰、赦し、恵み、あるいは委任されたものであり、多く与えられた者には多くの

責任が課されることが示されている。ルカの文脈においては、教会の責任を委ねられた指導者たちにはそれだけ多くのことが期待されることが示されているのであろう。その一方で、未来形で表現された ζητηθήσεται（求められる）と αἰτήσουσιν（人々が要求する＝要求される）は終末の審判の状況を指し示している。

【解説／考察】

　この段落は、複数の僕の譬えを通して、終末遅延の状況の中にあっても油断することなく常に主の再臨に備えておくように弟子たちに要請している。前半部（35–40節）では、主人の帰りを待ち受ける僕の姿を通して、再臨の時は確かに遅延する可能性があるが、その時がいつ訪れても即座に対応できるように常に目を覚ましておくように要求され、それと共にその時が突然訪れることが強調されている。後半部（41–48節）では、忠実な僕と不忠実な僕の像を通して、いつその時が訪れても自らの職務をしっかりと果たしているように求められ、特に指導的立場にある弟子たちに対して、主の不在期間にあっても怠ることなく、常に指導者としての責務を忠実に果たしておくように要請しており、特に主の意思を知る弟子たちの責任の重さが強調されている。

　この段落の半ばでペトロは、誰に対して語っているのかとイエスに問いかけているが（41節）、この問いに対するイエスの直接的な返答は記されていない。このことはこの箇所全体がイエス時代の弟子と群衆、さらにルカの時代の教会の指導者層と一般信徒を越えて、今日の読者にまで向けられていることを示唆している。ここでは何より主の再臨及び終末が主題となっているが、今日のキリスト教会においてはこれらの主題がそのまま現実味を伴って受け取られることは稀であり、講壇から直接語られることもほとんどないかもしれない。私たちはまた往々にして、この終末の時を自らの人生の終焉の時と重ね合わせて捉えている。事実、私たちの誰もが、遅かれ早かれ自分にも死の時が訪れることを重々承知しているが、それがいつであるかがわからないために漠然とした不安を抱えつつ生きている。その意味でも、私たちはそれぞれ、いつ訪れるかわからない人生の終末に向かってこの世での歩みを続けている存在であるが、このテキストは私た

ちに、自らの死の時をしっかりと見据えて常にそれに備え、主の意思を知る者として、この世で自らに与えられた使命をしっかりと果たしていくように求めている。

5. イエスの使命 （12:49–53）

【翻訳】

^{12:49a}「火を地上に投じるために私は来た。^b そしてそれがすでに燃やされていたらと私はどれほど願っていることか。^{50a} しかし、私には受けねばならない洗礼がある。^b そしてそれが完成されるまで私はどれほど苦しめられることか。^{51a} あなたたちは、平和を地上に与えるために私が来たと思うのか。^b そうではない。私はあなたたちに言っておくが、むしろ分裂だ。⁵² というのも、今から後、一つの家の中の五人は、三人は二人に対し、二人は三人に対して分裂するからである。⁵³ 父は息子に対し、息子は父に対し、母は娘に対し、娘は母に対し、姑は彼女の嫁に対し、嫁は姑に対して分裂する」。

【形態／構造／背景】

　主の再臨への備えを主題とする前段（12:35–48）のあとには、この世におけるイエスの使命を告知する黙示的記述が続き、終末の主題において両者は結びついている。この箇所はまた、ルカ 12:22 以降の一連の弟子への教えを締めくくる機能を果たし、弟子たちに信従の決断を促している。

　この段落は、地上に火を投じるイエスの使命及びイエスが受けるべき洗礼に関する言葉（49–50 節）とイエスがもたらす分裂に関する言葉（51–53 節）から構成されており、いずれの箇所も冒頭に「〜を地上に〜するために私は来た」という表現を含んでいる（49a 節／51a 節）。また、前半の 49 節と 50 節は形式的に並行しており、いずれも《対格名詞（πῦρ［火］／βάπτισμα［洗礼］）＋不定詞を伴う一人称単数形動詞（ἦλθον βαλεῖν／ἔχω βάπτισθῆναι)》に《καί ＋ 疑問詞（τί／πῶς）＋ 一人称単数形動詞（θέλω／συνέχομαι)》が続くという構造になっている。その一方で後半の各節は「分裂／分裂する」（διαμερισμός／διαμερίζω）という鍵語（51, 52, 53 節）によって相互に結合している。この段落全体は以下のように構成されている。

 （1）火と洗礼（49–50 節）
  （a）地上への火の投下（49 節）
  （b）イエスが受けるべき洗礼（50 節）
 （2）イエスがもたらす分裂（51–53 節）
  （a）平和ではなく分裂（51 節）
  （b）家族間の分裂（52–53 節）

 後半の 51–53 節は総じてマタイ 10:34–36 に並行しており（トマス福 16 参照）、全体として Q 資料に由来すると考えられる。マタイに対応箇所が見られない 52 節は、非ルカ的語彙が複数認められることから（Jeremias 1980:224 参照）、ルカの編集句ではなく（Schulz 1972:258f; Schmithals 1980:149; Fitzmyer 1985:994; Eckey 2004b:607 に反対）、ルカ以前の段階（Q ルカ）で付加されたのであろう。53 節についてはミカ 7:6 前半部の影響が認められるが、この点はマタイの並行箇所（マタ 10:35b）においてより顕著であり（マコ 13:12 も参照）、家族間の敵対関係について総括的に述べるマタイに特有の帰結文（マタ 10:36）もミカ 7:6 後半部に並行している。家族の分裂に関するこれらの言葉は、そのラディカルな内容から核においてイエスに遡ると考えられる。

 その一方で、前半の 49–50 節についてはマルコにもマタイにも明確に並行する記述は確認できず（マコ 10:38; トマス福 10 のみ参照）、さしあたりはルカ特殊資料に由来すると想定される（レングストルフ 1976:351; Fitzmyer 1985:994; Wiefel 1988:247; Petzke 1990:122; Bovon 1996:346）。その一方で比較的多くの研究者は、49 節冒頭の ἦλθον βαλεῖν (...) ἐπὶ τὴν γῆν（〜を地上に投じるために私は来た）という表現がマタイ 10:34（並行 51 節）の冒頭に見られる等の理由から、この 49 節を Q 資料に帰しているが（T. W. Manson 1954:120; Ernst 1977:412; Sato 1988:292–294; Nolland

1993a:707; Eckey 2004b:606; 山田 2018:257f）、この点は十分に根拠づけられない。後続の 50 節は ἔχω βάπτισθῆναι（《ἔχω ＋不定詞》は新約用例 21 回中ルカ文書に 11 回使用［Jeremias 1980:169 参照］）や συνέχω（圧迫する［新約用例 12 回中ルカ文書に 9 回使用］）等のルカ的語彙を含んでいるが、ルカが内容的に関連するマルコ 10:38 をもとに直前の 49 節に並行する形式で独自に構成したとは考えにくく（Köster, *ThWNT* VII:883 n. 77; Eckey 2004b:606; H. Klein 2006:466 に反対）、むしろ、すでに 49 節と結びついていた伝承に編集の手を加えたのであろう（Fitzmyer 1985:994）。また、49–50 節と 51–53 節は内容上の相違からも原初的に結びついていたとは考えにくく、伝承（おそらくルカ版Q資料）の段階で結合したのであろう。なお 49 節は、そのラディカルな内容からイエスに遡る可能性も十分に考えられ、最初期のキリスト教会に由来するとは考えにくい（ブルトマン 1983:265f に反対）。

　以上のことから、おそらくルカは、ルカ版Q資料から得た伝承（49–53 節）をもとに適宜編集の手を加えつつ、この箇所全体を構成したのであろう。

【注解】

49 節

　この段落は前段からの移行句なしに「**火を地上に投じるために私は来た**」という黙示文学的な言葉によって始められる（黙 8:5, 7; 13:13 参照）。「**私は来た**」（ἦλθον）という表現はイエスの到来の意味を説明しようとしているが（5:32; 19:10 参照）、ここでは原文でも冒頭に置かれている「火」（πῦρ）が明らかに強調されている。この発言は、弟子のヤコブとヨハネがサマリア人から拒絶された際に、エリヤの故事に倣って天から火を降らせて彼らを焼き滅ぼすことを提案した旅行記冒頭の記述（9:53–55）を思い起こさせるが、その際イエスは彼らの提案を却下しただけに、このイエスの発言は注目に値する。

　「火」は何より「裁きの火」を意味しており（創 19:24; 申 32:22; イザ 66:15–16; ヨエ 2:3; アモ 1:4, 7, 10, 14; 5:6; 7:4; ルカ 3:9, 17; 使 2:19 参照）、その関連において、後続の 51–53 節で言及される人間間の争いや分裂を象徴

的に示しているのかもしれない (Creed 1953:178; Klostermann 1975:140f)。その一方で、ルカの文脈では次節の「洗礼」との関連からも、裁きと同時に人々の罪を浄化する清めの火をも意味しているとも考えられ (3:16–17; さらに民 31:23; ゼカ 13:9; マラ 3:2–3; Ⅰペト 1:7; 黙 3:18 参照)、この関連において天からもたらされる聖霊 (24:49; 使 2:3 参照) のことが念頭に置かれているのかもしれない (cf. 3:16:「聖霊と火」による洗礼)。イエスはさらに、その火がすでに燃やされていることを強く願う自らの思いを表明しているが、この発言はイエスが未だその道行きの途上にあることを裏付けている。

50 節

ここでは前節の「火」に対立する「水」に関わる「**洗礼**」が話題となり、イエスは火を投じる前に「**洗礼**」(βάπτισμα) を受けねばならず、それが完成されるまで彼自身が苦しまなければならないと言明する。ここでの「**洗礼**」は文字通りの意味ではなく、イエスの受難、ひいては十字架上での死を意味している。「**苦しめられる**」と訳出した συνέχομαι (< συνέχω [4:38; 8:37 参照]) の意味は必ずしも明らかではなく、「圧迫されている」(Fitzmyer 1985:997) や「意のままにされている」(Köster, *ThWNT* VII 882f) という訳も提案されているが、ここでは自らの運命に対する苦悩の意で解しうる (Bock 1996:1195)。また、前節の「(火が) 燃やされる (ἀνήφθη)」と同様、「(洗礼が) 完成される (τελεσθῇ)」という表現も受動態で表現されており、これらのことを実現する主体は神と見なされている。なお、関連箇所のマルコ 10:38–39 では「洗礼」と「杯」が併記され (詩 11:6 参照)、イエスの運命を弟子たちも引き受けることになると述べられている。

51 節

さらにイエスは、自分が来たのは「**平和**」(εἰρήνη) ではなく「**分裂**」(διαμερισμός) を与えるためであると自らの使命を明確に告知することにより聞き手の誤解を正そうとしているが、その意味では、イエスと共に弟子たちも終末の時が来る前に苦難を経験することになる。このイエスの言葉は先行する 49 節の言葉に並行しているが、49 節の「火の投下」が明

らかに将来のこととして語られているのに対し、ここでの「**分裂**」はすでに生起しつつある事柄として語られている（52節参照）。この発言はまた、神の国の宣教が平和と和解を特徴としているという理解と明らかに矛盾しているが（1:79; 2:14; 7:50; 8:48; 10:5–6; 使10:36参照）、本来の目的である平和を達成するためには決断と献身が必要とされ、必然的に分裂を引き起こすことになると示唆されているのであろう（2:34–35参照）。このようにここでは断固とした決断が求められているが（11:23参照）、この言葉の背景には、イエスへの信従が家族関係を含めて社会的な結びつきの保持を困難にしたという現実的な状況があったのかもしれない。なお、ここで用いられている《δοκεῖτε ὅτι ...（あなたたちは、～と思うのか）+ οὐχί, λέγω ὑμῖν, ἀλλ᾽ ...（そうではない。私はあなたたちに言っておくが～)》という構文は後続のルカ13:2–3, 4–5にも用いられている。また、並行するマタイ10:34ではルカ版とは異なり、Μὴ νομίσητε ὅτι ἦλθον ... οὐκ ἦλθον ... ἀλλὰ ...（私が～来たと考えてはならない。私は～ではなく、～来たのである）と表現され（マタ5:17も参照）、「分裂」ではなく「剣」（μάχαιρα）が用いられている（2:34; 黙6:4参照）。

52節

イエスが言及する分裂は家族間の分裂を意味しており、ここでイエスは、今後、五人家族であるなら三人と二人が敵対し、分裂すると予告している（トマス福16参照）。ここでは未来形が用いられているが（διαμεμερισμένοι）、「**今から後**」（ἀπὸ τοῦ νῦν [1:48; 5:10; 22:69参照]）という表現は、その分裂が将来起きるのではなく（Bovon 1996:356に反対）、すでに今始まろうとしていることを強調している（コンツェルマン 1965:180; Fitzmyer 1985:997）。また「**五人**」は、次節で言及されている父、息子、母、娘、姑（＝母）、嫁を暗示しているのであろう。終末時における家族の分裂については、旧約やユダヤ教文献にもしばしば言及されている（ゼカ13:3; エチオピア・エノク56:7; 99:5; 100:1–2; ヨベル23:16, 19; IVエズラ6:24; ミシュナ「サンヘドリン」97a [Bill. I:585f]）。

53節

ここでは52節の内容がさらに具体的に述べられており、父と息子、母

と娘、姑と嫁がそれぞれ対立し、分裂すると告知され（マコ 13:12 参照）、それによって、イエスに信従することが家族間の対立をもたらし、神の言葉（福音）を受容する者と拒絶する者との分裂をもたらすことを覚悟しておくように要求される（14:26; 18:29 参照）。このような記述は、「父たちの心を子らに立ち帰らせる」（1:17）という洗礼者ヨハネの働きに関する天使の発言内容とは明らかに矛盾しているが、ここでもルカ 8:21 と同様、血縁による交わりを越える信仰による交わりが強調されているのであろう（9:59–62 参照）。なお、ここで夫と妻の分裂に言及されていないのは、イエスが離婚を禁じたことと関連しているのかもしれない（カルペパー 2002:344）。こうしてイエスの到来によってもたらされる分裂は、終末の苦難を示す表象によって終末の到来を予兆するものとなる。因みにマタイにおいては、ミカ 7:6 と同様、三組の分裂の描写は「私は人を父から、また娘をその母から、また嫁をその姑から引き裂くために来た」（マタ 10:35）というように、若い世代の古い世代からの一方的な離反についてのみ記され、「人の敵はその家の者たちである」（マタ 10:36）という発言で結ばれている。

【解説／考察】

　この段落ではまず、地上に火を投じるというこの世におけるイエスの本来の使命について語られ、さらにその使命を達成するためにイエスが受けねばならない「洗礼」、すなわちイエスの受難と死が示唆される。後半部では、イエスの使命が（即座の）平和よりもむしろ分裂をもたらすことにあると述べられ、イエスへの信従が家族との亀裂をもたらしうるという状況のもとで弟子たちに献身の覚悟が求められ、決断が促されている。

　イエスは平和の使者であるというイメージが強いだけに、この「平和ではなく分裂」という発言は私たちを困惑させる。しかしそれだけに、まさに受難を経て復活があるように、平和は無償では与えられず、真の目的に到達するためには多くの苦難や忍耐の時を経なければならないことがここには示されている。事実、私たちも何らかの目的に向かって行動しようとする時、それがいかに崇高で正当なものであっても、なかなか他人の理解を得ることができず、むしろ予想外の抵抗に遭い、非難されたりもする。

229

その意味では、大きな目的を達成するためには、産みの苦しみを経験することを覚悟しておく必要があることをこの箇所は示そうとしている。

6. 時を見分ける （12:54–56）

【翻訳】

12:54a 彼（イエス）はまた群衆にも言った。b「あなたたちは雲が西に上るのを見ると、すぐに『にわか雨が来る』と言い、そして〔実際に〕そのようになる。55 また南風が吹くと、あなたたちは『炎暑になる』と言い、そして〔実際に〕そうなる。56 偽善者たちよ、あなたたちは地と空の模様を見分けることは知っているのに、どうして〔今の〕この時を見分けることを知らないのか」。

【形態／構造／背景】

　火と分裂をもたらすイエスの使命について語る前段（12:49–53）のあとには、同様に終末を主題とする時に関する言葉が続いているが、ここから対象は弟子たちから再び群衆に移行している。この段落は以下のように区分できるが、天候予測の事例について記す 54b 節と 55 節は同様の構造をもち（ὅταν (...), λέγετε ὅτι ..., καὶ γίνεται (...)）、並行的に記述されている。

　　（1）序：イエスの群衆への発言（54a 節）
　　（2）天候予測に関する二つの事例（54b–55 節）
　　　　（a）西に上る雲の例（54b 節）
　　　　（b）南風の例（55 節）
　　（3）時を見分けることに関する偽善者たちへの問いかけ（56 節）

　この段落は総じてマタイ 16:2–3 に対応しており、その意味では Q 資料に由来するとも考えられる（Schneider 1984b:293f; Kloppenborg 1988:144f;

三好 1991:334; 山田 2018:259)。しかしながら、マタイ 16:2b–3 はシナイ写本（א）やバチカン写本（B）等の有力な写本に含まれておらず、直後のマタイ 16:4 は同 16:2a にスムーズに接続することから、この箇所は元来のマタイのテキストには含まれておらず、二次的に挿入された可能性が高い（ルツ 1997:572f; 田川 2008:720; 蛭沼 1981:126 参照）。また仮にそうでなくても、マタイ版とルカ版はその文脈のみならず内容や用語において大きく異なっていることから（共通語は 6 語のみ）、多くの研究者はこの段落をルカ特殊資料に帰している（Grundmann 1961:272; レングストルフ 1976:354; Fitzmyer 1985:999; Bovon 1996:348）。その一方で、ルカのテキストの前後の箇所（51–53, 58–59 節）が（ルカ版）Q 資料に由来することを勘案するなら、この段落もルカ版 Q 資料に遡る可能性は十分に考えられる（Sato 1988:58, 183 参照）。なお、ルカに特徴的な ἔλεγεν δὲ καί ...（彼はまた〜にも言った［文頭の ἔλεγεν δέ は新約用例 11 回中ルカ文書に 9 回使用、δὲ καί は共観福音書用例 31 回中ルカに 26 回使用］）を含む冒頭の導入句（54a節）はルカの編集句であろう。また、末尾の 56 節についてはトマス福音書〔語録 91〕に並行記事が見られるが、これは明らかにルカの記述に依拠している。

【注解】

54 節

　ルカ 12:22 以降のイエスの教えは弟子たちに向けられていたが、ここからイエスは再び群衆に向かって語り始める（12:13–21 参照）。群衆はルカ 11:16, 29 において、しるしを求める存在として言及されていたが、ここでは「〔今の〕この時」を見極められない存在として描かれている。もっともこの聴衆の変更から、弟子たちはこれ以降のイエスの教えをすでに理解していたと断定するのは早計であろう（Green 1997:512 も同意見、Schneider 1984b:294; Fitzmyer 1985:999 に反対）。

　ここではまず、人々が地と空の模様を見極め、天候を予測する能力をもっていることが述べられるが、ここに挙げられている二つの事例は、その地域では周知の事実であり、常識と見なされていたと考えられる。すなわち、人々は雲が西方、すなわち地中海の方角から現れるのを見ると「**にわ**

か雨が来る」と言い、そして実際にそのようになる（王上 18:44–45 参照）。
ὄμβρος は単なる雨（ὑετός）ではなく、局地的に激しく降りつける集中豪
雨を意味している。

55 節

　さらに「**南風**」が吹くと、人々は「**炎暑**」になると言い、事実そのよ
うになる（ヨブ 37:17 参照）。おそらくここでは、アラビア砂漠から吹い
て来て熱気をもたらす南風のことが語られているのであろう（Fitzmyer
1985:1000; H. Klein 2006:471）。なお、νότος（南風／南東風）は七十人訳聖
書では「東風」を意味する קָדִים の訳語としてしばしば用いられるが（出
10:13; 14:21 LXX; ヨブ 38:24 LXX; 詩 77:26 LXX; エゼ 27:26 LXX）、このよう
に七十人訳聖書において「東風」が「南風」に変えられているのは、そ
れがパレスチナではなく、熱気をもたらす南風が吹くエジプトで成立し
たためかもしれない（Theißen 1989:264–267 参照）。また、後続の καύσων
は「炎暑／熱風」を意味するが（イザ 49:10 LXX; マタ 20:12; ヤコ 1:11 参
照）、この語も七十人訳聖書ではしばしば קָדִים の訳語として用いられてい
る（ヨブ 27:21 LXX; エレ 18:17 LXX; エゼ 17:10; 19:12 LXX）。
　一方のマタイ版では、イエスを試そうとして天からのしるしを見せるよ
うに求めたファリサイ派やサドカイ派の人々の要請（マタ 16:1）に対する
返答として語られている。マタイ版ではまた、空模様の事例のみが挙げら
れ、夕空の赤み（夕焼け）が良い天気をもたらし、明け方の空の赤みは嵐
をもたらすという一般的理解が述べられているが、この点は直後の箇所で、
ルカの「地と空の模様」（56 節）に対して「空の模様」（マタ 16:3）と記さ
れていることと符合している。

56 節

　ところが、人々はこのように「**地と空の模様**」、すなわち雲や風が指し
示す徴候は見分けることはできても、「**この時**」（ὁ καιρὸς οὗτος）を見分け
ることができないでいる。注目すべきことに、ここでイエスは聴衆に対し
て「**偽善者たちよ**」（ὑποκριταί）と辛辣な表現で呼びかけているが（6:42;
13:15 も参照）、この言葉はルカ 12:1 以降の一連のイエスの教えの冒頭に
出てくるファリサイ派のパン種を偽善と見なすイエスの言葉を思い起こさ

せる。ここではまた、οἴδατε δοκιμάζειν（見分けることを知る）という同一表現が繰り返されることにより「**地と空の模様**」と「**この時**」が対比的に捉えられているが、彼らが「この時」を認識できないでいるのは、彼らの能力の欠如よりも意志の欠如のためであり（Fitzmyer 1985:1000）、さらにここには時に関する認識の欠如によって引き起こされる深刻な帰結も示唆されている。「**この時**」はイエスの宣教活動、ひいては神の国の到来に関わっており（cf. 19:44：「お前は〔神が〕お前を訪れる時を知らなかった」）、その意味で終末論的意味をもち、人々に決断を迫っているが、その具体的内容は後続の段落（13:1–9）で明らかにされることになる。なお、ルカ版の「**この時**」に対してマタイ版では「時のしるし」（τὰ σημεῖα τῶν καιρῶν）と記され、終末の時に特化されることなく、より一般的な意味での時代の徴候が意味されている。

　コンツェルマン（1965:180）は、ここでは「遅延によって惑わされてはならない」という点が強調されていると主張しているが、この段落でも直後の段落（57–59節）でも特に終末遅延は問題にされておらず、むしろここでは今現在が終末前の最後の機会と見なされている（Schneider 1984b:294）。その意味でも、この言葉は「決定的な時の脅威的な厳しさを強調している」（ブルトマン 1983:197f）。

【解説／考察】

　この段落では、天候を予測して明日に備える等、日常生活に必要な様々な知識を習得しているにも拘らず、それよりはるかに重要な「今のこの時」の意味を理解せず、それに備えようとしない人々に対して警告が発せられている。「この時」はイエスの到来及び神の国宣教を意味しており、何より終末論的な意味での危機的な時をしっかりと見極めて決断するように求められている。

　「この時」は今日の文脈においてはより広範な意味で解しうる。特に時間に追われる現代人は、慌ただしさの中に紛れて「今の時」の意味を見失いがちであり、その意味でもこの言葉は現代世界に対しても警鐘を鳴らしている。事実、ここで問題にされている「この時」とは目に見える量的な時であるクロノス（χρόνος）ではなく、目に見えない質的な時であるカ

イロス（καιρός）であり、いずれにしてもこの言葉は、目に見えるこの世のしるしに目を奪われて翻弄されるのではなく、目に見えない時のしるし、とりわけ「〔今の〕この時」をしっかりと見極め、「今何をなすべきか」という問いを常にもちつつ、与えられている一日一日を大切に生きていくように求めている。

7. 和解の要求 （12:57–59）

【翻訳】

12:57「また、あなたたちはなぜ、自分自身で義しいことを判断しないのか。58 そこで、あなたがあなたを訴える人と一緒に役人のもとに行く時には、その途上で彼（訴える人）から解放されるように努めなさい。さもないと、彼はあなたを裁判官のところに引っ張って行き、裁判官はあなたを獄吏に引き渡し、獄吏はあなたを牢獄に投げ込んでしまう。59 私はあなたに言っておくが、最後の一レプトンを支払うまで、あなたは決してそこから出て来ることはできない」。

【形態／構造／背景】

　時に関する言葉（12:54–56）のあとには裁きの前に和解するようにとの要求が続いているが、両者は終末の裁きの主題において結びつき、前段が今の時を見分けるように要請しているのを受けて、この段落ではそのことを踏まえて行動するように求められている。この段落は（1）義しいことを自分で判断するようにとの要求（57節）と（2）告訴者と共に裁きの場に向かう人の譬え（58–59節）から構成されている。なお、58–59節を譬えと見なすことについては異論もあるが（Fitzmyer 1985:1001 参照）、ブルトマン（1983:297）はこの箇所を「比喩表現から発展した譬え」と表現しており、特にルカ版のテキストは字義的意味とは別に転義の意味が明確に認められることからも譬えと見なしうるであろう。

冒頭の 57 節は他の福音書に並行記事が見られず、δὲ καί（共観福音書用例 31 回中ルカに 26 回使用）及び「判断する」の意の κρίνω（新約ではパウロ書簡の 6 回の用例以外はルカ文書にのみ計 7 回使用）等のルカ的語彙を含んでおり、ルカはこの導入句を前段（54–56 節）からの移行句として編集的に構成したのであろう（ブルトマン 1983:157; Fitzmyer 1985:1001; Bovon 1996:348, 360。一方で Bock 1996:1190 はこの見解に否定的であり、Ernst 1977:415f は Q に帰す）。これに続く 58–59 節では二人称複数形（あなたたち）から二人称単数形（あなた）に変化しており、直前の 57 節との結びつきは緊密ではない。この箇所はマタイ 5:25–26 と並行しており、総じて Q 資料に由来すると考えられる（その一方で Bock 1996:1189 や田川 2011:332 はこの見解に否定的であり、Bovon 1996:348f はルカ特殊資料に帰す）。一方のマタイのテキストは、山上の説教（マタ 5–7 章）に含まれる六つの対立命題の中の他人に対する怒りを禁じた最初の対立命題（マタ 5:21–26）の末尾に位置しており、文脈は明らかに異なっている。マタイが自らの文脈に合わせて伝承を倫理化した可能性も否定できないが（シュトレッカー 1988:132–134; 三好 1991:334 参照）、おそらくマタイ版の方が原初的で、ルカがヘレニズム世界の金融訴訟に適合させたのであろう（Fitzmyer 1985:1001; ルツ 1990:359; H. Klein 2006:470）。なお、58 節の δὸς ἐργασίαν（努める [ἐργασία は新約用例 5 回中ルカ文書に 4 回使用]）、πράκτωρ（獄吏 [新約では 58 節にのみ 2 回使用]）及び 59 節の λεπτός（レプトン [新約ではマコ 12:42; ルカ 12:59; 21:2 にのみ使用]）はルカの編集句であろう。以上のことからも、ルカは Q 資料に由来する伝承（58–59 節）をもとに、冒頭の導入句（57 節）を編集的に構成する他、適宜編集の手を加えつつ、この段落を構成したのであろう。

【注解】

57 節

　ここでイエスは、直前の「あなたたちは……どうして〔今の〕この時を見分けることを知らないのか」という問いかけに引き続き、それに対応する形で「**あなたたちはなぜ、自分自身で義しいことを判断しないのか**」と語り出す（前節の δοκιμάζω [見分ける] と本節の κρίνω [判断する] を比較参

照）。「**自分自身で**」（ἀφ᾽ ἑαυτῶν）という表現（21:30 参照）はギリシア語原文では動詞の前に置かれており、明らかに強調されている。「**義しいこと**」（τὸ δίκαιον）は倫理的意味も含んでいるが、ここでは神の意思（神の義）と密接に関わっている。この発言はこの 58 節以下の譬えを導入しており、そこでその具体的内容が示されることになる。

58 節

　続いてイエスは譬えを語り始めるが、ここから主語は二人称複数形から二人称単数形に移行している。ここではまず、自分を訴える人と共に「**役人**」（ἄρχων）のところに向かう際には、裁きを免れるその最後の機会を有効に活用すべきであり、訴える人から解放されるように（ἀπηλλάχθαι：ἀπαλλάσσω［解放する］の完了不定詞受動態）、すなわち彼と和解できるように努めるように要求されている。

　続いてこの要求の根拠として、さもないと、その告訴人によって「**裁判官**」（κριτής）のところに引っ張って行かれ、さらに彼から「**獄吏**」（πράκτωρ）に引き渡され、最終的に投獄されると述べられる。直後の 59 節の記述内容からも明らかなように、ここでは金銭上の負債が問題となっており、また、この人物には訴えられる正当な理由があったようであり、彼になし得ることは、残された時間を有効に用いてその訴えを取り下げてもらえるように全力で努めることのみであった。

　マタイ版とは異なり、冒頭の告訴人との同行を役人のもとへの同行と明記しているルカのテキストにおいては、事態の深刻さがより一層強調されており、また、告訴人と共に「**役人のもとに行く**」ことと、彼（告訴人）によって「**裁判官のところに引っ張って**」行かれることは本来同一の状況を描写していると考えられるが、後者においてはもはや取り返しのつかない事態であることが強調されている。なお、マタイ 6:25 の ὑπηρέτης（下役＝ユダヤ教会堂の奉仕者［4:20 参照］）に対してここでは πράκτωρ が用いられているが、本来これは財政に関わる官吏の職名であり、ここではローマの裁判制度における執行吏（獄吏）を意味している。このほかにも δὸς ἐργασίαν（努める）や κατασύρω（引っ張って行く）等の表現を含むルカ版のテキストにはローマの裁判法の影響が強く見られるのに対し、マタイ版ではユダヤ的状況が反映されているが、負債者の身柄の拘留についてはユダ

ヤの律法には記載されていないことから、ここでは異邦地域の法律が前提とされている（エレミアス 1969:199）。なお、神を告訴人もしくは裁判官に例える描写は、神を「審判者、証人、告訴人」と見なすラビの言葉（ミシュナ「アヴォート」4:22 参照）に対応している。

　この譬えには適用句は記されていないが、明らかに神との関係が示されており、エレミアス（1969:41）によると、この譬えは裁きの前の人間の姿を描写する終末に関する「危機の譬え」である。すなわち、人は皆、裁きへの途上にある存在であり、今のこの時が悔い改める最後の機会なのであり、裁き主たる神が到来する前に直ちに神と和解すべきである。このような理解は、間近の到来を前提とするイエスの文脈においても、また終末遅延によって終末待望の意識が後退したルカの文脈においても当てはまる（Schneider 1984b:295）。

　その一方で、山上の説教の対立命題の中に組み込まれているマタイのテキストは弟子への倫理的教えの文脈に位置づけられている。マタイにおいてはまた、供え物を献げる前に兄弟と和解するように要求する言葉（マタ 5:23–24）の直後に続いていることからも明らかなように、教会の信徒間の倫理的態度の規範として再解釈されており、何より敵対している人物と和解するように要求されている。

59 節

　続いて「**私はあなたに言っておくが**」（λέγω σοι）という強調表現に導かれ（マタ 5:26：ἀμὴν λέγω σοι）、一旦投獄されると最後の一レプトンを支払うまでそこから出て来ることはできないと述べられる。「**レプトン**」はギリシアの最小単位の銅貨（cf. マタ 5:26：クァドランス［ローマの最小銅貨］）であり、クァドランスの 1/2、アサリオンの 1/8、デナリオンの 1/128 に相当する。ここではそのように、ごく僅かな金額も残すことなく負債を完全に払い切るまでは牢獄から出て来ることはできないと述べられるが、ここでの負債は転義的に神に対する負債（罪）を意味していることからも（Bock 1996:1200）、それを払い切る可能性は最初から考えられておらず、むしろ神の裁きが決定的で取り返しのつかないものであることが強調されている（Fitzmyer 1985:1003）。その意味でも、裁きの時が間近に迫っているという切迫した状況の中で、かろうじて残されているこの最後の機会を

取り逃すことなく、悔い改めて神と和解するように強く要請されている。

【解説／考察】

　今の時を見分けるようにとの前段の要求に続いて、この段落ではそのことを踏まえつつ、手遅れにならないうちに神と和解するように要求しているが、それは何より、危機的な状況は間近に差し迫っており、この最後の機会を逃すと裁きの運命を回避することはできなくなるからである。このように、残された僅かな時間を有効に用いて危機的状況を脱するという描写は、後続の不正な管理人の譬え（16:1–8a）を思い起こさせる。その意味でも前段及びこの段落は、「この時」の重要性を認識し、即座に決断して行動するように促しているが、その具体的内容は悔い改めの実践であり、この主題については後続の 13 章において展開されることになる。

　最初期のキリスト者とは異なり、今日のキリスト教信者は切迫した終末意識をもつことはほとんどないかもしれない。もちろん私たち現代人も、日常生活において時おり危機的な状況にも陥り、そこから脱するためにあらゆる手を尽くそうとするが、それらは多くの場合、家庭や職場等の身近な人間関係に関わる問題である。しかしここでは、この世における人間関係よりもはるかに重要な神との関係に焦点が当てられており、「その途上で」、すなわちそれぞれの人生の歩みにおいてその関係に亀裂が生じた時には、手遅れになる前に悔い改め、神との和解を回復するように努めるよう強く要請されている。

8. 悔い改めの要求（13:1–5）

【翻訳】

^{13:1} ところがまさにその時、ある人々が来て、ピラトが彼らの血を彼らのいけにえ〔の血〕に混ぜたそのガリラヤ人たちについて彼（イエス）に報告した。^{2a} すると彼は答えて彼らに言った。^b「あなたたちは、そのガリラ

ヤ人たちはこれらのことを蒙ったので、〔他の〕すべてのガリラヤ人たちとは違い、罪人たちだったと思うのか。³ そうではない。私はあなたたちに言っておくが、悔い改めなければあなたたちも皆同じように滅びる。⁴ あるいはあなたたちは、シロアムの塔がその上に倒れて亡くなった（直訳：「（塔が）殺した」）あの十八人、彼らはエルサレムに住んでいた〔他の〕すべての人々とは違い、負い目がある者たちだったと思うのか。⁵ そうではない。私はあなたたちに言っておくが、悔い改めなければあなたたちも皆同じように滅びる」。

【形態／構造／背景】

ルカ 12:35 以降、終末を主題とする段落が続いてきたが、13 章冒頭の二つの段落（13:1-5, 6-9）では、終末の到来を前提としつつ悔い改めが要求されている。

最初の段落では、ピラトによるガリラヤ人殺害の報告（1 節）に始まり、エルサレムにおける二つの悲劇的な出来事に関するイエスの言葉が記されており（2b-3 節／4-5 節）、前者は暴君による人為的災害でガリラヤ人に関わり、後者は偶発的な事故でエルサレムの住民に関わっている。双方のイエスの発言は、「あなたたちは、……〔彼らは〕すべての～とは違い、罪人たち／負い目がある者たちだったと思うのか」（δοκεῖτε ὅτι ... ἁμαρτωλοί／ὀφειλέται [ἐγένοντο] παρὰ πάντας τοὺς ... [ἐγένοντο]）という修辞疑問のあとに「そうではない。私はあなたたちに言っておくが、悔い改めなければあなたたちも皆同じように滅びる」（οὐχί, λέγω ὑμῖν, ἀλλ᾽ ἐὰν μὴ μετανοῆτε πάντες ὁμοίως／ὡσαύτως ἀπολεῖσθε）という否定的応答及び悔い改めの要求が続いており、明らかに並行している。なお、「あなたたちは……と思うのか」（δοκεῖτε ὅτι ...）という問いかけの直後にそれを否定する「そうではない。私はあなたたちに言っておくが、……」（οὐχί, λέγω ὑμῖν, ...）という発言が続く文章構成は先行するルカ 12:51 にも見られる（エピクテートス『語録』4:1:33 も参照）。また、ルカ 13:1-9 と後続の 15 章とは、悔い改めの主題と「求める／捜す」（ζητέω）及び「見つける」（εὑρίσκω）の鍵語を共有していることに加え、導入部（1-2a 節／15:1-3）のあとに、修辞疑問文（2b, 4 節／15:4, 8）によって始まり、λέγω ὑμῖν（私はあなたたちに

言っておく）という導入句を含む罪人の悔い改めを主題とする適用句（3,
5節／15:7, 10）によって結ばれる二重の小段落（ἤ［あるいは］によって相
互に結合）が続き、さらにそれらの適用句の内容を展開する譬え（6–9節
／15:11–32）が続くというように同様の構造をもっている（Farmer 1962:
305f; Wolter 2008:474 参照）。この段落全体は以下のような構成になってい
る。

　　（1）序：ピラトによるガリラヤ人殺害の報告（1節）
　　（2）ガリラヤ人たちの受難（2–3節）
　　　　（a）ガリラヤ人たちの殺害に関するイエスの修辞的問い（2節）
　　　　（b）悔い改めの要求と滅びの警告（3節）
　　（3）シロアムの塔の倒壊（4–5節）
　　　　（a）エルサレムの人々の事故死に関するイエスの修辞的問い（4
　　　　　　節）
　　　　（b）悔い改めの要求と滅びの警告（5節）

　この段落はマルコやマタイに並行箇所が見られず、ルカ自身による創
作とも考えにくいことから、全体としてルカ特殊資料に由来すると考え
られる。もっとも、ἐν αὐτῷ τῷ καιρῷ（まさにその時［《αὐτὸς ὁ ＋ 名詞》は
新約ではルカ文書にのみ計 11 回使用]）や ἀπαγγέλλω（報告する［新約用例
45 回中ルカ文書に 26 回使用]）等のルカ的語彙を含む冒頭の 1 節は、ルカ
が伝承資料をもとに編集的に構成し（Jeremias 1980:98, 226 参照）、直前
の箇所（12:49–59）と結合したのであろう（Bovon 1996:372）。また、並
行している 2b–3 節と 4–5 節はルカ以前に結びついていたとも考えられ
るが（Schwarz 1969:124; Nolland 1993a:716; H. Klein 2006:473）、ルカは
しばしば二重の例を用いていることからも（4:25–27; 11:31–32; 12:24, 27;
12:54–55; 13:18–21; 14:28–32; 15:4–10; 17:26–29; 34–35 参照）、むしろルカ
自身が両者を結合したのであろう（Wolter 2008:475）。

【注解】

1節

イエスが終末の裁きについて群衆に話していた「**まさにその時**」、人々がイエスのもとに来て、ピラト（3:1; 23:1–5 参照）がガリラヤ人たちの血を彼らのいけにえの血に混ぜたことを報告したという。この「**まさにその時**」（ἐν αὐτῷ τῷ καιρῷ）という表現は前段との結びつきを示しており、これらの人々はエルサレムからやって来て（巡礼帰り？）、当地での最近の出来事を伝えようとしたのであろう（Blinzler 1958:25f; Marshall 1995:553; Bovon 1996:374 参照）。「**ある人々が来て**」（παρῆσαν ... τινες）は「ある人々が〔そこに〕いて」とも解し得るが（Nolland 1993a:717; カルペパー 2002:348; 田川 2011:52）、彼らがエルサレムからやって来たという状況を前提とするなら前者の訳文の方が適切であろう。

ガリラヤ人たちの「**血を彼らのいけにえ〔の血〕に混ぜた**」という彼らの報告は文字通りに理解する必要はなく、ここでは過越祭に際してエルサレム（神殿）を訪れていた幾人かのガリラヤ人の巡礼者たちが（いけにえを献げていた際？）ピラトによって殺害されたことを語っているのであろう。この事件そのものについては聖書外文献には記載されていないが、実際にこのような事件が起こった可能性については、ヨセフスの記述等（『ユダヤ戦記』2:169–177;『ユダヤ古代誌』18:55–62; さらにフィロン『ガイウスへの使節』299–305 他参照）から類推されるピラトの残忍な人物像からも十分に考えられる（Blinzler 1958:24–49; Schottroff 2007:79 参照）。その一方で、ヨセフスの『ユダヤ古代誌』18:85–87 に見られるピラトがサマリア人たちを虐殺した（紀元 35 年）という記述がこの事件と混同された可能性も考えられる。なお、この事件と熱心党との関係も指摘されているが（Cullmann 1961:9）、推測の域を出ないであろう（Blinzler 1958:30）。

2節

この報告を受けたイエスは、ピラトの殺害行為を特に非難することなく、災難に遭ったガリラヤ人たちは他のすべてのガリラヤ人たちとは異なり、罪人たちであったと思うのかと反語的に問いかけている。当時のユダヤ世界では一般にあらゆる災難や不幸は本人あるいはその親族の罪に対する罰

と見なされており（出 20:5; ヨブ 4:7; 8:20; 22:4–5; 詩 1:4–5; 37:20; ヨハ 9:2; Bill. II:193–197 参照）、イエスはそのことを前提に語っている。なお、伝統的にこの箇所は、すべての人は罪人であることを前提とする次節の内容との関連から、災難に遭った彼らは「すべてのガリラヤ人たち以上に罪深い者たちだった」というように訳されてきたが、原文には比較級が用いられていないことからも、「〔他の〕すべてのガリラヤ人たちとは違い、罪人たちだった」と訳出すべきであろう（Schwarz 1969:125; 田川 20011:333f; 協会共同訳参照）。

3 節

　自らの問いに対してイエスは「**そうではない**」と断言し、これらのガリラヤ人たちは、他のガリラヤ人たちとは違って（特に）罪深かったわけではないと明言すると共に、さらに「**私はあなたたちに言っておく**」という強調表現を用いて、あなたたちも悔い改めなければ皆が同様に滅びる運命にあると警告を発している。ここではそのガリラヤ人たちが罪人であったこと自体が否定されているのではなく、彼らの罪深さをその災難の直接の原因と見なしている人々の自分たちは罪とは無縁であるという考えが否定されており、彼らに対して他人の罪よりも自らの罪に目を向けるように要求している。確かにこのイエスの発言は、罪に対して裁きが与えられるという理解そのものを必ずしも否定していないという意味で、そのガリラヤ人たちは罪人であったために災難に遭ったわけではないと断言する直前のイエスの発言と矛盾しているように思える（木原 2012:158–162 参照）。しかしここでは、取り立てて罪深かったわけでもない人々でも災難に遭ったという事例を引き合いに出すことにより、すべての人は裁きの前に置かれている罪人であることを改めて強調しつつ、裁きを免れるために悔い改め、神に回帰するように要請しているのであろう。その一方で、これらのガリラヤ人たちはこの運命を彼ら自身の罪のゆえにではなく、他人のために蒙っているとする見解（Grundmann 1961:276）は受け入れられない。

4 節

　イエスはさらに、エルサレム南部に位置するシロアムの塔の倒壊によって十八人の人々が犠牲になった事例を挙げ、ここでも同様に、彼らはエル

サレムの全住民とは違って「**負い目がある者たち**」であったためにそのような災難に見舞われたと思うのかと問いかけている。この「**負い目がある者たち**」（ὀφειλέται）は、直前の3節の「**罪人たち**」（ἁμαρτωλοί）と同義と見なしうる（11:4参照）。また「**エルサレムに住んでいた〔他の〕すべての人々**」という表現は、先行する「〔他の〕すべてのガリラヤ人たち」と同様、災難に見舞われた人は少数に過ぎなくても、すべての人が裁きの前に立たされていることを強調している。ここでは、エルサレムの第一城壁の塔で、シロアムの池（ネヘ 3:15; イザ 8:6; ヨハ 9:7, 11 参照）を見下ろしていた塔のことが言われていると考えられ（ヨセフス『ユダヤ戦記』5:140, 145 参照）、ピラトはここから水を引く上水道の建設に着手していたと伝えられている（ヨセフス『ユダヤ戦記』2:175;『ユダヤ古代誌』18:60 参照）。

5節

3節と同様、ここでもイエスは自らの問いに対して「**そうではない**」と否定的に応答し、この十八人が取り立てて負い目がある人々（罪人）ではなかったと明言すると共に、さらに3節と同様、「**私はあなたたちに言っておく**」という強調表現を用いて、すべての聴衆に対して、悔い改めることにより滅びる運命を回避するように要求している。ここではまた、直前のピラトによる殺害行為とは異なり、必ずしも人為的ではない災難が問題になっているが、このことは人間を襲う災難が不可避であることを暗示しているのかもしれない。なお、ルカのイエスがここで歴史的な事例を引用して悔い改めるように警告しているのは、あらゆるユダヤ人に対する神の裁きによってエルサレムが破壊されたことを強調するためというよりは、あらゆる人々は罪人であるが、即座に悔い改める者だけは裁きを免れることができるということを示すためであろう。

【解説／考察】

この段落では、何より裁きに直面していることを改めて強調しつつ、滅びることがないように悔い改めるように要求されており、洗礼者ヨハネの説教を思い起こさせる（3:8–9 参照）。当時のユダヤ世界においては、災難や不幸はそれに見舞われた人々の罪との関連で捉えられていたのに対し、

イエスはここで明らかに両者の因果関係を否定しているが、その一方で、彼らが蒙った災難を神を忘れた人類の罪との関連において捉えている。

災難や不幸は本人あるいはその身内の罪に対する罰であるとする因果応報思想は日本においても伝統的に根強く、またこのような考え方は勧善懲悪思想とも結びついてきた。しかしながら、人はしばしば自らが理不尽な状況に陥った時に、現実の世界はこの因果応報思想によって到底説明できるものではないことに身をもって気づかされる。しかしその一方で、すべての人はその本質において罪人であって裁きの前に置かれている存在なのであり、その意味でもこの段落は、すべての人に対して、裁きを回避するために自らの罪を自覚して悔い改めるように要請している。

9. 実らないいちじくの木の譬え（13:6–9）

【翻訳】

13:6a そこで彼（イエス）はこの譬えを語った。b「ある人が彼のぶどう園に植えられたいちじくの木を持っていた。c そして彼はその中に実を求めて来たが、見つからなかった。7 そこで彼は園丁に言った。『見よ。私は〔もう〕3 年〔も〕このいちじくの木の中に実を求めて来ているが、見つからない。〔だから〕それを切り倒しなさい。何のためにそれは土地を無駄にしているのか』。8 すると彼（園丁）は答えて彼（主人）に言う。『主よ、今年もそれをこのままにしておいてください。私がその周りを掘り、肥やしをやりましょう。9 それでもし、それが来年実を結ぶなら〔いいでしょう〕。もしそうでないなら、それを切り倒してください』」。

【形態／構造／背景】

ルカ 13:1–5 の悔い改めの要求のあとにはその要求を例証する譬えが続き、12:1 以降のイエスの一連の教えは、悔い改めない者への裁きの警告で結ばれることになる。ここではまた裁きの猶予期間が示唆されており、

それだけに悔い改めの要求がより切実なものになっている。

この段落は以下のように区分され、6c 節と 7 節は「〜の中に実を探しに来た（来ている）が、見つからなかった（見つからない）」という表現を共有しており、また「実」（καρπός［6c, 7, 9 節］）、「年」（ἔτος［7, 8 節］）、「切り倒す」（ἐκκόπτω［7, 9 節］）等の鍵語が各節を相互に結合している。

 （1）序：イエスの譬え（6a 節）
 （2）実らないいちじくの木（6bc 節）
 （3）主人の園丁への指示（7 節）
 （4）園丁の執り成しと提案（8–9 節）

前段と同様、この段落も並行記事が見られず、全体としてルカ特殊資料に遡ると考えられる。もっとも、ἔλεγεν δέ（新約用例 11 回中ルカに 9 回使用）や《λέγειν·εἰπεῖν παραβολήν》（譬えを語る［新約用例 15 回中ルカ福音書に 14 回使用］）等のルカ的表現を含む冒頭の導入句（6a 節）はルカの編集句であろう。なお、この段落と実らないいちじくの木への呪いの記事（マコ 11:12–14 // マタ 21:18–19）は、いちじくの木の実を探しに来たが見つからなかったという話の筋立てにおいて共通しており（木原 2012:163 参照）、おそらくそのためにルカはこの記事をその並行箇所で省いたと考えられるが、この記事は譬えの形式をとっておらず、またいちじくの木に対するイエスの辛辣な呪いの言葉によって結ばれていることからも並行記事とは見なせないであろう（Schneider 1984b:296 に反対）。

元来は相互に独立していたと考えられる 13 章冒頭の二つの段落（13:1–5, 6–9）に関して、多くの研究者は、両者はすでにルカ以前に結合していたと想定しているが（Wiefel 1988:253; Nolland 1993a:716; Bovon 1996:372; Eckey 2004b:616; H. Klein 1987:80; 2006:473）、移行句の 6a 節がルカの編集句である点を勘案するなら、ルカが両者を結合した可能性も否定できないであろう（Schneider 1984b:297; Wolter 2008:474f）。また一部の研究者は、双方の段落はその核においてイエスに遡ると考えているが（H. Klein 2006:474）、この点は明らかではない。なおこの譬えは、不毛な木がそれを切り倒しに来た主人にもう一度機会を与えてくれるように嘆願する古代近東の知恵文学である「不毛の木の物語」と類似しているが（「ア

ヒカルの書」8:25 参照)、その物語では主人はその願いを拒絶しており、イエスの譬えとは明らかに話の展開が異なっている（カルペパー 2002:349 参照）。その一方で、イエス（もしくは最初期のキリスト教会）が当時流布していたこの種の物語を取り上げて語った可能性は十分に考えられる（エレミアス 1969:190; ブルトマン 1983:347）。

【注解】

6 節

　裁きを前にしての悔い改めを要求する直前の言葉に引き続き、イエスはここで短い譬えを語る。ある人が自分のぶどう園にいちじくの木を植え、その後その実を探しに来たが、見つけることができなかった。旧約においてイスラエルはしばしばいちじくの木（エレ 8:13; 24:1–10; ホセ 9:10; ミカ 7:1; ナホ 3:12）やぶどう畑（詩 80:9–14; イザ 5:1–7）にたとえられており（いちじくの木については Nolland 1993a:718; Marshall 1995:555 は懐疑的）、特にこの箇所は、エルサレムの人々への審判について語るイザヤ 5:1–7 の「ぶどう畑の歌」と響き合う。また、ぶどう園にいちじくの木が植えられるのはパレスチナ地域では通常のことであり（ミカ 4:4; さらにプリニウス『博物誌』17:35:200 参照）、事実、ぶどうといちじくは頻繁に並列されている（王上 5:5; 王下 18:31 [＝イザ 36:16]; 詩 105:33; 雅 2:13; イザ 34:4; エレ 5:17; 8:13; ヨエ 1:7, 12; ゼカ 3:10 他）。なお、(ἀνα)ζητέω（求める／捜す）と εὑρίσκω（見つける）の組み合わせはルカ 2:44–46; 11:9–10; 15:8–9 にも見られる。

7 節

　そこで主人は園丁に、すでに 3 年もこのいちじくの木の実を求めて来ているのに見つけられないので、それを切り倒すように命じた。「**3 年**」はそのいちじくの木の樹齢を意味しておらず、因みにエレミアス（1969:189）は、果樹を植えてから 3 年間は食べることは禁じられているとするレビ 19:23 の記載内容から、6 年が経過していると想定している。いずれにせよ、ここでの「3 年」は徒労に終わった主人の三度にわたる試みを示しており、イエスの宣教期間や父祖の罪が問われる三代、四代（出

20:5 参照）を暗示しているわけではない（Grundmann 1961:277）。「切り倒す」（ἐκκόπτω）という行為は裁きを意味するが、この点は「良い実を結ばない木はすべて切り倒されて（ἐκκόπτεται）火に投げ込まれる」と述べる洗礼者ヨハネの言葉（3:9）からも確かめられる。また、末尾の「**何のためにそれは土地を無駄にしているのか**」という表現は、その木は単に実を結ばないだけでなく、別の方法で収穫をもたらし得る土地を塞いでいることを示しているが、そのことに加えて、「いちじくの木は特に多くの養分を吸収するので、その周囲にあるぶどうの木からその栄養分を奪ってしまう」（エレミアス 1969:189）という状況が含意されているのかもしれない（Marshall 1995:555 も同意見）。

8-9 節

　するとその園丁はぶどう園の主人に「**主よ**」（κύριε）と語りかけ、その周囲を掘って肥やしをやってみるので「**今年**」もそのままにしておくように、すなわち、もう 1 年猶予を与えてくれるように嘆願する。それで実を結ぶなら良いが、実を結ばなければ切り倒して構わないというのである。エレミアス（1969:189）によると、いちじくの木に肥やしをやるような配慮は一切無用であり、ここには残されているあらゆる手段を試みようとする園丁の姿が描かれている。なお、εἰς τὸ μέλλον という表現は本来「将来」を意味するが（H. Klein 2006:476 n. 37）、このルカの文脈においては、8節の「今年」に対応させる形で ἔτος（年）を補い、「**来年**」と訳出すべきであろう（新共同訳、岩波訳他）。

　このようにこの譬えは、実らないいちじくの木に一定の猶予期間が与えられる状況を描くことにより、悔い改めの最後の機会が人々に恵みとして与えられることを示しており、ここでの「**実**」は悔い改めの行為と密接に関わっている（cf. 3:8「悔い改めにふさわしい実」）。しかしその一方で、「**今年**」と年限が区切られ、その期間中に実らなければ切り倒されることが前提とされていることからも、間近に迫る裁きに対する警告は維持されており、多少の猶予期間があるとは言え、悔い改めの要請の緊急性は保持されている（カルペパー 2002:349）。なお「切り倒す」主体が、ここで園丁（7節）から主人に移行していることも、裁きの現実味を増し加えている。

　この譬えは園丁が主人にいちじくの木の処置について嘆願し、提案した

場面で結ばれており、果たして主人がこの提案を受け入れたのかどうか、また受け入れたとしてもいちじくの木が実際に実を結んだかどうかについては触れられていない。このことは、イエスが個々の聴衆に対して悔い改めの決断を強く促していることを示しているが、段落全体は実を結ばなかった場合の描写によって結ばれていることからも裁きの警告が特に強調されている（Wolter 2008:479）。

【解説／考察】

　この譬えにおいては、悔い改めの要求と共に神の裁きの猶予についても言及されており、その意味では神の憐れみについて語られている。その一方で、猶予期間の存在は必ずしも救いの保障を意味しておらず、決定的な裁きを前にしての悔い改めの要求の切迫性は維持されており、この最後の機会を逸するなら裁かれることが自明のこととして語られている。

　この譬えは古くから寓喩的に解釈され、いちじくの木（及びぶどう園）はイスラエル、主人は神、園丁はイエスを表すと見なされてきた。このような理解に必然性はないが、いちじくの木やぶどう園がイスラエルを暗示している点については旧約の用例からもあながち否定できないであろう（20:9–19 並行のぶどう園の邪悪な農夫たちの譬えも参照）。もっともルカの文脈においては、この要求は特に悔い改めようとしない人々、あるいは異邦人に向けられており（Bovon 1996:388）、また猶予期間を意味する「今年」は今現在を意味している。また、この譬えの中で特に重要な役割を果たしているのは、主人に対していちじくの木を執り成した園丁であるが、私たちもしばしば日々の歩みの中で、誰かの執り成しのおかげで窮地を脱したり、最後のチャンスを与えられることにより活路を見出すという経験をしており、執り成す存在の重要性についてはよく認識している。その意味でも、危機的な状況において窮地に陥っている人々を執り成してくれる存在としてイエスがイメージされるのは自然なことであろう。

　ある日突然、自らの間近な死を宣告され、その直後に一定の猶予期間が与えられるなら、私たちは今生かされていることを心から感謝すると共に自らの人生の意味を改めて問い直し、残された時間を無駄にすることなく大切に用いようとするであろう。しかし考えてみると、老人であれ若者で

あれ、あらゆる人間の生は残された猶予期間を歩んでいく生であり、私たちはそれぞれに限られた時間の中でこの世における生を生きている。その意味でもこの譬えは、私たちの誰もが今も危機的状況に置かれていることを示唆することによって日々与えられている命の尊さに改めて気づかせ、残されたこの世での歩みの日々を大切に生きていくように促している。

10. 腰の曲がった女性の癒しと安息日論争 (13:10–17)

【翻訳】

13:10 さて、安息日に彼（イエス）は諸会堂の一つで教えていた。11 すると見よ、そこに18年間〔も〕病の霊を持っていた女性がいたが、彼女は腰が曲がったままで、少しもまっすぐに伸ばすことができなかった。12 そこでイエスは彼女を見て呼び寄せ、彼女に「女よ、あなたはあなたの病から解放された」と言い、13a そして彼女の上に両手を置いた。b すると即座に彼女は再びまっすぐになり、神を崇めた。14 ところが会堂長は、イエスが安息日に〔病人を〕癒したことに腹を立て、答えて群衆に言った。「働くべき日は6日ある。だから、あなたたちはそれらの日に来て癒してもらいなさい。しかし安息日はいけない」。15 そこで主は彼に答えて言った。「偽善者たちよ、あなたたちはそれぞれ、安息日に〔も〕自分の牛やろばを飼い葉桶から解いて、水を飲ませに引いて行くではないか。16 しかしこの女性はアブラハムの娘なのに、見よ、18年間〔も〕サタンが〔彼女を〕縛っていた。安息日に〔こそ〕その束縛から解かれるべきではないか」。17a そして彼がこのように言うと、彼に敵対する者たちは皆恥じ入ったが、b 群衆は皆、彼によって生じたあらゆる輝かしい事柄を喜んだ。

【形態／構造／背景】

　悔い改めを主題とする13章冒頭の二つの段落（13:1–5, 6–9）のあとには、この安息日の癒しの物語が続いている。ルカ12:35以降は終末におけ

249

る裁きの警告や悔い改めの要求が続いていたのに対し、ここでは癒しの物語が語られているという意味でも、先行箇所との結びつきは緊密ではないが、イエスに非難される「偽善者たち」（15節）は前段の悔い改めようとしない人々に対応しているとも考えられる（12:56も参照）。なお、実らないいちじくの木の譬え（13:6–9）の直後に続くこの段落のあとにはからし種とパン種の譬え（13:18–21）が続いており、その意味でこの段落は植物の成長（結実）に関わる二つの譬えに囲い込まれている（Bovon 1996:390; Hamm 1987:30 参照）。

　この段落は、冒頭の導入句（10節）と末尾の結語（17節）を除くと、癒しの記述（11–13節）と論争記事（14–16節）に区分されるが、鍵語である12節の ἀπολύω（解放する）及び15, 16節の λύω（解く）が両者を相互に結びつけている。この段落全体は以下のような構成になっている。

> （1）序：安息日におけるイエスの会堂での教え（10節）
> （2）腰の曲がった女性の癒し（11–13節）
> 　　（a）腰の曲がった女性の描写（11節）
> 　　（b）言葉と行為による癒し（12–13a節）
> 　　（c）癒しの効果と癒された女性の神賛美（13b節）
> （3）安息日の癒しの是非をめぐる論争（14–16節）
> 　　（a）会堂長の非難（14節）
> 　　（b）イエスの反論（15–16節）
> （4）結語：人々の異なる反応（17節）

　この段落は、他の福音書に直接並行する記事が見られず、比較的多くのルカ的語彙を含んでいるとは言え、ルカ自身による全面的な創作とも考えにくいことから、全体としてルカ特殊資料に由来すると考えられる。その一方で、ルカ4:31に近似し、《ἦν ... διδάσκων》（彼は教えていた［新約用例7回中ルカに5回使用］）や ἐν μιᾷ τῶν ...（～の一つで［新約ではルカ5:12, 17; 8:22; 13:10; 20:1 にのみ使用］）等のルカ的語彙を含む冒頭の10節はルカの編集句と見なしうるであろう（コンツェルマン 1965:375、注8; Roloff 1973:68; Busse 1979:294）。また段落末尾（17b節）の奇跡行為に対する群衆の肯定的な反応（5:25–26; 7:16; 9:43; 17:15; 18:43 参照）も、πᾶς ὁ ...（～

は皆［福音書用例 157 回中ルカに 71 回、さらに使に 70 回使用］）等のルカ的語彙を含んでおり（Jeremias 1980:30f, 230 参照）、ルカの編集句であろう（ブルトマン 1983:22; Schneider 1984b:300; Fitzmyer 19885:1011。因みに H. Klein 1987:22f; Nolland 1993a:723 は 17 節全体をルカに帰す）。なおブルトマン（1983:22）は、この段落が元来は独立していたイエスの言葉（15 節）に基づいて構成されたと主張しているが、このような言葉が直後の 16 節や先行する癒しの記述なしに存在したとは考えにくい（Roloff 1973:67f; 中野 2001:82; Wolter 2008:481）。

腰の曲がった女性の癒しについて記す前半の 11–13 節は比較的多くのルカ的語彙を含んではいるが（Busse 1979:294f; Jeremias 1980:228f; H. Klein 2006:477 n. 3 参照）、マルコ 1:21–28（並行ルカ 4:33–37）や同 1:29–32（並行マタ 8:14–15; ルカ 4:38–39）の癒しの記述と同様の構造（状況設定→癒される人物の導入→イエスによる言葉／行為による癒し→癒しの確証）をもっていることからも、この癒しの記述がこの段落の原初形であったと考えられる（H. Klein 1987:18f; さらに Haenchen 1968:128 参照）。おそらくこの癒しの記述は、後に論争記事と結合して論争物語へと発展していったのであろう（Busse 1979:293; 中野 2001:82f; フィオレンツァ 2003:196）。

後半の論争記事（14–17a 節）はルカ的語彙をあまり含んでおらず（Jeremias 1980:229f 参照）、前半部と同様に伝承に遡ると考えられる（Schweizer 1985:146; H. Klein 1987:19; 2006:478）。ここで会堂長は直接イエスに語るのではなく群衆に語っているが（14 節）、後述するように、このことはこの記事がイエスの時代の状況よりも最初期のキリスト教会の状況を反映していることを示している。また、安息日に関わる 15 節のイエスの言葉と後出の癒しのエピソードにおけるイエスの言葉（14:5; 並行マタ 12:11）との類似性がしばしば指摘されるが（H. Klein 1987:29–32 参照）、後者においては家畜に対する日常的な配慮ではなく、危機的な状況に陥った人物と動物の救出について語られており、両者間に直接的な依存関係は認められない（Roloff 1973:67）。

以上のことからも、おそらくルカは、癒しの記述（11–13 節）と論争記事（14–17a 節）がすでに結合していた状態で受け取り、その伝承に自らが編集した導入句（10 節）と結語（17b 節）を付加し、さらに適宜編集の手を加えることによってこの段落全体を構成したと考えられる。おそらく

251

その過程において、伝承の段階では弟子集団と敵対集団との対立が描かれていた物語がイエスと会堂長との対立を焦点とする物語へと移行していったのであろう（Bovon 1996:395）。

【注解】

10 節

　この段落はイエスがある安息日に会堂で教えていた場面から始まっている（4:16 以下; 4:31; 6:6 参照）。先行するガリラヤ宣教の記述（4:14–9:50）においては、しばしば会堂におけるイエスの教えについて述べられていたが（4:15, 16, 44; 6:6）、エルサレムへと旅立ったルカ 9:51 以降、会堂の場面については言及されておらず（12:11 のみ参照）、この箇所はルカ福音書においてはイエスが会堂に入る最後の場面である。その意味でも、ここで再び会堂に言及されている点は注目に値するが、そのことに加えて「解放」に言及するこの段落はイエスのナザレ説教の記述（4:16–30; 特に 4:18 参照）を思い起こさせる（Green 1997:519）。ルカはまた、ここでは「安息日」を複数形（ἐν τοῖς σάββασιν）で記載しているが（4:16 も同様。一方で 14, 15, 16 節は単数形で記載）、おそらくこれはイエスの習慣的行為を示唆しており（Schweizer 1986:146; Klinghardt 1988:231 n. 27）、その意味でも、エルサレムに向かう旅の文脈は背景に退いている（Ernst 1977:421; Fitzmyer 1985:1012）。

11 節

　その時、会堂の中に 18 年間「**病の霊**」（πνεῦμα ... ἀσθενείας）に取りつかれていた女性がいた。後続の 16 節に「18 年間〔も〕サタンが〔彼女を〕縛っていた」とあるように、この病は悪霊（サタン）によって引き起こされたものと見なされているが（11:14, 20 参照）、14 節では悪霊追放ではなく病の癒しについてのみ言及されており（使 10:38 参照）、悪霊追放を要する症状（5:31 以下; 8:26 以下参照）とは見なされていない。腰が曲がるこの病は脊柱側弯症と想定されるが（Grundmann 1961:279; Eckey 2004b:624f 参照）、いずれにせよ、彼女は腰をまっすぐに伸ばす（ἀνακύπτω ［ヨハ 8:7, 10 参照］）ことができなかった。一部の研究者は、（病人の）女性が会堂礼

拝に参加することは現実にはあり得なかった（Schweizer 1986:146; Wiefel 1988:255; H. Klein 2006:479）、もしくは女性席は男性席と区別されていたと主張しているが、そこで挙げられている典拠は明らかに後代のものであり、少なくともルカの文脈においては、病を患っているこの女性が会堂での礼拝に参加していたことが前提とされている（Hamm 1987:41 n. 9; Bovon 1996:399 n. 40; Green 1997:521 n. 8 参照）。また一部の研究者は、ここでの 18 年という年数と、シロアムの塔の倒壊によって十八人が亡くなったという報告（13:4）との関連性を指摘している（Plummer 1989:342; カルペパー 2002:352）。

12–13 節

イエスは彼女を見ると、自分から彼女を呼び寄せ、「**あなたはあなたの病から解放された**」と語りかけ、「**彼女の上に両手を置いた**」。ここでイエスが自ら彼女のもとに歩み寄るのではなく、彼女を呼び寄せているのは、イエスが彼女を人々の目の前に（場面の中心に）招いたことを示している（Green 1997:522f）。また、「**解放された**」（ἀπολέλυσαι）という完了形受動態による表現は神による行為が遂行されたことを示唆しており、両手を置く行為は（4:40 参照）病からの解放を宣言する直前の言葉を補強し、癒しが完了した状況を示している。

その結果、彼女の身体は「**即座に**」（παραχρῆμα）まっすぐになるが、このように彼女が即座に癒されたことと、この女性が 18 年間の長期にわたって病に見舞われていたこととの対比が強調されている。なお、長血の女性の癒し（8:43–48）の場合とは異なり、この女性の信仰の有無については言及されておらず（さらに 7:9, 50 参照）、この癒しの行為は明らかにイエスの主体的意志によって遂行されている。癒しの行為が行われた結果、その女性は神を崇めるが、癒された人が神を「**崇める**」（δοξάζω）描写はルカに特徴的である（5:25; 13:13; 17:15; 18:43; 使 3:8）。

14 節

ところが、その場にいた「**会堂長**」（ὁ ἀρχισυνάγωγος [8:41 参照]）は、イエスが安息日に病人を癒したことに腹を立て、群衆（会堂の人々）に向かって言った。1 週間のうち、働くべき日は 6 日間であり、その間に病を

癒してもらうのは問題ないが、安息日に病を癒してもらうことは許されてはおらず、その意味でイエスは安息日規定（出 20:9–10; 申 5:12–14）に違反しているというのである（6:7; 14:3 参照）。事実、当時のラビたちは、安息日の癒しは慢性病ではなく人の生命に関わる場合にのみ認められると考えていた（ミシュナ「ヨーマ」8:6）。また、ここで会堂長がイエスにでなく（それまで言及されていなかった）群衆に語りかけているのは、ルカの文脈においては、イエスの教師としての権威に公的に挑戦しようとしたためという理由も考えられるが（Green 1997:523）、この会堂長の非難がすでに伝承段階においてイエスの癒しの行為そのものよりも（病人を会堂に連れて来た？）群衆の行為に向けられていた可能性を示唆しており（H. Klein 1987:20–22; 2006:477f）、その意味では、ここにはイエスの時代の状況よりも最初期のキリスト教会の状況が反映されている。

15–16 節

　会堂長の発言に対してイエス（主）は二つの修辞疑問を用いて反論する。ここでイエスが「**主**」（ὁ κύριος）と表現されていることはイエスの権威を示しているが（7:13; 10:39, 41; 16:8; 18:6; 19:8 参照）、それと共に「安息日の主」である人の子の権威を示すイエスの言葉（6:5）を思い起こさせる。ここでイエスは形式上は「**彼**」すなわち会堂長に答えているが、「**偽善者たちよ、あなたたちは……**」と複数形を用いていることからも、会堂長だけでなく、彼に同調するその場に居合わせた一部の群衆にも向けられている（17 節の「敵対する者たち」参照）。「**偽善者たちよ**」（ὑποκριταί）という辛辣な表現は、先行するルカ 12:56 においても群衆に対して用いられているが（6:42; 12:1 も参照）、ここでの「偽善」は、その会堂長が実際にはイエスを非難しているにも拘らず群衆に語りかけたことに存している（モリス 2014:292）のではなく、安息日律法の厳格な遵守を人々に押しつける一方で、自分の都合で律法規定を恣意的に取り扱おうとするその矛盾した態度に関わっている（Wolter 2008:483 参照）。これに加えてルカ 12:56 との関連においては、終末論的状況に関する彼らの無知が示されているとも考えられる（Hamm 1987:34）。

　ここでイエスはまず、安息日であっても自分たちの牛やろば（申 5:14; イザ 32:20）を飼い葉桶から解き放って水を飲ませるために引いていくで

はないかと、身近な実例を引き合いに出して彼らに問いかけている。事実、ミシュナは動物が安息日に外出することが条件付きで認められていることを前提としており（「シャバット」5:1–4、さらに同7:2; 15:1–2;「エルヴィーン」2:1–4参照）、死海文書の「ダマスコ文書」11:5–6でも安息日に家畜を自分の町から2,000キュビト（約900m）以上追ってはならないと規定されており、外出自体は認められている（Bill. I:629f; II:199f も参照）。さらにイエスは《小から大への推論》を用いて、人間と生物との比較を越えて（12:6–7, 24, 27参照）、アブラハムの娘のサタンによる18年間にわたる束縛と安息日における家畜の飼い葉桶への束縛との対比を強調しつつ、安息日であっても家畜でさえ（飼い葉桶から）解放されることが許されるなら、当然この女性も彼女を縛っていたその束縛から解放されるべきだと訴えている。

　もっとも、渇いている家畜は1日も放置しておくことはできないのに対し、これまで18年間、病を患ってきた女性の場合は癒しの行為が一刻を争うものではなかったという意味では、このような主張は行き詰まるかもしれない。その点を踏まえるなら、確かに神の救いの意思は人々に6日間働くことを求めるが（δεῖ［14節］）、それと共に、神の救いの業はまさに安息日にこそ表明されるべきである（ἔδει［16節］）とここでは論じられており（Schneider 1984b:301; Hamm 1987:27; 三好 1991:336。一方でWolter 2008:484はこの見解に否定的）、安息日は単なる休息の日を越えて「解放の日」（4:16–19参照）として捉え直されている（Bovon 1996:396）。そのように、ここでは「安息日であっても」というよりは、むしろ「安息日だからこそ」サタンに縛られていた女性は解放されるべきだという論点が強調されているが、この「安息日における解放」のモチーフの背景には七十人訳聖書のイザヤ書58章があると考えられる（中野 2001:88–90参照）。なお、「**アブラハムの娘**」（θυγάτηρ Ἀβραάμ）は非常に稀な表現であり（IVマカ 15:28; 28:20のみ参照）、新約にはここにしか見られないが（cf. 19:9: υἱὸς Ἀβραάμ［アブラハムの息子］；さらに 3:8; 16:22–31を参照）、この表現は、彼女がユダヤ社会においても尊重されるべき存在であり、イエスの姿勢が律法に代表されるユダヤ的伝統を否定するものでないことを示すと共に、イエスによる彼女の救いがアブラハムに対してなされた約束（1:54–55; 73–74）の成就を意味することを示している（Wolter 2008:484）。

17 節

　イエスの発言に続いて敵対者たちと群衆によって示された対照的な反応について描写されるが（7:29–30; 使 28:24 参照）、その意味でイエスの行いと言葉は、イスラエルがイエスの教えを肯定する人々と否定する人々とに分裂するきっかけを与えている（12:51–53 参照）。癒されたその女性が恥辱から解放された一方で「**彼に敵対する者たちは皆恥じ入った**」（κατησχύνοντο πάντες οἱ ἀντικείμενοι αὐτῷ）が、この箇所はイザヤ 45:16 LXX の「彼に敵対する者たちは皆辱められ」（αἰσχυνθήσονται ... πάντες οἱ ἀντικείμενοι αὐτῷ）と近似している。ここでの「**彼に敵対する者たち**」は 15 節の「偽善者たち」に対応し、会堂長のみならず、その場に居合わせていないユダヤ人指導者層をも暗示しているのであろう。

　他方において群衆全体は、イエスの行った「**輝かしい事柄**」（出 34:10 LXX 参照）を見て喜びに満たされるが、彼らの反応は、直前のイエスの言葉よりもむしろ彼の奇跡行為に対する反応として理解できる。

【解説／考察】

　この段落ではまず、イエスが安息日に 18 年間病の霊に取りつかれて腰が曲がっていた女性を言葉と行為を通して癒す物語が記される。これに論争記事が続き、会堂長は安息日におけるイエスの癒しの行為を非難するが、それに対してイエスは、牛やろばが安息日に解かれるなら、ましてやアブラハムの娘であるこの女性はこの安息日にこそ解放されるべきだと反論している。その意味でも、イエスは決して安息日律法そのものを否定したわけではなく、会堂長が安息日を人々の行動が禁止されるべき日と見なしていたのに対し、イエスはその日を「解放の日」として捉え直し、安息日律法の本来の意図に基づいて行動しようとしたのである（フィオレンツァ 2003:198）。

　ここではまた、当時のユダヤ社会において抑圧されていた弱者（腰の曲がった女性）に対して救いが宣言されているが、イエスの振る舞いに対して肯定的な態度を取る群衆と否定的な態度を取る会堂長らの敵対者たちが対照的に描かれることにより、福音の告知はそれを受け入れるすべての人にとって救いへの招きであるのに対し、それを拒絶する人々はそこから除

外されることが示されている。そのように、結びの部分において二つの対照的な反応を記すことにより、この段落は読者に対してその告知を受け入れるように決断を促している。

　規則がその本来の目的を失って規則のための規則となり、その強制力だけが残って多くの弊害をもたらすという事態は今日でもしばしば起こっているが、イエスは安息日律法を人々を縛り付けるものと見なす誤解を正し、人々を捕らわれの状態から解き放つというその本来の精神に立ち帰らせようとしている。まさにそうすることによって、律法は神の恵みとして再認識され、本来の使命と機能を取り戻すのである。

11. からし種とパン種の譬え（13:18–21）

【翻訳】

13:18a そこで彼（イエス）は言った。b「神の国は何に似ているか。c そして私はそれを何にたとえようか。19 それはからし種に似ている。人がこれを取って自分の庭に投げ入れた。するとそれは成長して木となり、そして空の鳥たちがその枝の中に巣を作った」。

　20a そしてまた彼は言った。b「私は神の国を何にたとえようか。21 それはパン種に似ている。女がこれを取って 3 サトンの粉に隠すと全体が膨らんだ」。

【形態／構造／背景】

　腰の曲がった女性の癒しのエピソード（13:10–17）の直後にはからし種とパン種に関する二つの簡潔な譬えが続いている。双方の段落は 18 節冒頭の οὖν（そこで）によって結合しており、前段では女性が癒され、サタンから解放される描写を通して神の意思の成就が示唆されているのに対し（11:20 参照）、これら二つの譬えは神の国の成長について、すなわち神支配がどのように貫徹されるかを語っている。なお、これらの譬えにより、

257

終末を見据えての警告を主題とするルカ 12:1 以降のセクション、ひいてはルカの旅行記の第一期（9:51–13:21）は締めくくられることになる。

　からし種の譬えとパン種の譬えは、神の国の主題を共有するのみならず、共通の構造をもち（イエスの発言を示す導入句→《τίνι ὁμοιώσω ... ［私は〜を何にたとえようか］》を含む神の国に関する問い→《ὁμοία ἐστὶν ... ［それは〜に似ている］》という表現による問いへの答え→《関係代名詞 + λαμβάνω ［取る］》によって導入されるからし種／パン種の成長の描写）、さらに対照的な要素を含んでおり（人［＝男］と女／戸外と屋内）、両者で一対の譬えを構成している。この段落全体は以下のように区分される。

　　（１）からし種の譬え（18–19 節）
　　　　（a）導入句（18a 節）
　　　　（b）神の国に関する問い（18bc 節）
　　　　（c）問いへの答えとからし種の成長（19 節）
　　（２）パン種の譬え（20–21 節）
　　　　（a）導入句（20a 節）
　　　　（b）神の国に関する問い（20b 節）
　　　　（c）問いへの答えとパン種の成長（21 節）

　この箇所はマタイ 13:31–33 と並行し、総じて Q 資料に由来すると考えられる。前半のからし種の譬え（18–19 節）についてはマルコ 4:30–32 にも並行しているが、ルカ版とマタイ版ではアオリスト形動詞が用いられ、からし種をまく人について語る譬えであるのに対し、現在形動詞で構成されているマルコ版はからし種と神の国を比較する狭義の譬えになっている（ルツ 1997:422）。また、マルコと同様、最初の小ささと最終的な大きさの対比に直接言及するマタイ版は、マルコからも影響を受けていると考えられるのに対し、ルカにおいては大小の対比については直接述べられず、確かに冒頭の二重の問いについてはマルコの影響も否定できないが（Schramm 1971:50 参照）、それ以外の点ではマルコの影響は認められない。さらに、この箇所にはルカ的語彙がほとんど見られないことから（Jeremias 1980:230f 参照）、ルカのテキストはマタイ以上に Q 資料の内容を保持していると考えられ（Weder 1990:129f; Bovon 1996:410）、また Q 伝承の方がマ

ルコ版より総じて原初的と見なしうる（ルツ 1997:422f; H. Klein 2006:482）。譬え末尾の成長した木の描写については、マルコ版はエゼキエル 31:6（同17:23 も参照）に近似しているのに対し、Q 資料の伝承はむしろダニエル4:20–21（テオドティオン訳［＝マソラ本文のダニ 4:18]）から影響を受けていると考えられる（Weder 1990:129; H. Klein 2006:482）。

　後半のパン種の譬え（20–21 節）については、冒頭の導入部分を除けばマタイ版とルカ版は逐語的に一致しており（21 節 // マタ 13:33bc）、明らかにQ 資料に由来する。この譬えは元来、先行するからし種の譬えから独立しており、二次的に付加されたのであろう（ブルトマン 1983:298）。おそらく両者は Q 資料の段階でこの順序で結合しており、パン種の譬えを導入する καὶ πάλιν εἶπεν（そしてまた彼は言った）という表現（20a 節）もルカ的でないことから Q 資料に由来すると考えられるが（Schulz 1972:307; Bovon 1996:410f）、ルカは双方の譬えの並行性をより一層強化している。また、これらの譬えはトマス福音書においては分離して伝承されているが（トマス福 20, 96）、いずれの箇所も共観福音書の譬えに依拠している。なお、多くの研究者は双方の譬えがイエスに遡ると見なしているが（エレミアス 1969:162–165; Weder 1990:131–134; Bock 1996:1224; ルツ 1997:423。一方で Schulz 1972:301, 309 はこの見解に否定的）、特に後半の譬えに関しては、パン種という否定的な概念の使用（注解部分参照）と非類似性の基準に鑑みて、からし種の譬え以上にその蓋然性は高いであろう（シュヴァイツァー 1997:54f; Bovon 1996:419）。

【注解】

18 節

　冒頭の「そこで」（οὖν）は直前の腰の曲がった女性の癒しの段落（13:10–17）との結びつきを示している。その意味でも、ルカの文脈ではイエスはなお会堂内に残っていることが前提とされており、後続の二重の譬えの対象は、癒しの奇跡を目の当たりにした群衆である。

　ここでイエスは、「**神の国は何に似ているか**」、「**私はそれを何にたとえようか**」と神の国の内実に関する二重の問いを発しているが（マコ 4:30; ルカ 7:31 参照）、これはラビに典型的な表現形式であり（Bill. II:7–9）、こ

れらの問いを欠くマタイ版よりルカ版の方が原初的と考えられる（Schulz 1972:299）。「〜は〜に似ている」（ὅμοιος / ὁμοία ＋与格名詞）という表現はルカにしばしば用いられているが（6:47, 48, 49; 7:31, 32 他参照）、その一方で「私は〜を何にたとえようか」（τίνι ὁμοιόω ＋対格名詞）という一人称による表現はルカにおいても用例は僅かである（7:31; 13:18, 20 のみ）。これらの問いは後続の譬えの主題が神の国であることを前もって示しているが、前者が客観的な問いであるのに対して後者は主観的な問いであり、イエスが神の国の奥義（8:10 参照）の主であることを示している（Bovon 1996:412）。

19 節

　続いてイエスは、神の国は「**からし種に似ている**」と語る。もちろんここでは、からし種そのものが神の国に似ていると述べられているわけではなく、両者の状況が類比の関係にあることを語っており（エレミアス 1969:163 参照）、いわば神の国のありようを、小さなからし種が最終的に鳥がその枝に巣を作る木に育っていくその成長の過程を通して示そうとしている。

　「**からし種**」（κόκκος σινάπεως）は並行箇所のマルコ 4:31 やマタイ 13:32 には最小の種と表現され（Bill. I:669 参照）、ルカ 17:6（並行マタ 17:20）にもその小ささが強調されているが、事実、黒芥子の種は直径 1 ミリメートルに満たない（ルツ 1997:427）。その一方で、確かにからし種は成長すると（木と呼べるほどに）2〜3 メートルの高さに達するが、厳密には「木」ではなく「灌木」（低木）であり、実際にはその枝に鳥が巣を作ることはあり得ず、これは誇張表現であろう（大貫 1993a:273; シュヴァイツァー 1997:59; H. Klein 2006:483 n. 19）。さらに、短期間に大きく広がって育つからし種は、他の植物に悪影響を及ぼすという理由から厄介で不浄という否定的なイメージで捉えられており（山口 2017:80f）、いずれにせよ、からし種によって神の国について語ろうとするこの譬えは聴衆や読者に大きな驚きを与えたと考えられる（Bock 1996:1227; ルツ 1997:428）。

　なお、マルコやマタイの並行箇所では、からし種が当初はどんな種「よりも小さく」（μικρότερον）、成長するとあらゆる野菜「よりも大きく」（μεῖζον）なると記されているが（マコ 4:31–32; マタ 13:32）、この記述を欠

くルカにおいては大小の対比は強調されていない。確かにルカにおいても、イエスの宣教によって開始された神支配の小さな始まりが目に見える規模に拡大していくという意味で大小の対比が含意されているが、何より神の力による持続的な成長のプロセスに焦点が当てられている。

「（種を）庭に投げ入れる」という表現はルカに特有であるが（cf. マコ4:31：「地にまく」／マタ 13:31：「畑にまく」）、畑がパレスチナの状況に対応しているのに対し、ここではヘレニズム都市の住環境が前提とされており（Bovon 1996:414; 山口 2017:81f）、明らかに二次的である。また、からし種が成長して木となり、「**空の鳥たちがその枝の中に巣を作った**」（詩104:12; エゼ 17:23; 31:6; ダニ 4:9, 18 参照）と語る結論部分は、神支配がイスラエルの枠を越えて異邦人世界に至ることを暗示しており（13:29; エゼ 31:6 参照）、ルカはここで空の鳥たちを異邦人と見なし、異邦人宣教を弟子たちに与えられた使命と見なしているのかもしれない（Schneider 1984b:302f; Nolland 1993a:729; Bock 1996:1226; Eckey 2004b:629）。

20–21 節

続いてイエスは「**神の国を何にたとえようか**」と、18bc 節の二重の問いを統合し、特に後半部分を繰り返す形で問いを発し、19 節と同様、「**それはパン種に似ている**」と自ら答えつつ、パン種の譬えを語り始める。からし種の譬えと同様、ここでも大小の対比そのものよりも「成長」に焦点が当てられている。ここでは女性がパン種を 3 サトンの粉の中に入れると（発酵して）全体が膨らんでいく様子が描かれ、その状況が神の国の状況にたとえられている。

「パン種」（ζύμη）は聖書ではしばしば否定的な意味で用いられ、出エジプト 12:15 には過越祭の初日に家から酵母（パン種）を取り除くように規定されており、パン種を用いて焼かれたパンは供え物に用いることができなかった（出 23:18; 34:25; レビ 2:11; 6:10）。さらに、ルカのイエスも「ファリサイ派の人々のパン種」に注意するように警告し（12:1）、パウロも「僅かなパン種が練り粉全体を膨らませる」（ガラ 5:9; さらに I コリ 5:6–8 も参照）という格言を教会における悪影響との関連で用いており、その意味では、ここでは全く逆に肯定的な意味で用いられていることになる（エレミアス 1969:165; 山口 2017:127–129 参照）。また「**3 サトンの粉**」（1 サ

トン＝13.131 リットル）は 40 リットルもの大量の粉を意味するが（cf. 創 18:6：「3 セア」参照）、これは重さ 50 キログラム、百五十人分以上のパンの分量に相当し（ルツ 1997:430）、一般の農家の女性が通常扱う分量ではなく明らかに誇張されている（Schottroff 1996:121f はこの見解に否定的）。

　ここではそのように、大量の粉の中にごく少量のパン種が投入される様子が描写されているが、「隠す」（ἐγκρύπτω）と表現されていることからも、神の国も「むしろ隠された仕方でやって来る」ことが示唆されているのであろう（シュヴァイツァー 1997:61f）。すなわち、まさに少量のパン種は粉の中に紛れて視覚的には消えてしまっても、その内部で作用し、最終的には大きく膨らんでいくように、神の国も当初は目だたず、認識できなくても、最終的には大きく成長していくというのである（12:2 参照）。さらに末尾の全体が「膨らんだ」という表現は ζυμόω（発酵させる）のアオリスト形受動態が用いられており、それが神の行為であることが示唆されている。そしてまた、先行するからし種の譬えとの関連から、ここでもユダヤ民族の枠を越えて異邦人世界に神支配が拡大していくことが示唆されているとも考えられる。ルカはこの譬えを、歴史の中で終末の出来事として遂行されるイエスの宣教活動と結びつけており、そこにおいて神の国が告知され（9:2, 60; 10:9; 16:16）、そしてイエスが開始した福音宣教はこの世の終末に至るまで継続されるのである（使 1:8; 28:31）。

【解説／考察】

　この段落では、二つの譬えを通して神支配が目に見えない形ですでに始まっていることを示すことにより、神の国到来への確信が表明されている。その背景には、イエス死後の使徒たちの時代においてもイエスの宣教に対する大きな障壁が存在したことから、その成果に対する疑義が生じてきた状況があったと考えられ、ここでは譬えを通してからし種及びパン種の成長について語られることにより、現在の時点では成果は認められなくても、神の国は将来的に必ず前進するという希望が示されている（エレミアス 1969:165）。ここではまた、二種類の種が神の国の成長との関連で用いられているが、種が復活の比喩であり、死と生の神秘の象徴であることも無関係ではないであろう（エレミアス 1969:164）。

現代人の多くは将来に対する様々な不安を抱えつつ生きているが、ここでは、たとえ現在の見通しは悪くても将来に対して希望を失わずに歩んでいくように勧告されている。特に前半の譬えでは神の国の成長について、鳥がその枝の中に巣を作るほどの木へと成長するからし種のイメージを用いて語っているが、私たちに対しても神の国を追い求め（12:31 参照）、そこに憩いの場を見出すように促している（Fitzmyer 1985:1016）。なお、神の国がどのように全地を覆うようになり、誰がそこに招かれるのかという点については、後続の段落（13:22–30）で語られることになる。

Ⅳ．裁きと救い：神の国への道

（13:22–14:35）

　このセクションの冒頭ではイエスのエルサレム行きについて再び言及され（13:22）、エルサレムへの旅行記はここから新たな段階に入る。このセクションでは、直前のセクションと同様、悔い改めの主題も扱われるが、裁きと救いの主題がより前面に現れている。ここではまず、神の国からの締め出しの警告及びエルサレムに対する嘆き（13:22–35）について述べられたあと、食事の場面における一連のイエスの教えについて記され（14:1–24）、最後に弟子になるための厳格な条件（14:25–35）について述べられる。なお、このセクションの区分に関しては、直前のルカ 13:10–21 もこのセクションに組み入れる研究者も多く、例えば Nolland（1993a:722）やカルペパー（2002:351）は、その前半部（13:10–35）と後半部（14:1–35）が並行的に構成されている点を指摘している（13:10–17／14:1–6 ［安息日の癒し］→ 13:18–21／14:7–14 ［一対の神の国の譬え］→ 13:22–30／14:15–24 ［神の国における食事］→ 13–31–35／14:25–35 ［エルサレムにおけるイエスの運命／弟子になることの代償]）。このセクションは以下の段落から構成されている。

　　1．神の国からの締め出しの警告（13:22–30）
　　2．死に至るイエスの旅路とエルサレムへの嘆き（13:31–35）
　　3．水腫患者の癒し（14:1–6）
　　4．招待客と招待者への教え（14:7–14）
　　5．大宴会の譬え（14:15–24）
　　6．弟子の条件（14:25–35）

　このセクションも、ルカはQ資料（もしくはQルカ）とルカ特殊資料を主な資料として用いて編集的に構成している。なお、三つの段落（3～5）を含むルカ 14:1–24 については、ファリサイ派の指導者宅における食事という文脈のもとに明らかに統一的に構成されており（Braun 1995:14–21

参照）、1 節の φαγεῖν ἄρτον（パンを食べるために）は 15 節の ὅστις φάγεται ἄρτον（パンを食べる人は）に対応し、7 節以降は「招待する」（καλέω）という鍵語が頻出している（7, 8, 9, 10, 13, 16, 17, 24 節；さらに 12 節の φωνέω［招く］も参照）。これら三つの段落は総じてルカ特殊資料に由来すると考えられるが、各段落の導入句（1, 7, 12a, 15a 節）がルカの編集句と考えられることからも（後述の注解参照）、これらの段落はルカ以前に結合していたのでなく（Hahn 1970:74; H. Klein 1987:25 に反対）、ルカが各段落を「宴会」の主題のもとに結合し、編集的に構成したのであろう（Klostermann 1975:148f; Eichholz 1979:132; Bösen 1980:101f; Schweizer 1985:154; Ellis 1987:192; Bovon 1996:505; Hotze 2007:221 参照）。

＊　＊　＊

1. 神の国からの締め出しの警告（13:22–30）

【翻訳】

13:22 そして彼（イエス）は、町々や村々を行き巡りながら教え、エルサレムに向かって旅をしていた。

23 するとある人が彼に「主よ、救われる者は少ないのでしょうか」と言った。そこで彼（イエス）は彼ら（一同）に言った。24a「狭い戸口を通って入るように努めなさい。b なぜなら、私はあなたたちに言っておくが、多くの者が入ることを求めるが、できないからだ。25 家の主人が立ち上がって戸を閉めてからでは、あなたたちが外に立って戸をたたき始めて『御主人様、私たち〔のため〕に開けてください』と言っても、彼はあなたたちに『私はお前たちがどこから来たのか知らない』と答えて言うだろう。26 その時あなたたちは、『私はあなたの面前で食べたり飲んだりしましたし、また、あなたは私たちの大通りで教えられました』と言い始めるだろう。27 しかし彼はあなたたちに語って言うだろう。『私は［お前たちが］どこから来たのか知らない。不義を働く者どもは皆、私から離れよ』。28 あなた

たちは、アブラハム、イサク、ヤコブやすべての預言者たちが神の国にいるのを見る時、自分たち自身は外に投げ出されることになり、そこでは嘆きと歯ぎしりがあるだろう。[29] そして人々は東から西から北から南からやって来て神の国で宴会の席に着く。[30] そして見よ、そこには最初の者たちになる最後の者たちがおり、最後の者たちになる最初の者たちがいる」。

【形態／構造／背景】

　神の国の成長について語る一対の譬えのあとには、神の国からの締め出しを警告するイエスの言葉が続いている。ここではまず、イエスがエルサレムに向かって旅を続けている状況が記され（22 節）、ここから 14 章末尾に至る新しいセクションが始まるが、この記述は背信のエルサレムについて述べる直後の段落（13:31–35）への導入にもなっている。この導入句（22 節）のあとには救いに関するある人物の問い（23 節）が続き（10:25, 29; 12:41 参照）、これに答える形でまず狭い戸口に関する言葉（24 節）が語られ、これに閉ざされた戸の譬え（25–29 節）が続き、後先の逆転の言葉（30 節）によって段落全体が結ばれており、θύρα（戸／戸口 [24, 25 ×2 節]）や ἔξω（外に [25, 28 節]）等の鍵語が段落の中心部分を形作っている。この箇所全体は以下のように区分される。

（１）序：イエスのエルサレムへの旅（22 節）
（２）ある人物の問いとイエスの返答（23 節）
（３）狭い戸口（24 節）
（４）閉ざされた戸の譬え（25–29 節）
　　（a）締め出された人々の嘆願と主人の拒絶（25–27 節）
　　（b）神の国の宴会とそこから締め出された人々の運命（28–29 節）
（５）結語：後先の逆転（30 節）

　この段落は様々な伝承素材から構成されているが、それらの諸要素がルカ以前の段階で結合していたとは考えにくい（Grundmann 1961:284; Schweizer 1986:149 に反対）。イエスのエルサレムへの旅に言及する冒頭の 22 節は、διαπορεύομαι（通過する [新約用例 5 回中ルカ文書に 4 回使

用])、《場所を示す κατά ＋対格》（新約用例 15 回中ルカ文書に 12 回使用）
等のルカ的語彙を含んでおり（Schulz 1972:310 n. 357; Jeremias 1980:231
参照）、ルカの編集句であろう。これに続く 23 節も、εἶπεν δέ（文頭の
εἶπεν(-ον, -αν) δέ は新約ではヨハ 12:6 を除くとルカ文書にのみ計 74 回使用）
や直接疑問文を導く εἰ（新約用例 10 回中ルカ文書に 7 回使用）及び《εἶπεν
πρός ＋対格》（彼は〜に言った［《言述の動詞 ＋ πρός ＋対象を示す対格》は新
約用例 169 回中ルカ文書に 149 回使用]) 等のルカ的語彙を含み（Jeremias
1980:231 参照）、全体としてルカが編集的に構成したと考えられる（Schulz
1972:310; Fitzmyer 1985:1021; H. Klein 2006:486）。狭い戸口の言葉（24 節）
はマタイ 7:13-14 に並行し、Q 資料に由来すると考えられる（Manson
1949:124-126; Wrege 1968:132-135 は異なる資料を想定）。マタイ版では
「狭い門／道」と「広い門／道」について語られているが（アブラハム遺
訓 11:1 以下参照）、おそらく Q 資料では狭い門についてのみ語られており、
マタイは「門」に「道」を付加し、さらに「広い門／道」を加えて対置す
る形で構成したのであろう（ルツ 1990:567-569）。その一方でルカは、後
続の譬えとの関連から「門」（πύλη）を「戸口」（θύρα）に置き換えてい
る（Schulz 1972:310f; 三好 1991:338; Nolland 1993a:733 他。一方で H. Klein
2006:487 n. 6 は θύρα を原初的と見なす）。

　これに続く 25-27 節は総じてマタイ 7:22-23 に並行し、全体として Q
資料に由来すると考えられる。マタイ版に見られない閉じられた戸のモチ
ーフ（マタ 25:10-12 参照）を含む 25 節については、マタイがこれを削除
したとは考えにくく、ルカが移行句として編集的に構成した（ブルトマン
1983:222）のでなければ、ルカ版 Q 資料に由来するのであろう。その直後
の 28-29 節は、記述内容の順序は異なるとは言え、比較的緊密にマタイ
8:11-12 に並行し、同様に Q 資料に遡ると考えられるが、マタイ版では百
人隊長の僕の癒しの記事（マタ 8:1-13; 並行ルカ 7:1-10; ヨハ 4:46-54）の結
部を構成しており、明らかに文脈は異なっている。双方の伝承（25-27 節
と 28-29 節）がすでに Q 資料において結合していた可能性も否定できない
が（Schmithals 1980:154; ルツ 1997:28）、おそらくルカは個別に伝承され
ていた両者を結びつけると共に直前の 24 節と結合し、編集の手を加えて
いったのであろう。末尾の後先の逆転の言葉（30 節）はマルコ 10:31 及
びマタイ 19:30; 20:16 に並行しているが（トマス福 4 も参照）、元来は一般

的な格言に由来すると考えられる。

　以上のことからも、ルカはQ資料に由来する複数の伝承片（24, 25–27, 28–29節）をもとに導入句の22節と末尾の30節、さらに23節を付加するなど適宜編集の手を加え、テキスト全体を構成したのであろう（ブルトマン 1983:222; Bovon 1996:430; Wolter 2008:489f 参照）。なお、Bock（1996:1231f）はこの段落に含まれる言葉の多くがイエスに遡ると見なしている。

【注解】

22節

　段落冒頭のこの節は、自らの受難と死の場所であるエルサレムへの道を歩み始めたイエスが（9:51 参照）、今もその旅の途上にあることを改めて読者に思い起こさせている。この記述はまた、イエスが様々な地域を巡りつつ宣教活動を続けながらも最終的な目的地であるエルサレムを見据えていたことを改めて示すと共に、イエスの活動期間が残り少なくなりつつあることを示唆している（Eckey 2004b:633）。なお、「**町々や村々を行き巡り**」（διεπορεύετο κατὰ πόλεις καὶ κώμας）という表現（8:1; 9:6 参照）には διεπορεύομαι（通り過ぎる）の未完了過去形が用いられており、継続的な動作が示されている。

23節

　すると聴衆の一人がイエスに「**主よ**」と呼びかけ、「**救われる者は少ないのでしょうか**」と問いかけるが、それに対してイエスは聴衆全体に答えている。この問いは当時のユダヤ教においても議論の対象になっており（Bill. I:883 参照）、イスラエルの全構成員が救われるという見解が見られる一方で（イザ 60:21; ミシュナ「サンヘドリン」10:1）、第4エズラ書には、神は「来たるべき世は少しの者のためにお造りになった」（8:1）のであり（さらに同 9:15 参照）、「たしかに創られた者は多いが、救われる者は僅かしかないだろう」（8:3）とあり、アブラハムの遺訓 11:11 にも「滅ぼされる者は多く救われる者は少ない」と記されている（さらに同 7:47; 9:15; マタ 22:14 参照）。

24節

　するとイエスは、この問いに直接答えるのではなく、「狭い戸口を通って入るように努めなさい」と人々に決断を促している。このイエスの返答は、その問いが、神の国の到来の時期を尋ねる問い（17:20）と同様、人間が直接知り得ない事柄であることを暗に示しているのかもしれない（レングストルフ 1976:365）。この「狭い戸口を通って入る」という表現が神の国への受容を意味していることは後続の 29 節からも明らかであるが、ここではそれが決して容易ではなく、入ろうとしても入れない者が多いことがその要求の根拠として挙げられている。ここではまた未来形動詞（ζητήσουσιν＜ζητέω［求める］、ἰσχύσουσιν＜ἰσχύω［〜できる］）が用いられていることからも、神の国への受容は将来のこととして捉えられているが、後続の箇所からも明らかなように、そのための期間は限られていることが前提とされている。さらに πολλοί（多くの者）は 23 節の ὀλίγοι（少ない）と関連しており、その意味では、ここに直前の問いに対する間接的な答えが示されているとも解しうる。

　並行箇所のマタイ 7:13–14 では、この譬えは滅びに至る「広い門／道」と命に至る「狭い門／道」とが対置され、後者を選び取るように勧告されているが、「二つの道」の比喩は旧約及びユダヤ教文献に見られる（詩 1:6; 箴 14:2; 28:6, 18; エレ 21:8; Ⅳエズラ 7:1–9; アブラハム遺訓 11 章）。一方のルカは、狭い戸口から入るように「努めなさい」と要求しているが、動詞 ἀγωνίζομαι は本来「競技する、戦う」を意味しており（Ⅰテモ 4:10; 6:11f; Ⅱテモ 4:7–8; Ⅱマカ 13:14）、ここでは転義的に徳の訓練や情念に対する倫理的な戦いの意味で用いられている（『釈義事典』I:53 参照）。なお、マタイの「門」（πύλη）に対してルカにおいて「戸口／戸」（θύρα）が用いられているのは、前述したように後続の閉ざされた戸（θύρα）の譬え（25–27 節）との関連のためと考えられるが、「狭い戸口」と「閉じられた戸」では意味が微妙に異なっており、さらに 24a 節では狭い戸口から入るべく決断を求められているのに対して 25–27 節では戸が閉じられる前に決断できなかった人々が主人から拒絶されている。ルカにおいてはまた、狭い戸口から入るという表現は、苦難と死に至るイエスのエルサレムへの旅と関連づけられている（三好 1991:338）。

25 節

　25 節以降の譬えにおいては、家の主人が戸を閉めた後にやって来て「**開けてください**」と嘆願しても、主人からは「**私はお前たちがどこから来たのか知らない**」（「私はお前たちの素性を知らない」）と返答され、中に入れてもらえないという状況が描かれており（マタ 25:11–12 参照）、手遅れになることへの警告が強調されている。その意味でも、多くの者が狭い戸口から入ろうとしても入れないのは（24b 節）、ルカの文脈ではその試みが遅すぎたためなのである（Fitzmyer 1985:1022）。なお、25 節と 26–27 節は多くの表現を共有し（ἄρξησθε［あなたたちは〜し始める］、καὶ (...) ἐρεῖ (...) ὑμῖν［しかし彼はあなたたちに言うだろう］、οὐκ οἶδα [ὑμᾶς] πόθεν ἐστέ［私はお前たちがどこから来たのか知らない］）、明らかに並行的に構成されている。また 25–27 節は、「多くの者」を主語とするマタイ 7:22 とは異なり、聴衆である「あなたたち」を主語にして構成され（25, 26 節）、聴衆は繰り返し「あなたたちに……言うだろう」（25, 27 節）と直接語りかけられており、読者への警告がより一層強調されている（Green 1996:532）。

　マタイ版に対応箇所が見られない 25 節は譬えの状況を提示しており、後続の 28–29 節からも明らかなように、終末における祝宴のモチーフを前提としている（12:37b; 14:15; 22:30 参照）。ここでは家の主人が自ら立ち上がって戸を閉めたと明記されていることからも（マタ 25:10–12 参照）、主人の主導権が強調されている。また、主人の「私はお前たちがどこから来たのか知らない」（cf. マタ 25:12：「私はお前たちを知らない」）という返答は、ユダヤ教社会からの破門宣言に用いられた表現であり、ここでは神の国から締め出されたことが宣告されている（三好 1991:338）。

26–27 節

　そこで締め出された人々は、かつて主人の面前で「**食べたり飲んだり**」し、大通りで主人から教えを受けたと、過去における主人との関わりを引き合いに出して主人に自分たちのことを思い出してもらおうと試みるが、後半の「**あなたは私たちの大通りで教えられました**」という証言は、彼らが主人の教えを聞きながらもそれを受け入れなかったことを逆に示している（Marhsall 1995:566; Bovon 1996:434f; Wolter 2008:492）。それに対して主人は、「私は［お前たちが］どこから来たのか知らない」と 25 節の発言

を繰り返し、さらに「**不義を働く者どもは皆、私から離れよ**」（ἀπόστητε ἀπ᾽ ἐμοῦ πάντες ἐργάται ἀδικίας）と命じるが、この言葉は人々を苦しめる者たちに対する宣言である詩編 6:9 LXX（「不法を働く者どもは皆、私から離れよ」［ἀπόστητε ἀπ᾽ ἐμοῦ πάντες οἱ ἐργαζόμενοι τὴν ἀνομίαν]）からの引用である（cf. マタ 7:23：ἀποχωρεῖτε ἀπ᾽ ἐμοῦ οἱ ἐργαζόμενοι τὴν ἀνομίαν［不法を働く者どもは私から離れよ]）。

　締め出された人々の発言からも、この家の主人は明らかにイエスと同定され、元来の文脈においては、イエスと同郷であることやかつてイエスの近くにいたことは救いの保証にならないことを示していたのであろう。ルカにおいてまた、教会における食事や宣教活動に参加し、それによって神の国に入る権利をすでに得たと思い込んでいた同時代のキリスト者のことが考えられていたとも考えられる（Schneider 1984b:306）。なお、並行するマタイ 7:21–22 はより簡潔に構成されており、主人は登場せずにイエス自身が裁かれる人々に語り、さらに神の国への受け入れを拒絶された大勢の人々の弁明は「あなたのお名前によって預言し、悪霊を追い出し、奇跡を行いました」となっており（マタ 7:22）、弟子たちのことを念頭に語られている。

28 節

　ここからは神の国の宴会が主題となり、そこから締め出される人々（28節）とそれに参加する人々（29節）の二種類の集団について描写される。おそらく Q 資料においては、マタ 8:11–12 と同様、拒絶された人々の追放の記述に先立って受容される人々の終末の祝宴への参加について語られていたが、この箇所を直前の 25–27 節と結合したルカは順序を入れ替え（大貫 2003:48f）、25–27 節に直結する形で、まず拒絶された人々（cf. マタ 8:12：「国の子ら」）について語っている。

　ここでは、拒絶された人々（「あなたたち」）は族長たちや預言者たち（11:47–51 参照）が神の国にいるのを見る時、「**外に投げ出される**」（ἐκβαλλομένους ἔξω）とあるが（cf. マタ 8:11：「外の闇に投げ出される」）、彼らは最初から宴会の場にいなかったという意味でもこの表現は文脈に適合しておらず、ここでの ἐκβάλλω はむしろ最後の審判のイメージで語られている（ヨハ 12:31 参照）。ルカはまた構成上の理由から、「**そこでは嘆き**

と歯ぎしりがあるだろう」というマタイ版の結びの言葉（マタ 8:12b）をこの箇所の冒頭に移している。原文冒頭の ἐκεῖ（そこで）は 25 節の ἔξω（外に）、すなわち外部の者が入って来るのを遮る戸口の外側を意味している。「嘆きと歯ぎしり」は終末の裁きを受けた人々の苦しみと怒りの表現であり、マタイにおいては裁きの譬えを締めくくる編集句として頻繁に用いられているが（マタ 13:42, 50; 22:13; 24:51; 25:30 参照）、苦しみの経験に対する反応である「嘆き」（κλαυθμός）は預言者の裁きの告知の構成要素であり（イザ 15:3; 22:12; エレ 3:21 参照）、「歯ぎしり」（βρυγμὸς τῶν ὀδόντων）は絶望的な怒りを意味している。拒絶された人々は、当然家の中に入れてもらえる資格を有していると考えていただけにそれだけ大きな衝撃を受けたと想像されるが、このような彼らの反応は、単に非難されたことだけでなく、神の国における終末の祝宴に集う「アブラハム、イサク、ヤコブ」らの族長たち（20:37; 使 3:13; 7:32 参照）や（マタイには欠けている）「すべての預言者たち」（11:50; 24:27; 使 3:18, 24; 10:43 参照）の姿を自分の目で確認し、そこから締め出されたことを確信したことに起因している。なおこの場面は、死後、陰府で苦しんでいた金持ちがアブラハムと共に宴席にいるラザロの姿を見る場面（16:23 参照）を思い起こさせる。

29 節

　さらに人々が「東から西から北から南から」（詩 107:3 参照）、すなわちあらゆる異邦地域からやって来て神の国の宴会の席に着く（14:15 参照）と語られるが、この記述の背景には旧約における終末時の諸民族のシオン巡礼（イザ 2:1–5; 43:5–6; 49:12; ミカ 4:1 参照）や終末論的な食事（イザ 25:6 参照）の表象があり、明らかに異邦人のことが考えられている。Q 資料においては、この巡礼は再臨と共に始まる異邦人の神への立ち帰りと関連づけられていたと考えられるが（Schulz 1972:324–326）、ルカにおいては宣教による異邦人の立ち帰りは歴史的な出来事であり、おそらくこの「異邦人の巡礼」は審判直後の異邦人たちの終末の祝宴への参加を示唆している。なお、並行箇所のマタイ 8:11 には「多くの者が東から西からやって来て」と記されており、方角が東と西に限られている一方で「多くの者」（πολλοί）に言及されているが、ルカにこの言及がないのは、段落冒頭の「救われる者は少ないのでしょうか」というある人物の問い（23 節）

や「多くの者」が中に入ることができないと述べる直前のイエスの発言（24節）のためであろう。

30節

　最終的な救いは個々のそれまでの姿勢に関わっていることを示す意図をもって、ルカはこの締めくくりの格言を構成している。「**最初の者たち**」がユダヤ人、「**最後の者たち**」が異邦人を暗示していることは明らかであるが、他の並行箇所が「（多くの）最初の者たち」が「最後の者たち」となり、「（多くの）最後の者たち」が「最初の者たち」になると述べているのに対し（マコ 10:31; マタ 19:30; 20:16）、ここでは「**最初の者たちになる最後の者たちがおり、最後の者たちになる最初の者たちがいる**」と記されている。その意味でも、ここで非難されている人々は必ずしもユダヤ人に限られず、また「多くの者が……できない」（24節）という記述にしてもユダヤ人の救いを完全には否定していない。同様に、受容される人々も単純に異邦人と同定されておらず、境界線はむしろ、不義を働く者たちと義しい生を遂行しようとする者との間に引かれている（Schneider 1984b:307）。もっとも、この後先の逆転の言葉においては、26節との関連からも、イエスと同時代のユダヤ人が最後になる最初の者と見なされ、あらゆる方角からやって来る人々は異邦人世界において正しく生きている人々と見なされているのであろう。その一方で、この言葉を教会内の特定の集団に当てはめようとするのは文脈上難しいであろう。

【解説／考察】

　この段落では、救いに至るために狭い戸口から入るように努めるように求めており、この救いに関しては逆転が起こり得ることを警告しているが、注目すべきことに、救い（神の国への受容）が神の国における族長や預言者たちとの祝宴のイメージを用いて描かれている。また、段落冒頭ではエルサレムに向かうイエスの旅について言及されているが、旅行記の冒頭ではイエスの宣教に対するサマリア人の拒絶について記されていたのに対し（9:51–56）、ここでは多くのユダヤ人は締め出されて異邦人が神の国に入る状況が予告されている（三好 1991:338）。ここではまた、この締め出

しの警告はイエスの身近にいた人々もその例外ではないと示唆されており（26節）、ユダヤ人のみならず、安住しているキリスト者に対しても、間近に閉じられようとしている戸口がまだ開いているうちに悔い改めを通して（13:3, 5）その中に入って行くように要請している。

その意味でも、ここでは特に自分は神の国の宴会に招かれていると自認する人々に対して警告が発せられており、読者一人一人に対しても、そのような錯覚に陥っていないか自らを検証するように求められている。段落の冒頭で、救われる者は少ないのかとある人物が問いかけているが、問題となるのは救われる者が多いか少ないかでなく、むしろ自分自身がどう振る舞うのかなのである。その意味でも、現状では救われる可能性は少ないことを自覚して、それぞれが狭い戸口から入って行くべく「努める」ように私たち一人一人に対しても求められている。

2. 死に至るイエスの旅路とエルサレムへの嘆き（13:31–35）

【翻訳】

13:31 まさにその時、何人かのファリサイ派の人々が近寄って来て彼（イエス）に言った。「ここから出て、立ち去ってください。ヘロデがあなたを殺そうとしているからです」。32 すると彼は彼らに言った。「行って、あの狐に『見よ、私は今日も明日も悪霊を追い出し、癒しを遂行し、3日目に私は完成される』と言いなさい。33a いずれにせよ、私は今日も明日もその次の日も進んで行かねばならない。b 預言者がエルサレムの外で滅ぼされることはあり得ないからだ。

34 エルサレム、エルサレム、預言者たちを殺し、自分に遣わされた人々を石で打ち殺す者よ、雌鶏が自分の雛を羽の下に集めるように、私はお前の子らを何度集めようと欲したことか。だが、お前たちは〔それを〕欲しなかった。35a 見よ、お前たちの家は見捨てられる。b〔そこで〕私はお前たちに言っておくが、お前たちが『主の名によって来られる方に祝福があるように』と語る〔時が来る〕まで、お前たちは決して私を見ることはない」。

【形態／構造／背景】

エルサレム途上のイエスの描写に始まり、神の国からの締め出しを警告する前段（13:22-30）に続くこの段落は、旅行記全体のほぼ中間点に位置するが（本書 18 頁参照）、エルサレムを明確に断罪しているという意味で一つの転換点を示しており、内容的にも、イエスが受難の場所であるエルサレムに向かうこの旅の本質を示しているという意味で旅行記の中心点と見なしうる（Bock 1996:1243; さらにタルバート 1980:110-112 も参照）。この段落は、エルサレムに向かう決意及び当地での自らの死の運命を語るイエスの言葉（31-33 節）とエルサレムに対するイエスの嘆きの言葉（34-35 節）から構成されているが、前半部と後半部は「エルサレム」（33 節／34 節×²）、「預言者」（33 節／34 節）及び θελέω（欲する [31 節／34 節×²]）という鍵語によって結ばれており、さらに前半部の各節（31, 32, 33 節）は πορεύομαι（行く）を含み、32 節と 33 節は「今日も明日も……」（σήμερον καὶ αὔριον καὶ τῇ ...）という表現を共有している。この段落全体は以下のように区分される。

（1）イエスのエルサレムへの道（31-33 節）
　　（a）ファリサイ派の人々からの立ち去るようにとの勧告（31 節）
　　（b）イエスの返答：エルサレムへの道行きと死の運命（32-33 節）
（2）エルサレムに対する嘆き（34-35 節）
　　（a）エルサレムの背信（34 節）
　　（b）エルサレムの運命（35 節）

段落前半部（31-33 節）は、マルコにもマタイにも並行記事が見られないことから、総じてルカ特殊資料に由来すると考えられる。もっともこの箇所は、31 節の ἐν αὐτῇ τῇ ὥρα（まさにその時 [《αὐτὸς ὁ／αὐτὴ ἡ＋時間を表す名詞》はルカ文書にのみ計 11 回使用]）及び τινες（ある人々 [形容詞的用法の τις は新約用例 152 回中ルカ文書に 102 回使用]）、31, 32, 33 節の πορεύομαι（行く [新約用例 154 回中ルカ文書に 89 回使用]）、32 節の ἴασις（病 [新約ではこの箇所以外では使 4:22, 30 にのみ使用、動詞形 ἰάομαι は新約用例 26 回中ルカ文書に 15 回使用]）、33 節の Ἰερουσαλήμ（エルサレム [新約

用例 77 回中ルカ文書に 64 回使用]）等のルカ的語彙を含み、さらにイエスのエルサレムへの旅が神の意思によることを強調している点はルカの構想に合致していることから、ルカの創作（Denaux 1989:245–285）とは言えないまでも、ルカの編集の手がかなり入っていると見なしうる（コンツェルマン 1965:115, 226f 参照）。特に 33 節は 32 節の内容をもとにルカが編集的に構成したのであろう（Fitzmyer 1985:1028f; Wiefel 1988:264; Bovon 1996:445; Nolland 1993a:739）。

　後半部（34–35 節）はマタイ 23:37–39 と緊密に並行しており、Q 資料に由来すると考えられるが、総じてルカ版の方が原初形を保持していると考えられ（ルツ 2004:450）、マタイ版にのみ見られる ἀπ᾽ ἄρτι（今から後［マタ 23:39]）はマタイの編集句であろう（マタ 26:29, 64 も参照）。一部の研究者は、この箇所は Q 資料ではルカ 13:29–30 に直結し、31–33 節はルカが挿入したと考えているが（ルツ 2004:451; H. Klein 2006:491）、むしろマタイ版がそうであるように、Q 資料においては預言者の殺害に関する「神の知恵」による証言（マタ 23:34–36 // ルカ 11:49–51）の直後に続き、元来は申命記伝承に基づく「神の知恵」が語る警告であったと考えられる（Lührmann 1969:48; ブルトマン 1983:195; Schweizer 1986:131, 150; 三好 1991:340; Marshall 1995:573 参照）。なお、イエスの再臨に言及する段落末尾の 35b 節（並行マタ 23:39）は二次的に付加されたのであろう（Nolland 1993a:739）。因みに多くの研究者はこの段落が部分的にイエスに遡る可能性を指摘している（Marshall 1995:574 は 34–35 節全体をイエスに帰す）。おそらくルカは、ルカ特殊資料から得た 31–33 節と Q 資料に由来する 34–35 節を「エルサレム」という鍵語によって結合し、これに適宜編集の手を加えることによってこの段落全体を構成し、この箇所に挿入したのであろう。

【注解】

31 節

　冒頭の「**まさにその時**」（ἐν αὐτῇ τῇ ὥρα）という表現（10:21; 12:12; 20:19 参照）は、この段落を直前の段落に結びつけている。すなわち、イエスが人々に神の国からの締め出しについて警告していた時に、ファリサ

イ派の人々がイエスのもとにやって来て、ヘロデが彼を殺そうとしているので「**ここから出て、立ち去ってください**」（ἔξελθε καὶ πορεύου ἐντεῦθεν）と二重の命令文を用いて勧告したという。このヘロデは、父のヘロデ大王の死後にガリラヤ及びペレアの領主となったヘロデ・アンティパス（前4〜後39在位）のことで、ルカ 9:7–9 には洗礼者ヨハネを殺害した彼がイエスの噂を聞いて困惑しながらも会いたいと思っていたと記されている（23:8 も参照）。ここではイエスがこの時点ではなおヘロデの領地にいたことが前提とされているが、ルカの文脈ではイエスはすでにエルサレムに向かって旅立っており（9:51）、その意味ではガリラヤではなく（Marshall 1995:570 に反対）、ペレアにいたことになるのかもしれない（レングストルフ 1976:368）。この伝承は元来、イエスがガリラヤを去った状況を反映していたとも考えられるが（Fitzmyer 1985:1030）、ルカにおいては、イエスはヘロデの手を逃れてガリラヤを去ったのではなく、自らの意志でエルサレムに向かったことが強調されている。

32 節

ファリサイ派の人々の発言に対して、イエスはヘロデを「**あの狐**」と表現し、彼に「**私は今日も明日も悪霊を追い出し、癒しを遂行し、3 日目に私は完成される**」と伝えるように彼らに指示する。ユダヤ世界においては「狐」は狡猾な人間や破壊者（cf. 雅 2:15：「ぶどう園を荒らす者」）を意味するだけでなく、価値が低い被造物をも指していたことから（Bill. II:200f; ミシュナ「アヴォート」4:15; エピクテートス『語録』1:3:8–9 参照）、この表現はイエスがヘロデの権威を否定していたことを明示している。そのように、イエスはここでファリサイ派の人々の勧告に耳を貸すことなく、悪霊追放と癒しという自らに与えられた使命を果たすために引き続きそれに従事する決意を表明しているが、悪霊追放と癒しはここまでの箇所でもイエスの活動の要約として幾度も言及されている（4:40–41; 6:18; 7:21; 8:2）。「**今日も明日も**」は文字通りには「2 日間」を意味するが（出 19:10–11 LXX 参照）、ここでは不定の（短い）期間を表していると考えられる（12:28; さらに Bill. II:200f 参照）。また「**3 日目に私は完成される**」という表現は、τελείω（完成する）が受動態で構成されていることからも神の行為を示しており、直後の 33 節との関連からも間近に迫るエルサレムにおける

イエスの受難と十字架の死（及び復活・昇天？）の運命を暗示している（知4:13; Ⅰコリ 15:4 参照）。因みに、一部の聖書翻訳はこの箇所を「今日も明日も 3 日目も私は全うする」と、「3 日目」を「今日」及び「明日」に並列させて訳出しているが（田川訳、岩波訳、協会共同訳）、この訳文では直後のエルサレムにおける死の運命への言及（33b 節）が唐突なものになり、またτελειοῦμαι を中動態で「全うする」の意で解そうとする場合、その目的語（悪霊追放と癒し？）がはっきりしない。

　ここでイエスが文字通りにファリサイ派の人々にヘロデへの伝言を要請しているのであれば、この発言は彼らがヘロデのもとから遣わされてきたことを示唆しているようにも思えるが、平穏な生活を好んでいたヘロデが（ヨセフス『ユダヤ古代誌』18:245 参照）厄介ごとを避けるためにイエスを自らの領地から追放しようと考え、ファリサイ派を用いてイエスを脅して立ち去らせようとしたというしばしば主張される見解（Grundmann 1961:288; レングストルフ 1976:368; Schneider 1984b:309; モリス 2014:297他）は十分に根拠づけられず、また、ガリラヤ地方から出て行ってもらった方がイエスを捕らえやすいとファリサイ派が考えたという見解も推測の域を出ない。事実ルカにおいては、マルコの場合とは異なり、ファリサイ派とヘロデの親密な関係についてはどこにも言及されておらず（マコ 3:6 //ルカ 6:11; マコ 8:15 //ルカ 12:1; マコ 12:13 //ルカ 20:20 を比較参照）、さらにルカにおけるファリサイ派はイエスに対して必ずしも敵対的でない点を勘案するなら、確かにヘロデはイエスに会いたがっていたというルカ 9:9 及び同 23:8 の記述とは適合しないが、かつて洗礼者ヨハネを殺害した（3:19-20; 9:9 参照）ヘロデは実際にイエスの命を狙っており（使 4:27 参照）、ファリサイ派の人々は一応善意からイエスに助言したと考えるべきであろう（嶺重 2012:171f 及び上巻 223f 参照）。

33 節

　さらにイエスは 32 節と類似した表現を用いて、「**私は今日も明日もその次の日も進んで行かねばならない**」と、エルサレムに向かう自らの歩みが必然的なもの（神の意思）であることを δεῖ（必ず〜する）を用いて強調する（2:49; 4:43; 9:22; 19:5; 22:37 参照）。「**いずれにせよ**」と訳出した冒頭の πλήν は、ここでは逆接の意味ではなく、前述の内容を要約する機能を

果たしている（BDR §449.2 参照）。イエスはここで自らを預言者と見なし（4:24–27; 7:16, 39; 24:19; 使 3:22–23; 7:37 参照）、「**預言者がエルサレムの外で滅ぼされることはあり得ない**」と語っているが（王上 18:4, 13; 19:10, 14; 代下 24:21; エレ 26:20–23 参照）、この言葉は歴史的実情に即していないことからも、むしろここには、イエスの道行きの終着点を受難による死と見なし（9:22, 44, 51; 12:50 参照）、エルサレムの住民にイエスの死の責任を帰そうとするルカの視点が示されている。

　このように、エルサレムに向かうイエスの道行きとエルサレムにおけるイエスの死の必然性について語るこの箇所は、エルサレムに対する嘆きについて記す後続の 34–35 節に移行する機能を果たしているが、それと共に先行する 32 節の内容をルカの視点から解釈している。すなわちイエスは、今日も明日も悪霊を追放し、病を癒し、3 日目にイエス自身の使命が完成されるのであるが、そのようにイエスが自らの派遣の使命が完成される時を目指して、自らの死の場所であるエルサレムに向かって日々歩み続けていくことは神の計画によって定められていることであり、その意味では「**その次の日**」は前節の「3 日目」と厳密には対応していない（Wolter 2008:497）。そのように、このエルサレムへの道行きはヘロデ（あるいはファリサイ派）によって仕向けられるのではなく神の意思によるのであり、イエスはヘロデの意図ではなく、神の意思に従ってエルサレムにおける死に至らしめられるという点がここでは強調されている。

34 節

　34–35 節のエルサレムに対する嘆きと預言的威嚇の言葉は、ルカにおいては明らかにイエスの言葉として記され、二人称で聴衆に直接語りかけられており、後続のルカ 19:41–44 とも密接に関連している（13:4–5 も参照）。冒頭の「**エルサレム、エルサレム**」という二重の呼びかけは（10:41; 22:31; 使 9:4; さらに創 22:11; 46:2; 出 3:4; サム下 19:1; イザ 29:1 参照）、強い痛みの表現と解される（Ernst 1977:433; Eckey 2004b:641）。ここでイエスはエルサレムを、預言者たちを殺害し、神の使者たちを石で打ち殺してきた都として非難しているが（6:23; 11:49; 使 7:52, 58–59 参照）、そのことを歴史的というよりは本質的な事柄として自らの運命と重ね合わせて語っており、これによって自らがエルサレムで殺されるのみならず、エ

ルサレムの住民によって殺害されることを明らかにしている（Schneider 1984b:309）。

イエスはまた、雌鶏が雛を羽の下に集めるようにエルサレムの子らを集めようと「**欲した**」（ἠθέλησα）がお前たちはそれを「**欲しなかった**」（οὐκ ἠθελήσατε）と、二人称複数アオリスト形を用いて彼らの振る舞いを過去の事柄として語っている。同様の比喩は旧約でもイスラエルを保護する神の姿を示すものとして用いられているが（申 32:11; 詩 17:8; 36:8; ルツ 2:12; イザ 31:5 参照）、ここではそれがイエスの行為として記されており、何よりそれに応えようとしなかったことがエルサレムの罪と見なされている。なお、マタイの並行箇所がエルサレム入城後の状況を描いているのとは異なり、ルカの文脈においてはイエスはなおエルサレム途上にあり、ルカ 2:41–52 の少年時代のエピソードは別として、彼自身はまだエルサレムで活動していないことからも、エルサレムの子らを何度も集めようとしたという記述はこの文脈にはそぐわない。その意味でも、ここではエルサレムの住民のことだけが考えられているわけでも、エルサレムを代表する律法学者のことだけが考えられている（Schneider 1984b:311）わけでもなく、ルカ 2:38 と同様、あらゆるユダヤ人のことが考えられているのであろう（Schmithals 1980:157; Wolter 2008:498）。

35 節

エルサレムの背信を嘆く言葉に続き、ここでは「**見よ**」（ἰδού）という表現に導かれて、彼らの家は見捨てられると裁きの言葉が告げられる。ここでの「**お前たちの家**」（ὁ οἶκος ὑμῶν）はエルサレム神殿（エゼ 8:14, 16 参照）のみならず、エルサレム全体（エレ 12:7 LXX 参照）を指していると考えられ、紀元 70 年のエルサレム（神殿）の破壊の出来事が念頭に置かれているのであろう。なお、文末に ἔρημος（荒れ果てた）という形容詞が付加されているマタイ版は、明らかにエレミヤ 22:5 LXX（εἰς ἐρήμωσιν ἔσται ὁ οἶκος οὗτος「この家は荒れ廃れる」）との関連において構成されている（さらに王上 9:7–8; 詩 69:26; トビ 14:4 参照）。

最後にイエスは「**私はお前たちに言っておく**」と強調しつつ、「**主の名によって来られる方に祝福があるように**」（εὐλογημένος ὁ ἐρχόμενος ἐν ὀνόματι κυρίου）と彼らが語る時まで一定期間彼を見ることができない

と宣告するが、この言葉はエルサレムに入る巡礼者によって歌われた詩編の言葉の引用である（詩 117:26 LXX）。すなわちエルサレムの人々は、イエスが再臨した後に初めて彼を（主の名によって）「**来られる方**」（ὁ ἐρχόμενος［7:20 参照］）、つまり審判者として認めることになるが、その時には審判はすでに確定しており、もはや手遅れなのである。一部の研究者は、この最後の一節には彼らも（悔い改めて）救いに至る可能性がまだ残されていることが示されていると主張しているが（Grundmann 1961:290; Tannehill 1986:155f; Kremer 1988:150; Bovon 1996:459f; さらに 13:8–9; ロマ 11:26 参照）、ここでは明らかに裁きの文脈に置かれていることからもそれは考えにくい（ルツ 2004:458f; Wolter 2008:499）。なお、この言葉は皮肉なことに、イエスがその受難と死の場所であるエルサレムに入城する際に弟子たちの群れによって高らかに唱えられることになる（19:38）。

【解説／考察】

ヘロデから逃れるためにここから立ち去るようにファリサイ派の人々から勧告されたイエスは、それには直接答えず、エルサレムにおいて完成される自らの使命と運命に言及しつつ、エルサレムへの道を歩み続ける決意を表明する。その意味でも、ルカはエルサレムへの旅行記のほぼ中間点に位置するこの段落において、イエスのエルサレムへの道行きは死への歩みであると共に救いの完成への歩みであることを読者に改めて確認させようとしている。ルカはまたここで、このイエスの運命（死→再臨）をエルサレムの運命（拒絶→滅び）に重ね合わせて記述しており、エルサレムの背信とそれに対する審判について語ることにより、人々に警告を発そうとしている。

この段落においては、危機的状況から逃げることなく、どこまでも神の意思に従い、完成の時に向かって今日も明日も目的地を目指して歩み続けようとするイエスの姿が描かれている。私たちもそれぞれに様々な困難や悩みを抱えつつ生きているが、このイエスの生きざまに倣って、神の意思に従い、目標に向かって日々歩み続けていくように要請されている。

3. 水腫患者の癒し（14:1–6）

【翻訳】

14:1 さて、安息日に彼（イエス）は食事をするためにファリサイ派のある指導者の家に入ったが、彼ら自身は彼〔の様子〕をうかがっていた。
2 すると見よ、水腫を患っているある人が彼の前にいた。3 そこでイエスは答えて、律法の専門家たちやファリサイ派の人々に語って言った。「安息日に癒すことは許されているか否か」。4a しかし彼らは黙っていた。b そこで彼は〔その人の手を〕つかみ、彼を癒して去らせた。5 そして彼（イエス）は彼らに言った。「あなたたちの中の誰かの息子か牛が井戸に落ちたら、安息日に〔でも〕それをすぐに引き上げてやらないだろうか」。6 すると彼らはこれらのことに対して答えることができなかった。

【形態／構造／背景】

　ヘロデから逃れてこの地を立ち去るようにとのファリサイ派の勧告に始まり、エルサレムに向かうイエスの決意とエルサレムに対するイエスの嘆きについて記されていた直前の段落（13:31–35）から場面は突然変わり、ルカ 14:1–24 には安息日におけるファリサイ派の指導者宅での会食の場面が描かれている（7:36–50; 11:37–52 参照）。その冒頭に位置するこの段落では水腫患者の癒しについて語られているが、この箇所は手の萎えた人の癒し（6:6–11）や腰の曲がった女性の癒し（13:10–17）と同様、安息日における癒しをめぐる敵対者との論争的対話として構成され、各段落は内容的にも部分的に並行している。もっとも、ここでは敵対者は一言も発しておらず、厳密な意味での対話にはなっていない。

　この段落は以下のように区分され、冒頭の序（1–2 節）を除くと、段落の中心に位置するイエスによる癒しの行為（4b 節）が、二度にわたるイエスの問い（3 節／5 節）とそれに対する敵対者たちの反応（4a 節／6 節）によって囲い込まれる構造になっている。もっとも、この段落では癒しの行為そのものは強調されておらず、安息日の癒しをめぐる議論に焦点が当

てられている。

（1）序：ファリサイ派の指導者からの食事の招待と水腫患者（1–2節）
（2）イエスの第一の問い（3節）
（3）敵対者たちの反応（4a節）
（4）イエスによる癒し（4b節）
（5）イエスの第二の問い（5節）
（6）敵対者たちの反応（6節）

この段落は、他の福音書に直接並行する記事が見られないことから総じてルカ特殊資料に由来すると考えられる（Petzke 1980:129f; H. Klein 1987:26; Wiefel 1988:267; Bovon 1996:468–470 他）。確かに、この段落と手の萎えた人の癒しの記事（6:6–11; 並行マコ 3:1–6）は、共通の構造（状況設定→敵対者の否定的態度→安息日の癒しをめぐる敵対者へのイエスの問い→癒しの行為→敵対者の反応）をもっており（H. Klein 1987:23f 参照）、さらには律法学者やファリサイ派のイエスの様子を「うかがう」（παρατηρέω [6:7／14:1]）態度や癒しの行為が「安息日に許されている」（ἔξεστιν τῷ σαββάτῳ）かどうかとの彼らに対する問いかけ（6:9／14:3）においても一致しているが、両者間には、癒しの経緯やイエスの発言内容、敵対者の反応等、相違点も多く見られることから、この段落はルカ 6:6–11（並行マコ 3:1–6）の別形（ブルトマン 1983:22, 102）とも、それをもとにルカによって編集的に構成された（Busse 1979:310–312; 三好 1991:341; Nolland 1993a:745）とも考えにくい。同様に、この段落と腰の曲がった女性の癒しの記事（13:10–17）も、安息日の癒しの正当性を示すイエスの言葉（5節／13:15）等の共通点が見られるとは言え、相違点も多く、伝承史的に依存関係があるとは考えにくい（Schmithals 1980:157 に反対）。

一方でこの段落には多くのルカ的語彙が含まれ（Jeremias 1980:235f 参照）、特に《καὶ ἐγένετο ἐν τῷ ＋不定詞》（導入表現としての καὶ ἐγένετο は共観福音書用例 30 回中ルカに 22 回使用、《ἐν τῷ ＋不定詞》は新約用例 52 回中ルカ文書に 39 回使用）、ἄρχων（指導者）の複数形（新約用例 12 回中ルカ文書に 9 回使用）、καὶ αὐτοί（καὶ αὐτός／καὶ αὐτοί は導入表現として四福音書

用例39回中ルカに34回使用）、παρατηρέω（うかがう［新約用例6回中ルカ文書に4回使用］）を含む冒頭の1節は、14章の会食の場面を導入するためにルカ自身が構成した編集句であろう（ブルトマン1983:22）。さらに、ήσυχάζω（黙っている［新約用例6回中ルカ文書に5回使用］）、ἐπιλαμβάνομαι（つかむ［新約用例19回中ルカ文書に12回使用］）、ἰάομαι（癒す［新約用例26回中ルカ文書に15回使用］）を含む4節や、否定詞と不定詞句を前後に伴うἰσχύω（～できる［6:48; 8:43; 13:24; 14:29, 30; 16:3; 20:26参照］）を含む6節もルカの編集の手が加えられている可能性が高い。

　なお、この段落の中核部分であり、古い伝承（史的イエス？［H. Klein 1987:27; Bovon 1996:469, 476]）に遡ると考えられる5節のイエスの言葉は、マルコ3:6–11 // ルカ6:6–11と並行するマタイ12:9–14に挿入されているマタイ12:11と並行していることから（さらに3節とマタ12:10を比較参照）、元来はQ資料に由来する癒しの記事をマタイが採用しなかった可能性も指摘されている（Ernst 1977:435; 1978:63f; Schneider 1984b:312; Marshall 1995:578）。しかしながら、5節とマタイ12:11は内容的には確かに近似しているが、相違点も多いことから（Bovon 1996:477参照）、双方の記事が同一資料（Q資料）に直接依拠しているとは考えにくく（Kosch 1989:200–210参照）、むしろマタイはこの言葉を他の伝承から取り入れて付加したと想定され、5節はQ資料に由来するのではなく、ルカが用いた資料（ルカ特殊資料）にすでに含まれていたのであろう。

　以上のことからも、ルカは受け取った伝承をもとに、14章全体を導入する冒頭の1節を構成し、さらに適宜編集の手を加えつつこの段落全体を構成したと考えられる。その一方で、息子／牛の井戸への転落に関する伝承句（5節）をもとに、先行する二つの安息日の癒しの記事（6:6–11; 13:10–17）に依拠しつつ、ルカ自らがこの段落全体を編集的に構成した可能性も完全には否定できないであろう（Fitzmyer 1985:1038f; Klinghardt 1988:232; Braun 1995:24f）。

【注解】

1節

　ある安息日にイエスは「**食事をする**」（直訳：「パンを食べる」）ためにフ

ファリサイ派のある指導者の家を訪れた。先行するルカ 7:36; 11:37 と同様、ここでも明らかにイエスが食事に招待された状況が描かれており、後続の 14:12–14 には食事に招いてくれた人物に対するイエスの言葉が記されている。おそらくここでは、安息日の礼拝後の正餐の状況が描かれているのであろう（Klinghardt 1988:233; Marshall 1995:576; Bovon 1996:470; さらにヨセフス『自伝』54［§279］参照）。ἄρχων は最高法院の議員（18:18 参照）あるいは会堂長とも解しうるが、ここではファリサイ派の指導者もしくは有力者を指していると考えられる。そしてその指導者を含む人々、すなわち律法の専門家たちやファリサイ派の人々（3 節参照）は、（イエスが安息日律法に違反しないかどうか）「**彼〔の様子〕をうかがっていた**」とあり（6:7 参照）、彼らが当初よりイエスに対して不審の目を向けていたことが示されている。

2 節

続いて一人の水腫患者が紹介されるが、「**すると見よ、～人が……いた**」（καὶ ἰδοὺ ἄνθρωπός ...）という冒頭の表現は、先行する長血の女性の癒しの記事の「すると見よ、～女性がいた」（καὶ ἰδοὺ γυνή ...［13:11］）と並行している。水腫とは体液の異常蓄積を指し、腹部の膨張やむくみをもたらし、いずれにせよ、重大な身体的疾患の兆候と見なされていた。事実、民数記 5:21–22 では、姦淫の罪を犯した妻がこの病に侵されると見なされ、詩編 109（LXX 108):18 は敵に対する罰としてこの病に言及している。またラビの見解によると、この病の原因はわいせつ行為に対する罪であるが（Bill. II:203f）、いずれにせよ、当時のユダヤ世界においてはこの病はあらゆる種類の罪に対する罰と見なされていた（Bovon 1996:472f）。なお、この病の患者には大量の水分を渇望する症状が見られるが、後続の 5 節に井戸に落ちる息子と牛の事例が出て来るのは、この症状との関連のためかもしれない（H. Klein 1987:28f; 2006:498）。また、ヘレニズム文献においてこの病はしばしば貪欲と結びつけられていることから（Braun 1995:33–38; Wolter 2008:501f 参照）、ルカはファリサイ派の貪欲な姿勢（11:39; 16:14）との関連からこの病に言及したとも考えられる（Braun 1995:41）。なお、このような病を患っている人物がこの会食の場に居合わせていたのは不自然に思えるが、罪深い女性の赦しの記事（7:36–50）の

場合と同様、当時の慣習では招待されていない客が宴会の場に足を踏み入れることもあり得たと考えられる（上巻335頁参照）。

3節

そこでイエスは「答えて」（ἀποκριθείς）、律法の専門家たちやファリサイ派の人々に対して「**安息日に癒すことは許されているか否か**」と問いかける。イエスは事前に問いかけられていないことからも、ここでの「答える」は、イエスの様子をうかがう敵対者の態度（1b節）に対する応答と見なしうるであろう（Wolter 2008:502; さらに9:49参照）。このイエスの問いかけは、先行する手の萎えた人の癒しの記述（6:6–11）に含まれる「安息日に許されているのは、善を行うことか、悪を行うことか、命を救うことか、滅ぼすことか」（6:9）という問いに対応しており、また、そのマタイ版に含まれる、敵対者からイエスに発せられた「安息日に癒すことは〔律法で〕許されているのか」という問い（マタ12:10）と緊密に並行している。さらに注目すべきことに、ここには一文に三つの言述を表す動詞（ἀποκριθείς, εἶπεν, λέγων）が使用されている。

4節

イエスの問いかけに対して敵対者たちは沈黙したが（マコ3:4参照）、敵対者たちがイエスに殺意を抱くマルコ3:6の場合とは異なり、ここでは彼らの敵意は特に強調されておらず（H. Klein 1987:24）、彼らの沈黙は単に彼らがイエスに反論できなかったことを示している（6節参照）。「安息日に癒すことは許されているか否か」というような二者択一の問いは、ユダヤ教世界では確認されておらず、むしろその病の種類や死の危険の有無が問題とされたことから（Bill. I:623–629）、そのような一般化された問いに彼らが答えられなかったのは、ある意味で当然だったとも考えられる（Wolter 2008:502）。あるいは、許されていると答えれば律法の規定に反することになり（出20:8; 23:12; 31:13–17参照）、許されていないと答えれば人々の苦しみに無関心であることを非難されると考えたために答えられなかったのかもしれない。

そこでイエスは、「〔その人の手を〕つかみ」（cf. 協会共同訳：「その人を引き寄せ」）、特に言葉を発することなく彼の病を癒し、そして彼をその場

から去らせた（8:38 参照）。ここで用いられている ἀπολύω（去らせる）は、ルカ 13:15–16 で用いられている λύω（解く）を思い起こさせ、ここでも捕らわれの状態から「解放する」ことを意味している（Bovon 1996:476）。

5 節

　この癒しのエピソードでは、癒しの行為自体についてはごく簡潔に描写され、癒された人物や周囲の人々の反応については言及されず、むしろその直後の、癒し行為の正当性を根拠づけるイエスの言葉に焦点が当てられている。

　ここでイエスは敵対者たちに対し、自分の「**息子か牛**」が井戸に落ちたら、安息日だからといって引き上げないだろうかと反語的に問いかけているが、この問いは、先行する腰の曲がった女性の癒しの記事における「あなたたちはそれぞれ、安息日に〔も〕自分の牛やろばを飼い葉桶から解いて、水を飲ませに引いて行くではないか」（13:15）という問いと共鳴している。一方のマタイの並行箇所では、「あなたたちの中の誰かが一匹の羊を持っていて、それが安息日に溝に落ちたら、その人はそれをつかんで引き上げないだろうか」（マタ 12:11）となっており、「息子か牛」ではなく「一匹の羊」について記され、その直後の箇所では《小から大への推論》を用いて羊より人間の方がはるかに優れていると論じられている（マタ 12:12a）。これに対してルカにおいては、安息日に井戸に落ちた息子や家畜の生命を救出する事例から水腫患者の癒しの必要性を論じているが、このような場合の処置についてはユダヤ教内においても様々な考え方があり、見解は一致していなかった。例えば、厳格なクムラン教団の死海文書「ダマスコ文書」11:13–17 においては、安息日に穴に落ちた家畜を引き上げることが禁じられ、生きた人間が穴に落ちた場合でも道具を用いて救出することが禁じられていた。その一方でラビ文献には、祭日に動物の胎児を取り上げてはならないが介助は可能であり、安息日に妊婦から新生児を取り上げ、割礼を施してもよいという記述が見られる（ミシュナ「シャバット」18:3）。

　なお、一部の有力な写本（א, K, L, Ψ, $f^{1.13}$）においては「息子か牛」（出 20:10; 申 5:14 参照）の代わりに「ろばか牛」（申 22:4 参照）と記されているが、これは明らかに前述のルカ 13:15 のイエスの言葉の影響を受けて

おり、人間と動物が同列に置かれていることへの違和感から生じた読み
と見なしうるであろう。ここでは「より難しい読みが原初的」という本文
批評の原則に従って「息子か牛」を原初的な本文と見なすべきであるが
(Nolland 1993a:744 に反対)、事実、個々の単語のアラム語は類似音から成
っており（息子 = בְּרָא、牛 = בְּעִירָא、井戸 = בֵּירָא）、これらの言葉の古さ
を物語っている（Michel, *ThWNT* V:287; 三好 1991:340）。

6 節

　それに対して敵対者たちは返答できなかったが、「**これらのこと**」（複数）
は直前のイエスの言葉と共にイエスの癒しの行為も指しているのであろう
(Wolter 2008:503)。ここではまた「**彼らは……答えることができなかっ
た**」（οὐκ ἴσχυσαν ἀνταποκριθῆναι）と、直前の 4 節の「黙っていた」（οἱ δὲ
ἡσύχασαν）という反応以上に敵対者たちの態度が具体的に述べられている。
ここで彼らが返答しなかったことは、イエスの言葉に屈服したことを示唆
すると共に、敵対者たち自身も自分の息子や牛が井戸に落ちたなら安息日
であっても引き上げることを否定しなかったことを示しており、それによ
って、自分の息子や牛を救う用意はあっても身内以外の人々に対する隣人
愛を実践しようとしない彼らは、そのように第二の掟を破ることにより第
一の掟をも破っていることが明らかにされる（Bovon 1996:468）。なお申
命記 22:4 には、同胞のろばや牛が道に倒れていたら、見ないふりをせず
にその人と共に助け起こさねばならないと記されているが、この言葉はま
さにイエスの教えと共鳴している。いずれにせよ、ここでは律法を適用す
る際には愛の倫理が優先することを明らかにすることにより安息日の真の
意味が示されており、イエス自身は安息日にも病人を癒すことによって彼
の派遣の使命を全うすることになる（6:9–10; 13:12–13 参照）。

【解説／考察】

　この段落では安息日における癒しの是非について問題にされているが、
最終的にイエスは、隣人愛の観点から安息日における癒しの正当性を示す
ことにより、愛の行為が形式的な律法遵守に優っていることを表明し、安
息日の本来の精神を指し示そうとしている。事実、安息日は一切の仕事を

離れて休息する時であるが、その本来の目的は、滅ぼすことではなく救うことであり、窮地にある人を見捨てることではなく救い出すことであり、そしてまた、あらゆる囚われから解放されることなのである。

　二度にわたるイエスの問いかけに対して敵対者たちはいずれの場合も答えることができなかったが、このことはイエスの言葉に力があったことを示している。しかし、最終的に彼らはイエスの言葉に納得して自分たちの非を認めたのか、それとも逆に不満を募らせただけだったのかという点についてはテキストには明らかにされていない。その意味でも、ここではむしろ読者一人一人に対して、安息日律法に代表されるこの世における法の本質とそのあり方について問いかけられ、決断を求められているのであろう。

4. 招待客と招待者への教え （14:7–14）

【翻訳】

14:7 彼（イエス）はまた、人々が上席を選ぶ様子に注目して、招待された者たちに譬えを語り、彼らに言った。8a 「あなたが誰かから婚宴に招待された時は上席に着いてはならない。b あなたより尊敬されている人が彼から招待されているといけないからである。9 そうすると、あなたとその人を招待した人が来て、『この方に席を譲ってください』とあなたに言うだろう。するとその時、あなたは恥をかいて末席に着くことになる。10a むしろ、招待された時は末席に行って座りなさい。b そうすれば、あなたを招待した人が来て、『友よ、もっと上席に進んでください』とあなたに言うだろう。c その時、あなたと共に宴会の席に着いているすべての人々の前であなたは誉れを得ることになる。11 なぜなら、自分自身を高くする者はすべて低くされ、また自分自身を低くする者は高くされるからである」。

12a 彼はまた自分を招待した人にも言った。b 「昼食や夕食の会を催す時は、あなたの友人たちも、あなたの兄弟たちも、あなたの親類たちも、金持ちの近所の人々も呼んではならない。c 彼ら自身もまたお返しにあなた

を招待し、あなたにお返しがなされるといけないからである。¹³ むしろ宴会を催す時は、貧しい人々、体の不自由な人々、足の不自由な人々、盲人たちを招待しなさい。^{14a} そうすればあなたは幸いな者となる。^b 彼らはあなたにお返しする〔もの〕を持っていないからである。^c まさに義人たちが復活する時、あなたにお返しされる」。

【形態／構造／背景】

　安息日における水腫患者の癒しの記述（14:1–6）のあとには宴会の招待に関わるイエスの教えが続いている。この段落は招待された者への教え（7–11 節）と招待した者への教え（12–14 節）に二分されるが、いずれの箇所も、①「彼はまた言った」（ἔλεγεν δέ）で始まる導入句（7 節／12a 節）に、②「～する時は～してはならない。～といけないからである」（ὅταν ..., μὴ ..., μήποτε ...）という否定形による勧告とその根拠づけ（8–9 節／12bc 節）、さらには ③「むしろ～する時は～しなさい」（ἀλλ᾽ ὅταν ..., ...）という肯定形による勧告及びその根拠づけ（10 節／13–14ab 節）が続き（マタ 6:2–6, 16–18 参照）、最後に ④ 未来形で構成された終末論的適用句によって結ばれている（11 節／14c 節）。さらに、前半部における二重の勧告及びその根拠づけは、ὅταν κληθῇς（招待された時）という表現による状況設定及び勧告（8a 節／10a 節）に μήποτε／ἵνα による根拠づけ（8b–9 節／10bc 節）が続いており、その根拠づけの内容も、招待者が来て（ἐλθών／ἔλθῃ）彼に席を移動するように語りかけ（ἐρεῖ）、最終的に（τότε［その時］）「恥」（αἰσχύνη）／「誉れ」（δόξα）を受けることになるというように並行的に構成されている（Wolter 2008:504f）。同様に後半部の二重の勧告も、ὅταν (...) ποιῇς（～する時）という表現に（招かざるべき／招くべき）四種の人間集団のリスト（12b 節／13 節）が続き、ἀνταπόδομα（お返し［12c 節］）／ἀνταποδίδωμι（お返しする［14 節^{×2}]）を鍵語とする記述によって結ばれているという意味で並行的に構成されている。また、この段落全体は動詞 καλέω（招待する）を鍵語として構成されており（7, 8^{×2}, 9, 10^{×2}, 12, 13 節［さらに 12 節の φωνέω［呼ぶ］も参照]）、特に前半部では「上席」（ἡ πρωτοκλισία［7, 8 節]）と「末席」（ὁ ἔσχατος τόπος［9, 10 節]）、「恥」（αἰσχύνη［9 節]）と「誉れ」（δόξα［10 節]）、11 節の「高くする」（ὑψόω）

と「低くする」（ταπεινόω）等の対句表現が用いられている。

　なお、後半部（12–14節）と直後の大宴会の譬え（14:15–24）は、幸いの言葉（μακάριος ...［14／15節］）、祝宴の催し（ποιεῖν δεῖπνον［12／16節］）、「貧しい人々、体の不自由な人々、足の不自由な人々、盲人たち」という招待すべき人間集団のリスト（13／21節）等において結びついており、前者は後者への導入として機能している（Crossan 1971/72:302f; 田川 2011:349 参照）。もっとも、前者においてはどんな人物を（地上の）祝宴に招くべきかという倫理的な問題が扱われているのに対し、後続の譬えでは神の国の祝宴への招き（終末論的使信）が主題になっていることからも、両者の関連性を過大評価すべきではなく、後続の譬えを単純に12–14節に対する「勧告的な例話」（エレミアス 1969:42, 64）と見なすことはできないであろう。この段落全体の構成は以下のようにまとめられる。

【ルカ 14:7–14 の構成】

【招待客への教え（7–11節）】	【招待者への教え（12–14節）】
①導入句（7節）	①導入句（12a節）
②第一の勧告（8–9節） ・否定形による勧告（8a節） ・勧告の根拠づけ（8b–9節）	②第一の勧告（12bc節） ・否定形による勧告（12b節） ・勧告の根拠づけ（12c節）
③第二の勧告（10節） ・肯定形による勧告（10a節） ・勧告の根拠づけ（10bc節）	③第二の勧告（13–14ab節） ・肯定形による勧告（13節） ・勧告の根拠づけ（14ab節）
④結語：高ぶる者とへりくだる者の逆転（11節）	④結語：義人の復活の際の報い（14c節）

　前半部（7–11節）については、他の福音書に並行記事が見られず（内容的に並行するマタ 20:28 の異文［D, Φ 他］については蛭沼 1981:203 参照）、また非ルカ的語彙も少なからず認められることから、ルカによる創作ではなく（Braun 1995:47 に反対）、全体としてルカ特殊資料に遡ると考えられる。これと類似した勧告が箴言 25:7（「高貴な人の前で下座に落とされるよりも上座に着くように言われる方がよい」）等に見られることからも（シラ 3:17–18 も参照）、この箇所はユダヤ教の卓上規則に由来するのであろう。その一方で、段落冒頭の導入句（7節）は多くのルカ的語彙を含んでおり（文頭の ἔλεγεν δέ は新約用例 11 回中ルカ文書に 9 回使用、《言述

の動詞 + πρός + 対象を示す対格》は新約用例 169 回中ルカ文書に 149 回使用、
《λέγω/εἶπον παραβολήν》［譬えを語る］は新約用例 15 回中ルカ文書に 14 回使用、ἐπέχω［自動詞］は新約用例 4 回中ルカ文書に 3 回使用）、ルカの編集句であろう。また、高ぶる者とへりくだる者の逆転の言葉（11 節）はルカ 18:14b 及びマタイ 23:12 に並行記事が見られるが（マタ 18:4, エゼ 21:31 も参照）、必ずしも Q 資料を想定する必要はなく（Schmithals 1980:158; Fitzmyer 1985:1044 に反対）、当時一般に広く用いられていた格言であったと考えられる（Wolter 2008:504）。これはルカに特徴的なモチーフであり（1:51–53; 6:20–26; 13:30; 18:9–13 参照）、さらに 8–10 節の勧告を「譬え」と見なすルカによる導入句（7 節）とも密接に関わっていることから、ルカ以前の段階ですでに結合していた（Ernst 1978:63 n. 37; Bovon 1996:485; Hotze 2007:227）というよりは、ルカが編集的に付加したのであろう（Braun 1995:48）。以上のことからも、おそらくルカは、受け取った伝承（8–10 節）を自ら構成した導入句（7 節）及び逆転の言葉（11 節）によって枠付けることによってこの箇所を譬えとして構成したのであろう。因みに一部の研究者は、8–10 節の伝承部分がイエスに遡る可能性を指摘している（Marshall 1995:581; Bovon 1996:484; Hotze 2007:223, 226）。

　後半部（12–14 節）も前半部と同様、他の福音書に並行記事が見られず、鍵語となる 12 節の ἀντικαλέω（お返しに招待する）／ἀνταπόδομα（お返し）、14 節の繰り返されている ἀνταποδίδωμι（お返しする）及び ἡ ἀνάστασις τῶν δικαίων（義人の復活）がいずれも非ルカ的語彙であることから（さらに Jeremias 1980:239; Bovon 1996:486 参照）、前半部と同様、総じてルカ特殊資料に由来すると考えられる（Schneider 1984b:314; Fitzmyer 1985:1044）。その一方で、ἔλεγεν δέ（同上）や δὲ καί（共観福音書用例 31 回中 26 回がルカに使用）等のルカ的語彙を含む冒頭の 12a 節はルカの編集句であろう。このほか、12b 節の招待すべきでない人々のリスト（φίλος［友人］をσυγγενῆς［親類］や γείτων［近所の人］と結びつけるのはルカのみ［15:6, 9; 使 10:24］、συγγενῆς［1:36, 58; 2:44; 21:16; 使 10:24］や γείτων［15:6, 9］はマルコやマタイには全く使用されず、φίλος も共観福音書ではマタ 11:19 以外ではルカにのみ計 15 回使用）や 13 節の δοχὴν ποιῆς（δοχὴν ποιέω［宴会を催す］は新約にはここ以外にルカ 5:29; 14:13 にのみ使用）もルカの編集句である可能性が高い。

なお、12b–13 節の多くの語彙は 7–11 節にも含まれていることから、ルカは 12b–13 節を、7–11 節をもとにルカ 14:21; 21:16 等も参照しつつ自ら構成したという見解も見られるが（Bovon 1996:485f; Hotze 2007:227）、ここにルカの編集の手が少なからず加えられている可能性は高いとは言え、前述したように非ルカ的用語が少なからず見られることからも、この箇所全体がルカによって創作されたと断定することはできないであろう。また、終末論的な約束について記す結語の 14 節は、先行する箇所なしには理解不能となることからもこの文脈から独立して伝承されたとは考えにくく、また「義人の復活」という表象はルカ的でないことからも、ルカ以前に結合していたと考えられる（Ernst 1978:63 n. 37）。因みに Nolland（1993a:750）は、その教えのラディカルな内容から、この後半部は総じて史的イエスに遡る可能性を指摘している。なお、後半部の導入句（12a 節）がルカの編集句と見なされることからも、前半部と後半部はルカによって結合されたのであろう。

以上のことからも、ルカは特殊資料から得た二つの伝承（8–10 節及び 12b–14 節）を 12a 節によって結合し、これに自ら構成した段落冒頭の導入句（7 節）及び 11 節の逆転の言葉を付加し、適宜編集の手を加えつつこの段落全体を構成したのであろう。

【注解】

7 節

冒頭の導入句は、ファリサイ派の指導者宅での会食という状況設定（14:1 参照）に読者を立ち返らせる。ここでイエスは招待された客たちに目を向け、彼らが「**上席**」（直訳：「第一の席」。具体的な座席の位置についてはマリーナ／ロアボー 2001:419; 廣石 2019:71–73 参照）を選ぼうとする様子を見て「**譬え**」（παραβολή）を語り始める。上席を求めようとする招待客たちの振る舞いは、威光ある地位を渇望する彼らの姿勢を示している。また、後続の 8–10 節には一般的な倫理的勧告が述べられていることからも、ここでの παραβολή は「賢明さのための規定（Klugheitsregel）」（ブルトマン 1983:177）や「警句（Mahnspruch）」（H. Klein 2006:502）等の意で解すべきかもしれない。しかしその一方で、11 節との関連において、こ

の箇所を人前での謙虚な振る舞いの像を通して神の前におけるへりくだりを要求する譬えと見なすことも可能であり（Fitzmyer 1985:1045; H. Klein 1987:117; Marshall 1995:581; Petracca 2003:143 n. 2; ディベリウス 2022:287f 参照）、その意味では、ルカはこの語を用いることにより、この箇所が単なる倫理的勧告ではなく、転義的意味をもっていることを示そうとしたのであろう（Bovon 1996:487; Hotze 2007:225f）。

　ここでの招待客は、ルカの文脈においてはその会食の場に同席していた「律法の専門家たちやファリサイ派の人々」（14:3）であるが、上席を好むファリサイ派や律法学者については、マルコ 12:39; マタイ 23:6; ルカ 11:43; 20:46 にも言及されている。古代社会において会食は大切な社会的儀式であり（マリーナ／ロアボー 2001:421f 参照）、特にヘレニズム世界においては、その人物の社会的地位に従って会食における席次や食事の内容が決められたようであるが、小プリニウス（紀元 61 頃–113 頃）はそのような差別的慣習を批判している（プリニウス『書簡』2:6）。なお、招待客の座席の位置は、通常は宴会を主催する家の主人（招待者）が指定したと考えられるが（ヨセフス『ユダヤ古代誌』12:210; プルタルコス『倫理論集』616B 参照）、ここでは座席が特に定められていなかった状況が前提とされている。もっとも、これを「招待した側の落ち度」（加藤 2006:161）と見なす必要はないであろう。

8–9 節

　そしてイエスは「**婚宴**」（γάμοι）に招待された時は「**上席**」に着かないように勧告する。γάμος は本来「婚宴」を意味するが（12:36; マタ 22:2–12; 25:10 参照）、一般的な宴会の意でも用いられる（Grundmann 1961:293f; Fitzmyer 1985:1046）。そしてそのように勧告されるのは、彼より尊敬されている人が招待されていて、その人物が遅い時間に到着した場合、招待者が彼のもとにやって来て、その人に席を譲るように要求することになり、彼は他の招待客たちの前で恥をかかされて「**末席**」（ὁ ἔσχατος τόπος［単数形］）に移らざるを得なくなるからである。確かに、あらゆる客が上席を選ぼうとしていた状況（7 節）を想定するなら、その時点では末席しか残されていないという状況は容易に想像できるところであろう。なお、ここでイエスは宴会での座席に序列があること自体は批判しておらず、何より

虚栄心から上席に着こうとする姿勢を問題にしている。

10 節

　上席に着かないようにとの勧告に続き、イエスは招待された時にはむしろ自ら進んで末席に座るように勧告する。そうすると、招待者がやって来て、あなたに「**友よ**」と丁寧に語りかけ、その際には逆に上席に着くように請われることになり、すべての同席の人々の前で「**あなたは誉れを得ることになる**」（ἔσται σοι δόξα）というのである（直訳：「あなたに栄光があるだろう」）。ここには宴会における座席の問題だけに留まらず、社会生活全般におけるへりくだりの姿勢の大切さが強調されているが、それと共に、真の名誉は自ら勝ち取ろうとすべきものではなく他者から与えられるべきものであることが示されている（Fitzmyer 1985:1045）。なお後代のラビ伝承には、座る資格のある席より二、三段低い席に座り、上座を勧められるまではそこに留まっておくようにとの忠告が見られるが（レビ・ラッバー1:105c［Bill. II:204]）、このイエスの言葉から影響を受けたのかもしれない（Fitzmyer 1985:1047）。

11 節

　以上の教えは、単に世俗的な生活の知恵（処世術）を示しているようにも感じられ、見方によっては、最終的に名誉を得るために打算的に末席に着くことを勧めているようにも受け取られかねないが、この世的な見返りを求めることを厳しく戒める後続の教え（12–13 節）との関連からも、そうでないことは明らかであろう。そしてまた「**自分自身を高くする者はすべて低くされ、また自分自身を低くする者は高くされるからである**」という終末における境遇の逆転を示す言葉が続くことにより、人間間の状況に関わる一般的な格言のように語られたイエスの言葉は、神との関係において捉え直され、終末の文脈に移行している（Hotze 2007:246 参照）。

　この言葉は、エゼキエル 21:31 の「低い者を高く、高い者を低くせよ」を思い起こさせるが（箴 18:12; 29:33; ヘシオドス『仕事と日』5–8 も参照）、ここでは受動態で構成されていることからも、高ぶる者を低くし、へりくだる者を高める主体は神であることが前提とされている（詩 75:8 参照）。同様の言葉はルカ 18:14 にも用いられており、そこではファリサイ派の人

物が自己を誇示する様子が描かれている（マタ 23:12 も参照）。この言葉は
また、最も偉大な者は若輩の者のようになり、指導する者は仕える者のよ
うになれという最後の晩餐でのイエスの言葉（22:26）とも共鳴している
（さらに 1:51–53; マタ 18:4; ロマ 12:16; ヤコ 4:10; Ⅰ ペト 5:6; シラ 3:19–21 参
照）。このように、自らを低くするようにと要求するこの言葉は、上から
下への視点の転換という意味で、身近な金持ちたちではなく、貧しい人々
を招くように要求する後続の言葉への移行句としても機能している。

12 節

招待客に対して上席ではなく末席に着くように勧告した後、イエスは今
度は自分を招待したファリサイ派の人物に目を転じ、宴会を催す人々の心
得について語り始めるが、その場にいた招待客たちもそれぞれ招待者にな
り得るという意味では、この言葉は同席者全体に向けられている。イエ
スはまず、「**昼食や夕食**」に人を招く時には「**あなたの友人たち**」も「**あ
なたの兄弟たち**」も「**あなたの親類たち**」も「**金持ちの近所の人々**」も
招かないように警告する（21:16 参照）。ユダヤ社会においては通常、午前
中の朝食と午後の正餐の日に二回の食事の時間があり（Bill. II:204–206 参
照）、ここでの ἄριστον ἢ δεῖπνον（昼食や夕食）はそれらに対応しているの
であろう。さらに安息日にのみ、これらとは別にもう一回、礼拝に引き
続いて食事の時間が設けられており、ルカの文脈では ἄριστον によってそ
の安息日の食事が意味されているのかもしれない（Grundmann 1961:295;
Wiefel 1988:271; Bovon 1996:492）。なお、αδελφοί（兄弟たち）は文字通り
に肉親の兄弟を指しており、近い親類を意味しているわけではないであろ
う（Lagrange 1948:402; Marshall 1995:584 に反対）。

イエスを食事に招いたこのファリサイ派の指導者は明らかに裕福な人物
であり、また、ここでは最後の「**近所の人々**」についてのみ金持ちである
ことが明示されているが、彼の友人たちや兄弟たち、親類の人々も同様に
社会的上層に属し、裕福であったと考えられる。それゆえ、そのような
人々を招く招待者は、通常は招いた人からお返しに招かれることにより、
この世的な報いを受けることになるが（6:24 参照）、そうならないためにも、
そのような人々は招くべきではないと警告されており、その意味でもここ
では特に互恵の原則が批判されている（6:32–35 参照）。

13 節

　そしてイエスは、そのように血縁地縁に限定された狭い枠内での与えることと受けることの循環に留まるべきではなく、むしろお返しのできない「**貧しい人々**」、「**体の不自由な人々**」、「**足の不自由な人々**」、「**盲人たち**」を招くように要求するが（21 節参照）、これら四種の人間集団は、直前の招かざるべき四種の人間集団と明らかに対置されている。ἀναπείροι／ἀνάπηροι（体の不自由な人々）は新約ではルカ 14:13, 21 にしか用いられていないが、プラトンの著作においても χωλοί（足の不自由な人々）や τυφλοί（盲人たち）と併記されている（プラトン『クリトン』53a）。また、ここで招くように要求されているこれら四種の人間集団は、いずれも他人からの施しを必要とする極貧者であったのみならず、明らかに社会から排除されていた人々であり、その意味でもこのリストは、ルカのイエスの宣教活動の中心的な使信に対応している（4:18–19; 6:20–23; 7:22 参照）。

　このイエスの要求は、古代文献に見られる、友人や近所の人々を食事に招くように勧める一般原則とは明らかに対立している（cf. ヘシオドス『仕事と日』342–343：「友人（味方）は食事に招き、敵は棄てておけ。特にお前の家の近く住む者を招け」。さらなる典拠については Stählin, *ThWNT* IX:157 参照）。確かに、ユダヤ教文献やギリシア語文献においても貧困者らの社会的弱者との会食が推奨されているが（ミシュナ「アヴォート」1:5; トビ 2:2; クセノフォン『饗宴』1:15; プラトン『クリトン』53a 参照）、いずれの箇所も明確な形では求められていない（Ernst 1978:69f）。またプラトンの『パイドロス』233e においては、友人ではなく物乞いや食物を必要としている人々を食事に招くように要求されているが、それはそうすることによって彼らに愛され、感謝されるというように返礼に動機づけられており、その意味でも、古代における饗宴文学は互恵の原則を克服することができなかった（クセノフォン『ソクラテスの想い出』2:6:28; ヘシオドス『仕事と日』353 参照、さらなる典拠については Braun 1995:55–57 参照）。

　むしろ注目すべきは、障害をもった人々に対する差別的な扱いである。サムエル下 5:8 LXX の神殿規定によると「盲人たち」（τυφλοί）と「足の不自由な人々」（χωλοί）は神殿に入ることはできず（マタ 21:14; 使 3:1–10 参照）、レビ 21:17 以下では足や目が不自由な者等の障害者は神の食物を献げる務めに従事することは禁じられている。またクムラン教団におい

ては、障害者や病人は神の集会から排除され（死海文書「会衆規定」2:5–8）、聖戦に従軍できなかった（同「戦いの書」7:3–4）。そのような意味でも、社会的弱者を招くようにとのイエスの要求は画期的なものであったと見なしうる。

14 節

続いて、これらの貧しい人々を招く者は「**幸いな者となる**」（μακάριος ἔσῃ）と幸いの言葉が告げられるが、それは何より、それらの貧しい人々が彼にお返しすることができないという理由のためである。すなわち、そのようにお返しできない人々を食事に招くことにより、その人は人間間のやり取りの循環（互恵の原則）を断ち切ることができ、幸いな者になるというのである。この幸いの言葉はまた、パウロがミレトスでエフェソの長老たちに語った「受けるよりは与える方が幸いである」（使 20:35）という言葉と、他者に何かを与える者こそが幸いだと述べている点において密接に関連している。

最後に、そのように地上の報いを放棄する人々は、「**義人たちが復活する時**」に神から「**お返しされる**」、すなわち報われると述べられ、先行する 11 節と同様、終末論的な記述によってこの段落は結ばれる。そのように、貧しい人々を招くようにとの要求は、そのような行為はお返しされることがないために神によって報われるという報酬思想によって根拠づけられるが、同様の考え方はルカ福音書の至る箇所（6:32–35, 38; 12:33–34; 16:9; 18:29–30）の他、シラ 12:1–2 にも確認できる。その意味でも、ルカによると人間間の互恵の原則は施し行為等の愛の行為によって克服されねばならず、そうすることによって神に報われることになるのである。

なお、イエス以外の人物の復活に言及されるのは、ルカ福音書ではこの箇所が初めてである（20:27–40 参照）。また、ここでは「**義人の復活**」についてのみ言及されているが（17:22–37; ダニ 12:2–3; Ⅱマカ 7:9; Bill. Ⅳ:1182f; ヨセフス『ユダヤ古代誌』18:14 参照）、その一方で、使徒行伝 24:15 では義人のみならず義しくない者も復活する希望について言及されており、死者の復活に関する最初期のキリスト教会の理解は統一的ではなかったと考えられるが、おそらくルカ自身はすべての人の復活を前提としていたと考えられる（コンツェルマン 1965:182, 339 参照）。

【解説／考察】

　前半の招待客への教えにおいては、自分を誇示するのではなく謙遜な姿勢をもつように要求されている。事実、謙遜の実践は、それぞれの人間関係、社会生活においても重要であるが、ここではそのような社会的関係の次元を越えて、神との関係における謙遜さが要求されており、それによって名誉の真の意味について教えようとしている。後半の招待者への教えにおいては、友人や裕福な近親者ではなく、招かれてもお返しのできない貧しい人々や排除されている人々を招くように要請されており、ここでは社会的上層の集団と社会的下層の集団が対置されている。そして、この要求を突きつけられている招待者自身は明らかに前者に属していることからも、ここでは実質的に社会的上層の富める人々に対して貧しい人々への施し行為が要求されている。

　招待客と招待者それぞれに対するこれら二つの教えは、ルカの文脈においては、いずれもその会食の場に同席していた律法の専門家たちやファリサイ派の人々（14:3）に向かって語られている。ここで彼らは、一方では名誉欲や功名心が、他方においては排他的態度や打算的振る舞いが戒められているが、最終的にこのテキストは弟子たちに対してそれらとは反対のもの、すなわち謙虚な姿勢と社会的弱者への配慮を求めようとしている（Schneider 1984b:314）。そして双方の要求は、自分を誇示し、他者を蔑む態度からの脱却を求めているという点で相互に密接に関連している。

　謙虚さについては今日においても重要な徳目として一般に認識されており、特に日本社会においては伝統的に謙遜の美徳が重んじられてきた。そのせいか、逆に日本では公の場において、例えば何らかの会合において集合写真を撮影する時など、座る場所や立ち位置に関してしばしば度を越した譲り合いの精神が発揮されたりするが、それは必ずしも真の謙虚さを示しているとは言えないであろう。一方で、特に昨今の競争・格差社会においては独善主義と排他主義が広まりを見せ、謙遜さや他者への配慮とは逆の価値観がむしろ支配的になってきている今日においては、それらを実践することはますます難しくなってきているようにも思える。事実、現代人の多くはこの生きづらい社会の中で様々な重圧とストレスを抱えつつ生きているが、このイエスの言葉は、そのような競争社会の圧力から私たちを

解き放ち、改めて真実の生き方を指し示そうとしている。

5. 大宴会の譬え（14:15–24）

【翻訳】

14:15 すると、共に食事の席に着いていた人々のある人がこれらのことを聞いて、「神の国で食事をする人は幸いです」と彼（イエス）に言った。

16a そこで彼は彼（発言者）に言った。b「ある人が大宴会を催〔そうと〕して大勢の人を招いた。17 そして彼は宴会の時刻に彼の僕を遣わし、招かれていた人たちに『すでに準備ができておりますのでお出でください』と言った（言わせた）。18a すると皆が一様に辞退し始めた。b 最初の人は彼（僕）に言った。『畑を買ったので、それを見に行かねばなりません。お願いですから失礼させてください』。19 また別の人は言った。『牛を五つがい買ったので、それを調べに行くところです。お願いですから失礼させてください』。20 また別の人は言った。『妻をめとりました。そのために行くことができません』。21a そこで僕は〔帰って〕来て、これらのことを彼の主人に報告した。b すると家の主人は怒って、彼の僕に『急いで町の大通りや小路に出て行き、貧しい人々や体の不自由な人々や盲人たちや足の不自由な人々をここに連れて来なさい』と言った。22 そして〔帰って来た〕僕は『御主人様、あなたが命じられたことは実行されましたが、まだ余地があります』と言った。23 すると主人は僕に『街路や垣根〔のところ〕に出て行き、無理やりにでも人々を〔家の中に〕連れ込み、私の家を一杯にしなさい』と言った。24 実に私はあなたたちに言っておくが、あの招かれた男たちのうちの誰一人として私の宴会〔の食事〕を味わう者はいないであろう」。

【形態／構造／背景】

宴会における招待客と招待者への教え（14:7–14）のあとには、この大宴会の譬えが続いている。段落冒頭の ἀκούσας ... ταῦτα（彼はこれらのこと

を聞いて）はこの段落と直前の箇所（14:12–14）を結びつけ、両者は、幸いの言葉（μακάριος ...［14節／15節］）、「祝宴の催し」（ποιεῖν δεῖπνον［12節／16節］）及び招待すべき人間集団のリスト（13節／21節）を共有している。その一方で、前段においては倫理的観点が強調されていたのに対し、ここでは終末論的な神の国の主題（15節）が前面に現れ（一方で Levine/Witherington 2018:397–400; 河野 2022b:13–17 は終末論的解釈に否定的）、神の招きに対する応答が求められている。この段落全体は以下のように区分される。

（１）序：同席者による神の国の食事に関する発言（15節）
（２）宴会への招待と僕の派遣（16–17節）
　　（a）譬えの導入句（16a節）
　　（b）大宴会の開催と招待（16b節）
　　（c）招待客たちへの僕の派遣（17節）
（３）招待客たちの反応（18–20節）
　　（a）招待客たちの辞退（18a節）
　　（b）一人目の招待客の断り：畑の購入（18b節）
　　（c）二人目の招待客の断り：牛の購入（19節）
　　（d）三人目の招待客の断り：結婚（20節）
（４）繰り返される主人の招きの指示（21–23節）
　　（a）僕の帰還と主人への報告（21a節）
　　（b）主人の怒りと第二の招きの指示（21b節）
　　（c）僕の報告（22節）
　　（d）第三の招きの指示（23節）
（５）結語：最初の招待客たちへの非難（24節）

　譬え本文全体（16b–24節）は δεῖπνον（宴会［16b, 17, 24節］）及び καλέω（招く［16b, 17, 24節］）という二つの鍵語によって枠付けられており、また最初に招かれた人々（τοῖς κεκλημένοις［17節］／ἐκείνῳν τῶν κεκλημένων［24節］）が譬え全体を枠付けていることからも、明らかに彼らに焦点が当てられている。また、招待客の最初の二人の断りの言葉（18, 19節）は同様の形式で構成されており（ἠγόρασα (...) καὶ ..., ἐρωτῶ σε, ἔχε με παρῃτημένον

［～を買ったので……。お願いですから失礼させてください］）、主人による第二、第三の招きの指示（21, 23 節）も並行的に構成されている（《ἔξελθε εἰς τὰς ... καὶ ... καί ＋命令形》［～や～に出て行き～しなさい］）。

　この段落は全体としてマタイ 22:1–14 に並行しており、いずれのテキストも、ある人が宴会を催そうとして宴会が始まる直前に招かれていた人々のもとに僕を遣わすが、彼らが一様に宴会への出席を拒絶したため、招待者は怒って別の人々を招いて宴席を満たすという筋立てになっている。このように双方のテキストは共通の筋をもち、さらに多くの語彙や表現を共有していることから（ἄνθρωπός, ποιέω, καλέω, καὶ ἀπέστειλεν τὸν δοῦλον (τοὺς δούλους) αὐτοῦ, οἱ κεκλημένοι, ἔρχομαι, ἔτοιμα［16–17 節 // マタ 22:2–4］、ἀγρός［18 節 // マタ 22:5］、ὀργίζομαι, τῷ δούλῳ (τοῖς δούλοις) αὐτοῦ, ἐξέρχομαι［21 節 // マタ 22:8–10］）、多くの研究者は両者を Q 資料に帰している（Lührmann 1969:87; Hahn 1970:51–65; Schulz 1972:398; Fitzmyer 1985:1052; Kloppenburg 1988:166; Kremer 1988:154; Wiefel 1988:273; Weder 1990:177f, 184; Bovon 1996:505; ツェラー 2000:167; Heil 2003:89–93; H. Klein 2005:163–171; 2006:505; 山田 2018:272f; 原口 2024:95）。

　しかしながら両者間には多くの相違点も存在し、何よりルカのテキストは、エルサレム途上においてイエスがファリサイ派の指導者に招かれた会食の場面に位置づけられているのに対し（14:1 参照）、マタイ版はエルサレム入城後にイエスが語った一連の教えの中に含まれており、両者の文脈は明らかに異なっている。これに加えて、① ルカ版ではある人が大宴会を催し、招いておいた人々のもとに僕（単数）を一度だけ遣わすのに対し、マタイ版では王が王子のために婚宴を催し、招待客たちのところに二度にわたって僕たち（複数）を派遣している（マタ 22:3–4）点、② ルカ版では、招待客たちは畑の購入、牛の購入、結婚を理由に招きを断っているのに対し、マタイ版では、招待客たちは一切返答せず、遣わされた僕たちを無視して畑や商売に出かけ、また他の招待客たちはその僕たちを殺害したため、王はその報復に軍隊を送って彼らを滅ぼしてその町を焼き払う（紀元 70 年のエルサレム陥落を暗示）という展開になっている（マタ 22:5–7）点、③ ルカ版では、その後、社会的弱者が二度にわたって招かれるが、マタイ版では一度のみ（善人も悪人も）あらゆる人々が連れて来られる（マタ 22:9–10）点、さらに、④ マタイ版では婚礼の服を着ていない客を王が追

い出すように命じる話（マタ 22:11–13）が最後に加えられている点等、両者間には多くの相違点が認められる。

　両者間に存在するこれらの多くの相違点のすべてを両福音書記者の個々の編集作業に帰すことはできないことからも両者が単一の Q 資料に由来するとは考えにくく、また、そもそも Q 資料に長文の譬えが含まれていたとは考えにくいという点を勘案するなら、異なる Q 資料（Q マタイ／Q ルカ）に由来するとも考えられない（Horn 1983:184 に反対）。その意味でも、双方のテキストは原初的には同一の資料に遡るとしても直接単一の資料に由来するのではなく、二つの異なる資料（マタイ特殊資料とルカ特殊資料）に遡ると見なすべきであろう（Linnemann 1960:253f; Grundmann 1961:296; Ernst 1977:442; Eichholz 1979:127–129; ルツ 2004:282）。因みに Bock（1996:1270）は、古代以来の伝統的理解に準ずる形で、類似しつつも相違するこれら二つのテキストは、イエスが異なる機会に語った二つの譬えの内容を反映していると考えている。

　マタイのテキストに関しては、冒頭の導入句（マタ 22:1）及び「天の国は〜」という譬えの導入表現（同 22:2）、招待客たちの挑発的な行動とそれに対する王の報復の記述（同 22:6–7）、後続箇所（同 22:11–13）を準備する「善人も悪人も」という表現（同 22:10）等がマタイの編集句と見なされる他、婚礼の服に関する言葉及び結語（同 22:11–14）はマタイの編集的付加と考えられ、マタイの編集作業の痕跡が随所に確認される（Weder 1990:184; ルツ 2004:282f 参照）。

　その一方で、ルカのテキストには編集箇所はそれほど見出されない（Jeremias 1980:241 参照）。もっとも、段落冒頭の ἀκούσας ... ταῦτα（彼はこれらのことを聞いて［《ἀκούσας／ἀκούσαντες ... ταῦτα》は新約では 7:9; 14:15; 18:23; 使 11:18 にのみ使用]）や τῶν συνανακειμένων（食事の席に着いていた人々の［14:10 にも使用]）はルカに特徴的な表現であり、確かに直後の幸いの言葉は言語的にはルカ的でなく（Jeremias 1980:239 参照）伝承に帰されるが（Petzke 1990:129; Marshall 1990:587; Eckey 2004b:656; Hotze 2007:228）、「神の国で食事をする」（φάγεται ἄρτον ἐν τῇ βασιλείᾳ τοῦ θεοῦ）という表現はルカ 13:29 の「神の国で宴会の席に着く」（ἀνακλιθήσονται ἐν τῇ βασιλείᾳ τοῦ θεοῦ）や同 14:1 の「食事をするために」（φαγεῖν ἄρτον）という表現を思い起こさせ、ルカがこの譬えをファリサイ派の指導者宅で

の会食の文脈（14:1）に組み入れるために、伝承された幸いの言葉をもとに 15 節全体を編集的に構成した可能性は十分に考えられる（ブルトマン 1983:185f, 330; Fitzmyer 1985:1052; 田川 2011:353 参照）。

僕の報告と主人の二度目の招きについて述べる 21 節自体は伝承に由来すると考えられるが、ここには、παραγίνομαι（やって来る［新約用例 36 回中ルカ文書に 28 回使用］）、ἀπαγγέλλω（報告する［新約用例 45 回中ルカ文書に 26 回使用］）、εἰσάγω（連れて来る［新約用例 11 回中ルカ文書に 9 回使用］）等のルカ的語彙が含まれ、さらに招かれるべき人々のリストは直前の段落のリスト（14:13）と（一部順不同で）一致していることから（6:20; 7:22 も参照）、ルカの編集の手が強く加えられていると見なしうる（Bovon 1996:507; Fitzmyer 1985:1052; さらに Crossan 1971/72:302f も参照）。また、三度目の招きについて述べる 22–23 節は、二度目の招きとは異なり、宴会の席を満たすことを目的としていることからも二次的付加と考えられ（エレミアス 1969:65; Hahn 1970:59, 71; Schulz 1972:396f; ブルトマン 1983:303 参照）、ルカが付加した（荒井 1979:136; Wiefel 1988:273; Weder 1990:184）とまでは言えないまでも、ルカ的表現を含んでいることから（《言述の動詞 + πρός + 対象を示す対格》は新約用例 169 回中ルカ文書に 149 回使用）、ルカの編集の手が加えられている可能性は十分に考えられる（Fitzmyer 1985:1052; Hotze 2007:228 参照）。その一方で Linnemann（1960:247–249）は 22–23 節を譬えに不可欠な要素と見なし、元来の譬えに含まれていたと主張しているが（Eichholz 1979:146 も同様）、この見解は、後述するように、最初の二人の招待客の拒絶（18–19 節）が完全な拒絶ではなく遅れることに対する釈明と見なす彼女自身の見解に基づいている。

最初の招待客たちを宴会の席から完全に締め出そうとする主人の強い意志を示す末尾の 24 節は、直前の 22–23 節の内容には適合しているが、敢えて締め出そうとしなくても、自らの意志で招きを断った彼らがあとから思い直して宴会にやって来るとは想定しにくいことからも、21 節までの内容には適合していない。その意味でも、元来の譬えに何らかの結語が付されていた可能性は十分に考えられるとしても、この 24 節が元来の譬えに含まれていたとは考えにくく、二次的付加と見なすべきであろう（ルツ 2004:284f に反対）。なお、この 24 節にはルカ的語彙も含まれており（「夫」以外の意の ἀνήρ は新約用例 127 回中ルカ文書に 116 回使用、「味わう」

という意の γεύομαι に目的語属格が用いられているのは新約ではルカ 14:24; 使 23:14 のみ）、さらに 14:1–24 の会食の場面設定そのものがルカの編集によることを勘案するなら、全くのルカによる創作ではないにしても、ルカがこの結語を編集的に構成した可能性は十分に考えられる（荒井 1979:137; Schmithals 1980:160; Fitzmyer 1985:1052; Nolland 1993a:754; 三好 1993:4; Hotze 2007:228）。因みに多くの研究者は、この譬えがその核においてイエスに遡ると考えている（Hahn 1970:69f; Weder 1990:185f; ルツ 2004:285; Hotze 2007:228）。

　以上のことからも、ルカは特殊資料に由来する伝承（16–24 節）をもとに、冒頭の 15 節を編集的に付加し、さらに 21 節以降の箇所を中心に編集の手を加えつつこの箇所全体を構成したのであろう。なお、この譬えはトマス福音書〔語録 64〕にも含まれており、大筋においてルカ版の譬えに並行しているが、そこに登場する四人の招待客の断りの理由としては、借金の取り立て、家の購入、婚宴の催し、村の購入というように、いずれも金銭に直接関わる行為が挙げられており、最後は買主や商人は御国に入ることはできないという旨の適用句で結ばれている。一部の研究者は、トマス福音書の本文をマタイやルカのテキストより原初的と見なしているが（Hahn 1970:60; Fitzmyer 1985:1051）、むしろトマス福音書は両福音書の本文（特にルカ版）に依拠していると考えられる（Weder 1990:185; ハルニッシュ 1993:290f 参照）。

　このほか、関連記事としてパレスチナ・タルムードに含まれている「富める徴税人バル・マヤンと貧しい律法学者の物語」が挙げられる（エレミアス 1969:196f; 山口 2017:103–107 参照）。そこでは、敬虔な律法学者の葬儀に誰も注意を払わなかったのに対して徴税人バル・マヤンの葬儀には多くの人が訪れたが、それは彼が死の直前に宴会を催した際、誰も来なかったために、その代わりに貧しい人々を招いたという生涯唯一の善行のゆえであったと語られている。エレミアスはイエスがこの物語を採用したと見なしているが、内容的に明らかに相違していることからも、それは考えにくいであろう（Hahn 1970:66f; Marshall 1995:585）。

【注解】

15 節

　この段落は、食事の場に同席していたある人物の発言によって導入されるが、この導入句は読者を再びファリサイ派の指導者宅での会食という 14 章冒頭の場面設定に立ち返らせる。冒頭の「**ある人がこれらのことを聞いて**」（ἀκούσας ... τις ... ταῦτα）という表現が示しているように、おそらくその人物は、貧しい人々を食事に招く人々は幸いであり、義人たちが復活する際に彼らに報いが与えられるという直前のイエスの発言（14:14）を聞いて、同様に幸いの言葉の形式を用いて「**神の国で食事をする人は幸いです**」と語ったのであろう（13:29 も参照）。その意味でもこの発言は、イエスの言葉に対する反論（ショットロフ／シュテーゲマン 1989:210f）ではなく、また、この発言者が自分は神の国の食事に招かれていると勝手に思い込んでいたという意味で批判的に言及されているわけでもなく（Grundmann 1961:298; レングストルフ 1976:378; Johnson 1991:228; Green 1997:558 に反対）、むしろ新しい段落の主題にスムーズに移行させるためにここに配置されたのであろう。このように神の国を宴会になぞらえるのは旧約以来の伝統であり（イザ 25:6–8; 55:1–2; 65:13–14 他参照）、この箇所はヨハネ黙示録 19:9 の「小羊の婚宴に招かれた者たちは幸いだ」という言葉を思い起こさせる。ここではそのように、地上での宴会から神の国の宴会へと主題が移行している。

16 節

　この発言を受けてイエスは大宴会の譬えを語り始めるが、この譬えにおいては宴会そのものではなく、宴会への招待と招待された人々の振る舞いについて語られている。ある人が大宴会を計画して多くの人を招いたとあるが、ここからもその人物は明らかに裕福であり（僕が一人しかいないこの招待者はそれほど金持ちではなかったとする H. Klein 2006:508 に反対）、また招かれた人々も、後続の 18–19 節からも想像できるように、大地主等の富裕者であったと考えられる。

17節

　宴会の時間になったので、主人は招待客のところに一人の僕を遣わして、食事の準備ができたのでお出でくださいと言わせた。エレミアス（1969:194）は、エルサレムの上流階級においては食事の時間に招待を反復するのが礼儀であったと主張しているが、事実当時のユダヤ社会においては、慣習的に招待が二度にわたって（事前の招待と食事の準備が整ってからの直前の招き）行われていた（エス 5:8; 6:14; さらに Bill. I:880f 参照）。ルカの文脈においても、これらの招待客たちは事前に招待を受けていたことが前提とされているが、このように開始直前に改めて宴会への招きがなされる状況が描写されることにより、神の国の到来（及びそれに対する決断）の時期の切迫性が強調されている（Grundmann 1961:299）。なお、マタイ版では、牛や肥えた家畜が屠られ、食事の用意が整ったというように、祝宴の準備が完了した様子がより具体的に描写されている（マタ 22:4）。

18–19節

　ところが招待客たちは、この時になって皆一様に宴会への出席を辞退する。宴会への招待は事前になされていたことからも、このようなことが頻繁に起こったとは考えにくく（レングストルフ 1976:379 に反対）、ましてや招待客全員が断るという事態は尋常ではなく、これは明らかに宴会の主催者を侮辱する行為である。「**一様に**」（ἀπὸ μιᾶς）という表現は誇張表現とも考えられるが、そうでなければ招待客たちが共謀して招きを拒絶したことになり、これは主人に対する最大の侮辱である（山口 2017:98）。また、彼らの断りの理由も決して真っ当なものではなく（ショットロフ／シュテーゲマン 1989:213 に反対）、明らかに常軌を逸しているが、これにより読者の目はこの譬えの転義的意味（神による神の国の祝宴への招き）に向けられることになる（Jülicher 1910b:413; Eichholz 1979:131 参照）。なお、ここでは三人の招待者のみが登場するが、実際には大勢の人が招かれており（16節）、ここで用いられている表現形式（「最初の人は……。また別の人は……。また別の人は……」）もそのことを示している。

　最初の人物は、畑を購入したので見に行かねばならないと釈明する。しかし、常識的に考えて畑を見に行く必要があるのは購入後ではなく購入前であり、仮に購入後に見に行く必要が生じたとしても特に急ぐ必要があっ

たとは考えにくいことから、これが言い訳に過ぎないことは明らかである。二人目の人物は、牛を五つがい（二頭ずつ五組）買ったのでそれを調べに行くところだと述べるが、彼の場合も、すでに購入した牛を急いで調べに行く必然性があったとは考えにくい。さらに、この宴会が夕刻に行われたと想定するなら、彼らの弁解はより一層不自然なものになる（H. Klein 2006:508）。なお、両者の発言末尾の ἐρωτῶ σε, ἔχε με παρῃτημένον（お願いですから失礼させてください）は直訳すると「私はあなたにお願いします。私が辞退したと見なしてください」となる。このように彼らは（表面上は）丁重に招きを断ってはいるが、いずれにせよ彼らの弁明は、一旦は応じた宴会の招待を直前に断る理由としては不適切であり、明らかに招待者を侮辱している（ベイリー 2010:478f）。

なお、これら二人の招待客はいずれも、ものを「購入した」（ἠγόρασα ＜ ἀγοράζω）ことを理由に招きを断っているが、このことは彼らが大地主等の富裕者であったことを裏付けている（エレミアス 1969:194f; ショットロフ／シュテーゲマン 1989:212; 三好 1993:6; マリーナ／ロアボー 1993:420f; Braun 1995:74–80 参照）。因みに Linnemann（1960:250; 1966:95f）は、最初の二人の釈明は招待に対する完全な拒絶ではなく、商取引は通常一日の労働時間の終了直前になされるので、宴会の開始時間に遅れることに対する釈明であると見なしているが（Plummer 1989:361 も同様）、彼らはここで明確に断っていることからも、このような見解は受け入れられない（Hahn 1970:55, n. 21）。

20 節

畑や牛の購入を理由に丁重に宴会への招待を断った最初の二人の場合とは異なり、三人目の人物は妻をめとったので出席できないとごく簡潔に事情を述べて招待を断っており（14:26; 18:29 参照）、謝罪の言葉も述べていない。ここでは γαμέω（めとる）のアオリスト形が用いられているが、その背景にあるセム語の完了形は終わったばかりの行動を指しており、「ごく最近結婚した」ことを意味している（エレミアス 1969:195）。エレミアスはまた、宴会には男性のみが招待されていたため、この人物は新妻を一人残しておくことを欲しなかったと説明しているが（1969:195）、そのような弁明が真っ当な理由と見なされていたとは考えにくい。また申命

記 24:5 には、結婚後 1 年間は軍務を免れると記されているが（申 20:7 も参照）、これは兵役から免除するための規定であり、事前に招待されていた宴会の断りの理由にはなり得ない。因みに Linnemann（1960:252f; 1966:95, 165 n. 16f）は、前二者の言葉と形式が異なるこの三人目の招待客の断りの言葉は元来の譬えには含まれておらず、後代の加筆と見なしている。

　以上の三人の釈明はすべて、（所有物や家族に関わる）世俗的な事情のために招待を受け入れられないと表明しており（8:14 参照）、いずれも口実に過ぎないが、特に謝罪の言葉がない三人目の人物の無礼な態度は、招きが完全に拒絶されたことを強調している（カルペパー 2002:374）。一部の研究者は、三人目の弁解も単なるバリエーションに過ぎず、特に無礼な態度が示されているわけではないと主張しているが（Grundmann 1961:299; Eichholz 1979:130）、この人物の非礼さが特に強調されていることは明らかであろう（Hahn 1970:55 参照）。ここではまた、迫り来る神の国の現実の前にあっては、富、仕事、家族等のこの世的な価値は無意味であることが示されているとも考えられる（Ernst 1977:444）。

21 節

　帰って来た「僕」（ὁ δοῦλος）は、招待客から拒絶されたことを「主人」（κύριος）に報告するが、これ以降はこの両者のやりとりを中心に話が展開されていく。僕の報告を聞いた「家の主人」（ὁ οἰκοδεσπότης [13:25 参照]）は怒って、「急いで」（ταχέως）「町の大通りや小路」（イザ 15:3 LXX 参照）に出て行って、（招いてもお返しのできない）「貧しい人々や体の不自由な人々や盲人たちや足の不自由な人々」（14:13 参照）を連れて来るように僕に命じる（cf. マタ 22:9：「街路の四辻に行って、あなたたちが見つけた者は誰でも婚宴に招きなさい」）。公的な場所である「大通り」（< πλατεῖα [13:26 参照]）や「小路」（< ῥύμη）には持ち家のない路上生活者たちがたむろしていたと考えられ、ここではそのようなユダヤ人の社会的弱者が想定されていると考えられる。その意味でもここで主人が考えたのは、マタイ版のような招待を拒絶した人々に対する軍事行動による報復ではなく（マタ 22:7 参照）、予定されていた宴会を是が非でも開催することであった。そしてまた当時の社会慣習に照らせば、招待客から拒絶されたことの

みならず、これらの社会的下層の人々を招くことは、主人の名誉と威信とを損なうことを意味したが（三好 1993:5–7; マリーナ／ロアボー 1993:420f; Eckey 2004b:662f 参照）、この時の主人にはそのようなことは問題にならなかったのであろう。

22–23 節

　その後、僕が再び戻って来て、貧しい人々らを連れて来るようにとの主人の指示が実行されたことを報告すると共に、なお空席が残っていることを主人に伝えた。すると主人は、今度は「街路や垣根〔のところ〕」に出て行って「無理やりにでも人々を〔家の中に〕連れ込み」、家の中を一杯にするように命じる。「垣根」（φραγμός）はぶどう園や家の周囲の囲いを意味し、そのあたりにも路上生活者や物乞いたちがたむろしていたと考えられるが（16:20 参照）、この語は比喩的にはユダヤ人と異邦人とを分離する壁を意味していた（エフェ 2:14; ミシュナ「アヴォート」3:13b 参照）。そうだとすると、ここでは町の外部が意味されており（エレミアス 1969:65; Weder 1990:183f）、宣教地域の拡大ひいては異邦人宣教が示唆されていると考えられる（13:29 参照）。また「無理やりにでも……しなさい」（ἀνάγκασον）という表現は、「饗応に対しては遠慮深く抵抗する東洋的な礼儀」のゆえに彼らがすぐに招きに応じないために「温和な暴力で家に引き入れる」ことを意味している（エレミアス 1969:195）というよりは、通常ではあり得ない突然の招きに驚いて躊躇する人々を少々強引に引っ張って来てでも、とにかく客席を満杯にしようとする主人の強い意志を示しており、さらには神の計画の必然性をも暗示している（三好 1991:342）。因みに解釈史においてはアウグスティヌス以来、この箇所はしばしば強引な伝道活動を正当化するものとして解されてきた（アウグスティヌス『書簡』185:6:24 参照）。

　この譬えは伝統的に寓喩的に解釈され、宴会を催す主人は「神」、主人から派遣される僕は「イエス」、最初の招待客たちは「敬虔なユダヤ人」（ユダヤ人指導者層）、第二の招待客たちは徴税人や罪人等の「（ユダヤ人の）社会的弱者」、そして最後に招かれた人々は「異邦人」を暗示するというように寓喩的・救済史的に理解されてきた（Jülicher 1910b:416f; エレミアス 1969:65 参照）。イエスの譬えは本来、寓話ではないので、個々の要素を

単純に対応させる寓喩的解釈は避けるべきであり、また Wolter（2008:509）が指摘しているように、この譬えの主役は主人と最初の招待客たちであり、第二、第三の招待客たちは脇役に過ぎないという点を勘案するなら、招待された三者を単純に並列すべきではないかもしれない。しかしその一方で、この譬えはルカの文脈においては多少なりとも寓喩化されていると考えられ（Jülicher 1910b:418; ハルニッシュ 1993:290 参照）、このような対応関係にはある程度の蓋然性が認められるであろう。

24 節

　段落の最後では、「**私はあなたたちに言っておく**」という強調表現に導かれ、最初に招かれた者たちは誰も宴会に参加して食事を味わうことはないと断言され、招待を断った客たちは神の国の宴席に着くことはできないという点が強調されている。ここで問題となるのは、この結語を述べているのは譬えの中の主人なのか（Linnemann 1966:96; 河野 2022b:18）、それともイエスなのか（Schneider 1984b:318f; H. Klein 2006:509; ベイリー 2010:484）という点である。確かに、「**あの招かれた男たちのうちの誰一人として私の宴会〔の食事〕を味わう者はいないであろう**」という発言そのものは、譬えの中の主人が発するにふさわしい言葉であり、事実、大多数の聖書翻訳はそのように解している。しかしながら、24 節で聞き手の人称が単数形（τὸν δοῦλον〔僕に〕）から複数形（ὑμῖν〔あなたたちに〕）に変化していることは、聞き手が譬えの中の僕から譬えの聴衆に移行していることを示唆している。この点について Linnemann（1966:96）は、ここでの主体は譬えの中の主人であるが、その対象はもはや僕ではなく聴衆全体に移行しており、彼はいわば舞台から聴衆に向かって語っていると主張している。また、確かに「**私の宴会〔の食事〕**」（μου τὸ δεῖπνον）という表現は 23 節の「私の家」（μου ὁ οἶκος）に対応し、この文脈では譬えの中の主人の言葉としてふさわしいように思えるが、「**私はあなたたちに言っておく**」（λέγω γὰρ ὑμῖν）という言い回しはイエスに特徴的なものであり、特に譬えの末尾にイエスの適用句としてしばしば用いられている（11:8; 15:7, 10; 16:9; 18:8, 14; 19:26）。その意味でも、この言葉の語り手は「譬えの中の主人」であると同時に、半ば「イエス」に移行していると見なすべきであり、事実、比較的多くの研究者は、この言葉の語り手に関し

て双方の要素（両義性）を認めている（三好 1991:342; Nolland 1993a:758; ハルニッシュ 1993:283f; Bovon 1996:503, 515; Bock 1996:1277f; 川島 2000:73; Löning 2006:128 参照）。より厳密に言うなら、伝承段階においては結語の語り手は譬えの主人であったが、それがルカの文脈においてはイエスに変化していったと想定できる（エレミアス 1969:195）。さらに 21 節以降、イエスをも意味しうる κύριος が三度にわたって招待者の主人に対して用いられていることも（21, 22, 23 節）この点を裏付けている（Weder 1990:184, 192）。

【解説／考察】

イエスに遡ると想定されるこの譬えの原初形は、主人が宴会を催す場面に始まり（16 節）、最初の招待客たちが宴会の出席を断ったことに怒った主人が代わりの人々を招くように僕に指示する 21 節の場面で終わっていたと考えられる。それゆえ元来の譬えにおいては、たとえ当初予定していた招待客たちに断られても別の人々を招くことにより宴会は決行され、最初は招かれていなかった人々に神の愛が示されるという点が強調されていた。その意味でも、本来の譬えの中心人物は招待客ではなく招待者の主人である（小林 1982:26）。また、確かにこの譬えそのものは、最初の招待客たちが招きを断ったために、次に貧しい人々がその場所を埋める、いわば「補欠として」招待されるという展開になっているが（河野 2022b:19 参照）、これはむしろ、主人の招きの徹底性を示す表現であり、第一の招きと第二の招きとの間に優劣はつけられておらず、両者は実質的に並列関係に置かれていたと見なすべきであろう（小林 1982:26f）。

この譬えはその後、伝承されていく過程において、第三の招きについて述べる 22–23 節、さらには結語（24 節）が付加されたと考えられる。ここでは、無理やりにでも人を連れて来て宴会場を満杯にしなさいという主人の僕に対する命令や、最初の招待客は誰も宴会に参加できないという結語の内容からも明らかなように、招待を断ることに対する警告と共に、招きを今受け入れる決断をなすようにとの要求が強調されている。

最後に、この伝承を受け取ったルカは、15 節を付加することによってこの譬えを先行する段落と結びつけると共に、ファリサイ派の指導者に

よって催された会食（14:1）の文脈の中に位置づけている。その意味でも、この譬えの直接の聞き手は、イエスを招いたファリサイ派の人物と15節でイエスの言葉に反応して発言した人物を含めた会食の出席者ということになる。そして、第二の招待客たちを貧しい者や障害者、第三の招待客を町の外部にいる人々に関連づけることにより、第一、第二、第三の計三組の招待客のグループが、それぞれ総じて、ユダヤ人指導者層、社会的弱者、異邦人に対応していることを暗示し、ユダヤ人指導者層が神の招きを拒絶したことにより、招きの対象が社会的弱者、さらには異邦人にまで広げられていく救済史的観点を鮮明に打ち出している。さらにルカは、段落末尾の結語の語り手を譬えの中の主人からイエスへと半ば移行させることにより、この譬えで語られている宴会の終末論的観点を強調すると共に、招きを断った最初の招待客たち（ユダヤ人指導者層）が締め出されることをより一層強調しており、敵対者たちに対する警告が前面に出てきている。

　もっともルカは、ただ単に、敵対者たちに締め出されることを警告するためだけにこの譬えをここに配置したわけではないであろう。同様の警告はルカ 13:28-29 においても見られるが、この警告はファリサイ派に代表されるユダヤ教指導層のみならず、神の招きを受け入れようとしない同時代人一般に対しても向けられている。そしてまた、私たちも往々にして、自分でも気づかないうちに、様々な言い訳をして神の国の宴会への招きを拒絶しているのかもしれない。この譬えの中で、二度目の招きが完了した直後に僕は主人に「まだ余地があります」と報告しているが、この言葉は、神の国への扉はまだ閉ざされておらず、なお神の国の食事に参加できる可能性が残されているという希望を私たちに指し示している。その意味でも、この譬えは一人一人の聴衆及び読者に対して、今決断しなければ締め出されることになると警告しつつ（13:25-27 参照）、即座に神の国への招きを受け入れるように決断を促している。

トピック
ルカ福音書における会食

　ルカ福音書にはしばしば会食（食事）の場面が描かれており（5:29-30;

7:36–50; 11:37–54; 14:1–24; 22:14–38; 24:30, 41–43; さ ら に 9:10–17; 10:38–42; 13:29; 15:1–2, 24; 16:23; 19:5–6 も 参照）、ルカのイエスはしばしば罪人や徴税人らの社会的弱者と会食している（5:29; 7:34; 15:1–2 参照）。また、特にルカ 5:29–32; 7:36–50; 11:37–54 等の会食の場での対話の原型は、古代ギリシア・ローマの饗宴談話（シンポジオン）に見出され、軽い雑談から哲学的対話に至る対話の枠としての饗宴は、プラトンやクセノフォン以来の古代の教育的伝統の一要素であった。ルカ福音書における饗宴（会食）は、その多くが対話そのものよりも、イエスの教えの場としての意味合いを強くもち、非常に簡潔に構成されている点において際立っている。さらに、ルカ福音書の食事の場面はしばしば神の国における祝宴を意味し（13:28–29; 14:15; 16:23; 22:18, 30 参照）、福音書記者の中ではルカのみが、イエスがファリサイ派の人物によって食事に招かれた様子を三度にわたって（7:37; 11:37; 14:1）記述している（この主題についてはさらに、Meeûs 1961:847–870; Ernst 1978:57–62; Smith 1987:613–638; Steele 1984: 379–394; 加山 1997:142–165; 三好 1987:306–321; Bovon 1996:464–466; Bolyki 1998; Hotze 2007; 廣石 2019:67–74 参照）。

6. 弟子の条件 （14:25–35）

【翻訳】

14:25 さて、大勢の群衆が彼（イエス）に同行していたが、彼は振り向いて彼らに言った。26「もし誰かが私のもとに来て、自分自身の父、母、妻、子どもたち、兄弟たち、姉妹たち、そしてさらに自分自身の命さえも憎まないなら、私の弟子になることはできない。27 自分自身の十字架を担って、私のあとからついて来ない者は誰でも、私の弟子になることはできない。

28 というのも、あなたたちの中の誰が、塔を建てようとする時、まず座って、完成させるためのものを自分が持っているかどうか、費用を計算しないだろうか。29 そうでないと、彼は土台を築いたが完成させることはで

きず、見ていた人々は皆、彼を嘲り始め、[30]『この人は建て始めたが、完成させることはできなかった』と言うだろう。[31] あるいは、どんな王が、他の王との会戦に赴こうとする時、まず座って、自分に向かって進軍して来る二万〔の兵〕に一万〔の兵〕で立ち向かうことができるかどうか、考えないだろうか。[32] そして、もしできないなら、彼（敵対する王）がまだ遠方にいる間に使者を送り、和を請うだろう。[33] だからこのように、あなたたちの中で、自分自身の財産をすべて放棄しない者は皆、私の弟子になることはできない。

[34] ところで、塩は良いものだ。だが塩が愚かにされたら、何によって味が付けられるのか。[35a] それは大地にも肥料にも役立たず、人々はそれを外に投げ捨ててしまう。[b] 聞く耳のある者は聞きなさい」。

【形態／構造／背景】

ルカ 14:1 から始まるファリサイ派の指導者宅での会食の場面は 14:24 で終了し、その直後の 25 節では明確な移行句を伴わずに新しい場面が導入される。ここではイエスが群衆を伴って旅する状況が示され、後続の 26–35 節では、旅の途上でイエスが同行する人々に語った言葉が記されている。直前の大宴会の譬え（14:15–24）では、あらゆる人々に対する神の招きとそれに対する応答について語られているのに対し、ここでは弟子になるための厳格な条件が主題になっており、その意味でこの段落は、大宴会の譬えに並行するマタイの婚宴の譬え（マタ 22:1–14）の末尾で語られる婚礼の服に関する言葉（同 22:11–14）に対応している（Wellhausen 1904:79; Schneider 1984b:320; Fitzmyer 1985:1060）。その一方で、直前の譬えにおける最初の招待客たちの断りの理由（14:18–20）は、この世の富と家族に関わっている点でこの段落の信従の言葉（26, 33 節）に対応している等、双方の段落の間には関連性も認められる。なお、直後の 15 章では再びファリサイ派の人々も居合わせる会食の場面に移り（15:2）、悔い改める罪人を受け入れる神の恵みを主題とする三つの譬えが語られている。この段落全体は以下のように区分される。

（1）序：状況設定（25 節）

（2）信従に関する二つの言葉（26-27節）

    （a）第一の信従の言葉：家族を憎むようにとの要求（26節）

    （b）第二の信従の言葉：自分自身の十字架を担うようにとの要求（27節）

（3）自己検証に関する二つの譬え（28-32節）

    （a）塔を建設する人の譬え（28-30節）

    （b）戦争に臨む王の譬え（31-32節）

（4）第三の信従の言葉：所有放棄の要求（33節）

（5）塩の比喩（34-35a節）

（6）結語（35b節）

注目すべきことに、三つの信従の言葉（26, 27, 33節）はいずれも、否定の条件文（「～しないなら／～しない者は」）に続く「私の弟子になることはできない」（οὐ δύναται εἶναί μου μαθητής）という表現によって結ばれている。その意味でもこの段落全体は、並行的に構成されている二つの譬え（28-30, 31-32節）がこの表現によって囲い込まれ、さらにこの中核部分が冒頭の移行句（25節）と末尾の塩の比喩（34-35a節）及び結語（35b節）によって枠付けられる構造になっている。

この段落は様々な伝承句及び編集句から構成されている。旅の状況を指し示し、συμπορεύομαι（「同行する」の意で新約では 7:11; 14:25; 24:15 にのみ使用）や εἶπεν πρὸς αὐτούς（《言述の動詞 + πρός + 対象を示す対格》は新約用例 169 回中ルカ文書に 149 回使用）等のルカ的語彙を含む冒頭の導入句（25節）はルカの編集句であろう。

最初の二つの信従の言葉（26-27節）は総じてマタイ 10:37-38 に並行していることから（トマス福 55, 101 も参照）、Q資料（あるいはQルカ［Sato 1988:52f］）に由来すると考えられる（ルカ特殊資料に帰す Grundmann 1961:301 に反対）。両者は元来、相互に独立した伝承であったと考えられ（Nolland 1993a:761; Bovon 1996:527）、いずれもその核においてイエスに遡ると想定される（Fitzmyer 1985:1061; ルツ 1997:180, 190; Eckey 2004b:668）。27節に関しては、命の放棄と十字架を負うことを主題とするマルコ 8:34-35（並行マタ 16:24-25; ルカ 9:23-24; ヨハ 12:24-25）に影響されているのかもしれない（さらにヨハ 12:25 の ὁ μισῶν τὴν ψυχὴν αὐτοῦ［自分

の命を憎む者］と 26 節の μισεῖ ... τὴν ψυχὴν ἑαυτοῦ［自分自身の命を憎む］を
比較参照）。また、ルカの「私の弟子になることはできない」（οὐ δύναται
εἶναί μου μαθητής）に対して、マタイ版では「私にふさわしくない」（οὐκ
ἔστιν μου ἄξιος）という表現が用いられ（マタ 10:37, 38）、弟子になるた
めの条件というよりも弟子性の保持が問題にされているが、ルカ版の
方が原初的と考えられ（Schulz 1972:446f; ブルトマン 1983:277）、おそら
くマタイは弟子への教えという文脈に合わせて改変したのであろう（ル
ツ 1997:179）。なお、マタイ版ではこれらの信従の言葉の直後に命の喪
失に関する言葉（マタ 10:39）が続いているが、マタイがこの言葉を付
加したのではなく（Bovon 1996:528 に反対）、むしろルカが、すでにルカ
9:24 でこの言葉を用いているため、ルカ 17:33 に移行させたと考えられ
（Dupont 1971:563f; Schulz 1972:447; ルツ 1997:179）、その言葉と密接に関
連する ἔτι τε καὶ τὴν ψυχήν ἑαυτοῦ（そしてさらに自分自身の命さえも）とい
う表現はルカの編集句であろう（ἔτι τε καί は使 21:28 にも使用、ἑαυτοῦ［自
分自身の］は共観福音書用例 113 回中ルカに 57 回が使用）。その他、26 節の
ἔρχεται πρός ...（6:47; 7:1 にも使用）、τὴν γυναῖκα（妻を［14:20; 18:29 参照]）、
27 節の βαστάζει（βαστάζω［担う］は共観福音書用例 9 回中ルカに 5 回使用）、
ἔρχεται ὀπίσω μου（私のあとからついて来る［cf. 9:23：ὀπίσω μου ἔρχεσθαι]）
等もルカの編集句であろう。

　段落の中心に位置する二つの譬え（28–32 節）は、他の福音書に並行記
事が見られず、ルカ的語彙も限られていることから（Jeremias 1980:242f
参照）、総じてルカ特殊資料に由来すると考えられるが（トマス福 98 参照）、
28, 31 節の καθίσας（座って）はルカの編集句かもしれない（καθίζω は新約
ではマコ 13:48 以外はルカ文書にのみ計 5 回使用）。一部の研究者は 30 節も
ルカに帰しているが（Derrett 1977b:260; Heininger 1991:130, 139; Nolland
1993a:761）、その点は十分に根拠づけられない。また、これら二つの
譬えは元来は独立していたと考えられるが（Eichholz 1979:193; Nolland
1993a:762, 764 に反対）、おそらくルカ以前に結合していたのであろう。

　これに続く 33 節は、οὕτως（だから［適用句への導入として 12:21; 15:7;
17:10; 22:26 にも使用]）、πᾶς（すべて［ルカは 5:11, 28; 18:22; 21:4 でもマル
コ資料に付加]）、ἀποτάσσομαι（別れを告げる／放棄する［新約用例 6 回中ル
カ文書に 4 回使用]）、πᾶσιν τοῖς ἑαυτοῦ ὑπάρχουσιν（πᾶς, ἑαυτοῦ については

上記参照、ὑπάρχω［ある／所有する］は新約用例 60 回中ルカ文書に 40 回使用、《τὰ ὑπάρχοντα τινί (τινός)》［～の財産］は新約用例 14 回中ルカ文書に 9 回使用）等、多くのルカ的語彙を含んでいることに加え、ルカに特徴的な全所有の放棄（5:11, 28; 18:22 参照）に言及していることからも、ルカが編集的に構成したのであろう（Dupont 1971:569f; Horn 1983:195; ブルトマン 1983:277; Schmidt 1987:153; Bovon 1996:529f）。さらに 26, 27 節と同様、οὐ δύναται εἶναί μου μαθητής（私の弟子になることはできない）という表現が使用されていることもこの点を裏付けている。

　塩の比喩（34–35a 節）はマルコ 9:50 及びマタイ 5:13 に並行しているが、原初的には単一の伝承に遡ると考えられ、イエスに由来するのかもしれない（ルツ 1990:313; Marshall 1995:595; Eckey 2004b:668。一方でブルトマン 1983:168, 175 はこの見解に否定的）。34 節はマタイ 5:13b に緊密に対応し、35a 節とマタイ 5:13c は言語的にはやや相違するが、内容的には総じて一致しており、さらに両者は内容的に並行するマルコ 9:50 に欠如している μωρανθῇ（愚かにされたら）及び ἔξω βάλλω（外に投げ捨てる）を共有していることから、この比喩は総じて Q 資料に由来すると考えられる（Ernst 1977:477; Bock 1996:1281f はこの見解に懐疑的）。その一方で 34 節とマルコ 9:50a は、マタイ版には見られない καλὸν ... τὸ ἅλας（塩は良いものだ）及び ἀρτύω（塩味をつける）を共有しており、マルコ資料からの影響も考えられる。段落末尾の 35b 節はルカ 8:8（並行マコ 4:9）と逐語的に一致しており、おそらくルカはこの結語を編集的に付加したのであろう。

　以上のことから、ルカは Q 資料に由来する二つの信従の言葉（26–27 節）と自ら構成した三つ目の信従の言葉（33 節）の間にルカ特殊資料に由来する二つの譬え（28–32 節）を挿入し、さらに Q 資料及びマルコ資料をもとに構成した塩の言葉（34–35a 節）を付加し、自ら構成した移行句（25 節）とルカ 8:8 を反復した結語（35b 節）で枠付けることによって、この段落全体を弟子の条件という統一的主題のもとに構成したのであろう。

【注解】

25 節

　段落の冒頭部分で、まず状況設定が示される。「**大勢の群衆**」がイエス

に同行していたが、イエスは振り向いて彼らに語りかける。ルカはここで、イエスがエルサレムへの旅の途上にあることを読者に改めて思い起こさせている（9:51; 10:38; 13:22 参照）。多くの群衆がイエスの旅に同行していたという描写は歴史的事実とは考えにくく、後続の厳格な信従の要求との関連からも、その要求を果たし得るのはごく少数であることを強調するための設定と考えられる。その一方で、これらの群衆を、先行する譬えにおけるあとから招かれた人々（14:21–23）と直接関連づけることはできないであろう（Talbert 2002:174; H. Klein 2006:514; Löning 2006:129 に反対）。

26 節

イエスに従って行こうとしていた人々は、ここで非常に厳しい要求を突きつけられる。すなわち、イエスの弟子になるためには、イエスのもとに来るだけでは十分ではなく、ここに挙げられた厳しい諸条件を満たさなければならないというのである。

最初の信従の言葉は家族との関係を扱っており、信従する者は「**自分自身の父、母、妻、子どもたち、兄弟たち、姉妹たち**」を「憎む」（μισέω）ように要求される（8:19–21; 9:59–60; 12:51–53; 18:28–30 参照）。一方のマタイ版では、「〜を憎まないなら」（εἰ ... οὐ μισεῖ ...）の代わりに「私以上に〜を愛する者は」（ὁ φιλῶν ... ὑπὲρ ἐμέ）という表現が用いられ、厳格さが幾分和らげられている（マタ 10:37）。もっとも、ルカ版で用いられている μισέω はヘブライ語の שָׂנֵא に対応し、「より少なく愛する」という比較の意味合いも含んでおり（創 29:31–33 LXX; 士 14:16 LXX; さらにルカ 16:13 // マタ 6:24 も参照）、ルカにおいても、感情的な憎しみではなく意識的な拒絶や離反が意味されている（Michel, *ThWNT* IV:694f）。すなわち、この語は感情表現としてではなく「後回しにする」という意味で解すべきであり、ここでは特にエルサレムへの旅の文脈において、イエスへの信従を家族の絆に優先させることが求められている（9:61; 18:29 参照）。その意味で、この要求は必ずしも「あなたの父母を敬え」という十戒の第五戒（出 20:12; 申 5:16）と矛盾せず、むしろ、両親、兄弟、子を顧みずに献身するレビ人に関する記述（申 33:9–10; さらに出 32:27–29 も参照）に対応しており、同様の考えは同時代のラビ文献やヘレニズム文献にも認められる（レビ・ラッバー 19:1; エピクテートス『語録』3:3:5–7; クセノフォン『ソクラテス

の想い出』1:2:49–55。さらに Hommel 1966:1–23 も参照）。

このほか、マタイ版が「父と母」、「息子と娘」というように一対の家族構成員を二組挙げているのに対し、ルカは個別に近親者を挙げており、「**妻**」（18:29 参照）及び「**兄弟たち、姉妹たち**」（マコ 10:29 並行参照）を付加することにより、家族との決別の要求をより一層強調している（12:53; 申 33:9 参照）。なお、ルカが末尾に付加した「**自分自身の命さえも**」（καὶ τὴν ψυχὴν ἑαυτοῦ）は命の喪失に関する言葉（9:24; 17:33）を想起させるが、この表現はルカがイエスへの信従を迫害状況との関連において理解していたことを示唆しており、次節の十字架の言葉を導入している。

27 節

「**自分自身の十字架を担って**」イエスのあとから従って行くように要求する第二の信従の言葉も全面的な献身について語っている。先行するルカ 9:23（並行マコ 8:34）では、自分の十字架を「日々」背負っていくようにと日常的・継続的な行為が要求されているのに対し、ここでは信従に関して最終的な決断が求められている（Bovon 1996:537）。「**十字架**」（σταυρός）は苦難と犠牲の伝統的表象であるが、おそらく「十字架を担う」という表象は当初はイエスの十字架とは結びついておらず、イエスの死後、それに対する示唆として理解されるようになったのであろう（ブルトマン 1983:278; Dinkler 1967:92。この表現の元来の意味についてはルツ 1997:188–190 参照）。この箇所はまた、イエスのエルサレムへの旅の文脈において語られていることからもイエスの十字架と関連づけられている。すなわちイエスに信従するとは、イエスの受難への道を自らも歩み、追体験することなのであり、その意味でも、イエスのもとに来るだけではなく、その受難の死に至るまでイエスにつき従って行かねばならない。なお一部の研究者は、この十字架の言葉のみならず、この段落全体をルカの教会の迫害状況から理解しようとしているが（Dupont 1971:580f; Schmithals 1973/74:161; 1980:161）、ルカの教会が迫害下にあったという点は確認できず、少なくともここでルカが迫害状況を強調しているとは考えにくい（本書 179, 184 頁参照）。

28 節

　二つの信従の言葉のあとには二重の譬え（13:18–21; 15:4–10 参照）が続いているが、ここでは特に自己検証が問題になっている。すなわち、イエスはここで信従志願者に是が非でも従って来るように要求しているのではなく、信従する際には厳しい条件を満たしうるかどうか、まず自分自身を精査した上で決断するように求めている。これらの譬えはいずれも「もちろん、誰でもそのようにする」という肯定的な答えを予期する修辞疑問文によって導入され、《τίς ＋現在分詞＋不定詞アオリスト形》による計画の描写（28a 節／31a 節）→《οὐχὶ πρῶτον καθίσας ＋定動詞＋ εἰ ...》による自己吟味の描写（28b 節／31b 節）→実施可能性に関する帰結に関する記述（29–30 節／32 節）という構造を共有している（H. Klein 1987:89; Petzke 1990:134f; Wolter 2008:518 参照）。

　最初の譬えで言及されている「**塔**」（πύργος）は、ぶどう園の見張り台（マコ 12:1 参照）もしくは望楼のことと考えられ（Bovon 1996:538 参照）、通常は石を積み重ねて造られていた（三好 1991:343）。そのような塔を建設しようとする人は、自らの資産がそれを完成させるために十分であるかどうか、「**まず座って**」（πρῶτον καθίσας）必要経費を確認しておくことが必要となる。なお Löning（2006:131）は、後続の戦争に臨む王の譬えとの関連において、ここでの塔を町の防御用施設（城壁の塔）と見なしているが（ヨセフス『ユダヤ戦記』5:152, 156–171 参照）、この点は十分に根拠づけられない（Derrett 1977b:251–254 も参照）。

29–30 節

　しかし、もしその塔を建てる者がそのような事前の確認を怠るなら、彼は塔を完成させることができず、計画を途中で断念する事態にも陥りかねない。そしてそうなると、その状況を見ていた人々から「**この人は建て始めたが、完成させることはできなかった**」と嘲られるという不本意な結果にもなりうる（ヨセフス『ユダヤ戦記』5:152 参照）。「**この人**」（οὗτος ὁ ἄνθρωπος）という表現には軽蔑の意味が込められているのであろう（Bock 1996:1288）。また注目すべきことに、ここでは経済的損失よりも社会的信望の失墜に焦点が当てられている（Wolter 2008:519）。

31-32 節

第二の譬え（31-32 節）では戦争遂行前の王について語られる。彼もまた「進軍して来る二万〔の兵〕に一万〔の兵〕で立ち向かうことができるかどうか」、すなわち自らの戦力が戦いに勝利するために十分であるかどうか、実際に戦闘を交える前に精査しておかねばならない。そして、敵の勢力が自分のそれを明らかに上回っていると判断したなら、彼は進軍してくる敵の軍隊がまだ遠くにいるうちに速やかに使者を送り（19:14 参照）、和を請わねばならない。直前の譬えでは、熟考せずに失敗した際の状況が描写されていたが、ここでは事前に精査した結果、最悪の事態を回避しようとする振る舞いが描かれている。確かに、そのような状況になる前に事態を見極め、行動すべきではなかったかという疑問も生じるが、ここでは不意に敵軍が進軍して来た時の状況が想定されているのであろう（Eichholz 1979:195; H. Klein 2006:516）。

「和を請う」と訳出した ἐρωτᾷ τὰ πρὸς εἰρήνην という表現は非常に難解であり、七十人訳聖書においては「挨拶する」（サム上 10:4）や「安否を尋ねる」（士 18:15 [B]; サム上 25:5; 30:21; サム下 8:10; 11:7; 代上 18:10）等、様々な意味で用いられている。一部の研究者はこの箇所を「無条件降伏する」という意味で解しているが（Foerster, *ThWNT* II:410; エレミアス 1969:214; レングストルフ 1976:384; Fitzmyer 1985:1065; Wiefel 1988:279; Marshall 1995:594）、そのような理解は二つの譬えを通して熟考することの意義を強調しようとするルカの文脈にそぐわないことからも、ここでは和平条件の交渉の意で解すべきであり（Jülicher 1910b:205; Degenhardt 1965:110; Eichholz 1979:195; Plummer 1989:365; BDR §155 参照）、十二族長の遺訓〔ユダ〕9:7 でも類似表現（αἰτοῦσιν ἡμᾶς τὰ πρὸς εἰρήνην）が和平条件の交渉の意で用いられている。

このように、以上の二つの譬えにおいては、「まず座って計算する／考える」という表現からも明らかなように、何らかの企てを実行する前の自己検証の必要性が強調されており、そのように事を始める前にまず自らの能力を精査しておかなければ取り返しのつかないことになってしまうというのである。これと同様の考えは同時代のヘレニズム文献にも確認できる（エピクテートス『語録』3:15:1, 8-9; フィロン『アブラハム』105; トマス福 98 参照）。なお、注目すべきことに箴言 24:3-6 には、自分の家を賢明に建て、

堅実に戦争を遂行する知恵について語られている。

これらの譬えを伝承から受け取ったルカは、それらを「信従の真剣さ」という主題との関連から理解している。すなわち、イエスに信従しようとする者に対しては事前に厳格な自己検証が求められ、特に受難へと至るイエスのエルサレムへの旅の文脈においては断固とした信従への決断が要求される。その意味でも安易な信従は避けるべきであり、「中途半端な着手は、全然着手しないことよりも悪い」（エレミアス 1969:214; さらに Degenhardt 1965:110; Seccombe 1982:113 も参照）のである。

33 節

先行する二つの信従の言葉（26–27 節）に続いて、イエスはさらに「**あなたたちの中で、自分自身の財産をすべて放棄しない者は皆、私の弟子になることはできない**」と第三の信従の言葉を述べる。この言葉は、「**だからこのように**」（οὕτως οὖν）という導入表現が示しているように（12:21; 15:7, 10; 17:10; 21:31 参照）、先行する二つの譬え（28–32 節）を前提としており、また πᾶς ἐξ ὑμῶν（あなたたちのすべては）という表現は 28 節の τίς … ἐξ ὑμῶν（あなたたちの中の誰が）に対応している（さらに 33 節の δύναμαι［〜できる］とその形容詞形である 31 節の δύνατος を比較参照）。ここでも、直前の二つの譬えと同様、信従の真剣さが主題になっているが、その一方で、それらの譬えの主題である「事前の自己検証」はここでは特に強調されておらず、また、この節における所有放棄の主題は先行する譬えには見られず、両者は必ずしもスムーズに接合していない。

なお、τὰ ὑπάρχοντα τινί (τινός)（〜の財産）は新約では一貫して地上の富を意味し、ルカにおいても常に物質的な財産の意味で用いられているが（8:3; 11:21; 12:15, 33, 44; 16:1; 19:8; 使 4:32 参照）、ルカは πάντα（すべて）を付加することによりこの点をさらに強調している（5:11, 28; 18:22 参照）。また、ἀποτάσσομαι（中動態）は「別れを告げる／放棄する」を意味するが、新約では常に字義的な意味で用いられており（9:61; 使 18:18, 21）、ルカ 12:33; 18:22 と同様、ここでも文字通りの所有放棄が意味されている（Mineshige 2003:68–71）。その一方で一部の研究者はこの要求を比喩的に解し、例えば Marshall（1995:594）は、自分の全財産をいつでも手放せるように備えておくようにという意味で解しているが（Dupont 1971:575;

Karris 1978:121; Plummer 1989:366 も同様）、このような理解は、すでにエルサレムに向かっているイエスが信従志望者に対して断固とした決断を要求するというルカの文脈に適合していない（Schmidt 1987:152）。さらに、この第三の信従の言葉はこの段落の頂点に位置づけられていることからも、第一、第二の信従の言葉以上に徹底した要求を含んでいると考えられ、その意味では、この τὰ ὑπάρχοντα は「家族」（26 節）をも含意していると見なしうるであろう（Seccombe 1982:114; Gillmann 1991:80）。

34 節

　所有放棄の要求（33 節）のあとには塩の比喩（34–35a 節）が続いているが、先行する 25–33 節ではどのように弟子になるかという点が問題にされていたのに対し、ここでは、どのようにして弟子であり続けるかという点に関心が移行している（Bovon 1996:544）。この塩の比喩の元来の意味は明らかではなく、かつてはイスラエルに対する威嚇の言葉であったと考えられるが（Schulz 1972:472; Wiefel 1988:279; ルツ 1990:313）、この言葉はすでに Q 資料の段階で弟子に関連づけられていたのであろう（マタ 5:13 参照）。ルカの文脈においては、先行する箇所と同様、この言葉も群衆に対して語られているが、ここでは特に弟子たちのことが考えられている。

　ここでは、「塩」（ἅλας）が良いものであることを前提としつつ（プリニウス『博物誌』31:88 参照）、塩が「愚かにされたら」（μωρανθῇ）、すなわち塩気を失ったら「何によって味が付けられるのか」という修辞疑問文が続き、何ものによっても塩気が回復されることはあり得ないという点が強調されている。そして、塩がその塩気を失えば役に立たなくなるのと同様、その条件を満たさず、信従の覚悟ができていない弟子たちも弟子としての資格を失うことになる。このように、ここではその本質を失った塩の否定的側面が強調されており、さらに、先行する二つの譬え（28–32 節）と同様、失敗例に言及しつつ信従の徹底性が強調されている。

　なお、塩が塩気を失うことは化学的にはあり得ないが、ここでは化学的混合物が含まれる死海からとれる岩塩のことが想定されており、そのような混合物が多く含まれている塩の場合は、湿気等の作用により塩味が失われることもあり得たと考えられる（ルツ 1990:316）。

35 節

そしてそのように塩気を失った塩は、肥料（堆肥）として用いることはできず、また雑草を駆除するのにも役立たず、無用の長物として棄て去られる運命にあった。すなわち、「塩気を失った塩はつまらない間に合わせの用途にさえ役立たない」（カルペパー 2002:379）ものになってしまうが、同様のことは本来の資質を失った弟子についても当てはまる。

段落末尾の 35b 節は「**聞く耳のある者**」に聞くように要求しているが、逐語的に一致するルカ 8:8b が群衆に対するイエスの言葉の結語として用いられているのと同様、ここでもこの段落全体の結語と見なされる。もっとも、先行する会食の場面（14:1–24）との関連性を勘案するなら、この言葉は 14 章全体の結語とも見なしうるであろう（Löning 2006:133）。「**聞く耳のある者**」に対するこの呼びかけは明らかにルカの読者に向けられ、断固とした信従の決断を要求している。

【解説／考察】

この段落における三つの信従の言葉（26, 27, 33 節）は、自分の家族、命、所有物等、あらゆるものを棄て去らなければイエスの弟子になることはできないと断言しているが、その意味でも、イエスに信従するとは、すべてのことに対してイエスへの信従を優先させることなのである。ルカはまた、自己検証に関する二つの譬え（28–32 節）を三つの信従の言葉（26, 27, 33 節）によって枠付けることにより、信従志望者はイエスへの信従を決断する前に実際に自分にそれがなし得るのかどうか検証すべきであると強調しており、その意味でもルカのイエスは、ただ単に信従を呼びかけるだけでなく、安易な信従に対しては警告を発している。もっともここでは、後続の塩の比喩（34–35 節）との関連においても、最終的にはそのような警告以上に信従自体の徹底性が強調されており、生半可な気持ちではなく真剣な思いで信従を決断するように要求されている。

ルカはこの段落をイエスのエルサレムへの旅の文脈に位置づけており、それゆえ信従の要求の徹底性は、ルカ 9:57–62 と同様、ここでもその文脈との関連において理解されねばならない。すなわちイエスに信従することは、自らの家族や故郷や財産を棄て去り、エルサレムに向かって受難

への道を歩むイエスに同行し、イエスの苦しみに共に与ることを意味しており、その意味でもイエスに従おうとする者は文字通りにすべてを放棄し、殉教をも覚悟しなければならないのである。

マタイの並行箇所とは異なり、ルカにおいてはこれらの言葉は、弟子たちではなく群衆、より厳密には信従志望者に向けられている（25節）。ルカ自身はこれらの言葉を彼の時代のキリスト教会に向けて記したと考えられるが（Dupont 1971:1091 以下；Horn 1983:200f）、これらの信従の言葉は、入信前の求道者も含め、今日のあらゆるキリスト者にも向けられている。

もっとも、イエスに信従するために文字通りに家族や故郷を棄て去る決断を求められたイエス時代の状況とは異なり、今日のキリスト者に対してそのような厳しい条件を課されることは稀であろう。その意味では、今日では信従を決意することは、それほど困難なことではなくなっているが、しかしそれだけに、信従を意識し、信仰を保持することは逆に難しくなってきているとも考えられる。まさにそれゆえに、信従を決意する際には、まずそれが自分に果たし得るかどうか、しっかりと自己検証すべきなのであり、この信従の要求は今日のキリスト者に対しても、覚悟をもって日々信従の決意を新たになしていくように求めている。

V. 悔い改めの要請

（15:1–17:10）

　エルサレムへの旅行記の後半部に位置するこのセクションには悔い
改めのモチーフが随所に見られ（15:7, 10, 17–19; 16:30–31; 17:3–4）、そ
れぞれの段落が悔い改めの要請という主題のもとに緩やかに結びつい
ている。また、このルカ15章以降の箇所には、金持ちとラザロの譬え
（16:19–31）、十人の皮膚病患者の癒し（17:11–17）、ファリサイ人と徴税
人の譬え（18:9–14）、エリコ周辺での盲人の癒し（18:35–43）や徴税人
の頭ザアカイの物語（19:1–10）等、社会的に疎外されていた人々に対す
る関心を示すルカ特殊資料に由来する記事が数多く含まれており、T. W.
Manson（1954:282）はこの箇所を「疎外された者への福音」（the Gospel
of the Outcast）と称している。

　弟子の条件に関する教え（14:25–35）に続くルカ15章は、導入句
（15:1–2）のあとに失われた羊の譬え（15:3–7）、失われた銀貨の譬え
（15:8–10）、父の愛の譬え（15:11–32）という三つの譬えが続いており、こ
れらの譬えは失われた者を見出す喜びという共通主題（15:5, 6, 7, 9, 10,
23–24, 32）のもとに結びつき、《喪失 → 発見（回復）→ 喜びの祝宴》とい
う構造においても共通している。これらの譬えのうち、接続詞のἤ（ある
いは）によって相互に結びつく最初の二つの譬えは、内容的にも形式的に
も並行しており（ベイリー 2006:73–77 参照）、両者で一対の「譬え」（[独]
Gleichnis／[英] similitude）を構成しているが、それに対して三番目の譬
えは分量的にも長大で、「譬え話」（[独] Parabel／[英] parable）の形態を
とっている。また、並行する二つの譬えにおいては捜し出す主体（羊飼い、
女性）に焦点が当てられ、失われたもの（羊、銀貨）は受動的な役割を果
たしているのに対し、最後の譬えでは、失われた存在である弟息子が自ら
の意志で遠い国へと旅立ってから帰還する様子が描かれ（Bovon 1985:141;
木原 2012:202）、また「捜し出す」行為に特に言及されていない点におい
ても異なっている。さらにこの譬えの後半部（15:25–32）では、弟と対

照的な位置づけにある兄の振る舞いに焦点が当てられるが、その内容は
15章冒頭の導入部分（1–2節）と密接に関連している。因みに一部の研
究者（Farmer 1961/62:305f; Bovon 2001:16）は、この15章とルカ13:1–9
の対応関係を指摘している（① 導入句［15:1–2 // 13:1］、② 接続詞の ἤ［あ
るいは］によって結合され、いずれも λέγω ὑμῖν［私はあなたたちに言ってお
く］によって導入される適用句を含む二重の実例［15:3–10 // 13:2–5］、③ 譬え
［15:11–32 // 13:6–9］）。

　ルカ16章は直前の15章の場面設定を引き継ぎ、形式的に繋がって
いるが、16章はこの世の富の用い方という主題のもとにまとめられ
（16:16–18 については注解部分参照）、形式的にもルカ16:1 及び17:1 の導入
表現によって枠付けられており、統一的に構成されている。この箇所はま
た、不正な管理人の譬え（16:1–13）と金持ちとラザロの譬え（16:19–31）
が律法と神の国に関する記述（16:14–18）を囲い込む形で構成されてお
り、双方の譬えはいずれも ἄνθρωπός (...) τις ἦν πλούσιος（ある金持ちがい
た）という表現で導入されている。なお、ルカ16:1–18 の構成区分に関
して一部の研究者は、最初の譬えの解釈部分をむしろ後続のイエスの言
葉と結合し、賢い管理人（16:1–9）と忠実さの規則（16:10–18）という構
成区分（Bovon 2001:71f）や、不正な管理人の譬え（16:1–7）と救いの時
の開始に際する所有物の正しい管理に関する対話（16:8–18）という区分
（Grundmann 1961:318）を提案しているが、後半部の解釈部分（16:8b–13）
は明らかに直前の譬えに基づいていることからも難しいであろう。また、
徴税人や罪人と交わるイエスを非難するファリサイ派の人々や律法学者た
ちに対してイエスが語ったというルカ15:1–2 の状況設定は、15章のみな
らず、このセクション全体において前提とされているが、16章前半の不
正な管理人の譬え（16:1–13）が主に弟子たちに向かって語られているの
に対し（16:1）、16:14 以降の箇所はファリサイ派の人々に向けられ、この
セクションを締めくくる一連の弟子への教え（17:1–10）は再び弟子たち
に対して語られている。このセクション全体は以下のように区分できる。

1．失われた羊と銀貨の譬え（15:1–10）

2．父の愛の譬え（15:11–32）

3．不正な管理人の譬え（16:1–13）

４．律法と神の国（16:14–18）

５．金持ちとラザロの譬え（16:19–31）

６．弟子への教え（17:1–10）

ルカ15章冒頭の導入句（15:1–2）はルカの編集句と見なされ、これに続く三つの譬えのうち、失われた羊の譬え（15:3–7）は全体としてＱ資料に、失われた銀貨の譬え（15:8–10）及び父の愛の譬え（15:11–32）は総じてルカ特殊資料に由来すると考えられる。一部の研究者は、これらの譬えはルカ以前に結合していたと見なしており（T. W. Manson 1954:283; レングストルフ 1976:387; H. Klein 1987:49; Nolland 1993a:769f, 780）、また Kossen（1956:75–80）は、15章に含まれる三つの譬え（15:4–7, 8–10, 11–32）がそれぞれエレミヤ 31:10–14, 15–16, 17–20 に対応していると見なし、15章はエレミヤ 31:10–20 をもとにルカ以前に構成されていたと主張しているが、両文書の対応関係は必ずしも明らかでない（Marshall 1995:598）。むしろルカが、悔い改め（15:7, 10, 17–19）及び喜び（15:5, 6, 7, 9, 10, 32）のモチーフのもとにこれらの譬えを結合し、敵対者に対する弁証として構成したと考えられる。すなわちルカは、徴税人や罪人と交わりをもつイエスにつぶやくファリサイ派の人々や律法学者たちに対してイエスが自らの振る舞いを弁証するという状況設定（15:1–2）のもとに、元来はそれぞれ異なる文脈をもっていたこれら三つの譬えを「失われた者を見出す神の喜び」という共通主題のもとに結びつけ、15章全体を統一的に構成したのであろう（Jeremias 1971:181; Schnider 1977:89; Wiefel 1988:280f; Weder 1990:169f; Pöhlmann 1993:158）。

これに続く16章については、ルカはルカ特殊資料（1b–9, 10–12, 15, 19b–31 節）とＱ資料（13, 16–18 節）を資料として用い、編集句（1b, 14, 19a 節）を加える等、適宜編集の手を加えつつ、富の主題のもとに構成したと考えられる。そしてルカは、15–16章の直後に悔い改めのモチーフを含む 17:1–10 を位置づけることによって、このセクション全体を悔い改めの要請という統一的な主題によって枠付けようとしたのであろう。

＊　＊　＊

1. 失われた羊と銀貨の譬え（15:1–10）

【翻訳】

[15:1] さて、徴税人たちと罪人たちが皆、彼（イエス）〔の言葉〕を聞くために彼のところに近寄って来た。[2] すると、ファリサイ派の人々と律法学者たちはつぶやいて「この人は罪人たちを迎えて、彼らと一緒に食事をしている」と言った。

[3] そこで、彼は彼らにこの譬えを語って言った。[4]「あなたたちの中のある人が百匹の羊を持っていて、それらのうちの一匹を失ったら、九十九匹を荒れ野に残しておいて、失われてしまったもの（一匹）の方に向かって、それを見つけるまで進んで行かないだろうか。[5] そして見つけたら、喜んで〔それを〕自分の両肩にかつぎ、[6] そして家の中に入って来て、友人たちと近所の人々を呼び集めて彼らに言うだろう。『私と一緒に喜んでください。失われてしまっていた私の羊を見つけましたから』。[7] 私はあなたたちに言っておくが、このように、悔い改める必要のない九十九人の義人についてよりも悔い改める一人の罪人について天に喜びがあるだろう。

[8] あるいは、十ドラクメを持っているある女性が、もし〔そのうちの〕一ドラクメを失ったとすれば、ともし火をともし、家〔の中〕を掃き、見つけるまで注意深く捜さないだろうか。[9] そして見つけたら、女の友人たちと近所の女たちを呼び集めて言うだろう。『私と一緒に喜んでください。失われていたドラクメ（銀貨）を見つけましたから』。[10] 私はあなたたちに言っておくが、このように悔い改める一人の罪人については神の天使たちの前で喜びが生じる」。

【形態／構造／背景】

　前段においては、エルサレムへの旅の途上でイエスが語った厳格な信従の条件について記されていたが（14:25–35）、ルカ15章では失われたものを見出す喜びを主題とする三つの譬えが語られる。ルカ15:1と直前の14:35とは「聞く」（ἀκούω）という鍵語で結びついており、またルカ

15章と先行する同 14:1–24 は、いずれも会食の場を舞台にしていることに加え、社会的弱者の招きという主題においても緩やかに結合している（14:13, 21; 15:1–2, 23–24）。15 章の前半部では、この章全体に関わる状況設定（1–2 節）に続いて、失われたものを懸命に捜し求め、見出して喜ぶ主人公について語る一対の譬えが語られている（3–7, 8–10 節）。この段落は以下のような構成になっている。

　　（1）序：状況設定（1–2 節）
　　　　（a）徴税人たちと罪人たちのイエスへの接近（1 節）
　　　　（b）ファリサイ派の人々と律法学者たちのイエスへのつぶやき（2節）
　　（2）失われた羊の譬え（3–7 節）
　　　　（a）導入句（3 節）
　　　　（b）一匹の羊の失踪（4 節）
　　　　（c）羊を見出した喜び（5–6 節）
　　　　（d）適用句：悔い改める一人の罪人に対する天の喜び（7 節）
　　（3）失われた銀貨の譬え（8–10 節）
　　　　（a）一枚の銀貨の紛失（8 節）
　　　　（b）銀貨を見出した喜び（9 節）
　　　　（c）適用句：悔い改める一人の罪人に対する天の喜び（10 節）

　この段落を構成する（1）〜（3）の各小段落は「罪人」（ἁμαρτωλός）という鍵語によって相互に結びついている（1, 2, 7, 10 節）。また（2）と（3）が一対の譬え（13:18–19, 20–21; 14:28–30, 31–32 参照）を構成していることは、双方の譬えが《所有物の喪失 → 懸命の探索 → 発見 → 喜び → 喜びの共有 → 適用》という共通の構造をもち、同様の問いかけの導入句で始まり（「ある人が〜を持っていて、〜を失ったら、……それを見つけるまで〜ないだろうか」［4 節］／「〜を持っているある女性が、〜を失ったとすれば、……見つけるまで〜ないだろうか」［8 節］）、展開部においても緊密に並行し（「そして見つけたら、……友人たちや近所の人々を呼び集めて彼らに言うだろう。『私と一緒に喜んでください。失われてしまっていた〜を見つけましたから』」［6 節］／「そして見つけたら、女の友人たちや近所の女たちを呼び集

めて言うだろう。『私と一緒に喜んでください。失われていた〜を見つけましたから』」[9 節]）、同様の適用句で結ばれている（「私はあなたたちに言っておくが、このように、……悔い改める一人の罪人について〜に喜びがあるだろう」[7 節]／「私はあなたたちに言っておくが、このように悔い改める一人の罪人については〜で喜びが生じる」[10 節]）ことからも明らかである。さらに両者は、ἀπόλλυμι（失う [4$^{×2}$, 6, 8, 9 節; さらに 17, 24, 32 節も参照]）、εὑρίσκω（見つける [4, 5, 6, 8, 9 節; さらに 24, 32 節も参照]）、(συγ)χαίρω（[一緒に]喜ぶ [5, 6, 9 節; さらに 32 節も参照]）という鍵語を共有している。双方の譬えの並行性は両者の対照的な設定からも確認できる（下表参照）。

【二つの譬えの対照的な設定】

	失われた羊の譬え（4–7 節）	失われた銀貨の譬え（8–10 節）
主 人 公	比較的豊かな羊飼い（男性）	貧しい女性
他の登場人物	友人たち及び近所の人々（男性）	友人たち及び近所の人々（女性）
場面設定	屋外（荒れ野）	屋内（家の中）
失われたものとそれ以外のものとの比率	一匹の羊対九十九匹の羊	一枚の銀貨対九枚の銀貨

　この段落は複数の伝承素材から構成されている。冒頭の 1–2 節は、ἐγγίζω（近寄る [新約用例 42 回中ルカ文書に 24 回使用]）、πᾶς（すべて [Jeremias 1980:30f 参照]）、διεγογγύζω（つぶやく [新約では 15:2; 19:7 にのみ使用]）、συνεσθίω（一緒に食事をする [新約用例 5 回中ルカ文書に 3 回使用]）等のルカ的語彙を含み、また内容的にルカ 5:29–30（並行マコ 2:16）と密接に関わっていることから、おそらくルカはこの導入部分をルカ 5:29–30 をもとに編集的に構成したのであろう（Jeremias 1971:185–189; 1980:243f; 荒井 1986:60 参照）。その一方で、2 節の προσδέχομαι はルカ的語彙ではあるが（新約用例 14 回中ルカ文書に 7 回使用）、この箇所以外では常に「迎える」ではなく「待望する」の意で用いられていることは、この 2 節の背景にはさらに異なる伝承（Q？）が存在していた可能性を示唆している（Jeremias 1971:187f; 荒井 1986:75f; 2009:197; Weder 1990:169f; Nolland 1993a:770）。これに続く失われた羊の譬えを導入する 3 節はルカ的語彙で満たされており（文頭の εἶπεν(-ον, -αν) δέ は新約ではヨハ 12:6 を除

くとルカ文書にのみ計 74 回使用、《言述の動詞 + πρός + 対象を示す対格》は新約用例 169 回中ルカ文書に 149 回使用、《λέγω/εἶπον παραβολήν》[譬えを語る] は新約用例 15 回中ルカ文書に 14 回使用、λέγω τὴν παραβολὴν ταύτην [この譬えを語る] はルカにのみ計 6 回使用、《言述の動詞 + λέγω の分詞》は 5:21, 30; 9:38; 18:18; 20:2; 21:7; 22:59 に使用 [Jeremias 1980:245 他参照])、明らかにルカの編集句である。

　失われた羊の譬え本文（4–6 節）は総じてマタイ 18:12–14 に並行し、全体としてＱ資料に由来すると考えられ、その核においてイエスに遡ると想定される（荒井 1986:76; Weder 1990:173; ルツ 2004:45）。もっともマタイ版の譬えは、ルカ版とは異なり、教会秩序を主題とする文脈（マタ 18:1–35）に置かれ、ファリサイ派らの敵対者ではなく弟子たちに向かって語られており、さらにこのほかにも両者間には多くの相違点が認められる。そこで、一部の研究者は双方のテキストを相異なる（口伝）資料に帰しているが（T. W. Manson 1954:283; Nolland 1993:770; Marshall 1995:599f; ルツ 2004:45; 田川 2011:357）、この点は十分に根拠づけられない。双方のテキストがＱ資料に由来するなら、どちらのテキストがより原初的かという点が問題になるが、ブルトマン（1983:295）は、その簡略さや現実的性格などからマタイのテキストの方がより原初的と見なしている（Grundmann 1961:306; Linnemann 1966:70; Fitzmyer 1985:1074 も同意見）。しかしその一方で、その特徴的場面（荒れ野）、典型的導入句、非教説的な特質などからルカ版の方がより根源的状況を保持しているとする見解も見られ（エレミアス 1969:37; Bailey 1976:153; シュヴァイツァー 1978:499; 荒井 1986:68–72; Ellis 1987:197; Kremer 1988:157）、決定は難しい。いずれにせよ、双方のテキストとも少なからず福音書記者の編集の手が加えられていると考えられる。また 6 節は、羊飼いが見つかった羊を群れに連れ戻すのではなく、その羊をかついで家に帰って来るという不自然な描写を含んでいる（Jülicher 1910b:319）ことから、原初的ではなく二次的付加と考えられる（ルツ 2004:45 に反対）。一部の研究者は、並行する後続の 9 節をもとにルカがこの箇所を編集的に構成したと考えているが（Linnemann 1966:73; Weder 1990:170–172; H. Klein 2006:521。因みに荒井 1986:65f は直前の 5 節もルカの編集句と見なす）、συγκαλέω（呼び集める [新約用例 8 回中ルカ文書に 7 回使用]）を除いてこの節にはルカ的語彙が認められないこと

からも（Jeremias 1980:246 参照）その点は十分に根拠づけられない。

　悔い改める罪人に対する天の喜びについて語る 7 節の適用句は、失った羊を懸命に捜し求める羊飼いの姿を描く譬えの内容とはスムーズに繋がらないことからも二次的に構成されたと考えられ、多くの研究者はこの節全体をルカの編集句と見なしている（コンツェルマン 1965:183; Schottroff 1971:31–35; 荒井 1986:59f 他）。これに対して Jeremias（1971:182–185; 1980:106, 246f）は、この節には λέγω ὑμῖν（私はあなたたちに言う）や神名の言い換えとしての οὐρανός（天）等の非ルカ的語彙が含まれていることからも、むしろ伝承に遡り、ルカ以前に譬えと結合していたと主張している（Weder 1990:169f も同意見）。確かに、譬えの適用句がルカ以前に付加されていた可能性は十分に考えられるが（「九十九より一」の表象や喜びのモチーフはマタ 18:13 にも記載）、末尾の「悔い改める必要のない九十九人の義人についてよりも悔い改める一人の罪人について天に喜びがあるだろう」という表現は、ルカ 5:31–32 の「医者を必要とするのは、健康な人々ではなく病人たちである。私は義人たちを招くためではなく、罪人たちを招いて悔い改めさせるために来ているのである」というイエスの発言と密接に関わっており（Jeremias 1971:184f 参照）、さらに後続の 10 節との並行関係からも、悔い改めのモチーフを取り入れたのはルカであり、最終的にルカはこの悔い改めのモチーフとの関連からこの節を編集的に構成したのであろう（Linnemann 1966:73; Petzke 1990:138）。いずれにせよ、マタイが現実の教会内の問題との関連において、教会内の「小さな者の一人」に対する牧会的配慮の観点から弟子たちに対する教訓としてこの譬えを構成したのに対し、ルカは、7 節の適用句にも示されているように、悔い改める罪人に対する天の喜びという観点からこの譬えを構成している（エレミアス 1969:36f 参照）。

　この譬えはトマス福音書〔語録 107〕にも記されているが（さらに『真理の福音』31:35–32:17 も参照）、そこでは羊飼いが、迷い出た一匹の最大の羊を残りの九十九匹を放置して捜し求めたという筋になっており、元来人間の原初的存在（御国）に属していた本来的自己（一匹の最大の羊）が非本来的なものの中に迷い出たため、原初的存在の具現者（羊飼い）がそれを捜し求め、見出そうとするという理解が示されており（荒井 1986:63–65; 1994:276–280 参照）、論点は明らかに異なっている（Bovon 2001:23f も参照）。

失われた銀貨の譬え本文（8–9 節）は、他の福音書に並行箇所が見られ
ず、非ルカ的語彙を含んでいることからルカの創作とも考えられず（コン
ツェルマン 1965:183; 佐竹 1977:27 に反対）、総じてルカ特殊資料に由来す
ると考えられる（Petzke 1980:136–138）。一部の研究者はこの譬えも Q 資
料に帰し、Q 資料の段階で先行する譬えと結合していたと見なしているが
（Schneider 1984b:324; H. Klein 1987:49; 2006:521; Kloppenborg 1988:176）、
マタイがこの譬えを削除した明確な理由が認められず、道に迷う教会員と
の関連において「迷い出た羊」を否定的に捉えていたマタイがこの観点に
そぐわない銀貨の譬えを削除したという説明（H. Klein 1987:49）も説得
力に欠け、ましてや双方の譬えがイエスの段階で結合していた（Marshall
1995:602）とは考えにくい。むしろ、この箇所には多くのルカ的語彙が含
まれていることを勘案するなら（Jeremias 1980:247f 参照）、ルカが伝承を
もとに先行する譬えと並行させる形でこの譬えを編集的に構成したと考
えられる（コンツェルマン 1965:183; Fitzmyer 1985:1073 参照）。7 節と同
様、悔い改める罪人に対する天の喜びについて語る 10 節は、失った銀貨
を懸命に見つけ出そうとする女性の姿を強調する譬え本文の内容に合致
しないことから二次的付加と考えられるが、この箇所は複数のルカ的語
彙を含んでいることからも（ἐνώπιον［～の前で］はマルコやマタイに見られ
ない一方でルカ文書に 35 回使用、τῶν ἀγγέλων τοῦ θεοῦ［神の天使たちの］と
いう表現は 12:8, 9［並行するマタ 10:32, 33 と比較参照］にも使用［Jeremias
1980:208f 参照］）、伝承に由来するのではなく（Weder 1990:249 に反対）、
ルカが 7 節との関連から編集的に構成したのであろう（Petzke 1990:138）。
　以上のことからも、おそらくルカは、失われたものを見出す喜びという
主題を共有する、Q 資料に由来する失われた羊の譬え（4–5 節）とルカ特
殊資料に由来する失われた銀貨の譬え（8–9 節）を、彼自身が編集的に構
成した悔い改める罪人に対する神の喜びを強調する適用句（7, 10 節）に
よって結合し、さらに導入部分（1–3 節）を付加し、テキスト全体に適宜
編集の手を加えることによってこの段落全体を構成したのであろう。

【注解】

1 節

　段落の冒頭部分では、「**徴税人たちと罪人たち**」がイエスの言葉を聞くために彼のもとに近寄って来た様子が記される。冒頭の ἦσαν ... ἐγγίζοντες（彼らが近寄って来た）という表現はルカに特徴的な導入句であり（《εἰμί の未完了過去形＋現在分詞》は 1:21; 2:33; 3:23; 4:31 他に使用）、未完了過去形が用いられていることからも動作の継続／反復が示されている。また、「**聞くために**」（ἀκούειν）は直前のルカ 14:35 の「聞く耳のある者は聞きなさい」（ὁ ἔχων ὦτα ἀκούειν ἀκουέτω）と共鳴している（5:1, 15; 6:18, 47 参照）。「**皆**」（πάντες［一部の写本では省略］）はルカに特徴的な誇張表現であるが（1:66; 3:16; 4:15; 6:30; 9:17; 12:10）、ここでは文字通りすべての徴税人と罪人が一度に集まって来たというよりは、彼らがイエスのもとに近寄って来るという状況が繰り返し起こっていたことを示しているのであろう（Grundmann 1961:305; Ernst 1977:452）。

　「**徴税人たち**」（上巻 228 頁参照）と「**罪人たち**」はルカ 5:30; 7:34 でも併記されているが（Jeremias 1931:293–300 参照）、当時のユダヤ社会においては、両者共に不信心で不道徳な者と見なされていた。ファリサイ派の人々や律法学者たちが両者を同一視していたことは、直後の彼らの発言（2 節）において両者を「罪人たち」と一括して表現されていることからも確かめられる。ここでは、そのように周囲の人々から忌み嫌われ、軽蔑されていた彼らがイエスに近寄って来た様子が描写されているが、ルカ 7:29 には徴税人も洗礼者ヨハネの教えを受け入れたと記されている（3:12 も参照）。

2 節

　すると、この状況を見た「**ファリサイ派の人々と律法学者たち**」はつぶやいた（5:30; 19:7 参照）。ここではイエスに近づく徴税人・罪人とイエスにつぶやくファリサイ派・律法学者とが対比的に描写されているが（上巻 223f 頁参照）、このような設定はルカに特徴的である（5:30; 7:29–30, 34 参照）。ここではまた、「ファリサイ派の人々」→「律法学者たち」の順序で記されているが、共観福音書ではむしろ逆順になっている場合が多いこと

からも（5:21; 6:7; 11:53; マタ 12:38）、ここでは特にファリサイ派の人々が主導権を握っていた点が示されている（Plummer 1989:368; 嶺重 2008:65）。また、未完了過去形の「つぶやいて」（διεγόγγυζον）は動作が継続していることを示している（Fitzmyer 1985:1076）。

　ここで彼らは「この人は罪人たちを迎えて、彼らと一緒に食事をしている」と述べているが（7:34; 19:7 参照）、「この人」（οὗτος）という表現には明らかに非難の意味が込められている（5:21; 7:39; 18:11 参照）。また、「迎える」（προσδέχεται）は（客として）歓待することを意味し（ロマ 16:2; フィリ 2:29）、イエス自身が彼らを招いたことを示しているが、当時のユダヤ社会においては、罪人たちと交わりをもつことは堅く禁じられ（Bill. II:208）、彼らと食事することはそれ以上の罪と考えられていた（Bill. I:498f）。なお、イエスと罪人たちとの食事の交わりは、神の国の祝宴の地上における先取り（13:28–29, 14:15–24 参照）とも解しうる（Wiefel 1988:280）。

3 節

　罪人たちと交わるイエスの振る舞いをファリサイ派の人々らが非難するという状況のもと、イエスは譬えを語り始める。ここでは「この譬え」（τὴν παραβολήν）と単数形で表記されているが（14:7 参照）、ルカの文脈においては直後に三つの譬えが続いている。一部の研究者は、この導入句は元来最後の「父の愛の譬え」に属していたと見なしているが（Grundmann 1961:304; Ernst 1977:451）、この箇所は明らかにルカの編集句と見なされることから受け入れにくい。むしろルカは、この箇所を三つの譬えから成る「譬え講話」という集合的な意味でこの表現を用いたのであろう（Bovon 1985:139; Schweizer 1986:161; Marshall 1995:600; ベイリー 2006:73; Wolter 2008:523）。

4 節

　ここからイエスは最初の譬えを語り始める。冒頭の「あなたたちの中のある人が」（τὶς ἄνθρωπος ἐξ ὑμῶν）という表現は、聞き手に具体的に語りかけ、同意を求めて態度決定を迫る、ルカの譬えに特徴的な τὶς (...) ἐξ ὑμῶν という導入の修辞疑問定式（11:5; 12:25; 14:5, 28; 17:7［Sellin

1974:179-189 参照]）に ἄνθρωπος（人）が挿入されたものであるが、この挿入は女性（ἡ γύνη）が主人公となる後続の譬えとの対比的構成に起因するのかもしれない（Plummer 1989:368; Marshall 1995:601）。

ここでは一人の羊飼い（上巻 94 頁参照）について語られるが、羊飼いと羊（の群れ）は旧約ではしばしば神とイスラエルの民を暗示している（詩 23:1-3; 80:1; イザ 40:11; エゼ 34:1-31; さらにヨハ 10:1 以下参照）。この羊飼いは百匹の羊を所有していることから、賃金労働者（Schottroff 2007:198）ではなく比較的裕福だったと想定される（エレミアス 1969:147）。なお、この羊飼いは個人ではなく大家族（マリーナ／ロアボー 2001:424）あるいは数家族（親類）（Bailey 1976:148; 山口 2014:165）で羊を所有していたとする見解は、テキストから根拠づけられない。

ここではその羊飼いが一匹の羊を「**失った**」（ἀπολέσας）時の状況が語られており（cf. マタ 18:12：「迷い出たら」[πλανηθῇ]）、その際彼は、残りの九十九匹を荒れ野に残しておいてその一匹を捜し求めるが（エゼ 34:12, 16 参照）、「**それを見つけるまで進んで行かないだろうか**」という表現は徹底した羊飼いの行為を強調している。その一方で、ἕως εὕρῃ αὐτό（それを見つけるまで）という表現を欠くマタイ版では、最終的に見つけ出したかどうかは明らかにされておらず、捜し求める行為それ自体に焦点が当てられている（Eckey 2004b:680）。

ここで問題となるのは「**九十九匹を荒れ野に残しておいて**」という表現である。エレミアス（1969:148）は、パレスチナの土地環境から考えて羊飼いが自分の羊の群れを放置するなどということはあり得ず、失踪した羊を捜さなければならない時には、他の羊飼いに羊の群れの番を頼むか（サム上 17:20, 28 参照）、洞穴に追い込むかするはずであり、ここでも羊たちは安全に保護されていたとし（Grundmann 1961:307; Bailey 1976:149f; Plummer 1989:368; Marshall 1995:601; 山口 2014:165f も同意見）、ἔρημος（荒れ野）を「囲い」もしくは「牧草地」の意で解している。しかしながら、もし九十九匹が安全に保護されているのなら、この羊飼いは当然の事をしたに過ぎなくなり、一対九十九の対比の意味が失われ、いなくなった一匹の羊を懸命に捜し出そうとする羊飼いの姿が十分に伝わってこない（クラドック 1997:307; さらに Linnemann 1966:71 参照）。

その一方で、他の研究者は羊の群れは放置されたと見なしており（荒井

1986:67–69; Bovon 2001:26)、特に荒井は、マタイのテキストでは ἔρημος（荒れ野）の代わりに ὄρος（山）が用いられている点に注目し、マタイにおいてはこれらの九十九匹の羊は「聖なる共同体」を意味する山に保護されるのに対し、ルカにおいてはこれらの羊は荒れ野という危険な場所に放置されたと解している。しかしながら、パレスチナの土地状況から考えて、同一のアラム語（טוּרָא）に由来する翻訳と想定される「山」と「荒れ野」を厳密に区別することは不可能であることからも（Fitzmyer 1985:1076; Bovon 2001:24 n. 45）、ここから九十九匹の羊が放置されたとする明確な根拠を引き出すことはできないであろう。それゆえ、この九十九匹の羊が一体どのように処遇されていたかという点についてはテキストからは明らかにすることはできず、むしろ譬えの関心はそこではなく（Fitzmyer 1985:1076）失われた一匹の羊に集中しており、ここではその一匹を懸命に捜し出そうとするその羊飼いのひたむきな姿に焦点が当てられている。

5–6 節

そして、その失われていた一匹の羊が見つかったなら、その羊飼いは喜んで羊を肩にかついで戻って来る。一部の研究者は「〔それを〕**自分の両肩にかつぎ**」という表現について、弱り果てた羊をかつぐのは羊飼いとして当然の行為と見なしているが（Linnemann 1966:73; エレミアス 1969:148）、これはむしろ羊飼いの喜びの表現と解され（Ernst 1977:453; Schneider 1984b:325; Fitzmyer 1985:1077; Eckey 2004b:682）、ルカの文学的手法と見なすべきであろう。因みに H. Klein（2006:523）はこの羊が傷を負っていたと見なしているが、推測の域を出ない。

さらにその羊飼いは家に戻って来て「**友人たちと近所の人々を呼び集めて**」彼らと共に喜びを分かち合おうとするが、συγκαλέω（呼び集める［9:1; 23:13 参照］）は祝宴への招きを意味しているとも考えられる（エレミアス 1969:148; Green 1997:574; Bovon 2001:27）。さらに「**一緒に喜んでください**」（< συγχαίρω）という表現は大きな喜びを前提としているが、まさにこの「一緒に喜ぶ」という表現に 15 章の三つの譬え全体を貫く共通主題が示されている（9, 23, 24 節）。なお、この羊飼いが、家に戻って来て人々を呼び集める前に、見つかった一匹の羊をもとの羊の群れに連れ戻す描写が欠けている点は少々不自然であるが、その点はルカには問題にならなか

ったと見なすべきであろう。因みにマタイ版では、羊飼いが羊を肩にかついで連れ帰る描写も、友人たちを呼び集める描写も見られない。

7 節

　譬えの結部では、「私はあなたたちに言っておく」（λέγω ὑμῖν）という強調表現に続き、譬えの適用として「**悔い改める必要のない九十九人の義人についてよりも悔い改める一人の罪人について天に喜びがあるだろう**」と語られるが、ここでは羊飼いの喜びから神の喜びに焦点が移行している（エゼ 18:23; 34:16 参照）。さらに譬え本文では、失われた羊を捜し求める羊飼いの積極的な行為について語られていたのに対し、ここでは悔い改める罪人に対する神の喜びが強調されているが、その羊は罪を犯したわけでも悔い改めたわけでもないことから、両者はスムーズに接合していない。

　ここでの「**悔い改める一人の罪人**」が、段落冒頭で言及されているイエスと交わる徴税人や罪人たちを指し示していることは明らかであろう。また一方の「**悔い改める必要のない九十九人の義人**」について Fitzmyer（1985:1078）は、ここでの「義人」はファリサイ派の人々や律法学者たちを指しているのではなく、悔い改める一人の罪人に対する神の喜びがいかに大きいかを強調するために引き合いに出されたルカの誇張表現であると主張しているが、ルカ 5:32 でも「義人」（δίκαιος）がファリサイ派の人々を暗示していることを勘案すれば（上巻 232 頁参照）、この「義人」も彼らの姿を暗示していると見なしうるであろう。そしてこの「義人」は、文字通りに「悔い改める必要のない人々」（シュニーヴィント 1961:18–20）や「悔い改める必要があるような罪を犯していない人々」（Linnemann 1966:74）を意味するのではなく、実際には悔い改める必要があるにも拘らず、その必要を感じていないファリサイ派の人々に対する皮肉（16:14–15; 18:9 参照）の意で解すべきであろう（Schottroff 1971:34f; Plummer 1989:369; 荒井 2009:193; 田川 2011:358; 木原 2012:197）。とは言え、ここでは彼らの義そのものが全面的に否定されているわけでも、単に罪人が理想化されているわけでもなく（Ernst 1977:454; Schmithals 1980:164）、ルカの関心はむしろ失われた者を見出す神の喜びを強調する点にあり、罪人らの弱者を受け入れようとしない彼らの姿勢が問題視されている（シュニーヴィント 1961:20; Grundmann 1961:307; レングストルフ 1976:395; Schneider

1984b:330 参照）。

　ここではまた、「悔い改める一人の罪人」については「悔い改める必要のない九十九人の義人」についてよりも「天に喜びがあるだろう」と述べられるが、ここでの「天」は神名の言い換えであり（マタイ 16:19; 18:18 他参照）、未来形で記されている「天に〜があるだろう」（ἐν τῷ οὐρανῷ ἔσται）という表現は終末時の状況を指し示しているのであろう（エレミアス 1969:150; Fitzmyer 1985:1077。一方でコンツェルマン 1965:183; Nolland 1993a:773 はこの見解に否定的）。なお、「〜よりも」（ἤ）という比較の不変化詞は排他的な意味でも解しうるが（Schottroff 1971:34f; 廣石 1991a:65; ハルニッシュ 1993:274）、ここは比較の意味で解すべきであろう。

　一方のマタイ版では、羊飼い自身がその見つかった一匹のことを迷わないでいる九十九匹のこと以上に喜ぶだろうと記され（マタ 18:13）、天における喜びについては語られておらず、義人や罪人、悔い改めにも言及されていない。さらに末尾の適用句では「これらの小さな者たちのうちの一人でも滅びることは、……あなたたちの父の意思ではない」（マタ 18:14）と記され、神の意思に強調点が移行している。

8 節

　第二の譬えにおいては、第一の譬えとは対照的に比較的貧しい女性が登場する。ベイリー（2006:112）はこの女性を家庭の主婦と見なしているが、その点は明らかではなく、また重要でもない。ここでは、ドラクメ銀貨十枚を持っていたこの女性が、そのうちの一枚を紛失したとすれば、あらゆる手段を講じて「注意深く」（ἐπιμελῶς）それを捜し出そうとすると語られる。先行する譬えにおいては、一匹の羊が迷い出た結果、失われたのに対して、この譬えでは主人公の女性の不注意によって一枚の銀貨が失われている。おそらく一枚の銀貨は彼女にとっては生きるために必要不可欠なものであり、ここでの紛失は羊飼いの場合以上に深刻であったと想像できる。ギリシア通貨のドラクメ銀貨の価値は地域によって異なっており、厳密な評価は難しいが、ローマ通貨のデナリオン（マタ 20:2 参照）とほぼ等価であり、労働者 1 日分の給与に相当すると考えられる（Fitzmyer 1985:1081。一方で Schottroff 1996:139–144 は最低限の 2 日分の生活費に相当と推定）。エレミアス（1969:148）は、この十枚の銀貨は硬貨で作られ

た婦人の頭飾りのことで、嫁入りの持参金の一部であったと主張しているが、推測の域を出ない（Klostermann 1975:157; Schottroff 1996:145; 山口 2014:177 参照）。

先行する譬えにおいては、失われた一匹の羊とそれ以外の九十九匹の羊が対照的に描かれていたが、この譬えでは失われた一枚の銀貨とそれ以外の銀貨の対比は強調されておらず、焦点は失われた一枚の銀貨に当てられ、事実ここでは、失われたものを捜し出そうとする女性の様子が詳細に描写されている。そして彼女が「ともし火をともす」（8:16; 11:33 参照）のは、当時のパレスチナの住居には窓がなく昼間でも家の中は薄暗かったためであり、「家〔の中〕を掃く」のは、石地の床であるため、その上にほうきをかけることによって掃き出された銀貨が床の上を転がる際に出す音を聞き取るためにであろう（エレミアス 1969:149）。4 節の「それを見つけるまで」（ἕως εὕρῃ αὐτό）と同様、ここでも「見つけるまで」（ἕως … εὕρῃ）という表現が用いられ、何とかしてその銀貨を見つけ出そうとする彼女の懸命さが示されている（Fitzmyer 1985:1077）。

9 節

そして彼女は捜していた銀貨を見つけると、羊飼いの場合と同様、人々を呼び集めて、その喜びを分かち合おうとする。第一の譬えでは呼び集める対象が τοὺς φίλους καὶ τοὺς γείτονας（友人たちと近所の人々）と男性形名詞で表現されていたのに対し（6 節）、ここでは τὰς φίλας καὶ γείτονας となっている。γείτονας（γείτων の男・女複数対格）は男性形とも女性形とも解しうるが、直前の φίλας（φίλος の女性複数対格）と定冠詞 τάς（女性複数対格）を共有していると考えられることから、ここでは「**女の友人たちと近所の女たち**」と訳出すべきであろう。もっともここでは、女性だけが呼び集められたことが特に強調されているというよりは（マリーナ／ロアボー 2001:424; Schottoroff 1996:147; 2007:201 に反対）、単に主人公の性別に対応させた設定と考えられる（Plummer 1989:371）。いずれにせよ、友人たちを呼び集めるこの女性の行為には、5–6 節と同様、失ったものを見出した喜びが示されている。

10 節

　最後の適用句は「**悔い改める一人の罪人については神の天使たちの前で喜びが生じる**」と、第一の譬えの適用句（7 節）と同様の内容が記されているが、両者は以下の点で異なっている。すなわち、7 節では「喜びがあるだろう」（χαρὰ … ἔσται）と未来形で記されているのに対し、ここでは「**喜びが生じる**」（γίνεται χαρά）と現在形が用いられており、喜びがまさに今経験されることが強調されている（Schweizer 1986:162; Ernst 1977:454）。ここではまた、7 節とは異なり「義人」については言及されておらず、「罪人」のみが言及されている。さらに 7 節の「天に」に対して、ここでは「**神の天使たちの前で**」と記されているが、ここでの「**神の天使たち**」は、ルカ 12:8–9 のそれとは異なり、最後の審判における天上会議のメンバーではなく神名の言い換えと考えられ、「**神の天使たちの前で喜びが生じる**」とは、天使たちが神と共に喜ぶのではなく（Marshall 1995:604; H. Klein 2006:525 に反対）、7 節の「天に喜びがあるだろう」と同様、神が喜ぶことを意味しており、この第二の譬えにおいても第一の譬えと同様、失われたものを見出す神の喜びが強調されている。あるいは、元来は 7 節と同様に神名が完全に隠され、「天使たちの前で」と記されていたが、ルカはこのユダヤ的な神名の言い換えを知らずにこの「**神の**」（τοῦ θεοῦ）という部分を付加したのかもしれない（Grundmann 1961:308; Schneider 1984b:325）。なお、Fitzmyer（1985:1080）は《小から大への推論》を用いて、人間でさえ失われたものを懸命に捜そうとするなら、ましてや神はどれほどだろうかという観点から双方の譬えを解している。

【解説／考察】

　この段落に含まれる二つの譬えは、それぞれの主人公である羊飼いと女性が、失われたものを懸命に捜し出そうとする姿を描いている。特に失われた羊の譬えにおいては、イスラエルの民を守り導く牧者としての旧約聖書における神のイメージ（詩 23 編; エゼ 34 章参照）、ひいては「良い羊飼い」としてのイエスの姿（ヨハ 10:11）が描かれており、おそらくこの譬えは、失われた者を捜し求める人の子イエス（19:10）のイメージをもって語り継がれてきたのであろう。この譬えはまた、失われた一匹の羊を見

捨てることなく懸命に捜し求め、それを見つけたら心から喜ぶ羊飼いの姿を通して、一人一人の人間がかけがえのない存在であることを示している。ルカはこれらの譬えを罪人の悔い改めの観点から捉え直すことによって、譬えの強調点を捜し求める存在から失われた存在へと移行させ、失われた者が悔い改めることによって見出されることに対する天の喜びを描き出そうとしているが、この点は後続の父の愛の譬えにおいてより明確に示されることになる。

　これらの譬えにおいてはまた、「私と一緒に喜んでください」(6, 9節)と共に喜ぶように要請されている。おそらくこれは当時のキリスト教会における一つの課題を示唆しており、特にルカは悔い改める罪人を共に喜んで受け入れ、天における喜びに共に加わるように強く勧告しているのであろう。この勧告はまた、妬みやプライドのためになかなか他人の幸せを素直に喜ぶことができない私たちにも向けられている。事実、喜びは個人のものに留めておくべきものではなく、他者と共に分かち合うことによってより豊かなものとなり、また他者の喜びに自らも進んで与り、共に祝うことにより、自分自身にも喜びが与えられるのであるが、同様の観点は後続の譬えの後半部においても示されている。

2.　父の愛の譬え（15:11–32）

【翻訳】

[15:11] 彼（イエス）はまた言った。「ある人に二人の息子がいた。[12] そして彼らのうちの年下の方が父親に『お父さん、私に財産の相続分をください』と言った。それで彼（父親）は彼らに財産を分け与えてやった。[13] すると幾日もたたないうちに、年下の息子はすべてを寄せ集めて（換金して）遠い地へ旅立ち、そしてそこで放蕩な生活をして自分の財産を浪費した。[14] そして彼がすべてを使い果たした時、その地方一帯にひどい飢饉が起こり、そして彼自身も困窮し始めた。[15] そこで彼は行って、その地の市民たちの一人のところに身を寄せた。するとその人は彼を自分の畑に送って豚

を飼わせた。¹⁶ そして彼は豚が食べているいなご豆で腹が満たされることを切望したが、〔それすら〕誰も彼に与えてくれなかった。¹⁷ そこで彼は我に返って言った。『私の父の雇い人たちは大勢いて、パンが有り余っている。しかし、私自身はここで飢饉のために滅びようとしている。^{18a} 立って、私の父のところに行き、そして彼に言おう。^b『お父さん、私は天に対して、またあなたの前に罪を犯しました。^{19a} もはやあなたの息子と呼ばれる資格はありません。^b どうか私をあなたの雇い人たちの一人のようにしてください』。^{20a} そして彼は立って、彼の父親のところに行った。^b ところが、彼がまだ遠く離れているうちに、彼の父親は彼を見て、憐れに思って走り寄り、彼の首を抱いて彼に口づけした。²¹ そこで息子は彼に言った。『お父さん、私は天に対して、またあなたの前に罪を犯しました。もはやあなたの息子と呼ばれる資格はありません』。²² しかし父親は自分の僕たちに言った。『急いで一番良い服を持って来て彼に着せ、そして指輪を彼の手にはめ、両足に履き物をはかせなさい。²³ また、肥えた子牛を連れて来て屠りなさい。そして食べて祝おう。²⁴ この私の息子は、死んでいたのに生き返り、失われていたのに見つかったのだから』。こうして彼らは祝宴を始めた。

²⁵ ところで、彼の年上の息子は畑にいた。そして、彼が〔戻って〕来て家に近づくと音楽や踊り〔のざわめき〕が聞こえてきた。²⁶ そこで彼は召使いたちの一人を呼び寄せ、これらは何事かと問いただした。²⁷ するとその召使いは彼に言った。『あなたの弟さんが〔帰って〕来られました。そこで、あなたのお父様は肥えた子牛を屠られたのです。元気な姿で彼をお迎えになられたので』。²⁸ すると彼は怒って、〔家の〕中に入ろうとしなかった。そこで彼の父親が出て来て彼をなだめた。²⁹ しかし、彼は答えて自分の父親に言った。『ご覧ください、私はこれだけの年月あなたに仕え、一度もあなたの戒めに背いたことはありません。それなのにあなたは、私の友人たちと一緒に楽しむために、この私には山羊一匹〔すら〕くださったことは一度もありません。³⁰ ところが、娼婦どもと一緒になってあなたの身代を食いつぶした、このあなたの息子が帰って来ると、あなたは彼のために肥えた子牛を屠られました』。³¹ すると彼（父親）は彼に言った。『子よ、あなたはいつも私と一緒にいるし、また私のものはすべてあなたのものだ。³² しかしこのあなたの弟は、死んでいたのに生き返り、失われていたのに

345

見つかったのだから、祝い、喜ぶべきではないか』」。

【形態／構造／背景】

　失われた羊と失われた銀貨の譬え（3–7, 8–10 節）の直後に続くこの譬えは、先行する二つの譬えとは異なり、物語の形式（譬え話）をとっており、三人の人物によって物語が展開する「三人格物語」を構成している（7:41–43; 10:30–35 参照）。ここではまた、失われた存在を見出す喜び（悔い改めた者に対する天の喜び）という主題がより具体的に示され、さらに、その失われた者を受け入れるように勧告されている。この譬えは伝統的に、英語圏では「放蕩息子の譬え」（The Parable of the Prodigal Son）、ドイツ語圏では「失われた息子の譬え」（Das Gleichnis vom verlorenen Sohn）と称せられてきたが、このような表題は、兄の反応について記す後半部分（25–32 節）の内容を十分に反映していない。そこで、「二人の息子たちの譬え」（T. W. Manson 1954:284）や「失われた息子たちの譬え」（Fucks 1960:369; Schnider 1977; ブルトマン 1983:334 参照）等の表題も提案されているが、譬え全体を通して中心的な役割を果たしているのは、放蕩した弟息子でも彼を拒絶した兄でもなく、両者を受け入れようとした父であることからも、この譬えはむしろ「父の愛の譬え」（エレミアス 1969:141）と称すべきであろう。

　この譬えは内容的に前半部（11–24 節）と後半部（25–32 節）に区分されるが、それぞれの部分は緊密に並行する結語（24 節：「この私の息子は、死んでいたのに生き返り、失われていたのに見つかったのだから」[ὅτι οὗτος ὁ υἱός μου νεκρὸς ἦν καὶ ἀνέζησεν, ἦν ἀπολωλὼς καὶ εὑρέθη.]／32 節：「このあなたの弟は、死んでいたのに生き返り、失われていたのに見つかったのだから」[ὅτι ὁ ἀδελφός σου οὗτος νεκρὸς ἦν καὶ ἔζησεν, καὶ ἀπολωλὼς καὶ εὑρέθη.]）によって結ばれている。あるいは、父親が弟息子を歓迎する前半部末尾の場面（20b–24 節）を独立させ、三部構成（11–20a, 20b–24, 25–32 節）と見なすことも可能であろう（Bovon 2001:41–44）。

　なお、弟息子の父親のもとへの帰還に言及する 18a 節（「立って、私の父のところに行き」[ἀναστὰς πορεύσομαι πρὸς τὸν πατέρα μου]）と 20a 節（「そして彼は立って、彼の父親のところに行った」[καὶ ἀναστὰς ἦλθεν πρὸς τὸν

<u>πατέρα ἑαυτοῦ</u>]）も緊密に並行しており、両者の直後に続く 18b–19a 節
及び 21 節の弟息子の罪告白の言葉（「お父さん、私は天に対して、またあな
たの前に罪を犯しました。もはやあなたの息子と呼ばれる資格はありません」
[πάτερ, ἥμαρτον εἰς τὸν οὐρανὸν καὶ ἐνώπιόν σου, οὐκέτι εἰμὶ ἄξιος κληθῆναι
υἱός σου]）は逐語的に一致している。

　この譬え全体は以下のような構成になっている。

　　　（1）弟息子の放蕩と帰郷（11–24 節）
　　　　　（a）導入句及び序文（11 節）
　　　　　（b）弟息子の旅立ち、放蕩と困窮（12–16 節）
　　　　　（c）弟息子の立ち帰り（17–20a 節）
　　　　　（d）父の歓迎（20b–24 節）
　　　（2）兄の反応（25–32 節）
　　　　　（a）兄の怒りと父に対する非難（25–30 節）
　　　　　（b）父の説得（31–32 節）

　この記事はルカ福音書に特有であり、全体としてルカ特殊資料に遡
ると考えられる。その一方で Schottroff（1971:27–52）は、特にその
救済論的特徴から、ルカ自身がこの譬え全体を創作したと見なしてお
り、Schweizer（1948:469–471）も、ルカはセム語的背景をもつ資料
（12–13, 15–16 節）を用いて最終的にはこの譬え全体（特に後半部）を編集
的に構成したと主張している（Schweizer 1949:231–233 も参照）。しかし
ながら、この譬えは全体を通してセム語資料に依拠しており（Jeremias
1949:228–231）、この譬えにおけるルカ的表現は、11, 21, 22 節の εἶπεν δέ
（文頭の εἶπεν δέ は新約用例 75 回中ルカ文書に 74 回使用）、13 節の μετ᾽ οὐ
πολλάς（幾日もたたないうちに［注解部分参照］）、18, 20 節の ἀναστάς（分
詞形の ἀναστάς［立って］は新約用例 44 回中ルカ文書に 36 回使用）、22 節
の εἶπεν δέ ... πρός ...（《言述の動詞＋πρός ＋対象を示す対格》は新約用例 169
回中ルカ文書に 149 回使用）、24 節の ἦν ἀπολωλώς（《εἰμί ＋無冠詞の完了分
詞》は共観福音書用例 40 回中ルカに 24 回、さらに使に 21 回使用）、26 節の
πυνθάνομαι（問いただす［新約用例 12 回中ルカ文書に 9 回使用]）、27 節の
ὑγιαίνοντα（元気に［ὑγιαίνω は本来の意味では Ⅲ ヨハ 2 以外はルカ 5:31; 7:10;

15:27 にのみ使用]）等に限られていることからも（Jeremias 1971:172–181; 1980:55, 248–255; Pöhlmann 1993:162–183; H. Klein 2006:527 参照）、部分的にルカの編集の手が加えられているとしても、全体としてルカ特殊資料に由来すると見なすべきであろう（この譬えの並行例については阪口 1992: 196–205; Pöhlmann 1993 参照）。

　なお、Wellhausen（1904:83）以来、前述の Schweizer（1948:469–471）も含めて多くの研究者は、この譬えの後半部（25–32 節）をルカによる二次的（寓喩的）拡大と見なしてきた（Sanders 1969:433–438; Kremer 1988:160）。しかしながら、後半部は様式史的にも譬えの枠内に収まり、内容的にも対型を通して神の赦しの逆説性が明瞭に示されており（ブルトマン 1983:333f）、さらに後半部も前半部と同様、セム語的特徴が顕著であり、両者は言語的・文体的統一性をもっていることからも、ルカ以前の段階で結合していたと考えられる（Jeremias 1971:181; Schnider 1977:87f; ハルニッシュ 1993:258。因みに H. Klein 1987:54f; 2006:528 はルカ特殊資料の段階で付加されたと見なす）。また一部の研究者は、前半部と後半部の結語（24, 32 節）をルカの編集句と見なしているが（Bovon 1985:154, 157; Wiefel 1988:286; ハルニッシュ 1993:241; Pokorný 1998:172; 木原 2012:203）、これらの箇所においてもルカ的語彙は限られていることから、その点は十分に根拠づけられない（Nolland 1993a:781）。また、この譬えの伝承史に関して廣石（1991a:45–77）は、この譬えには「二人格物語」（12:16–20; 16:1–8a; 18:2–5 参照）としての 11–24 節と「三人格物語」（7:41–43; 10:30–36; 16:19–31; 18:10–14 参照）としての 11–32 節の二重のドラマトゥルギーが含まれている点に注目し、悔い改めのモチーフを含む 17–20a 節及び後半部冒頭の 25–27 節はルカ以前に二次的に付加されたものであり、それらを除いた 11–16, 20b–24, 28–32 節が元来の譬えに遡ると主張している（廣石 1991b:78–82 も参照）。

　多くの研究者は、この譬えがパレスチナ的特色を示し、その中心内容がイエスの宣教内容と密接に関わっており、また最初期のキリスト教会の思想的傾向とは一致しないことから、その核においてイエスに遡ると考えている（ユンゲル 1970:228–232; Broer 1973/74:453–462; 佐竹 1977:26–31; Fitzmyer 1985:1085; Weder 1990:254; 廣石 1991a:63f; ハルニッシュ 1993:241; Bock 1996:1037; Bovon 2001:44; H. Klein 2006:528）。なおベイリー（2006）

は、この譬えとヤコブ伝説（創 27–35 章）との関連性に注目し、弟息子の異国への旅立ちと帰還、兄の怒り、悔い改め、祝宴等の両者に共通する計 51 の類似点及び対照的な点を指摘し、この譬えはイエスによるヤコブ伝説の読み直し（語り直し）であると主張しているが、確かにこの譬えがヤコブ伝説から何らかの影響を受けていることは否定できないであろう。なお、Wright（1996:125–144）はこの譬えを「追放と帰還」の物語と見なし、イスラエルの民が経験した出エジプト（エジプト寄留とエジプトからの帰還）とバビロン捕囚（バビロン捕囚と捕囚からの帰還）との関連性を重視しているが、ベイリー（2006:258–267）が正しく指摘しているように、この譬えと出エジプト及びバビロン捕囚の間には明確な関連性は確認できない。

　おそらくルカは、先行する状況設定（1–2 節）と二つの譬え（3–10 節）との関連において、伝承された譬えに適宜編集の手を加えつつ（荒井 1986:88 参照）、この箇所全体を編集的に構成したのであろう。

【注解】

11 節

　先行する一対の譬え（3–7, 8–10 節）に続いて、「**彼（イエス）はまた言った**」という表現によって第三の譬えが導入されるが、この導入句（移行句）は 15 章全体の状況設定部（1–2 節）を前提としている。先行する二つの譬えは、τίς (ἐξ ὑμῶν)（［あなたたちの中の］誰か）という問いかけの定型句で始まっていたが（4, 8 節）、物語形式をもつこの譬えは、「**ある人に二人の息子がいた**」（マタ 21:28 参照）というように、ルカ特殊資料に由来する譬えに特徴的な ἄνθρωπός τις（ある人）を含む一文によって始められている（10:30; 12:16; 14:16; 16:1, 19; 19:12; さらに Sellin 1974:179–189 参照）。このように、この譬えが「**ある人**」（主格）という表現で始められていることからも明らかなように、この物語の本来の主人公は二人の息子のいずれでもなく、物語全体を通じて主導的な役割を果たしている父親である。この父親の詳細については述べられていないが、彼のもとには多くの雇い人や僕（17, 19, 22, 26–27 節参照）がいたことからもある程度裕福な農夫であったと想定される。

12 節

　この二人の息子のうち、弟息子の方が父親に将来自分が相続すること
になる「**財産**」（οὐσία）の分与を要望すると、父親は黙って彼の願いに
応じてやり、彼ら（二人の息子）に「**財産**」（βίος［30 節参照］）を分与し
たという。οὐσία と βίος はいずれも「財産」と訳されるが、前者が主に
土地財産を意味しているのに対し、後者は生活に必要な資産（生活費、生
計）を意味していると考えられる（Bovon 2001:45）。当時のユダヤの慣習
では、父親の財産は、彼の死後に遺言によってか、あるいは彼の生前に
贈与として子に与えられることになっていたが、贈与として父親の生存
中に与えられる場合でも処分権、用益権等は父親に属していた（エレミア
ス 1969:142）。その意味では、処分権をも要求しているこの弟息子の行為
の合法性については疑問視する見解も見られ（シュニーヴィント 1961:43;
ベイリー 2006:129 参照）、さらに、父の生存中に財産を相続して家を出て
行こうとするこの弟息子の振る舞いは父子関係（及び共同体）の否定を
意味しており、すでにこの点に彼の罪が示されているとの指摘も多く見
られる（Schlatter 1975:355; Nolland 1993a:782; ナウエン 2003:48; ベイリー
2006:129; 山口 2014:115f）。実際には、このような行為自体は必ずしも違法
と見なされなかったようであるが、時期尚早の財産分与を戒める言葉がシ
ラ 33:20–24 に見られることからも（トビ 8:21 も参照）、問題視はされてい
たようである。その一方で、当時のパレスチナ地方は豊かではなく、多く
のユダヤ人がディアスポラ地域へと移住していたという状況（エレミアス
1969:142）を勘案するなら、このような弟息子の要求自体は必ずしも異常
ではなく、反社会的行為とは見なされなかったとも考えられる（Linnemann
1966:81; Eichholz 1979:202–204; ハルニッシュ 1993:260f; Pokorný 1998:161;
宮田 2012:120–122; Levine/Witherington 2018:418f）。もっとも、放蕩して
親の財産を使い果たしたこの弟息子の場合は少なからず事情が異なってい
る。

　律法によると、相続の際には長子にはそれ以外の兄弟たちの二倍の財産
が与えられることになっており（申 21:17）、ここでは兄に三分の二、弟に
三分の一が分与される計算になる。しかしながら、物語の後半部でも父親
は依然として主人として振る舞い、帰って来た弟息子を自らの裁量でもて
なしていることから（22 節）、二人の息子たちに対して同時に財産が分与

されたのではなく、この時点では弟息子にのみ贈与として分与されたと見なすべきであろう（Fitzmyer 1985:1087; Bovon 2001:46; Eckey 2004b:686; Wolter 2008:531）。もっとも、この理解を前提としてもユダヤの律法に照らすと合理的に説明できない部分があり、結局のところ、ルカ自身は法的問題そのものにはあまり関心がなかったと考えるべきであろう（Schottroff 1968:39–44）。

13 節

　父親から財産を分与された弟息子は、すぐさま「**すべてを寄せ集めて**」（συναγαγὼν πάντα）、すなわち受け取った財産をすべて現金化し（Bauer 1561）、「**遠い地へ**」（εἰς χώραν μακράν [19:12 参照]）旅立って行った。μετʼ οὐ πολλὰς ἡμέρας（幾日もたたないうちに）は逆の状況を意味する語を否定する表現方法（緩叙法）で、類似表現が使徒行伝に頻出するが（使 1:5; 12:18; 14:28; 15:2; 17:4, 12; 27:14 [BDR §495,2 参照]）、この表現は一刻も早く親元を離れて旅立ちたいという弟息子の心境を如実に物語ると共に、彼が以前からそのことを強く望んでいたことを想像させる。「**遠い地**」は、そこの市民が豚を飼っていた（15 節）ことからも異邦地域（ディアスポラ地域）と考えられる。そして彼は、その地で「**放蕩な生活をして**」（ζῶν ἀσώτως）自分の財産を浪費してしまうが、ここで用いられているδιεσκόρπιζω（浪費する）は直前の συνάγω（集める）と対をなしている。その意味でも、彼の罪は遠い地に旅立ったことよりも、むしろそこで放蕩な生き方をした点、とりわけ父親から与えられた財産に対して不忠実であった点にあり、まさにこれは神から託されたものの誤用（16:10–12 参照）を意味している（Grundmann 1961:312）。

14 節

　そして弟息子が財産を使い果たした時、折り悪く彼が住んでいた地方一帯にひどい飢饉が起こり、彼はいよいよ食べるものにも窮し始める。すなわち、自分自身の落ち度に基因する不幸に自然災害による不幸が加わったのである。λισμὸς ἰσχυρά（ひどい飢饉）という表現はルカ 4:25 や使徒行伝 11:28 に見られる他（創 47:13 LXX 参照）、ヘレニズム文献にも広く用いられており（Wolter 2008:532 参照）、ἐγένετο λιμός（飢饉が起こる）という表

現も七十人訳聖書に頻出する（創 12:10; 26:1; 41:54 LXX; ルツ 1:1 LXX; サム下 21:1 LXX; 王下 6:25 LXX）。

15-16 節

窮地に陥った彼は、その地の住民のところに身を寄せ、豚飼いとして雇われることになる。ある意味で皮肉なことに、自由を求めて父親のもとから旅立った彼は、結果的に他人に隷属する状況に陥ることになる。「**その地の市民たちの一人**」は明らかに異邦人を指しており、彼のもとに身を寄せることは宗教的な罪を意味していたが、異邦人に仕えるという状況は徴税人の姿を暗示しているとも考えられる（Linnemann 1966:82; Plummer 1989:373 参照）。また、汚れた動物と見なされていた豚（レビ 11:7-8; 申 14:8 参照）を飼うことは、ラビの言葉に「豚を飼う者は呪われるように」（バビロニア・タルムード「ババ・カンマー」82b 参照）とあるように、明らかにユダヤの教えからの離反を意味していた。すなわち、異教徒に仕え、汚れた動物と関わることによって、彼は二重の意味でユダヤの律法に背くことになったのである（Levine/Witherington 2018:421 はこの見解に否定的）。

そして彼の空腹はいよいよ極限状態に近づき、遂には豚の餌であるいなご豆で「**腹が満たされること**」（χορτασθῆναι）を切望するに至る（16:21 参照。一部の写本［A, K, N, P, Θ 等］では γεμίσαι τὴν κοιλίαν αὐτοῦ ［彼の腹を満たすこと］と記載）。「**いなご豆**」は通常は動物の餌として用いられたが（Bill. II:213-215; さらに山口 2014:122-124 参照）、後に洗礼者ヨハネが荒れ野でそれを食べたという伝説から「ヨハネのパン」として知られるようになった。まさに「ユダヤ人がヨハネのパンを必要としたら、悔い改める」（レビ・ラッバー 35 ［132c］［Bill. II:214］）というユダヤの諺からも明らかなように、このいなご豆への渇望は、何よりもこの弟息子の窮状を物語っているが、「［それすら］**誰も彼に与えてくれなかった**」（cf. 田川 2011:58, 363 :「豚がゆずってくれなかった」）という。因みにエレミアス（1969:143）は、その結果彼は食物を盗まねばならなかったと述べているが、推測の域を出ない。

17 節

17-19 節には弟息子の独白が記されているが、これはルカの譬えに特

徴的なものである（12:17–19; 16:3–4; 18:4–5 参照）。惨めさ、ひもじさの極限状態に陥った彼は、ここに至って「**我に返って**」（使 12:11 参照）、自己へと立ち帰る。「我に返る」（εἰς ἑαυτὸν ... ἐλθών）という表現は、ギリシア・ローマ文献に頻出し（十二遺訓ヨセフ 3:9; エピクテートス『語録』3:1:15。典拠についてはさらに Plummer 1989:374; Wolter 2008:533f; Bill. II:285 参照）、必ずしも厳密な意味での悔い改めを意味しないが、これまでの自己の生き方を省みることによってこの弟息子は冷静な判断に至ったことを示している。また、この弟息子の立ち帰りは、飢えて死のうとしている惨めな彼自身の状況と、身分は低く、待遇も良くはないが、食べる物には困っていない（彼の父親のもとにいる）「**雇い人たち**」（μίσθιοι）の境遇との比較から起こったが、必ずしも利己的な考えに基づくものではなく（Ernst 1977:458; ベイリー 2006:138f に反対）、ただ生き延びようとする必死の思いから生じたものであった。その意味でも、この時の彼の立ち帰りは彼自身のこれまでの生き方への悔悟の念を含んでおり、悔い改めへの第一歩と見なしうるであろう（Fitzmyer 1985:1088）。

18–19 節

そして、内面における彼の立ち帰りは、父親のもとに帰って自らの罪を告白しようとする決意へと導いていく。ἀναστὰς πορεύσομαι（立って〜に行く）の ἀναστάς は、必ずしも即座の行動を意味するのではなく（Jeremias 1956:114; Marshall 1995:609; Bock 1996:1312f に反対）、新たな歩みに着手する状況を示している（Nolland 1993a:784; Green 1997:582）。ここで彼は父親に、「**天に対して**」（εἰς τὸν οὐρανὸν）、また「**あなたの前に**」（ἐνώπιόν σου）罪を犯したことを告白しようと決意する。「天」は、7 節と同様、神名の言い換えであり（ダニ 4:26; I マカ 3:18 参照）、それゆえここでは天の父（神）と地上の父親（あなた）とが明確に区別され、双方に対する罪の告白が表明されているが（ヘルマス「幻」1:3:1 参照）、このように「父親」と「神」とが明確に区別されている点が、この譬えを「例話」や「寓喩」（アレゴリー）ではなく「譬え話」と見なす最大の根拠となっている（cf. 出 10:16:「私はあなたたちの神、主に、またあなたたちに罪を犯しました」）。

父親から相続した財産をすでに使い果たしていた彼には、すでに息子としての資格（権利）が失われていたが、そのことを冷静に自覚していた彼

353

は「もはやあなたの息子と呼ばれる資格はありません」と語り、賃金労働者である「雇い人たち」（17節; マタ 20:1 参照）の一人にしてもらえるように父親に願い出ようと考える。ここではこのように、自分自身への立ち帰りの道が罪の認識の道、さらには父のもとへの帰還の道へと通じていたことが示されている（Grundmann 1961:313）。

20 節

　自己を省み、内的転換を経験した弟息子は、その決意を実行に移すべく父親のもとへと出発する。冒頭の ἀναστάς（立って）は、18節の場合と同様、行動の開始を示している（1:39 も参照）。ところが、突然帰って来たこの息子の姿を、まだ遠くにいるうちに父親は認めたという。父親がなぜ、まだ遠くに離れていた時点で自分の息子の姿を確認できたのかという点については、ずっと息子の帰りを待ち望んでいた彼が常に窓から外を眺めていたためか、あるいは、たまたま窓から外を眺めていた時に息子が帰って来たのか、明らかではないが、その点にこだわる必要はないであろう（Fitzmyer 1985:1089）。いずれにせよこの父親は、変わり果てた姿で帰って来たにも拘らず、この息子の姿を遠くから認め、憐れに思って走り寄ったのである。σπλαγχνίζομαι（憐れに思う）はサマリア人の譬えの中心部分でも用いられているが（10:33; さらに 7:13 参照）、帰って来た息子を想うこの父親の心情を如実に表現している。また、走って迎える父親の行為は、エサウがヤコブを迎える創世記の一場面を思い起こさせるが（創 33:4 参照）、これによって両者を隔てていた心理的距離は一気に縮まることになる。なお、この「走る」（τρέχω）という行為は、当時のオリエント世界においては老齢の人物の振る舞いとしてはふさわしくない、著しく威厳をそこなう行為と考えられていたが（エレミアス 1969:143; マリーナ／ロアボー 2001:426）、それだけに、このような父親の異常な振る舞いは彼の息子に対する深い愛情を表している（嶺重 2017:8–10 参照）。因みにベイリー（2006:141）は、この父親は村を棄てて出て行ったこの弟息子に対する村人たちの攻撃を回避するため、彼らの注意が自分の方に向けられているうちに彼と和解しようと考え、ここで敢えて走り出して自らの醜態を晒そうとしたと解しており、マリーナ／ロアボー（2001:426）も、息子を村人たちの敵意から守るために彼らに知られる前に息子を出迎えるために走った

と解しているが（Bailey 1976:181f; 山口 2014:128 も参照）、いずれの見解も根拠に乏しく、少なくともルカの文脈においては、そのような状況が想定されているとは考えにくい。

さらに父親は息子の首を抱いて口づけするが（使 20:37 参照）、これは赦しのしるしであり（サム下 14:33 参照）、息子が父親のもとに復帰したことを示している（エレミアス 1969:143）。そしてまた、父親がここで息子を跪かせるのではなく、「**彼の首を抱いて彼に口づけした**」点に父親が心から彼を息子として迎え入れたことが示されている（Grundmann 1961:313; Linnemann 1966:83）。ある意味で、まだ罪の告白もしていない息子に対して父親がこのような態度をとるのは異常なことであるが、何よりここには、神と人間との関係において神の愛が人間の行為に先行することが示されており、悔い改め等の条件を課さない無条件の赦しが強調されている（Ernst 1977:459; Müller 1984:136; Weder 1990:262 参照）。

21 節

そこで弟息子は、18–19 節に記されている彼自身の罪の告白を語り出し、天に対する罪と父親に対する罪を告白し、もはや息子としての資格を失っていることを表明する。注目すべきことに、「どうか私をあなたの雇い人たちの一人のようにしてください」（19b 節）という彼の願いは（一部の写本［א, B, D, U 他］を除いて）ここには記されていない。おそらくこれは、父親の歓迎ぶりを見て息子の気が変わったためでも、うっかり言い忘れていたためでもなく、あるいはまた、そのような発言が温かく出迎えてくれた父親の体面を傷つけることを避けようとした（R. Pesch 1976:162; ハルニッシュ 1993:247; Nolland 1993a:785; Eckey 2004b:690）ためでも、父の愛の深さに気づいた（ベイリー 2006:143）ためでもなく、むしろ父親が息子の言葉を遮り、先を言わせなかったと解すべきであり（Mussner 1961:60; シュニーヴィント 1961:58; 1976:393; Eichholz 1979:208; Marshall 1995:610; シュヴァイツァー 1997:128; Bovon 2001:43, 49; カルペパー 2002:391; 宮田 2012:125）、ここにも告白に先行する赦し、人間の行為に先行する神の愛が示されている（ユンゲル 1970:230; Schneider 1984b:329; Schweizer 1986:164）。

22–23 節

弟息子の告白に対する父親の反応は、彼が「**急いで**」（ταχύ）実行するように僕たちに命じた一つ一つの指示に間接的に表されており、これらの指示に帰って来た息子の「子としての復権」が示されている（エレミアス 1969:143f 参照）。彼はまず「**一番良い服を**」（στολὴν τὴν πρώτην）持って来て息子に着せるように命じるが（創 41:42; エス 6:8–9 参照）、おそらくこれは裾の長い高価な服（礼服）を指しており、彼が賓客として迎えられたことを示している。あるいは、πρῶτος（一番の）を πρότερος（以前の）の意で解すれば、彼が以前着用していた衣服を指しているとも考えられ（ヨセフとアセナテ 15:10 参照）、その際には家族の一員としての息子の復権を意味することになる（Eichholz 1979:209; Bovon 1985:153; 2001:49; Weder 1990:256 n. 54; Eckey 2004b:690）。次に父親は彼に「**指輪**」をはめさせるが、これが印章付き指輪であるなら（創 41:42; エス 8:2, 8; マカ 6:15 参照）、この譲渡は全権の委任を示唆している。また、父親がその息子に「**履き物**」をはかせたことは、奴隷身分の人々は裸足で生活していたことからも、これは彼が自由人に復帰したことを示しているとも考えられる（Eichholz 1979:209; Nolland 1993a:785 はこの見解に懐疑的）。

さらに父親は「**肥えた子牛**」（創 18:7 参照）を屠るように命じ（23 節）、「**食べて祝おう**」と語る（申 12:7; 14:26; 27:7）。この子牛は特別な機会のために用意されていたものであり（エレミアス 1969:143f）、この子牛が帰って来た息子のために提供されたということは、何より彼が父親によって息子として受け入れられたことを最終的に裏付けている。

24 節

最後にこの父親は、祝宴を開催する理由として、自分の息子が「**死んでいたのに生き返り、失われていたのに見つかったのだから**」と二つの点を挙げている。「**死んでいた**」とは、父親にとって死んでいた、すなわち子としての資格を失っていたことを意味しており、従って「**生き返り**」とは子への復権を意味している。あるいは、「死」が放蕩な生活による倫理的な死を意味しているのに対し（9:60 参照）、「生」が悔い改めによる霊的な命（救い）を意味しているとも考えられる（Fitzmyer 1985:1090; Wolter 2008:537）。これに続く「**失われていたのに見つかった**」とは、文字通り

父から離れていたのに戻って来たことを意味しているが、この表現は先行する二つの譬えの内容とも密接に関連している（4, 8 節参照）。また、この息子を迎えての祝宴は、15 章の状況設定部（1–2 節）に記されているイエスと罪人との食事の交わりを想起させるが、ここでは何より、悔い改める罪人に対する神の喜びが示されている（7, 10 節参照）。「**こうして彼らは祝宴を始めた**」が（24c 節）、この記述は譬えの後半部への移行句として機能している。

なお一部の研究者は、この祝宴には同じ共同体に属する村人たちも招かれたことを前提にしているが（ベイリー 2006:130; マリナー／ロアボー 2001:427; 山口 2014:130f）、ルカのテキストには村人について一切言及されていないことからもそれは考えにくいであろう。

25 節

ここから物語は後半部分に入る。弟息子の無事の帰還を祝う祝宴が始まった時、兄は畑にいたが、このことは彼が日頃から忠実に自分の義務を遂行していたことを示している（Ernst 1977:460）。弟息子のための祝宴の開催が兄に知らされていなかった点は不自然に思えるが、それは大規模な農業経営のため（Nolland 1993a:786; Green 1997:584）でも「遠方の野に出かけていたため」（山口 2014:131）でもなく、後続の兄と父親との一対一の対話の場面を設定しようとする物語構成上の理由のためであろう（Linnemann 1966:85; Wolter 2008:537）。

家の近くまで戻って来た兄は「**音楽と踊り〔のざわめき〕**」を耳にする。συμφωνία（音／音楽）は楽器の意味でも用いられるが（ダニ 3:5）、人の声や楽器による演奏を意味し、ここでは楽隊の演奏が想定されているのかもしれない（Plummer 1989:377; Nolland 1993a:786; ベイリー 2006:130 参照）。χορός は「踊り」や「舞踏」の意で用いられ、いずれにせよ、ここでは音楽と踊りで賑わう祝宴の様子が描写されている。

26 節

不審に思った兄は「**召使いたちの一人**」を呼んで「**これらは何事か**」（τί ἂν εἴη ταῦτα）と問いただし、この騒ぎの原因を確認しようとする。ここでの「**召使いたち**」（παῖδες）は、22 節の「僕たち」（δοῦλοι）とは異な

り（両者を同一視する Bovon 1985:154; Weder 1990:257 n. 61 に反対）、年少の僕（7:7 参照）を指しているのであろう（雇人ではなく宴会に来ていた子どもたちの一人と見なすベイリー 2006:145; 山口 2014:132 に反対）。このように、家の中の異変に気づいてすぐに入ろうとせず、僕に確認しようとする兄の態度には、すでに父親に対する不信感が示されているとも考えられる（Ernst 1977:460）。この点について Plummer（1989:377）は、すぐに家に入ろうとしなかった兄の態度には父への反感が察せられるにしても、尋ねる行為自体は自然であると主張しているが、すぐに家に入ろうとしない兄の態度にすでに父への不信感が認められる以上、そのような区別は意味をなさないであろう。

27 節

　この兄の問いかけに対してその召使いは、弟息子が帰還し、「**元気な姿で彼をお迎えになられたので**」（直訳：「元気な状態の彼を返してもらったので」）という理由から子牛が屠られたと、23–24 節の父親の発言内容を簡潔に答えている。ὑγιαίνοντα（元気な姿で）は倫理的・宗教的意味は含んでおらず、身体的に健康な状態を指している（5:31; 7:10 参照）。

28 節

　事情を知った兄は怒りに満たされて家の中に入ろうとしなかったが、この状況はまさに、この譬えが語られた、徴税人たちや罪人たちと交わるイエスの振る舞いをファリサイ派の人々や律法学者たちが非難した状況（1–2 節）に対応している。そこで父親が家から出て来て、怒っている兄をなだめようとするが、ここでは、家の中に入る（εἰσελθεῖν）のを拒絶する兄と（11:52 参照）、家から出て来る（ἐξελθών）父とが対比的に描かれている。また、家から「**出て来た**」父親の振る舞いは、弟息子のもとに「走り寄った」父親の行為（20 節）に対応しており（宮田 2012:132）、「**なだめる**」と訳出した παρεκαλέω は「懇願する」という意味ももっている。つまりこの父親は、弟に対するのと同様、兄に対しても自ら歩み寄ろうとしているのである（Spencer 2019:396）。

29–30 節

これ以降の兄と父親との対話（29–32 節）においてこの譬えはクライマックスを迎える。兄は口を開くやいなや「**ご覧ください**」（ἰδού）と語り出し、父親に不満をぶつけるが、この時の兄の発言が父親に対する激しい非難と怒りを含んでいたことは、21 節の弟息子の発言とは異なり（12, 18 節も参照）、「お父さん」（πάτερ）と呼びかけることなく彼が語り始めていることからも確かめられる（Ernst 1977:460; Kremer 1988:159f）。ここで兄は、何年にもわたって父親に忠実に仕えてきて「**一度もあなたの戒めに背いたことはありません**」と自らのこれまでの実績を強調しているが、ここで用いられている δουλεύω（仕える）は奴隷労働を示唆しており、また、自分の功績を誇る彼の態度は、後出のファリサイ派と徴税人の譬えにおけるファリサイ派の人物の態度（18:11–12）と近似している。彼はまた、放蕩して帰って来た弟のために父親が子牛を屠ったのに対し、友人たちと楽しむ（εὐφραίνω）ために「**この私には山羊一匹〔すら〕くださったことは一度もありません**」と父親を責め立てている。

自分の功績と不遇な扱いについて述べた後、兄は今度は弟を非難し始めるが、「**このあなたの息子**」という彼の発言は、弟に対する彼の激しい敵意を示している。事実、「**この**」（οὗτος〔cf. 15:2〕）という表現（14:30; 18:11 参照）には明らかに軽蔑の意味が込められており（Fitzmyer 1985: 1091）、また自分の弟を「私の弟」ではなく「**このあなたの息子**」と表現する兄の態度は、自分と弟との関係を完全に否定しようとする彼の思いを如実に示している（Ernst 1977:460; Fitzmyer 1985:1091。一方で Levine/ Witherington 2018:427 はこの表現が「腹違いの子」を意味する可能性を指摘）。兄はまた、この弟が「**娼婦どもと一緒になってあなたの身代を食いつぶした**」（cf. 箴 29:3b：「娼婦たちと付き合う者は財産を滅ぼす」）と述べているが、この情報を兄がどこから得たかという点は（13 節参照）テキストからは確認することはできない。

31 節

兄からの非難に対して父親は愛情をもって答えるが、このことは、先に兄が父親への呼びかけを怠った（29 節）のとは対照的に、この父親は兄に対して「**子よ**」（τέκνον）と優しく呼びかけている点からもうかがえる

（シュニーヴィント 1961:80; Fitzmyer 1985:1091; Plummer 1989:379）。父親はまた兄の非難に反論するのでなく、彼の主張を受け止めた上で、「**あなたはいつも私と一緒にいる**」と、父親のもとから離れて失われていた弟とは異なり、兄はいつも父親と共にいたことを指摘するが、もちろんこの発言は兄に対する批判でも皮肉でもない。父親はさらに「**私のものはすべてあなたのものだ**」と述べ、現在彼が所有するすべての財産はいずれ兄に相続されると兄の権利を保証することによって、帰って来た弟が自分の財産を奪い取るのではという兄の疑念を取り除こうとする。なお、父親の発言の「いつも」（πάντοτε）及び「すべて」（πάντα）はそれぞれ、先行する 29 節の兄の発言の「これだけの年月」（τοσαῦτα ἔτη）及び繰り返される「一度も～ない」（οὐδέποτε）という表現に対応している。その一方で、帰って来た弟息子に父親が衣服、指輪、履物を与えて宴会を催している点は、「**私のものはすべてあなたのものだ**」と語る父親の発言とは厳密には対応していない（Levine/Witherington 2018:428 参照）。

32 節

さらに父親は弟息子の処遇について説明しようとする。すなわち彼は「**このあなたの弟**」と語ることによって、自分の弟を「このあなたの息子」（30 節）と表現する兄の冷たい態度を優しく咎め（Fitzmyer 1985:1091f）、帰って来たこの弟のために「**祝い**」（εὐφανθῆναι）、そして「**喜ぶ**」（χαρῆναι）ことの正当性を主張する。Plummer（1989:379）によると、ここでいう「祝う」（24, 29 節参照）は外的な祝いを、「喜ぶ」は内的な感情を指しており、ここで用いられている ἔδει（＝ δεῖ［必ず～する］の完了形）はそのことが至極当然であることを強調している。ここではまた、その根拠として、この弟は「**死んでいたのに生き返り、失われていたのに見つかったのだから**」と、24 節と同様の表現が用いられている。なお、この譬えの結語（31–32 節）は、徴税人たちや罪人たちと食事を共にしていたイエスに対してファリサイ派の人々や律法学者たちがつぶやいたというルカ 15:1–2 の状況設定に明らかに対応しており、その意味でもこの結語は 15 章冒頭の 1–2 節と共に 15 章全体を枠付けている。

この譬えの末尾の部分は開かれたままの状態で結ばれており、果たして兄は最終的に父の説得に応じて家に入って祝いに参加したのか、それとも

父親の説得は失敗したのか（レングストルフ 1976:395）、あるいはまた弟息子がどのような形でこの家の「息子」に復帰したのかについては述べられていない。しかし、それだけにこの譬えは、読者一人一人に対して弟のような状況に置かれている人々を受け入れる決断をなすように求めている。因みに、この最後の場面についてシュラッター（1976:186）は、この兄は父のもとから離れて行ったと断言しているが、テキストからはそのような話の展開を読み取ることはできない。

【解説／考察】

　この譬えの前半部においては、父から財産を分与され、遠い地方へと旅立って行くも、そこで放蕩の限りを尽くして無一文になって帰って来た息子を無条件に受容する父親の姿が描かれている。もちろんここでは、世の父親に対して放蕩して帰って来た息子でも無条件で受け入れて歓迎するように要求されているのではなく、むしろ譬えの中の父親の振る舞いを通して、罪人である人間を無条件に受け入れる恵み深い神の姿を描こうとしている。しかしここには、そのように人間の悔い改めに先行する神の愛を強調しつつも、弟息子の悔い改め（回心）のモチーフにも言及されており（17―19節）、それと共に悔い改めた罪人に対する神の喜び（7, 10節参照）が強調されている。もっともルカは、悔い改めを人間自身の行為（善行）として捉えているのではなく、むしろ、人間の側からの行為の断念、すなわち、人間から神に働きかけようとすることの断念と見なしており（Broer 1973/74:458）、その意味では、神の愛と悔い改めの二つのモチーフはこの譬えにおいては矛盾することなく共存している。

　譬えの後半部では、帰って来た弟を拒絶する兄の姿を通して、他人の救いを共に喜べない人間の心の狭さが描かれ、聞き手に自らを省み、失われた者を受け入れ、喜びの祝宴に加わるように要請されている。そしてこの点は、この譬えが、兄が最終的に弟を受け入れたかどうか記されないまま、開かれた状態で結ばれている点にも示されており、この譬えは読者一人一人に対して決断を迫っている。私たちもしばしば、他人の過失を赦せなくなり、自分は周囲から正当に評価され、扱われていないという思いに駆られたりするが、まさにこの譬えは、私たち一人一人に対して、過失を犯し

て戻って来た「放蕩息子」を受け入れるように促している。

　今日でも多くの読者は、親元に留まって真面目に働いているにも拘らず、報われていないように思える兄により好感をもち、彼の生き方を評価し、弟の姿勢を非難しようとする傾向が見られるが、その一方で、親の束縛から解放され、自由を求めて旅立って行った弟の生き方に対しても憧れも抱いている。あるいはそれは、現実の自分自身の姿が、親の束縛の中で不本意ながらも奴隷労働に従事させられている兄の姿と重なるからかもしれない。しかしながら、この譬えは単純に兄を義人、弟を罪人と見なしているわけではないことを勘案するなら、問題の本質は兄か弟かにあるのではなく、最終的に求められているのは、それぞれが「我に返り」、神のもとに立ち帰っていくことなのであろう。

　ルカ15章に含まれる三つの譬えの中では、最初の二つが狭義の「譬え」であるのに対し、最後の譬えのみが「譬え話」の形式をとって規模が拡大し、盛り上がりの効果を見せている。また狭義の「譬え」では日常的に繰り返される周知の出来事を題材に話が展開されるのに対し、「譬え話」は一回限りの過去の出来事について述べる物語である点を考慮するなら（ブルトマン 1983:301–302）、まず周知の日常的事柄で聞き手（読者）に同意を促して話の中に導き入れ、続いて現実性を伴う一回限りの物語を提示して聞き手に決断を促そうとする著者の文学的意図が確認できる。

　さらに、三つの譬えにおける「数」に注目すると、第一の譬えでは百匹の羊のうちの一匹が失われるのに対し、第二の譬えでは十枚の銀貨のうち一枚が失われており、「失われていないもの」と「失われたもの」との比率が九十九対一から九対一へと変化しており、さらに第三の譬えでは「失われていないもの」と「失われたもの」との比率が一対一となり、それによって「失われたものを見出す神の喜び」という共通主題が、より切実なものとして際立たされている。また同様に、最初の二つの譬えにおいては「失われたもの」が羊、銀貨というように受動的な存在であるのに対し、第三の譬えにおいては具体的な人間に置き換えられていることも、この共通主題を強調する上で効果的に機能している。

　このように、ルカ15章の三つの譬えでは、「失われたもの」を見出す神の喜びが統一的な主題となっている。そしてこれらの譬えが、徴税人や罪人たちと交わるイエスを非難するファリサイ派の人々や律法学者たちに

語られたルカの文脈においては、それぞれの譬えにおける「失われたもの」と「失われていないもの」はそれぞれ、徴税人や罪人たち及びファリサイ派や律法学者たちに対応しており、さらにルカの読者の文脈においては、それぞれ異邦人とユダヤ人を暗示している。そしてまた、最後の譬えが「失われていないもの」に「失われたもの」を受容するように決断を迫る場面で結ばれていることからも、ルカ15章の最終的な目的は「失われていないもの」に「失われたもの」を受け入れるように要請する点にあったことが確かめられる。

トピック
父の愛の譬えの解釈をめぐって

　このテキストは福音書に数多く含まれるイエスの譬えの中でも最も有名な譬えであり、それだけにキリスト教の成立以来、2000年にわたって多くの神学者・聖書解釈者によって解釈が試みられ、さらには種々の文学作品他、レンブラントの絵画に、ロダンの彫刻に、ドビュッシーの音楽に、各種の芸術作品の題材として用いられてきた（ハンター 1962:27–61; Bovon 1985:142–146; 2001:53–65; 宮田 2012:137–177参照）。この譬えは今日においても多大な影響を及ぼし続けているが、この譬えに関心を寄せているのは研究者や牧会者だけではなく、一般のキリスト教信徒、さらにキリスト者でない一般読者の中にもこの譬えを愛読している人々が多数存在している。その意味ではこの譬えには無数の解釈が存在しているが、ここでは幾つかの代表的な解釈を紹介するに留めたい。

　古代教会においては基本的に倫理的・救済論的解釈と寓喩的解釈の二つの潮流が認められる。2世紀のリヨンの司教エイレナイオスは、この譬えを倫理的・救済論的に解し、弟の帰還に人類の救いを象徴化させている。このような解釈はヒエロニムス（340頃–420）やアレクサンドリアのキュリロス（370/80–444）らに受け継がれていくが、彼らの解釈によると、人間は神から与えられた仕える自由を忘れて邪悪な生活に陥って悪魔に身を委ねるが、その困窮のどん底でかろうじて

創造主を思い起こし、駆け寄って来た神によって失われていた尊厳性が回復されることになる。

一方の寓喩的解釈においては、しばしば兄はユダヤ人（あるいはユダヤ人キリスト者）、弟は偶像礼拝との関わりから異邦人（あるいは異邦人キリスト者）と見なされた。テルトゥリアヌス（160–220頃）は、兄をユダヤ人、弟をキリスト教徒と見なす理解は否定する一方で、弟の雇い主を「悪魔」、帰って来た弟に与えられた服を「聖霊の衣服」、指輪を「洗礼の印章」、屠られた子牛を「キリスト」というように寓喩的に解釈しており（『貞節について』8–9章）、4世紀の教父アンブロシウスや彼の弟子アウグスティヌスも同様に寓喩的解釈を施している。このような寓喩的解釈は古代教父の間で一貫した伝統となり、中世期まで受け継がれていき、ルネサンス期のエラスムス（1466–1536）も寓喩的解釈の影響を受けている。古代の解釈のそれ以外の特色としては、弟の財産分与要求は奴隷的隷属の拒絶であり、自由を求める正当な要求としばしば見なされている点が挙げられる。

宗教改革期に入り、ルターは信仰義認の教説からの解釈を試み、この譬えを「罪を認める悔い改めと、父の恵みに頼る信仰の美しい範例」と評し、悔い改めと信仰は人間の意志や決断によるのではなく、ただ神の恩寵によると解しているが、ルター訳聖書において「我に返って」（15:17）が「悔い改めに迫られて」と訳されているのはまさに象徴的である。また、ルターの影響を受けた B. ヴァルディスの演劇『放蕩息子の譬え』（1527）においては、兄はカトリック教理の代表、弟はプロテスタントのそれと見なされている。その一方で、個々の要素に対する寓喩的解釈を批判したカルヴァンは、この譬えに関して、罪人である人間の親でさえ自分の子どもたちを赦すなら、神の恵みからどれほど期待できるだろうかと、特に罪人を赦す神の恵み深さを強調している（カルヴァン 2022:104–105 参照）。16世紀以降、この譬えは戯曲化され、また様々な芸術作品に取り上げられるようになり、20世紀に入るとジイド、リルケ、カフカ等の文学作品にも用いられるようになった（宮田 2012:148–163 参照）。

現代においては、心理学的（精神分析学的）な解釈が試みられているが、この解釈方法によると、自由を得ようとして父から離れて異国

の地へと旅立った弟の行動は、どの時代にも見られる若者特有の自立と自己実現への欲求を表している。しかし弟息子は異国の地で挫折を経験し、自由を得るどころか他人に隷属する結果となり、絶望的な状況の中で自己へと立ち帰り、父のもとへ帰る決心をするが、これもいつの時代にも見られる典型的な若者の行動パターンである。また、帰還した弟を父は快く迎えたのに対し、兄は激しく怒って弟を拒絶するが、兄の弟に対する激しい嫉妬は、弟と同様の欲求をもちながらも、それを抑圧して奴隷労働に従事していたことを示しており、兄が発した「娼婦どもと一緒に〜」という弟に対する非難の言葉は、兄自身の秘かな願望の無意識的な投影の結果とも見なされる（宮田 2012:164–167 参照）。

　もちろん、それぞれの解釈はその時代背景や社会状況の中で生み出されたものであり、単純にその是非や優劣を判断することはできないが、いずれにせよ、解釈というものが開かれたものであり、無限の可能性を秘めていることをこれらの解釈は示している。

3. 不正な管理人の譬え（16:1–13）

【翻訳】

16:1a さて、彼（イエス）は弟子たちにも言った。b「ある金持ちに〔一人の〕管理人がいた。c そしてこの男が彼（金持ち）の財産を浪費していると彼に告発がなされた。2 そこで彼は、彼（管理人）を呼んで彼に言った。『お前について私が聞いているこのことは何なのか。お前の管理の仕事の会計報告を出しなさい。お前はもはや管理の仕事をすることはできないのだから』。3 そこで管理人は自分自身の中で言った。『どうしよう。私の主人は私から管理の仕事を取り上げようとしている。私には土を掘る力はないし、物乞いするのは恥ずかしい。4 わかったぞ、管理の仕事を解任された時に、人々が私を彼らの家々に迎え入れてくれるためにどうすればよいのか』。5 そこで彼は自分の主人の負債者たちを一人ずつ呼び出し、まず最初の人

に『あなたは私の主人にいくら借りがあるのか』と言った。⁶すると彼は『オリーブ油 100 バトスです』と言った。すると彼(管理人)は彼に『これらのあなたの証書を受け取り、急いで腰掛けて 50〔バトス〕と書きなさい』と言った。⁷それから彼は別の人に『それであなたはいくら借りがあるのか』と言った。すると彼は『小麦 100 コロスです』と言った。〔すると〕彼(管理人)は彼に『これらのあなたの証書を受け取り、80〔コロス〕と書きなさい』と言う。^{8a}そこで主人は、この不正な管理人が賢く行動したので彼を誉めた。^bこの世の子らは、自らの時代〔のこと〕について光の子らよりも賢いからである。

⁹また私はあなたたちに言っておくが、自分たちのために不正のマモンで友人たちを作りなさい。それが尽きた時、彼らがあなたたちを永遠の幕屋に迎え入れてくれるためにである。

¹⁰最も小さな事に忠実な者は多くの事にも忠実である。また、最も小さな事に不忠実な者は多くの事にも不忠実である。¹¹だから、あなたたちが不正なマモンに忠実でなかったなら、誰があなたたちに真実のものを任せるだろうか。¹²また、あなたたちが他人のものに忠実でなかったなら、誰があなたたちのものをあなたたちに与えるだろうか。

¹³どんな召使いも二人の主人に仕えることはできない。一方を憎んで他方を愛するか、一方と結びついて他方を軽んじるかのいずれかだからである。あなたたちは神とマモンとに仕えることはできない」。

【形態／構造／背景】

不正な管理人の譬えは、何より不正を犯した管理人が賞賛されるというその不可解な内容のために、また譬え本文と後半部の適用句との関係、さらには個々の適用句相互の関係が不明瞭(ドッド 1964:37 参照)であることから、イエスの譬えの中でも特に難解なものと見なされてきた(Jülicher 1910b:495)。この譬えは、失われたものを見出す喜びを主題とする 15 章の三つの譬えの直後に続いており、16 章冒頭の「さて、彼(イエス)は弟子たちにも言った」という導入表現は、徴税人や罪人たちと交わるイエスを非難するファリサイ派の人々や律法学者たちにイエスが語りかける 15 章の場面設定(15:1–2)がここでも継続していることを示している。なお、

この譬えと直前の父の愛の譬え（15:11-32）は、いずれも ἄνθρωπός τις (…) εἶχεν（ある人に〜がいた）という表現で始まり、浪費する（διασκορπίζω）ことによって窮地に陥りながらも、独白を通して「家に帰還する道」を見出す主人公を描いている点で共通している（Preisker 1949:90; Donahue 1988:167-169; ベイリー 2010:505; 村山 2014:43 参照）。この譬えの直後には、貪欲なファリサイ派への批判と律法と神の国に関する教え（16:14-18）及び金持ちとラザロの譬え（16:19-31）が続き、16 章全体が富をめぐる主題のもとに統一的に構成されている。また、この譬えと先行する愚かな金持ちの譬え（12:16-20）は、いずれも τί ποιήσω, ὅτι …（どうしよう。……）によって導入される主人公の独白が物語の重要な転換点を示している点において共通しているが（3 節／12:17）、前者においては自分の危機的な状況をしっかりと見据えて賢く行動した主人公が賞賛されている（8a 節）のに対し、後者では状況を見誤った主人公が「愚か者」（ἄφρων）と叱責されている（12:20 参照）。

　この譬えの本来の結びはどこにあるかという点に関しては、① 7 節とする説（Preisker 1949:87; Grundmann 1961:318; Kamlah 1963:276; エレミアス 1969:44; Crossan 1973:109; ブルトマン 1983:304; Weder 1990:262; ハルニッシュ 1993:50; 木原 2001:52-57; Wolter 2008:544, 547）、② 8a 節とする説（Fitzmyer 1964:27; 1985:1096f; Degenhardt 1965:116f; Via 1974:156; Topel 1975:218; Scott 1983:174-177; Schneider 1984b:331; Donahue 1988:163; Kloppenborg 1989:477; Heininger 1991:170; Nolland 1993a:796; Marshall 1995:620; Bock 1996:1340; 小河 1996:120; Trudinger 1997:122f; 川島 2000:190; Bovon 2001:72; カルペパー 2002:399; Levine/Witherington 2018:441）、③ 8b 節とする説（Jülicher 1910b:505; Creed 1953:202; Descamps 1956:47-49; Klostermann 1975:163; レングストルフ 1976:400）及び ④ 9 節とする説（W. Manson 1930:183; Fletcher 1963:19f; Williams 1964:296; Hiers 1970:30-36）の四つの見解が打ち出されている。このうち③と④は、不自然に繰り返されている ὅτι（8b 節）がそれ以降の部分が二次的付加であることを示していることから除外される。さらに、この管理人の行動に対する何らかの注釈なしに唐突に 7 節で譬えが結ばれている（①）とは考えにくく、後述するように 8a 節の ὁ κύριος はイエスではなく譬え話の主人を指していると考えられる点を勘案するなら、8a 節を元来の譬えの結び（②）と見

なすべきであろう。なお注目すべきことに、譬え本文には οἶκος（家 [4 節]）、οἰκονόμος（管理人 [1, 3, 8a 節]）、οἰκονομία（管理の仕事 [2, 3, 4 節]）、οἰκονομέω（管理の仕事をする [2 節]）というように、οἶκος（家）に基づく語が頻繁に用いられている（さらに 4, 6, 7, 9 節の δέχομαι [迎える／受け取る] も参照）。

9 節冒頭の καὶ ἐγὼ ὑμῖν λέγω（また私はあなたたちに言っておく）という表現は明らかに新たな始まりを示しており、また事実、この 9 節からイエスの一連の勧告が始まっていることから、この段落は譬え本文を含む前半部（1–8 節）とこの世の富との関わり方について勧告する 9 節以降の後半部に大きく二分される。後半部は、それぞれ相互に独立した三つの適用句（9, 10–12, 13 節）から構成され、それらは μαμωνᾶς（マモン [9, 11, 13 節]）、ἀδικία／ἄδικος（不正／不正な [9, 10, 11 節; さらに 8a 節も参照]）、πιστός（忠実な [$10^{\times 2}$, 11, 12 節; さらに 11 節の πιστεύσει も参照]）等の鍵語によって結合しているが、それら相互の関連性は見極めにくい。この段落全体は以下のように区分される。

（1）不正な管理人の譬え（1–8 節）

 （a）導入句（1a 節）

 （b）状況設定：問題の発生（1b–2 節）

 （c）独白（3–4 節）

 （d）決意の実行（5–7 節）

 （e）結語（8a 節）

 （f）この世の子らと光の子ら（8b 節）

（2）この世の富との関わり方（9–13 節）

 （a）不正のマモンの用い方（9 節）

 （b）この世の富に対する忠実さ（10–12 節）

 （c）神に仕えることとマモンに仕えること（13 節）

冒頭の導入句（1a 節）は、ルカに特徴的な《ἔλεγεν δὲ καὶ πρός ＋対格》という表現を含んでおり（ἔλεγεν δέ は新約用例 11 回中ルカ文書に 9 回使用、δὲ καί は共観福音書用例 31 回中 26 回がルカに使用、《言述の動詞 ＋ πρός ＋対象を示す対格》は新約用例 169 回中ルカ文書に 149 回使用）、ルカの編集句で

あろう。譬え本文（1b–8a 節）は他の福音書に並行記事が見られず、さらには多くの非ルカ的語彙（1 節の διαβάλλω［告発する］、2 節の οἰκονομέω［管理の仕事をする］、6 節の βάτος［バトス］、7 節の κόρος［コロス］は新約ではここにのみ使用）を含んでいることから、ルカが譬え全体を創作したとは考えにくく（Horn 1983:72f に反対）、総じてルカ特殊資料に由来すると考えられる。もっとも、1b 節の καὶ οὗτος（1:36; 2:25, 37; 7:12; 8:13, 41, 42; 16:1; 20:28 参照）及び τὰ ὑπάρχοντα αὐτοῦ（彼の財産［《τὰ ὑπάρχοντα τινί (τινός)》は新約用例 14 回中ルカ文書に 9 回使用］）、3 節の εἶπεν δὲ ἐν ἑαυτῷ（そこで彼は自分自身の中で言った［文頭の εἶπεν(-ον, -αν) δέ は新約用例 75 回中ルカ文書に 74 回使用、《言述の動詞 + ἐν ἑαυτῷ》については 7:49; 12:17–18 参照］）、3, 4 節の τί ποιήσω（どうしよう／どうすればよいのか［新約用例 6 回中ルカ文書に 5 回使用］）、5–7 節の τῷ πρώτῳ ... ἑτέρῳ（ὁ πρῶτος ... ἕτερος は新約では 14:18–19; 16:5, 7; 19:16, 20 にのみ使用）、6 節の καθίσας（腰掛けて［分詞形の καθίσας は新約用例 5 回中ルカ文書に 4 回使用］）等の表現、さらには 3–4 節の独白形式（εἶπεν δὲ ἐν ἑαυτῷ (...), τί ποιήσω, ὅτι (...). ἔγνων τί ποιήσω, ...［3–4 節］と ... ἐν ἑαυτῷ λέγων, τί ποιήσω ὅτι (...), καὶ εἶπεν, τοῦτο ποιήσω, ...［12:17–18］を比較参照）や《状況設定 → 問題の発生 → 決断／行動 → 結語》という譬えの構造（12:16–20; 15:11–24; 18:1–8 参照）はルカに特徴的であり、ルカの編集の手も少なからず加えられている（Jeremias 1980:255–258 参照）。なお、その終末論的特質に加えて、このように極めて不可解な内容をもつこの譬えが削除されずに伝承されてきたという事実は、逆にイエスに遡る可能性を示している（Weder 1990:264–266; Nolland 1993a:796; 川島 2000:190f; 大貫 2003:109f; H. Klein 2006:538; 田川 2011:365）。8b 節は、不自然に ὅτι が繰り返されていることからも元来の譬えには含まれておらず、後代の付加と考えられるが、セム語的表現（οἱ υἱοὶ τοῦ αἰῶνος τούτου 及び οἱ υἱοὶ τοῦ φωτός）を含んでいることからもルカの編集句ではなく（Nolland 1993a:796 に反対）、ルカ以前に付加されたのであろう。

　9 節は 4 節と部分的に並行しており（ἵνα ὅταν ἐκλίπῃ δέξωνται ὑμᾶς εἰς τὰς αἰωνίους σκηνάς.［9 節］と ἵνα ὅταν μετασταθῶ ... δέξωνταί με εἰς τοὺς οἴκους αὐτῶν.［4 節］を比較参照）、比較的多くの研究者はこの節全体をルカに帰しているが（Descamps 1956:49f; Via 1974:156; Topel 1975:220; Ernst 1977:

465; Horn 1983:75; Nolland 1993a:805)、μαμωνᾶς τῆς ἀδικίας（不正のマモン）は明らかにセム語的表現であり、さらに ὑμῖν が λέγω に先行する ἐγὼ ὑμῖν λέγω（Jeremias 1980:140f 参照）や τὰς αἰωνίους σκηνάς（永遠の幕屋）もルカ的でないことから、むしろ伝承に由来し、ルカ以前に先行箇所と結合していたと考えられる（Fitzmyer 1985:1105）。その一方で、ここには ἑαυτοῖς ποιήσατε（自分たちのために作る [12:33 参照]）、φίλος（友人 [新約用例 29 回中ルカ文書に 18 回使用]）、ἐκλείπω（尽きる [新約用例 4 回中ルカに 3 回使用]）等のルカ的語彙も含まれていることから、ルカは伝承に依拠しつつも適宜編集の手を加えつつ 9 節を構成したのであろう。

続く 10–12 節については、μαμωνᾶς（マモン [11 節]）、πιστός（忠実な [10, 11, 12 節]）、πιστεύειν（任せる [11 節]）、τὸ ἀληθινὸν（真実のもの [11 節]）がアラム語においては אמן を語幹として言葉遊びを構成していることからも（Hauck, *ThWNT* IV:390f 参照）、ルカが独自に構成したのではなく（Descamps 1956:51f; Weder 1990:263 n. 102 に反対）、ルカ以前の資料に由来すると考えられる。また冒頭の 10 節は元来、ヘレニズム世界に流布していた諺だったのであろう（シラ 19:1; Ⅱクレメンス 8:5 参照）。なお、πιστὸς ἐν ἐλαφχίστῳ（最も小さな事に忠実な）という表現はルカ 19:17（マタ 25:21, 23 並行）にも使用されているが、それだけの理由から 10 節を Q 資料に帰すことはできないであろう（Klostermann 1975:164; Schmithals 1980:167 に反対）。

末尾の 13 節とマタイ 6:24 は、後者に οἰκέτης（召使い）が欠けている点以外は逐語的に一致していることから Q 資料に由来し（トマス福 47 も参照）、イエスに遡る可能性も十分に考えられる（ルツ 1990:511; Nolland 1993a:805; H. Klein 2006:537）。多くの研究者はルカがこの οἰκέτης を付加したと考えているが（Schulz 1972:459; Jeremias 1980:258; Heininger 1991:171; Bovon 2001:90, 94; Heil 2003:121）、ルカはこの語をここ以外では使徒行伝 10:7 にしか用いていない一方で δοῦλος（僕）を好んで用いており（ルカに計 26 回使用）、この段落でも οἰκονόμος（管理人）を繰り返し用いていることからも（1, 3, 8 節;さらに 12:42 参照）、比喩的なテキストを直接的訓戒として理解したマタイがこの語を省略したのであろう（ルツ 1990:510; Nolland 1993a:807）。

おそらくルカは、すでに 9 節まで付加されていた状態でこの譬えをル

カ特殊資料の中に見出し、これに同じくルカ特殊資料に由来する 10–12 節及び Q 資料に由来する 13 節をマモンという鍵語との関連から付加し、さらには自ら構成した導入句（1a 節）を加筆し、テキスト全体を適宜修正することによってこの箇所全体を編集的に構成したのであろう（Weder 1990:264 も同意見）。

【注解】

1 節

　ファリサイ派の人々や律法学者たちに対して一連の三つの譬えを語った後、イエスは今度は弟子たちに譬えを語り始める。もっとも、この譬えの直後にファリサイ派の人々が発言している（16:14）ことからも、ファリサイ派の人々らもその場に留まり、この譬えに耳を傾けていたことが前提とされている。

　譬えの冒頭で二人の登場人物（ある金持ちとその管理人）が紹介される。ここでは金持ちの土地所有者（不在地主？）と彼から財産管理を任されていた管理人（οἰκονόμος）が想定されているのであろう（12:42–44 並行参照）。ルカ福音書において金持ちはしばしば否定的に描かれているが（6:24; 12:16; 14:12; 16:19; 21:1）、ここでは彼の人格や素行は特に問題にされていない（この金持ちの主人が否定的に描かれていると見なす河野 2022a:98–100 に反対）。一部の研究者はこの管理人を、ルカ 12:42 のそれと同様、奴隷身分であったと見なしているが（Beavis 1992:45; Udoh 2009:320–324; 村山 2014:38–40）、解雇通告されている（2 節）ことからもそれは考えにくい（Schottroff 2007:206; 山口 2014:96f）。

　ところが、この管理人が主人の財産を浪費している（< διασκορπίζω）と告発する者があった。διαβάλλω（告発する）は、中立的な意味のみならず（ダニ 3:8 LXX; Ⅱマカ 3:11 LXX）、「悪意をもって中傷する」という否定的な意味でも用いられるが（Ⅳマカ 4:1 LXX; ヨセフス『ユダヤ古代誌』7:267 参照）、ここでの告発が不当な言いがかりではなかったことは、それに対してこの管理人が何の弁解も試みず、また、後続の彼の独白においてもそのことに言及されていないことからも確認できる（弁解しても主人の態度は変えようがないと考えたため管理人は沈黙していたとする山口 2014:96 に反

対）。その一方で、主人の財産を浪費したとして告発された彼が実際に何らかの不正を働いていたのか、それともただ単に彼の管理が杜撰だったのかは明らかではない。

2 節

　管理人に対する告発を耳にした主人はこれを深刻に受け止め、彼を呼び出して問いただそうとする。「**お前について私が聞いているこのことは何なのか**」（別訳：「なぜ私はお前についてこのことを聞くのか」）という問いは、文字通りの問いかけというよりは、彼の怒りの心情を表している（Grundmann 1961:317）。そして主人は管理人に会計報告の提出を命じるが、この $\mathring{\alpha}\pi o\delta\acute{\iota}\delta\omega\mu\iota$ (τὸν) λόγον（会計報告を出す）という表現は、新約ではしばしば（裁きの日に）神に申し開きをするという意味で用いられている（マタ 12:36; ロマ 14:12; ヘブ 13:17; Ⅰペト 4:5）。主人はその直後に「**お前はもはや管理の仕事をすることはできないのだから**」と述べていることからも、この会計報告の提出の指示は、管理人に対する告発の真偽を確認するためになされたのではなく（Drexler 1967:288; Plummer 1989:382 に反対）、管理人を罷免しようとする彼の意志はこの時点ですでに固まっており、直後の彼の独白もそのことを前提としている。それゆえここでは、後任者への業務の引継ぎのために会計報告の提出が要求されたと解すべきであろう（Jülicher 1910b:497; Klostermann 1975:162; Fitzmyer 1985:1100; Marshall 1995:617; Eckey 2004b:698）。むしろここで強調されているのは、この時にこの管理人が陥った危機的な状況である。すなわち、なおしばらくは現職に留まることができるとは言え、近い将来に解雇されることはすでに確定しており、彼は残された在任期間を有効に活用して自らの将来を切り開くために迅速に行動することを余儀なくされたのである。

3–4 節

　遠からず自分が失職することを自覚していた管理人は、何とかこの窮地を脱すべく自問自答する。このような独白はルカの譬えにおいてしばしば重要な構成要素になっており（12:16–19; 15:17–19; 18:4–5; 20:13 参照）、特に τί ποιήσω（どうしよう [＝私は何をなすべきか]）は独白中の疑問表現として新約聖書においてはルカ福音書にのみ用いられている（12:17; 20:13;

さらに使 22:10 も参照）。また、「私の主人は私から管理の仕事を取り上げようとしている」の「取り上げる」は現在形で記されており（ἀφαιρεῖται）、近い将来の状況を表現している。

　ここでは彼の将来の職業として二つの可能性が挙げられる。「私には土を掘る力はない」という表現は、格言として当時普及していたと考えられ（アリストファネス『鳥』1432 参照）、σκάπτω は「土を掘る」、すなわち肉体労働を意味している（6:48; 13:8）。この管理人は、管理の職務に従事するための教育を受けて来たエリートであったため、肉体労働に耐えるだけの体力はなかったと想像される（Fitzmyer 1985:1100）。もう一つの可能性である「物乞いする」というのも、これまで管理人として生きてきた彼にとっては屈辱的で、耐えがたいものであったのだろう（cf. シラ 40:28：「物乞いするくらいなら死んだほうがましだ」）。いろいろと逡巡した挙げ句に彼は、将来自分を家々に迎え入れてくれる人々を作り出す方法を思いつく（エピクテートス『語録』3:26:25 参照）。

5–7 節

　そこで管理人は即座に自分の計画を実行に移し、主人に借りのある者を一人ずつ呼び出して証書を改竄（かいざん）させようとする。ここでは二人の負債者が例として挙げられているが、これら二つの実例の記述は明らかに並行している（… ἔλεγεν τῷ πρώτῳ Πόσον ὀφείλεις τῷ κυρίῳ μου; ὁ δὲ εἶπεν Ἑκατὸν βάτους ἐλαίου καὶ εἶπεν αὐτῷ Δέξαι σου τὸ γράμμα, καὶ καθίσας ταχέως γράψον πεντήκοντα. [5b–6 節] と … ἑτέρῳ εἶπεν Σὺ δὲ Πόσον ὀφείλεις ὁ δὲ εἶπεν Ἑκατὸν κόρους σίτου καὶ λέγει αὐτῷ Δέξαι σου τὸ γράμμα, καὶ γράψον ὀγδοήκοντα. [7 節] を比較参照）。

　まず管理人は最初の負債者に、主人に負っている負債額を尋ねる。それに対してその負債者が「オリーブ油 100 バトスです」と答えると、管理人は彼に証書（ヨブ遺訓 11:6–11 参照）を示して 50 バトスに書き替えるように指示する。「急いで腰掛けて」という表現は、事態の切迫性を示し、迅速に行動させようとするこの管理人の心情を如実に表している。管理人が負債者に負債額を尋ねるのは不自然なようにも思えるが、これは話の聞き手（読者）に状況を伝えるための設定であろう（Fitzmyer 1985:1100; Wolter 2008:547）。次の二人目の負債者には小麦 100 コロスの負債があっ

たが、管理人はこれを 80 コロスに書き直させる。このようにして管理人は、自分が解雇されるまでの僅かの時間を最大限に活用し、主人が損害を被ることも顧みず、負債者たちの証書を改竄し、負債額を引き下げることによって彼らに恩を売り、自分の将来を確保しようとしたのである。

なお、バトスは液体の容量を表す単位で、1 バトスは約 36 リットルに相当し、一方のコロスは固体の容量の単位で、1 コロスは約 360 リットルに相当する。これらの数値は地域や時代によって異なっていたと考えられるが、いずれにせよ、100 バトスや 100 コロスは決して少量ではない。エレミアス（1969:200）は、この負債者たちは、借地からの収入の一部を借地料として納めねばならない借地人か（cf. 田川 1980:238–244：「小作人」）、商用証書と引き換えに品物の交付を受けていた大商人と見なしているが、確かに負債額が大きいことからも、少なくとも貧しい庶民とは考えにくい（Nolland 1993a:799; Bock 1996:1330; 小河 1996:131 参照）。エレミアス（1969:200）はまた、油の方が小麦よりも高価であり、双方の免除額はほぼ同じで 500 デナリに相当すると述べているが（Bock 1996:1332 も参照）、免除額が等しかったことを示すことに語り手の関心があったとは考えにくく、免除額の差異は管理人の任意の判断（カルペパー 2002:398）、あるいは単に免除額のバリエーション（H. Klein 2006:540 n. 40）と見なすべきであろう。

ところで、この管理人の振る舞いは決して不正ではなかったとする見解も見られる。例えば Derrett（1960/61:209–219）は、ここで免除された 50 バトス、20 コロスは、主人が得るはずの利子分に相当しており、その利子分を免除することによって、この管理人は同胞に対する利子の禁止を定めた旧約律法（申 23:20–21）に従い、主人に罪を犯させず、かつ実質的な損害を与えないように行動したのであり、それゆえに彼は賞賛された（8a 節）と主張している（三好 1991:346; モリス 2014:321, 323f も同意見）。しかし、そうであるなら、この管理人がその行為の直後に「不正な管理人」（8a 節）と呼ばれている点がうまく説明できず、さらに、自らが得るはずの利子を放棄させたという理由で管理人を賞賛するくらいなら、どうして主人はその利子を自分から放棄しなかったのかという疑問も生じる。なお、利子の禁令がその当時どの程度徹底されていたかという点は明らかではなく、ルカ 19:23 では利子を取る習慣があったことが示されてい

る（ヨセフス『ユダヤ古代誌』4:266–270 参照）。

　同様に Fitzmyer（1964:23–26; 1985:1097f）も管理人のこの行動は不正ではなかったと解しているが、彼の場合はその減額分は主人ではなく管理人が得る予定の手数料であったと見なしている。しかし、そうであるなら、わざわざその手数料を放棄して負債人に恩を売らなくても、それを直接自らの将来のために確保することもできたはずであり、そのようなやり方が特に効果的であったとは考えにくい。いずれにしても、これらの解釈は直後の「不可解な」主人の賞賛（8a 節）を何とか合理的に説明しようとする試み以上のものではないように思える（これらの解釈に対する反論については Topel 1975:218f; Scott 1983:177; Kim 1988:147–150; Loader 1989:523f; Kloppenborg 1989:480–486; Parrott 1991:502–504; 小河 1996:127–129等参照）。

8a 節

　ところが、この譬えは意外な結末を迎える。このような詐欺まがいの行為をした管理人を ὁ κύριος は賞賛したというのである。この ὁ κύριος が譬えの語り手であるイエスを指しているのか（Jülicher 1910b:503; Preisker 1949:87; Descamps 1956:47; Grundmann 1961:320; エレミアス 1969:43; ユンゲル 1970:226; Crossan 1973:109f; Klostermann 1975:163; レングストルフ 1976:400; Ernst 1977:462, 464; 田川 1980:348; 2011:368; Müller 1984:137; Schneider 1984b:333; Ellis 1987:199; Kremer 1988:162; Wiefel 1988:294; Weder 1990:264; Hahn 1995:89; ケアード 2001:222; 木原 2001:52–57; Schottroff 2007:210; Wolter 2008:547; 村山 2014:45、注 38）、それとも譬えに登場する主人を指しているのか（W. Manson 1930:183; Derret 1960/61:217; Degenhardt 1965:116f; Ott 1965:39; Marshall 1968:617–619; 1995:620; Via 1974:156f; Topel 1975:218f; Schmithals 1980:168; Scott 1983:176; Bailey 1976:102; Fitzmyer 1985:1101; Donahue 1988:163f; 川島 1989:433f; Heininger 1991:167f; Nolland 1993a:800f; Bock 1996:1332; 小河 1996:119f; Bovon 2001:72, 78; Talbert 2002:184; H. Klein 2006:537, 541; Löning 2006:150; 山口 2014:103f; 河野 2022a:111、注 40）という点については古くから論争されており、研究者の見解は二分される。例えばエレミアス（1969:43f）は、この ὁ κύριος をイエスと見なす根拠として、① 譬えの中の主人が自分に損害を与えた管理人を賞賛するはずがないという点、② ルカ福音書における

ὁ κύριος（定冠詞付き）の絶対的用法はほとんどの場合、イエスを指している点、③ 同様にルカ福音書に含まれるやもめと裁判官の譬え（18:1–8）においても、譬え話の内容に関するイエスの注釈（6–7 節）の直後に「私はあなたたちに言っておく」（λέγω ὑμῖν）という表現（8 節）が続いている点を挙げている（Jeremias 1988:30 では②の根拠は削除）。

　しかしながら、これらの論拠はいずれも説得力に乏しい。第一に、譬えの中の主人が自分に損害を与えた管理人を賞賛するというのは確かに考えにくいことではあるが、決してあり得ないことではなく、例えば、ローマの喜劇作家プラウトゥス（前 254–184）の作品や『イソップの生涯』（後 2 世紀）においても、狡猾な奴隷の振る舞いを主人が肯定的に評価する場面が描かれている（Beavis 1992:45–54; 村山 2014:36–38 参照）。特にイエスの譬えがしばしば逆説的な内容を持っている点を考慮すれば、このような展開が特に異常であるとは言えないであろう（Via 1974:156f）。第二に、ὁ κύριος の絶対的用法は、ルカ 12:37, 42b 及び同 14:23 においては「（この世の）主人」の意味で用いられている。第三に、ルカ 16:8 以下の部分は同 18:6 以下に厳密には対応しておらず、後者においては εἶπεν δὲ ὁ κύριος（18:6）が明らかに直接話法（イエスの言葉）への導入を示しているのに対し、前者にはこれに相当するものがなく、ὁ κύριος をイエスと見なした場合、どこからイエスの言葉が始まるのか明確でない（おそらくそれゆえにベザ写本では διὸ λέγω ὑμῖν という導入句が付加）。この点についてWellhausen（1904:86）や Marshall（1968:617–619）は、8 節の二つ目のὅτι が直接話法を導入する機能を果たしていると主張しているが、このὅτι は原因・理由を示す接続詞と見なすべきであろう（Creed 1965:202f）。このほか、イエスの譬えに特徴的な《到来 → 逆転 → 行為》という構造に鑑みてこの譬えは 7 節で完結していたという前提から、このὁ κύριος をイエスと見なす Crossan（1973:109f）の見解も説得的とは言えないであろう。

　一方で、ὁ κύριος を譬えの中の主人とする根拠としては、何よりこの譬えにおいてὁ κύριος（定冠詞付き）がすでに三度（3, 5[×2] 節）「主人」の意味で用いられている点が挙げられる。それまで「主人」の意味で用いられていたὁ κύριος が何の断りもなく突然その意味を変えるとは考えにくく、仮にそうであるなら、その点が明示されるべきだからである。以上の理由から、少なくともルカの文脈においては 8a 節のὁ κύριος は譬え話の

中の主人と見なすべきであろう。もっとも、ルカ以前の伝承段階ではこの ὁ κύριος がイエスを指していた可能性も完全には否定できないであろう（ボルンカム 1961:278、注 39; Klostermann 1975:163; Schmithals 1980:168; Horn 1983:309 n. 19）。

なお、この主人が管理人を誉めたのは彼が「**賢く**」（φρονίμως）振る舞ったゆえにであり、これは皮肉とは考えられない（Fletcher 1963:27f に反対）。そしてこの管理人の賢さは、何より自分自身が陥った危機的状況をいち早く察知し、迅速に行動して将来に備えようとした点にある。この管理人はここで初めて「**不正な管理人**」と呼ばれているが、これは明らかに主人の負債者の負債額を減額した行為に関わっており、譬えの冒頭（1c–2 節）で言及されている管理人の振る舞い（主人の財産の浪費）を指しているのではない（Fitzmyer 1985:1097, 1100; Degenhardt 1965:118 に反対）。すなわち、この管理人は不正を犯したにも拘らず、その賢さのゆえに主人に賞賛されたのである。因みに Schwarz（1974:94f）はアラム語からの二重の誤訳を想定し、8a 節の元来の意味は「主人はこの不正な管理人が悪賢く（φρονίμως ＝ עֲרִים）行動したために彼を呪った（ἐπαινεῖν ＝ בְּרַךְ）」であったと主張しているが、これも、主人が不正な管理人を誉めるという不可解な内容を何とか合理的に説明しようとする試みの一つであろう。

確かに、わざわざ不正行為を題材にする必然性がどこにあったのかという疑問は残るが（村山 2014:35）、その点については、イエスの譬えが聴衆に衝撃を与えて逆説的真理を指し示そうとする特質を有していることから説明できるであろう（川島 1989:434–436; Loader 1989:518–532 参照）。このようにこの譬えは、危機的状況に陥った管理人がなすべきことを即座に判断し、実行に移した様子を描いているが、まさに危機的状況においては手段を選ばぬ行動が必要となることを示すために敢えてこのような極端な事例が用いられており、聞き手に衝撃を与えることによって真意を伝えようとしている。

8b 節

譬え本文の直後に続く 8b 節は、「**この世の子ら**」は「**光の子ら**」より「**自らの時代〔のこと〕について**」賢いと、この主人の振る舞いを両者の対比を通して説明しようとしており、φρονίμως／φρονίμος（賢く／賢い）と

いう鍵語がこの箇所と直前の 8a 節を結合している。「この世の子ら」／「光の子ら」という二元的な表象は新約聖書にはほとんど見られず、確かに死海文書においては、「光の子ら」と「闇の子ら」がしばしば対置されているが（「宗規要覧」1:9–10；「戦いの書」1:3–16 他）、両者間に直接的な依存関係を想定することはできないであろう。

「この世の子ら」（οἱ υἱοὶ τοῦ αἰῶνος τούτου）は「この世に属する者」を意味し、同一表現がルカ 20:34 にも見られるが、そこではこの表現は天使に等しい「神の子」に対立する「死すべき人間」として捉えられている（死海文書「ダマスコ文書」20:33 以下も参照）。その一方で「光の子ら」（οἱ υἱοὶ τοῦ φωτός）は、ヨハネ 12:36（υἱοὶ φωτός）、Ⅰテサロニケ 5:5（υἱοὶ φωτός）、エフェソ 5:8（τέκνα φωτός）にも見られるが、いずれの場合もキリスト教信者を指している（cf. エチオピア・エノク 108:11：「光の世代」）。また、「**自らの時代〔のこと〕について**」と訳出した εἰς τὴν γενεὰν τὴν ἑαυτῶν は、「自らの時代の人々（同時代人）について」、もしくは「自分たちと同種の人々（仲間）に対して」とも解しうる（11:30, 31, 32 参照）。要するにここで弟子たちは、周囲の人々に対して賢く振る舞う「**この世の子ら**」である管理人の賢さに倣うように求められているが、キリスト者たちがこの世の人々と比較して、抜け目なく行動する点において劣っているという認識が背景にあったのかもしれない。

エレミアス（1969:44）は、この箇所においては主人の奇妙な賞賛はこの世の子ら同士の賢さに限られており（ユンゲル 1970:226 も同意見）、神に対する賢さではないことが示されていると述べているが、そのような限定がここで前提にされていたとは考えにくい。事実、この適用句は決して譬えの内容を骨抜きにしようとするものではなく、管理人への賞賛を何とか合理的に説明しようとする意図から構成されたものであり、その意味でも、ここでは「この世の子ら」の賢さがそのまま評価されていると考えるべきであろう（Horn 1983:74）。

9 節

9 節以降の後半部には起源が異なる三つの言葉が記されており（9, 10–12, 13 節）、この世の富との関わり方に関するイエスの勧告が記されている。最初の 9 節の勧告は、譬えにおける主人の管理人賞賛の理由を、

不正のマモンの正しい用い方を示すことによって根拠づけようとしているが、この節は先行する4節と緊密に結びつき（本書369頁参照）、また… τῆς ἀδικίας（不正の）及び ποιέω（行う／作る）によって8a節とも緩やかに結びついている。冒頭の「**また私はあなたたちに言っておく**」（καί ἐγὼ ὑμῖν λέγω）は、この言葉が弟子たちに向けられている（1節参照）ことを改めて示しており、イエスはここで彼らに「**不正のマモンで友人たちを作りなさい**」と要求している（cf. シラ 29:10:「兄弟や友人のために金を棄てよ」）。因みに Colella（1973:124–126）は、ἐκ はアラム語の מן の訳語であり、「〜から」の他に「そして〜ではなく」をも意味しうることから、この箇所を「不正の富ではなく、友人たちを作りなさい」というように解しているが、十分に根拠づけられず、文脈にも合致していない。

「**マモン**」（μαμωνᾶς）はセム語に由来し（מָמוֹן）、おそらく元来は「信頼できるもの」を意味していたが（Hauck, *ThWNT* IV:390f）、最初期のキリスト教会がこのセム語を翻訳せずにおいたのは、それを一種の偶像名と考えていたためであろう（ヘンゲル 1989:56）。この語は旧約聖書には見られない一方で、タルグムやミシュナ（「アヴォート」2:12;「サンヘドリン」1:1）、死海文書（「宗規要覧」6:2;「奥義の書」1:2, 5;「ダマスコ文書」14:20）等に頻出する。この語は「持ち物／財産」等の中立的な意味でも用いられるが、13節では神と対置されていることからも、ここでは明らかに否定的な意味で用いられている。もっとも、「**不正のマモン**」（μαμωνᾶς τῆς ἀδικίας）が具体的に何を意味しているかは必ずしも明らかではない（cf. シラ 5:8 LXX: χρήματα ἄδικα［不正の財産］）。8節の「不正な管理人」（ὁ οἰκονόμος τῆς ἀδικίας）との関連からは、「不正に得られた富」を意味するとも考えられ、事実タルグムにおいてはこれに相当する表現はしばしばこの意味で用いられているが（Rüger 1973:128f 参照）、イエスが弟子たちに対してそのような富を用いて友人を作ることを要求したと記されているとは考えにくく、また「不正に導く富」とする解釈（Fitzmyer 1985:1109; Schweizer 1986:169）もルカの文脈には適合しない。それゆえ、ここではむしろ、「本質的に罪深いものとしての富」（Ernst 1977:465）、「邪悪なものとしての富」（Braun 1957:74; さらにエチオピア・エノク 63:10; シラ 5:8 参照）、あるいは「この（邪悪な）世に属する富」（Seccombe 1982:163–167; Marshall 1995:621）の意で解すべきであろう。

そして、そのような「不正の富」を用いて友人たちを作ることが勧められているのだとすれば、ここで具体的に求められているのは自分の財産を他者のために用いること、とりわけ貧者に対する施しであると考えられ、そうすることによって、「**それが尽きた時、彼らがあなたたちを永遠の幕屋に迎え入れてくれる**」というのである。その意味でも、この永遠の幕屋に迎え入れてくれる「**彼ら**」は神や天使たちを指していると考えられる一方で、富を用いて作られる「**友人たち**」とは、神（T. W. Manson 1954:293; Schneider 1984b:335; Schmidt 1987:153; モリス 2014:325）でも神を暗示する天使たち（エレミアス 1969:46f, 注 1 も参照）でもなく、施しを受ける貧者たちと見なすべきであろう（W. Manson 1930:183f; Hiers 1970:34–36; Topel 1975:220; Ernst 1977:465; Schmithals 1980:167; Horn 1983:75）。一方で、この「**友人たち**」という表現を、施し行為そのものの人格化として捉えようとする見解（Wellhausen 1904:87; Williams 1964:295f）は受け入れられない。

また「**それが尽きた時**」（ὅταν ἐκλίπῃ）の ἐκλείπω（尽きる）の主語は明らかに「**不正のマモン**」であるが、これが具体的にどのような状況を指しているのかが問題となる。多くの研究者は、富が尽きる時とは所有者にとってそれが価値を失う時、すなわち死の時を意味するとして（12:20 参照）、これを「命が尽きた時」の意味で解しているが（Horn 1983:78; Schneider 1984b:335）、事実、ἐκλείπω はしばしば「死」の意味で用いられており（プラトン『法律』6:759e; 8:836e; 創 49:33 LXX; トビ 14:11; 十二遺訓ルベン 1:4 参照）、おそらくそのために、一部の写本では ἐκλίπῃ ではなく、ἐκλίπητε／ἐκλείπητε（あなたたちが尽きる）と記されているのであろう。あるいは、そのような個人的終末論の意味を越えて、世界の終末時の意味で解することもできるかもしれない（Ernst 1977:466; Klinghardt 1988:44; H. Klien 2006:542）。

また、本来は一時的な住まいである「幕屋」（σκηνή）に「永遠の」（αἰώνιος）という形容詞を加えた「**永遠の幕屋**」（複数形）という表現は、旧約聖書やラビ文献には見られないが、新約聖書において σκηνή はしばしば単数形で「天の幕屋」の意味で用いられ（ヘブ 8:2; 黙 7:15; 13:6; 15:5; 21:3）、ユダヤ教黙示文学においても頻繁に「永遠の住まい」について語られている（IVエズラ 2:11; アブラハム遺訓 20; エチオピア・エノク 39:4;

41:2; 48:1; アブラハム黙 17:10; 29:15; さらにヨハ 14:2 も参照）。その意味でも、先行する 4 節では単に恩義を与えた者たちの（この地上の）家に迎えられる状況が記されていたのに対し、ここではその住まいの永続性と終末論的完成が強調されている。以上のことからもルカは、神によって天へと導き入れられるために自らの富で友人を作るようにとの警告の意味でこの言葉を理解したのであろう（一方で 9 節をアイロニーと見なす解釈については河野 2022a:89–115 参照）。

10 節

9 節では不正のマモンの用い方について語られていたのに対し、続く 10–12 節ではそれに対する忠実さについて語られている。この箇所の鍵語である πιστός（忠実な［10$^{×2}$, 11, 12 節]）は φρόνιμος（賢い［8b 節]）としばしば結びつき、ルカ 12:42（並行マタ 24:45）では双方の概念が優れた管理人の特質として表現され、さらにマタイの並行箇所の直後には双方の概念を主題とする二つの譬え（マタ 25:1–13, 14–30）が続いており、これら双方の概念はいずれも終末論的文脈で用いられている。

10 節の格言的な言辞（19:17 並行参照）においては、πιστός（忠実な）と ἄδικος（不忠実な）、ἐλάχιστος（最も小さな事）と πολύς（多くの事）とが対比的に捉えられ、ごく小さな事に忠実であることが多くの事に忠実であることの前提として捉えられている。なお πολύς（多くの事）は、質的な意味（重要な事／大きな事）で解することも可能であろう（Bovon 2001:92f）。

11–12 節

ここでは、10 節の格言に関する説明が聴衆に語りかける形で反語表現を用いて繰り返されるが、両節は明らかに並行的に構成されている（εἰ οὖν ἐν τῷ ἀδίκῳ μαμωνᾷ πιστοὶ οὐκ ἐγένεσθε τὸ ἀληθινὸν τίς ὑμῖν πιστεύσει［11 節]と καὶ εἰ ἐν τῷ ἀλλοτρίῳ πιστοὶ οὐκ ἐγένεσθε τὸ ὑμέτερον τίς ὑμῖν δώσει［12 節]を比較参照）。

まず 11 節では、「**不正なマモン**」（ὁ ἄδικος μαμωνᾶς）と「**真実のもの**」（τὸ ἀληθινόν）がそれぞれ 10 節の「最も小さな事」と「多くの事」の内容として示され、その「不正なマモン」に対しても忠実でなければ、誰（神？［Marshall 1995:623]）も「真実のもの」を任せる（πιστεύω）ことは

381

ないと述べられる。その際、「**不正なマモン**」は、9 節の「不正のマモン」（μαμωνᾶς τῆς ἀδικίας）と同様、「不正なものとしてのこの世の富」を意味し、これに対立する「**真実のもの**」は、「真理の言葉」ではなく（Ernst 1977:467; 三好 1991:346 に反対）、「天における真実の富」を意味しているのであろう（Levine/Witherington 2018:445; さらにルカ 12:21, 33 参照）。

　続く 12 節では、10 節における「最も小さな事」と「多くの事」が、「**他人のもの**」（τὸ ἀλλότριος）と「**あなたたちのもの**」（τὸ ὑμέτερον）に言い換えられている（一部の写本 [B, L 他] では τὸ ὑμέτερον [あなたたちのもの] の代わりに τὸ ἡμέτερον [私たちのもの] と記載）。多くの研究者は、この「**他人のもの**」を 11 節の「不正なマモン」と同一視しているが（Grundmann 1961:322; Ernst 1977:467; Seccombe 1982:171; Marshall 1995:623）、この表現はむしろ、本来は自己のものではないこの世の富（エピクテートス『語録』4:5:15 参照）、すなわち「委託された富」の意で解すべきであり（Schneider 1984b:335; Kremer 1988:163; カルペパー 2002:400; モリス 2014:326）、一方の「**あなたたちのもの**」は将来与えられる天における報酬を意味しているのであろう（Marshall 1995:624）。すなわち、委託されたこの世の富に忠実でなければ、本来的に自分のものである天の富は与えられないというのである。

　エレミアスは、この世の富に不忠実であった不正な管理人は、この 10–12 節においては「模範どころではなくひどい見せしめである」（1969:45）と述べているが（Petzke 1980:145f; H. Klein 1987:95; 川島 1989:431 も同様）、譬え本文において賞賛された管理人が、ここで一転して「見せしめ」あるいは反面教師として描かれているとは考えにくい。むしろ、「ムナの譬え」（19:11–27：並行マタ 25:14–30）が示しているように、富に対する忠実さとは富を用心深く蓄えておくことではなく、それを有効に用いることと見なすなら、主人の富を賢く用いたこの管理人はこの世の富（最も小さな事）に忠実だったのであり、それゆえ彼は真実の富（多くの事）を得ることができたと解することも可能であろう（Jülicher 1910b:513; Tannehill 1986:131 参照）。一方でこの解釈の難点は、不正な管理人の「不正」を意味する ἀδικία と「不忠実」を意味する ἄδικος が同根である点である。

　なお、Ⅱクレメンス 8:5 には「もしあなたたちが小事（τὸ μικρόν）を守

らないのなら、誰があなたたちに大事（τὸ μέγα）を与えるだろうか。というのも、私はあなたたちに言っておくが、『最も小さな事に忠実な者は多くの事にも忠実である』」とあり、10 節前半部と逐語的に一致すると共に 11–12 節の内容にも対応している。もっとも、そこにおける「最も小さな事」が示しているのは物質的な富ではなく地上におけるキリスト者の生であり、危険視されているのはマモンではなく「肉」（σάρξ）である（Bovon 2001:94）。

13 節

　段落末尾の 13 節（並行マタ 6:24）は、μαμωνᾶς（マモン）という鍵語によって先行する箇所と緩やかに結びついている（9, 11 節参照）。ここでは、どんな召使いも二人の主人に仕えることはできないという格言から、神とマモンとに同時に仕えることはできないと述べられ、「愛する」（ἀγαπάω）と「憎む」（μισέω）、「結びつく」（ἀντέχω）と「軽んじる」（καταφρονέω）という二組の対立表現がこの点をより一層強調している。

　ここではマモンが神に対立する否定的なものとして人格化して捉えられており、その意味では、マモンに対しても忠実であることを勧める 10–12 節（特に 11 節）とは矛盾しているようにも思われる。もっとも、前述したように、マモンに対しても忠実であることはマモンを正しく使用することと解するなら、この緊張関係も解消されるであろう（Horn 1983:80; Bock 1996:1336f 参照）。その意味でも、13 節との直接的な連関はむしろ 9 節に認められ、この世の富であるマモンを用いる（放棄する）ことはマモンに仕えないということを意味しており、ルカはここで、マモンを施すことによってマモンにではなく神にのみ仕えよとの要求をもってこの「不正な管理人の譬え」を締めくくっている。その意味でこの言葉は、ルカ 12:34 の「あなたたちの宝があるところに、そこにこそあなたたちの心もあるからだ」という言葉とも響き合う。

【解説／考察】

　この段落における前半部分と後半部分との間には明らかに強調点のずれが認められる。元来の譬え（1b–8a 節）においては、自らが陥った危機的

な状況を素早く察知し、限られた時間内に自分の将来を確保するために抜け目なく行動した管理人の賢さが強調されていた。その意味では、この管理人に対する会計報告提出の要求と解雇通告（2節）という緊張を孕む主人の二つの行動は、終末の時が間近に迫っているという終末的緊張を作り出すための物語構成上の設定であり、管理人がすでに解雇を通告されながら、なおしばらく管理人の職権を行使できる猶予期間を設定することにより、「すでに」と「いまだ」に挟まれた終末的状況を作り上げ、そのような危機的状況における管理人の行動を描くことによって、終末的状況においていかに生きるべきかを示そうとしている。事実、前述したように、この ἀπόδος (τὸν) λόγον（会計報告を出す）という表現は新約ではしばしば終末論的な文脈で用いられており、この点は 8ab 節の φρονίμως／φρόνιμος（賢く／賢い）も同様である（12:42; 並行マタ 24:25; マタ 7:24; 25:2 以下参照）。

ルカは、この譬えを 9 節まで付加された状態で受け取り、これに別の資料から得た 10–12 節及び 13 節を加えることにより、当時のキリスト教会が置かれていた具体的状況を勘案しつつ、この譬えを独自の視点から新たに構成している。その際注目すべき点は、内容的に相互に独立しているように見える 9, 10–12, 13 節の各適用句が、譬え本文では特に問題にされていなかった施しのモチーフにおいて相互に結合している点である。すなわちルカは、施しの勧告という観点からこの譬えを捉え直そうとしているが、このことは、貧者を顧みることなく生涯を終えた金持ちを批判する金持ちとラザロの譬え（16:19–31）が直後に続いていることからも確かめられる。事実、ルカにとっては、この世の富に忠実であることは（10–12 節）、この世の富を賢く有効に用いること、すなわち貧者に施しをすることであり（9 節）、そうすることによって、この世の富にではなく神に仕えることになるのである（13 節）。そのような意味でも、ルカは本来、終末論的特色をもっていたこの譬えを倫理的観点から捉え直し（エレミアス 1969:46 参照）、何よりも読者に施しを勧告する意図をもって（11:41; 12:33; 18:22; 19:8 参照）この段落全体を構成したのであろう。

危機的な状況において、時間を無駄にすることなく、将来を見据えて賢明に行動するように要請するこの譬えは、現代に生きる私たちにも多くの示唆を与えてくれる。私たちも、日々の生活の中でしばしば困難な状況に陥り、問題解決のために限られた時間内で即座に決断し、迅速に行動する

ことが求められる。このことはまた、人生そのものについても当てはまり、それぞれが今という限られた時を見据えて決断し、行動するように求められているが、その際、時間的に制約されていることが行動を起こす動機づけにもなり、場合によっては、その行動を通して新たな生きがいを見出すことにもなるのである。

8b 節では、弟子たちに対してこの世の人々から学ぶように要請されているが、まさに現代のキリスト者にも同様のことが求められている。すなわちこの言葉は、時として狭い自分の世界に閉じこもり、ともすると独りよがりの考え方に陥りがちなキリスト者に対しても、他の人々からも積極的に学んでいく姿勢を要請し、いたずらにこの世的な価値観を否定するのでなく（9 節）、まさに、この世の富を有効に活用する等、この世にあってあらゆる事柄に忠実な生き方を通して（10–12 節）、神に仕え、人に仕える生き方を選び取る決断をなしていくように（13 節）促している。

4. 律法と神の国 （16:14–18）

【翻訳】

16:14 すると、金銭を愛するファリサイ派の人々が、これらすべてのことを聞いて彼（イエス）を嘲笑った。15a そこで彼は彼らに言った。b「あなたたちは人々の前で自分たち自身を義とする者たちである。しかし神はあなたたちの心をご存じである。c 人々の間で高められるものは神の前では忌むべきものだからである。

16a 律法と預言者たちはヨハネまでである。b その時から神の国の福音が告げ知らされ、皆がそこに入るように強いられている。17 しかし、律法の一画が抜け落ちるよりは天と地が過ぎ去る方が易しい。

18 自分の妻を離縁して他の女性をめとる者は誰でも姦淫の罪を犯しており、また夫から離縁させられた女性をめとる者も姦淫の罪を犯している」。

【形態／構造／背景】

不正の管理人の譬え（16:1-13）の直後には、その譬えの内容（結語）に否定的に反応するファリサイ派の人々への批判及び律法と神の国に関するイエスの言葉が続いている。この段落は、起源が異なる様々な言葉から構成されているが、14節以降は16章末尾の31節までファリサイ派の人々に向けられていることから（15:1-2参照）、後続の金持ちとラザロの譬え（19-31節）への導入とも見なしうる。またファリサイ派を批判する段落前半部（14-15節）は、金持ちと貧しいラザロの境遇が彼らの死後、逆転する様子を描く譬えの前半部（19-26節）に対応し、律法の永続性を強調する後半の16-18節は、「モーセと預言者たち」（29, 31節）に言及する譬えの後半部（27-31節）を準備している（ブルトマン1983:309; Ellis 1987:201; Talbert 2002:186-188; カルペパー 2002:408）。

この段落は、前段に引き続いて富に関する主題を扱う14-15節と、律法の有効性について述べる16-18節に区分され、その際15節が新しい主題への移行句として機能しているが、段落内の個々の言葉の相互関係は明らかではない。この段落は以下のように区分できる。

（1）イエスのファリサイ派批判（14-15節）
  （a）ファリサイ派の人々の反応（14節）
  （b）内と外が分裂するファリサイ派への批判（15節）
（2）律法の有効性（16-18節）
  （a）律法と預言者たちから神の国の福音へ（16節）
  （b）律法の永続性（17節）
  （c）姦淫の罪としての離縁と再婚（18節）

この段落の伝承史は非常に複雑であり、伝承と編集の経緯を厳密に跡付けることはほとんど不可能である。冒頭の14節は、πᾶς（すべて [Jeremias 1989:30f 参照]）、ὑπάρχω（新約用例60回中ルカ文書に40回使用、そのうち23回が述語名詞を伴い εἰμί [〜である] の代用として使用）、ἐκμυκτηρίζω（嘲笑う [新約ではこの箇所と23:35にのみ使用]）等のルカ的語彙を含んでおり、総じてルカの編集句と見なしうる。それに対して15節は、δικαιόω ἑαυτόν

（自分自身を義しいと見なす［共観福音書にはこの箇所とルカ 10:29 にのみ使用、さらに 18:9; 20:20 も参照］）と ἐνώπιον（共観福音書にはルカにのみ計 22 回使用）を除いて、ルカ以前の資料（ルカ特殊資料）に遡ると考えられ（一方で Löning 2006:153 は 14–15 節全体をルカの編集句と見なし、Schürmann 1968:132–134 は 14–15 節を 16–18 節と同様に Q 資料に帰す）、ブルトマン（1983:180）は 15 節をイエスに帰している。なお 15c 節は元来、ユダヤの格言であったとも考えられる（Bovon 2001:98）。

16–18 節の三つの言葉は、元来はそれぞれ独立していたと想定されるが、いずれもマタイに並行記事が見られることから、総じて Q 資料に由来すると考えられ（一方で Grundmann 1960:320 はルカ特殊資料に帰し、Bock 1996:1346 も Q 以外の資料を想定）、前段末尾の 16:13 と接続していた可能性も指摘されている（H. Klein 2006:545）。これらの言葉はルカ 16 章の前後の文脈と適合していないように考えられることから、多くの研究者は Q 資料の段階でこの順序で結合していたと見なしているが（Schneider 1984b:337; Fitzmyer 1985:1114; Schweizer 1986:170; Kosch 1989:427–432）、特に 17 節と 18 節が Q 資料の段階で結びついていたかどうかは明らかではなく、むしろルカが個々の言葉を結合したとも考えられる（Schmithals 1980:168; Klinghardt 1988:22f; Heil 2003:120）。

16a 節はマタイ 11:13 に（さらにマタ 5:17 参照）、16b 節はマタイ 11:12 に並行しており（さらにマタ 5:20 参照）、マタイ 11:12 及び 11:13 はそれぞれ前後の同 11:11 及び 11:14 と緊密に結合していることから、おそらくルカ版の方がこれらの言葉の元来の順序を保持している（ルツ 1997:229, 796 n. 8; Kosch 1989:431; Marshall 1995:628。一 方 で Klinghardt 1988:17 はマタイ版を原初的と見なす）。もっとも、16b 節の ἡ βασιλεία τοῦ θεοῦ εὐαγγελίζεται（神の国の福音が告げ知らされる）という表現（4:43; 8:1; 使 8:12 参照）はルカに遡ると考えられ（ἡ βασιλεία τοῦ θεοῦ は新約用例 64 回中ルカ文書に 38 回使用、εὐαγγελίζομαι は福音書用例 11 回中ルカに 10 回使用、さらに使に 15 回使用）、おそらくルカは、意味が不明瞭なマタイ 11:12 の βιάζεται（後続の注解部分参照）を εὐαγγελίζεται で置き換えたのであろう。17 節はマタイ 5:18 に並行しているが、ルカ版には、「点」を意味するヘブライ語の最小文字のヨッド（ ゙ ）に対応するイオータ（ἰῶτα）や ἕως ἂν πάντα γένηται（すべてが成るまでは）という表現が欠けている等、相違点も

多いことから、異なるＱ資料（Ｑルカ／Ｑマタイ）を想定すべきであろう（Kosch 1989:159f）。末尾の 18 節はマタイ 5:32 に並行しているが、γαμῶν ἑτέραν（他の女性をめとる）という表現は、ルカに並行箇所が見られないマルコ 10:2–11（並行マタ 19:1–12）の離縁に関する教えの末尾の γαμήσῃ ἄλλην（別の女性をめとる）と関連していると考えられ、ルカはこの箇所を、Ｑ伝承をもとにマルコ 10:11 も参照しつつ編集的に構成したのであろう。なお、16 節はその難解な内容から伝承の古層（史的イエス）に遡ると考えられ（ルツ 1997:230; 大貫 2003:40）、離縁に関する厳格な律法理解を示す 18 節もイエスに遡る可能性が指摘されている（ルツ 1990:389f; 三好 1991:347; Marshall 1995:631）。

　おそらくルカは、ルカ特殊資料に由来するファリサイ派批判の言葉（15 節）に自ら構成した直前の譬えからの移行句（14 節）を加え、これにＱ資料に由来する律法に関する言葉（16–18 節）を付加し、さらに適宜編集の手を加えることによりこの段落全体を構成したのであろう。

【注解】

14 節

　段落冒頭の 14 節は、以下のイエスの言葉が特にファリサイ派の人々に向けられていることを明らかにしている。彼らは神礼拝とマモン礼拝は両立し得ないとする発言（13 節）を聞いた直後にイエスを「**嘲笑った**」（＜ ἐκμυκτηρίζω：原意は「鼻にしわを寄せる」）。このような彼らの反応は、神礼拝とマモン礼拝は矛盾しないと彼らが考えていたことを示しており、おそらく彼らは経済的豊かさを神からの祝福のしるしと見なしていたのであろう（Talbert 2002:186; さらに申 28:2–3; ルカ 18:24–26 参照）。そして、イエスを嘲笑うファリサイ派の人々の態度は、「**金銭を愛する**」（φιλάργυρος［Ⅱテモ 3:2 参照]）彼らの姿勢と密接に関わっているが、彼らはルカ 11:39（並行マタ 23:25）でも「強欲に満ちている」（γέμει ἁρπαγῆς）と特徴づけられている。なお、このような描写は、ファリサイ派の人々は「簡素な生活を営み、かりそめにも贅沢な生活に耽溺するようなことはしない」とするヨセフスの記述（『ユダヤ古代誌』18:12）から大きくかけ離れている（嶺重 2012:170f 参照）。

15 節

　彼らの嘲りに対してイエスは、自らを義とする彼らの態度が彼らの心の中の思いと明らかに矛盾している点を指摘している。すなわち、彼らは人前で自らの義を誇ろうとするが（10:29; 18:11–12 参照）、彼らの心の中は神には明らかであり（サム上 16:7; 王上 8:39; 箴 24:12; 使 1:24; 15:8; I テサ 2:4 参照）、彼らの心は金銭欲で満たされている（14 節）。δικαιόω（義しいと見なす [10:29; 18:9; 20:20 参照]）は前段の ἀδικία／ἄδικος（不正／不正な [8a, 9, 10, 11 節]）を思い起こさせるが、貪欲と自己義認はモーセの遺訓 7:3–6 やエチオピア・エノク 96:4 でも結合しており（Klinghardt 1988:33–36 参照）、双方の概念は、偽教師への反論としてヘレニズム世界で頻繁に用いられている（Moxnes 1988:6–9; Green 1997:601 参照）。なお T. W. Manson（1954:295f）は、14–15 節の記述内容はファリサイ派よりもサドカイ派に適合していると主張しているが、ファリサイ派の人々が貪欲であるのみならず、彼らの見かけ（外見）と中身（内実）が矛盾しているという主張はルカ 11:39–41（並行マタ 23:25–26; さらに同 23:27–28 も参照）にも見られ（さらに 12:1; 20:46–47 参照）、少なくともルカのファリサイ派像と合致している。

　続いて「人々の間で高められるものは神の前では忌むべきものだからである」（15c 節）と、再び人間と神が対置される形でファリサイ派の矛盾が指摘される（15c 節の ἐνώπιον τοῦ θεοῦ [神の前で] と 15b 節の ἐνώπιον τῶν ἀνθρώπων [人々の前で] を比較参照）。このような高低の対比／逆転のモチーフはルカ 1:51–53; 6:20–26; 14:7–11 にも見られるが（イザ 2:11–17; 5:14–16 も参照）、しばしば終末論的な観点をもっている（Ernst 1977:470）。また βδέλυγμα（忌むべきもの）は神が非難するものを意味するが（申 27:15 LXX; イザ 1:13 LXX; エレ 7:30 LXX; マコ 13:14 並行参照）、富そのものを指しているのではなく（Wolter 2008:554 に反対）、むしろ、この語がしばしば偶像礼拝と関連づけられている点に注目すべきであろう（Bauer 275 参照）。つまり、ここではファリサイ派の傲慢さや名誉欲が偶像礼拝、すなわちマモン礼拝と関連づけられて非難されており、その際ルカはこの非難を彼らの金銭欲とも結びつけている（貪欲と偶像礼拝の関連性についてはエフェ 5:3; コロ 3:5; 十二遺訓ユダ 19:1 も参照）。

16 節

　偽善的なファリサイ派への批判の直後に続く律法と福音をめぐる言葉は
マタイ 11:12-13 に並行しているが、双方のテキストは文脈も意味内容も
大きく異なっている。ルカのテキストは彼の救済史的理解のもとに構成さ
れ、まず最初に「**律法と預言者たち**」(16:29, 31; 24:27, 44; 使 13:15; 24:14;
28:23) が「ヨハネまで」であり、「その時から」神の国の福音が告げ知ら
されていると語られ (4:43; 8:1; 使 8:12)、ヨハネの出現が二つの時代を画
する救済史的意味をもっていることが示される。マタイの場合とは異な
り (マタ 3:2 参照)、ルカにおける洗礼者ヨハネは、福音は告げ知らせた
が (3:18)、神の国は宣教していないことからも (コンツェルマン 1965:33,
269)、おそらく「その時から」(ἀπὸ τότε) は排他的意味、すなわちヨハ
ネを含まない意味で理解されており (Kümmel 1974:405-415; Fitzmyer
1985:1117; Wiefel 1988:295f; Marshall 1995:628f に反対)、一方の「**ヨハネ
まで**」(μέχρι Ἰωάννου) はヨハネを含む意味で解すべきであろう。事実ル
カによると、ヨハネの活動が終了した後に (3:19-20 参照) イエスによっ
て神の国の宣教が始められ、それは彼の弟子たちに引き継がれていくこと
になるが (9:2 参照)、その意味において神の国の宣教の時 (イエスと教会
の時) と律法と預言者の時 (イスラエルの時) とは明らかに区別して捉え
られている。もっとも、ルカ福音書において洗礼者ヨハネは、誕生物語を
はじめ、しばしばイエスと並行する形で記述されていることからも、両者
の活動は完全に切り離すことはできず、むしろヨハネはイエスの先駆者
として新しい時代への移行期に位置づけられている (Fitzmyer 1985:1115)。
事実、「預言者以上の者」(7:26) であるヨハネは古い時代に完全に限定さ
れているわけではなく、むしろ両者の活動は時期的に重なっていると見な
すべきであろう (三好 1991:347; Löning 2006:155)。

　16 節末尾の πᾶς εἰς αὐτὴν βιάζεται という表現は解釈が難しい。多くの研
究者及びほとんどの邦訳聖書はこの βιάζομαι を中動態と見なし、「皆が力
ずくで (暴力的に／懸命に) 神の国に入ろうとしている」という意で解し
ている (Creed 1953:207; T. W. Manson 1954:134; Kümmel 1974:407f [一方
で Kümmel 1980:113 は受動態の意で理解]; Klostermann 1975:167; Nolland
1993a:820; エレミアス 1998:213f; Bovon 2001:100; 大貫 2003:78 他)。しかし
ながら、「皆」が力ずくで神の国に入ろうとしているという理解は、ルカ

においてもイエスの宣教活動はしばしば拒絶されていることからも（4:28;
9:53; 15:2; 16:14; 19:7 参照）ルカの文脈に適合しておらず、その一方で、
否定的な意味で「皆」が神の国に激しく反対している（Ellis 1987:203 参
照）、あるいは神の国に向かって暴力を振るっている（田川 2011:374f; 岩
波訳）という理解もルカの文脈に合致していない。それゆえ、むしろこ
の動詞を受動態と見なし、「皆が神の国に入るように強いられている（強
力に招かれている）」と解すべきであろう（Fitzmyer 1985:1117f; Schweizer
1986:170f; Bock 1996:1353f; Green 1997:603; カルペパー 2002:405; H. Klein
2006:548; Wolter 2008:555f）。その意味でこの箇所は、ルカ 14:23 の
ἀνάγκασον εἰσελθεῖν（無理やりにでも人々を連れ込みなさい）とも響き合う
（さらに 24:29; 使 16:15 の παραβιάζομαι［強いる］も参照）。

　一方のマタイ版においては、洗礼者ヨハネの偉大さを讃える言葉（マタ
11:11; 並行ルカ 7:28）に続いて（ヨハネの活動時より）「天国は暴力を振るわ
れている」と述べられ、さらに「暴力を振るう者たち」（βιασταί）がそれ
を奪い取っていると記され、その直後に「すべての預言者たちと律法」が
預言したのはヨハネの時までであると告知されている（マタ 11:12–13）。

17 節

　しかしながら、そのように「律法と預言者たち」から「神の国の福音」
への転換について語られた直後には、**「律法の一画が抜け落ちるよりは天
と地が過ぎ去る方が易しい」**（ヨブ 14:12; イザ 5:16 参照）と述べられ、神
の国の福音が告知された後も律法は依然として有効であり続けると言明さ
れる。文字通りには「角」を意味する κεραία（画）は、ここではおそらく
ヘブライ語文字の飾り線／飾り小冠を意味し、律法の個々の細部を指し
ている。また、**「天と地」**（ὁ οὐρανὸς καὶ ἡ γῆ）は神によって創造された世
界であり（創 1:1 参照）、ここでは滅び去るものとしてのこの世界というよ
うな黙示的意味ではなく（cf. マコ 13:31 // ルカ 21:33:「天と地は過ぎ去るが、
私の言葉は決して過ぎ去らない」）、むしろ永続するものの象徴として用いら
れており、律法の永続性がより一層強調されている（cf. バル 4:1:「永遠に
存続する律法」。さらに Bill. I:244f も参照）。

　この発言は前節の内容と明らかに矛盾しているように思われるため、両
者の関係をどのように理解すべきかが問題となるが、ファリサイ派に対す

る皮肉（T. W. Manson 1954:135; ケアード 2001:228）とは考えにくい。この点についてコンツェルマン（1965:268）は、律法は福音の前提であり、救済史的時期としての律法は終わっても、その根本的位置は継続することがここでは示されていると論じている。すなわち、律法は救済史的観点においては過ぎ去っていくが、それによって消滅するわけではないというのである。また一部の研究者は、後続の 18 節との関連において、律法はイエスの教えにおいて、すなわちイエスの宣教の文脈において永続するという意で解しており（Wilson 1983:50f; Fitzmyer 1985:1116; Marshall 1995:627）、さらに他の研究者は、ルカにおいては旧約律法の個々の掟ではなく律法の実践的意味、すなわち倫理的行為の規範としての律法が重要であり、この観点において律法は存続するという意で解している（Horn 1983:71; Schneider 1984b:338）。これらの解釈はいずれも決定的とは言えないが、それぞれに一定の蓋然性を有していると考えられる。なお、この箇所と並行するマタイ 5:18 は、マタイの山上の説教の中の律法に関する教えの冒頭部分に位置づけられている。

18 節

律法の有効性が強調された直後には、姦淫の罪としての離縁／再婚について述べられる。並行記事のマタイ 5:32（マコ 10:11; 並行マタ 19:9 も参照）は、17 節の並行箇所（マタ 5:18）と同様、山上の説教の中に位置づけられ、第三対立命題を構成しているが、ここでは律法の有効性を示す具体例として挙げられている（Fitzmyer 1985:1119 はこの見解に懐疑的）。

ここで特に姦淫の罪が挙げられている理由は必ずしも明らかではないが、姦淫の禁令が七十人訳聖書においてはモーセの十戒の後半部の冒頭に位置づけられており（出 20:13 LXX; 出 5:17 LXX 参照）、ルカ 18:20 においても、並行箇所（マコ 10:19; マタ 19:18）とは異なり、一連の掟のリストの冒頭に位置づけられていることを勘案すれば、ルカ自身がこの言葉を配置したとも考えられる。また、この言葉が実際にルカによって付加されたのなら、ここで姦淫に言及されているのは、（14 節との関連から）妻が夫の所有物と認識されていたため（14:18–20 参照）とも考えられる（Fitzmyer 1985:1119; Kremer 1988:164; さらに Donahue 1988:174; Schottroff 2007:217 参照）。もちろん、16–17 節にはその点に全く言及されていないことから

も、この姦淫の主題を男性の所有欲と直接関連づけられるかどうかは少々疑問であるが、その一方で、後出のファリサイ派の人物の祈りにおいても「奪い取る者」と「姦淫する者」が結合する形で言及されており（18:11）、さらにユダヤ教文書において所有欲と姦淫がしばしば結合している点を勘案するなら（死海文書「ダマスコ文書」4:17; 8:5, 7; 箴 6:29–30; 十二遺訓ユダ 17:1; さらに Klinghardt 1988:86–88 参照）、そのような倫理的観点における関連性も十分に考えられるであろう（Horn 1983:70）。なお Moxnes（1988:150）によると、この段落に言及されている三つの要素（所有欲、自己義認、姦淫）は、それぞれファリサイ派の人物の祈り（18:11）の中で言及されている「奪い取る者」、「不義な者」、「姦淫する者」に対応しており、いずれも不法のしるしである。

　ここでは、妻を離縁して他の女性と結婚する者も離縁させられた女性をめとる者も姦淫の罪を犯していると述べられるが、前半部に関して並行箇所のマタイ 5:32 では、「淫行の理由ではなく」自分の妻を離縁する者は彼女に姦淫の罪を犯させることになると記されているのに対し、ルカにおいてはそのような条件はつけられておらず、むしろ男性の側の姦淫の罪が問題にされている。さらにルカ版では、おそらくマルコ 10:11（並行マタ 19:9）との関連から「**他の女性をめとる**」（γαμῶν ἑτέραν）という表現が加えられており、その男性は彼の妻と離縁することによってではなく、その後再婚することによって姦淫の罪を犯していると断罪されており、何より男性が他の女性と再婚するために妻を離縁することを禁じている。このようにルカ版において離縁の禁止から再婚の禁止に強調点が移行しているのは、イエスに信従する際には妻をも棄てるべきとの要求（14:26; 18:29）と関連しているのかもしれない（Eckey 2004b:715; H. Klein 2006:548）。

　この箇所はまた、「夫が妻に関して何か恥ずべきことを見出した限りにおいて」という条件のもとに離縁を認めている申命記 24:1 の規定（cf. マタ 5:32:「淫行の理由ではなく」、マタ 19:9:「淫行のためでなく」）と一致していないという意味では、律法の一画も抜け落ちることはないと述べる直前の 17 節の言葉とは適合しておらず、律法を相対化（再解釈）している点ではむしろ 16 節に対応しているが（Rodenbusch 1903:243–254）、いずれにせよ、ルカはここで律法の精神を独自の視点からより深化させようとしている。因みにイエス時代のユダヤ教においては、申命記の規定の「恥

ずべきこと」をめぐって様々な解釈が見られ、例えばラビ・シャンマイ（前60頃−後20頃）は、ただ妻の不品行のみがその「恥ずべきこと」に該当すると見なしたが、一方のラビ・ヒレル（前60頃−後20頃）は、「もし妻が夫の夕食を作るのに失敗するなら」というような理由でも十分だと考えた。その意味では、イエスはここで、そのような理解に対して極めて厳格な律法理解を打ち出したことになり、ここには律法の倫理的側面を重視するルカの律法理解が示されている。

　以上のことからも、ルカはここで離縁／再婚の禁令を軽視するファリサイ派の人々の姿勢が神の律法と矛盾していることを示そうとしており（16:29−31参照）、さらにはその彼らの所有欲と自己義認、姦淫の罪がマモン礼拝と密接に結びついていることを示すことによって、その対極にある律法の重要性を強調しようとしているのであろう。

【解説／考察】

　この段落は様々なイエスの言葉から構成されているが、個々の言葉の相互関係を見極めるのは極めて困難である。段落の前半部（14−15節）では、イエスを嘲笑い、自らを義とするファリサイ派の人々の態度が、金銭を愛する彼らの心の内実と明らかに矛盾している点が批判されている。続く後半部（16−18節）では、「律法と預言者たち」から「神の国の福音」への転換について述べられるが、前者は単純に破棄されるのではなく、後者がその本質的部分を受け継ぐことが示され、さらにその具体例として離縁／再婚の禁令が挙げられ、離縁／再婚を無条件に姦淫の罪と見なす厳格な律法理解を示すことによりその点が確認される。

　この段落の中心主題はイエスの律法理解であり、ここでは金銭欲と姦淫がいずれも律法に反する行為として断罪されている。その意味でも、ルカは律法を特にその倫理的側面から理解しており、その観点において律法の永続性を強調しようとしている。さらに、マモンにではなく神に仕えるようにとの前段の結語は、この段落における神の律法を重視する姿勢と結びつき、律法の遵守は神に仕えること（神への愛）のみならず隣人に仕えること（隣人愛）にも関連づけられるが、段落末尾の姦淫の禁令も、他者である妻を尊重するという観点において隣人愛に繋がっている。

この段落で言及されている金銭欲、自己義認及び姦淫は、いずれも自己中心的な考えに基づいており、これらの人間の否定的な特性は今日においても、しばしば人間関係を阻害し、人間同士の交わりを難しくしている。ルカはそのような姿勢に対して警告しようとしているが、それらを単なる倫理的要求として提示するのではなく、神の意思である律法との関連において指し示すことにより、神に仕えることによってそのような負の特性を克服するように要請している。

この文脈において、「人々の間で高められるものは神の前では忌むべきもの」（15c 節）という指摘は非常に示唆に富んでいる。特に今日の社会においては人前での評価（社会的評価）が過度に重視され、事実、現代人の多くは、他人の評価に捉われ、常に周囲の目を気にしつつ生きている。しかし、このイエスの言葉は、人前での評価を神の前での評価に対立するものとして否定的に捉えており（6:26 参照）、何より律法の中心内容である「神に仕え、人に仕える」姿勢の重要性を強調している。

5. 金持ちとラザロの譬え（16:19–31）

【翻訳】

16:19「さて、ある金持ちがいた。彼は〔いつも〕紫の衣や〔上質の〕亜麻布を身にまとい、毎日贅沢に楽しんでいた。²⁰ そしてラザロという名の貧しい人が、できもので覆われて彼（金持ち）の〔家の〕門の前で横たわり、²¹ その金持ちの食卓から落ちる物で腹が満たされることを切望していた。そればかりか、犬たちまでやって来て、彼のできものをなめていた。²² さて、この貧しい人は死んで、彼は天使たちによってアブラハムのふところに連れて行かれた。また金持ちも死んで葬られた。²³ そして、彼（金持ち）は陰府において苦しみの中におり、その両目を上げると、はるかかなたにアブラハムと彼のふところにいるラザロが見える。²⁴ そこで彼自身は叫んで言った。『父アブラハムよ、私を憐れんでください。そしてラザロを遣わし、彼の指先を水に浸し、私の舌を冷やさせてください。私は

この炎の中でもだえ苦しんでいますので』。[25] しかしアブラハムは言った。『子よ、思い出してみなさい。お前は自分の人生においてお前の良いものを受け、同じようにラザロは悪いものを〔受けていた〕。しかし今、彼はここで慰められ、そしてお前は〔そこで〕もだえ苦しんでいるのだ。[26] そしてこれらすべてに加えて、私たちとお前たちの間には大きな淵が据えられており、ここからお前たちの方へ渡ろうと思っている者たちはそうできないし、また、そこから私たちの方に渡〔って来〕ることもできない』。

[27] すると彼（金持ち）は言った。『父よ、それではあなたにお願いします。私の父親の家に彼（ラザロ）を遣わしてください。[28] と言いますのも、私には五人の兄弟たちがいますが、彼らもまたこの苦しみの場所に来ることのないように、彼らによく警告するためにです』。[29] しかしアブラハムは言う。『彼ら（お前の兄弟たち）にはモーセと預言者たちがいる。彼らは彼ら（モーセと預言者たち）に聞けばよい』。[30] しかし彼（金持ち）は言った。『そうではなく、父アブラハムよ、もし死者たちの中から誰かが彼らのところに行けば、彼らは悔い改めるでしょう』。[31] しかし彼（アブラハム）は彼に言った。『もし、彼らがモーセと預言者たちに聞かないのなら、たとえ誰かが死者たちの中から復活しても彼らは説得されないだろう』」。

【形態／構造／背景】

　金銭を愛するファリサイ派の人々への批判と律法の永続性について述べられた前段（16:14–18）の直後には、この金持ちとラザロの譬えが続いているが、この譬えも、ルカ 10:29–37; 12:16–21; 18:9–14 と同様、「例話」（Beispielerzählung）と見なされてきた（Jülicher 1910a:112–115 参照）。先行する不正な管理人の譬え（16:1–13）と同様、この譬えも「ある金持ちがいた」（ἄνθρωπός (...) τις ἦν πλούσιος）という表現で始まり（1, 19 節）、富の用い方を主題としており、また、譬え末尾の「モーセと預言者たち」（29, 31 節）は直前の段落の「律法と預言者たち」（16 節）に対応している。この譬えはまた、先行する父の愛の譬え（15:11–32）と同様、ファリサイ派の人々ら（敵対者たち）に向けられているが、この譬えのラザロと父の愛の譬えの弟息子とは、いずれも飢えの極限状態を経験した後に、ラザロは天の祝宴に（16:23）、弟息子は父の家での祝宴に（15:23–24）迎

え入れられている点で並行している。さらにいずれの譬えにおいても、対照的な二人の人物が登場し、二つの頂点があることに加え、楽しみと祝宴（15:23–24, 29, 32／16:19, 22–23）、悔い改め（15:17–19／16:30）、死者からの復活（15:24, 32／16:30–31）、ἐπιθυμέω χορτασθῆναι（腹が満たされることを切望する［15:16／16:21］）、呼格の「父よ」（πάτερ［15:12, 18, 21; 16:24, 27, 30］）及び「子よ」（τέκνον［15:31; 16:25］）等のモチーフや語句が含まれている。

　この譬えは、来世における金持ちとラザロの境遇の逆転について語る前半部（19–26節）と、金持ちの兄弟たちの救いの可能性について述べる後半部（27–31節）から構成されている。段落冒頭の人物描写（19–21節）の順序（金持ち→ラザロ）は、両者の死とその後の境遇に関する直後の記述（22–23節）では逆の順序（ラザロ→金持ち）になり、19–23節全体がキアスムス（交差配列法）によって構成されており、また24節以降は金持ちとアブラハムとの三重の対話（24–26, 27–29, 30–31節）から構成されている。この段落全体は以下のように区分できる。

　（1）金持ちとラザロの境遇の逆転（19–26節）
　　　（a）状況設定：生前の金持ちとラザロ（19–21節）
　　　（b）ラザロと金持ちの死後の境遇（22–23節）
　　　（c）金持ちの嘆願（24節）
　　　（d）アブラハムの返答（25–26節）
　（2）金持ちの兄弟たちの救いの可能性（27–31節）
　　　（a）金持ちのさらなる願い（27–28節）
　　　（b）アブラハムの返答（29節）
　　　（c）金持ちの反論（30節）
　　　（d）アブラハムの断言（31節）

　もっとも、この段落の構成区分についてはこのほかにも様々な見解が見られ、比較的多くの研究者は、① 導入部（19–21節）、② 金持ちとラザロの境遇の逆転（22–23節）、③ 金持ちとアブラハムの対話（24–31節）という三部構成を考えており（H. Klein 1987:96; 2006:551; Bock 1996:1361; Krüger 1997:34; Eckey 2004b:718; Wolter 2008:557; Bredenhof 2019:100f）、

Schnider/Stenger（1978/79:273–283）は、その①と②を結合させる形で、物語部分（19–23節）と対話部分（24–31節）の二部構成を提案している（Erlemann 1999:243; Petracca 2003:188 も同様）。その他、カルペパー（2002:409–414）はこの譬えを三幕から構成される劇と見なし、第一幕（19–21節）、第二幕（22節）、第三幕（23–31節）という構成区分を考えており（Bovon 2001:111 も同様）、また Löning（2006:156–160）は、段落全体を導入部（19–22節）と、三つの小区分（24–26, 27–29, 30–31節）を含む主要部（23–31節）とに区分している。

　この譬えは他の福音書に並行箇所が見られず、また多くの非ルカ的語彙を含んでいることから（Degenhardt 1965:133; Jeremias 1980:260–262 参照）、全体としてルカ特殊資料に遡ると考えられる。前半部（19–26節）に関しては、Gressmann（1918）以来、シ・オシレと彼の父親の死者の国への旅について語るヘレニズム期のエジプトの民話がしばしば並行例として挙げられる（大貫・筒井 2013:121–125 参照。その他の並行例については同 119–121; Hock 1987:457–462; Lehtipuu 2007:145–159; 太田 2010:1–20; Neumann 2010:98–108 等を参照）。その物語ではある金持ちと貧しい人について語られ、その金持ちが死後、多くの会葬者の嘆きと栄誉をもって葬られたのに対し、一方の貧しい人は一人の会葬者もなく、一枚の筵にくるまれて葬られた。しかし死者の国では、その貧しい人は金持ちの死出の装束を貰い受け、上等な亜麻布の衣服に身を装われてオシリス神の近くにいるのに対し、金持ちはそこで悲惨な目に遭うことになる。このように、この物語では彼らの境遇が死者の国において取り換えられる様子が描かれており、「地上で善良な者は死者の国でも善き境遇に置かれ、地上で悪しき者は、死者の国で悪しき境遇に置かれるのです」という言葉によって結ばれる（太田 2010:4–6 参照）。

　エレミアス（1969:201f）は、この物語はアレクサンドリアのユダヤ人によってパレスチナにもたらされ、「富める徴税人バル・マヤンと貧しい律法学者の物語」として親しまれるようになったと主張している（本書 305 頁参照）。その物語によると、富める徴税人バル・マヤンは死んで立派な葬式が行われたが、その一方で律法学者は誰にも知られることなく死んだ。そして律法学者の友人は夢の中で、その律法学者は生前の唯一の微罪に対する罰として粗末な扱いを受けたのに対し、徴税人は生前、町の貧しい人

たちを宴会に招くという唯一の小善のために立派な葬儀をもって報いられたと告げられる。さらに数日後に彼が見た夢によると、その律法学者は死後、泉から水が流れ出る楽園にいたが、別の川岸に立っていた金持ちのバル・マヤンは、水を飲もうとしても川の水に近づけなかったという（太田 2010:6f 参照）。

もっとも、これらの物語においては生前の行いに対する死後の裁きが問題になっているのに対し（エチオピア・エノク 103:1–8 参照）、この金持ちとラザロの譬えの前半部では社会的境遇の逆転についてのみ語られ、生前の彼らの振る舞いは特に問題にされていない点等、両者間には相違点も認められる。それゆえ、この譬えがこれらの物語から何らかの影響を受けていることは否定できないとしても、それらに直接依拠しているとは考えにくいであろう（Seccombe 1982:174–176; Fitzmyer 1985:1127; Hock 1987:452; Bauckham 1991:227–231; Wolter 2008:557f 参照）。なお太田（2010:3, 14）は、このバル・マヤンの物語（エルサレム・タルムード「サンヘドリン」23c）に近似した民間伝承がイエス時代のユダヤ人に知られており、イエスはこれを用いてこの譬えを即興的に創作したと推定しており（エレミアス 1969:196; Nolland 1993a:827; Marshall 1995:634 も譬え全体をイエスに帰す）、他の研究者は、譬えの前半部にはキリスト論的関心が見られず、また社会的境遇の終末論的逆転はイエスに特徴的であることから、譬えの前半部のみをイエスに帰している（ショットロフ／シュテーゲマン 1989:64–66; 大貫 2003:54, 56; 2019:145）。

一方で、19 節の ἄνθρωπος ... τις ἦν πλούσιος（ある金持がいた［16:1 にも使用］）、εὐφραινόμενος（εὐφραίνω［楽しむ／祝う］は共観福音書ではルカ 12:19; 15:23, 24, 29, 32; 16:19 にのみ使用）、καθ᾽ ἡμέραν（毎日［新約用例 17 回中ルカ文書に 11 回使用］）、20 節の τις ὀνόματι（《名詞＋形容詞的 τις ＋ ὀνόματι ＋個人名》という構文は新約ではルカ文書にのみ計 7 回使用）、21 節の ἐπιθυμῶν χορτασθῆναι（腹が満たされることを切望する［15:16 にも使用］）、22 節の ἐγένετο δέ（新約ではルカ文書にのみ計 37 回使用）、δὲ καί（共観福音書用例 31 回中ルカ文書に 26 回使用）、22, 23 節の κόλπος（ふところ［新約用例 7 回中ルカ文書に 5 回使用］）、23 節の ἐπάρας（< ἐπαίρω［上げる］：新約用例 19 回中ルカ文書に 11 回使用）、ὑπάρχων（< ὑπάρχω［持つ／〜である］：新約用例 60 回中ルカ文書に 40 回使用）、24 節の καὶ αὐτός（καὶ αὐτός／καὶ αὐτοί は導入表現として四福音書用例 39 回中ルカに 34 回使用)、24, 25 節の ὀδυνάω(苦しむ[新約ではルカ文書にのみ計 4 回使用])、25 節の εἶπεν δέ(文頭の εἶπεν(-ον, -αν) δέ は新約ではヨハ 12:6 を除くとルカ文書にのみ計 74 回使用)、26 節の διαβῆναι(< διαβαίνω[渡る]:新約ではヘブ 11:29 を除くとこの箇所と使 16:9 にのみ使用)等の語句はルカに遡ると考えられる。

　後半部(27–31 節)は先行する前半部からは強調点が移行していることからも二次的に前半部分に付加されたと考えられ、ルカの文脈では 26 節が移行句として機能している(Jülicher 1910b:634, 638; Heininger 1991:179)。近年は譬え全体の文学的統一性を主張する研究者も多いが(Schnider/Stenger 1978/79:273–283; Fitzmyer 1985:1127; Hock 1987:448–455; Erlemann 1999:242 n. 3; Petracca 2003:188; Lehtipuu 2007:19–21; 太田 2010:12f; Bredenhof 2019:4f)、ある程度の統一性は確認されるとしても、そのことが譬えの前半部と後半部の原初的な結びつきを証明することにはならないであろう。また一部の研究者は、後半部をイエスに帰しているが(Gressmann 1918:55; エレミアス 1969:205; Wiefel 1988:298)、陰府からの使信のモチーフは古代世界において広まっていたことからもそれは考えにくい。一方でブルトマン(1983:335)は、地獄に落ちた妻が地上にいる夫に悔い改めるように伝えた結果、夫は悔い改めたという主旨のユダヤ教の伝説を引用して、この後半部の根底には(前半部と同様)ユダヤ教の物語があると主張しているが、ユダヤ教の伝承から何らかの影響を受けていること自体は否定できないとしても、この見解も十分に根拠づけられない。また Crossan(1973:67)は、譬えの後半部と後続のルカ 24 章は、復活に関わる「不信仰」(16:31 / 24:11, 25, 41)、「モーセと預言者たち」(16:29, 31 / 24:27, 44)、「死者の中からの復活」(16:31 / 24:46)等のモチーフを共有していることから、最初期のキリスト教会に由来すると主張しており、H. Klein(1987:97–99)も、後半部分をルカ特殊資料の背景にある教会による構成であると見なしている。なお、この譬えとラザロ復活の物語(ヨハ 11 章)との関連性がしばしば指摘されるが、両者の伝承史的関係は明らかではない。

　さらに他の研究者は、後半部はルカが前半部に付け加えた再解釈であると見なしている(Horn 1983:82f; Kremer 1988:166; ショットロフ/シュテーゲマン 1991:64; Eckey 2004b:718)。しかしながら、後半部には 27, 31 節の

εἶπεν δέ（上記参照）、28 節の διαμαρτύρηται（与格名詞を伴う διαμαρτύρομαι［勧告する］は新約ではルカ文書にのみ計 4 回使用）、30 節の μετανοήσουσιν（< μετανοέω［悔い改める］：新約用例 34 回中ルカ文書に 14 回使用）、さらに 29, 31 節の「モーセと預言者たち」（両者の組み合わせは新約ではこの箇所を除いて 24:27, 44 にのみ使用）等を除いてルカ的語彙は認められず、また 29 節冒頭の λέγει（言う）は非ルカ的な歴史的現在の用法を示していることから、その蓋然性は高くなく、この譬えの前半部と後半部はすでにルカ以前に結びついていたのであろう（ブルトマン 1983:309; Schneider 1984b:340）。もっとも、末尾の 31 節（大貫 2003:52f）あるいは 30–31 節（Bovon 2001:112, 126; 廣石 2019:19）はルカの編集句かもしれない。

以上のことからも、ルカはこの譬えをすでに前半部と後半部が結合した状態でルカ特殊資料から受け取り、適宜編集の手を加えることによってこの箇所全体を構成したのであろう。

【注解】

19 節

段落冒頭からやや唐突に譬えが語り始められるが、前段からの移行句を伴っていないことからも（ベザ写本は段落冒頭に εἶπεν δὲ καὶ ἑτέραν παραβολήν［さて、彼はまた別の譬えを語った］を挿入）、前段と同様、この譬えもファリサイ派の人々に向けられている。ここではまず、贅沢三昧に享楽的な日々を過ごしていた金持ち（7:25 参照）が紹介される。彼の富は彼が身に着けている衣服によって表現されており、「**紫の衣**」（πορφύρα）は王の衣服を意味し（エス 8:15; I マカ 8:14; 10:62; マコ 15:17, 20; Bill. II:222 参照）、「**〔上質の〕亜麻布**」（βύσσος）も同様に贅沢品であった（箴 31:22; 黙 18:12; さらに Bill. II:222f も参照）。その金持ちは毎日贅沢に「**楽しんでいた**」（εὐφραινόμενος）が、この表現は、食べたり飲んだりして「楽しむ」（εὐφραίνω）ことを計画していた愚かな金持ちを思い起こさせる（12:19; さらに 15:23–24, 32 参照）。一部の研究者は、すでにこの段階でこの金持ちの罪責性を指摘しており（Derrett 1960/61:373; York 1991:65 n. 2）、またエレミアス（1969:202）は、ここで金持ちの罪責が明瞭に示されていないのはイエスが聴衆に周知の物語を引用したためであると断定している

が、少なくともこの箇所においてはこの金持ちの倫理的姿勢は特に問題にされていない。

20–21 節

　続いて、この金持ちと対照的な位置づけにある貧しいラザロが紹介される。彼はその金持ちの家の門の前に横たわっていたが、おそらくその場所を自分の物乞いの場所にしていたのであろう（エレミアス 1969:202; Schneider 1984b:341; Nolland 1993a:828）。ここには「**横たわり**」（ἐβέβλητο：βάλλω［投げる］の大完了受動態三人称単数形）とあることからも、彼は中風患者（マコ 8:6; 9:2 参照）もしくは重病人（マコ 8:14）であったと考えられ、さらに彼が「**できもので覆われて**」（εἰλκωμένος）いたことは彼が皮膚病等の重病を患っていたことを想像させる（黙 16:2, 11 参照）。彼はまた無一文で飢餓状態にあり、金持ちの食卓から落ちてくるもので空腹を満たしたいと切望していた（15:16 参照）。ここでの「**落ちる**」（< πίπτω）は「投げられる」の意であり（... τῶν πιπτόντων ἀπὸ τῆς τραπέζης はマタ 15:27 と一致）、「床に落ちたパン屑ではなく、鉢に浸したり、手を拭うために用いてから、食卓の下に投げたパンの塊」（エレミアス 1969:202）を意味しているのであろう。また、その食卓から棄てられるパンを求めてやって来たと想定される犬たち（マコ 7:28 // マタ 15:27 参照）がラザロのできものをなめていたという描写は、彼の苦境を如実に物語っており、犬たちを追い払うことさえできないほどに完全に無力であったことを示している。この犬が飼い犬であったとは考えにくく（Derrett 1960/61: 372; Nolland 1993a:828f; ベイリー 2010:590 に反対）、また一部の研究者（H. Klein 2006:553; Neumann 2010:99f; ベイリー 2010:591–593; Levine/ Witherington 2018:453）は、この犬はラザロのできものをなめることによりその傷を癒し、苦痛を和らげていたと解しているが（フィロストラトス『アポロニウスの生涯』6:43 参照）、この見解も十分に根拠づけられない。

　なお、金持ちの名前には言及されていないのに対し（cf. $\mathfrak{P}^{75}$：ὀνόματι Νεύης［ネウエースという名の］。なおウルガータ聖書の dives［金持ちの］が名前と誤読された結果、英語圏ではしばしば Dives という名が使用される）、彼にはラザロという名がつけられているが、イエスの譬えの登場人物に名前が付けられている例は他になく、さらにこの譬えにおいてラザロは言葉を

一言も発しておらず、決して中心的な役割を果たしていないだけに、この事実は注目に値する。「ラザロ」（Λάζαρος）は「エレア（エ）ザル」の短縮形であり、アブラハムの僕エリエゼル（創 15:2）を思い起こさせるが（Derret 1960/61:371; Cave 1968/69:323 参照）、この名は「神は助ける」を意味し、彼が人にではなく神に助けられるというこの譬えの内容に合致している（カルペパー 2002:409）。もっとも、「ラザロ」は当時のユダヤ世界ではありふれた名であり（出 6:23; マタ 1:15; ルカ 3:29; ヨハ 11 章; ヨセフス『ユダヤ戦記』5:567 参照）、ここでは必要以上にその意味を問題にすべきではないであろう。その意味でも、この名は敬虔な貧者の態度を示しているわけではなく（Grundmann 1961:327; Ernst 1977:473f; Seccombe 1982:174f; Horn 1983:145, 150; Schneider 1984b:341 に反対）、金持ちがここまでは不信心者として描かれていないように、ラザロの倫理的資質もここでは特に強調されていない（Glombitza 1970:177; Johnson 1977:142; Bauckham 1991:231–236 参照）。むしろこのラザロという名への言及は、24 節以下の金持ちとアブラハムとの対話を展開させる機能を果たしている（Jülicher 1910b:622; Marshall 1995:635）。

22 節

しかしこの二人の死後、両者の境遇は逆転する。まずラザロが死んで「**天使たちによってアブラハムのふところに連れて行かれた**」。この箇所は、天に上げられたエノク（創 5:24; シラ 44:16; 49:14; ヘブ 11:5）やエリヤ（王下 2:11; シラ 48:9; Ｉマカ 2:58）の記事を思い起こさせるが、死者が天使に迎えられるという表象は古代文献にも多くの並行例が認められる（十二遺訓アセル 6:6; ヨブ遺訓 47:11; ヘルマス「幻」2:2:7; ディオゲネス・ラエルティオス『ギリシア哲学者列伝』8:31; さらに Bill. II:223f 参照）。また、「**アブラハムのふところに**」（εἰς τὸν κόλπον Ἀβραάμ）という表現は（23 節の ἐν τοῖς κόλποις αὐτοῦ［彼のふところに］やヨハ 13:23 の ἐν τῷ κόλπῳ τοῦ Ἰησοῦ［イエスのかたわらで］を参照）、祝宴においてアブラハムの傍の栄誉ある席に着いている様子を示しており（大貫 2003:54f 参照、さらにヨベル 22:26; アブラハム遺訓 20 (A); Bill. II:225–227 参照。一方で Bock 1996:1368 はこの状況を「祝宴」と見なすことに否定的）、ラザロとアブラハムとの親密な関係を表現している（ヨハ 13:23 参照）。

403

続いて「金持ちも死んで葬られた」とごく簡潔に述べられるが、ラザロの場合とは異なり、この金持ちは盛大な形で葬られたものと想像させる。一部の研究者は、エジプトの民話では金持ちの葬りの様子が極めて詳細に記されているのに対してここではごく簡潔に描写されているのは、葬りの儀式を批判するルカ 9:60 との関連のためと見なしているが（Grundmann 1961:328; Ernst 1977:474）、むしろそれは、物語の展開上、詳細な描写は不必要と見なされたためであろう。

23 節

この金持ちは死後、ラザロの場合とは対照的に、陰府（ἅδης）に送られるが（10:15; 使 2:27, 31 参照）、ἅδης は γέεννα（地獄）とは異なり、ヘブライ語の שְׁאוֹל（シェオール）に対応している。一部の研究者は、この点に加えてここでは神の裁きが明示されていないことから、ここには最終的な裁きではなく、例えばヨハネ黙示録 20:13–14 と同様、死の直後に最後の審判を待っている中間状態が描かれていると見なしている（エレミアス 1969:203; 太田 2009:62f; 2010:10f, 19f）。しかしながら、異なる区域にいるラザロはすでにアブラハムの傍にいることからもそれは考えにくく、事実この物語の後半部は、この金持ちの運命はすでに決定的で、もはや変えられないことを前提に語られている（Ernst 1977:475; Lehtitpuu 2007:275）。因みにエチオピア・エノク 22:8–10 によると、死の国は様々な区域に分かれ、その中には義人の区域や生存中に裁かれなかった罪人たちの区域も存在しており、また紀元 1 世紀には楽園は第三の天に探すべきとの観念が広まっていた（スラブ・エノク 8:1 以下; Ⅱコリ 12:2–4 参照）。

金持ちがいる場所とラザロがいる場所とは遠く離れていたが、相互に状況を見極めることができる位置関係にあり（Ⅳエズラ 7:36; Bill. Ⅳ/2:1114f 参照）、その金持ちは陰府における苦しみの中でアブラハムのふところ（複数形）にいるラザロの姿を遠くに認めることになる。すなわち、二人の境遇は明らかに逆転し、かつてラザロは地上で、連日祝宴に興じる金持ちのすぐそばで困窮していたのに対し、今では金持ちの方が苦境の中でアブラハムのふところで憩うラザロの姿を見せられることになった（Ⅳエズラ 7:85; エチオピア・エノク 108:14–15 参照）。

【金持ちとラザロの生前と死後における境遇の逆転】

	金持ち	ラザロ
生前（現世）の状況	高価な衣装を身にまとい、日々贅沢して宴会に明け暮れる（＝良いものを受ける）	無一文で食べる物にも困窮し、金持ちの家の前に横たわり物乞いする（＝悪いものを受ける）
死後（来世）の状況	陰府の炎の中で苦しみ、遠くにアブラハムのふところにいるラザロの姿を認める	アブラハムのふところ（天上の宴会）で憩い、慰められる

24 節

そこで、この金持ちはアブラハムに「**父アブラハムよ**」（πάτερ Ἀβραάμ）と呼びかけ（27, 30 節。アブラハムについては 1:73; 3:8; 13:16; 19:9 等も参照）、**「私を憐れんでください」**（ἐλέησόν με）と訴え（17:13; 18:38–39 参照）、ラザロの指先を水に浸させ、彼の舌を冷やすために遣わしてくれるように懇願する。おそらくそれは、自分は炎の中で苦しんでいる一方で、ラザロがいる場所には泉があるためであろう（エチオピア・エノク 22:9; 48:1; 黙 22:1–2 及び前述の「律法学者と徴税人の物語」参照）。陰府における炎や渇きについてはユダヤ教文献にしばしば言及されている（「炎」：イザ 66:24; シラ 21:9–10; エチオピア・エノク 10:6, 13; 63:10; スラブ・エノク 10:2; Ⅳエズラ 7:36–38 参照／「渇き」：Ⅳエズラ 8:59; スラブ・エノク 10:2 参照）。注目すべきことに、ここで金持ちは、陰府における苦しみそのものからの解放ではなく、少量の水で舌を冷やして一時的に苦しみが緩和されることを求めており、その意味で彼の願いは極めて控え目であるが、このことは逆に彼の苦痛の切実さを物語っているのかもしれない（エレミアス 1969:203）。なお、ここで金持ちがラザロを名指ししていることは、彼が生前のラザロの困窮に気づいていたことを示していると考えられ、そうだとすると、ラザロが金持ちの家の門前で横たわっていたという描写（21 節）は、彼に注意を向けようとしなかったこの金持ちの落ち度を示していることになる（Fitzmyer 1985:1128, 1132; 三好 1991:348; Erlemann 1999:242 n. 1）。いずれにせよ、ここで金持ちがラザロを遣わすように頼んでいることは、彼が地上における生前の境遇を前提に、ラザロをなお自分に仕えるべき存在と見下していたことを示している。

25 節

　これに対してアブラハムは金持ちに「**子よ**」（τέκνον）と語りかけ（15:31参照）、彼の願いをはっきりと拒絶している。アブラハムとこの金持ちが父と子の関係にあること自体は否定されないが、そのことだけでは救いの保証にはならないことがここには示されている（3:8 参照）。ここではアブラハムの口を通して、金持ちとラザロの生前の歩みと現在の境遇がキアスムス（交差配列法）を用いて《金持ち→ラザロ→ラザロ→金持ち》という順序で語られることにより、彼が今なぜ苦境に陥っているのかが明らかにされている。すなわち、地上で金持ちは「**良いもの**」（τὰ ἀγαθά）を受け（1:53 参照）、ラザロは「**悪いもの**」（τὰ κακά）を受けていたが、しかし今、この来世においては、ラザロはアブラハムのもとで慰められ、金持ちは陰府で苦しむというのである。この対比は、神による逆転の表象（1:53; 6:20–26; 14:11 参照）と軌を一にしているが（嶺重 2012:96–101 参照）、注目すべきことに、ここでは両者の生前の倫理的姿勢については特に問題にされていない（Bauckham 1991:231–233）。確かに、譬えの後半部分（27–31節）との関連から、この金持ちは生前享楽的な人生を送り、ラザロのことを顧みなかったために、今は苦しみの中に置かれていると見なすことは可能であるが（Green 1997:604f n. 326; Lehtipuu 2007:165）、その一方で、ラザロは生前、敬虔に生きたから今は神の慰めを受けていると解することはできないであろう（Grundmann 1961:329; エレミアス 1969:203f に反対）。古代世界においては来世における人間の運命を扱った物語が多く見られるが（エチオピア・エノク 22:9 以下; 103:5–7; スラブ・エノク 9–10 章; IV エズラ 7:36–38 他参照）、多くの場合、来世における運命は現世におけるその人の振る舞いに基づいている（Petzke 1980:150; ショットロフ／シュテーゲマン 1989:65f; Lehtipuu 2007:155f）。

26 節

　続いてアブラハムは、金持ちの願いを拒絶するもう一つの理由を述べる。すなわち、ラザロがいる領域と金持ちがいる陰府との間には渡ることのできない深い淵が存在しているため（IV エズラ 7:36 参照）、たとえアブラハムがそれを望んでも彼を助けることはできないというのである。διαβαίνωと διαπεράω はいずれも「渡る」を意味し、両者の間が水によって満たさ

れていることを示しており、この視覚的イメージは両者の運命が決定的なものであることを明らかにしている。この節はまた、譬えの後半部分へと橋渡しする機能を果たしている。

27-28 節

譬えの後半部は、金持ちがアブラハムに再び「**父よ**」（πάτερ）と語りかけ、嘆願することによって始まっている。金持ちはここでもラザロの派遣を要望しているが、ラザロを自分のいる場所に遣わすことが不可能であることを認識した彼は、今度は彼を死者から甦った者として、彼の五人の兄弟たちが住んでいる彼の父親の家に遣わしてくれるように嘆願する。どうやらこの金持ちは、自らが置かれている避けられない困難な状況とそれをもたらした自らの罪責を自覚し、来世における自分の悲惨な境遇について自分の兄弟たちに知らせて警告することにより、せめて自分の兄弟たちには同じ目に遭わせないようにしようと考えたようである。なお、死者の国からの使者という表象は古代世界において広まっていた（プラトン『国家』10:614d; ルキアノス『デモナックスの生涯』43;『死者の対話集』1; セネカ『書簡』30:9; サム上 28:7-20; さらに Bill. II:233; ブルトマン 1983:334-335; Bauckham 1991:237-242 参照）。また、ラザロを現世に遣わすという描写は死者の復活（31 節）を前提にしており、ヨハネ 11 章のラザロの復活の物語を思い起こさせる。因みに Jülicher（1910b:639）は、この金持ち自身を含めた計六人の兄弟は十二部族の中の堕落した半分の六部族を表していると見なしているが、推測の域を出ず、この五人という人数に特別な意味を読み込むべきではないであろう（14:19 参照）。

29 節

この彼の願いをアブラハムは再び拒絶するが、それはラザロを地上に遣わすこと自体が不可能であるためではなく、彼を派遣しても無意味であるという理由のためであり（Löning 2006:158f）、彼の兄弟たちはむしろ「**モーセと預言者たち**」に聞くべきだと答える。「モーセと預言者たち」は直前の段落の「律法と預言者たち」（16 節）に対応しており（24:27, 44; 使 28:23 参照。両者の結合についてはさらに死海文書「宗規要覧」1:3; 8:15-16;「ダマスコ文書」5:21; 6:1 参照）、前段との関連において、ここでも律法の

407

倫理的側面が強調されている。

30 節

　しかしこの金持ちは、「モーセと預言者たち」だけでは彼の兄弟たちを悔い改めさせるには不十分であることをよく認識していたので、このアブラハムの言葉に同意せず、彼の要求を繰り返す。彼自身は、死者たちの中から復活した者であるなら彼の兄弟たちを悔い改めさせることができると考えたようであるが、このような彼の判断は、彼自身もモーセや預言者たちに聞こうとしなかったという自覚に基づいているのであろう（Eckey 2004b:726）。なお、ルカにおいて悔い改めのモチーフは重要な役割を果たしており（木原 2012 参照）、この主題は先行する 15 章のみならず、後続の箇所（17:3b–4）でも主題になっている。

31 節

　しかしアブラハムは彼の意見に対し、「**モーセと預言者たちに聞かないのなら、たとえ誰かが死者たちの中から復活しても彼らは説得されないだろう**」と反論する。「死者たちの中から復活した者」とはここではラザロを指しているが（ヨハ 11 章参照）、ルカの文脈ではイエスをも暗示していると考えられることから（9:22; 13:32; 24:25–27, 44–47 参照）、この「**たとえ誰かが死者たちの中から復活しても**」（ἐάν τις ἐκ νεκρῶν ἀναστῇ）という表現は最初期のキリスト教会に由来し、イエスの復活証言を含むキリスト教宣教がユダヤ人に受け入れられなかった状況を示唆しているのかもしれない（Schneider 1984b:342; 三好 1991:349; Nolland 1993a:831; Bovon 2001:126 他）。なお、比較的多くの研究者はこのアブラハムの発言をしるしの拒絶と見なしているが（Grundmann 1961:330; レングストルフ 1976:411; Ernst 1977:472f; ブルトマン 1983:334; Schneider 1984b:341）、ここではしるしそのものは否定されておらず、むしろ復活した者に聞くことはモーセや預言者たちに聞くことと結びつき、ルカ 24:25–27, 44–46 においてもイエスの復活は「**モーセと預言者たち**」と関連づけられている（Kremer 1988:166）。すなわち、イエスの宣教はユダヤ教律法と矛盾するものではなく、両者は連続していることがここでは示されている。

　27 節以降の後半部においてこの譬えは新しい強調点を示している。す

なわち、前半部とは異なり、後半部では来世における社会的境遇の逆転（埋め合わせ）は特に強調されておらず、むしろ、前半部では暗示されるに過ぎなかった、身近にいたラザロの困窮に目を向けようとしなかった生前の金持ちの倫理的姿勢が、貧者等の弱者に配慮するようにとの律法の教え（レビ 19:9-10; 23:22; 申 14:28-29; 15:7-11; イザ 58:7 参照）との関連において問題にされている。その意味でも、この金持ちは現世における誤った振る舞いのために陰府で苦しむことになったのであり、彼の兄弟たちも悔い改めなければ、いずれは同様に陰府において苦しむことになると警告されている。

【解説／考察】

　この譬えの前半部では、地上において享楽的な人生を送った金持ちが死後、陰府で苦しむことになり、逆にこの世で不遇な生涯を送ったラザロが、死後はアブラハムのもとで憩うことになると、現世と来世における境遇の逆転について語られている。それに対して後半部では、特に金持ちの生前の振る舞いが問題とされ、この金持ちの五人の兄弟たちの運命との関連において、モーセと預言者たちに聞こうとしない者は、死人（あるいはイエス）が復活しても悔い改めることはないと断言され、律法が神の意思を示すものであることが改めて強調されている。

　この譬えの前半部と後半部がすでに結合した状態で伝承から受け取ったルカは、適宜編集の手を加えてこの譬えを構成したが、彼にとっては特に後半部の意味が重要であった。すなわち、その金持ちは、モーセや預言者たちに聞こうとしなかったため、すなわち、自分の所有物を他者（ラザロ）のためには全く用いようとせずに自分のためだけに用いたために、今陰府において苦しんでいるのであり、死後に運命は変えられないのだから、生きているうちに悔い改めるように要請しようとしている。この点は永遠の幕屋に迎え入れられるためにもこの世の富を有効に用いるようにとのルカ 16:9 の勧告とも重なり、まさにこの金持ちは、この世の富を用いて友人を作った不正の管理人とは対極に位置づけられている。おそらくルカは、この譬えを通して、律法の本質を受け継ぐイエスの福音を拒絶し、イエスの復活を否定しようとする人々を批判すると共に、当時のキリスト者に対

して、現世に生きている間にしっかりと悔い改め、自らの財産を自分のためだけに用いるのではなく困窮する他者のために用いるように警告しているのであろう。

　ルカの文脈においては、この譬えは金に執着するファリサイ派の人々に語られているが（16:14）、今日の文脈においては私たちそれぞれに向けて語られている。その意味でも、この譬えの終盤に登場する、悔い改めるように求められている金持ちの五人の兄弟たちはまさに私たち自身の現実の姿を指し示しており（カルペパー 2002:414）、それゆえこの譬えは、神の言葉（＝律法）に聞こうとせず、困窮する周囲の人々に心を閉ざそうとするなら、この金持ちと同様の運命が待ち受けていると私たちに警告しようとしている。

トピック
所有放棄と施し――ルカにおける富と貧困

　ルカが富と貧困の問題に多大な関心を寄せていたことは、① 貧者をしばしば肯定的に評価し（4:18; 6:20b; 7:22; 14:13, 21; 21:1-4）、その一方で富者及びこの世の富を否定的に捉え、貪欲を戒めている点（1:53b; 6:24; 8:14; 12:13-21; 16:13-14, 19-31; 18:18-30; 使 1:18; 5:1-11; 8:18-20）、② 信従に際する弟子たちの所有放棄（5:11, 28; 9:57-62; 14:33; 18:22, 28）や派遣に際して使者たちに課された厳格な装備の規則（9:3; 10:4）を強調している点、③ 貧者への施しについて頻繁に記している点（3:10-14; 6:30, 35, 38; 11:41; 12:33-34; 14:12-14; 16:9; 18:22; 19:8; 21:1-4; 使 9:36; 10:1 以下; 11:29-30; 20:33-35; 24:17）、④ 最初期のエルサレム教会の財産共有制に言及している点（使 2:44-45; 4:32-37; 5:1-11）等からも明らかである。

　注目すべきは、ルカは弟子たちに全所有の放棄を要求するが、その一方で私有財産を前提とする施し行為も求めている点である。事実ルカによると、最初期の弟子たちはイエスに信従する際に家族、職業、故郷を含め、全所有を放棄しているが、その一方で貧困そのものは理想化されておらず、彼らの所有放棄はイエスへの信従との関連におい

て理解されるべきものである。また、使徒行伝が所有放棄について沈黙していることは、ルカが彼の時代の信徒にそれを求めていなかったことを示している。同様にルカの派遣言辞によると、使者たちは何も持たずに旅立つように要求されているが、これもイエスによる派遣という文脈において理解されるべきであり、装備の規則の解除を命じるイエスの言葉（22:35-36）は、この規則がイエスの時代にのみ該当することを示している。すなわちルカは、完全な所有放棄をイエスの時代の弟子たちのエートスとして捉える一方で、彼の時代の信徒には直接それを求めていない。

　一方でルカはしばしば施しを要求しているが、ルカにおける施しは、①「貪欲」の対立概念として捉えられ、貪欲を戒めることによって施しが要求されている点（11:39-41; 12:15以下）、② 互恵の原則との関連で捉えられ、施し行為によってのみ互恵の原則は克服され、神から報われるとされている点（6:32-36; 14:12-14）、③ 救いと密接に関わり、施しをする者には救いが約束され（16:9; 19:8-9）、それを怠る者は裁かれ（12:16以下; 16:19以下）、その意味で悔い改めとも関わっている点（3:10-14; 19:8）、④ 律法との関連で捉えられ、施し行為はモーセや預言者に聞くことを意味し（16:29, 31）、愛敵の掟を満たし（6:27, 38）、清浄規定に代わるものと見なされている点（11:41）等に特徴が認められる。なお、施しの要求は主に弟子やファリサイ派に向けられるが、その際ルカは特に彼の時代の富める信徒のことを考えている。

　また、使徒行伝における財産共有に関する記述によると、最初期のエルサレム教会のメンバーはすべてを共有し、貧しい者は皆無であり、何らかの不足が生じると資産を所有する信徒が教会に財産を持ち寄り、それが必要に応じて分配されたのであり（使2:44-45; 4:32-35）、ここでは信徒間の一致の具現化としての財産共有が描かれている。なお、使徒行伝6章以降には財産共有について全く言及されていないことからも、ルカは最初期のエルサレム教会の財産共有を理想としつつも彼の時代の信徒にはそれを求めていない。その一方で施し行為については使徒行伝後半部においても引き続き言及され（使11:29-30; 20:33-35）、そこでは特に教会内の貧者への施しが問題になっており、ルカが彼の時代の教会内の貧者への経済的支援を求めていたことを示

している。

　以上のことからも、ルカにおける「所有放棄」は家族、職業等も含めた一切の所有が問題になっているのに対し、「施し」では特に余剰の物質的財産が問題にされており、また前者が過去におけるイエスの直弟子たちの行為と見なされ、ルカの読者には直接求められていないのに対し、後者はルカの読者に対しても直接要求されている。その意味でも、ルカは所有放棄と施しを明らかに区別して捉えており、これら二つの要素はルカにおいてそれぞれ異なる機能を果たしている（Mineshige 2003; 嶺重 2012:90–133 参照）。

6. 弟子への教え （17:1–10）

【翻訳】

17:1a 彼（イエス）はまた彼の弟子たちに言った。b「躓きが生じないということはあり得ない。しかし、それを生じさせる者は禍いだ。2 彼にとっては、その首のまわりにひき臼の石をつけられて海の中に投げ込まれるとしても、これらの小さな者たちの一人を躓かせるよりはましである。3a あなたたたちは注意しなさい。

　3b もしあなたの兄弟が罪を犯すなら、彼を叱りなさい。そして、もし彼が悔い改めるなら、彼を赦しなさい。4 また、もし彼が一日に七回あなたに対して罪を犯し〔ても〕、七回『悔い改めます』と言ってあなたのもとに立ち帰るなら、彼を赦しなさい」。

　5 すると使徒たちが主に、「私たちの信仰を増してください」と言った。6a そこで主は言った。b「もしあなたたちがからし種ほどの信仰をもっているなら、あなたたちが［この］桑の木に『根ごと抜き取られて海の中に植えられよ』と言えば、それはあなたたちに従うだろう。

　7 また、あなたたちの中の誰かに〔畑を〕耕作するか羊を飼っている僕がいる場合、彼が畑から〔戻って家の〕中に入って来た時、『すぐにこちらに来て食卓に着きなさい』と彼に言うだろうか。8 そうではなく、『私が

食べるものを用意しなさい。そして腰に帯を締め、私が食べて飲んでいる間は私の給仕をしなさい。そしてそのあとでお前は食べて飲みなさい』と彼に言うのではないか。⁹ 彼が命じられたことを行ったからといって、彼（主人）は僕に感謝するだろうか。¹⁰ このようにあなたたちも、自分たちに命じられたことをすべて行った時、『私たちは取るに足らない僕です。私たちは自分たちがなすべきことをなしたまでです』と言いなさい」。

【形態／構造／背景】

　ファリサイ派の人々に対する一連の言葉（16:15–31）を語った後、イエスは再び弟子たちに向かって語り始める（16:1 参照）。この段落と直前の金持ちとラザロの譬え（16:19–31）との結びつきは必ずしも明瞭ではないが（冒頭の 1–2 節を直前の譬えの注解と見なす Grundmann 1961:331f; Green 1997:611 に反対）、1b–2 節の並行箇所（マコ 9:42 // マタ 18:6–7）の直後に地獄の火の警告（マコ 9:43–48 // マタ 18:8–9）が続いていることとの関連があるのかもしれない（三好 1991:349）。また、3b–4 節に見られる罪人の悔い改めのモチーフは先行するルカ 15:7, 10, 17–19 にも認められ、その意味では、ルカ 15:1 からこの段落に至るセクション全体が悔い改めのモチーフによって枠付けられている。なお、5–6 節の主題である「信仰」は直後の段落でも言及されている（17:19）。

　この段落は、躓き（1–3a 節）、悔い改めと赦し（3b–4 節）、信仰（5–6 節）及びへりくだり（7–10 節）等の信仰・教会生活に関わる主題を扱う四つの小段落から構成されているが、それぞれの主題の相互関係は必ずしも明瞭ではなく、各小段落は緩やかに結びついている（2 節及び 6 節は「海の中に」[εἰς τὴν θάλασσαν／ἐν τῇ θαλάσσῃ] という表現を使用）。この段落全体は以下のように詳細に区分される。

（１）躓かせることへの警告（1–3a 節）
　　（a）導入句（1a 節）
　　（b）躓きの不可避性とそれをもたらす者の禍い（1b 節）
　　（c）小さな者を躓かせる者への裁きの言葉（2 節）
　　（d）聞き手に対する警告（3a 節）

（２）悔い改めと赦し（3b–4 節）

　　　（a）罪に対する叱責と悔い改める者に対する赦し（3b 節）

　　　（b）七回悔い改める者に対する七回の赦し（4 節）

（３）信仰の力（5–6 節）

　　　（a）信仰を増してくれるようにとの使徒たちの願い（5 節）

　　　（b）イエスの答え：からし種ほどの信仰に関する言葉（6 節）

（４）僕の譬え（7–10 節）

　　　（a）僕に対する正当な処遇（7–8 節）

　　　（b）僕の務めの本質（9 節）

　　　（c）適用句：へりくだりの要求（10 節）

　この段落の伝承史は非常に複雑であり、個々の記述の伝承の経緯を厳密に見極めるのはほとんど不可能である。冒頭の導入句（1a 節）は、《εἶπεν δὲ πρός + 対格》というルカ的表現を含んでおり（文頭の εἶπεν(-ον, -αν) δέ は新約ではヨハ 12:6 を除くとルカ文書にのみ計 74 回使用、《言述の動詞 + πρός + 対象を示す対格》は新約用例 169 回中ルカ文書に 149 回使用）、ルカの編集句であろう（9:14; 12:22; 17:22 参照）。続く 1b–4 節は総じてマタイ 18:6–7, 15, 21–22 に対応しており（I クレメンス 46:8 も参照）、全体として Q 資料に由来すると考えられる。1b 節はマタイ 18:7b に並行するが、その直前にこの世に対する禍いの言葉（マタ 18:7a）を含むマタイ版の方が Q 資料の内容を保持していると考えられる（H. Klein 2006:557; Eckey 2004b:727）。2 節はマタイ 18:6 のみならずマルコ 9:42 にも並行しており（περὶ τὸν τράχηλον αὐτοῦ καί ... εἰς τὴν θάλασσαν 及び σκανδαλίσῃ (...) τῶν μικρῶν τούτων を共有）、Q 資料とマルコ資料の双方を組み合わせて構成されているが（Heil 2003:148）、一方のマタイ版は明らかにマルコに依拠しており、ルカ版では先行している躓きの不可避性とそれをもたらす者の禍いの言葉（1b 節 // マタ 18:7b）が後置されている。内容的に 1b 節に直結する 3a 節はおそらくルカの編集句であろう（προσέχετε ἑαυτοῖς [注意しなさい] は 12:1; 21:34 にも使用）。これに続く悔い改めと赦しの言葉（3b 節）はマタイ 18:15 に並行しており、Q 資料の段階では先行箇所と結合しておらず（Schmithals 1980:172 に反対）、ルカが自ら構成した移行句（3a 節）によって両者を結合したのであろう。この 3b 節と直後の 4 節は、マ

タイの並行箇所では教会の規則を枠付ける形で分割して配置されているが（マタ18:15, 21–22）、すでにQ資料の段階においてこの形で結合していたのであろう（Schulz 1972:321; Schneider 1984b:346; Fitzmyer 1985:1139; Marshall 1995:642; ルツ 2004:59）。その一方で3, 4節のμετανοέω（悔い改める［共観福音書用例13回中ルカに9回使用]）と4節のἐπιστρέφω（立ち帰る［新約用例36回中ルカ文書に18回使用]）はルカの編集句であろう（木原2012:37–39 参照）。

からし種ほどの信仰に関する言葉（6b節）はマタイ17:20bに並行しており（トマス福48, 106 も参照）、Q資料に由来すると想定され（ルカ特殊資料に帰す Löning 2006:160 に反対）、イエスに遡ると考えられる（Marshall 1995:645; ルツ 1997:673; H. Klein 2006:558）。もっとも、この言葉を導入するマタイとルカの状況設定は明らかに異なっており、マタイにおいては、自分たちに悪霊を追放できなかった理由に関する弟子たちの問い（マタ 17:19; 並行マコ 9:28）に対し、イエスが弟子たちの信仰の薄さを指摘し（マタ 17:20a）、それに引き続いてこの言葉が語られている。さらに、類似した言葉がマタイ 21:21（並行マルコ 11:23）にも見られるが、この言葉はルカには見られない、いちじくの木の呪いに関する段落（マタ 21:18–22; 並行マコ 11:12–14, 20–24）の中に含まれており、おそらくマタイはここからも影響されているのであろう。一方のルカ版では、「私たちの信仰を増してください」との使徒たちの願い（5節）に答える形でこのからし種ほどの信仰に関する言葉（6b節）が語られているが、5節は ἀπόστολος（使徒［福音書用例10回中ルカに6回使用、さらに使に28回使用]）、ὁ κύριος（地上のイエスを表す ὁ κύριος［定冠詞付き絶対用法］は共観福音書にはルカにのみ計15回使用）、προστίθημι（増す［共観福音書用例10回中ルカに7回使用、さらに使に6回使用]）等のルカ的語彙を含んでいることに加え、聞き手の問いや異議等の反応によって話が中断される設定はルカに特徴的であることから（11:45; 12:41; 14:15; 16:14）、ルカが編集的に構成したと考えられ、直後の6a節（εἶπεν δὲ ὁ κύριος［1a節及び 11:39; 18:6 参照]）も同様であろう（Bovon 2001:134 も同意見）。

段落末尾の譬え（7–10節）はルカに特有の記事であり、総じてルカ特殊資料に由来すると考えられ（一方で Sato 1988:60 はQルカに帰す）、おそらくルカによってこの箇所に挿入されたのであろう。一部の研究者はこ

の譬えをイエスに帰しているが（ブルトマン 1963:75; Schneider 1984b:348; Marshall 1995:646; Bovon 2001:137）、田川（2011:386）が指摘しているように、イエスが奴隷制度を肯定するような譬えを語ったとは考えにくい。冒頭の τίς δὲ ἐξ ὑμῶν（あなたたちの中の誰か）を伝承句と見なす研究者が多いが（Jeremias 1980:263; Schweizer 1986:175）、ルカの編集句である可能性も否定できない（11:5, 11; 12:25; 14:5, 28; 15:4, 8 参照）。また、8 節なしには 7 節が意味不明となることからも、8 節は二次的に付加されたのではなく（Schweizer 1986:175; Marshall 1995:646 に反対）、両者は当初より結合していたのであろう（Wolter 2008:569）。なお、7 節の εὐθέως（すぐに［新約用例 36 回中ルカ文書に 15 回使用、一方で類語の εὐθύς は新約用例 151 回中ルカ文書に 2 回のみ使用］）及び 8 節の μετὰ ταῦτα（そのあとで［共観福音書にはルカにのみ計 9 回使用］）はルカの編集句と考えられる。また、段落末尾の適用句（10 節）は、主人の視点から僕の視点に移行していることからも二次的に付加されたと考えられるが（原初的な統一性を主張する H. Klein 1987:120f; Nollamd 1993:842 に反対）、ここには「命じる」という意の διατάσσω（直前の 9 節を含めて新約用例 16 回中ルカ文書に 9 回使用］）や πάντα τὰ ...（〜をすべて［《πᾶς ὁ ＋分詞句》は福音書用例 60 回中ルカ 28 回使用、さらに使に 24 回使用］）等のルカ的語彙が確認できる一方で非ルカ的語彙も少なからず含まれていることから（Jeremias 1980:264 参照）、ルカの編集句とは考えにくく（Minear 1974:82–87）、ルカ以前に譬え本文と結合していたのであろう（Fitzmyer 1985:1145; Bovon 2001:136）。

Q 資料に由来する各要素（1b–2, 3b–4, 6b 節）が伝承の段階でどの程度結合していたかは明らかでないが、おそらくルカは、1a 節、3a 節、5–6a 節を付加することによってこれらの伝承資料を相互に結合し、これにルカ特殊資料に由来する譬え（7–10 節）を加え、テキスト全体に編集の手を加えつつ、使徒（教会指導者）の務めという観点からこの段落全体を構成したのであろう。

【注解】

1 節

冒頭の導入句（1a 節）は、イエスの教えの対象がファリサイ派の人々

（16:14 参照）から再び弟子たちに変わったことを明示している（16:1 参照）。確かに、ファリサイ派の人々もその場に留まっていたと考えられ（H. Klein 2006:559）、特に 1b–2 節については、元来はファリサイ派の人々に向けられていたとも想定されるが（Grundmann 1961:331）、ルカの文脈においては以下の一連のイエスの言葉は明らかに弟子たちに向けられており、ルカはこれらの言葉を彼の時代のキリスト者への警告として語っている。

　イエスはここでまず、躓きが不可避であることを二重否定を用いて強調しているが、より重要なのは、その躓きをもたらす者たちに対する直後の禍いの言葉である。「**躓き**」（σκάνδαλα < σκάνδαλον の複数形）は元来、「罠に仕掛けられた木の棒」を意味するが、ここでは罪に陥れること（罪への誘惑）や信仰を失わせる行為（背教や棄教への誘導）を意味している（マタ 13:41; ロマ 9:33）。この禍いの言葉は直訳すると「しかし、その人を通してそれ（躓き）がやって来るその当人は禍いだ」となり、躓きが人間によって引き起こされることを明瞭に示している（ロマ 14:13b; Ⅰコリ 8:9; Ⅰヨハ 2:10 参照）。

2–3a 節

　ここでは、そのように他人を躓かせることがいかに重大な過失であり、それによってどんな悲惨な運命がもたらされるかが示され、小さな者たちの一人を躓かせるくらいなら、首のまわりにひき臼の石を付けられて海の中に投げ込まれる（cf. マタ 18:6：「海の深みに沈められる」）方がましだと述べられる。マルコ版やマタイ版では「小さな者たち」は「私を信じる」（… τῶν πιστευόντων εἰς ἐμέ）という表現で修飾されているのに対し、ルカ版にはそれが欠けているが、ルカにおいても弟子たちに語られていることから、同様に信仰者のことが考えられている。この「**小さな者たち**」は、子どもに関する段落（マタ 18:1–5）の直後に続くマタイのテキストでは、自分を低くする子どものようなキリスト者（マタ 18:4）のことが考えられているが（ルツ 2004:38）、ルカ版においては、子ども（Manson 1954:138f）や信仰の弱い人々（カルペパー 2002:416; モリス 2014:333）というよりは、貧しい人々をはじめとする社会的弱者の意で用いられているのであろう（10:21 参照）。「**ひき臼**」（μυλικός）はもみ殻を取り除いた穀粒を粉にする際に用いられ、イエス時代のガリラヤにおいても使用されていた。人間の首のま

わりにひき臼の石がつけられるという表現はひき臼の上側の石の穴から頭を突き出すことを意味しているが、その状態で海の中に投げ込まれるという描写はこの極めて残忍な状況を示しており、それだけにここでは、それ以上の禍いをもたらす他人を躓かせる行為がいかに罪深いかが強調されている。

　このように他人を躓かせる行為は重大な過失であるがゆえに、これに続いて「あなたたちは注意しなさい」（3a 節）と警告が発せられるが（12:1; 21:34; 使 5:35; 20:28 参照）、この警告は同時に後続の箇所への導入句としても機能している（Klostermann 1975:171 参照）。

3b 節

　ここからは、他人を躓かせる罪から他人が犯す罪に主題が移行し、また語られる対象が「あなたたち」（二人称複数形）から「あなた」（二人称単数形）に移行している。ここではまず、罪を犯した兄弟に対しては叱責するように（レビ 19:17b 参照）、そしてその兄弟が自らの罪を認めて悔い改めるなら赦すようにと、いずれも「もし彼が〜するなら〜しなさい」（ἐάν ＋接続法＋命令法）という表現形式（後続の 4 節も同様）を用いて要求されている（11:4; シラ 28:2; 十二遺訓ガド 6:3; 死海文書「宗規要覧」5:24–6:1 参照）。「あなたの兄弟」（ὁ ἀδελφός σου）は明らかにキリスト教共同体のメンバーを指しているが（使 1:15; 6:3; 9:30; 10:23 参照）、マタイの並行箇所では兄弟（教会員）の獲得が目的とされ、さらに教会内のメンバーが罪を犯した際の対処の仕方について三段階に分けて記されているのに対し（マタ 18:15–17）、ルカにおいてはより根本的に罪と悔い改めとが対立的に捉えられており、何より罪を犯した者を悔い改めさせるために（5:32 参照）まず彼を叱責することが求められている（Schneider 1984b:346）。なお、「あなたに対して（εἰς σέ）罪を犯す」と表現する直後の 4 節とは異なり、ここでは誰に対する罪であるかは明示されていないが（写本 D, Γ, Δ, Ψ 等は εἰς σέ を付加）、人を躓かせることへの警告について述べる直前の箇所との関連からも、ここでも兄弟に対する罪が想定されていると考えられる（Bock 1996:1387）。

4節

　そして、この悔い改めた者に対する赦しは無制限に求められる。仮に兄弟が一日に七回、あなたに罪を犯したとしても、七回悔い改めの意志を表明してあなたのもとに立ち帰るなら、その兄弟を赦さなければならないというのである。「七」は完全数であり（8:2; 11:26 参照）、「**一日に七回**」（詩 119:164）は文字通りに一日につき「七回」ではなく「何度でも」を意味しており、（何度赦されても罪を犯し続ける人物の「悔い改め」の信憑性については疑問も残るが）実質的には永遠に赦し続けることを要求している（6:37; 11:4 参照）。なお、マタイの対応箇所では、「自らに罪を犯した兄弟を何度赦すべきか、七回までか」とのペトロの問いに対し、イエスは七の七十倍まで赦すようにと、より強調された形で無限の赦しが要求されており（マタ 18:21–22）、その直後に赦さない僕の譬え（同 18:23–35）が続いている。

5節

　ここまで他人を躓かせることへの警告や悔い改めた者に対する無制限の赦しが要求されてきたが、それらの要求に応えるためには強固な信仰が必要となる。そこで「**使徒たち**」（6:13; 9:10; 11:49 参照）は、自分たちの信仰を増してくれるように「**主**」であるイエスに願い求める。この箇所の背景には、信徒間の関係をめぐる種々の問題を抱えていた当時の教会の状況があったと考えられ、その意味でもここでの「**使徒たち**」は教会指導者を念頭に置いている。なお、ここでの「**信仰**」（πίστις）は、（直後の 6 節の内容にも拘らず）具体的な奇跡を引き起こす力（Ⅰコリ 13:2 参照）というよりも、直前のイエスの言葉（1b–4 節）との関連からも、ルカにおいてはむしろ一般的な意味での神への信頼の意で用いられており（Fitzmyer 1985:1142; Talbert 2002:191）、それは各自の努力によってではなく、恵みとして与えられることが前提とされている。

6節

　これに対して「**主**」はからし種ほどの信仰について語る。すなわち、からし種（一粒）ほどのごく小さな信仰さえあれば、「**桑の木**」（cf. 19:4：いちじく桑の木）のような大きな木を根こそぎにしたり、海の中に植えさせ

たりすることができるというのであるが（エレ 1:10 参照）、この言葉の背景には、微小なからし種が大きく成長して木になると述べる神の国の譬え（13:18–19 並行参照）がある。ここでは元来、特に強固に深く根を下ろすいちじく桑の木のことが言われていたと考えられ（Bill. II:234 参照）、信仰をもつ者は、物事をその生来の本質に反する形においても変化させることが可能であり、不可能だと思えることでも実現できると言明されている。一方のマタイ版では、「山を移す信仰」（マタ 17:20; 21:21; 並行マコ 11:23; Ⅰコリ 13:2; トマス福 48, 106 参照）について語られているが、ルカ版が原初的か（Schulz 1972:466f; Schneider 1984b:348; Fitzmyer 1985:1142; Marshall 1995:644; ルツ 1997:673）、マタイ版が原初的か（ブルトマン 1983:124; 田川 2011:386; H. Klein 358）という点については明らかにすることはできない。

いずれにせよ、信仰の大小（量的側面）を問題にする使徒たちに対し、イエスはむしろその信仰が本物であるかどうかという質的側面を問題にしており、からし種ほどの信仰があれば、通常はあり得ないことでも神の力によってなしうると断言している。なお、ここでは使徒たちがそれだけの信仰さえもっていないことが示されている（マタ 17:20 参照）と解されるが（Ernst 1977:480; Fitzmyer 1985:1142; Green 1997:613; カルペパー 2002:418; Wolter 2008:567f）、その一方で、あなたたちにはそれだけの信仰があるのだからそれをなしうるという主旨の、むしろ使徒たちに対する激励の言葉と解することも可能であろう（Talbert 2002:190）。この言葉はまた、奇跡等の目覚ましい働きをなしうる能力を問題にしているのではなく（Eckey 2004b:731f に反対）、「たとえ小さな信仰であってもイエスが教える弟子の心得に従うならば、彼らは〔弟子にふさわしく〕生きることができるという保証を与えている」（カルペパー 2002:418）。終末遅延の状況のもとでルカが特に信仰のことを考えていたことはルカ 18:8 にも示されているが、ルカのイエスはまた、使徒たちの信仰が兄弟たちを力づけることもできると述べている（22:31–32 参照）。

7–8 節

ここから「あなたたちの中の誰か」（τίς ... ἐξ ὑμῶν）という表現によって僕の譬えが語られるが（11:5; 14:28; 15:4）、この譬えは三つの修辞疑問

文（7, 8, 9 節）と末尾の適用句（10 節）から構成されている。ここでは自分の務めを果たしさえすれば、それだけで神から報酬が得られるとする誤った報酬思想に対する批判が展開され、神に対する信仰を土台としてのみ僕として神に仕えることが可能になることが示されている（Frauenlob 2015:279f）。

この譬えでは一人の僕に畑仕事と家事の両方を行わせていた小農が想定されており（エレミアス 1969:211; マリーナ／ロアボー 2001:434; カルペパー 2002:419）、耕作と牧羊が使徒の職務の隠喩として用いられている（9:62; 10:2; 使 20:28; Ⅰコリ 9:7, 10 参照）。ここではまず、耕作もしくは牧羊に従事する僕が畑から帰って来た際にすぐに食卓に着くように誰が指示するだろうかと、否定の答えを前提とする修辞的な問いが語られ（τίς δὲ ἐξ ὑμῶν ... ἐρεῖ αὐτῷ ... [7 節]）、それに続いて、まず主人である自分の食事の用意をさせ、食事が終わるまで給仕をするように命じ、そのあとで自分の食事をするように指示するではないかと、肯定の答えを前提とする問いが発せられる（ἀλλ' οὐχὶ ἐρεῖ αὐτῷ ... [8 節]）。

9 節

7–8 節の二重の問いに続いて、命じられたことを僕が遂行したからといって主人はその僕に感謝するだろうかと、ここでも 7 節と同様、否定の答えを予期する修辞的な問いが発せられる。そのようにこの箇所は、その僕は自らに課された当然の務めを果たしたに過ぎず、主人からの感謝を期待することはできないという点をより一般化した形で表現し、それと共に後続の適用句（10 節）を準備している。なお、ルカ 12:37 には、主人が帰って来る時まで僕たちが目を覚ましているなら主人は帯を締めて彼らを食卓に着かせて給仕してくれると、まさに正反対のことが述べられているが、そこでは通常の行動規範ではなく、終末論的状況が描かれていることに留意すべきであろう（Löning 2006:164）。

10 節

「**このようにあなたたちも**」（οὕτως καὶ ὑμεῖς）という表現で導入される譬えの適用句（12:21; 14:33; 15:7, 10 参照）は譬えの聞き手に直接語りかけられるが、ルカの文脈においては使徒たちに向けられており（5 節）、こ

れまで「主人」の立場で話を聞いていた彼らは、ここから一転して「僕」の立場に置かれることになる。すなわち、神の僕として自分たちに命じられたことをすべて遂行したとしても、「**私たちは取るに足らない僕です。私たちは自分たちがなすべきことをなしたまでです**」と述べる（考える）ように要求されており、ここでの主人と僕の関係は神と使徒たち（弟子たち）の関係を指し示している（使 4:29; 16:17）。なお、ἀχρεῖος は通常「役に立たない／無益な」の意で解されるが（マタ 25:30 参照）、この僕はなすべきことをすべて行ったという意味では決して文字通りに「役に立たない」存在ではなく（マタ 25:30; サム下 6:22 LXX 参照）、むしろ「取るに足らない」という謙虚さを示す表現と解すべきであろう（cf. マリーナ／ロアボー 2001:434：「私たちは何の貸しもない僕である」）。そのように、神の前にあって人間は何も誇るべきものをもたず、与えられた任務の遂行、つまり「**なすべきことをなした**」（直訳：「行う義務があったことを行った」）だけでは救いの保証にはならないのである。すなわち、ここでは使徒たちに対して、真摯な想いで神に仕えてきたとしても自らの業を誇るべきではなく、常に神の前にへりくだりの姿勢をもつように要請されているが、その背景には、務めに対する報酬を要求しようとする人々が存在した当時の教会の状況があったと考えられる。この言葉はまた、ソホのアンティゴノスの「給金を受け取るために主人に仕える僕のようであってはならない。給金を受け取ることをあてにしないで主人に仕える僕のようでありなさい」（ミシュナ「アヴォート」1:3）という言葉と共鳴している。

【解説／考察】

　この段落ではまず人間相互の関係が問題にされ、弟子たちに向かって他者を躓かせる者の禍いについて述べられた後、罪を犯した者であっても悔い改めるなら何度でも赦すように要求されており（15:31–32 参照）、限りなく赦す姿勢と悔い改めの行為の重要性が強調されている。段落後半部では、弟子たちの中でも特に指導的地位にある使徒たちが対象となり、神と人間との関係に焦点が移り、からし種ほどの信仰があるなら神の力を受けてどんなことでもなし得ると、信仰がもつ大きな力が示され、さらに最後の譬えでは、主人に対する僕のような謙遜な姿勢をもって神に仕えるよう

に要求されている。ルカの文脈においても明らかにキリスト教共同体における振る舞いが問題にされており、特に最後の僕の譬えにおいては、自らに与えられた務めに対して報酬を求めようとする教会指導者の態度を批判しつつ、神に対するへりくだった姿勢が求められている。

　他人を躓かせないように振る舞うことや過ちを繰り返す相手を赦し続けることは、今日の信仰者にとっても大きな課題であり、至難の業とも言える。また他人を躓かせることに対する警告は、偽預言者や偽教師ではなく弟子たちに向けられていることからも、ここではその行為が意図的でない場合も含んでいるのであろう。事実、誰であれ、配慮を欠いた言動によって他者を傷つける可能性があり、それどころか、相手のためを思って善意からなされた行為であっても、結果的に相手を躓かせてしまうこともあり得るのであり、それだけに、人と接する際には細心の注意を払う必要があることがここでは示されている。あるいはまた、悔い改めることによってその罪を赦された相手が、その後も繰り返し罪を犯し続けるような場合、その相手を赦し続けることが果たして生身の人間に可能なのか、あるいはまた、そのように対応することが本当に正しいのかという疑問も生じてくるところであろう。いずれにせよ、そのようなことをなし得るのは強固な信仰に基づく、極限までにへりくだった姿勢をもつ者のみであるが、そのような資質はそれぞれの努力によって獲得されるものではなく、神から恵みとして与えられるものであり、その意味でも、他者を赦すことは神の恵みに対する応答なのである。このように、ここでは神との関係において、自らは「取るに足らない」存在であるという自覚を常にもつことが求められており、それと同様に他者に対しても、自らを「小さな者」として常に謙虚な姿勢で接するように要請されている。

　今日の社会においては、努力や功績に対して報酬を受け取ることは当然の権利であり、「正当な」報酬を要求することは正義であるとの認識が広まってきており、そのこと自体は好ましいことではあるが、しかしそれだけに報酬願望は私たちにとっても大きな誘惑になっている。しかしながら、この誘惑を克服した時にはじめて、神に対する奉仕の真の意味が認識され、真の神の僕として奉仕の務めを果たしていくことが可能となるのであろう。

423

VI．神の国の到来と救いに至る生き方
（17:11–19:27）

　エルサレムへの旅行記（9:51–19:27）の最後のセクションは、イエスのエルサレムへの旅に再び言及する記述（17:11）によって始められる。この箇所では「神の国」（17:20; 18:16, 24, 25; 19:11）や「救い」（18:26, 42; 19:10）に関わる主題が頻繁に扱われている。事実、ルカ 17:20–37 では神の国の到来について語られ、その直後には人の子の到来について言及され（18:8）、これに終末における逆転を示唆する譬え（18:9–14）が続き、子どものように神の国を受容するように勧告される（18:17）。ルカ 18:18–30 では永遠の命への道と神の国に入る（救われる）ことの難しさについて、その直後の箇所では盲人の信仰による救い（18:35–43）、さらには失われた者を救い出す人の子の使命（19:9–10）について語られ、末尾の段落（19:11–27）においても神の国の到来と終末の裁きについて言及されている。また、特に 18 章以降においては、やもめ（18:1–8）、徴税人（18:9–14; 19:1–10）、子ども（18:15–17）、貧しい盲人（18:35–43）等、社会的弱者に対する視点が際立っており、神の国に誰が受け入れられ、誰が遠ざけられるかという観点が強調されている（大宮 2019:155 参照）。このセクション全体は以下のような段落から構成されている。

1．十人の皮膚病患者の癒しとサマリア人の信仰（17:11–19）
2．神の国の到来と人の子の到来（17:20–37）
3．やもめと裁判官の譬え（18:1–8）
4．ファリサイ派の人物と徴税人の譬え（18:9–14）
5．乳飲み子たちの受容と神の国の受容（18:15–17）
6．金持ちの議員（18:18–30）
7．第三回受難予告（18:31–34）
8．エリコ周辺での盲人の癒し（18:35–43）
9．徴税人の頭ザアカイ（19:1–10）

１０．ムナの譬え（19:11–27）

　なお、このセクションにおいては、あるサマリア人の皮膚病患者と九人のユダヤ人の皮膚病患者たち（1）、ファリサイ派と徴税人（4）、乳飲み子たち（5）と金持ちの議員（6）、イエスに信従できなかった金持ちとイエスに信従した弟子たち（6）、財産を放棄できなかった金持ち（6）と財産を放棄した金持ち（9）、目を開かれた盲人（8）と目を閉ざされている弟子たち（7）等、対照的な位置づけにある人々が頻繁に言及されている。

　このセクションの前半部の段落（1～4）は総じてルカ特殊資料に由来するが（2は冒頭部分のみルカ特殊資料に由来し、それ以外はルカ版Q資料に由来）、ルカ 18:15 以降、ルカは旅行記開始以降離れていたマルコ資料に戻っており（5～8）、旅行記末尾の二つの段落（9、10）では再びルカ特殊資料が用いられている。

＊　＊　＊

1.　十人の皮膚病患者の癒しとサマリア人の信仰（17:11–19）

【翻訳】

17:11 さて、エルサレムに赴く際、彼（イエス）自身はサマリアとガリラヤの只中を通って行った。

　12 そして彼がある村に入って行くと、十人の重い皮膚病を患う男たちが〔彼と〕出会った。彼らは遠くに立っていたが、13 自ら声を張り上げて「師イエスよ、私たちを憐れんでください」と言った。14 そこで彼は〔彼らを〕見て、「行って、自分たち〔の身体〕を祭司たちに見せなさい」と彼らに言った。そして彼らは立ち去っていく途中で清められた。15 ところが、その中の一人は、自分が癒されたのを見て、大声で神を崇めながら戻って来た。16 そして彼は顔を〔地につけて〕彼（イエス）の足もとにひれ伏して彼に感

謝した。そして彼（戻って来た人物）はサマリア人だった。[17] そこでイエスは答えて言った。「十人が清められたのではなかったか。それで〔ほかの〕九人はどこにいるのか。[18] この他民族の者以外に、神に栄光を帰すために戻って来た者は見出されないのか」。[19] そして彼（イエス）は彼に言った。「立ち上がって行きなさい。あなたの信仰があなたを救った」。

【形態／構造／背景】

　　この段落の冒頭（11 節）にはイエス一行がエルサレムに向かって旅を続けている様子が改めて記され（9:51; 13:22 参照）、ここからエルサレムへの旅の記述はその最終段階（第三期：17:11–19:27［17 頁参照］）に入っていく。この段落と直前の段落（17:1–10）は、「信仰」（17:5–6／17:19）及び「感謝」（17:9／17:16）の主題を共有しているが、後者においては感謝されることを求めずに謙虚な姿勢を保つように要求されていたのに対し、ここでは謙虚な姿勢をもって感謝するように求められている。

　　この段落は、エルサレムへの旅に言及する導入句（11 節）とサマリア人に対するイエスの指示と宣言について述べる結語（19 節）を除くと、十人の皮膚病患者の清めについて語る 12–14 節と、病を癒されて感謝の意を表するためにイエスのもとに戻って来たサマリア人を模範的に描く 15–18 節とに二分されるが、ἰδών（見て［14 節／15 節］）及び φωνή（声［13 節／15 節]）が両者を結合している。この段落全体は以下のような構成になっている。

　　　（1）序：エルサレムへの旅の状況（11 節）
　　　（2）十人の皮膚病患者の清め（12–14 節）
　　　　　（a）イエスと十人の皮膚病患者との出会い（12 節）
　　　　　（b）皮膚病患者たちの嘆願（13 節）
　　　　　（c）イエスの指示と皮膚病患者たちの清め（14 節）
　　　（3）癒されたサマリア人の反応とイエスの問いかけ（15–18 節）
　　　　　（a）戻って来たサマリア人の感謝（15–16 節）
　　　　　（b）イエスの三重の問い（17–18 節）
　　　（4）結語：サマリア人に対するイエスの指示と宣言（19 節）

この物語はルカに特有の記述であり、また非ルカ的語彙を少なからず含んでいることから（Jeremias 1980:264–266 参照）、全体としてルカ特殊資料に由来すると考えられる。その一方で、イエスのエルサレムへの旅に言及する導入句（11 節）は、καὶ ἐγένετο ἐν τῷ ...（導入表現としての καὶ ἐγένετο は共観福音書用例 30 回中ルカに 22 回使用、《ἐν τῷ＋不定詞》は新約用例 52 回中ルカ文書に 39 回使用）、πορεύομαι（行く［新約用例 145 回中ルカ文書に 88 回使用]）、Ἰερουσαλήμ（エルサレム［新約用例 77 回中ルカ文書に 64 回使用]）、καὶ αὐτός（そして彼自身は［καὶ αὐτός／καὶ αὐτοί は導入表現として福音書用例 39 回中ルカに 34 回使用]）等、多くのルカ的語彙を含み、さらにルカの旅行記の冒頭句であるルカ 9:51 とも多くの表現を共有していることから、ルカの編集句と考えられる（コンツェルマン 1965:116; Betz 1971:314; ブルトマン 1983:58。一方で R. Pesch 1970:116–119 は 11a 節のみをルカに帰す）。また、段落末尾の 19 節も二次的に付加されたと考えられ（Roloff 1973:157f; Nolland 1993a:844; Marshall 1995:652 に反対）、ἀναστὰς πορεύου（立ち上がって行きなさい［命令文を伴う冗語的 ἀναστάς はルカ文書にのみ計 8 回使用、特に使 10:20; 22:10 参照、πορεύομαι については上記参照]）、ἡ πίστις σου σέσωκέν σε（あなたの信仰があなたを救った［同一表現が 7:36; 8:48; 18:42 にも使用]）等のルカ的表現が含まれており、全体としてルカの編集句と見なしうる（R. Pesch 1970:121f; Jeremias 1980:55f; ブルトマン 1983:59; Fitzmyer 1985:1156; H. Klein 1987:40）。

　導入句（11 節）と結語（19 節）の間に挟まれた伝承部分（12–18 節）については、その背景にマルコ 1:40–45（並行ルカ 5:12–15）の皮膚病患者の癒しの物語があると考えられるが（Theißen 1974:187f; H. Klein 1987:39f 参照。一方で中野 2006:57 はこの見解に否定的）、列王記下 5:1–19 LXX（ルカ 4:27 参照）の皮膚病患者シリア人ナアマンの癒しに関する記述からも影響を受けていると考えられ（R. Pesch 1970:126f; ブルトマン 1983:58; Bovon 2001:147f 参照）、さらにはルカ 18:35–43 のエリコ周辺での盲人の癒しの記事との関連性も指摘されている（Busse 1979:322; 三好 1991:350）。また、イエスが十人の皮膚病患者に祭司たちのもとに行くように指示した点を勘案するなら、彼らの中に非ユダヤ人が含まれているのは不自然であることから、元来はサマリア人への言及はなく、16b 節及び 18 節はルカ以前に二次的に付加されたのであろう（Betz 1971:319–321; Wiefel 1988:305;

Bovon 2001:148, 153f)。なお、12 節の εἴς τινα κώμην（ある村に［形容詞的 τις は共観福音書用例 43 回中ルカに 39 回、さらに使に 63 回使用]）及び ἀνήρ（男［新約用例 216 回中ルカ文書に 127 回使用]）、13 節の καὶ αὐτοί（上記参照）、ἦραν φωνὴν λέγοντες（声を張り上げて言った［(ἐπ)αίρω (τὴν) φωνήν (λέγων) は新約ではルカ 11:27; 17:13; 使 2:14; 4:24; 14:11; 22:22 にのみ使用]）及び ἐπιστάτα（師よ［新約ではルカ福音書にのみ計 7 回、常にイエスへの呼びかけとして文頭に使用]）、14 節の καὶ ἐγένετο ἐν τῷ ...（上記参照）、15, 18 節の ὑποστρέφω（戻って来る［新約用例 35 回中ルカ文書に 32 回使用]）、15 節の δοξάζων τὸν θεόν（神を崇める［新約用例 24 回中ルカ文書に 11 回使用]）、16 節の καὶ αὐτός（上記参照）等はルカの編集句であろう（Jeremias 1980:264f; H. Klein 2006:563 n. 6 参照）。

　以上のことからも、ルカは特殊資料に由来する癒し物語（12–18 節）を自ら構成した導入部（11 節）と結部（19 節）によって枠付け、随所に編集の手を加えることによってこの段落全体を構成し、この箇所に配置したのであろう。

【注解】

11 節

　冒頭の「さて、エルサレムに赴く際」という表現は、イエスとその一行がエルサレムに向かう旅の途上にいることを改めて読者に確認させている。ここには「サマリアとガリラヤの只中を通って」と記されているが、この記述内容をそのまま受け取ると、エルサレムとは逆の方向に向かうことになることから、一部の研究者は διὰ μέσον（〜の只中を［$\mathfrak{P}^{75}$, ℵ, B, L]）ではなく διὰ μέσου（〜の間を）と記す写本（A, W, Θ）に基づいて「サマリアとガリラヤの間（境界）を通って」という意で解そうとしている（H. Klein 2006:564 n. 14 参照）。しかしながら、それらの写本は明らかに後代のものであり、また仮にそのように解するとしても経路として極めて不自然である。この点については、ルカの地理的知識が厳密でなかったためという理由が考えられるが（コンツェルマン 1965:115f; 田川 2011:388–390 参照）、サマリアがガリラヤに先行する順序については、旅の目的地であるエルサレムからの視点のためであったとも（Grundmann 1961:336）、ある

いは、この物語においてサマリア人が果たす重要な役割のためであったとも考えられる（Marshall 1995:650; H. Klein 2006:564）。いずれにせよ、ルカは厳密な地理的状況に関心をもっておらず、サマリア人が登場するこの段落の内容に対応させるために、ここではサマリアという地名に言及しているのであろう（Talbert 2002:193; Wolter 2008:571）。

12–13 節

イエスはある村に入り（9:52; 10:38 参照）、そこで重い皮膚病（上巻 214頁参照）を患っている十人の男たちと出会った。「**十人**」は多人数をも意味するが（Kremer 1988:169; Bovon 2001:150）、ここではむしろ、後半部で一対九という対比（15:8–10 参照）を作り出すための設定であろう（R. Pesch 1970:132 参照）。彼らは遠くに立ち、声を張り上げて「**師イエスよ**」（Ἰησοῦ ἐπιστάτα）と呼びかけ、自分たちを憐れんでくれるように嘆願した（16:24; 18:38–39 参照）。彼らが「**遠くに立っていた**」のは、皮膚病患者たちは汚れた者と見なされ、人々との接触を禁じられていたためであり（レビ 13:45–46; 民 5:2–3 参照）、また彼らの多くは町の外部で集団生活をしていた（王下 7:3 参照）。ἐπιστάτα（師よ）という呼びかけはルカに特有であり、この箇所以外では常にイエスの弟子たちから発せられている（5:5; 8:24 [×2], 45; 9:33, 49）。「**私たちを憐れんでください**」（ἐλέησον ἡμᾶς）という表現は詩編等に頻出し（16:24; 18:38–39; 詩 41:5; 51:3–4 LXX 他参照）、憐れみを求めた皮膚病患者たちの嘆願の本来の目的は、文脈からも施しよりも癒しであったと考えられる（レングストルフ 1976:419; Green 1997:623; カルペパー 2002:423）。

14 節

そこでイエスは彼らを見て、癒しをもたらす言葉を発するのでも何らかの行動を起こすのでもなく（7:10 参照）、祭司たちのもとに赴いて自分たちの身体を見せるように彼らに指示するが（5:14; レビ 13:18–19; 14:2–32参照）、ルカ 5:14 とは異なり、ここでは清めのための献げ物については指示されていない。また、ここで「**祭司たち**」と複数形で記されているのは、皮膚病患者が複数であるためか（Fitzmyer 1985:1154）、あるいは（段落後半部で言及される）サマリア人についてはエルサレム神殿ではなくゲリジ

ム山に行くことが想定されているためか（Klostermann 1975:173; Marshall 1995:651; Eckey 2004b:737）、それとも、エルサレム神殿に限らず、様々な場所に存在する祭司たちのことが想定されているのか、明らかではない。また、このような指示は本来、癒しの完了後、癒された人が再び共同体に迎え入れられる際に必要とされるものであり、それだけにこのイエスの指示は、それに従うことによって彼らの病が癒されることを前提に語られている。そこで彼らはイエスの言葉を信じ、イエスの指示に従って立ち去って行くが、その途上で彼らは皆清められた（ἐκαθαρίσθησαν［神的属格］）。

15-16 節

ところが、十人の皮膚病患者の中の一人は、自分が癒されたのを見て、大声で「**神を崇めながら**」（δοξάζων τὸν θεόν［2:20; 5:25-26; 7:16; 13:13 参照］）引き返して来て（王下 5:14-15 参照）イエスの足もとにひれ伏し（5:8, 12; 創 17:3, 17; レビ 9:24; 民 16:4 参照）、イエスに感謝した。このような彼の振る舞いは、イエスを通して神の力が働いたことを彼が認識したことを示しているが、イエスのもとに近づいて来た彼の行動は、癒される前の皮膚病患者たちがイエスから離れた場所に留まっていたこととは対照的である（Bock 1996:1403）。注目すべきことに、イエスに対する感謝について言及されているのは新約ではこの箇所のみであり、これ以外の箇所では感謝は常に神に向けられていることからも、ここではイエスと神が同等の存在として描かれている。そして、この人物の行動に関する肯定的な描写の後に、彼がサマリア人であったことが明らかにされる。

なお、この箇所から判断する限り、この人物は自らが癒されたことに気づいた時点で、すなわち祭司のもとに赴く前に戻って来たと解されるが、その意味では彼は律法に基づくイエスの指示に従っておらず（Löning 2006:167）、ここでは祭司や神殿の意義は明らかに相対化されている。このような描写はエルサレムで受難の死を遂げるイエスの運命とも符合しているが、それと共に将来における異邦人宣教への移行と神殿からの分離を暗示している（Theißen 1974:187f）。また、他の九人は祭司たちのもとに赴いたと想定するなら、後続の「〔ほかの〕九人はどこにいるのか」（17 節）というイエスの問いかけそのものが不可解なものになるが、ここでは神を賛美する本来の場所はどこかという点が問題にされているのかもしれない

（Wolter 2008:573）。

17–18 節

そこでイエスは、「十人が清められたのではなかったか」、「それで〔ほかの〕九人はどこにいるのか」と問いかけ、さらに続いて「この他民族の者以外に、神に栄光を帰すために戻って来た者は見出されないのか」と、より具体的に問いかけている。ここでは「この他民族の者」という表現が用いられていることからも、これら三重の問いは、直後のイエスの言葉（19 節）が明らかにサマリア人に直接語られているのとは異なり、その場にいた人々に向けて語られている。注目すべきことに、ここではイエスに感謝することが神に栄光を帰すこと（δοῦναι δόξαν τῷ θεῷ）に言い換えられている（使 12:23; ヨシュ 7:19; 代下 30:8 LXX; イザ 42:12; エレ 13:16 参照）。ここではまた、感謝した者と感謝しなかった者、すなわちそのサマリア人と九人のユダヤ人が対比的に捉えられることにより、癒しを通して示された神の憐れみに対する最も適切な応答は心からの感謝であることが示されている。なお「この他民族の者以外に、……」という表現は、他の九人がユダヤ人であったことのみならず、この物語がユダヤ人の視点から語られていることを明らかにしている。いずれにせよ、ここでは非ユダヤ人がユダヤ人を恥じ入らせたのであり、このサマリア人はイエスの行いを通して神の働きを認識し、神に栄光を帰したのである。

19 節

最後にイエスは、そのサマリア人に「立ち上がって行きなさい」（使 8:26; 9:11; 10:20; 22:10 参照）と自分の道を歩み始めるように指示し、さらに続けて「あなたの信仰があなたを救った」と証言する。ここではこのように、イエスのもとに引き返し、感謝の意を表したサマリア人の振る舞いが信仰の行為と見なされており、癒された他の九人は、確かにイエスの言葉を信じて彼の指示に従って病を癒されたという意味では不信仰者として描かれていないが、彼らの信仰は真の救いに至るには不十分であったことが示されている（Marshall 1995:652; Bovon 2001:151f）。

このように、救いをもたらす信仰は、感謝を伴う神への賛美とイエスへの立ち帰りへと導いていくことがここでは示されている。その意味で

431

も、このサマリア人は病を癒されただけでなく、真の救いを与えられたのである。その一方で、残りの九人のユダヤ人がイエスのもとに戻って来なかったという事実は、ユダヤ人に対する警告を意味すると共に将来の異邦人宣教を示唆しており、さらにはエルサレムへのイエスの道行きが受難と十字架の道であることを改めて示している。なお「**あなたの信仰があなたを救った**」という表現はルカ 7:50; 8:48; 18:42 にも見られるが、ルカ 8:48; 18:42 では救いは明らかに肉体の癒しを意味しているのに対し、ここでの救いは、ルカ 7:50 と同様、肉体の癒しとは明確に区別されており（Plummer 1989:405 に反対）、病そのものの癒しは相対化されている。

【解説／考察】

　この段落では、イエスによる十人の皮膚病患者の癒しと、それに対する彼らの反応について語られている。これらの皮膚病患者たちは皆、イエスの言葉を信じ、その指示に従うことにより癒されたが、最終的に救われたのは、癒されたことに気づいて神を崇めつつイエスのもとに引き返し、感謝の意を示したサマリア人一人だけであった。その意味でも、すべての者が癒されたが、彼らの多くはそのことに応答しなかったのであり、この物語を通して、すべての者に恵みが与えられるが、その恵みを受け取るだけでなく、信仰をもってそれに応答するように求められている。そのように、ここではイエスに対する感謝の姿勢が信仰の表現と見なされ（7:36–50 参照）、さらにサマリア人を肯定的に描くことによりユダヤ人に警告を発そうとしているが、この物語は祭司（及び神殿）の役割を相対化し、サマリア人を模範的に描いている点においてサマリア人の譬え（10:30–37）と共通している（Petzke 1980:155f）。

　ルカはこの物語を彼の時代の教会に向けて記しているが、ここで語られている状況は今日のキリスト者の現実をも指し示している。事実、かつては熱烈な思いをもって入信しても、いつしかその信仰が色褪せてしまうことや、困難な状況から解放された時には心から神に感謝の思いを表しても、やがてその時の感謝の思いは消え失せてしまうことはしばしば起こり得ることである。この物語はそのような状況に陥りがちな今日の信仰者に対しても、日々与えられている恵みに感謝し、また応答するように求めている。

2. 神の国の到来と人の子の到来（17:20-37）

【翻訳】

17:20a さて、ファリサイ派の人々から神の国はいつ来るのかと尋ねられ、彼（イエス）は彼らに答え、そして言った。b「神の国は観察できるような仕方では来ない。21a また『見よ、ここに』とか『あそこに』と人々が言うものでもない。b 実に見よ、神の国はあなたたちの中にあるのだ」。

22 そこで彼は弟子たちに言った。「あなたたちが、人の子の日々の1日を見たいと切望する日々が来るだろうが、見ることはできないだろう。23 人々はまたあなたたちに『見よ、あそこに』、〔あるいは〕『見よ、ここに』と言うだろうが、出て行ったり〔彼らのあとを〕追ったりしてはならない。24 なぜなら、稲妻がきらめいて天の下の〔ある地点〕から天の下の〔他の地点〕へと輝くように、人の子も［彼の日には］そのようになるからである。25 しかし、彼（人の子）はまず、必ず多くの苦しみを受け、この時代の人々から排斥されねばならない。26a そして、ちょうどノアの日々に起こったように、b 人の子の日々においてもそのようになるだろう。27a ノアが箱舟に入るその日まで、人々は食べたり飲んだり、めとったり嫁いだりしていたが、b 洪水がやって来て、c すべての者を滅ぼしてしまった。28a ちょうどロトの日々に起こったように、〔それと〕同様である。b 人々は食べたり飲んだり、買ったり売ったり、植えたり建てたりしていた。29a しかし、ロトがソドムから出て行ったその日に天から火と硫黄が降ってきて、b すべての者を滅ぼしてしまった。30 人の子が現れる日にも同じことになるであろう。31 その日には、屋上にいる者は、自分の家財が家の中に〔あっても〕、それらを取り出そうと下に降りてはならない。また畑にいる者も同じように後ろに戻ってはならない。32 ロトの妻のことを思い出しなさい。33 自分の命を保つことを求める者はそれを失うであろう。しかしそれを失う者はそれを生かすであろう。34 私はあなたたちに言っておくが、その夜、一つの寝床に二人〔の男〕がいれば、一人は取り去られ、他の一人は残される。35 二人の女が同じ場所で臼をひいていれば、一人は取り去られ、他の一人は残される」。37a そこで彼ら（弟子たち）

は彼に答えて「主よ、〔それは〕どこで〔起こるの〕ですか」と言う。[b] そこで彼は彼らに言った。「〔死〕体のあるところに、そこに禿鷹たちも集まる」。

【形態／構造／背景】

この段落は、後出のルカ 21:5–36（並行マコ 13:1–19, 24–31; マタ 24:1–21, 29–35）と同様、終末に関するイエスの一連の教えを収録しており、「小黙示録」とも呼ばれる。この直後には人の子の到来と神の裁きに言及するやもめと裁判官の譬え（18:1–8）が続いているが、この箇所を一連の終末講話に含めることも可能であろう（コンツェルマン 1965:184; Schneider 1984b:354; Kremer 1988:171; Green 1997:627f）。なお、直前と直後の段落は、祈り（感謝）の主題及び「信仰」（17:19／18:8）を共有しており、両者はルカ特殊資料の段階で結合していたとも考えられる（H. Klein 2006:567）。

この段落は、ファリサイ派の人々とのやりとりについて記す冒頭の 20–21 節と、弟子たちに向けて語られる後続の 22–37 節に大きく区分されるが、両者共に終末の主題を扱っているのみならず、「来る」（ἔρχεται [20 節]）／「来るだろう」（ἐλεύσονται [22 節]）、ἐροῦσιν（λέγω [言う] の直説法未来能動態三人称複数形 [21 節／23 節]）、「見よ、ここに」（ἰδοὺ ὧδε）及び「（見よ、）あそこに」（(ἰδοὺ) ἐκεῖ）という表現（21 節／23 節）によっても結びつき、段落全体は、冒頭（20–21 節）及び末尾（37 節）の終末の時／場所に関する問いと答えによって枠付けられている。この枠組みを除くとこの段落は、再臨待望（22–25 節）、滅びをもたらす人の子の日々（26–30 節）及び終末における分離（31–35 節）に区分されるが、「人の子」（22, 24, 26, 30 節）及びロトへの言及（28–29, 32 節）が各部分を相互に結合している。この段落全体は以下のように区分される。

（1）序：神の国の到来の時期に関する問いと答え（20–21 節）
（2）再臨待望（22–25 節）
　　（a）人の子の日々への切望（22 節）
　　（b）惑わされないようにとの警告（23 節）
　　（c）人の子の出現の明白さ（24 節）

（d）人の子の受難の運命（25 節）

　（3）滅びをもたらす人の子の日々（26–30 節）

　　（a）ノアの事例（26–27 節）

　　（b）ロトの事例（28–30 節）

　（4）終末における分離（31–35 節）

　　（a）人の子の日に引き返さないようにとの警告（31 節）

　　（b）ロトの妻の想起（32 節）

　　（c）命の喪失と獲得（33 節）

　　（d）一つの寝床にいる二人の男の事例（34 節）

　　（e）臼をひく二人の女の事例（35 節）

　（5）結語：裁きの場所に関する問いと答え（37 節）

　後出の終末講話（21:5–36）が全体としてマルコ 13 章に並行しているのに対し、この段落は総じてマタイ 24:17–18, 23–28, 37–41 に並行しており、全体として Q 資料に遡ると考えられる。一方のマタイ版は Q 資料とマルコ 13 章の伝承を融合させて構成されている。

　もっとも冒頭の 20–21 節に関しては、マタイに並行箇所は見られず（トマス福 3, 113 参照）、非ルカ的語彙が少なからず含まれていることから（Jeremias 1980:266 参照）、Q 資料に由来するのではなく（Schürmann 1968:237; Schnackenburg 1971:221f; H. Klein 2006:568; 山田 2018:290f に反対）、またルカの編集句でもなく（Strobel 1961:25–27; Lührmann 1969:72 に反対）、ルカ特殊資料に由来すると考えられる。ルカはこの伝承資料をもとに、「見よ、ここに／あそこに」という表現を含む後続の 23 節（並行マコ 13:21; マタ 24:23）との関連からこの箇所を編集的に構成したのであろう（Binder 1988:39–42; Bovon 2001:163f）。

　これに続く 22 節は、《εἶπεν δὲ πρός + 対格》（文頭の εἶπεν(-ον, -αν) δέ は新約ではヨハ 12:6 を除くとルカ文書にのみ計 74 回使用、《言述の動詞 + πρός + 対象を示す対格》は新約用例 169 回中ルカ文書に 149 回使用）、ἐλεύσονται ἡμέραι（日々が来る［5:35; 21:6; 23:29 参照］）、ἐπιθυμέω（切望する［共観福音書用例 6 回中ルカに 4 回使用］）、μίαν τῶν ἡμερῶν（日々の一日を［μία τῶν ἡμερῶν は新約ではルカにのみ計 4 回使用］）等のルカ的語彙を含んでいることから総じてルカが編集的に構成したと考えられ（Jeremias 1980:266f; 大

貫 2024:54f, 65。一方で Schürmann 1968:237 は Q に帰し、Marshall 1995: 657–659 も伝承に由来する可能性を指摘）、おそらくルカが、黙示的講話の聞き手としてのファリサイ派の人々と弟子たちとを区別したのであろう（Schnackenburg 1971:222; Klostermann 1975:175）。23 節はマタイ 24:23 に、24 節はマタイ 24:27 にそれぞれ並行しており、いずれも Q 資料に由来すると考えられるが、23 節についてはマルコ 13:21 とも並行しており（さらにマタ 24:26 参照）、そこからの影響も考えられる。その一方で、ルカに特徴的な πρῶτον δέ（しかし、まず [πρῶτον と δέ の組み合わせは新約ではここと ルカ 9:61 のみ]）や δεῖ（必ず～する [新約用例 101 回中ルカ文書に 40 回使用]）を含み、文脈を乱している 25 節は、ルカ 9:22（並行マコ 8:31; マタ 16:21）と逐語的に一致していることからも（... πολλὰ παθεῖν καὶ ἀποδοκιμασθῆναι ἀπὸ τῆς γενεᾶς ταύτης. [25 節] と πολλὰ παθεῖν καὶ ἀποδοκιμασθῆναι ἀπὸ τῶν πρεσβυτέρων ... [9:22] を比較参照）、伝承に由来するのではなく（T. W. Manson 1954:142f; Schramm 1971:131 n. 2; Marshall 1995:662; Bock 1996:1431 に反対）、ルカの編集句と考えられる（Lührmann 1969:72; ブルトマン 1983:208f; Binder 1988:34f; 大貫 2024:54）。

　段落中央部の二つの事例（26–30 節）のうち、ノアの事例（26–27 節）についてはマタイ 24:37–39a に並行し、Q 資料に由来すると考えられる。その一方で、ロトの事例（28–29 節）はマタイの記事には見られず、一部の研究者はこの箇所をルカの編集句と見なしているが（Vielhauer 1965:74; ブルトマン 1983:199; Binder 1988:36; Nolland 1993a:860; Heil 2003:177f; Eckey 2004b:743f）、ここにはルカ的語彙はほとんど含まれていない（Jeremias 1980:269 参照）。そこで他の研究者はこの箇所を Q 資料に帰し、マタイが削除したと考えているが（T. W. Manson 1954:143; Lührmann 1969:73f, 82f; Schnackenburg 1971:231; Schneider 1984b:354, 356; Marshall 1995:662f; ルツ 2004:533, 937、注 7）、マタイが削除する明確な理由が見出されないことから、この箇所はルカが特殊資料から挿入したのでなければ、ルカ版 Q 資料（Sato 1988:58, 286）に由来すると考えるべきであろう。これに続く 30 節はマタイ 24:39b に並行し、Q 資料に由来する。

　31 節はマルコ 13:15–16 及びマタイ 24:17–18 に並行しており、Q資料ではなく（Schweizer 1986:179 に反対）マルコに由来すると考えられ、並行箇所が見られず、29–30 節と関連する 32 節はルカの編集句であろう

（31–32 節はルカ以前に結合していたとする T. W. Manson 1954:144f に反対）。一方で Fitzmyer（1985:1165）は、28–32 節はルカ特殊資料に由来し、ルカがこれをノアの事例（26–27 節）と結合したと主張しているが、推測の域を出ない。33 節はマタイ 10:39 に並行しており、Q 資料に由来すると考えられるが、マルコ 8:35（並行マタ 16:25; ルカ 9:24; ヨハ 12:25）からの影響も否定できないであろう。マタイ 24:40–41 に並行する 34–35 節（トマス福 61:1 も参照）は Q 資料に由来する。なお一部の写本にのみ見られる 36 節は元来のルカのテキストには含まれておらず、後にマタイ 24:40 から取り込まれたのであろう（注解部分参照）。マタイ 24:28 に並行する末尾の 37b 節も Q 資料に由来し（ヨブ 39:28–30 参照）、稲妻の比喩（24 節 // マタ 24:27）の直後に続くマタイ版の方が元来の位置を保持していると考えられ（Schweizer 1986:179 に反対）、この格言を導入する 37a 節はルカの編集句であろう（Lührmann 1969:72; Fitzmyer 1985:1165; Nolland 1993a:857, 862）。

　以上のことからも、ルカは Q 資料（Q ルカ）に由来する 23–24, 26–30, 33–35, 37b 節にルカ特殊資料から得た 20–21 節を加え、さらにマルコ 13:15–16 に由来する 31 節及び自ら構成した 22, 25, 32, 37a 節等を付加し、テキスト全体を編集的に構成したのであろう（Binder 1988:30–38 は 23–37 節全体をルカの創作と見なす）。なお、この段落における一連の講話の基本的素材（20b–21, 23–24, 26–29, 33–35, 37b 節）はその核においてイエスに遡ると考えられる。

【注解】

20 節

　まずファリサイ派の人々からイエスに対して、「**神の国はいつ来るのか**」と神の国の到来の時期に関する問いが発せられる（21:7 参照）。当時のユダヤ世界では神の国の到来の時期は算定できると一般に考えられており、この種の問いはユダヤ教文書のみならず（ハバ 2:2–3; 死海文書「ハバクク書註解」6:12–7:11; さらに Bill. II:236 参照）、新約文書にも見られる（使 1:6 参照）。それゆえ、この問い自体には悪意は含まれていなかったと考えられる（Bock 1996:1412; Eckey 2004b:740; Löning 2006:169 に反対）。

それに対してイエスは、二つの否定文と一つの肯定文で答えている（20b—21節）。彼はまず「**神の国は観察できるような仕方では来ない**」と答えるが、この発言はむしろ「神の国の到来はどのように認識できるのか」という問いに対する返答であり、到来の時期を尋ねる問いには必ずしも対応していないが、時期に関する問いは、そもそも人間にその時期が認識できるのか、できるとしたらどのような方法でできるのかという問いとも関連している（Bovon 2001:165）。「観察」を意味する παρατηρήσις（新約ではここにのみ使用、動詞形 παρατηρέω［観察する、見張る］は 6:7; 14:1; 20:20; 使 9:24 に使用）は天体観測との関連においてしばしば用いられ、ここでは「神の国の到来は、経験的な観察結果によってではなく、信仰によって識別される」（カルペパー 2002:428）ことが示されているのであろう。この返答はまた、ファリサイ派を含めて当時の多くの人々が神の国の到来は自ら認識できると考えていたことを示している。

21 節

神の国の到来時期の算定及びその到来の認識の可能性を否定したのに続き（使 1:7 参照）、イエスはここで、神の国を「**ここに**」、「**あそこに**」というように空間的に限定・固定できるという想定をも否定している。すなわち、人間の能力によって観察できない神の国は、時間的にも空間的にも限定・固定され得ないというのである（使 1:6–7 参照）。さらにイエスは、「**神の国はあなたたちの中にある**」と述べることにより、ファリサイ派の人々らの問いを拒絶するのみならず、それが無意味なものであることを知らしめている。

ἐντὸς ὑμῶν ἐστιν（あなたたちの中にある）という表現（マタ 23:26 参照）は、神の国が将来になって初めて到来するのではなく、今すでに到来していると断言している。もっとも、この表現の厳密な意味は明らかではなく、①「あなたたちの内側（内面）にある」、②「あなたたちのもと（間）にある」、③「あなたたちの影響範囲内（手の届く範囲内）にある」等、様々な解釈が提案されている（研究史については田川 2011:395–401; Wolter 2008:576f 参照）。①の「あなたたちの内側（内面）にある」という解釈は、オリゲネス（Homilie 36）以来の伝統的な理解である（Creed 1953:218f; ドッド 1964:108–110; 八木 2009:52f; タイセン 2022:234、注 78; 大

貫 2023:36; 2024:19f, 68f 参照）。この理解によると、あなたたちそれぞれ（個々人）の内側に神の国が（個人的・内面的体験として）現存しているという意になるが、このような精神的理解は新約文書には全く見られず（エレミアス 1978:193; 田川 2011:396）、またルカの文脈に従うと、質問を発したファリサイ派の人々の心の中にも神の国が存在すると語っていることになり（グリーン 2012:197、注 132）、その点がやや不自然に感じられる（大貫 2024:70f, 78 はここにはファリサイ派の人々に対するルカの皮肉が込められていると解している）。②の「あなたたちのもと（間）にある」という理解は近年、比較的多くの研究者によって支持されており（Schweizer 1986:181; 三好 1991:351; Green 1997:630; モリス 2014:338f; さらに口語訳、新改訳、新改訳 2017、新共同訳）、これによると、神の国は（イエスの言葉と働きにおいて）あなたたちが構成する集団（教会もしくはエルサレム？）の中に現存するという意味になる。この解釈の難点は、ルカ文書においては通常この意味で用いられる ἐν μέσῳ（2:46; 8:7; 10:3; 21:21; 22:27, 55; 使 1:15; 2:22; 27:21）という表現がここではなぜ用いられていないのか、十分に説明できない点である。③の見解は、ἐντός が「影響（作用）範囲内に」を意味する（『釈義事典』I:526）ことから、この ἐντὸς ὑμῶν ἐστιν という表現を「あなたたちの影響範囲内に（手の届く範囲に）ある」という意に解している（Rüstow 1960:197–224; 荒井 1974:125; Schneider 1984b:355; 青野 1989:292–294; Bovon 2001:160, 166; H. Klein 2006:570f; 田川 2011:395–401; 廣石 2011:72f）。この理解に従うと、ルカ 13:23–24 及び同 18:8b と同様、ルカは受動的な待望の姿勢から積極的な行動を呼び起こすためにこの問いの視点を置き換えており、神の国はすでに人々の間近に存し、イエスの働きにおいてすでに現存しているが（11:20 参照）、その到来は人々のイエスに対する姿勢にかかっていることになる（Schneider 1984b:355）。しかしながら、「影響範囲内に」という表現そのものが曖昧であることに加え、あたかも人間の能動的行動によって神の国が到来するという理解は受け入れにくい。このように、それぞれの解釈には難点が存在し、決定は難しいが、20 節の「神の国は観察できるような仕方では来ない」に加えて、この 21 節でも「また『見よ、ここに』とか『あそこに』と人々が言うものでもない」と断言されているルカの文脈においては①の理解が最も妥当であると考えられる（詳しくは大貫 2024:11–69 参照）。

22 節

ファリサイ派の人々に対する返答に続き、イエスは今度は弟子たちに語り始める。ここでも引き続き、否定表現を用いて終末について語られているが、視点は現在から将来に移行している。イエスはまず、「**人の子の日々の1日を見たいと切望する日々が来る**」が、それを見ることはできないと語る（トマス福38参照）。弟子たちが「人の子の日々の1日を見たいと切望する日々」とは、イエスの十字架・復活・昇天から再臨に至るまでのイエス不在の時期（教会の時）を指しているのであろう（Nolland 1993a:858; Löning 2006:170）。この言葉は表面的には「神の国は観察できるような仕方では来ない」という直前の発言に対応しているが、ここでは現時点においてはそれを見ることができないという点が強調されている。

「**人の子の日々**」（αἱ ἡμέραι τοῦ υἱοῦ τοῦ ἀνθρώπου［22, 26 節]）という複数形の表現は、後続の「ノアの日々」（26 節）／「ロトの日々」（28 節）との関連から（Schneider 1984b:355f; Löning 2006:170）、あるいはラビたちが用いていた「メシアの日々」（Bill. II:237; IV/2:826 以下参照）との関連から（ドッド 1964:108; Marshall 1995:658）、ルカ自身が構成したと考えられ（Eckey 2004b:743）、事実ルカはしばしば複数形の ἡμέραι（日々）を用いている（1:5; 2:1; 5:35; 6:12; 9:18, 9:51）。一方のマタイは「人の子の来臨」（ἡ παρουσία τοῦ υἱοῦ τοῦ ἀνθρώπου）という表現を用いているが（マタ 24:27, 37, 39）、難解でないマタイの表現の方がおそらく二次的であり、元来は「人の子の日」（単数形）であったと想定される（30 節参照）。

「**人の子の日々**」の具体的な意味に関してであるが、そのように複数形が用いられている以上、単数形の「人の子の日」と同義であったとは考えにくい（Kümmel 1953:32 に反対）。この表現はまた（26 節のように）人の子の到来に至る諸段階の日々（三好 1991:351; 大貫 2024:57f）や、あるいは過去におけるイエスの宣教活動の日々（ドッド 1964:142、注 31; コンツェルマン 1965:188、注 9）を指しているのではなく、むしろここでは、人の子の到来（来臨）によって始まり、人の子の活動によって規定される日々を意味している（Creed 1953:220; Schnackenburg 1971:234–237; Schneider 1984b:356; Bock 1996:1427f; Wolter 2008:580）。このことと関連して、μίαν τῶν ἡμερῶν（日々の一日を）という表現（5:17; 8:22; 20:1 参照）の μίαν は、「～の最初の日を」（Plummer 1989:407）でもアラム語に由来する「～のあ

る日を」（Black 1990:38）でもなく、あるいは「極めて甚だしく」を意味するアラム語からの誤訳（T. W. Manson 1954:142）と見なすべきでもなく、「〜の一日でも」の意で解すべきであろう。いずれにせよ、ここでは人の子の日々がイエスの亡き後もすぐには訪れない将来の事柄であることが強調されている。

23 節

さらにイエスは、人々（偽預言者たち）は弟子たちに「**見よ、あそこに**」、「**見よ、ここに**」と言うだろうが、それに惑わされて「**出て行ったり〔彼らのあとを〕追ったりしてはならない**」と警告する（cf. マコ 13:21 // マタ 24:23：「信じてはならない」）。「あそこに」／「ここに」という表現は、先行する 21a 節では人間にはそもそも神の国を認識できないという観点から述べられていたのに対し、ここではむしろ、人の子（人の子の日々）は、「ここ」や「あそこ」といった特定の場所に現れることはなく、直後の 24 節に示されているように、どこからでも認識できる仕方で現れることを前提として語られている（大貫 2023:36; 2024:19）。

24 節

そのように、人の子は「あそこに」や「ここに」現れるのではなく、稲妻がきらめいて「天の下」（＝地上）の一帯が輝くように、世界中の至るところに誰からもはっきりと認識できるように現れるのであり（9:29 参照）、それはまさに「どこからでも同時に見ることができる電光の閃きのようなもの」（ドッド 1964:108）なのである。ここでの「**天の下の〔ある地点〕から天の下の〔他の地点〕へ**」という表現はマタイ版では「東から西へ」となっているが（マタ 24:27）、ルカが普遍性を強調するために編集の手を加えたのではなく（Schulz 1972:279; Klostermann 1975:175 に反対）、むしろマタイが簡略化したのであろう（Fitzmyer 1985:1170; Bovon 2001:170f; ルツ 2004:491）。この稲妻の光のイメージは神の顕現を意味する黙示文学的表現である（エチオピア・エノク 59:1–3; シリア・バルク 53:1 参照）。なお、一部の写本（א, A, L, W, Θ 他）は ἐν τῇ ἡμέρᾳ αὐτοῦ（彼の日には）という句を含んでいるが、後代の付加であろう。

25 節

　しかしながら、人の子はまず多くの苦しみを受け、この時代の人々から拒絶されることが運命づけられている。この節は先行するルカ 9:22（並行マコ 8:31）をもとにルカ自身が構成したと考えられるが（さらに 24:26, 46; 使 14:22 参照）、ここではその箇所とは異なり、人の子は「長老、祭司長、律法学者たち」からではなく「**この時代の人々**」から排斥されると語られ、さらにイエスの死と復活の記述が欠けている。「**この時代の人々**」は、イエス時代の人々のみならず、ルカの時代の人々のことをも指し示しているのであろう。この箇所はまた、δεῖ（必ず〜する）によってイエスの受難が神の計画による必然的なものであることを強調しているが、それによって性急な終末待望を抑制しようとしている。そのようにここでは、人の子はすぐには現れず、教会の時が長く続くことが示唆されているが、その意味でもルカは、現在における神の国の到来と将来における人の子の来臨とを区別して捉えている（Bovon 2001:168）。なお、ルカの読者にとってはイエスの受難は自明であることからも、ルカはこの言葉を弟子たちの再臨待望と関連づけることにより、人の子の来臨を性急に求めようとする当時のキリスト者に対して、教会の苦難の時をも来臨前の必然的な出来事として理解させようとしたのであろう（Ernst 1977:489; Schneider 1984b:356）。

26–27 節

　26–30 節では、旧約聖書のノアとロトの事例を通して、将来突然訪れる「**人の子の日々**」に常に備えておくように警告が発せられ、それと共に裁きが強調される。この箇所全体は「人の子の日（日々）」という表現によって枠付けられており（26, 30 節）、おそらく双方の事例はルカ以前（Q ルカ）の段階でこの表現と結びついていたのであろう。なお、これら二つの事例は並行する形で構成されており、いずれも「ちょうど〜の日々に起こったように」（καὶ <u>καθὼς ἐγένετο ἐν ταῖς ἡμέραις</u> Νῶε／ὁμοίως <u>καθὼς ἐγένετο ἐν ταῖς ἡμέραις</u> Λώτ）という表現で始まり（26a 節／28a 節）、裁きの日の直前までは人々は「食べたり飲んだり」（ἤσθιον, ἔπινον）して普通に生活していたと述べられ（27a 節／28b 節）、これに簡潔な自然災害の描写が続き（27b 節／29a 節）、最後に καὶ ἀπώλεσεν πάντας（そしてすべての者を滅ぼした）という表現によって破滅を強調している（27c 節／29b 節）。なお、ノ

アとロトの事例はユダヤ教及びキリスト教文書においてしばしば併記されており（知 10:4–8; Ⅲマカ 2:4–5; 十二遺訓ナフタリ 3:4–5; Ⅱペト 2:4–10a; さらに Lührmann 1969:75–83 参照）、洪水及びソドムとゴモラの滅亡の教訓は倫理的勧告の伝統的要素になっている（カルペパー 2002:430）。

　まず、ノアの時代の事例が挙げられる。ノアの時代においては、ノアが箱舟に入るまで「**人々は食べたり飲んだり、めとったり嫁いだりしていた**」が、洪水が押し寄せると（備えていたノアとその家族を除いて）「**すべての者**」は滅ぼされてしまった（創 7:21–24 参照）。焦点は滅ぼされた人々に当てられているが、創世記 6:11–13 の記述とは異なり、彼らは罪深さのゆえに滅ぼされたのでも、また飲食や結婚そのものが特に問題視されているわけでもなく、彼らが滅ぼされたのはひとえに裁きの日に備えていなかったためである。そして「**人の子の日々**」においても（cf. マタ 24:37:「人の子の来臨〔の時〕も」）「**ノアの日々**」と同様になると述べられるが、ここでの「**人の子の日々**」は、先行する 22 節の場合とは異なり、人の子の到来に至る裁きの日々のことを意味している（T. W. Manson 1954:143; Schneider 1984b:356）。なお Wolter（2008:582）は、「**めとったり嫁いだりしていた**」という表現を、直前の「食べたり飲んだりしていた」と同様、規則的・日常的営みが問題になっているはずとの理解から、男女の性交渉の意で解している。

28–30 節

　ロトの時代にも同様のことが起こり、「**人々は食べたり飲んだり、買ったり売ったり、植えたり建てたりしていた**」が、ロトがソドムから出て行った日に天から「**火と硫黄**」が降って来て、備えていなかった「**すべての者**」は滅ぼされてしまった（創 18:20–19:29 参照）。ノアの時代の人々の行為としては飲食の他に結婚が挙げられていたのに対し、ここでは日常的な営みである商売（買ったり売ったり）や生業（植えたり建てたり）が挙げられており（12:17–18; 14:18–19 参照）、また先行箇所における洪水による裁きに対して、ここでは火と硫黄による裁き（詩 11:6; イザ 30:33; エゼ 38:22; 黙 9:17–18; 14:10; 19:20; 20:10; 21:8 参照）について語られている。

　注目すべきことに、ここでも先行するノアの事例と同様、創世記の記述とは異なり、ロトの時代の人々は特に罪深い存在として描かれてお

ず、彼らが裁かれたのは悪事を行ったためではなく、日常のことに心を奪われて裁きの日に備えていなかったためである。その意味でも、ここでは何より、そのような人々の姿勢に対して警告が発せられており（8:14; 12:18-19; 21:34 参照）、先行する 22-25 節が性急な終末待望に対して警告を発しているのとは異なっている。そして最後に、それら二つの事例を前提に、人の子が現れる日にもこれらと同じことが起こると予告される（30節）。

31-32 節

　ここからは人の子が現れる日の裁きについて、より具体的に述べられていく。まず、この日が訪れたなら、ロトとその家族がソドムの町から逃れたように、懸命に逃げるように警告される。すなわち、平らな屋根の上にいる者は家財道具を取り出すために家の中に降りて行ってはならず、畑にいる者も後戻りしてはならず（9:61-62 参照）、とにかく逃げるべきである。この逃亡のモチーフは、並行するマルコにおいてはユダヤ戦争の文脈において語られているが、ルカはこのモチーフを人の子が現れる日と関連づけている。なお、τὰ σκεύη は家財（道具）を意味しているが（マコ 3:27 並行参照）、ここでは地上の富への執着が特に問題にされているわけではないであろう（Marshall 1995:664f; カルペパー 2002:432; Eckey 2004b:749 に反対）。

　この警告に続いて、ロトの妻のことを思い出すようにと要求されているが（32節）、ここでは何より、後ろを振り向いたために塩の柱にされてしまったロトの妻の例との関連から（創 19:26 LXX の ἐπέβλεψεν ... εἰς τὰ ὀπίσω と 31 節の ἐπιστρεψάτω εἰς τὰ ὀπίσω を比較参照）、優柔不断な態度が滅びをもたらすことを示そうとしている（9:62 も参照）。

33 節

　優柔不断な態度を批判する 31-32 節の直後には、命の喪失と獲得に関する言葉（9:24 参照）が続き、自分の命（肉体の命）を保とうとする者はそれ（本来の命）を失い、逆にそれ（肉体の命）を失う者はそれ（本来の命）を生かすと述べられる（上巻 434 頁参照）。この言葉の前半部は、真の救いに与るためにもこの世的な事柄に囚われて引き返さないように要求す

る直前の 31 節の内容に対応しているが、Q 資料の文脈（マタ 10:39 参照）においては、人生の意義をこの世的な享楽に見出そうとしたためにそれを喪失することになったソドムの住民と関連づけられていたのかもしれない（Schneider 1984b:357）。その一方で、地上の命を（殉教のため？）失う者は、永続する真の命を獲得することになる。なお、マタイ版の εὑρίσκω（見出す）に対し、ここでは ζῳογονέω（生かす）が用いられているが、この語は命を与える（生み出す）という意味をもっている（5:10 参照）。

34–35 節

命の喪失と獲得に関する言葉の直後には「**私はあなたたちに言っておく**」という強調表現によって裁きの日における分離に関する二重の言葉が導入され、ここでは夜間における一つの寝床の二人の男性の例（並行トマス福 61:1）と同じ場所で臼をひく二人の女性の例というように一対の例（男性と女性、夜と昼間）が挙げられている。もっとも最初の例については、男女双方を意味する場合も男性形名詞で表現されうることから、そこでは一組の夫婦が意味されている可能性も否定できないであろう（Nolland 1993a:862; ケアード 2001:240; モリス 2014:341f）。因みに Strobel（1961:22–25）は、ここには過越の夜にメシアの到来を期待するユダヤ的表象が反映されていると主張しているが、この点は十分に根拠づけられない。また、先行するノアとロトの事例においては「すべての者」が滅ぼされる（27c, 29b 節）ことが強調されていたのに対し、ここでは裁きにおける救われる者と滅びる者の分離が強調されており、双方の事例とも、二人のうち一人は取り去られ、他の一人は残される状況が描かれている。どちらが救われ、どちらが滅びに至るかという点は明らかにされていないが、παραλαμβάνω（取り去る）は天への召しの意味でも用いられており（民 23:27; アブラハム遺訓 15:1; 16:5 参照）、さらにノアとロトの物語を勘案するなら、連れて行かれた者たちは残りの者たちを襲う裁きから免れるという状況が示されているのであろう（Plummer 1989:409f; Nolland 1993a:862; カルペパー 2002:432; Eckey 2004b:750）。いずれにせよ、ここではその日に救われる者と滅びる者とが明確に区別されることが示されており、問題となるのは、その日に何をしていたかではなく、その日に対して備えていたかどうかなのである。なお、最初の例に関して、マタイ版では

445

寝床ではなく畑にいる二人の人物について描写されているが（マタ 24:40）、一部の写本（D, lat 他）はこれを三つ目の事例としてこの直後（36 節）に挿入している。

37 節

　段落末尾では弟子たちの問いと格言によるイエスの返答が記されているが、非常に謎めいている。ここで弟子たちは、神の国の到来の時期について冒頭のファリサイ派の人々の問い（20a 節）に対応する形で、「**主よ、〔それは〕どこで〔起こるの〕ですか**」と場所に関する問いを発している（21a, 23a 参照）。

　この問いに対してイエスは「**〔死〕体のあるところに、そこに禿鷹たちも集まる**」という格言を語っている（レビ 11:13; 申 14:12; さらにヨブ 39:27–30 LXX; ルクレティウス『事物の本性について』4:679 参照）。この格言はヘレニズム文化圏に由来し（プルタルコス『倫理論集』918c 参照）、元来は死肉のある場所にどこからでも集まってくる禿鷹の特殊な能力を称える格言であったと考えられる（大貫 2023:32–34; 2024:34–41）。なお、マタイの並行箇所（マタ 24:28）では、ルカ版の σῶμα（〔死〕体）に対して πτῶμα（死体）が用いられ、稲妻のように人の子が到来する状況に関して述べた言葉（同 24:27）の直後に続いており、禿鷹が動物の死骸を見逃さないように人間もキリストの再臨を見逃さないという点が強調されているが（ルツ 2004:516; 大貫 2023:35）、それと共に、イエスが人の子として再臨して最後の審判を執行する時、地上の人間たちが苦しみに見舞われることを予告しているのであろう（大貫 2024:47）。

　一方のルカ版においては、この言葉の真意を見極めるのは容易ではなく、禿鷹の俊敏な動き（ヨブ 9:26; 39:30 参照）から裁きの時の速やかな到来が強調されているとか（Bovon 2001:180）、裁きが確実に行われることが示されているとか（Fitzmyer 1985:1173; カルペパー 2002:433）、あるいは、禿鷹がそこに集まることから死体のありかが明らかになるように、その裁きが行われる場所もその時になれば自ずと明らかになることが示唆されているとか（Klostermann 1975:177; Green 1996:636; Talbert 2002:196; Löning 2006:173f）、様々な見解が打ち出されているが、おそらくここでは、禿鷹の出現場所が地上の特定の場所に限定されないのと同様、人の子もどこに

でも出現し（大貫 2024:68）、裁き（分離）も至るところでなされることが示唆されているのであろう（Schneider 1984b:357; 三好 1991:352; Marshall 1995:669; Eckey 2004b:750; H. Klein 2006:576）。

【解説／考察】

この段落全体を通して終末が統一的な主題となっているが、ファリサイ派の人々に向けられた冒頭の 20–21 節では神の国の現存について述べられているのに対し、弟子たちに向けられた 22 節以降の箇所では将来における人の子の来臨に焦点が当てられている。そして、人の子の到来を待ち望む弟子たちに対して、その日が突然、しかも誰の目にも明らかな形で到来することと、それに伴って裁きが確実に行われることが強調されると共に、それに対してしっかりと備えておくように警告が発せられる。その意味でも、神の国は、少なくともそれを受け入れようとしている者にとってはすでに現存しているが、それが本来の意味で実現するのは、将来の人の子が到来する時であることが示されている。

今日のキリスト者にとっては、終末の出来事と同様、人の子の来臨も現実味を欠いており、ほとんど意識されることはなく、その意味では、このテキストは私たちには無縁のもののようにも感じられる。しかしながら、ただ日常の営みに心を奪われ、危機意識を全くもたずに生活していたノアやロトの時代の人々の描写は、日々時間に追われてあくせく生活し、大切なものを見失っている現代人の姿をそのまま映し出しているようにも思われる。あるいはまた、いたずらに終末の到来を吹聴し、危機感をあおる偽預言者たちによって人々が扇動されている状況は（23–24 節）、SNS 等を通じて日常的に種々雑多な情報が氾濫する中、ややもすると多くの人が根拠のない情報や噂に振り回されて生きている現代人の様相をも指し示している。その意味でもこのテキストは、現代に生きる私たちに対しても、終末に対する危機意識を日頃からもちつつ、誤った情報に踊らされることなく、落ち着いて社会生活を営んでいくように勧告している。

3. やもめと裁判官の譬え （18:1–8）

【翻訳】

18:1 さて彼（イエス）は、彼らは常に祈らなければならず、弛んではならないことについて、彼らに譬えを語って、2 言った。「ある町に、神を畏れず、人を敬わないある裁判官がいた。3 また、その町にあるやもめがおり、彼のところに〔何度も〕やって来て、『私の係争相手から私の権利を守ってください』と言っていた。4 しかし彼は、しばらくの間は〔そう〕しようと思わなかった。だがその後、彼は自分自身の中で言った。『私は神を畏れないし、人も敬わない。5〔しかし〕このやもめは本当に私に面倒をかけるので、最後に彼女がやって来て私を殴りつけたりしないように、彼女の権利を守ってやろう』」。6a そこで主は言った。b「この不正な裁判官が言っていることを聞きなさい。7a〔まして〕神は、昼も夜も彼に叫んでいる、彼に選ばれた者たちのために裁きをなさらないだろうか。b また彼らを放っておかれるだろうか。8a 私はあなたたちに言っておくが、彼は速やかに彼らのために裁きをなしてくださる。b しかし、人の子が来る時、果たして彼は地上に信仰を見出すだろうか」。

【形態／構造／背景】

　神の国及び人の子の到来に関するイエスの教え（17:20–37）の直後には、このやもめと裁判官の譬え（18:1–8）が続いており、ここでも結びの部分（18:8b）で人の子の到来に言及され、終末について語られている。この譬えの直後には、同様に二人の人物が登場するファリサイ派の人物と徴税人の譬え（18:9–14）が続き、両者は祈りの主題において結びついている。この譬えはまた、裁判官の振る舞いを軸に展開されていることから「不正な裁判官の譬え」と称されることも多いが、やもめの行動が範例として示されていることに加え、この二人の登場人物のやり取りに焦点が当てられていることからも、「やもめと裁判官の譬え」と称すべきであろう。

　この段落は、序（1節）、譬え本文（2–5節）、第一の適用句（6–7節）、

第二の適用句（8a 節）及び結語（8b 節）というように区分され、3, 5 節の ἐκδικέω（権利を守る）及び 7a, 8a 節の ποιέω τὴν ἐκδίκησιν（裁きをなす）という鍵となる表現が、序と結語によって枠付けられたこの段落の各構成要素を相互に結びつけている。この段落全体は以下のような構成になっている。

（1）序：常に祈るようにとの要求（1 節）
（2）譬え本文（2–5 節）
　　（a）裁判官の紹介（2 節）
　　（b）やもめの訴え（3 節）
　　（c）裁判官の独白（4–5 節）
（3）第一の適用句：神の裁きの確信（6–7 節）
（4）第二の適用句：速やかな神の対応（8a 節）
（5）結語：人の子の到来時の信仰（8b 節）

　この段落は他の福音書に並行箇所が見られず、また多くの非ルカ的語彙を含んでいることから、全体としてルカ特殊資料に由来すると考えられ（段落全体をルカの創作と見なす Freed 1987:38–57 に反対）、伝承の段階で先行するルカ 17:20–21 と結びついていたのかもしれない（Binder 1988:39, 77）。もっとも常に祈るように勧告する冒頭の 1 節は、ἔλεγεν δὲ παραβολὴν αὐτοῖς（彼は彼らに譬えを語った）というルカに特徴的な導入表現（ἔλεγεν δέ は新約用例 11 回中ルカに 9 回使用、《λέγειν/εἰπεῖν παραβολήν》［譬えを語る］は新約用例 15 回中ルカに 14 回使用）によって始まり、πρός（〜について［共観福音書用例 271 回中ルカに 165 回、さらに使に 134 回使用]）、δεῖν（δεῖ［必ず〜する］の不定詞形 δεῖν は新約ではこの箇所と使 25:24; 26:9 にのみ使用）、προσεύχομαι（祈る［新約用例 86 回中ルカ文書に 35 回使用]）等のルカ的語彙を含んでいることから、ルカの編集句と考えられる（Ott 1965:19; Freed 1987:39f; Binder 1988:11f; Förster 2007:274f 参照）。その一方で、ルカ的語彙をほとんど含まない譬え本文（2–5 節）はルカ特殊資料に由来すると考えられ、その核においてイエスに遡ると見なしうる（Binder 1988:77; Bovon 2001:189; Eckey 2004b:751; 山口 2017:161。一方で Linnemann 1966:127 はこの見解に否定的）。

《小から大への推論》に基づく二つの適用句（6–7, 8a 節）は二次的に付加されたと考えられるが（ブルトマン 1983:302; H. Klein 1987:108f）、多くの非ルカ的語彙を含んでいることから（Jeremias 1980:271f 参照）、ルカの編集句とは考えにくい（6–8 節全体をルカの編集句と見なす Jülicher 1910b:284, 286; Binder 1988:15; 田川 2011:407; 山口 2017:161 に反対。なお Ott 1965:41f は 8 節全体を編集句と見なす）。もっとも、導入句の 6a 節は多くのルカ的語彙を含んでおり（文頭の εἶπεν(-ον, -αν) δέ は新約ではヨハ 12:6 を除くとルカ文書にのみ計 74 回使用、地上のイエスを表す ὁ κύριος［定冠詞付き絶対用法］は共観福音書にはルカにのみ計 15 回使用）、ルカの編集句であろう（Ott 1965:34–40 参照）。なお、「私はあなたたちに言っておく」という書き出しで始まる第二の適用句（8a 節）は、第一の適用句（6–7 節）よりあとの段階で（ルカ以前に）付加されたのかもしれない。

段落末尾の 8b 節では主語が神から人の子に移行し、一転して終末遅延が前提とされ、さらに πλήν（しかし［新約用例 31 回中ルカ文書に 19 回使用］）や ἐλθὼν ... εὑρήσει（〜が来る時、彼は見出す［11:25; 12:37, 43 参照］）等のルカ的語彙を含んでいることからルカの編集句と考えられる（Ott 1965:32–34; Schneider 1984b:360; H. Klein 1987:105; Binder 1988:22f; Hahn 1995:89; Förster 2007:283。一方でエレミアス 1969:170–172; Bailey 1980:129f; Marshall 1995:670f; Bock 1996:1446 は 2–8 節全体を伝承の古層［＝イエス］に帰し、Catchpole 1977:81–104 も 2–5, 7–8 節を原初的と見なす）。なお一部の研究者は、元来は直前の段落（17:22–37）に直結していたこの一文をルカがこの譬えの結びとして転用したと考えているが（Grundmann 1961:346）、この点は明らかではない。以上のことからも、ルカは特殊資料に由来する 2–5, 6b–8a 節を自ら構成した序（1 節）と結語（8b 節）によって枠付け、さらに 6a 節を編集的に構成する等、適宜編集の手を加えることによってこの段落全体を構成したのであろう。

なお、この譬えとパンを求める人の譬え（11:5–8）は、いずれも執拗に願い求めることによって願いが聞き届けられるという共通の筋立てになっているのみならず、表現等においても共通点が見られ（11:7 の μή μοι κόπους πάρεχε［私に面倒をかけないでください］は 18:5 の τὸ παρέχειν μοι κόπον［私に面倒をかけること］に近似、11:8 と 18:5 が διά γε を共有）、元来は一対の譬えであった可能性も指摘されている（Jülicher 1910b:283;

Grundmann 1961:345; Ott 1965:24, 71f; Eichholz 1979:34［本書 105–106 頁
も参照］）。もっとも、ルカが双方の譬えを祈りの主題のもとに編集的に
構成した可能性も考えられ、その点は断定できない（Binder 1988:12f;
Schürmann 1994:212 参照）。このほか、この譬えと不正な管理人の譬え
（16:1–13）との関連性（「不正の〜」［... τῆς ἀδικίας］と表現される主人公、独
白による物語の展開、κύριος［主／主人］による発言等）も指摘されてい
る。この譬えはまた、やもめの訴え（祈り）とそれを聞き入れて悪人を裁
く神に言及するシラ 35:11 LXX 以下の記述とも密接に関連しており（特
に 7–8 節とシラ 35:19f LXX は μακροθυμέω［耐え忍ぶ］や ἐκδίκησις［復讐／
裁き］を共有）、この言葉の影響のもとに作られたとも考えられる（Bailey
1980:127f; ベイリー 2010:394–397 参照）。

【注解】

1 節

　前段の終末に関する教えに続いて、イエスは引き続き弟子たちに対して
（17:22 参照）譬えを語り始める。冒頭の導入句は、この譬えの目的が失望
せずに「常に」（πάντοτε）祈るように勧告する点にあることを明示してお
り（21:36; I テサ 5:17 参照）、直後の「弛んではならない」（μὴ ἐγκακεῖν）
という表現もこの点を強調しているが、ユダヤ社会においては祈りの時間
が定められていたことからも（Bill. II:237f 参照）、このような勧告は注目
に値する。この勧告はまた、段落末尾で言及されている人の子の到来時に
見出される信仰（8b 節）とも密接に関連しており、その信仰は弟子たち
の祈りの姿勢において示されることになる。

2 節

　譬え本文の冒頭部分で、ある町に住んでいた一人の裁判官が紹介される
が、彼は「神を畏れず、人を敬わない」人物として明らかに否定的に描
写されている（cf. ヨセフス『ユダヤ古代誌』10:83：「エホヤキムは、……神を
敬わず、同胞には一片の思いやりも示さなかった」）。このような彼の人物描
写は、貧しい人々や孤児、やもめ等の社会的弱者を助け（詩 82:3–4; イザ
1:17 参照）、彼らの苦情を公平かつ公正に聞くことを求められていた本来

451

の裁判官のイメージとは正反対であり（申 1:16–17; 代下 19:6–7。一方でミカ 7:3; ゼファ 3:3 も参照）、神への愛と隣人への愛を要求する愛の二重の掟（10:27）とも対立している。彼は 6 節のイエスの言葉において「不正な裁判官」と称されているが、旧約においても不正な裁判官は、特に貧しい人々や孤児、やもめらを虐げる者と見なされている（イザ 10:1–2 参照）。

3 節

　続いて、この裁判官と同じ町に住んでいたやもめが紹介される。当時のユダヤ社会において、夫の扶養を受けられなくなったやもめは社会的弱者の代表格であり、保護されるべき存在と見なされていたが（出 22:21–22; 申 10:18; 24:17–21; エレ 22:1–5 参照）、ルカがやもめに特別の関心を抱いていたことは、しばしばやもめに言及していることからも確認できる（4:25–26; 7:11–17; 20:47; 21:2–4; 使 6:1–6 参照）。どうやらこのやもめは、自分の（経済的）権利を危うくする人物と争っており、その裁判官のところにやって来て、その係争相手から自分の擁護してくれるように訴えていた。ἐκδικέω は「復讐する」という意味ももつが、ここでは法的措置による正義の回復という観点から「（裁いて）権利を守る」の意で解すべきであろう。また、ここで未完了過去形の ἤρχετο（< ἔρχομαι ［来る］）が用いられていることは、彼女の行為が何度も繰り返されたことを示しているが、地位も経済力もない彼女にとっては執拗さが唯一の武器であった。なお、彼女は法廷ではなく個人の裁判官に願い出ていることからも、負債等の金銭上のトラブルが問題になっていたのであろう（エレミアス 1969:170）。

4–5 節

　その裁判官は当初、そのやもめの願いを聞き入れる気はさらさらなく、「**しばらくの間は**」（ἐπὶ χρόνον）取り合おうとはしなかった。その理由は明記されていないが、弱者であるやもめを助けても彼には何の利益ももたらさなかったので、そもそも関心がなかったと考えるのが自然であろう。しかしながら、彼女があまりに執拗に求め続けたので、「**その後**」彼は考え直し、心の中で自らの思いを語り出す（12:17–19; 15:17–19; 16:3–4 参照）。彼は自分自身が「**神を畏れないし、人も敬わない**」（2 節参照）人間であることを自認しつつ、最終的に「**彼女の権利を守ってやろう**」と考えるに至

るが、それは正義感からでも親切心からでもなく、彼女が彼に「**面倒をか
ける**」からであり、「**最後に彼女がやって来て私を殴りつけたりしないよ
うに**」するためであった。なお、「**このやもめ**」（τὴν χήραν ταύτην）という
表現（cf. 15:30：「このあなたの息子」[ὁ υἱός σου οὗτος]）には明らかに軽蔑
の意味が込められている（エレミアス 1969:170）。

　拳闘競技の用語に由来する ὑπωπιάζω は本来「目の下を殴る」を意味
し、文字通りに「殴る」の意で解する研究者も少なくないが（Jülicher
1910b:282; Binder 1988:91; Schottroff 1996:157; 2007:253; Green 1997:636,
641; Eckey 2004b:754; 山口 2017:179f 他）、その一方で、他の研究者やほと
んどの邦訳聖書は、やもめが裁判官を殴るという状況は考えにくいとい
う理由から、比喩的に「（絶えずやって来て）苦しめる（悩ます、疲弊させ
る）」の意で解している（Linnemann 1966:126; Fitzmyer 1985:1179; Bock
1996:1449f; Bovon 2001:193; Wolter 2008:589; 田川 2011:409 参照。このほか
Nolland 1993a:868 は「恥じ入らせる」、Marshall 1995:672 は「名誉を傷つけ
る」の意で理解）。しかしながら、やもめが実際に殴打することもあり得な
いことではなく、さらには、文字通りに物理的な暴力行為を意味しなくて
も誇張してこの語が用いられた可能性も十分に考えられる。そこで、ここ
ではこの語の字義的意味である「殴る」という訳語を採用するが、この語
が同時に比喩的意味も併せもっている可能性を否定するものではない。い
ずれにせよこの裁判官は、その気はさらさらなかったが、しつこくつきま
とうそのやもめにこれ以上苦しめられたくないという極めて個人的（利己
的）な理由から彼女を擁護することを決断したのである。譬えそのものは
彼がそのように決断した場面で結ばれており、その後彼が具体的にどのよ
うに行動したかについては記されていない。

6 節

　ここから、「**そこで主は言った**」という導入句に導かれ、譬えの最初の
適用が記される（6–7 節）。ここでの「**主**」（ὁ κύριος）は、ルカ 16:8a のそ
れとは異なり、明らかにイエスを指しており（7:13; 10:39, 41; 13:15; 19:8
も参照）、彼は弟子たちに「**この不正な裁判官が言っていることを聞きな
さい**」と語りかけ、その裁判官の独白の内容に注目するように促してい
る。この「**不正な裁判官**」（ὁ κριτὴς τῆς ἀδικίας）という表現はルカ 16:8a

の「不正な管理人」（ὁ οἰκονόμος τῆς ἀδικίας）を思い起こさせるが、この特徴づけは「神を畏れず、人を敬わない」（2, 4節）彼の人間性のみならず、彼が個人的な都合からやもめに対する態度を一変させたことにも関わっている。

7節

続いてイエスは、《小から大への推論》を用いて「〔まして〕**神は、昼も夜も彼に叫んでいる、彼に選ばれた者たちのために裁きをなさらないだろうか**」と肯定の返答を前提とする問いを発するが、ここでの「**神**」と「**選ばれた者たち**」との関係は譬えにおける裁判官とやもめの関係に対応している。「**昼も夜も**」は粘り強い祈りの必要性を強調すると共に（1節参照）、夜も昼も神に仕えていたアンナ（2:37）や夜も昼も祈りを捧げるやもめに関する記述（Ⅰテモ 5:5）を思い起こさせる。「**選ばれた者たち**」（< ἐκλεκτός）はユダヤ黙示思想に見られる概念であるが、新約においてもしばしば黙示的／終末論的文脈において使用され（マコ 13:20, 22, 27; ロマ 16:13; コロ 3:12 参照）、ここでも信仰者の終末論的名称として用いられており（『釈義事典』Ⅰ:476）、その意味では「キリスト教会の自称として」（Förster 2007:279f）用いられている。ここでは彼らが「叫んでいる」様子に言及されているが、日常的な苦しみの叫びというよりは現実の苦境からの救いを求める叫びを意味しており、そのような苦しみの中から神に救いを嘆願していた最初期のキリスト教会の状況が示唆されている。そのように、この不正な裁判官でさえ、（利己的な理由からであったにせよ）結果的にやもめを助けようとしたのなら、ましてや恵み深い神は、昼夜叫び求める信仰者たちを救い出してくださるに違いないというのである。なお、3, 5節の ἐκδικέω（権利を守る）という表現とも密接に関わる ποιέω τὴν ἐκδίκησιν という表現は、文脈からも「裁きをなす」の意で解すべきであろう（8a 節も同様）。

これに続く 7節後半部のイエスの言葉は非常に難解であり、その解釈をめぐって様々な見解が打ち出されてきた（Ott 1965:44–59; Catchpole 1977:92–101; Marshall 1995:674f; Bock 1996:1451–1454 参照）。μακροθυμέω は通常「耐え忍ぶ／寛容である」を意味するが、ここではむしろ、神は「**彼らを放っておかれるだろうか**」（μακροθυμεῖ ἐπ' αὐτοῖς）と、神がい

つまでも選ばれた者たちをこの状態のままで待たせておくはずがないと語られているのであろう（Fitzmyer 1985:1180; Schweizer 1986:184f; Bock 1996:1453f; Green 1997:642 n. 99; Eckey 2004b:755f; Wolter 2008:590; 田川 2011:409;『釈義事典』II:444）。その一方で、この箇所を一種の挿入句と見なし、「（神は）彼ら（＝選ばれた者たち）のことに関して忍耐しておられるが」と（後続の 8b 節との関連から）解することも文法的には可能であるが（レングストルフ 1976:433f; Ellis 1987:213; Johnson 1991:270; Bovon 2001:195f; ベイリー 2010:402f）、前後の 7a, 8a 節との関連が不明瞭であることからも蓋然性は高くないであろう（このほか Grundmann 1961:348; Petzke 1980:158f は「彼らのことでためらっておられるが」の意で解し、Wellhausen 1904:98; Creed 1953:223 は「彼ら」を「敵対者たち」の意で理解している。さらにシラ 35:19 LXX の … μὴ μακροθυμήσῃ ἐπ᾽ αὐτοῖς [彼ら [悪人たち] のことを我慢しない] も参照）。その一方でエレミアスは、この箇所を 7a 節と直接結合させて「そして神は、選民たちが日夜叫んでいるのを忍耐強く聞いて、彼らを救うために急がないだろうか」（1969:170）と訳出している（H. Klein 1987:108 も参照）。

8a 節

　第一の適用句（6–7 節）のあとには「**私はあなたたちに言っておく**」（λέγω ὑμῖν）という強調表現に導かれて第二の適用句が続き、「**彼は速やかに彼らのために裁きをなしてくださる**」と神の裁きが告げられる（17:20 参照）。願いが必ず聞き届けられるという聴許の確信についてはすでに最初の適用句で述べられているが、ここではそれが「**速やかに**」（使 12:7; 22:18; 15:4）遂行されると断言される。その意味では、譬えの中の裁判官はやもめの訴えに即座に対応しなかったが（4 節の ἐπὶ χρόνον [しばらくの間は] 及び μετὰ … ταῦτα [その後] 参照）、神は選ばれた者の願いを聞き届けるだけでなく、速やかに対応するという点がここでは強調されている。

　確かに、この発言は終末遅延を前提とするルカの思想とは明らかに矛盾しているが、この背景には、終末を待望しつつもなかなかその時が到来しないために動揺していた当時（ルカ以前）の教会の状況があったと考えられる。なお、「**速やかに**」と訳出した ἐν τάχει は、「突然」（Grundmann 1961:348; エレミアス 1969:170; Wiefel 1988:315）あるいは「素早く／一気

に」の意（Schweizer 1986:185; Ellis 1987:213）で解することも可能であるが、この言葉が裁きの脅しではなく救いの文脈において語られていることからもその蓋然性は高くなく（Binder 1988:21f; Wolter 2008:589 参照）、このような理解は終末遅延を前提とするルカの終末理解との関連から生じてきたのであろう。

8b 節

　速やかな神の裁きの到来を強調した直前の 7b–8a 節に対して、πλήν（しかし）によって導入される（6:24 参照）この結語は一転して再臨遅延の状況を示しており、主語も神から人の子に突然移行している。ここでは「**人の子が来る時、果たして彼は地上に信仰を見出すだろうか**」と、救いに対する弟子たちの待望は信仰の問題に置き換えられており、この結語によってルカ 17:20 以降の終末に関する一連のイエスの教えは結ばれることになる。編集的に構成された段落の冒頭部分（1 節）との関連においても、ここでの信仰は熱心な祈りにおいて示されるものとして捉えられているが、先行する十人の皮膚病患者の癒しの記述（17:11–19）においても感謝の祈りが信仰と見なされている（17:19）。ここでは、人の子の到来が間近ではない将来の出来事であることが明らかに前提とされており、それだけに常にそれに備えて祈り続けることの大切さが強調されている。その意味でもルカは、彼の時代のキリスト者に対して、今後もしばらく続く教会の時を、熱心に祈り続けることを通して信仰を保ちつつ過ごしていくように要求しているのであろう。

【解説／考察】

　この譬えにおいては、《小から大への推論》を用いて聴許の確信について語られており（11:13 参照）、たとえ不正な裁判官であっても、（このやもめにこれ以上煩わされたくないという消極的な理由からであったとしても）執拗に求め続けるやもめの願いを聞き入れるのなら、ましてや恵み深い神は、昼夜にわたって救いを叫び求める選ばれた人々の願いを無視するはずがなく、速やかに聞き届けられると述べられる。この伝承を受け取ったルカは、この譬えを祈りの文脈に置き（1 節）、人の子の到来までの一定期間を想

定しつつ（8b 節）、終末遅延の状況の中でも信仰を失わないように祈り続けるように勧告している。いずれにせよルカは、祈りが必ず聞き届けられるという神の憐れみの確信を前提としつつ、だからこそ忍耐強く熱心に祈り求めるように勧告している。その意味でも、現実の苦境の中から神に叫び求める信仰者の祈りは決して彼らの信仰と矛盾するものではなく、神に願い求めることの大切さがここでは強調されている。

　高齢化が急速に進み、年々信徒数が目に見えて減少している今日の日本のキリスト教会の現状を思う時、人の子到来時の信仰の有無を問う段落末尾のイエスの発言は決して他人事とは思われず、日本の教会は果たしてこれから先も存続できるのだろうかという不安な思いも起こってくる。しかしながら、この問いはむしろ、まず自分自身に向けられるべきものであり、5 年後、10 年後においても自分自身の中に信仰がしっかりと維持されているかという点を、それぞれが改めて問い直してみるべきであろう。

　この譬えはまた、やもめ、孤児、外国人等の社会的弱者が置かれている厳しい状況にも目を向けさせる。特に世界と日本の現状に目を向ける時、これらの社会的弱者がないがしろにされている状況は今日の社会においても本質的に変わっておらず、むしろ事態は深刻化していることに改めて気づかされる。その意味でもこの譬えは、これらの人々のことを覚え、自分の力で彼らのために何がなし得るかを常に自問するように読者に呼びかけている。

4. ファリサイ派の人物と徴税人の譬え（18:9–14）

【翻訳】

^{18:9} 彼（イエス）はまた、自分自身は義人であると自負し、他の人々を軽蔑している人々に対してもこの譬えを語った。¹⁰「二人の人が祈るために神殿に上って行った。一人はファリサイ派の人物で、他の一人は徴税人だった。¹¹ ファリサイ派の人物は独り立って、このように祈った。『神様、私は他の人々、〔すなわち〕奪い取る者たち、不義な者たち、姦淫する者た

ちでなく、また、この徴税人のようでもないことをあなたに感謝します。
[12] 私は週に二度断食し、手に入れるすべてのものについて十分の一〔税〕
を献げています』。[13] しかし、徴税人は遠くに立って、目を天に上げよう
ともせず、むしろ自分の胸を打ちながら言った。『神様、罪人の私を贖っ
てください』。[14a] 私はあなたたちに言っておくが、その人（ファリサイ派
の人物）ではなくこの人（徴税人）が義とされて自分の家に下って行った。
[b] なぜなら、自分自身を高くする者はすべて低くされるが、自分自身を低
くする者は高くされるからである」。

【形態／構造／背景】

やもめと裁判官の譬え（18:1-8）の直後には、同様に祈りを主題とする
譬えが続いている。この譬えは、ファリサイ派の人物と徴税人という対照
的な二人の人物の祈りについてイエスが評価を下すという、一見分かりや
すい内容になっているが、その一方で、そもそもこの譬えは誰に向かって
語られているのか、また、ファリサイ派の人物によって唱えられた祈りは
通常のものだったのか、それともカリカチュア（風刺）として構成されて
いるのか等々、様々な問題点を内包している。さらにこの譬えは、これま
でしばしば反ユダヤ主義を正当化する根拠として用いられてきたという経
緯もあり、様々な影響を及ぼしてきた。

この譬えはまた、Jülicher（1910a:112ff）以来、先行するサマリア人の
譬え（10:29-37）や愚かな金持ちの譬え（12:16-21）、金持ちとラザロの
譬え（16:19-31）と共に「例話」（Beispielerzählung）と見なされてきた。
「例話」と「譬え話」（Parabel）との境界線は明確ではないが（Schottroff
1973:441-446）、倫理的勧告の特質を強くもつこの譬えは「例話」と見な
しうるであろう。

この譬えはルカ福音書に特有の記事であり、マルコ以外の資料を用い
て構成されている「ルカの大挿入」（9:51-18:14）の最後尾に位置して
おり、直後のルカ 18:15 以降、ルカは再びマルコの記述内容と順序に従
っているという意味でも、ルカ福音書の全体構成において重要な位置を
占めている。また、この譬えと直前のやもめと裁判官の譬えは祈りの主
題（προσεύχομαι [18:1／18:10]）を共有するのみならず、いずれも主題を

指し示す導入句（18:1／18:9）によって始まり、λέγω ὑμῖν（私はあなたたちに言っておく）という表現によって導入されるイエスの適用句（18:8／18:14）によって結ばれており、両者はルカ以前の段階で（ルカ特殊資料において）結びついていたとする見解も見られる（Schneider 1984b:363; Schweizer 1986:186; Kremer 1988:176）。しかしながら、双方の譬えの主眼点は明らかに異なっており、先行する譬えが終末論的な観点から失望することなく熱心に祈り続けるように勧告しているのに対し、この譬えにおいては祈りに際してのへりくだった姿勢が評価されていることからも、その可能性は高くないであろう。むしろ、段落冒頭の εἶπεν δὲ καὶ πρός ...（彼はまた、〜に対しても〜を語った）という表現は聴衆の変更を示すと共に新しい段落を導入するルカの定型句であり（12:54; 14:12; 16:1 参照［後述の資料分析も参照］）、祈りの主題を明示する前段の導入句（18:1）もルカの編集句であることを勘案するなら（本書 449 頁参照）、ルカ自身が祈りの主題のもとに双方の譬えを結びつけたと考えるべきであろう。なお、へりくだりのモチーフは直後の段落（18:15–17）においても認められる。

　この段落は、譬え本文（10–14a 節）が譬えの対象を示す導入句（9 節）と譬えを締めくくる適用句（14b 節）によって囲い込まれる構成になっている。譬え本文においては、神殿を訪れた二人の対照的な人物の紹介（10 節）のあとにファリサイ派の人物の祈り（11–12 節）と徴税人の祈り（13 節）が続き、彼らの祈りに対するイエスの評価（14a 節）によって結ばれており、10 節の ἀναβαίνω（［神殿に］上って行った）と 14a 節の καταβαίνω（［家に］下って行った）という対照的な動詞によって譬え本文が枠付けられている（2:42, 51 参照）。このことからも、この譬えの中心が神殿における二人の人物の対照的な祈り（11–13 節）にあることは明らかであり、いずれの祈りも「立って」（< ἵστημι）なされ、「神様」（ὁ θεός）という呼びかけによって始められている（11, 13 節）。なお、この段落は 9 節の δίκαιοι（義人）と 14a 節の δεδικαιωμένος（義とされる）によっても枠付けられていることから（11 節の ἄδικοι［不義な者たち］も参照）、神の前における義もこの譬えの一つの主題と見なしうるであろう（ベイリー 2010:527 参照）。この段落全体は以下のように区分できる。

（1）序：状況設定（9 節）

（2）譬え本文（10–14a 節）

    （a）二人の登場人物の紹介（10 節）

    （b）ファリサイ派の人物の祈り（11–12 節）

    （c）徴税人の祈り（13 節）

    （d）二人の祈りに対するイエスの評価（14a 節）

（3）結語：高ぶる者とへりくだる者の逆転（14b 節）

【ルカ 18:9–14 の構造】

（1）序	（2）譬え本文				（3）結語
状況設定	二人の登場人物の紹介	ファリサイ派の人物の祈り	徴税人の祈り	イエスの評価	高ぶる者とへりくだる者

    9   ↑ 10   11–12   13   ↑ 14a   14b

      ἀναβαίνω   καταβαίνω

    この譬えは全体として伝承に由来するが、冒頭の 9 節は εἶπεν δὲ καί πρός ... τὴν παραβολὴν ταύτην（彼はまた、〜に対してもこの譬えを語った）というルカに特徴的な導入句で始まっており（文頭の εἶπεν(-ον, -αν) δέ は新約ではヨハ 12:6 を除くとルカ文書にのみ計 74 回使用、分詞と結合した δὲ καί は共観福音書用例 31 回中ルカに 26 回使用、《言述の動詞 + πρός + 対象を示す対格》は新約用例 169 回中ルカ文書に 149 回使用、《λέγειν/εἰπεῖν παραβολήν》[譬えを語る]は新約用例 15 回中ルカに 14 回使用[Jeremias 1980:33, 78, 124, 272f 参照]）、ルカの編集句と見なしうる（9 節を伝承に帰す Linnemann 1966:70; Schottroff 1973:457–459; ブルトマン 1983:310、注 1 に反対）。もっとも、「……している人々に対して」という譬えの対象を示す部分については後続の譬えの内容に対応していることから、ルカ以前に譬え本文に含まれていた可能性も否定できないであろう（Petzke 1990:162）。

    これに続く譬え本文（10–14a 節）は他の福音書に並行箇所が見られず、ルカ的語彙も限られていることから、総じてルカ特殊資料に由来すると考えられ（段落全体をルカが創作した可能性を指摘する Marshall 1995:678 に反対）、言語的・内容的特質から古いパレスチナ伝承に遡ると考えられる（エレミアス 1969:154。なおベイリー 2010:534–539 はこの譬えとイザ 66:1–6 との関連を重視）。一方で譬え本文におけるルカ的語彙としては、10 節の ἀνέβησαν ... προσεύξασθα（祈るために〜に上った[目的を示す不定詞を伴う

ἀναβαίνω は新約用例 5 回中ルカ文書に 4 回使用])、11 節の σταθείς（ἵστημι
[立つ] の不定過去分詞受動態の σταθείς／σταθέντες は新約ではルカ文書にの
み計 9 回使用）や ὥσπερ（〜のように [新約ではルカ文書にのみ計 5 回使用]）
等が挙げられる（Jeremias 1980:273 参照）。また 14a 節については、元来
の譬えには含まれておらず、ルカによって付加されたとする見解も見られ
るが（Downing 1992:96f）、この箇所がなければ譬えそのものが意味不明
になることからも、同様に伝承に由来すると見なすべきであろう（Bovon
2001:204 参照）。なお、多くの研究者はこの譬えをイエスに帰している
が（エレミアス 1969:154–158; Linnemann 1966:64–70; Schweizer 1986:186;
Nolland 1993a:874; Marshall 1995:678; Bock 1996:1459）、Schottroff
(1973:452) は、このようなファリサイ派に対するカリカチュア的な内容
を含む譬えをイエスが語ったとは考えにくいとの理由からその可能性を疑
問視し、Petzke（1980:165）も、このようにステレオタイプ化されたファ
リサイ派と徴税人のイメージはむしろ最初期の教会に由来すると主張して
いる。

　段落末尾の適用句（14b 節）は先行するルカ 14:11（並行マタ 23:12; さら
にエゼ 21:31 も参照）と逐語的に一致しており、二次的に付加されたと考
えられる（Jülicher 1910b:607; ブルトマン 1983:310）。Fitzmyer (1985:1183)
は、反復を好まないルカがここでこの言葉を繰り返したとは考えにくい
ことから、14b 節はルカ以前に譬え本文と結合していたと主張している
が（Schottroff 1973:457–459; Marshall 1995:681; Bock 1996:1459f も同意見）、
むしろルカが、14:11 の場合と同様、広く流布していたこの格言を編集
的に付加したのであろう（Schneider 1984b:363; Nolland 1993a:878; Eckey
2004b:758; Förster 2007:298 も同意見。因みに H. Klein 1987:65; Schmithals
1980:180 は 14b 節を Q 資料に帰す）。

　以上のことからも、ルカは特殊資料に由来する譬え（10–14a 節）を導
入句（9 節）と結語（14b 節）によって枠付け、さらに適宜編集の手を加
えることにより、この段落全体を構成したのであろう。

【注解】

9 節

ルカが構成したこの導入句は、先行する譬えとの関係を明示すると共に
この譬えの対象と内容を指し示している。すなわち、やもめと裁判官の譬
えが弟子たちに向けられていた（18:1）のに対し、この譬えは「**自分自身
は義人であると自負し、他の人々を軽蔑している人々**」を対象にしている
が、自分自身を義人と見なすことと他人を軽蔑することは密接に関わって
いる。また「**自分自身は義人であると自負し**」（πεποιθότας ἑαυτοῖς ὅτι εἰσὶν
δίκαιοι）という表現は（ὅτι を理由の意でとり「自分たちは義人であるので自
分たち自身を信頼している」と解する Marshall 1995:678f; Nolland 1993a:875
に反対）、「自らを義とする」（δικαιῶσαι ἑαυτὸν）律法の専門家（10:29）の
みならず、ファリサイ派の人々を自分たちの義を他人に誇示する者と見
なすルカ 16:15 の記述を思い起こさせる（エゼ 33:13 LXX の οὗτος πέποιθεν
ἐπὶ τῇ δικαιοσύνῃ αὐτοῦ［この人は自分の義に依り頼み］も参照）。さらに、こ
のような描写は譬え本文のファリサイ派の人物の祈りの内容（11–12 節）
とも一致していることから、この譬えは直接ファリサイ派の人々に向かっ
て語られているような印象を与えており、ルカの文脈においてはファリ
サイ派の人々がその場に居合わせていた可能性も十分に考えられること
も（17:20 参照）この印象を強めている。しかしながら、ここではファリ
サイ派の人々に直接言及されていないことからも、この譬えの対象者を彼
らと同定することはできず（Marshall 1995:678 に反対）、弟子たち（18:1）
を含め、自分自身を義人と思い込んでいる広範な対象が想定されている
と考えるべきであろう（Schneider 1984b:364; Fitzmyer 1985:1185; Green
1997:646; カルペパー 2002:443; Förster 2007:299）。

10 節

この節から譬え本文が始まり、最初にファリサイ派の人物と徴税人が
紹介される。両者はいずれも祈るために同時刻に神殿を訪れた。神殿は
「すべての民の祈りの家」（イザ 56:7）と見なされており、また神殿での
祈りはルカ文書の主要なモチーフの一つである（1:8–10; 2:25–38; 24:53;
使 2:42–47; 3:1 参照）。ここでは午前 9 時もしくは午後 3 時の祈りの時

間（1:10; 使3:1参照）が想定されているとも考えられるが、私的な祈りの場合は時間は指定されておらず、いつでも祈ることができた（Fitzmyer 1985:1186; Nolland 1993a:875; Marshall 1995:679; Eckey 2004b:759。一方でベイリー 2010:527は共同体の礼拝の場面を想定）。

　ファリサイ派は、ルカ福音書においては比較的肯定的に捉えられているとは言え（嶺重 2012:170–189; 上巻223f頁参照）、総じて福音書においては否定的なイメージで描かれている（マコ3:6; マタ23:1–36; ルカ7:30; ヨハ7:32他参照）。しかしながら、イエスの時代においては彼らは律法を忠実に守る敬虔な人々として一般に敬意をもって見られていた。その一方で徴税人は、共観福音書においては主イエスに招かれ、イエスにつき従う存在として比較的肯定的に描かれているが（マコ2:13–17; ルカ3:12; 7:29参照）、当時においては罪人の代表として捉えられ、軽蔑の対象でしかなかった（上巻228頁参照）。その意味でも、この譬えがイエスに遡るとするなら、当時の聴衆にとっては《ファリサイ派＝肯定的人物像／徴税人＝否定的人物像》］という前提があったことを念頭に置いておく必要がある（Linnemann 1966:64–66; 山口 2017:25–30参照）。

11節

　続いて11–12節ではファリサイ派の人物の祈りの姿勢とその内容について述べられる。彼は「立って」（σταθείς［18:40; 19:8参照］）祈り始めるが、立って祈るのは当時のユダヤ教世界における習慣であり（サム上1:9–11:26; 王上8:22; マタ6:5他参照）、後続の徴税人の祈りの描写にも同じ動詞（ἵστημι）が用いられている（13節）。問題となるのは、これに続く πρὸς ἑαυτόν という表現がどこにかかっているかという点である。これを直前の σταθείς にかけると、「独り（離れて）立って（声に出して）祈る」という意になり（ベイリー 2010:528f）、そのように解すると後続の徴税人の祈りの態度とのコントラストがより鮮明になる（山口 2017:30f、注18; 大宮 2019:157f; Förster 2007:301）。例えばエレミアス（1969:154）はこの箇所を「彼は人目につくところに立って、祈りの言葉を発した」と訳出している。その一方で、πρὸς ἑαυτόν を後続の「祈る」という動詞（προσηύχετο）にかけると、「（静かに）自らの内に」祈るという意味になるが（Jülicher 1910b:601; Schneider 1984b:364; 大貫 2024:70）、比較的多く

463

の写本（$\mathfrak{P}^{75}$, $\aleph^2$, B, L, Θ 他）において σταθεὶς πρὸς ἑαυτὸν ταῦτα προσηύχετο ではなく σταθεὶς ταῦτα πρὸς ἑαυτὸν προσηύχετο という語順になっているのはこの意味で解されたためであろう。確かに当時は声を出しても静かに祈るのが通例であり（サム上 1:13 参照）、声を出す祈りに対するラビの批判も見られるが（Bill. IV:231f 参照）、その場合は πρὸς ἑαυτόν ではなく ἐν ἑαυτοῦ と記すべきところであり、さらには後続の徴税人の祈りの態度との対照性を浮き立たせるという意味でも前者の「独り立って祈る」の方がより適切であろう。なお、一部の研究者はこの πρὸς ἑαυτὸν を、（神に対してではなく）「自らに対して（祈った）」という意で解しているが（Grundmann 1961:350; H. Klein 2006:584）、そうするとこの祈りは神に対する感謝の祈りではなく自分自身との対話（モノローグ）ということになり、冒頭の「神よ」（ὁ θεός）との呼びかけと明らかに矛盾する。このほか、一部の研究者はこの表現を祈りの内容への言及と見なし、この箇所を「自分自身のことについて（祈った）」（Fitzmyer 1985:1186; Nolland 1993a:876; カルペパー 2002:444）、あるいは「自分のために（祈った）」（田川 2011:65）と解している。

このファリサイ派の人物の祈りは、前半は否定形で、後半は肯定形で構成されている。彼はまず、種々の罪人たちを列挙し、自分自身がそのような罪人でないことについて神に感謝する。「他の人々を軽蔑している」（9節）彼にとって**「他の人々」**（οἱ λοιποί）はすべて罪人であり、具体的には**「奪い取る者たち、不義な者たち、姦淫する者たち」**（Ⅰコリ 5:10; 6:9–10参照）を意味していた。この罪人のリストに続いて**「この徴税人のようでもない」**という表現が付け加えられているが、**「この徴税人」**（οὗτος ὁ τελώνης）の「この」（οὗτος）は明らかに軽蔑の意味を含んでおり（15:30; 18:5 参照）、このファリサイ派の人物が、彼と同様に祈るために神殿に来ていた徴税人の存在を意識し、彼を軽蔑していたことを示している。

12 節

続いて彼は自分の功績を列挙する。律法は年に一度の断食日として贖罪日を規定していたが（レビ 16:29–31; 23:27–32）、彼は週に二度断食していると述べる（5:33; Bill. II:241–244 参照）。これについてはディダケー 8:1 に「あなたがたの断食は偽善者と一緒（＝同じ日）であってはな

らない。彼らは安息日後2日目（＝月曜）と5日目（＝木曜）に断食するが、あなたがたは4日目（＝水曜）と（安息日の）準備の日（＝金曜）とに断食しなさい」と記され、紀元2世紀初頭のキリスト者も週に二度の断食が要求されていたことが示されている。また律法においては、土地からの収穫物や家畜の十分の一を納めることが定められていたが（レビ27:30;申14:22–23）、彼は購入した物（すでに商人によって十分の一税が支払われている物）を含めて全収入の十分の一を献げていたと主張する（11:42参照）。いずれにせよ、彼はここで律法の規定を越える自分自身の実績とそれを根拠とする自らの敬虔さを誇示しようとしているのである。

このファリサイ派の祈りについては、ラビ文献の中に並行例が認められる。例えば、タルムードにおけるラビ・ネフニヤ・ベン・ハカナの感謝の祈り（紀元70年頃）は以下のようになっている（さらにBill. II:240f; ソロモン詩16:5; 死海文書「感謝の詩篇」7:34 ［＝新版10:34］も参照）。

　　　わたしの神であり主であるあなたに感謝します。あなたがわたしの居場所を、通りの角に座す者たちの間ではなく学塾に座す者の中に与えられたことを。わたしも彼らも早起きしますが、わたしはトーラーの言葉のために早起きするのであり、彼らは下らない用事のためにそうするのです。わたしは労苦して報いを受けますが、彼らは労苦しても何も得ることはありません。わたしも彼らも急いでいますが、わたしは来たる世の命のために急いでいるのであり、彼らは崩壊の地獄のためにそうするのですから。

　　　　　　　　（バビロニア・タルムード「ベラホート」28b ［コーヘン 1997:184]）

　　　わたしは、ヤハウェ、わが神、わが先祖の神に感謝します。あなたはわたしにシナゴグの書斎に座って律法を研究する身分をお与えくださったことを感謝します。あなたはわたしに恐ろしい状況や劇場において曲芸する身分をお与えにならなかったことを感謝します。わたしはエデンの園を手に入れるために働いています。しかし、罪人たちは地獄に落ちるために働いています。主よ、まことに感謝します。

　　　　　　　（パレスチナ・タルムード「ベラホート」4:7d, 31 ［阪口 1992:179f]）

465

これらのラビの祈りは多くの点でファリサイ派の人物の祈りと共通しており、その意味では、当時のラビたちの間ではこの種の祈りが日常的に唱えられていたとも考えられ、そうであるなら、この祈りはファリサイ派に対するカリカチュア（風刺）ではなく、むしろ当時の聴衆は、この祈りを真っ当な祈りとして受け取ったとも考えられる（Linnemann 1966:65; エレミアス 1969:157; Horn 1983:208; Schneider 1984b:364; Fitzmyer 1985:1185; 三好 1991:353; Marshall 1995:680; 山口 2017:32–35）。しかしながら、このラビの祈りの本文はかなり後代のものと考えられることに加えて、両者の祈りの間には明白な相違点が認められる。すなわち、ラビの祈りの場合は自分に与えられた境遇に対する神への感謝が中心であり、自分の功績を特に誇示しているわけではなく、また他者に対する批判的発言もそれほど辛辣ではないのに対し、このファリサイ派の人物の祈りは自分の功績を誇示するのみならず、「他の人々」をすべて罪人と決めつけて断罪しており（Schottroff 1973:451; 大宮 2019:158）、さらには間近にいる徴税人を名指しして露骨に蔑んでいる（Förster 2007:307f 参照）。その意味では、このファリサイ派の人物の祈りは、やはり誇張されたカリカチュアと見なすべきであろう（Schottroff 1973:448–452; Petzke 1980:163; Downing 1992:94f; ハルニッシュ 1993:112; 伊吹 1994:289–291; Green 1997:648; Bovon 2001:210 参照）。

13 節

ファリサイ派の人物の祈りに続いて徴税人の祈りについて述べられるが、この祈りの描写もやや誇張されている。また、ファリサイ派の人物の祈りにおいては祈りの姿勢よりもその内容に焦点が当てられていたが、この徴税人の祈りでは祈りの内容よりもむしろその姿勢について詳しく述べられている。

ファリサイ派の人物の態度とは対照的に、「**徴税人は遠くに立って、目を天に上げようともせず**」（6:20; 16:23 参照）、「**自分の胸を打ちながら**」祈りを捧げる。当時は手を上げて天を見上げるのが祈りの通常の姿勢であったが（Ⅰテモ 2:8 参照）、遠くに立って目を天に上げない彼の姿勢は神に対するへりくだりの姿勢を表している（cf. エチオピア・エノク 13:5：「……彼ら自身、裁きのすでにくだったその罪過が恥ずかしくて、もはや（神に）語りかけることも、目を天に上げることもできないからである」。さらにエズ 9:6;

Ⅳエズラ 8:47b–50 も参照）。また、「胸（＝罪の座としての心）を打ちながら」は女性に特徴的な振る舞いであるとされるが（ベイリー 2010:531）、彼の深い悔恨の思いを表現している（23:48; ヨセフス『ユダヤ古代誌』7:252 参照）。

　そして彼が発した祈りの言葉は、「**罪人の私を贖ってください**」（ἱλάσθητι, μοι τῷ ἁμαρτωλῷ［ベイリー 2010:531f; 山口 2017:36 参照］）の一言のみであった（cf. 大宮 2019:163：「罪人である私に対する怒りをなだめてください」）。この祈りは、詩編 51:3 の「神よ、私を憐れんでください」（＝詩 50:3 LXX［ἐλέησόν με ὁ θεός］、さらにルカ 18:38, 39 参照）に近似しており、ここでは自らを「罪人」と見なす彼の自己評価（理解）が加えられている（さらに詩 79:9［＝詩 78:9 LXX］の「私たちの罪を贖ってください」［ἱλάσθητι ταῖς ἁμαρτίαις ἡμῶν］も参照）。ファリサイ派の人物の祈りとは明らかに異なり、誇るべきものを何一つもたない彼の祈りには感謝の言葉はなく、そこにはただ、自らの罪を認めて神によりすがり、ただ贖いを請い願おうとする彼の態度が認められる。因みに Downing（1992:88f, 96–98）は、遠くに立って胸を打つ徴税人の祈りの姿勢は神の赦しに対する確信の欠如を示しており、元来の譬えにおいては、ファリサイ派の祈りと同様、この徴税人の祈りもカリカチュアとして否定的に描かれており、徴税人は範例的な役割を果たしていなかったと主張している。確かに、徴税人の祈りにもある種の誇張表現が含まれていることは否定できないが（Schottroff 1973:453）、それでも彼の祈りそのものをカリカチュアと見なすことはできないであろう。

14a 節

　譬えの最後に、「**私はあなたたちに言っておく**」（λέγω ὑμῖν）という表現に導かれ（11:8; 13:3, 5; 15:7, 10; 18:8 参照）、「**その人（ファリサイ派の人物）ではなくこの人（徴税人）が義とされて自分の家に下って行った**」と述べられる。そのように、他者を見下し、自らの功績を誇るファリサイ派の人物の祈りは受け入れられず、神の前に自らの罪を認め、ただ憐れみを請うた徴税人の祈りが受け入れられた。受動態の δεδικαιωμένος（義とされて）は明らかに神の行為を示しており（神的受動）、この語はパウロにおける義認と同様の意味で用いられていると考えられるが（エレミアス 1969:155; Pokorný 1998:125f; 伊吹 1994:294）、ルカの文脈においては悔い改めが前

提にされている（一方で Schneider 1984b:365; Bovon 2001:214 n. 70 はこの語をパウロにおける義認の意味ではなく「意に適う／気に入られる」の意で理解）。なお、文章末尾の παρ' ἐκεῖνον（W, Θ 他では ἢ ἐκεῖνος）を比較の意味で解し、この箇所を「その人（ファリサイ派の人物）よりもこの人（徴税人）が」と訳出することも文法的には可能であることから（ルター訳、文語訳、岩波訳参照）、Fitzmyer（1985:1188）はファリサイ派の人物はここでは必ずしも否定されていないと主張している（さらに H. Klein 1987:66f; 2006:583, 585f; 山口 2017:39f 参照）。しかしながら、この譬えにおける両者の対照的な位置づけに鑑みても、少なくともルカの文脈においてはこの文章をそのように解することはできないであろう（エレミアス 1969:155f も参照）。いずれにせよ、以上の譬え部分（10–14a 節）を元来の譬えと見なしうるなら、この譬えは元来、ファリサイ派の人物（肯定的人物像）と徴税人（否定的人物像）の立場の逆転を描く逆説的内容を含んでいたと考えられる（Linnemann 1966:64–66 参照）。

14b 節

　ファリサイ派の人物の祈りではなく徴税人の祈りが聞き届けられ、彼が義とされたというイエスの発言に続いて、ルカは段落の末尾で、高ぶる者とへりくだる者の終末時の逆転に関する言葉を編集的に付加することにより、その発言を明確に根拠づけようとしている（並行マタ 23:12; ルカ 14:11）。すなわち、「**自分自身を高くする者はすべて低くされるが、自分自身を低くする者は高くされる**」（cf. エゼ 21:31：「……高い者は低くされ、低い者は高くされる」）のであり、神は自らを義として高ぶる者を低くする一方で、へりくだる者を高くし、義と認めるのである。確かに、徴税人の振る舞いをそのままへりくだりと見なせるかどうかは疑問であるが（ブルトマン 1983:310; Förster 2007:306 参照）、少なくともルカは、徴税人の振る舞いをへりくだりの行為と見なし、その態度によって彼は神に義と認められ、一方のファリサイ派の人物は、おごり高ぶり、他人を軽蔑する態度のために義と認められなかったと理解している。その意味では、悔い改めを通して罪人にも救いが与えられるとするルカに特徴的な理解（5:32; 13:1–5; 15:7, 10 他）がここにも示されている。

【解説／考察】

　この譬えにおいてはファリサイ派の人物と徴税人の祈りについて語られており、自らを義人であると自負し、神に赦されて義と認められる必要性を感じなかったファリサイ派の人物は義と認められなかったのに対し、自らの罪を自覚し、悔い改めの姿勢をもって神の憐れみを願い求めた徴税人は義と認められたという点が強調されている。前述したように、ルカは伝承から受け取った譬え本文（10–14a 節）を 9 節及び 14b 節によって編集的に枠付けていくことにより、この譬えを自らの文脈に取り込み、捉え直していった。イエスの時代においてはファリサイ派の人々は肯定的な人物像を表し、一方の徴税人は否定的な人物像を表していたと考えられ、その意味でこの譬えは元来、逆説的な内容を含んでおり、それに加えて罪人や徴税人と交わるイエスの態度を弁明する意図があったとも考えられる。その後、この譬えが伝承されていく過程において、裁かれるべきファリサイ派と救われるべき徴税人というイメージが次第に定着していったのであろう。その意味で、この譬えはルカ以前の伝承の段階においてカリカチュア的要素を含んでいたのであり、その段階ですでに反ユダヤ主義の根をもっていたと考えられる。そしてルカのテキストにおいては両者の対照性がより鮮明に打ち出されることにより、そのカリカチュア的性格がより一層強められていったと考えられる。

　このカリカチュア的特質は、この譬えがもつ批判的特質と密接に関連していると考えられるが、ルカの文脈におけるファリサイ派の人物と徴税人は、具体的にルカの時代のキリスト教会内の状況を映し出しており（ショットロフ／シュテーゲマン 1989:41, 187f）、ルカは何より、ファリサイ的傾向をもって自分の業を誇り、他者を軽蔑する教会内の信徒に向けてこの譬えを構成し、譬えの徴税人のようにへりくだった姿勢で祈るように彼らに警告しようとしたのであろう。その意味でも、ルカ自身は歴史上のファリサイ派そのものを批判する意図は必ずしももっていなかったが、このファリサイ派の人物の祈りのカリカチュア的な描写は、結果的にその後、反ユダヤ主義的な解釈を引き起こしていくことになる。

　この譬えにおけるファリサイ派の人物の祈りは確かに誇張されてはいるが、ある意味で現実味があり、私たちもまた、この人物と同様の状況に陥

る可能性をもっている。事実私たちは往々にして、譬えに登場するファリサイ派の人物を無意識のうちに自分とは無縁の存在として対象化して捉えようとするが、まさにこの譬えは、自分こそ真っ当な人間だと確信している人々に向けられているのであり、この譬えの対象が特定されていないこともそのことを裏付けている。その意味でもこの譬えは、教会の外に向かってではなく内に向かって、他者を批判するためではなく自らを省みるために語られているのであり、もし私たちがこの点を見落として「神様、このファリサイ派の人物のような者でないことを感謝します」と祈ろうとするなら、この譬えの真意を完全に誤解していることになるだろう。言うまでもなく、そのような祈りは決して神には届かない。それは何より、神ではなく人を見ているからであり、神ではなく自分自身を拝んでいるからである。そうではなく、自らの罪を自覚して自らに絶望し、ただ神に憐れみを請おうとする者の祈りこそが聞き届けられるのである。

5. 乳飲み子たちの受容と神の国の受容 （18:15–17）

【翻訳】

18:15a すると彼ら（人々）は、彼（イエス）が彼ら（乳飲み子たち）に触れるように彼のところに乳飲み子たちまで連れて来た。b だが弟子たちは〔それを〕見て彼らを叱った。16 しかしイエスは彼ら（乳飲み子たち）を呼び寄せて言った。「子どもたちが私のところに来るままにさせておきなさい。また彼らを妨げてはならない。なぜなら、神の国はこのような者たちのものだからである。17 まことに私はあなたたちに言っておくが、子どものように神の国を受け入れない者は、決してその中に入ることはない」。

【形態／構造／背景】

　ファリサイ派の人物と徴税人の譬え（18:9–14）の直後にはイエスが乳飲み子たちを受け入れるこのエピソードが続いているが、ルカはここで

ルカ 9:50（並行マコ 9:39-40）を最後に離れていたマルコ資料に戻ってお
り（9:51-18:14 =「大挿入」）、これ以降は 22 章以降の受難物語に至るま
で総じてマルコの順序と内容に従っている。イエスのエルサレムへの旅
について記すルカの旅行記（9:51-19:27）は形式的にはマルコ 10 章の記
述内容に対応しているが（マコ 10:1 参照）、ルカはその冒頭に位置する離
縁に関する議論（マコ 10:1-12）を収録せずに、この乳飲み子に関する記
述からマルコ資料（マコ 10:13-16）に戻っている。この点については、離
縁についてはすでにルカ 16:18 で言及したため（Ernst 1977:498; Fitzmyer
1985:1191; Bovon 2001:219; 田川 2011:411）、あるいは離縁の主題自体にル
カの関心がなかったため（Grundmann 1961:353; Schlatter 1975:110）等の
理由が考えられるが、それと共に、子どもたちによる神の国の受容という
主題が直前の譬えの内容と密接に関わっているという理由も考えられる
（Schneider 1984b:366; Marshall 1995:681）。

　神の国の主題についてはルカ 17:20-21 でも扱われていたが、高ぶる者
とへりくだる者の逆転について述べる直前の言葉（18:14）においても暗
示されており、徴税人のように神の憐れみを願い求め、乳飲み子のように
無力で他者に依存するほかない者こそが神の国に属しているという理解
が双方の段落を通して示されている。この主題はさらにその直後の金持
ちの議員の物語（18:18-30）においても引き継がれ、そこでは神の国に入
るために財産や家族を放棄することが求められている。なお、このテキ
ストは伝統的に幼児洗礼の実践との関連が指摘されてきたが（Cullmann
1948:36f, 70-72; Jeremias 1958:61-68 参照）、この点は釈義的には十分に根
拠づけられない（ルツ 2004:143-146）。

　この段落では、最初にイエスのもとに乳飲み子たちが連れて来られる
状況が語られ（15a 節）、弟子たちはそれを制止しようとするが（15b 節）、
イエスはそれらの乳飲み子たちを受け入れ、神の国はこのような者たちの
ものであると明言し（16 節）、最後に子どものように神の国を受け入れる
ように要求している（17 節）。この段落は以下のような構成になっている。

　　（1）序：状況設定（15a 節）
　　（2）弟子たちの反応（15b 節）
　　（3）イエスによる子どもたちの受容（16 節）

471

（4）子どものように神の国を受け入れるようにとの要求（17節）

この段落はマルコ 10:13–16 及びマタイ 19:13–15 に並行しているが、ルカはマルコのテキストを唯一のを資料として用い（Schramm 1971:141）、それに編集の手を加えつつこの段落を構成している。一方で、イエスが子どもたちを抱き上げ、彼らに手を置いて祝福したと述べるマルコ版の結語（マコ 10:16）はルカ版には見られない（マタ 19:15 においても抱き上げて祝福したという描写は欠落）。この削除は、ルカがイエスの感情表現に関わる描写を抑制しようとしたためとも考えられるが（マコ 9:36 とルカ 9:47 を比較参照）、それ以上に、イエスによる子どもたちの祝福よりも子どものように神の国を受け入れる姿勢をもつことの大切さを強調するためであったと考えられる（Schneider 1984b:368）。なお、マルコ 10:15 と逐語的に一致する末尾の 17 節は元来は独立した言葉であり（マタ 18:3 も参照）、二次的に付加されたと考えられる（ブルトマン 1983:56; Nolland 1993a:881）。

【注解】

15 節

人々がイエスに触れてもらうために（cf. マタ 19:13：「両手を置いて祈ってもらうために」）彼のもとに「**乳飲み子たち**」を連れて来た。この描写の背景には、長老や律法学者たちに祝福（祈禱）してもらうために祝祭日等に子どもたちを連れて来る当時のユダヤ社会の習慣があり（創 48:14; Bill. II:138 参照）、さらにここでは病の癒しとの関連も考えられる（マコ 1:41; 8:22; ルカ 5:13; 6:19; 8:44 参照）。ルカはここで、マルコ版の παιδία（子どもたち）に対して τὰ βρέφη（乳飲み子たち［1:41, 44; 2:12, 16; 使 7:19]）を用いているが（16, 17 節では παιδία／παιδίον を使用）、この語が用いられたのは、単にそれがルカ好みの語であったためではなく（Wolter 2008:596 に反対）、また幼児洗礼との関連のためでもなく（Jeremias 1958:67; Grundmann 1961:353; Schweizer 1986:189 に反対）、むしろ乳飲み子たちが、無力で無資格で、自己主張できず、他者に依存する存在であったためと考えられ（Schneider 1984b:367; Bovon 2001:222）、その意味でこの語はルカの教会全体を象徴しているとも考えられる（Bovon 2001:223）。ユダヤ社

会においては、子どもは成人するまで女性の世界に属し、律法の遵守義務をもたず、それゆえ救いに与り得ない存在であり、ましてや乳飲み子は宗教的敬虔とは無縁の存在と見なされていた。おそらくそれゆえに、弟子たちは乳飲み子たちが連れて来られるのを拒み、人々を叱りつけたと考えられるが、このことは彼らが直前の譬えから何も学んでいなかったことを示している（Green 1997:650）。

16 節

　それに対してイエスは、その乳飲み子たちを呼び寄せ、「**子どもたちが私のところに来るままにさせておきなさい。また彼らを妨げてはならない**」と肯定・否定の二重の命令文を用いて要求する。ルカのみがイエスが自ら子どもたち（乳飲み子たち）を「**呼び寄せて**」と記しており、イエスがただ単に彼らが自分のもとに来ることを許容しただけでなく、積極的に受け入れようとしたことを強調している。乳飲み子たちが自らイエスのもとに歩み寄ることは現実には不可能と考えられることからも、ここでは母親たち（あるいは両親たち）が乳飲み子たちを連れて来ることを前提にしているのであろう（cf. 15 節：「彼ら（人々）は〜を連れて来た」）。ルカはまた、マルコ版とは異なり、弟子たちの態度に対するイエスの憤りの描写を省いているが（マタイも同様）、これはイエスの感情表現を抑制するのみならず、弟子たちを肯定的に描いて彼らの無理解に関する記述を極力和らげようとするルカの意図のためであろう（荒井 2009:258）。なお、15 節の τὰ βρέφη（乳飲み子たち）の使用に加え、μὴ κωλύετε（妨げてはならない）という表現は洗礼の文脈における用例（マタ 3:14; 使 8:36; 10:47; 11:7）を想起させることから、後代の教会はこのテキストを幼児洗礼の合法性に関する疑念に対する回答として用いるようになったようであるが（Cullmann 1948:69; Jeremias 1958:66f）、元来は洗礼は問題にされていなかったと考えられる（ルツ 2004:143f）。

　さらにイエスはその根拠として、「**神の国はこのような者たちのものだからである**」と述べているが（トマス福 22 参照）、ここでの「**このような者たち**」（τοιούτος）は子どもたちのみに限定されておらず、子どものような人々を指している。この言葉は貧しい者たちに対する「神の国はあなたたちのものだから」（6:20b）というイエスの発言を思い起こさせ、その意

味でも、ここですでに、子どものようにへりくだる（cf. マタ 18:4 :「この子どものように自分自身を低くする者は……」）ことによって神の国に受け入れられるという理解が示唆されているのであろう（Fowl 1993:153–158 はこの見解に否定的）。

17 節

「まことに私はあなたたちに言っておく」という表現によって導入されるこの節のイエスの言葉はマルコ 10:15 と逐語的に一致しており（マタイ版には欠如 [マタ 18:3 に移行？]）、子どもが神の国を受け入れるように神の国を受け入れなければそこに入ることはできないと語られる。先行するルカ 9:48 においては、イエスの名のゆえに子どもを受け入れる者はイエス及びイエスを遣わした神を受け入れると述べられており（並行マコ 9:37; マタ 18:5）、確かにここでもマルコ 10:15 と同様、παιδίον（子ども）を主格ではなく対格と見なし、「子どもを受け入れるように神の国を受け入れない者は……」と解することも文法的には可能である（大貫 2003:184f; 田川 2008:332; 荒井 2009:262f 参照）。しかしながら、子どもの祝福を強調するマルコ 10:16 を欠くルカの文脈においては、「子どもが神の国を受け入れるように神の国を受け入れない者は……」（cf. マタ 18:3 :「子どもたちのようにならないなら……」）の意で解すべきであろう（Bovon 2001:225; Wolter 2008:596）。その意味では、ルカにおいては、イエスによる乳飲み子たちの受容（15–16 節）から子どものように神の国を受容することへと焦点が移行している。

この「神の国を受け入れる」（δέχομαι τὴν βασιλείαν τοῦ θεοῦ）という稀有な表現は「神の言葉を受け入れる」（δέχομαι τὸν λόγον τοῦ θεοῦ）という表現と関連していると考えられ（8:13; 使 8:14; 11:1; 17:11 参照）、具体的には「神の国の使信を受け入れる」ことを意味しているのであろう（Nolland 1993a:882; Marshall 1995:683）。ここではそのように、子どものように神の国の使信を受け入れることが要求されており、そうすることによって「神の国に入る」（18:24, 25 参照）ことができるというのである。なお、「子どものように神の国を受け入れる」という表現の意味内容は、後続の金持ちの議員の物語（18:18–30）やエリコ近くでの盲人の癒しの物語（18:35–43）、さらにはザアカイの物語（19:1–10）において展開されていく

（Fowl 1993:155–158 参照）。

　これらのイエスの言葉（16–17 節）は、マルコの場合と同様、ルカの文脈においても弟子たちに向けられているものと考えられる。しかしながら、ルカ版においては、マルコ版とは異なり（マコ 10:14）、対象について明言されていないことからも、段落冒頭の「人々」（＝母親たち／両親たち）に語られている可能性も否定できず（Eckey 2004b:766）、その双方に向けられているとも考えられる（Nolland 1993a:882）。その意味でもこのイエスの発言は、「弟子たち」が指し示すルカの時代の教会指導者（Bovon 2001:223）のみならず、ルカの時代の読者全体に向かって広く語りかけられていると見なしうるであろう。

【解説／考察】

　ルカは基本的にマルコのテキストに依拠しつつこの段落を編集的に構成しているが、自己の文脈との関連においてテキストの焦点を明らかに移行させている。すなわち、マルコにおいてはイエスによる子どもたちの祝福に焦点が当てられていたのに対し（マコ 10:16）、ルカ版においてはその観点は背景に退き、むしろ子どものように神の国を受け入れることが要求され、子どもの資質がモデルとして捉えられている。もちろん、ここでは子どもが全面的に理想化されているのではなく、子どもに見られる純粋さ、受容性、無力さ、依存性等の資質が、神の国に入るためには不可欠であることが示されている。

　その一方で、子どもに倣うことは子どもを受け入れることと決して無関係ではなく（Green 1997:651）、現実には、子どもを受け入れる姿勢をもつことなくして子どもの姿勢に倣うことはできないであろう。このテキストは伝統的に幼児洗礼に関わる聖書の主要証言と見なされてきたが、今日の教会にとってむしろ重要なのは、弱者である子どもたちを積極的に招いて受け入れ、寄り添うことであり、具体的には、教会の中に、それもその中心である礼拝の場に子どもたちの居場所を作ることなのであろう（ルツ 2004:147）。

6. 金持ちの議員 （18:18–30）

【翻訳】

18:18 さて、ある議員が彼（イエス）に「善い先生、私は何をすれば永遠の命を受け継ぐことができるでしょうか」と言って尋ねた。19 そこでイエスは彼に言った。「なぜ、私を『善い』と言うのか。神お一人のほかに善い者は誰もいない。20『姦淫するな、殺すな、盗むな、偽証するな、あなたの父と母を敬え』という掟をあなたは知っているはずだ」。21 すると彼（議員）は「それらのことはすべて少年の頃から守ってきました」と言った。22 そこでイエスは〔これを〕聞いて彼に言った。「あなたにはまだ一つ〔欠けているものが〕残っている。あなたが持っているものをすべて売り払い、貧しい人々に分け与えなさい。そうすれば、あなたは天に宝を持つことになる。それから私に従いなさい」。23 しかし、彼はこれらのことを聞いて悲嘆にくれた。なぜなら彼は非常に金持ちだったからである。

24 そこでイエスは［悲嘆にくれる］彼を見て言った。「財産を持っている者が神の国に入るのはなんと難しいことか。25 事実、金持ちが神の国に入るよりも、らくだが針の穴を通って入る方がまだ易しい」。26 すると聞いていた人々は「それでは誰が救われることができるのだろうか」と言った。27 しかし彼は「人間にはできないことも神にはできる」と言った。

28 するとペトロが「ご覧ください、この私たちは自分のものを棄ててあなたに従いました」と言った。29-30 そこで彼（イエス）は彼らに言った。「まことに私はあなたたちに言っておくが、神の国のために、家、妻、兄弟たち、両親、子どもたちを棄てた者で、この世でその何倍も受けず、来たる世で永遠の命を受けない者は一人もいない」。

【形態／構造／背景】

乳飲み子の受容と神の国の受容に関する記述（18:15–17; 並行マコ10:13–16）の直後には、富の危険性と弟子たちの信従について語るこの金持ちの議員の物語が続いており、両者は「神の国に入る」（εἰς τὴν βασιλείαν τοῦ θεοῦ εἰσέρχομαι［18:17／18:24, 25］）及び「まことに私はあなたたちに言っておく」（ἀμὴν λέγω ὑμῖν［18:17／18:29］）という表現を共有している。この段落はマルコ 10:17–31（及びマタ 19:16–30）に並行しているが、マルコ版とは異なり、段落冒頭の状況設定句（マコ 10:17a）も直前の段落末尾のイエスによる子どもたちの祝福（同 10:16）も含んでおらず、より緊密に直前の段落と結びついており（Dupont 1973:153f）、一部の注解者は両者を合わせて一段落と見なしている（Schweizer 1986:188–190; カルペパー 2002:447–456 等）。その意味では、子どものように神の国を受け入れるようにとの直前のイエスの発言を聞いたこの議員が、永遠の命を受け継ぐための条件を詳しく知りたいと考え、これに関する問いを発したという状況が語られているとも考えられる（Ernst 1977:502; Fitzmyer 1985:1197; Green 1997:654）。

　この段落は、マルコ版やマタイ版と同様、（1）イエスと金持ちの議員との対話（18–23 節）、（2）富の危険性と神の全能（24–27 節）、（3）信従と報い（28–30 節）の三つの小段落から構成されている。もっとも、その金持ちが途中で立ち去ったこと（マコ 10:22; マタ 19:22）に言及していないルカ版においては、（1）と（2）の小段落の間に明確な場面の転換は示されておらず、より統一的な構成になっている。この段落全体は以下のように区分される。

　　（1）イエスと金持ちの議員との対話（18–23 節）
　　　　（a）永遠の命をめぐる金持ちの議員の問い（18 節）
　　　　（b）イエスの返答と十戒の倫理規定（19–20 節）
　　　　（c）金持ちの議員の返答（21 節）
　　　　（d）金持ちの議員に対するイエスの要求（22 節）
　　　　（e）金持ちの議員の反応（23 節）
　　（2）富の危険性と神の全能（24–27 節）
　　　　（a）金持ちが神の国に入ることの難しさ（24–25 節）
　　　　（b）聴衆の驚き（26 節）
　　　　（c）神の全能（27 節）
　　（3）信従と報い（28–30 節）
　　　　（a）ペトロの言明（28 節）

（b）家と家族の放棄に対する報い（29–30 節）

　この段落は永遠の命に関する問いによって始まり（18 節）、永遠の命に関する結語（30 節）によって結ばれ、段落全体が「永遠の命」（ζωή αἰώνιος）という鍵語によって枠付けられており、さらに神の国への言及（24, 25, 29 節）も含め、終末の主題を中心に展開している。また、段落前半部の構成は、総じてサマリア人の譬え（10:25–37）の前半部に対応している（「先生」との呼びかけを伴う永遠の命に関する問い［18 節／10:25］→律法に関わるイエスの発言［19–20 節／10:26］→質問者の返答［21 節／10:27］→イエスの勧告［22–23 節／10:28]）。なお近年では、この段落全体がキアスムス（交差配列法）によって構成されているという指摘も見られ、例えば Petracca（2003:210）は《A：永遠の命に関する問い（18 節）、B：律法による社会的共生（19–21 節）、C：新しい掟─信従に際する所有放棄（22 節）、D：金持ちが神の国に入る難しさ（23–24 節）、X：らくだと針の穴の格言（25 節）、D′：人間における不能と神における可能性（26–27 節）、C′：新しい掟の遵守─信従に際する所有放棄（28 節）、B′：信従による新しい社会的共生（29–30a 節）、A′：永遠の命の問いに対する答え（30b 節）》という段落構成を提案しているが（Bailey 1980:157f; Krüger 1997:53 も参照）、個々の箇所の対応関係が必ずしも明確ではないことに加え、らくだと針の穴の格言がこの段落の中心とは考えにくいことから、説得的とは言えないであろう。

　ルカ 18:18–30 はマルコ 10:17–31 及びマタイ 19:16–30 に並行しており、ルカとマタイはそれぞれマルコのテキストを唯一の資料として自らのテキストを構成したと考えられる（Schramm 1971:142）。その一方でルカ版とマタイ版には、マルコ版に見られるイエスの旅立ちに言及する状況設定句（マコ 10:17a）、γονυπετήσας（ひざまずいて［同 10:17b]）、μὴ ἀποστερήσῃς（奪い取るな［同 10:19]）、反復される διδάσκαλε（先生）との呼びかけ（同 10:20）、ἐμβλέψας αὐτῷ ἠγάπησεν αὐτόν（彼を見つめて彼を慈しんだ［同 10:21]）、περιβλεψάμενος（見回して［同 10:23]）、弟子たちの驚きと神の国に入ることそのものの難しさに関する発言（同 10:24）、神の全能に関する言葉（同 10:27c）、迫害に関する記述及びこの世で報いとして与えられるもののリスト（同 10:30a）等の記述が共通して欠落しているが、これら

の箇所についてはマタイとルカそれぞれの編集作業の結果と見なすことも可能であろう。しかし両者間にはさらに、マルコ 10:20 の ἐφυλαξάμην（φυλάσσω［守る］のアオリスト中動態）に対する ἐφύλαξα（同アオリスト能動態［ルカ 18:21／マタ 19:20]）、ἔτι（まだ［ルカ 18:22／マタ 19:21]）、マルコ 10:21 の οὐρανῷ（天［単数形]）に対する οὐρανοῖς（複数形［ルカ 18:22／マタ 19:21]）、マルコ 10:22 の στυγνάσας（陰鬱になって）に対する ἀκούσας（聞いて［ルカ 18:23／マタ 19:22]）、マルコ 10:23, 27 の λέγει（言う）に対する εἶπεν（言った［ルカ 18:24, 27／マタ 19:23, 26]）、ἀκούσαντες（聞いて［ルカ 18:26／マタ 19:25]）、マルコ 10:28 の ἤρξατο λέγειν（言い出した）に対する εἶπεν（言った［ルカ 18:28／マタ 19:27]）、マルコ 10:28 の ἠκολουθήκαμέν（ἀκολουθέω［従う］の完了形）に対する ἠκολουθήσαμέν（同アオリスト形［ルカ 18:28／マタ 19:27]）、マルコ 10:29 の ἔφη ὁ Ἰησοῦς（イエスは言った）に対する ὁ δὲ (Ἰησοῦς) εἶπεν αὐτοῖς（しかし彼［イエス］は彼らに言った［ルカ 18:29／マタ 19:28]）等、マルコと異なる多くの共通要素（弱小一致）が存在しており（Ennulat 1994:222–234 参照）、これらすべてを双方の福音書記者の独立した編集作業と見なすことは難しく、むしろルカとマタイはいずれも現存のマルコ福音書とは異なる改訂版を用いたと考えるべきであろう（Weiss 1910:79–83; Horn 1983:191 参照）。

　なお、マルコのテキストも統一的な構成になっておらず、様々な相矛盾する要素を含んでいることから（人間の行為の重視［マコ 10:21, 28–29］に対する神による救いの強調［同 10:27]、金持ちが神の国に入ることが不可能であること［同 10:23, 25］に対する神の国に入ること自体の難しさ［同 10:24］及び神にはすべてが可能であること［同 10:27]、弟子たちの驚き［同 10:24, 26］に対するペトロの発言［同 10:28］等）、マルコは元来のアポフテグマ（同 10:17b–22）に古い伝承に遡る複数のロギオン（同 10:23–27, 28–30, 31）及び導入句（同 10:17a）を付加することにより自らのテキストを編集的に構成したと考えられる（ブルトマン 1983:37f; さらに Walter 1962:206–218 参照）。以上のことからも、ルカはおそらくマルコの改訂版を唯一の資料として用い、それに適宜編集の手を加えることにより、この段落全体を構成したのであろう（個々の編集箇所については注解部分参照）。

【注解】

18 節

　この段落は、ある議員がイエスに「**善い先生、私は何をすれば永遠の命を受け継ぐことができるでしょうか**」と問いかける場面から始められる。マルコ 10:17 の導入句（「さて、彼（イエス）が道に出て行くと」）を含まないルカにおいては（cf. マタ 19:16：「すると見よ、……」）前段との結びつきはより緊密であり、さらにイエスに問いかけた人物が「**ある議員**」（τις ... ἄρχων）と特徴づけられることにより（τις は共観福音書用例 61 回中ルカに 39 回使用、ἄρχων は共観福音書用例 10 回中ルカに 7 回、さらに使に 10 回使用）、前段における無力な乳児たちとの対比が強調されている（Berger 1972:454; Petracca 2003:208）。ἄρχων は、ルカ 14:1 と同様にユダヤ人の「指導者」（レングストルフ 1976:443）、あるいは「長老」（田川 2011:412）、もしくはルカ 8:41 のように「会堂の指導者（会堂長）」（8:49; 13:14 の ἀρχισυνάγωγος も参照）の意味でも解しうるが（Schmithals 1980:182; Schneider 1984b:369; Klinghardt 1988:134）、イエスに対する従順な態度からもユダヤの宗教指導者とは考えにくく、ここではむしろ最高法院の議員を意味しているのであろう（23:13, 35; 24:20; 使 3:17; 13:27 も参照）。一部の研究者は、ルカは ἄρχων を敵対者と見なしていると断定するが（Berger 1972:454; Huuhtanen 1977:81; Johnson 1991:276）、必ずしもそのように考える必要はないであろう（8:41 参照）。ルカはここで「この男を身分の高い、かつ金持ちの人物として『社会学的』に特徴づける」ことに関心を抱いており（ショットロフ／シュテーゲマン 1989:160）、この人物を「若者」（マタ 19:20, 22）とは見なしていない。

　「**先生**」（διδάσκαλε）という呼びかけは、この議員がイエスを律法教師と見なしていたことを示しているが（7:40; 9:38; 12:13 参照）、マルコから受け継いだ「**善い先生**」（διδάσκαλε ἀγαθέ）という呼びかけの表現はユダヤ世界ではほとんど使用例が認められない（Bill. II:24f 参照）。確かに「善い」という概念は人間に対しても用いられているが（箴 14:14; コヘ 9:2; ルカ 6:45 参照）、このような呼びかけが神以外の存在に用いられるのは極めて稀であり（Marshall 1995:684）、この議員は最高級の敬意を表明しようとしてこのような特殊な表現を用いたのかもしれない。なお、「**私は何を**

すれば永遠の命を受け継ぐことができるでしょうか」という問いは、「先生」との呼びかけも併せて、ルカ 10:25 の律法の専門家の問いと逐語的に一致している。

　「永遠の命」（ζωή αἰώνιος）という表現はヨハネ福音書に頻出する（新約用例 27 回中 17 回）一方で共観福音書の用例は 8 回のみで、ルカ 10:25 とマタイ 25:46 以外は、この段落とその並行箇所に用いられている（マコ 10:17, 30; 並行マタ 19:16, 29; ルカ 18:18, 30）。また「受け継ぐ」（κληρονομέω）という表現は、神がアブラハムの子孫に土地を相続させることを約束する創世記 15:7 LXX を思い起こさせ（さらに申 4:38 LXX; 詩 36:9, 11 LXX; マタ 5:5b 参照）、「永遠の命を受け継ぐ」は内容的に「神の国に入る」（24, 25 節）や「救われる」（26 節）と同義と見なしうる。因みにマタイ 19:16 では、呼びかけの「善い先生」が「先生」となり、「何をすれば〜」ではなく「どんな善いことをすればよいのでしょうか」（τί ἀγαθὸν ποιήσω）という問いになっている。

19 節

　これを聞いたイエスは、まずその呼びかけの表現を取り上げて「**なぜ、私を『善い』と言うのか**」と反問し（cf. マタ 19:17：「なぜ、善いことについて私に尋ねるのか」）、続けて「**神お一人のほかに善い者は誰もいない**」（οὐδεὶς ἀγαθὸς εἰ μὴ εἷς ὁ θεός ［マコ 2:7; I コリ 8:4 参照]）と断言することにより（cf. 詩 134:3 LXX：ὅτι ἀγαθὸς κύριος ［主は善き方であるから]）、善良さは神にのみ属していることを強調しつつ（代上 16:34 LXX; 詩 117:1, 29 LXX も参照）、聞き手の注意を彼自身から唯一の神に向けさせている（Fitzmyer 1985:1199; カルペパー 2002:451）。ここでの神への言及は、27 節の「人間にはできないことも神にはできる」という言葉と響き合う。

20 節

　先行するルカ 10:25–26 では、同様の問いを発した律法の専門家に対してイエスは律法の内容について反問していたが、ここでも律法を問題にし、その議員に「**姦淫するな、殺すな、盗むな、偽証するな、あなたの父と母を敬え**」という十戒後半の倫理規定（第七、六、八、九、五戒）を指し示している（申 30:16 参照）。ルカはここで、マソラ本文の順序に従うマル

コやマタイとは異なり、七十人訳聖書の申命記 5:17 以下（写本 B）と同様、「**殺すな**」の前に「**姦淫するな**」を位置づけているが（ロマ 13:9; ヤコ 2:11; フィロン『十戒総論』51;『律法詳論』3:8 も同様）、この点はルカ 16:18 で離縁の禁（厳密には再婚の禁）のみが例示的に引用されていることと関係があるのかもしれない。さらにルカにおいてはマタイと同様、マルコ 10:19 の「奪い取るな」（μὴ ἀποστερήσῃς）という掟が省略されているが（ロマ 13:9 参照）、両福音書記者とも十戒に含まれていないという理由から（第十戒に対応？）削除したのであろう。なお、いずれの福音書においても「あなたの父と母を敬え」という掟は後置されており、マタイ版ではさらに隣人愛の掟（マタ 19:19b）が加えられている（さらにマルコとルカが《μή＋接続法アオリスト形》を用いているのに対してマタイは LXX と同様に《οὐ＋直説法未来形》を使用）。

21 節

それに対してその議員は、それらの掟は「**すべて少年の頃から守ってきました**」と返答する。彼のこの発言を偽善や無知と見なし、否定的に捉える見解も見られるが（Braun 1957:75f n. 1; Plummer 1989:423; Zahn 1988:615f 他）、この発言自体は非難されるべきものではなく（詩 40:9; 119:51; ルカ 1:6; フィリ 3:6; Bill. I:814–816 参照）、事実ここでは、この議員が真剣に救いを求め、それらの掟を実際に守ってきたことが前提にされている。その意味でも、「彼が自分の信心に自信を持っていることを暴露」（レングストルフ 1976:443）したとか、そのように述べることによって優位に立とうとした（カルペパー 2002:452）と断定することはできないであろう。

22 節

イエス自身もこの議員の発言そのものは否定しなかったが、その一方でそれらの掟を遵守するだけでは十分とは見なさず、彼に「**あなたにはまだ一つ〔欠けているものが〕残っている**」と語る。ルカにおいてはマタイと同様、イエスがその人物を見つめて「彼を慈しんだ」（ἠγάπησεν αὐτὸν）とするマルコ 10:21 の感情表現は見られないが、おそらく両福音書記者とも、この感情表現が直後の厳格な所有放棄の要求にそぐわないと考えて削除し

たのであろう（ルカとマタイはマコ 1:41, 43; 3:5; 10:14 のイエスの感情表現も
削除）。

　続いてイエスは「**あなたが持っているものをすべて売り払い、貧しい
人々に分け与えなさい**」と要求するが、これは律法の要求を完全に凌駕し
ている。ここでルカはマルコ 10:21 の記述に二つの点で変更を加えている。
第一にルカは、マルコ版の ὅσα ἔχεις（あなたが持っているもの）の直前に
πάντα（すべて）を付加している。確かには ὅσα ἔχεις という表現も「あな
たが持っているものをすべて」の意味で解しうるが、ルカにおいては、掟
をすべて（πάντα）守ってきたと主張する議員が持ち物をすべて（πάντα）
放棄するように要求されることになり、徹底した所有放棄が求められて
いる（5:11, 28 参照）。第二にルカはマルコの δός（与える）を διάδος（分け
与える）に置き換えているが、ルカは διάδος を財産の分与に関わるルカ
11:22 や使徒行伝 4:35 でも用いており、おそらく最初期のキリスト教会
における財産共有制を念頭に置いていたのであろう（使 2:44–47; 4:32–37）。
そのようにルカにおいては、イエスは金持ちに全財産を貧しい人々に分け
与えるように求めており、そうすることにより「**天に宝を持つことにな
る**」と述べられている（12:33 参照）。最後にイエスは「**それから私に従い
なさい**」と要求しているが、その意味でも、ルカにおいては完全な所有放
棄は信従の表現と見なされている（5:11, 28; 14:33）。

23 節

　イエスのこの要求を聞いてこの議員は「**悲嘆にくれた**」（περίλυπος
ἐγενήθη）が、このような彼の反応は、何より彼がその要求に応えること
ができず、信従を断念したことを示している。そしてこの彼の反応は、彼
が「**非常に金持ちだった**」ためと根拠づけられ、ここで初めてこの議員が
金持ちであったことが明らかにされる。ルカはここでマルコ 10:22 の「多
くの財産を持っていた」（ἦν … ἔχων κτήματα πολλά）を「**非常に金持ちだっ
た**」（ἦν … πλούσιος σφόδρα）に置き換えているが、これによってこの議員
を、後続の 25 節で神の国に入ることが不可能であると見なされる「金持
ち」（πλούσιος）と結びつけようとしたのであろう。いずれにせよ、ルカ
はここで彼の富を強調することにより、金持ちであればあるほど、地上の
富への執着が永遠の命を獲得する上で大きな障壁になることを示そうとし

ている。

　注目すべきことに、マルコやマタイとは異なり、ルカはその金持ちの人物（議員）がその場を「立ち去った」とは述べていない。その意味では、この議員は段落後半部においてもその場に留まっており（彼が立ち去ったと見なす Marshall 1995:683; ケアード 2001:247 に反対）、事実この点は直後の「そこでイエスは彼を見て言った」（24 節）という記述からも確認できる。

24 節

　厳しい要求に対するその議員の反応を見て（一部の写本 [A, D, W, Θ 他] は 23 節の περίλυπος ἐγενήθη [悲嘆にくれた] を繰り返す形で περίλυπον γενόμενον [悲嘆にくれる] という分詞句を挿入）、イエスは「**財産を持っている者が神の国に入るのはなんと難しいことか**」と語り出す。「**財産を持っている者**」（οἱ τὰ χρήματα ἔχοντες）は前後の 23, 25 節の「金持ち」（προύσιος）と同義と見なされるが、ここではいわゆる金持ちだけでなく、より広い意味で、多少なりとも財産を所有するすべての人々を指していたと考えられる（Nolland 1993a:890; Green 1997:657; Krüger 1997:60）。また、マルコ 10:23 では「イエスは彼の弟子たちに言った」と明確に弟子たちに語られているのに対し（マタ 19:23 も同様）、ルカにおいては弟子たちへの言及はなく、金持ち全体に対するこの辛辣な発言（24–25 節）はまずこの金持ちの議員に、そしてその場で話を聞いていた人々（26 節）に向けられている。

　また「神の国に入る」という表現に関して、マルコ 10:23 では未来形動詞（εἰσελεύσονται ＜ εἰσέρχομαι）が用いられているのに対し（マタ 19:23 も同様）、ルカにおいては現在形動詞（εἰσπορεύονται ＜ εἰσπορεύομαι）で表現されていることから（ℵ, D 等は未来形動詞で表現）、一部の研究者は、ルカは神の国を現在のものと見なしたと解している（Klostermann 1975:181; ショットロフ／シュテーゲマン 1989:164; H. Klein 2006:592）。確かにルカは神の国の現在性についても語っているが（12:32; 17:21; 18:16; 19:9 参照）、この段落においては（29–30 節参照）その点が特に強調されているとは考えにくい（Marshall 1995:687; Bock 1996:1485; Wolter 2008:600）。

　マルコにおいては、この直後に弟子たちの驚きの反応の描写と神の国に

入ること自体の難しさに関する発言が続いているが（マコ 10:24）、マタイ版とルカ版においてはそれらの記述全体が省略されている。これについては、マタイとルカが用いたマルコ資料にはこれらの記述が含まれていなかった可能性も否定できないが、神の国に入ること自体の難しさに関するイエスの発言については、金持ちが神の国に入ることの難しさについて語る文脈（24–25 節；並行マタ 19:23–24）を乱すために、両福音書記者がそれぞれ独自に削除したとも考えられる（Huuhtanen 1977:86f）。また、弟子たちの反応が削除されたのは、ルカの文脈ではイエスの発言は直接弟子たちに向けられていないことに加え、金持ちに対するイエスの厳しい発言に弟子たちが驚くという描写は、弟子たちが自らの財産を放棄してイエスに従って来たことを強調するルカの記述内容（5:11, 28; 14:33; 18:28）にそぐわないという理由のためであろう（ショットロフ／シュテーゲマン 1989:161–163）。一方でマタイにおいては、弟子たちの反応はその直後に記されているため（マタ 19:25）不要であったと考えられる。

25 節

　さらにイエスは「**金持ちが神の国に入るよりも、らくだが針の穴を通って入る方がまだ易しい**」と語る。らくだが中東世界における最大の動物であるのに対し（マタ 23:24 参照）、針の穴は最小の開口部であることからも、これは不可能な事態を明示する格言であり、ここでイエスはこのようなユーモアを含んだ誇張表現を用いつつ、金持ちにとって神の国に入ることがいかに難しいかを強調している。この格言については、「**針の穴**」（τρήμα βελόνης）をらくだが通過できる（想像上の）エルサレムの小さな通用門（壁穴？）と見なしたり、一部の写本［S, f^{13}］に見られるように、κάμηλον（らくだ）を κάμιλον（綱）に読み替えることにより、その極端さを和らげようとする試みもなされてきたが、このような理解はこの格言の主眼点を骨抜きにしている（Metzger 1994:40; 蛭沼 1981:176–178 参照）。

26 節

　このイエスの発言を聞いていた人々は「**それでは誰が救われることができるのだろうか**」と、金持ちが神の国に入れないのなら誰も救われないのではと疑問を呈する。このような反応は物質的な豊かさを神の祝福と見な

す旧約の富理解に基づいており（申 28:1–14; ヨブ 42:12–15 参照）、当時の
ユダヤ社会一般に広まっていた理解と想定される。さらに、マルコやマタ
イにおいては弟子たちの驚きの反応（ἐξεπλήσσοντο［驚いて］）に言及され
ているのに対し（マコ 10:26; マタ 19:25）、ルカはイエスの言葉を「**聞いて
いた人々**」の（驚きを含まない）反応についてのみ記しているが、これは
弟子たちの驚きに言及したマルコ 10:24 の削除と同様の理由によるのであ
ろう（上記 24 節の注解参照）。

27 節

　段落の前半部（18–23 節）では、金持ちの議員に対する全財産の放棄の
要求を軸に人間の行為による救いの可能性について述べられ、それに続
く 24 節以降では金持ちが神の国に入ることの難しさが強調されてきた
が、ここでは人間には不可能なことをも可能にする神の全能へと論点が
移行している（Bovon 2001:236）。すなわち、聴衆の疑問に対してイエス
はここで「**人間にはできないことも神にはできる**」と、人間と神との対
比を通して神の全能を強調しているが（1:37; 創 18:14 参照）、この言葉は
金持ちにも救われる可能性が残されていることを示唆している。もっと
も、このことは金持ちに対する所有放棄の要求の解消を意味するのでは
なく、むしろ神は金持ちを所有放棄へと導くことによって救おうとする
（Petracca 2003:220）。なお、マルコとマタイに見られる「（彼らを）見つめ
て」（ἐμβλέψας）という表現はルカには見られないが、これも感情表現に
準ずるものとして削除されたのであろう。

28 節

　ルカのテキストにおいてはここまで弟子たちには言及されてこなかっ
たが、富の危険性と神の全能に関する言葉（24–27 節）を聞いて、ペトロ
が弟子たちを代表して自分たちの信従の行為について言明する。ここで
ルカは、マルコ 10:28 の「この私たちはすべてを棄てて」（ἡμεῖς ἀφήκαμεν
πάντα）に対して「**この私たちは自分のものを棄てて**」（ἡμεῖς ἀφέντες τὰ
ἴδια）と記している。ここでの τὰ ἴδια（自分のものを）は実質的には πάντα
と同様に「すべてを」を意味するが（荒井 1986:145; Esler 1989:167）、ル
カはペトロらの召命記事において彼らはすべてを棄ててイエスに従った

（5:11）と記しているのみならず、しばしばマルコの記述に πάντα を付加しているだけに（5:28; 18:22）この改変は注目に値する。τὰ ἴδια という表現は本来、人が自らのものと称しているものを意味するが（使4:32）、おそらくルカはこの改変により弟子たちが棄て去った「すべて」の内容を厳密化しようとしており、29節に挙げられているこの世における自らの所有物という意味合いをより的確に言い表すためにこの表現を用いたと考えられ（Horn 1983:192; Schneider 1984b:371）、そうすることによって金持ちが棄て去るべきものとの相違を明確に示そうとしたのであろう。すなわち、一方の金持ちは全財産を貧しい者たちに分け与えるように要求されるが、そこでは明らかに具体的な富や財産が意味されているのに対し、弟子たちがイエスに信従する際に棄て去った「**自分のもの**」とは具体的には29節で示されている家と家族であった（Seccombe 1982:126 n. 173; さらに使21:6参照）。さらに、弟子たちの信従に関してマルコが継続的な状態を示す完了形（ἠκολουθήκαμέν［従って来た］）で表現しているのに対し、ルカはアオリスト形（ἠκολουθήσαμέν［従った］）を用いて過去の出来事として描いているが（マタ16:27も同様）、それによって信従に際する断固とした決断の姿勢を表現しているのであろう。

29–30 節

　ペトロの発言に対して、イエスは「**まことに私はあなたたちに言っておく**」という強調表現を用いて、神の国のために家と家族を棄てた者がこの世と来たる世において受ける報いについて語る。ここでルカはマルコ10:29の「私のために、そして福音のために」を「**神の国のために**」（25節参照）に言い換えており（cf. マタ19:29：「私の名のために」）、ここでも神の国の主題を強調しているが（さらにマコ8:35の「私と福音のために」とマタ16:25 // ルカ9:24の「私のために」を比較参照）、ここでは特に神の国の宣教が示唆されているのであろう。すでにルカのイエスは、信従志願者に対して「父、母、妻、子どもたち、兄弟たち、姉妹たち」、さらには自分の命まで棄て去るように要求しているが（14:26; さらに12:52–53参照）、この箇所とその並行・関連箇所における信従の際に棄てるべきものの具体的内容は以下のようにまとめられる。

【信従の際に棄て去るべきもの】

	家	妻	兄弟たち	姉妹たち	父と母	子どもたち	畑
マコ 10:29	○	—	○	○	○	○	○
マタ 19:29	○	—	○	○	○	○	○
ルカ 18:29	○	○	○	—	※両親	○	
ルカ 14:26	—	○	○	○	○	○	

　この表からも明らかなように、ルカ版においてはマルコやマタイにおける「姉妹たち」及び「畑」が見られない一方で「妻」が加えられており、さらに「母」と「父」が**両親**の一語で表現されている。ここで削除されている「姉妹たち」については「**兄弟たち**」に含まれていると見なしうるであろう。また「畑」（ἀγρός）の削除については、都市の教会においてはそれが意味をもたなかったためとも考えられるが（Ernst 1977:501; 三好 1991:355; Bovon 2001:232）、ルカは他の箇所でこの語を頻繁に用いており（8:34; 9:12; 12:28; 14:8; 15:15, 25; 17:7, 31, 36; 23:26）、使徒行伝 4:32 には畑を売ってその代金を教会に献げたバルナバの話が記されている。その意味でも、ここではむしろ最初期の弟子たちは漁師や徴税人であった点を勘案すべきであり（5:1–11, 27–32 参照）、事実、福音書には畑を所有する弟子については言及されていない（Horn 1983:192）。それに加えて、最初期の弟子たちの多くは一様に貧しく、財産を所有していなかったと想定され、彼らにとっては家と家族が棄て去ることのできる「すべて」であったと考えられる。あるいは、この「畑」の削除は、ルカがこのリストから物質的なものを除外して家族に関わる要素に限定しようとしたためとも考えられ、その意味では、ここでの「家」は建物ではなく家族構成員の意で解すべきかもしれない（Marshall 1995:688; Wolter 2008:602）。

　さらに、ルカ版にのみ「**妻**」（γυνή）が（しかも家族構成員のリストの冒頭に）記されている点も、ルカの教会には多くの女性信徒が属していたと考えられるだけに（使 16:14–15; 17:4, 12; 18:1–3 参照）注目に値する。ここでは「夫」が併記されていないことからも男性の視点から語られているが、ルカの時代の実情にそぐわないことからも（Ⅰコリ 9:5 も参照）、ここでは過去のイエスの時代における信従のあり方が示されているのであろう（Horn 1983:192; Hays 2010:171 n. 330）。なお、棄てるべきもののリストの中に「**両親**」が含まれている点は、20 節の「あなたの父と母を敬

え」という十戒の第五戒と矛盾しているように思えるが、この点も28節以降が元来の物語に含まれていなかったことを示唆している（ブルトマン1983:38参照）。

最後に、これらの家と家族の放棄に対する「**この世**」と「**来たる世**」（20:34-35参照）における報いについて述べられる（30節）。マルコ10:30においては現世における報いについて、「迫害」に加えて「家、兄弟たち、姉妹たち、母たち、子どもたち、畑」を百倍受けると、放棄した個々の要素が繰り返して挙げられているのに対し（「父」は欠如）、マタイやルカにはこれらの記載が見られない。おそらくそれは冗長さを避けるためであり（あるいは両福音書記者ともこの世における報いにそれほど関心がなかったため？）、また「迫害」に言及されていないのは、それが報いの内容としてふさわしくないと考えられたためであろう（Fitzmyer 1985:1206; Bovon 2001:239）。さらにルカにおいては、マルコやマタイにおける ἑκατονταπλασίονα（百倍）が πολλαπλασίονα（何倍）に置き換えられ、またマルコと同様（マコ3:31-35参照）、キリスト教会における新しい家族の存在が考えられていると想定されるが（Bovon 2001:238f）、ルカの文脈においては現世における報いよりもむしろ来たる世における永遠の命に主眼点が置かれている。このことはまた、マルコ10:31（並行マタ19:30; さらにマタ18:29; ルカ13:30参照）の後先の逆転に関する言葉が削除されているルカ版においては、段落全体が「**永遠の命**」（ζωὴ αἰώνιος）という鍵語で枠付けられていることからも確認できる。

【解説／考察】

この段落全体は、永遠の命に関する問いと答えによって枠付けられている（18, 30節）ことからも明らかなように、永遠の命が統一的な主題となっているが、この関連において神の国に入ることについても論じられ（24, 25, 29節）、前段との関係においては、子どものように神の国を受け入れることを難しくする富への執着が問題にされている。ここではまた、永遠の命を受け継ぐために、十戒の倫理規定の遵守に加えて「持っているものをすべて」放棄するように金持ちの議員には要求されているのに対し、一般の信従志願者には「自分のもの」を棄て去るように求められているが、

489

前者に対して全財産の放棄が求められるのは、財産が彼の信従を妨げるからであり、その一方で後者に対して家と家族を棄てるように要求されるのは、財産のない彼らにとっては家と家族が信従を妨げる大きな要因になっていたためであろう。そのように両者はいずれも、イエスに信従していく上で障壁となるものを克服するように求められており、その意味でこの要求はあらゆる信従志願者に向けられているが（14:33）、この点はイエスの言葉がその場にいた聴衆全体に向けられているルカの文脈においては特に明らかである。

　このようにルカは、全財産を放棄することができず、イエスに従って行けなかった金持ちの議員と、「自分のもの」を棄て去ってイエスに従って来た弟子たちとを対比的に描き出しているが（Horn 1983:191; Petracca 2003:206）、ルカはこの対比を、金持ちを段落末尾までその場に留まらせ、イエスの厳格な言葉に対する弟子たちの反応（マコ 10:24, 26）を削除することによってより鮮明に際立たせている。しかしながら、ルカはただ単にイエスの要求に応えられなかった金持ちを否定的に描いているのではなく、その金持ちがその場に留まってイエスの言葉を聞き続けたことにも示されているように、彼の救いの可能性はまだ残されており、このことは26–27節で人間に不可能なことでも神には可能であると強調されていることからも確認できる。その際ルカは、彼の時代の裕福な信者のことを考えており、彼らを断罪しようとしているのではなく、むしろ決断を促そうとしているのである。

　もっとも、ルカが彼の時代の読者に対して文字通りに全所有の放棄を要求したとは考えにくく、むしろルカは彼の同時代人に対して、イエスに信従する上で障壁となるものを棄て去る姿勢をもつように求めていたのであろう。この点は今日の文脈にも当てはまり、この物語は現代に生きる私たちそれぞれに文字通りの所有放棄を求めているのではなく、むしろ信従の妨げとなるものを棄て去るように決意を促している。

　この所有放棄の要求は、ルカ 9:57–62 や 14:25–33 と同様、イエスのエルサレムへの旅の文脈との関連において理解され、事実、直後の第三回受難予告においてはイエスがエルサレムに上って行く状況が改めて示唆されている（18:31）。その意味でもこの要求は、イエスにつき従い、エルサレムへの道を共に歩もうとするすべての者に向けられている。

7. 第三回受難予告 （18:31-34）

【翻訳】

18:31a さて、彼（イエス）は十二人を〔脇へ〕連れて行き、彼らに言った。b「見よ、私たちはエルサレムに上って行く。c そして人の子について預言者たちによって記されていることはすべて完成される。32 すなわち、彼は異邦人に引き渡され、嘲られ、暴行され、唾をかけられる。33 そして彼らは彼を鞭打って殺し、そして彼は 3 日目に復活する」。34 しかし、彼ら（十二人）自身はこれらのことを何も理解しなかった。また、この言葉は彼らから隠されており、彼らは語られたことを認識しなかった。

【形態／構造／背景】

　イエスのエルサレムへの旅もいよいよ終わりに近づく状況の中、金持ちの議員の物語の直後には、マルコの記述と同様、三度目のイエスの受難予告が続いている（マタイはぶどう園の労働者の譬え［マタ 20:1-16］を間に挟む）。マルコやマタイとは異なり、ルカにおいては旅行記が大幅に拡大されているため（9:51-19:27）、先行する第一、第二回受難予告（9:22; 9:43b-45）とこの第三回受難予告（18:31-34）との間には大きな間隔があり、ある意味で両者はルカの旅行記全体を枠付けているが（Nolland 1993a:894）、ルカは時おり受難に関するイエスの発言に言及することにより（12:50; 13:32-33; 17:25）、読者にこの主題を思い起こさせている。この段落は聞き手と主題の変更によって直前の段落（18:18-30）とは明確に区別され、後続のエリコ周辺での盲人の癒しの記述（18:35-43）からも独立している。この段落は以下のように区分できる。

（1）序：状況設定（31a 節）
（2）エルサレムへの道行きと預言の成就（31bc 節）
（3）イエスの受難及び死と復活の予告（32-33 節）
（4）十二人の無理解（34 節）

491

この段落は総じてマルコ 10:32–34 及びマタイ 20:17–19 に並行しており、マルコ版との間には相違点も多く認められるが、マタイ版との弱小一致は限定的であり、現存のマルコ以外の資料が用いられたとは考えにくい（Schramm 1971:133–136; レングストルフ 1976:446 に反対）。確かに 31c 節及び 34 節はルカに特有の記述であるが、これらの箇所はルカによる編集的構成と見なしうる（注解部分参照）。また、イエスのエルサレム行きに言及するマルコ版の導入句（マコ 10:32a）については、直後のイエスの発言と重複していることからルカが削除したと考えられ、その直後の弟子たちの驚きと恐れの反応（マコ 10:32b）も、前段における弟子たちの驚きの反応（マコ 10:24a, 26）と同様の理由からルカが削除したのであろう。さらに、ユダヤ人指導者層のイエスの受難への関与を示す記述（マコ 10:33bc; 並行マタ 20:18bc）も、すでにルカ 9:22 で述べられていることからルカが削除したと考えられる。その意味では、ルカはすでに語られた受難予告の内容を繰り返すのではなく、むしろそれを補って新しい視点を示そうとしている。一方でマタイは基本的にマルコの記述に依拠しており、それを短縮しつつ自らのテキストを構成している。

【注解】

31 節

　段落の冒頭部分でイエスのエルサレム行きとそれに対する弟子たちの驚きと恐れの反応について述べるマルコ 10:32ab に対して、これに言及しないルカは、イエスが「**十二人**」（9:1, 12; 使 1:21 参照）を「〔**脇へ**〕**連れて行き**」（< παραλαμβάνω［9:10, 28 参照］）、彼らに語りかける場面からこの段落を始めており、段落末尾の十二人の無理解の記述（34 節）はこの導入部分に対応している。イエスはここで「**見よ**」（ἰδού）と彼らに注意を促しつつ、自分たちがエルサレムに上って行くことを改めて表明し（並行マコ 10:33a）、「**人の子**」（17:22 参照）について預言者たちが記していることはすべて「**完成される**」（τελεσθήσεται < τελέω［2:39; 12:50; 22:37; 使 13:29 参照］）と告知しているが（πάντα τὰ γεγραμμένα［記されていることはすべて］は 21:22; 24:44; 使 13:29 にも使用）、このイエスの告知は、ルカ版には含まれていない、イエスが「自分に起ころうとしていることを彼らに語り始

めた」と語るマルコ 10:32c の記述に対応している（Grundmann 1961:355; Marshall 1995:690）。一部の研究者は、文末の τῷ υἱῷ τοῦ ἀνθρώπου（人の子について）という表現を τελεσθήσεται（完成される）にかけ、「人の子のために（人の子において）完成される」の意で解しているが（Fitzmyer 1985:1209; Wolter 2008:604）、後出の「聖書全体の中で自分自身について記されていること」（24:27）という箇所との関連からも、この表現は τὰ γεγραμμένα（記されていること）にかかっていると見なすべきであろう（Klostermann 1975:183; Marshall 1995:690）。また、この「**預言者たちによって記されていること**」は、預言書のみならず旧約聖書の内容全体を指していると考えられる（Bovon 2001:246）。ここではそのように、このエルサレムへの旅には明確な目的があり（9:31; 13:33-34 参照）、何よりその地において預言者たちを通して神が告知したことが完成されると強調されている（22:37; 24:25-27, 44-46 参照）。

32 節

　続いて「人の子」の受難の運命について記されるが、マルコが、人の子が祭司長たちや律法学者たちに引き渡される描写に続いて彼らによる死刑宣告と異邦人による虐待について能動態で記述している（マコ 10:33b-34a; 並行マタ 20:18b-19）のに対し、ルカ版ではユダヤ人指導者層に言及することなく、「**異邦人に引き渡され、嘲られ、暴行され、唾をかけられる**」と受動態を用いて簡潔に表現されている。ここで初めて異邦人のもとでのイエスの受難について言及されるが、ルカにはイエスの受難と死の責任を異邦人よりもユダヤ人に負わせようとする傾向が見られるだけに（20:20-26; 使 2:36; 4:10; 7:51-53）この点は注目に値する。

　冒頭の「彼は異邦人に引き渡され」（παραδοθήσεται ... τοῖς ἔθνεσιν）という受動表現においては「引き渡す」主体については明示されておらず、マルコの並行箇所との対応関係からはユダヤ人指導者層と想定されるが、神的受動と解することも可能であろう（Ernst 1977:506; Marshall 1995:690 参照）。事実、人の子が異邦人に引き渡されるという証言は（使 2:23; 3:13-15 参照）、そのことによって神の救いの計画が完成される（31 節）という意味でルカにおいては特に重要であったと考えられる（20:20 とマコ 12:13 を比較参照）。これに続く三つの行為（嘲る、暴行する、唾をかけ

る）も受動態で記されており、これらは文脈から異邦人の行為と見なしうる。もっとも、行為の主体が明示されていないという意味では、この箇所も神的受動と見なすことが可能であり、異邦人の罪責性よりも神の計画の完成という観点が強調されているとも考えられる（Schneider 1984b:373; Kremer 1988:179; Eckey 2004b:775; Löning 2006:188）。その意味でも、ルカがここでユダヤ人指導者層に触れていないのは決して彼らを免責しようとしているためではなく（ブリンツラー 1988:419）、ここでは誰がイエスの受難に関与したかということではなく、31bc 節で言明された預言の成就としてのイエスの受難が強調されている。

なお、ルカにのみ見られる ὑβρίζω はルカの編集句と考えられる（新約用例 5 回中ルカ文書に 3 回が使用）。この語は、ルカ 11:45 と同様、「侮辱する」の意でも解しうるが（田川 2011:415; 協会共同訳）、直前の「嘲る」（ἐμπαίζω）と内容的に重複する言葉をルカがわざわざ付加したとは考えにくいことからも、むしろ「暴行する」の意で解すべきであろう（使 14:5; テモ 1:13 参照）。また「唾をかけられる」（ἐμπτυσθήσεται）場面はルカの受難物語には記されていない（マコ 14:65; 15:19; マタ 27:30 参照）。なお、ここで挙げられている三つの行為はいずれもイザヤ 50:6 の主の僕の歌の内容と密接に関連しており、この箇所の背景にはこのテキストがあったという可能性も指摘されている（Nolland 1993a:896; Green 1997:660; カルペパー 2002:458f）。

33 節

続く 33 節では、マルコと同様、能動態を用いて（異邦人が）「**彼（人の子）を鞭打って殺し**」と記されている。ルカにおいては μαστιγόω（鞭打つ）が分詞形で表現され、後続の ἀποκτείνω（殺す）と結合していることから（μαστιγώσαντες ἀποκτενοῦσιν）、鞭打ちは処刑の一部と見なされているとも考えられる（ブリンツラー 1988:333; さらにヨセフス『ユダヤ戦記』2:306; 5:449 参照）。また、ルカ 23:22 ではピラトがイエスを鞭で打つように命じてはいるが、福音書の受難物語において実際にイエスに対する鞭打ちの場面を描写しているのはヨハネ 19:1 のみである。なお、マタイ版のみがここで十字架刑に言及している（マタ 20:19）。

続いて「**そして彼は 3 日目に復活する**」（καὶ τῇ ἡμέρᾳ τῇ τρίτῃ

ἀναστήσεται）と簡潔に述べられる。第一回受難予告においてもルカはマルコ 8:31 の「3 日後に」（μετὰ τρεῖς ἡμέρας）に対して「3 日目に」（τῇ τρίτῃ ἡμέρᾳ）という表現を用いていたが（9:22）、ここでもマルコ 10:34 の「3 日後に」（μετὰ τρεῖς ἡμέρας）に対して「3 日目に」（τῇ ἡμέρᾳ τῇ τρίτῃ）と表現している（24:7, 46; 使 10:40 も τῇ τρίτῃ ἡμέρᾳ を使用［下表参照］）。また、第一回受難予告では ἐγερθῆναι（甦らされる）が用いられていたのに対して（9:22）ここではマルコと同様、ἀναστήσεται（復活する）と記されているが、双方の表現は基本的に同義と見なしうるであろう。

【三福音書における復活予告の表現】

	第一回受難予告	第三回受難予告
マルコ	8:31：μετὰ τρεῖς ἡμέρας ἀναστῆναι（3 日後に）	10:34：μετὰ τρεῖς ἡμέρας ἀναστήσεται（3 日後に）
ル　カ	9:22：τῇ τρίτῃ ἡμέρᾳ ἐγερθῆναι（3 日目に）	18:33：τῇ ἡμέρᾳ τῇ τρίτῃ ἀναστήσεται（3 日目に）
マタイ	16:21：τῇ τρίτῃ ἡμέρᾳ ἐγερθῆναι（3 日目に）	20:19：τῇ τρίτῃ ἡμέρᾳ ἐγερθήσεται（3 日目に）

34 節

　マルコやマタイとは異なり、ルカはイエスの受難予告に続いて十二人の無理解について三重に述べているが、この箇所はルカによって削除された弟子たちの驚きと恐れに関する記述（マコ 10:32b）の反映とも考えられ（さらに 9:45 // マコ 9:32 も参照）、ルカが編集的に構成したのであろう（Ernst 1977:506; Fitzmyer 1985:1207; Bovon 2001:245）。すなわち、「**彼ら（十二人）自身はこれらのことを何も理解しなかった**」（αὐτοὶ οὐδὲν τούτων συνῆκαν）のであり（cf. 2:50：αὐτοὶ οὐ συνῆκαν τὸ ῥῆμα ［彼ら自身は……言葉を理解しなかった]）、「**この言葉は彼らから隠されており**」（ἦν τὸ ῥῆμα τοῦτο κεκρυμμένον ἀπ᾽ αὐτῶν）、「**彼らは語られたことを認識しなかった**」（οὐκ ἐγίνωσκον τὰ λεγόμενα）のである（cf. 9:45：οἱ δὲ ἠγνόουν τὸ ῥῆμα τοῦτο καὶ ἦν παρακεκαλυμμένον ἀπ᾽ αὐτῶν ἵνα μὴ αἴσθωνται αὐτό ［しかし彼ら（弟子たち）はこの言葉が理解できなかった。それ（その言葉）は彼らが理解しないように彼らから隠されていた]）。

　第二回受難予告におけるイエスの不明瞭な発言（9:44）とは異なり、こ

こでは明確に語られているという意味では、弟子たちの無理解は少々不可解であるが、ここでの無理解の内容は、イエスが異邦人に引き渡されて苦しみを受けるという受難の事実そのものについてではなく、イエスの受難と復活が神の計画の完成であるとする受難の意味についてであったと解すべきであろう（Kremer 1988:180; 三好 1991:356; Marshall 1995:691; Bock 1996:1499; Bovon 2001:245）。いずれにせよ、イエスの受難と死の意味が彼らに明らかになるのはイエスの復活の出来事を通してである（24:26-27, 31-32, 44-49 参照）。なお、マルコやマタイではこの段落の直後に続くゼベダイの子たちの願いに関する段落（マコ 10:35-45; マタ 20:20-28）がルカには欠けていることから（22:24 以下参照）、一部の研究者はこの 34 節をその段落の要約と見なしているが（Grundmann 1061:356; カルペパー 2002:461）、その点は十分に根拠づけられない。

【解説／考察】

エルサレムへの旅が終わりに近づく状況の中で、イエスは再び自らの受難を告知する。ここでイエスは改めて自らが歩んでいるエルサレムへの道について言及し、その目的地における自らの受難の運命が預言の成就であることを強調している。ここではまたイエスの受難における異邦人の関与についてのみ言及されているが、異邦人の罪責性がここで特に強調されているわけではなく、むしろ預言の成就としてのイエスの受難と復活に焦点が当てられている。そして十二人はこの時点ではイエスの言葉を理解することはできなかったが、将来のイエスの復活（24:36-43）と聖霊の付与（使 2:1-4）を通して彼らにも明らかにされることになる。

総じてルカは弟子の無理解を強調していないだけに、ここで十二人の無理解が明確に述べられている点は注目に値する。そしてイエスの身近な存在であった十二人ですら理解できなかったなら、今日の信仰者にしても十分に理解しているとは考えにくい。その意味でも、イエスの受難と復活の真意は今日の信仰者にとっても現状ではまだ必ずしも明らかにされておらず、その無理解から解放されるためにも、日々イエスに従ってエルサレムへの道を歩んでいくように求められている。

8．エリコ周辺での盲人の癒し（18:35–43）

【翻訳】

18:35 さて、彼（イエス）がエリコに近づいた時、ある盲人が物乞いをしながら道端に座っていた。36 そして彼は、群衆が通り過ぎて行くのを聞いて、これは何事かと問いただした。37 そこで彼ら（人々）は彼に「ナゾラ人のイエスが通って行くのだ」と知らせた。38 すると彼は「ダビデの子イエスよ、私を憐れんでください」と言って叫んだ。39 そこで先導する人々は黙らせようと彼を叱りつけた。しかし彼自身はますます激しく「ダビデの子よ、私を憐れんでください」と叫び続けた。40 そこでイエスは立ち止まり、彼を自分のところに連れて来るように命じた。そして彼が近づくと彼（イエス）は彼に尋ねた。41「何をして欲しいのか」。すると彼は「主よ、見えるようになることです」と言った。42 そこでイエスは彼に言った。「見えるようになれ。あなたの信仰があなたを救った」。43 すると即座に彼は見えるようになり、神を崇めつつ彼（イエス）に従った。そして〔これを〕見たすべての民は神に賛美を捧げた。

【形態／構造／背景】

マルコにおいては第三回受難予告の直後にヤコブとヨハネの願いの記事（マコ 10:35–45; 並行マタ 20:20–28）が続いているが、ルカにはその記事は見られず、この盲人の癒しの物語（並行マコ 10:46–52; マタ 20:29–34; さらにマタ 9:27–31 も参照）が受難予告の直後に続いている。ルカがヤコブとヨハネの願いの記事を削除した理由は明らかではないが、これにより、前段末尾で言及されていた無理解な弟子たちと目が開かれて神を崇める盲人との対比がより鮮明に示されることになる。その一方で、ここで省略されたマルコ 10:35–45 の個々の要素についてはルカ福音書の他の箇所に確認される（マコ 10:38c →ルカ 12:50、マコ 10:41–45 →ルカ 22:24–27、マコ 10:45 →ルカ 19:10）。なお、この段落の直後には徴税人の頭ザアカイの物語（19:1–10）が続いているが、両者は社会的に疎外されていた人々の救

いについて語っている点で共通している（18:42; 19:10）。

この段落は、盲人の癒しについて語られるルカ福音書における唯一の奇跡物語（7:21 のみ参照）であると同時に最後の治癒物語であるが（22:51 のみ参照）、癒しの出来事の描写（42–43 節）の前に長い導入部分（35–41 節）がある点や具体的な癒しの行為が述べられていない点、さらには癒された盲人がイエスに従って行く点に特徴がある。この段落は以下のように区分できる。

（1）序：状況設定（35 節）
（2）盲人の問いかけとそれへの返答（36–37 節）
（3）イエスに対する盲人の訴え（38–39 節）
（4）イエスの問いかけと盲人の返答（40–41 節）
（5）癒された盲人の信従とすべての民による神への賛美（42–43 節）

ルカはここでもマルコを唯一の資料として自らのテキストを構成しているが（Schramm 1971:143–145; Schneider 1984b:253）、比較的強く編集の手を加えている（Busse 1979:329f 参照）。例えば、マルコ版ではイエス一行がエリコから出て行く際にその盲人はイエスと出会う設定になっているが（マコ 10:46; 並行マタ 20:29）、ルカにおいてはイエスがエリコに到着する前に両者は出会っている。この改変は直後にザアカイの物語（及びムナの譬え）を挿入したルカによるものと考えられ、ルカはザアカイの物語をイエスがエルサレム入城の直前に訪れる町での出来事として設定するために、その物語をエリコに、この盲人の癒しをエリコ訪問前の出来事として位置づけたのであろう。事実、この段落の冒頭部分（ἐγένετο δὲ ἐν τῷ ἐγγίζειν αὐτὸν εἰς Ἰεριχώ［さて、彼がエリコに近づいた時］）は言語的観点においても明らかにルカ的である（ἐγένετο δέ は新約ではルカ文書にのみ計 37 回使用、《ἐν τῷ ＋不定詞》は新約用例 52 回中ルカ文書に 39 回使用、ἐγγίζω［近づく］は新約用例 42 回中ルカ文書に 24 回使用）。

そのほかにもルカは、盲人の問いかけ（36 節）や癒された盲人とすべての民による神への賛美（43 節）を付加する等、個々の点で編集の手を加えている（注解部分参照）。なお、ルカ版とマタイ版の間には少なからず弱小一致が見られるが（マコ 10:46 のバルティマイという盲人の名、同 10:48 の

πολλοί［多くの人々］、同 10:49b–50 の人々が盲人を連れて来る場面と盲人の喜びの反応、同 10:52 の ἐν τῇ ὁδῷ［途上で］等の削除、同 10:51 の ῥαββουνί［私の先生］に対する κύριε［主よ］との呼びかけ［41 節 // マタ 9:28; 20:33］他）、それらすべてを両福音書記者の独立した編集作業の結果と見なすことは難しいことから、両者は現存のマルコ福音書とは異なるマルコの改訂版を用いたと考えられる（Ennulat 1994:237–241; Eckey 2004b:777）。またマルコのテキストも、福音書の奇跡物語には珍しく個人名（バルティマイ）が記され、奇跡物語にはそぐわない「ダビデの子」という称号が用いられている等の理由から二次的に構成されたと考えられ（ブルトマン 1987:22f; さらに Burger 1970:42–46; Roloff 1973:121–126; Nolland 1993b:898 参照）、元来の物語を再構成することはほとんど不可能である（Hahn 1995:262 n. 1）。

【注解】

35 節

旅を続けていたイエスがエリコの町に近づいた時、**「ある盲人」**（cf. マコ 10:46：「バルティマイ」／マタ 9:27; 20:30：「二人の盲人」）が物乞いしながら道端に座っていた（ヨハ 9:8 参照）。エリコへの言及はイエスの旅が目的地のエルサレムに近づいたことを明らかにしており（10:30 参照）、この物語の舞台としては、物乞いたちのために指定されていた町の門周辺の場所が想定される（レングストルフ 1976:448; Marshall 1995:692）。

36 節

この盲人とイエスとの出会いの経緯について、ルカはマルコやマタイ以上に具体的に記している。彼は群衆が通り過ぎていくのを耳にして**「これは何事かと問いただした」**（ἐπυνθάνετο τί εἴη τοῦτο）が、この記述はルカに特有であり（cf. 15:26：ἐπυνθάνετο τί ἂν εἴη ταῦτα［これらは何事かと問いただした］）、この盲人の主体的な姿勢を示している。これらの群衆はイエスの同行者と考えられ（マコ 10:46 参照）、巡礼者の一団を形成していたことが想定される（39 節の「先導する人々」参照）。

37 節

盲人の問いに対して人々は「ナゾラ人のイエス」が通り過ぎようとしているように彼に「知らせた」（< ἀπαγγέλλω［報告する］：新約用例 45 回中ルカ文書に 26 回使用）が、並行するマルコ 10:47 の「ナザレ人」（ὁ Ναζαρηνός）に対して、ここでは「ナゾラ人」（ὁ Ναζωραῖος）という表記が用いられている（使 2:22; 3:6; 4:10; 6:14; 22:8; 24:5; 26:9 参照）。この表記の原意は必ずしも明らかではないが、ここでは「ナザレ人」（4:34; 24:19 参照）と同様、「ナザレ出身の人」の意味で用いられている（詳細については大貫 2021:263–284 参照）。

38 節

イエスが自分の前に現れたことを聞き知ったその盲人は、イエスに対して「ダビデの子イエスよ、私を憐れんでください」と叫んだ（βοάω［叫ぶ］は新約用例 12 回中ルカ文書に 7 回使用）。「ダビデの子」はユダヤ教においては稀な称号であるが（ソロモン詩 17:21 のみ参照）、福音書においてはしばしば王的メシア待望の文脈において用いられており（20:41, 44; さらに 1:27, 32, 69; 2:4, 11 も参照）、ここでの使用は、イエスが王としてエルサレムに入城する直後の記述（19:37–38）との関連から説明できるかもしれない（カルペパー 2002:463; Miura 2007:225）。なお、この称号の背景に奇跡行為者としての顔ももつダビデの子ソロモンのイメージを見ようとする見解も見られるが（Schweizer 1986:192; さらに Bill. IV:533f; ヨセフス『ユダヤ古代誌』8:45–48; マタ 12:23 参照）、当時のユダヤ教伝承においてはソロモンと癒しは緊密に結びついていなかったことからも説得的ではない（Fitzmyer 1985:1216; ルツ 1997:87）。また「私を憐れんでください」（ἐλέησόν με）という盲人の言葉は、アブラハムに対する金持ちの男の願い（16:24）やイエスに対する十人の皮膚病患者の嘆願の言葉（17:13）と一致している。彼が望んだ憐れみの具体的内容は、後続の 41 節の彼の言葉からも明らかなように、施し（Green 1997:663）ではなく目の癒しであった。

39 節

そこで「先導する人々」（οἱ προάγοντες［マコ 11:9 参照］）が彼を黙らせようと叱りつけるが、彼はますます激しく「ダビデの子よ、私を憐れんで

ください」と繰り返して「叫び続けた」（< κράζω）。この「先導する人々」
の詳細については明らかにされておらず、イエス一行の中で指導的な役割
を果たす人々であったと想像されるが、盲人を叱りつける彼らの振る舞い
は、乳飲み子たちを叱りつけてイエスのもとに来るのを妨げようとした弟
子たちの反応（18:15）を思い起こさせる。

40–41 節

　するとイエスは立ち止まり、その盲人を「連れて来るように」（直訳：
「連れて来られるように」[ἀχθῆναι：ἄγω の不定法アオリスト受動態]）命じ
た。そしてイエスは彼に「何をして欲しいのか」（τί σοι θέλεις ποιήσω;）と
尋ねるが（並行マコ 10:51; マタ 20:32）、この問いは、ルカに欠けているヤ
コブとヨハネの願いの記事（マコ 10:35–45; 並行マタ 20:20–28）の中でイ
エスが両者に発した問い（マコ 10:36）とほぼ逐語的に一致している。そ
の問いに対して彼はイエスに「主よ」（κύριε）と呼びかけ（cf. マコ 10:51：
ῥαββουνί [私の主よ]）、見えるようになりたいという願いを伝えた。この
ように、物乞いであった彼が金銭ではなく目の治癒を求めたことは、彼が
当初より病を癒しうるイエスの力を信じていたことを裏付けている。なお、
人々が彼を呼びに来ると彼が上着を脱ぎ捨てて躍り上がってイエスのとこ
ろにやって来たというマルコ 10:49b–50 の描写はルカには見られないが
（マタイも同様）、そのような感情を表す描写は不要と見なされたために削
除されたとも考えられ、これによりイエスと盲人との出会いそのものに焦
点が当てられることになる（Eckey 2004b:777）。

42 節

　その盲人の返答に対してルカのイエスは、マルコ版の「行きなさい」
（ὕπαγε）とは異なり、「見えるようになれ」（ἀνάβλεψον）と命じている。
あたかも自らの力で見えるようになることを求めているかのようなこの発
言は少々不可解ではあるが、癒しに際しての盲人の側の主体的な姿勢の必
要性を示唆しているのかもしれない。また、その直後に「あなたの信仰が
あなたを救った」（7:50; 8:48; 17:19 参照）という発言が続いていることか
らも、ここでは癒しと救いが緊密に結合しており（使 9:17–18 参照）、さら
に前段における目を閉ざされていた十二人（18:34）との関連においても、

501

この段落で三度用いられている ἀναβλέπω（見えるようになる［41, 42, 43
節］）は心（信仰）の目で見るという転義的意味も含んでいると考えられる
（三好 1991:356; Bovon 2001:259; Löning 2006:190 参照）。また、信仰による
救いを言明するイエスの言葉は、イエスの力を確信し、人々に叱られても
自分の願いを熱心に叫び続けたこの盲人の振る舞いが信仰の現れと見なさ
れたことを示している（18:1–8 参照）。なおマタイ版では、このイエスの
発言が見られない一方で、イエスが二人の盲人を深く憐れんで彼の目に触
れたと記されている（マタ 20:34; なお同 9:29 も同様）。

43 節

　その結果、その盲人は即座に見えるようになったと、他の治癒物語と同
様、癒しが完全に遂行されたことが述べられる。**「即座に」**（παραχρῆμα）
は明らかにこの奇跡行為の効果を強調しており（4:39; 5:25; 8:44, 47; 13:13）、
また視力の回復は、ルカのイエスが宣教開始時に告知した盲人たちに視力
の回復という宣教指針（4:18［イザ 61:1 からの引用］）の実現とも見なしう
る（7:22; イザ 29:18; 35:5; 42:7 も参照）。そして癒された盲人は**「神を崇め
つつ」**（δοξάζων τὸν θεόν［5:25; 7:16; 13:13; 17:15; 使 4:21 参照］）イエスに
従って行くが、このように彼が神を崇めたと明確に証言しているのはルカ
のみである。なお、ここでは信従は特に要求されていないが、その意味で
はイエスとの出会いが彼を信従へと向かわせたのである。

　さらに、この癒し行為の証人となった**「すべての民」**（πᾶς ὁ λαός）は
「神に賛美を捧げた」（ἔδωκεν αἶνον τῷ θεῷ）が（2:13, 20; 使 3:8 参照）、**「民」**
（λαός）はルカにおいてはイエスに肯定的な反応を示す人々であり、「す
べての民」（πᾶς ὁ λαός［ὁ λαὸς … ἅπας］）は後続の箇所でも肯定的に描かれ
ている（19:48; 20:45; 21:38）。ある意味で彼らの態度は、エルサレム入城
に際しての弟子たちの群れによる神への賛美（19:37）を準備しているが、
エルサレム入城後の群衆の否定的な反応とは明らかに異なっている。なお、
マルコやマタイは癒された盲人や民の具体的な反応については言及してお
らず、盲人の信従についてのみ語っているが、ルカにおいては、癒しの行
為そのものよりもすべての民による神への賛美に関心が向けられている
（Fitzmyer 1985:1217）。

【解説／考察】

　盲人の癒しについて語るこの段落では、イエスを通して働く神の力が改めて強調されているが、イエスによる癒しの行為はナザレ説教における盲人に対する視力の回復の告知（4:18; イザ 61:1）の成就とも見なしうる。ルカにおいてはまた、この盲人がイエスの力を信じて主体的に懸命に行動することにより彼の目が開かれたことが強調されているが、この点は、直前の段落末尾の目が閉ざされてイエスの言葉を理解できなかった十二人の姿（18:34）とはまさに対照的である。事実、イエスの「あなたの信仰があなたを救った」という言葉にも示されているように、ここでは彼の目が癒されたことだけではなく、彼自身が救われたことが明示されており、直後の彼の信従の行為はこのことを明確に裏付けている。

　一方で「先導する人々」（指導者たち？）は憐れみを求めてイエスに叫び出すこの盲人の振る舞いを阻止しようとするが（18:15 参照）、そのように表面的には先頭に立ってイエスに従っているように見えながら社会的弱者の行動を阻害しようとする彼らの態度は、イエスに従っていると自認しながらも目が閉ざされたままでいる私たち信仰者の現実の姿をも映し出しているのかもしれない。この物語の末尾には、癒された盲人のみならず、すべての民が神を賛美したと記されているが、まさに現代に生きる私たちも、懸命に救いを求めることにより目が開かれ、共に神を賛美するように招かれている。

9. 徴税人の頭ザアカイ（19:1–10）

【翻訳】

¹⁹:¹ さて、彼（イエス）はエリコに入り、〔そこを〕通り過ぎ〔ようとし〕ていた。² すると見よ、ザアカイという名で呼ばれていた男がいた。この彼は徴税人の頭であって、また彼自身、金持ちであった。³ そして彼はイエスが何者なのか見ようとしたが、背が低かったので、群衆に遮られて〔見る

ことが〕できなかった。⁴ それで彼は彼（イエス）を見るために前方に走り出て、いちじく桑の木に登った。彼がそこを通り過ぎようとしていたからである。⁵ さて、その場所に来た時、イエスは〔上を〕見上げて彼（ザアカイ）に言った。「ザアカイ、急いで降りて来なさい。私は今日、あなたの家に留まることになっているのだから」。⁶ すると彼は急いで降りて来て、そして喜んで彼（イエス）を迎えた。⁷ しかし、すべての人は〔これを〕見て、「彼は宿泊するために罪人の男のところに入った」と言ってつぶやいた。⁸ そこでザアカイは立ち上がって主に言った。「ご覧ください。私は財産の半分を、主よ、貧しい人々に与えます。また、誰かから何かをゆすり取っていたら四倍にして返します」。⁹ᵃ するとイエスは彼に言った。ᵇ「今日、救いがこの家に生じた。ᶜ 彼もまたアブラハムの子なのだから。¹⁰ というのも、人の子は失われたものを捜して救うために来たのである」。

【形態／構造／背景】

　エリコ途上における盲人の癒しの記述（18:35–43）の直後にはエリコを舞台とするこのザアカイの物語（19:1–10）が続いており、前者が物乞いの盲人を癒して救うダビデの子について語っていたのに対し、ここでは金持ちの徴税人の頭を救う人の子について語られ、両者とも社会的に疎外されていた者に救いをもたらすイエスの姿を描いている。また、物乞いの盲人は目が見えるようになることを望んでいたのに対し、ザアカイはイエスを見ることを望んでおり、さらにいずれの物語においても群衆が主人公の行動を妨げており（18:39／19:3）、また ἵστημι（立ち止まる [18:40]／立ち上がる [19:8]）という動詞を起点として物語が大きく展開している（カルペパー 2002:466）。この段落の直後にはルカの旅行記を締めくくるムナの譬え（19:11–27; 並行マタ 25:14–30）が続いているが、ルカは直前のルカ 18:15–43 のみならず、同 19:28 以降も基本的にマルコに依拠していることから、旅行記末尾の両段落（19:1–10, 11–27）はルカによって挿入されたと考えられる。またこの段落には、社会的弱者への視点、悔い改めと救い、貧者への施し、罪人との交わり（会食）等、ルカに特徴的な様々な主題が含まれている。

　この段落はイエスとザアカイの出会いの経緯を記す前半部（1–6 節）と

ザアカイの決意表明を中心とする後半部（7–10 節）に区分されるが、2, 8 節の ἰδού（見よ）、3, 10 節の ζητέω（捜す／求める）、3, 4, 7 節の εἶδον（見た）、5, 9 節の σήμερον（今日）及び οἶκος（家）、2 節の πλούσιος（金持ち）と 8 節の πτωχοί（貧しい人々）等の鍵語が前半部と後半部を相互に結びつけている（さらに 1, 4 節の διέρχομαι［通り過ぎる］、5, 6 節の σπεύσας［急いで］、4 節の ἀναβαίνω［登る］と 5, 6 節の καταβαίνω［降りる］も参照）。この段落全体は以下のような構成になっている。

（1）イエスとザアカイの出会い（1–6 節）
　　（a）イエスのエリコ到着とザアカイの紹介（1–2 節）
　　（b）ザアカイの行動（3–4 節）
　　（c）イエスの招き（5 節）
　　（d）ザアカイの応答（6 節）
（2）ザアカイの改心とイエスの告知（7–10 節）
　　（a）人々のつぶやき（7 節）
　　（b）ザアカイの決意表明（8 節）
　　（c）イエスによる救いの告知とその根拠（9–10 節）

　その一方でこの段落全体は、以下のようにキアスムス（交差配列法）によって構成されているとも見なしうるであろう（O'Toole 1991:110–112; Krüger 1997:67; Bovon 2001:268; Petracca 2003:234; 森 2007:74f; ベイリー 2010:263 参照）。

（A）イエスのエリコ到着（1 節）
　（B）ザアカイの紹介（2 節）
　　（C）群衆による遮り（3 節）
　　　（D）木に登るザアカイ（4 節）
　　　　（E）イエスとザアカイの出会い（5 節）
　　　（D´）木から降りるザアカイ（6 節）
　　（C´）群衆のつぶやき（7 節）
　（B´）ザアカイの決意表明（8 節）
（A´）イエスによる結語（9–10 節）

この段落は、他の福音書に並行記事が見られず、非ルカ的語彙も多く含んでいることから、全体としてルカ特殊資料に由来すると考えられる。この段落が伝承に由来することは、セム語的な καί（そして）が計 12 回（1, 2$^{×2}$, 3$^{×2}$, 4, 5, 6$^{×2}$, 7, 8, 10 節）用いられていることからも確かめられ、そこから Schweizer（1950:165–168）はヘブライ語の資料に由来すると考えている（Herrenbrück 1990:276f も同意見）。なお、同様に徴税人の救いを主題とするファリサイ派の人物と徴税人の譬え（18:9–14）とこの段落がルカ特殊資料において結合していた可能性も指摘されているが（Ernst 1977:512; Wiefel 1988:325）、その点は明らかではない。また、このザアカイの物語とレビの召命記事（マコ 2:13–17; 並行マタ 9:9–13; ルカ 5:27–32）は、いずれもイエスとの出会いを通して悔い改め、自発的に財産を放棄した徴税人を扱い、① 状況設定（19:1–2／マコ 2:13）、② イエスと徴税人の出会い（19:3–5／マコ 2:14）、③ 徴税人宅での歓待（19:6／マコ 2:15）、④ 人々のつぶやき（19:7／マコ 2:16）、⑤ 罪人を救うイエスの使命に関する結語（19:10／マコ 2:17）という共通の構造をもっていることから、一部の研究者は両者の関連性を強調している（ブルトマン 1983:59; Schmithals 1980:185; Hotze 2007:55f, 62–64）。しかしながら、ザアカイの物語においては、レビの召命記事とは異なり、イエスへの信従は特に問題になっておらず、またファリサイ派や律法学者も登場しない等、両者間には相違点も認められることから（Bolyki 1998:109f も参照）、ルカがこの段落を編集する際にレビの召命記事を参照したことは十分に考えられるとしても、両者間に直接的な文学的依存関係を認めることはできないであろう。

その一方で、ルカは伝承資料に少なからず編集の手を加えている。冒頭の 1 節はルカの編集句と考えられ（διέρχομαι［通り過ぎる］は新約用例 43 回中ルカ文書に 30 回使用）、マルコではエリコに設定されていた前段の盲人の癒しの場所（マコ 10:46）がルカ版ではエリコの周辺地域に変更されていることから（18:35）、ここでのエリコへの言及もルカによるものと考えられる（本書 498 頁参照）。もっとも、エリコの町には税関が存在したことから、このザアカイの物語が当初からエリコと結びついていた可能性も否定できないであろう（Wiefel 1988:326; Fitzmyer 1985:1222; Marshall 1995:695f; Bovon 2001:271）。これに続く 2–6 節は総じて伝承に遡ると考えられるが、2 節の καὶ ἰδού（すると見よ［Jeremias 1980:52f 参照]）、ἀνήρ

（男［「夫」以外の意味で新約用例 127 回中ルカ文書に 116 回使用]）、ὀνόματι（〜という名の［新約用例 30 回中ルカ文書に 28 回使用]）、人や事物の名前を導入する καλούμενος（呼ばれている［新約用例 27 回中ルカ文書に 24 回使用]）、繰り返される καὶ αὐτός（καὶ αὐτός／καὶ αὐτοί は導入表現として福音書用例 39 回中ルカに 34 回使用）及び πλούσιος（金持ち［共観福音書用例 16 回中ルカに 11 回使用]）、4 節の διέρχεσθαι（< διέρχομαι：上記［1 節］参照）、5 節の εἶπεν πρὸς αὐτόν（《言述の動詞 + πρός + 対象を示す対格》は新約用例 169 回中ルカ文書に 149 回使用）、σήμερον（今日［新約用例 41 回中ルカ文書に 20 回使用]）及び δεῖ（必ず〜する［新約用例 101 回中ルカ文書に 40 回使用]）、5, 6 節の σπεύσας（< σπεύδω［急ぐ]：新約用例 6 回中ルカ文書に 5 回使用）、6 節の ὑπεδέξατο（< ὑπεδέχομαι［迎える]：新約用例 4 回中ルカ文書に 3 回使用）及び χαίρων（喜んで［文末の分詞形 χαίρων はマルコやマタイに見られない一方でルカ 15:5; 19:6; 使 8:39 に使用]）等はルカの編集句であろう（Jeremias 1980:15, 134f, 246, 275; O'Hanlon 1981:2–5 も参照）。

　段落後半部（7–10 節）は統一的に構成されておらず、7 節では人々は屋外で話しているのに対し、8 節から突然場面が変わってザアカイは自宅内でイエスに語りかけており、また、ザアカイの決意表明（8 節）を聞いたイエスは、ザアカイの家の中に突然現れた人々に対して語っている（9bc–10 節; さらに直後の 19:11 も参照）。7 節はルカ以前の伝承に遡ると考えられるが（ルカの編集に帰す H. Klein 1987:68f に反対）、原初的にこの物語に含まれていたかどうかは明らかではなく、この箇所にもルカの編集の手が加えられている（διαγογγύζω … λέγοντες［つぶやいて……言った］という表現は新約ではルカ 15:2; 19:7 にのみ使用、ἁμαρτωλός［罪人］は共観福音書用例 29 回中ルカに 18 回使用、ἀνήρ［男］については上記［2 節］参照）。これに続く 8 節は、多くのルカ的語彙を含んでいるのみならず（σταθείς／σταθέντες［立ち上がって］は新約ではルカ文書にのみ計 9 回使用、εἶπεν πρὸς τὸν κύριον については上記［5 節］参照、イエスを意味する定冠詞付きの ὁ κύριος［主］は共観福音書にはルカにのみ計 15 回使用、ὑπάρχω［〜に所属する］は新約用例 60 回中ルカ文書に 40 回使用、《τὰ ὑπάρχοντα τινί (τινός)》は新約用例 14 回中ルカ文書に 9 回使用、συκοφανέω［ゆすり取る］は新約ではルカ 3:14; 19:8 にのみ使用）、内容的にもルカに特徴的であることから（12:21, 33; 16:9; 18:22 参照）、伝承に由来するのではなく（Jeremias

1980:277; Schweizer 1986:192f; H. Klein 1987:69; Marshall 1995:695; Bock 1996:1521; Bovon 2001:270 に反対）、ルカの編集句と見なすべきであろう（Dupont 1973:162; 1991:266, 269; ブルトマン 1983:59; Petzke 1980:168f; Horn 1983:115f; Schneider 1984b:377; Fitzmyer 1985:1219; Herrenbrück 1990:275; Nolland 1993b:905）。

　次の 9 節に関して、一部の研究者はルカの編集句と見なしているが（O'Hanlon 1981:18; ブルトマン 1983:59; Fitzmyer 1985:1219; Marshall 1995:698）、この節は直前のザアカイの決意表明よりも 7 節の内容を前提としており（ブルトマン 1983:59; Schneider 1984b:377）、ルカ以前の伝承に遡ると見なしうる。もっとも、冒頭の 9a 節はルカの編集句と考えられ（文頭の εἶπεν(-ον, -αν) δέ は新約ではヨハ 12:6 を除くとルカ文書にのみ計 74 回使用、《εἶπεν ... πρὸς αὐτόν》については上記［5 節］参照）、9c 節も部分的にルカの編集の手が加えられている（καθότι［～なので］は新約ではルカ文書にのみ計 6 回使用、καὶ αὐτός については上記［2 節］参照）。段落末尾の人の子に関する発言（10 節）は二次的に付加されたものであり、ルカ以前の伝承には含まれていなかったと考えられる（Fitzmyer 1985:1219; Nolland 1993b:907; Bock 1996:1523 に反対）。もっともこれはルカ自身が創作したのではなく（H. Klein 1987:69; 2006:599; Schneider 1984b:377f; Schweizer 1986:192 に反対）、元来は独立した言葉であったと考えられ、おそらくルカが省略したマルコ 10:45 の代替表現として編集的に挿入したのであろう（τὸ ἀπολωλός［失われたもの］は新約ではルカ 15:4, 6; 19:10 にのみ使用）。なお同様の表現はルカ 9:56 の一部の写本にも見られる（本書 23 頁参照）。

　以上のことからも、ルカはこの段落を、伝承資料（2–7, 9bc 節）に自ら構成した導入句（1 節）とザアカイの決意表明（8 節）及び 9a 節、さらに別の伝承に由来する結語（10 節）を付加し、テキスト全体に適宜編集の手を加えることにより構成したのであろう。なお、ブルトマン（1983:59, 93f）はこの段落を伝記的アポフテグマに分類し、マルコ 2:14 から展開された「理念的情景」と見なしているのに対し、ディベリウス（2022:138）はこの物語を「真正で完全な人物レゲンデ」と見なし、その史実性を肯定している。

【注解】

1 節

直前の段落（18:35–43）ではエリコの周辺地域における盲人の癒しについて語られていたのに対し、ここではそれを前提として、イエスがエリコの町に入って通り過ぎようとする様子が描写されているが、「**通り過ぎる**」（< διέρχομαι［4 節も参照］）という表現は、彼がエリコの町に立ち寄ろうとせずに目的地のエルサレムに向かって進んでいく様子を示している。エリコの町はエルサレムの北方約 27 キロメートルの場所に位置し、交通の要所にあり、ローマの属州ユダヤにおける重要な税関が存在していた（Michel, *ThWNT* VIII:98 参照）。

2 節

場面設定に引き続いて主人公の「**ザアカイ**」（Ζακχαῖος［Ⅱマカ 10:19; ヨセフス『生涯』239 参照]）が紹介される。彼の名前は「無垢の／清い」を意味するヘブライ語の「ザッカイ」（זַכַּי［エズ 2:9; ネヘ 7:14; さらに Bill. II:249 も参照]）に相当し、「ザカリア」（Ζαχαρίας）の短縮形とも考えられる。ザアカイはここで単なる「徴税人」（τελώνης）としてではなく、「**徴税人の頭**」（ἀρχιτελώνης）として紹介されている。ἀρχιτελώνης は新約ではこの箇所にしか用いられておらず、同時代のギリシア語文献にも使用例が確認できないが、ルカの造語とは考えにくく（Fitzmyer 1985:1223; Herrenbrück 1990:277）、ローマから関税徴収を委託され、本来の徴税業務を奴隷やその他の「雇われ徴税人」に遂行させていた「徴税請負人」を意味しているのであろう（ショットロフ／シュテーゲマン 1989:31f; さらに Michel, *ThWNT* VIII:97; Herrenbrück 1990:277 参照）。それに加えてザアカイは「**金持ちであった**」と特徴づけられるが、彼の富は、後続の 8 節で彼自身が語っているように、人々から税をゆすり取ることによって蓄えられたものと想定される。ルカ福音書においては、他の福音書と同様、徴税人は比較的肯定的に描かれてはいるとは言え（3:12; 5:27–28; 7:29; 15:1; 18:10–14 他）、金持ちは総じて否定的に評価されており（6:24–26; 12:16–20; 16:19–31; 18:24–25; 21:1–4 他）、徴税人の頭であり金持ちであったザアカイは、周囲の人々の非難と軽蔑の対象であったと考えられる。

3-4 節

　さて、ザアカイはイエスがエリコにやって来たことを知って、どんな人物なのか見ようとしたが、背が低かったために群衆に遮られて見ることができなかった。この場面に関して、嫌われ者の彼のために誰も進んで場所を空けようとしなかったことは十分に想定できるが、群衆が意図的に彼の視界を遮った（Tannehill 1986:123; Green 1997:670）とまでは言えないであろう。

　そこでザアカイは一計を案じ、走って出て行き、先回りしてイエスが通り過ぎる場所に立っていた「**いちじく桑の木**」（συκομορέα [cf. 17:6 : συκαμίνος ＝桑の木]）に登って彼を見ようとした。このような彼の行為は尋常ではなく（15:20 参照）、容易に人々の嘲笑の対象になり得たことは明らかであるが（ベイリー 2010:267 参照）、彼をそのような行為に駆り立てたのは、ヘロデ・アンティパスの場合のように（9:9; 23:8）単なる好奇心からだったのか（Ernst 1977:514; Schmithals 1980:185; 三好 1991:357; Marshall 1995:696; H. Klein 2006:600）、それともイエスとの出会いを真剣に求めていたのか（Loewe 1974:323–325; O'Hanlon 1981:13; Schneider 1984b:377; Müller 1984:147; Kremer 1988:182; Wolter 2008:612）、研究者の見解は分かれている。確かに、ザアカイのこの異常な行動は彼の並々ならぬ熱意を感じさせ、笑い者にされるリスクも顧みずに木に登ったのは単なる好奇心からだったとは考えにくいが（Schweizer 1986:193）、その一方で、木の上から（秘かに）覗き込もうとした彼が真剣にイエスとの出会いを求めていたかどうかは明らかではなく（Nolland 1993b:905）、少なくともルカはその点を強調していない。しかし、彼のこの異常な行動が結果的にイエスとの出会いをもたらすことになる。

5 節

　すなわち、ザアカイが木に登っていた場所にイエスが通りかかった時、イエスは上を見上げて彼に「**ザアカイ、急いで降りて来なさい。私は今日、あなたの家に留まることになっているのだから**」と語りかけた。どのようにしてイエスがザアカイの名前を知りえたかは明らかにされていないが（超自然的能力 [O'Hanlon 1981:14] ？）、いずれにせよ、イエスはここで初対面のザアカイに対して、その日は彼の家に宿泊する意向であることを告

げる。ここでの「今日」（σήμερον［9 節も参照］）は文字通りの意味で解されるが、直前の「急いで」（σπεύσας < σπεύδω［2:16 参照］）という表現と併せて、現在における救いの意（終末論的意味）も含んでいると見なしうる（2:11; 4:21; 5:26; 23:43 参照）。また、神の救いの計画を指し示す δεῖ（必ず〜する）が用いられていることからも、ここではイエスの意思を越えて神の意思が表明されており、人格的な交わりを示唆する μεῖναι（留まる）と併せて、神がこの罪人を完全に受け入れたことを示している。

6 節

　木の上からイエスの姿をのぞき込もうとしていたザアカイは、思いがけずイエスから直接、自分の名で呼びかけられて仰天したと想像されるが、「急いで降りて来なさい」（σπεύσας κατάβηθι）というイエスの指示通りに、「急いで降りて来て」（σπεύσας κατέβη）喜んでイエスを迎えた。ὑποδέχομαι（迎える）は新約では常に「客として家に迎える」という意味で用いられ（10:38; 使 17:7; ヤコ 2:25）、χαίρω（喜ぶ）はルカにおいてはしばしば救いに関わる終末論的な喜びを意味している（1:14, 28; 2:10; 6:23; 10:20; 13:17; 15:32; 使 8:39）。

7 節

　しかし「すべての人」（πάντες）はイエスの振る舞いを見て「つぶやき」（διεγόγγυζον < διαγογγύζω）、「彼は宿泊するために罪人の男のところに入った」と言った。この「すべての人」は文字通りにはエリコの住民のみならずイエスの同行者や弟子たちも含むことになるが、ここでは誇張表現と見なすべきであろう。このような彼らの反応は、同様にイエスの振る舞いを見て「つぶやいた」（ἐγόγγυζον < γογγύζω）レビの召命物語におけるファリサイ派の人々や律法学者たちの反応を思い起こさせるが（5:30; 並行マコ 2:16–17; マタ 9:11）、そこでは徴税人たちや罪人たちと共に食事するイエスが非難されたのに対し、ここでは罪人の家に迎え入れられ、そこに宿泊しようとするイエスが非難されている。さらにルカ 15:1–2 においても、徴税人たちや罪人たちを迎えて彼らと共に食事をするイエスを見てファリサイ派の人々や律法学者たちが「つぶやいた」（διεγόγγυζον）状況が記されている。ルカにおいては罪人と徴税人は頻繁に併記され（5:30; 7:34;

15:1）、両者はしばしば同義的に用いられているが（5:32; 15:2; 18:13）、その点はここでも同様である（Jeremias 1931:293–300 参照）。なお、これらの人々は明らかに屋外でつぶやいているが、アオリスト形の εἰσῆλθεν（～の中に入った）が示しているように、イエスはこの時すでにザアカイの家の中に入っていたことが前提とされている。

8節

　イエスの振る舞いに対する人々のつぶやきの直後にはイエス（主）に対するザアカイの決意表明が続いているが、ここで場面は屋外から屋内に突然変わり（ザアカイは屋外で語ったとする O'Hanlon 1981:16; Fitzmyer 1985:1233 に反対）、文脈は明らかに乱されている。おそらく冒頭の σταθείς（立ち上がって）は屋内での会食の場面を前提としており（Ellis 1987:221）、その意味でも 7 節の内容に適合しておらず、いずれにせよ、ザアカイがここで人々のつぶやきに直接反応しているとは考えにくいであろう（Fitzmyer 1985:1225; Marshall 1995:697 に反対）。

　ここでザアカイはイエスに「**ご覧ください**」（ἰδού）と語りかけ、さらに「**主よ**」（κύριε）と呼びかけつつ（18:41 参照）、彼の前でこれまでの罪深い自らの生き方からの改心を具体的に表明している。すなわち彼は、一方で財産の半分を貧しい人々に与え、他方では「**ゆすり取っていた**」（ἐσυκοφάντησα < συκοφαντέω）人々に対してはそれを四倍にして償うと宣言するが、この発言は、徴税人たちに対して規定以上の税金を取り立てないように要求し、兵士たちの「ゆすり取る」（συκοφαντέω）行為を戒めた洗礼者ヨハネの言葉（3:13–14）を思い起こさせる。なお一部の研究者は、このザアカイの発言が現在形で構成されていることから（δίδωμι［与える］、ἀποδίδωμι［返す］）、この箇所を現在の習慣的行為の意味で解し、彼はすでにそのように行動しており、ここでは彼の悔い改めではなく自己弁明が表現されていると主張している（White 1979/80:21; Fitzmyer 1985:1220f; Mitchell 1990:153–176; 1991:546f; Ravens 1991:26–29; Johnson 1991:285f; Green 1997:671f; マリーナ／ロアボー 2001:443）。しかしながら、τὰ ὑπάρχοντα は明らかに「収入」ではなく「財産」を意味しており、財産の半分を習慣的に貧しい人々に施し続けることは現実的に不可能であり、また、実際にゆすり取っていたものに対する四倍の返済を習慣的に行って

いたとするなら、そのような恐喝まがいの行為を彼がこの時点でも継続的に行っていたことになり、ますますこの表明は不可解なものになる（Wolter 2008:614）。さらにそうだとすると、「今日、救いがこの家に来た」（9 節）という後続のイエスの発言そのものも意味不明になることからも、ここではやはり将来の事柄が語られていると見なすべきであろう（BDR §323; さらに Zahn 1980:621; O'Hanlon 1981:16f; Hamm 1988:431–437; Plummer 1989:435; Marshall 1995:697f; Bock 1996:1520; Bovon 2001:275; カルペパー 2002:468; Petracca 2003:241f, n. 59; H. Klein 2006:601f, n. 38; Wolter 2008: 613f; Hays 2010:177; 木原 2012:232f, 注 29 参照）。

ラビの伝承によると全財産の 20％を施しとして捧げることが提案されており（Bill. IV:546–551; ヘンゲル 1989:48f 参照）、財産の半分を施しとして貧しい人々に与えるという義務については典拠が見られない。また四倍の賠償も、損害額にその 20％を加えて支払うという当時の基準（Bill. II:249f; レビ 5:16, 24; 民 5:6–7）をはるかに上回っている。その一方で、ローマ法においてはすでに窃盗に対して四倍の賠償額が宣告され得たことから（『学説彙纂』39:4; 大セネカ『論判演説集』5:5; さらに窃盗に対する四倍の賠償に言及したヨセフス『ユダヤ古代誌』16:3 や一匹の羊の窃盗に対して四倍の賠償を規定した出 21:37 やサム下 12:6 も参照、ザアカイの決意表明はこれに対応しているとも考えられる（Derrett 1970:284; Horn 1983:116; Kerr 1987: 70; ショットロフ／シュテーゲマン 1989:35, 223; Bovon 2001:276）。いずれにせよ、このようなザアカイの発言は、彼が真剣に悔い改めたことを示している。

9 節

ザアカイの決意表明を聞いてイエスは彼に返答するが（εἶπεν δὲ πρὸς αὐτόν）、「あなたの家に」ではなく「**この家に**」（τῷ οἴκῳ τούτῳ）と表現され、ザアカイが「**彼**」と三人称（αὐτός）で言い表されていることからも、イエスは途中からはむしろザアカイ以外の人々に向かって語っているように記されている。その意味でもこの言葉は元来、イエスの振る舞いに対する人々のつぶやき（7 節）に対する返答であったと考えられ、ここで突然現れた人々は、それらのつぶやいた人々と同定される。一部の研究者は、このような不自然さを取り除くために 9a 節の πρὸς αὐτόν（彼に向かって）

513

を「彼に関して」（20:19 参照）の意で解そうとしているが（Klostermann 1975:185; O'Hanlon 1981:17; Schweizer 1986:192; Herrenbrück 1990:280; Marshall 1995:698）、このような理解は文法的に可能であってもルカの文脈においては考えにくく（ブルトマン 1983:59）、9–10 節のイエスの言葉はザアカイと人々の双方に向けて語られていると考えるべきであろう（Fitzmyer 1985:1225; Tannehill 1986:124）。

ここでイエスは「**今日、救いがこの家に生じた**」と告知しているが、この「**今日**」σήμερον）も（5 節参照）、直後に「**救い**」（σωτηρία）が続いていることからも、終末論的観点を含んでいる。なお、σωτηρία（救い）はヨハネ 4:22 を除くと他の福音書には見られず、ルカ福音書においてもこの箇所以外ではザカリアの賛歌にしか見られないが（1:69, 71, 77）、使徒行伝ではより頻繁に用いられている（使 4:12; 7:25; 13:26, 47; 16:17; 27:34）。また「**この家**」はおそらく家族全員を指しており、使徒行伝でしばしば言及される家族全員の救い（使 10:2; 11:14; 16:15, 31; 18:8）を示唆していると考えられる（O'Hanlon 1981:17f はこの見解に否定的）。

続いてイエスは、ザアカイとその家族の救いの根拠として「**彼もまたアブラハムの子なのだから**」（1:55, 73; 3:8; 13:16; 16:24–31 参照）と語る。ここでの「**アブラハムの子**」は基本的に字義的意味（アブラハムの子孫、ユダヤ人）で用いられているが（霊的な意味で解する Klostermann 1975:185; Ellis 1987:220f に反対）、アブラハムの子としての自覚と「悔い改めにふさわしい実を結ぶ」ことが対置されている洗礼者ヨハネの言葉（3:8）との関連においては、8 節の決意表明を通して「悔い改めにふさわしい実」を結ぶべく決意したザアカイが、民族の枠組みを越えて真に救いに与る者になったことをも示唆している。

10 節

最後にイエスは「**失われたものを捜して救うために**」（ζητῆσαι καὶ σῶσαι τὸ ἀπολωλός）遣わされた「**人の子**」の使命について語っている。その意味でも、イエスとの出会いを求めた（ἐζήτει ἰδεῖν［3 節］）ザアカイの思いは、罪人を捜し求めるイエスによって応えられることになる。この言葉は、ルカ 5:32 の「私は義人たちを招くためではなく、罪人たちを招いて悔い改めさせるために来ている」（並行マコ 2:17; マタ 9:13）のみならず、Ｉテ

モテ 1:15 の「キリスト・イエスは罪人たちを救うために世に来た」という言葉とも響き合い、さらにはこの世における人の子の働きについて語る言葉とも密接に関連している（5:24; 6:5）。「**失われたもの**」（τὸ ἀπολωλός）はルカ 15 章に含まれる三つの譬え（15:4–7, 8–10, 11–32）を思い起こさせるが、おそらくこの箇所の背景には、失われた羊を捜し求める羊飼いのようにイスラエルを顧みる神について語るエゼキエル 34:16 LXX の「私は失われたものを捜し求める」（τὸ ἀπολωλὸς ζητήσω）や同 34:22 LXX の「しかし私は私の羊の群れを救う」（καὶ σώσω τὰ πρόβατά μου）があったと考えられる（木原 2022:630f 参照）。そのようにこの段落末尾の言葉は、人の子の派遣が本質的に罪人の救いを目的としていることを強調している（7:50; 15:1–2 参照）。

【解説／考察】

　ルカ福音書においてはしばしば罪人の救いについて語られているが（5:27–32; 7:34, 36–50; 15:1–31; 18:9–14）、ここでは罪人であり、かつ金持ちでもあったザアカイの救いについて語られている。ルカにおいて金持ちはしばしば否定的に描かれているだけに、この点は注目に値する。直前の段落（18:35–43）では、物乞いをしていた貧しい盲人の救いについて述べられていたが、おそらくルカはこのザアカイの物語を通して、金持ちも救われる可能性があることを示そうとしたのであろう（Seccombe 1982:130–132）。そしてこの点は、前出の金持ちの議員の物語（18:18–30）とザアカイの物語を比較検討することによりさらに明らかになる。金持ちの議員は幼い頃から律法を遵守していた敬虔な人物であったが、全財産を売り払って貧しい者に施すようにとのイエスの要求に応えることができずに信従を断念したのに対し、ザアカイはイエスとの出会いを通して改心し、貧しい人々への施しとゆすり取ったものに対する賠償を行うと宣言することにより救われた。その意味でも重要なのは、ザアカイが悔い改めて自ら進んで行動しようと決意した点である。

　一つの問いは、金持ちの議員が全財産を施すように要求されたのに対し、なぜザアカイの場合は財産の半分で十分と見なされているのかという点である。一部の研究者は、この相違をゆすり取ったものに対して四

倍を返済するというもう一つの約束との関連から説明しようとしているが（Tannehill 1986:123f; Krüger 1997:76f; Hays 2010:178）、確かにそのような理解も可能であろう。あるいは、ザアカイの場合は、金持ちの議員の場合とは異なり、イエスへの信従は問題にされていなかったためと考えられるかもしれない（一方でザアカイは信従に踏み切れなかったと見なすタイセン 2010:187 に反対）。いずれにせよ、ルカはここで必ずしもザアカイの完全な所有放棄について語ろうとしておらず、むしろここでは、必要最低限以上の下着や食べ物を持っている者はそれらを持っていない者に分け与えるようにとの洗礼者ヨハネの要求（3:11）と同様、より現実的な意味で、自分が十分に持っている物を、それを必要とする他者に分け与えることが問題になっている。その意味でもルカの関心は、ザアカイが全財産を放棄したかどうかという点でなく、彼が改心したという点に向けられている。

　おそらく元来の物語においては、特別な行為を伴わない罪人の救いについて語られていたと想定されるが、ルカはザアカイの決意表明（8節）を付加することにより物語の強調点を移行させ、ザアカイが改心を通して救われたことを示そうとしている。その一方で、この救いはザアカイの主体的行動によってのみもたらされたのではなく、両者の出会いはイエスから歩み寄ることによって実現し（5節）、罪人を捜し求める人の子の働きによって救いがもたらされた。このテキストは金持ちの救いについて語るルカ福音書の唯一の箇所であるが、おそらくルカは、彼の時代の裕福なキリスト者に対して、金持ちも彼らの自発的な行動（貧しい人々への施し）を通して救われる可能性があることを示すことにより、彼らの財産を貧しい人々に分け与えるように促そうとしたのであろう。

　さらに目を引くのは、イエスがザアカイに「急いで降りて来なさい」と語った点である。なぜ、イエスはここでザアカイを急がせようとしたのだろうか。物語の展開を見る限りでは、その日はザアカイの家に泊まろうとしていたイエスが、ここで特にザアカイを急がせる理由があったとは考えにくい。その意味でも、ここでイエスは、彼との出会いによってザアカイに対して開かれた扉が再び閉じられてしまわないよう、この機会を逃すことなく、まさに今決断するようにザアカイに求めようとしたのであろう。同様に私たちも「急いで降りて来るように」と常に語りかけられており、イエスとの出会いのチャンスを今しっかりとつかみ取るように求められて

いる。なぜなら、あとになってからではもう手遅れだからである。

10.　ムナの譬え（19:11–27）

【翻訳】

^{19:11} さて、彼ら（人々）がこれらのことを聞いていた時、彼（イエス）はさらに一つの譬えを語った。彼はエルサレムに近づいており、また彼らは神の国がすぐにも現れようとしていると思っていたからである。¹² そこで彼は言った。「ある身分の高い人が、自ら王位を受けて帰って来るために遠い国に赴いた。¹³ そして〔その際〕彼は、自分の十人の僕たちを呼んで彼らに十ムナを与え、また彼らに『私が〔帰って〕来るまでの間〔これで〕商売しなさい』と言った。¹⁴ しかし、彼の市民たちは彼を憎んでいたので、彼のあとから使節を送り、『私たちはこの人が自分たちを〔王として〕治めることを望まない』と言った。¹⁵ さて、彼が王位を受けて戻って来ると、誰がどれだけ商売で儲けたかを知るために、金を与えておいたそれらの僕たちが自分のところに呼び出されるように命じた。¹⁶ そこで最初の人がやって来て、『御主人様、あなたの一ムナが十ムナを儲けました』と言った。¹⁷ すると彼（主人）は彼に言った。『よくやった、善い僕だ。お前は最も小さな事に忠実だったから、十の町を治める権力を持つようになりなさい』。¹⁸ また二番目の人が来て、『御主人様、あなたの一ムナが五ムナをつくりました』と言った。¹⁹ すると彼（主人）はこの人に『お前も五つの町を治めるようになりなさい』と言った。²⁰ また、別の人が来て言った。『御主人様、ご覧ください。私が手ぬぐいの中に保管して持っていたあなたの一ムナです。²¹ というのも、あなたはお預けにならなかったものを取り立て、おまきにならなかったものを刈り取られる厳しい方なので、私はあなたが恐ろしかったのです』。²² 彼（主人）は彼に言った。『お前の口（言葉）に従ってお前を裁こう。悪い僕だ。お前は、私が預けなかったものを取り立て、まかなかったものを刈り取る厳しい人間だと知っていたのか。²³ それではなぜ、私の金を両替屋に預けなかったのか。そうしておけば、私は〔帰っ

て〕来た時、利息付きでそれを受け取れたのに』。[24] そして彼はそばに立っていた人々に『彼からその一ムナを取り上げて、十ムナ持っている者に与えなさい』と言った。[25] そこで彼らが彼に『御主人様、彼は〔すでに〕十ムナ持っています』と言うと、[26]〔彼（主人）は言った。〕『私はあなたたちに言っておくが、誰でも持っている人には〔さらに〕与えられるが、持っていない人からは持っているものまで取り上げられる。[27] しかし、私が彼らを王として支配することを望まなかったあの私の敵どもをここに連れて来て、そして私の目の前で彼らを打ち殺せ』」。

【形態／構造／背景】

ザアカイの物語（19:1–10）の直後にはこのムナの譬えが続き、この段落によってルカ 9:51 以降のエルサレムへの旅行記は締めくくられる。この段落は、エリコを訪れたイエスがザアカイの家で人々に語った前段末尾の状況（19:9–10）を前提に始められており、双方の段落はいずれも富の用い方を主題にしている。その一方で、前段末尾の箇所では「今日」救いが到来した（19:9）と告知されていたのに対し、ここでは神の国がすぐには到来しないことが示されている。この譬えはまた、主人の不在と帰還をモチーフにしている点で先行するルカ 12:41–48 と共通している。

この段落においては、冒頭の導入句（11 節）に続いて比較的長い譬え（12–27 節）が語られている。この譬え部分は、主人の帰還と僕たちとの清算（15–24 節）及び持てる者と持たざる者に関する格言（25–26 節）が、主人の旅立ちと僕たちへの指示（12–14 節）と敵対者たちに対する裁きの言葉（27 節）によって囲い込まれる構造になっている。その意味でも、主人と三人の僕たちとの対話（16–24 節）がこの譬えの中心に位置しているが、第一、第二の僕と主人との対話は明らかに並行する形で構成されているのに対し（16–17 節 // 18–19 節）、第三の僕と主人との対話は前二者のそれとは明らかに異なっている（17 節の「善い僕だ」［ἀγαθὲ δοῦλε］と 22 節の「悪い僕だ」［πονηρὲ δοῦλε］を比較参照）。この段落全体は以下のように区分できる。

（1）序：状況設定（11 節）

（2）主人の旅立ちと僕たちへの指示（12–14 節）

　　（a）主人の旅立ち（12 節）

　　（b）僕たちへの資金提供と指示（13 節）

　　（c）主人を憎む市民たちの敵対行動（14 節）

（3）主人の帰還と僕たちとの清算（15–24 節）

　　（a）主人の帰還と僕たちの召集（15 節）

　　（b）第一の僕の報告と主人の応答（16–17 節）

　　（c）第二の僕の報告と主人の応答（18–19 節）

　　（d）第三の僕の報告と主人の応答（20–24 節）

（4）持てる者と持たざる者に関する格言（25–26 節）

　　（a）周囲の人々の疑義（25 節）

　　（b）主人の返答（26 節）

（5）結語：敵対者たちに対する裁きの言葉（27 節）

　この譬えは全体としてマタイ 25:14–30 の内容に並行しており（マコ 13:34 も参照）、双方のテキストとも、主人が僕たちに資金を与えて旅立ち、帰還後、彼と僕たちとの間で清算が行われ、預けられた資金を用いて利益を上げた僕たちは誉められ、大きな任務が与えられたのに対し、預かった資金を活用せずに眠らせておいた僕は厳しく叱責され、さらに持てる者と持たざる者に関する格言（26 節 // マタ 25:29）が語られるという共通の筋をもっている。このように両者の基本構造が一致していることからも（特に 21–26 節とマタ 25:24, 26–29 を比較参照）、双方のテキストは原初的には同一の物語に遡ると見なしうるであろう。

　その一方で、双方のテキストの間には文脈及び内容上の相違点も多く存在し、完全に一致する語句は限られている。マタイ版ではこの譬えは、エルサレムにおける弟子たちに対するイエスの一連の教え（マタ 24–25 章）の中に位置づけられ、直前の十人の乙女の譬え（同 25:1–13）と直後の最後の審判の譬え（同 25:31–46）と共に、マタイ 25 章全体で主の再臨を主題とする一連の譬え講話を構成しており、終末の到来への備えを呼びかける「目を覚ましていなさい」という直前の段落末尾の要求（同 25:13）との関連において語られている（マタ 24:42–44; マコ 13:34 も参照）。それに対してルカ版の譬えは、エリコを舞台とするザアカイの物語に直結する形

でエルサレムへの旅行記の末尾に位置づけられ、導入句（11 節）に示されているように、神の国は間もなく到来するという終末待望に警告する意図をもって語られている（主人の長期不在を示唆する 12 節の「遠い国」も参照）。この導入句は、προσθείς（< προτίθημι［加える／さらに～する］：新約用例 18 回中ルカ文書に 13 回使用）、《λέγειν/εἰπεῖν παραβολήν》（譬えを語る［新約用例 15 回中ルカ福音書に 14 回使用］）、διὰ τὸ ... εἶναι（この表現は新約ではルカ文書にのみ計 5 回使用）、Ἰερουσαλήμ（エルサレム［新約用例 76 回中ルカ文書に 63 回使用]）、παραχρῆμα（すぐに［新約用例 18 回中ルカ文書に 16 回使用］）等のルカ的語彙を含んでいることからもルカの編集句と考えられる。

　ルカ版の譬えはまた、ヘロデ大王の息子でユダヤ、イドマヤ、サマリアを統治（前 4 ～後 6 年）したアルケラオス（マタ 2:22 参照）が皇帝からユダヤ統治の裁可を受けるためにローマに赴いた際、彼の任命を妨げるために五十人のユダヤ人使節団がローマに派遣され、帰還後、彼は敵対者たちに報復したという歴史的事件（ヨセフス『ユダヤ戦記』2:80–92, 111;『ユダヤ古代誌』17:299–314; さらにシュウェンツェル 2022:179f 参照）を反映した記述（もしくは「譬え」[Wellhausen 1904:106; Zerwick 1959:655–660; エレミアス 1969:59]）を含んでいる（12b, 14–15a, 17b, 19b, 27 節）。この記述は直後のイエスのエルサレム入城の場面（19:28–44）と密接に関わっているが（Denaux 2002:55–57 参照）、おそらくこの記述と結びつくことにより、この譬えは寓喩的に解されるようになったのであろう（Busse 1998: 429–433 はこの見解に否定的）。なお、多くの研究者はこの記述はルカが編集的に付加したと考えているが（Jülicher 1910b:485; ブルトマン 1983: 305; Schneider 1984b:380; Fitzmyer 1985:1231; Weder 1990:195; Nolland 1993b:911; Denaux 2002:51–53; Heil 2003:204–207; Eckey 2004b:791; H. Klein 2006:606; Wolter 2008:617）、ここには非ルカ的語彙も多く含まれていることから（Jeremias 1980:278–280 参照）、ルカ以前の段階で譬えと結びついていた可能性も十分に考えられる（T. W. Manson 1954:313; エレミアス 1969:59; Bovon 2001:293; ルツ 2004:587）。

　以上の点からもうかがえるように、この段落の伝承の経緯を厳密に見極めるのは難しい。イエスが同様の譬えを繰り返し語ったという可能性も否定できないが（Ellis 1987:221; Zahn 1988:628; Plummer 1989:437）、この譬えがマタイとルカにのみ伝承されているという事実から単純に判断す

るなら、この譬えは両者の共通資料であるＱ資料に由来することになるであろう（Lührmann 1969:70f; Schulz 1972:288–298; Fitzmyer 1985:1230f; Wiefel 1988:329; Weder 1990:193; ツェラー 2000:158–160; Denaux 2002:39; Heil 2003:197–204; Eckey 2004b:790f; H. Klein 2006:607; 山田 2018:295–299; 原口 2024:108）。もっとも、両者間に見られる多くの相違点を両福音書記者の編集作業に帰すことは難しいという意味では（Weder 1990:193–202 に反対）、両者は相異なるＱ資料（マタイ版Ｑとルカ版Ｑ）を用いたとも考えられる（Marshall 1995:702）。しかしながら、そのように両者間には多くの相違点が見られることに加え、イエスの語録資料であるＱ資料にこのような比較的長い譬えが含まれていたとは考えにくいことからも、この譬えがＱ資料に由来する蓋然性は高くなく（Sato 1988:22f, 81; ルツ 2004:586; 田川 2011:419）、双方のテキストは原初的には同一の物語に遡るとしても、ルカとマタイはむしろ（Ｑ資料とは異なる）それぞれに固有の特殊資料を用いたと考えるべきであろう（T. W. Manson 1954:313; Crossan 1973:100f; Schneider 1984b:379; Bock 1996:1528f 参照。なお Bovon 2001:290 はルカ版を特殊資料、マタイ版をＱ資料に帰す）。

　以上のことからも、ルカはこの段落を、ルカ特殊資料に由来する伝承資料（12–27 節）に自らが構成した導入句（11 節）を付加し、さらにテキスト全体に適宜編集の手を加えることにより構成し、この文脈に位置づけたのであろう。なお、持てる者と持たざる者に関する格言（26 節; 並行マタ 25:29）は、この譬えの内容に適合していないことから、おそらく二次的に付加されたものであり（Weder 1990:200 に反対）、またそれを導入する 25 節はルカの編集句と考えられる（Schulz 1972:292; Fitzmyer 1985:1232, 1238）。

　この段落の原初形態を再構成するのは至難の業であるが、後代の付加と見なしうる箇所（11–12, 14–15a, 17b, 19b, 25–27 節）を除いたものが、おおよその原初形態に相当するのであろう。また、イエスの再臨を暗示するこの譬えは伝承の古層に遡ると想定され、イエスに遡る可能性も十分に考えられる（ドッド 1964:199; エレミアス 1969:59–62; シュヴァイツァー 1978:651; Weder 1990:202; Bock 1996:1529; ルツ 2004:588; H. Klein 2006:607; 田川 2011:419）。なお、この譬えは元来、思いがけなく裁きの時が訪れることを警告する「危機の譬え」であったと考えられるが（エレミ

アス 1969:63)、再臨遅延を前提にしているルカ版においてはこの点はあまり強調されていない。

【注解】

11 節

　前段末尾の救いの告知（19:9–10）に引き続き、イエスはさらに譬えを語り始める。προσθείς（＜ προστίθημι［さらに～する］）は前段との密接な繋がりを示しており、また「**これらのことを聞いていた**」人々とは、ザアカイの家でイエスの言葉を聞いていた人々（群衆及び敵対者たち）と同定され、弟子たちも含まれていたと考えられる。そして、イエスがこの譬えを語った理由として、旅の目的地であるエルサレムに近づいており、人々は神の国はまもなく現れると期待していたという点が挙げられる。おそらく彼らは、ダビデの場合がそうであったように、「ダビデの子」（18:37–38 参照）であるイエスのエルサレム入城を新しい王の誕生と見なしたのであろう（19:38 参照）。あるいは、「今日、救いがこの家に生じた」と述べる直前のイエスの言葉（19:9）が、彼らの期待を一層高めたのかもしれない（24:21 も参照）。しかしながら、ルカにおいてもエルサレムはイエスが受難と死を経験する場所であり（9:31; 13:32–33; 18:31–33 参照）、それを経ることなくして神の国が到来することはあり得ず（17:25 参照）、そのような誤解を解くためにイエスはこの譬えを語ったのであろう（コンツェルマン 1965:127f 参照。一方で Johnson 1982:145–153 は人々の神の国到来の期待はここでは必ずしも否定的に捉えられていないと主張）。

12 節

　ここから譬えが語り始められるが、これは ἄνθρωπός τις（ある人）によって導入されるルカに特徴的な譬えのなかでも最後のものであり（10:30; 12:16; 14:16; 15:11; 16:1, 19 参照）、さらに、① 主人（王）、② 第一、第二の僕（善い僕）、③ 第三の僕（悪い僕）という三者が中心的な役割を果たす三人格構造をとっている（10:30–35; 15:11–32; 16:19–31; 18:9–14 参照）。この譬えは「**ある身分の高い人**」（ἄνθρωπός τις εὐγενής）が「**王位**」（βασιλεία）を受けるために遠くの国に旅立って行く場面から始まるが、当

時のローマ世界においては、王位に就こうとする者がそれを認証してもら
うためにローマに赴くのは通例のことであった（cf. ヘロデ大王［ヨセフス
『ユダヤ戦記』1:279–285;『ユダヤ古代誌』14:378f, 385］、アルケラオス［同『ユ
ダヤ戦記』2:14, 20;『ユダヤ古代誌』17:208, 222］、アンティパス［同『ユダヤ
古代誌』17:224］、アグリッパ［同『ユダヤ古代誌』18:237］）。また「**遠い国**」
（χώρα μακρά［15:13 参照］）は、その身分の高い人物が旅立ってから戻っ
て来るまでに長期の不在期間が想定されていることを示しており、神の国
を告知するイエスの旅立ち（復活と昇天）から再臨に至るまでの不在期間
を暗示している。なお、マタイ版ではその人物（「ある人」）の旅の目的に
ついては記されていない。

13 節

　その人物（主人）は旅立つ際に十人の僕たちを呼び出して彼らに十ムナ
（すなわち一人一ムナずつ）を与え、彼が帰って来るまでの期間、それを用
いて商売するように命じた。一ムナは百ドラクメ（＝百デナリオン［100 日
分の労働者の賃金］）に相当するが（15:8 参照）、王位を受けるような人物
が僕に与える資金としては比較的少額である（カルペパー 2002:472f; Eckey
2004b:792, 796; ルツ 2004:587 参照）。一方のマタイ版においては、登場す
る僕は最初から三人のみで、ムナではなくタラントン（一タラントン＝
六千デナリオン［約 20 年分の労働者の賃金］）という通貨が用いられ（マタ
18:24 参照）、主人は僕たちの能力に応じて、それぞれ五タラントン、二タ
ラントン、一タラントンを与えているが、これらは逆に異常なまでに高額
であり、誇張表現と考えられる。なお、マタイ版では商売をするようにと
いう具体的な指示は出されていない。

14 節

　ルカ版においてはその直後に、彼を憎んでいた市民たちが、彼が王位を
受けることを阻止するためにその直後に使者を送り、彼が王位に就くこと
を望まない旨を申し立てたという記述が挿入されているが、この記述は前
述したように、アルケラオスがユダヤ統治を裁可してもらうためにローマ
に旅した際、それを阻止するために五十人のユダヤ人使者がローマに赴い
た歴史的事件（ヨセフス『ユダヤ戦記』2:80;『ユダヤ古代誌』17:300 参照）を

思い起こさせる。一部の研究者はこのような類似性から、譬えの中の主人を残忍な王として知られるアルケラオス（ヨセフス『ユダヤ戦記』2:89；『ユダヤ古代誌』17:206–219, 237–239, 313, 342 参照）と同定しようとするが、譬えは本来寓喩（アレゴリー）ではないという意味でも、また、譬えの中心点である留守中に商売を命じられていた僕たちに対する主人の賞罰の記述に関しては特にアルケラオスとの類似点は認められないことからもその蓋然性は高くなく（河野 2020:18–22 参照）、同様に主人をヘロデ・アンティパスと見なす説（河野 2020:22–28）も説得的とは言えないであろう。この譬えの主人はまた、単純にイエス（再臨のキリスト）と同定することもできないが（Green 1997:676；河野 2020:28–30 参照）、この 14 節の記述はイエスの神の国（＝王国）の宣教を拒絶する人々の存在を示唆している。因みにマタイ版においては、主人に対する敵対行動については述べられていないが、その一方で、主人が旅立った後の三人の僕たちの行動について具体的に記されている（マタ 25:16–18）。

15 節

　そのような市民の敵対行動にも拘らず、その後主人は、当初の予定通り、王位を受けて帰還するが、これは終末におけるイエスの再臨を暗示している。そして主人は資金を預けておいた僕たちを呼び出し、それぞれが「**どれだけ商売で儲けたか**」を知ろうとした。ベイリー（2010:619–621）は、διεπραγματεύσαντο（< διαπραγματεύομαι）が「取引する」という意味をもつことから（Bauer 376 参照）、この箇所を「どれほどの仕事が取引されたか」の意で解し、ここでは利益ではなく忠実さに焦点が当てられていると主張しているが（cf. 岩波訳：「どのような〔儲け〕仕事をしたか」、田川訳：「この間どのように（資金を）働かせたか」）、後続の僕たちの返答においては獲得した利益についてのみ述べられていることからも（16, 18 節）、ここでは商売による利益が問題にされていることは明らかであろう。

16–17 節

　そこで「**最初の人**」（ὁ πρῶτος）が主人のもとに来て、預けられた一ムナを用いて十ムナを儲けたことを報告した。注目すべきことに、彼はここで「**あなたの一ムナが十ムナを儲けました**」と、その儲けが彼自身の行動

や姿勢とは全く無関係に、与えられた元金によってもたらされたかのように語っている。それに対して主人は「**よくやった、善い僕だ**」とこの僕を誉め、「**最も小さな事に忠実だった**」（16:10 参照）という理由で、彼に対して十の町を治める権力を持つことを許すが（22:29–30 参照）、これは王位に就いている者にのみ実行可能な行動であり、預けられた少額の資金とは比べものにならないほど大きな報いである。なお、ルカ版の「**善い僕だ**」（ἀγαθὲ δοῦλε）に対して、マタイ版の主人は最初の二人の僕に「**忠実な善い僕だ**」（δοῦλε ἀγαθὲ καὶ πιστέ）と語りかけ、さらに「**お前は僅かな事に忠実だったから、多くの事をお前に任せよう**」と述べて共に喜ぶように促している（マタ 25:21, 23）。

18–19 節

続いて「**二番目の人**」（ὁ δεύτερος）がやって来て、最初の僕と同様、「**あなたの一ムナが五ムナをつくりました**」と報告した。彼に対する主人の誉め言葉はここでは記されていないが、それは彼の儲けが最初の僕より少なかったという理由のためではなく（Zahn 1988:626 に反対）、単に反復を避けるためであろう（Wolter 2008:622）。そして主人は、十ムナの利益に対して十の町を治める権力を与えた最初の僕への報いに準じる形で、五ムナを儲けた彼に対して五つの町を治めることを許した。一方のマタイ版では、最初の二人の僕に預けられた金額（五タラントン、二タラントン）は異なっているが、両者とも当初の資金を倍増させており、主人からの賞賛の言葉も完全に一致している（マタ 25:21, 23）。

20 節

これら二人の僕たちに続いて最後に「**別の人**」（ὁ ἕτερος）について言及されるが、ここでは彼と主人とのやりとりは特に詳細に記されている（20–23 節）。前二者とは異なり、この僕は主人の指示に従って預けられたお金で商売しようとせず、それを「**手ぬぐい**」（σουδάριον［使 19:12 参照]）の中に保管しておいた。このような保管方法についてはラビ文献に典拠が見られるが（Bill. II:252）、安全ではないやり方と見なされており（Bill. I:970f）、むしろマタイ版の三人目の僕がそうしたように、地の中に埋める方が安全だと考えられていた（マタ 25:25）。その意味では、ルカ版の

三人目の僕はそれさえも怠ったことになるが（エレミアス 1969:61; Eckey 2004b:797）、20 キログラムを越える重量のタラントン（黙 16:21 参照）を手ぬぐいに包むのは容易でないためマタイ版では土の中に埋めるという設定に変えられたのかもしれない（Nolland 1993b:915）。ルカ版ではまた、マタイ版とは異なり、「商売しなさい」という主人の指示が記されていることからも（13 節）、この僕が主人の指示に対して不忠実であったことがより明確に示されている。いずれにせよ、ルカはここで、イエスの昇天から再臨までの期間、自らに与えられた賜物を用いようとしなかった弟子たちのことを暗示しているのであろう。因みにヘブル人福音書 11 においては、主人の財産を娼婦や笛吹き女のために使い果たした僕、利益を数倍にした僕、タラントンを隠しておいた僕の三人が登場し、その結果、一人は受け入れられ、一人は叱責され、一人は投獄されたと記されている（エレミアス 1969:58; マリーナ／ロアボー 2001:447f; 山口 2014:72 も参照）。

21 節

　そして、この僕はそのように振る舞った理由として、主人は預けなかったものを取り立て、まかなかったものを刈り取る「**厳しい**」（αὐστηρός [cf. マタ 25:24：σκληρός]）人物なので主人のことが「**恐ろしかった**」ためと述べているが、具体的には商売に失敗して資金を失い、主人に厳しく罰せられるリスクを恐れていたのであろう（Wolter 2008:623）。この「預けなかったものを取り立て、まかなかったものを刈り取る」という表現は、他人の財産に不当に干渉しようとする利己的な振る舞いや搾取を意味する格言であり（プラトン『法律』913c; ヨセフス『アピオーンへの反論』2:216 参照）、その意味ではこの僕は、主人が「**恐ろしかった**」と述べる一方で主人の強欲さを暗に非難し、責任を主人に転嫁して自己弁護しようとしているとも考えられる。なおマタイ版では「預けなかったものを取り立てる」というルカ版の格言の前半部が欠けている一方で、ルカ版に並行する「まかなかったところから刈り取る」の直後に「散らさなかったところからかき集める」という言葉が続いており、農耕に関わる二重の隠喩が記されている（マタ 25:24, 26）。

22-23 節

三人目の僕の弁明を聞いて、主人は彼に「**お前の口（言葉）に従ってお前を裁こう。悪い僕だ**」と語る（λέγει ＝歴史的現在）。「**お前の口（言葉）に従って**」（ヨブ 15:6 参照）は、その僕の言い分に基づいてという意味であり、ここで主人は、自分が厳しい人間だと知っていたなら、どうしてその金を「**両替屋**」（τράπεζα）に預けなかったのかと叱責している。そうしておけば、少なくとも利子は受け取れたはずだというのである。その意味でも、この僕が「**悪い僕**」と見なされ、裁かれたのは、主人を強欲で厳しい人物だ（その真意は不明）と発言したためではなく、彼の発言に一貫性がなかったためである（H. Klein 2006:610; Wolter 2008:623; ベイリー 2010:625）。一部の研究者はここに貧者への施しや教会指導者に対する献金の勧告を見ようとするが（Schneider 1984b:382; Eckey 2004b:798）、推測の域を出ない。なお、ルカ版の「**悪い僕だ**」（πονηρὲ δοῦλε）に対してマタイ版では「**悪い怠惰な僕だ**」（πονηρὲ δοῦλε καὶ ὀκνηρέ）と表現されている（マタ 25:26）。

24 節

さらに主人は、この僕からその一ムナを取り上げて、それを十ムナ（厳密には十一ムナ？）持っている最初の僕に与えるように「**そばに立っていた人々**」に命じる。この「**そばに立っていた人々**」は、おそらく王の随員を指しているのであろう。

25 節

すると彼らは主人に、第一の僕はすでに十ムナ持っていると主人の指示に疑義を呈する。この記述はマタイ版には見られず、後代の付加と見なされるが、すでに第一の僕が十の町を治める権利を与えられている状況を勘案するなら、彼が十ムナを持っていることだけが特に問題にされるのは不自然に感じられ、おそらくそのために一部の写本（D, W 他）ではこの節は省かれているのであろう。

26 節

それに対して主人は「**誰でも持っている人には〔さらに〕与えられる**

が、持っていない人からは持っているものまで取り上げられる」（並行マタ 25:29; さらにマコ 4:25 // マタ 13:12 // ルカ 8:18; トマス福 41 参照）と、持てる者と持たざる者の格差がどんどん拡大していく状況を示す格言を語る。ルカ福音書においては、これまでも社会的境遇の逆転を示す言葉がしばしば語られてきただけに（1:51–53; 6:20–26; 16:19–31 参照）、この発言は注目に値する。この格言は譬えの文脈に必ずしも即していないが、いずれにせよ、ここでは文字通りに経済格差の拡大について述べられているのではなく、δοθήσεται（与えられる）及び ἀρθήσεται（取り上げられる）という神的受動が用いられていることからもうかがえるように、神から与えられた賜物を十分に活用した者には大きな報い（使命）が与えられるのに対し、それを活用しなかった者はすべてを失うことが示されているのであろう。なお、26 節冒頭には「彼は言った」に相当する表現が欠如しているが、このことは直前の 25 節が二次的に付加されたことを示唆している。なお、ここでは「**私はあなたたちに言っておく**」（λέγω ὑμῖν）というイエスに特徴的な語り出しの表現（14:24; 16:9; 18:8 参照）が用いられていることから、一部の研究者はこの発言は譬えの中の主人ではなくイエスによるものと解している（Grundmann 1961:365; Marshall 1995:708; Löning 2006:197f）。しかしながら、確かにこの格言は他の箇所ではイエスの言葉として伝えられているが、語り手が主人からイエスに変更したことはどこにも示されていないことからも、それは考えにくいであろう。

27 節

ルカに特徴的な πλήν（しかし）という語に続く段落末尾の言葉においては、突然 14 節で言及されていた敵対者のことが話題となり、王位継承の主題に戻っている。ここで主人は、彼が王位に就くことを望まず、妨害しようとした「**敵ども**」（ユダヤ人）を連行し、自分の目の前で打ち殺すように命じているが、支配者の目前でこのような殺戮が行われることは頻繁に起こり得たと想定される（サム上 15:33; 黙 14:10; ヨセフス『ユダヤ古代誌』13:380 参照）。もっともルカはこの箇所を寓喩的に表現しており、この敵対者たちは、イエスを拒絶し、彼による神の国の告知を受け入れようとしなかった一部のユダヤ人と関連づけられているのであろう。その意味では、ここでは終末時の裁きが警告されているのみならず、ユダヤ人への

裁きとしての紀元70年のエルサレムの破壊（cf. 19:41–44）も示唆されていると考えられる（Wolter 2008:624 はこの見解に否定的）。なおマタイ版では、ルカ版とは異なり、主人は三人目の僕を外の闇に放り出すように指示し、そこには嘆きと歯ぎしりがあるだろうと述べている（マタ 25:30; さらに同 22:13 も参照）。

【解説／考察】

　ルカの旅行記を締めくくるこの譬えは、この旅行記におけるイエスの教えを総括し、エルサレムへの旅の本質を指し示すと共に、その目的に関する誤解を正す機能を果たしている。すなわち、エルサレムは何よりイエスの受難と十字架による死、そして復活及び昇天の場所であり、それらの出来事によって即座に神の国が到来するわけではなく、主の再臨の時に至るまでにはなおしばらく時間を要することになる。それゆえ、イエスの再臨に至るまでの期間、その時を待望しつつ、怠ることなく委ねられた任務を忠実に果たすことが求められ、終末の到来（主の再臨）を拙速に期待するのでなく、待望しつつそれに備えるように要求されている。

　その一方で一部の研究者は、この譬えが再臨遅延の状況を示しているという理解に懐疑的である（Johnson 1982:143f; Nolland 1993b:913; Denaux 2002:46–49; Löning 2006:194; Wolter 2008:617f）。確かに、ルカのテキストは「遅延」に直接言及していないが、神の国はすぐには到来せず、イエスの受難と死、復活と昇天というプロセスを経た後に主は再臨することを示唆しているという意味でも、この譬えは神の国の到来への性急な待望を抑制しようとしており、イエスの死後、半世紀を経た時代に生きているルカの読者には、この譬えが性急な再臨待望を抑制するものとして受け取られたと考えられる。

　ルカ版の譬えにおいてはまた、イエスの敵対者たちの存在が強調されており、彼らは最終的に裁かれる運命にあることが明言されているが、この点は何より、彼らの殺害命令によってルカの旅行記全体が結ばれていることにも示されている。このように、この譬えが非常に残忍な殺害の指示で結ばれている点は違和感があるが、性急な終末待望が退けられる一方で、終末そのものの深刻さが現実のものとして示されている。

なお、この譬えにおいては、与えられた資金をもとに限られた期間内に商売して多くの利益を上げた僕たちが賞賛されており、その意味ではこの譬えのストーリーそのものは、事業に成功して富を築き上げる者が賞賛され、そうでない者は負け組として切り捨てられているという現代の世相の一面を映し出しているようにも考えられる。そしてこの印象は、「持っている人には〔さらに〕与えられるが、持っていない人からは持っているものまで取り上げられる」という経済格差の拡大を是認するかのような言葉によって、さらに強められるかもしれない。

しかしながら、この譬えが文字通りにこの世の富や商売について語っているのではないことは、この譬えにおいては商売に失敗するリスクははじめからなかったかのように記されていることからも明らかであろう。すなわち、問題となるのは商売に成功するかどうかではなく、今行動するかどうかなのであり、だからこそ、主人の指示に従わず、預けられた資金をそのまま眠らせておいた僕は厳しく叱責されたのである。マタイ版で用いられているタラントン（τάλαντον）は後に「才能、賜物」の意味を獲得するようになるが、まさに私たちもそれぞれに与えられている「才能、賜物」を今、十分に活用することが求められている。

因みに近年では、この譬えをエリート（資本主義）の観点からではなく農民（庶民）の観点から読み解こうと試み、譬えの中の主人（王）を否定的に、第三の僕を肯定的に捉えようとする傾向も見られるが（マリーナ／ロアボー 2001:447f; カルペパー 2002:475f; Levine/Witherington 2018:515f; さらに山口 2014:75–91; 河野 2020:30 も参照）、少なくともルカの譬えの文脈においてはそのような理解は難しいであろう。

参考文献

聖書

Aland, K et al (Hg) 2012. *Novum Testamentum Graece*. 28. Aufl. Stuttgart: Deutsche Bibelgesellschaft.

Aland, K et al (eds) 2014. *The Greek New Testament*. 5th ed. Stuttgart: Deutsche Bibelgesellschaft / London: United Bible Societies.

Aland, K (Hg) 2007. *Synopsis Quattuor Evangeliorum*. 15. Aufl. Stuttgart: Deutsche Bibelgesellschaft.

Elliger, K & Rudolph, W (Hg) 1990. *Biblia Hebraica Stuttgartensia*. Editio funditus renovata. 4. Aufl. Stuttgart: Deutsche Bibelgesellschaft.

Rahlfs, A & Hanhart, R (Hg) 2006. *Septuaginta*. Editio altera. Stuttgart: Deutsche Bibelgesellschaft.

アーラント、K（ギリシア語版監修）、荒井献／川島貞雄（日本語版監修）2000. 『四福音書対観表——ギリシア語－日本語版』日本キリスト教団出版局。

日本聖書協会 1955. 『聖書　口語訳』［口語訳］。

日本聖書協会 1987. 『聖書　新共同訳』［新共同訳］。

日本聖書協会 2018. 『聖書　聖書協会共同訳』［協会共同訳］。

日本聖書刊行会 2003. 『聖書　新改訳』（第 3 版）［新改訳］。

新日本聖書刊行会 2017. 『聖書　新改訳 2017』［新改訳 2017］。

フランシスコ会聖書研究所（訳注）2011. 『新約聖書　原文校訂による口語訳』サンパウロ［フランシスコ会訳］。

新約聖書翻訳委員会（訳）2023. 『新約聖書』（改訂新版）岩波書店［岩波訳］。

田川建三（訳）2018. 『新約聖書　本文の訳』作品社［田川訳］。

岩隈直（訳）1983. 『福音書』山本書店［岩隈訳］。

その他の一次文献

Lindemann, A & Paulsen, H (Hg) 1992. *Die Apostolischen Väter*. Griechisch-deutsche Parallelausgabe auf der Grundlage der Ausgaben von Franz Xaver Funk/Karl Bihlmeyer und Molly Whittaker, mit Übersetzungen von M. Dibelius und D.-A. Koch. Tübingen: Mohr Siebeck.

Lohse, E (Hg) 2001. *Die Texte aus Qumran. Hebräisch und Deutsch*. 4. Aufl. Darmstadt: Wissenschaftliche Buchgesellschaft.

Strack, H & Billerbeck P 1922–28. *Kommentar zum Neuen Testament aus Talmud und Midrasch*, I–VI. München: C. H. Beck. ［Bill.］

荒井献（編）1997.『新約聖書外典』講談社文芸文庫。

荒井献（編）1998.『使徒教父文書』講談社文芸文庫。

荒井献／大貫隆（編）1997–98.『ナグ・ハマディ文書——グノーシスの神話』
　　Ⅰ–Ⅳ、岩波書店。

大貫隆／筒井賢治（編訳）2013.『新約聖書・ヘレニズム原典資料集』東京大学
　　出版会。

日本聖書学研究所（編）1975–82.『聖書外典偽典』1–7、別巻1–2、教文館。

日本聖書学研究所（編）[1963] 1999.『死海文書——テキストの翻訳と解説』山
　　本書店。

蛭沼寿雄／秀村欣二／新見宏／荒井献／加納政弘 1976.『原典新約時代史——ギ
　　リシャ、ローマ、エジプト、ユダヤの資料による』山本書店。

内田次信（訳）1999.『ルキアノス選集』（叢書アレクサンドリア図書館第8巻）、
　　国文社。

辞典類

Bauer, W 1988. *Griechisch-deutsches Wörterbuch zu den Schriften des Neuen Testaments und der frühchristlichen Literatur*, hrsg. von K. Aland und B. Aland. 6. Aufl. Berlin/New York, NY: Walter de Gruyter.［Bauer］

Blass, F & Debrunner, A 1990. *Grammatik des neutestamentlichen Griechisch*, bearbeitet von F. Rehkopf. 17. Aufl. Göttingen: Vandenhoeck & Ruprecht. ［BDR］

Institut für neutestamentliche Textforschung und vom Rechenzentrum der Universität Münster (Hg) 1987. *Konkordanz zum Novum Testamentum Graece. Von Nestle-Aland, 26. Auflage und zum Greek New Testament*, 3. Aufl. Berlin/ New York, NY: Walter de Gruyter.

Kittel, G et al (Hg) 1932ff. *Theologisches Wörterbuch zum Neuen Testament*, 10 Bde. Stuttgart: Kohlhammer.［*ThWNT*］

Liddell, H G, Scott, R & Jones, H S 1996. *A Greek-English Lexicon*. 9th ed. Oxford: Clarendon Press.

バルツ, H／シュナイダー, G（編）1993–95.『ギリシア語新約聖書釈義事典』
　　全3巻、荒井献／マルクス, H J（監修）、教文館、原著1980–1983。

樋口進／中野実監修 2008.『聖書学用語辞典』日本キリスト教団出版局。

ルカ福音書の注解書

Bock, D L 1996. *Luke*, Vol. 2: 9:51–24:53. (ECNT) Grand Rapids: Baker.

Bovon, F 1996. *Das Evangelium nach Lukas*, II (Lk 9,51–14,35). (EKK III/2) Zürich/Düsseldorf/Neukirchen-Vluyn: Benziger/Neukirchener.

Bovon, F 2001. *Das Evangelium nach Lukas*, III (Lk 15,1–19,27). (EKK III/3) Düsseldorf/Zürich/Neukirchen-Vluyn: Benziger/Neukirchener.

Creed, J M [1930] 1953. *The Gospel according to St. Luke: The Greek Introduction, Notes, and Indices*. London: Macmillan.

Eckey, W 2004a. *Das Lukasevangelium. Unter Berücksichtigung seiner Parallelen, I (1,1–10,42)*. Neukirchen-Vluyn: Neukirchener.

Eckey, W 2004b. *Das Lukasevangelium. Unter Berücksichtigung seiner Parallelen, II (11,1–24,53)*. Neukirchen-Vluyn: Neukirchener.

Ellis, E E [1966] 1987. *The Gospel of Luke*. (NCBC) Grand Rapids: Eerdmans.

Ernst, J 1977. *Das Evangelium nach Lukas*. (RNT) Regensburg: Pustet.

Evans, C F 1990. *Saint Luke*. (TPI) London/Philadelphia: SCM/Trinity.

Fitzmyer, J A [1981] 1983. *The Gospel according to Luke I–IX*. (AB 28) New York: Doubleday.

Fitzmyer, J A 1985. *The Gospel according to Luke X–XXIV*. (AB 28A) New York: Doubleday.

Green, J B 1997. *The Gospel of Luke*. (NICNT) Grand Rapids: Eerdmans.

Grundmann, W 1961. *Das Evangelium nach Lukas*. (ThHK 3) Berlin: Evangelische Verlaganstalt.

Johnson, L T 1991. *The Gospel of Luke*. (Sacra Pagina Series 3) Minnesota: Liturgical.

Klein, H 2006. *Das Lukasevangelium*. (KEK) Göttingen: Vandenhoeck & Ruprecht.

Klostermann, E [1929] 1975. *Das Lukasevangelium*. (HNT 5) Tübingen: J. C. B. Mohr.

Kremer, J 1988. *Lukasevangelium*. (NEB 3) Würzburg: Echter.

Lagrange, M -J [1921] 1927. *Évangile selon Saint Luc*. (EtB) Paris: Gabalda.

Levine, A -J & Witherington III, B 2018. *The Gospel of Luke*. (NCBC) Cambridge: University Press.

Loisy, A 1924. *L'évangile selon Luc*. Paris: E. Nourry.

Löning, K 2006. *Das Geschichtswerk des Lukas, II: Der Weg Jesu*. (Kohlhammer Urban-Taschenbücher 456) Stuttgart: Kohlhammer.

Manson, W 1930. *The Gospel of Luke*. (Moffatt NTC) London: Hodder & Stoughton.

Marshall, I H [1978] 1995. *The Gospel of Luke: A Commentary on the Greek Text*. (NIGTC) Grand Rapids: Eerdmans.

Müller, P -G 1984. *Lukas-Evangelium*. (SKK NT 3) Stuttgart: Kath. Bibelwerk.

Nolland, J 1993a. *Luke 9:21–18:34*. (WBC 35B) Dallas: Word.

Nolland, J 1993b. *Luke 18:35–24:53*. (WBC 35C) Dallas: Word.

Petzke, G 1990. *Das Sondergut des Evangeliums nach Lukas*. (ZKB) Zürich: Theologischer Verlag.

Plummer, A [1922] 1989. *Critical and Exegetical Commentary on the Gospel according to St. Luke*. (ICC) Edinburgh: T & T Clark.

Schlatter, A [1931] 1975. *Das Evangelium nach Lukas aus seinen Quellen erklärt*. Stuttgart: Calwer.

Schmithals, W 1980. *Das Evangelium nach Lukas*. (ZBK 3.1) Zürich: Theologischer Verlag.

Schneider, G [1977] 1984a. *Das Evangelium nach Lukas, I*. (ÖTK 3/1) Gütersloh: Mohn.

Schneider, G 1984b. *Das Evangelium nach Lukas, II*. (ÖTK 3/2) Gütersloh: Mohn.

Schürmann, H 1994. *Das Lukasevanglium, II/1*. (HThK III/2/1) Freiburg/Basel/ Wien: Herder.

Schweizer, E [1982] 1986. *Das Evangelium nach Lukas*. (NTD 3) Göttingen: Vandenhoeck & Ruprecht.

Spencer, F S 2019. *Luke*. (THNTC) Grand Rapids: Eerdmans.

Stöger, A 1990. *Das Evangelium nach Lukas, I*. (Geistliche Schriftlesung 3/1) Düsseldorf: Patmos.

Talbert, C H 2002. *Reading Luke: A Literary and Theological Commentary on the Third Gospel*. Georgia: Smyth & Helwys.

Tannehill, R C 1986. *The Narrative Unity of Luke-Acts: A Literary Interpretation, vol. 1: The Gospel according to Luke*. Philadelphia: Fortress.

Wellhausen, J 1904. *Das Evangelium Lucae, übersetzt und erklärt*. Berlin: Georg Reimer.

Wiefel, W 1988. *Das Evangelium nach Lukas*. (ThHK 3) Berlin: Evangelische Verlaganstalt.

Wolter, M 2008. *Das Lukasevangelium*. (HNT 5) Tübingen: Mohr Siebeck.

Zahn, T [1920] 1988. *Das Evangelium des Lucas*. (KNT 3) Leipzig/Erlangen: Deichert.

カルペパー, R A 2002.『ルカによる福音書』（NIB 新約聖書注解 4）太田修司訳、

ATD・NTD 聖書註解刊行会、原著 1995。

シュラッター, A 1976.『ルカによる福音書』（シュラッター新約聖書講解 3）登家勝也訳、蓮見和男監修、新教出版社、原著 1961。

クラドック, F B 1997.『ルカによる福音書』（現代聖書注解）宮本あかり訳、日本キリスト教団出版局、原著 1990。

ケアード, G B 2001.『ルカによる福音書註解』藤崎修訳、教文館、原著 1963。

三好迪 1991.「ルカによる福音書」高橋虔他監修『新共同訳　新約聖書注解 I』日本キリスト教団出版局、260–391。

モリス, L 2014.『ルカの福音書』（ティンダル聖書註解）岡本昭世訳、いのちのことば社、原著 1974。

レングストルフ, K H 1976.『ルカによる福音書』（NTD 新約聖書註解 3）泉治典／渋谷浩訳、ATD・NTD 新約聖書註解刊行会、原著 1968。

その他の二次文献

Bailey, K E 1976. *Poet & Peasant: A Literary-Cultural Approach to the Parables in Luke*. Grand Rapids: Eerdmans.

Bailey, K E 1980. *Through Peasant Eyes: More Lukas Parables, Their Culture and Style*. Grand Rapids: Eerdmans.

Bauckham, R 1991. The Rich Man and Lazarus: The Parable and the Parallels. *NTS* 37, 225–246.

Beavis, M A 1992. Ancient Slavery as an Interpretive Context for the New Testament Servant Parables with Special Reference to the Unjust Steward (LUKE 16:1–8). *JBL* 111/1, 37–54.

Beavis, M A 1997. The Foolish Landowner (Luke 12,16b–20). The Parable of the Rich Fool, in V. G. Shillington (ed), *Jesus and his Parables. Interpreting the Parables of Jesus Today*. Edinburgh: T & T Clark, 55–68.

Berger, K 1972. *Die Gesetzesauslegung Jesu. Ihr historischer Hintergrund im Judentum und im Alten Testament, Teil I: Markus und Parallelen*. (WMANT 40), Neukirchen-Vluyn: Neukirchener.

Betz, H D 1971. The Cleasing of the Lepers (Luke 17:11–19). *JBL* 90, 314–328.

Biberstein, S 1998. *Verschwiegene Jünderinnen – vergessene Zeuginnen. Gebrochene Konzepte im Lukasevangelium*. (NTOA 38) Freiburg: Universitätverlag/Göttingen: Vandenhoeck & Ruprecht.

Binder, H 1959. Das Gleichnis vom barmherzigen Samariter. *TZ* 15, 176–194.

Binder, H 1988. *Das Gleichnis von dem Richter und der Witwe. Lk 18,1–8.*

Neukirchen-Vluyn: Neukirchener.

Black, M [1946] 1967. *An Aramaic Approach to the Gospels and Acts*. Oxford: Clarendon.

Black, M 1990. The Aramaic Dimension in Q with Notes on Luke 17.22 and Matthew 24.26 (Luke 17.23). *JSNT* 40, 33–41.

Blinzler, J 1958. Die Niedermetzelung von Galiläern durch Pilatus. *NT* 2, 24–49.

Blomberg, C L 1984. The Law in Luke-Acts. *JSNT* 22, 53–80.

Bockmuehl, M 1998. 'Let the Dead Bury their Dead' (Mt 8,22 / Lk 9,60): Jesus and the Halakhah. *JTS* 49, 553–581.

Bolyki, J 1998. *Jesu Tischgemeinschaften*. (WUNT II/96) Tübingen: Mohr Siebeck.

Bornkamm, G 1960. Enderwartung und Kirche im Matthäusevangelium, in ders. u.a., *Überlieferung und Auslegung im Matthäusevangelium*. (WMANT 1) Neukirchen Kreis Moers: Neukirchener, 13–47.

Bösen, W 1980. *Jesusmahl, Eucharistisches Mahl, Endzeitmahl. Ein Beitrag zur Theologie des Lukas*. (SBS 97) Stuttgart: Kath. Bibelwerk.

Bovon, F 1985. *Lukas in neuer Sicht*, tr by E Hartmann, A Frey & P Strauss. (BThSt 8) Neukirchen-Vluyn: Neukirchener.

Braumann, G (Hg) 1974. *Das Lukas-Evangelium. Die Redaktions- und Kompositionsgeschichtliche Forschung*. Darmstadt: Wissenschaftliche Buchgesellschaft.

Braun, H 1957. *Spätjüdisch-häretischer und frühchristlicher Radikalismus. Jesus von Nazareth und die essenische Qumransekte. Teil II: Die Synoptiker*. (BHTh 24) Tübingen: J. C. B. Mohr.

Braun, W 1995. *Feasting and Social Rhetoric in Luke 14*. (MSSNTS 85) Cambridge: University Press.

Bredenhof, R 2019. *Failure and Prospect. Lazarus and the Rich Man (Luke 16:19–31) in Luke-Acts*. (JNTS 603) Bloomsbury: T & T Clark.

Brodie, T L 1989. Luke 9,57–62: A Systematic Adaptation of the Divine Challenge to Elijah (1 Kings 19). *SBL.SP*, 237–245.

Broer, I 1973/74. Das Gleichnis vom verlorenen Sohn und die Theologie des Lukas. *NTS* 20, 453–462.

Brown, R E [1977] 1993. *The Birth of the Messiah: A Commentary on the Infancy Narratives in the Gospels of Matthew and Luke*. London: Geoffrey Chapman.

Brown, R E, Donfried, K P, Fitzmyer, J A & Reumann, J (eds) 1978. *Mary in the New Testament: A Collaborative Assessment by Protestant and Roman Catholic Scholars*. Philadelphia: Fortress.

Brutscheck, J 1986. *Die Maria-Marta-Erzählung. Eine redaktionskritische Untersuchung zu Lk 10,38–42*. (Bonner Biblische Beiträge 64) Frankfurt am Main/Bonn: Peter Hanstein.

Bultmann, R 1942. Art. μεριμνάω κτλ., *ThWNT* IV:596.

Burger, C 1970. *Jesus als Davidssohn. Eine traditionsgeschichtliche Untersuchung*. Göttingen: Vandenhoeck & Ruprecht.

Busse, U [1977] 1979. *Die Wunder des Propheten Jesus. Die Rezeption, Komposition und Interpretation der Wundertradition im Evangelium des Lukas*. (FB 24) Stuttgart: Kath. Bibelwerk.

Busse, U 1998. Dechiffrierung eines lukanischen Schlüsseltextes (Lk 19,11–27), in Hoppe, R & Busse, U (Hg), *Von Jesus zum Christus. Christologische Studien* (FS P. Hoffmann zum 65. Geburtstag). Berlin/New York: Walter de Gruyter, 423–441.

Cadbury, H J 1920. *The Style and Literary Method of Luke*. (Harvard Theological Studies VI) Cambridge: Harvard University.

Casey, M 1958. The Jackals and the Son of Man (Mt 8,20 / Lk 9,58). *JSNT* 23, 3–22.

Catchpole, D R 1977. The Son of Man's Search for Faith (Luke XVIII 8b). *NT* 19, 81–104.

Catchpole, D R 1983. Q and 'The Friend at Midnight' (Luke XI 5–8/9). *JTS* 34, 407–424.

Catchpole, D R 1991. The Mission Charge in Q. *Semeia* 55, 147–174.

Cave, C H 1968/69. Lazarus and the Lukan Deuteronomy. *NTS* 15, 319–325.

Colella, P 1973. Miszellen. Zu Lk 16$_7$. *ZNW* 64, 124–126.

Colpe, C 1970. Der Spruch von der Lästerung des Geistes, in Lohse, E (Hg), *Der Ruf Jesu und die Antwort der Gemeinde*. Göttingen: Vandenhoeck & Ruprecht, 63–79.

Crossan, J D 1971/72. Parable and Example in the Teaching of Jesus. *NTS* 18, 285–307

Crossan, J D 1973. *In Parables. The Challenge of the Historical Jesus*. New York: Harper & Row.

Cullmann, O 1948. *Die Tauflehre des Neuen Testaments*. Zwingli-Verlag: Zürich.

Cullmann, O [1956] 1961. *Der Staat im Neuen Testament*. Tübingen: J. C. B. Mohr (Paul Siebeck).

Davies, W D & Allison, D C 1991. *A Critical Exegetical Commentary on the Gospel according to St. Matthew*, II. (ICC) Edinburgh: T & T Clark.

Delling, G 1959. Art. πλεονέκτης κτλ., *ThWNT* VI:270.

Denaux, A [1973] 1989. L'hypocrisie des Pharisien et le dessein de Dieu: Analyse de Lc., XIII, 31–33, in Neirynck, F (ed), *L'Évangile de Luc − The Gospel of Luke. Revised and Enlarged Edition of «L'Évangile de Luc: Problèmes littéraires et théologiques»*. (BETL 32) Leuven: University Press / Peeters, 245–285.

Denaux, A 2002. The Parable of the King-Judge (Lk 19,12–28) and its Relation to the Entry Story (Lk 19,29–44). *ZNW* 93, 35–57.

Degenhardt, H -J 1965. *Lukas − Evangelist der Armen. Besitz und Besitzverzicht in den lukanischen Schriften. Eine traditions- und redaktionsgeschichtliche Untersuchung*. Stuttgart: Kath. Bibelwerk.

Derrett, J D M 1960/61a. Fresh Light on St Luke XVI. I. The Parable of the Unjust Steward. *NTS* 7, 198–219 (=ders., 1970:48–77).

Derrett, J D M 1960/61b. Fresh Light on St Luke XVI. II. Dives and Lazarus and the Preceding Sayings. *NTS* 7, 364–380 (=ders., 1970:78–99).

Derrett, J D M 1970. *Law in the New Testament*. London: Darton, Longman, and Todd.

Derrett, J D M 1977a. The Rich Fool: A Parable of Jesus Concerning Inheritance. *HeyJ* 18, 131–151.

Derrett, J D M 1977b. Nisi dominus aedificaverit domum: Towers and Wars (Lk XIV 28–32). *NT* 19, 241–261.

Descamps, A 1956. La composition littéraire de Luc XVI 9–13. *NT* 1, 47–53.

Dinkler, E 1967. Jesu Wort vom Kreuztragen, in ders., *Signum crucis. Aufsätze zum Neuen Testament und zur Christlichen Archäologie*. Tübingen: J. C. B. Mohr (Paul Siebeck), 77–98.

Donahue, J R 1988. *The Gospel in Parable. Metaphor, Narrative and Theology in the Synoptic Gospels*. Philadelphia: Fortress.

Downing, F G 1992. The Ambiguity of "The Pharisee and the Toll-Collector" (Luke 18:9–14) in the Greco-Roman World of Late Antiquity. *CBQ* 54, 80–99.

Drexler, H 1967. Miszellen: Zu Lukas 16_{1-7}. *ZNW* 58, 286–288.

Dupont, J 1971. Renoncer à tous ses biens (Lc 14,33). *NRTh* 93, 561–582.

Dupont, J 1973. *Les Béatitudes*, III. (EtB) Paris: Gabalda.

Dupont, J 1991. Le riche publicain Zachée est aussi un fils d'Abraham (Luc 19,1–10), in Bussmann, C & Radl, W (Hg), *Der Treue Gottes trauen*. Freiburg: Herder, 265–276.

Eichholz, G 1979. *Gleichnisse der Evangelien. Form, Überlieferung, Auslegung*. Neukirchen-Vluyn: Neukirchener.

Ellis, E E 1969. Die Funktion der Eschatologie im Lukasevangelium. *ZTK* 66, 387–402.

Ennulat, A 1994. *Die ›Minor Agreements‹. Untersuchungen zu einer offenen Frage des synoptischen Problems*. (WUNT 62) Tübingen: J. C. B. Mohr.

Erlemann, K 1999. *Gleichnisauslegung. Ein Lehr- und Arbeitsbuch*. (UTB 2039) Tübingen, Basel: Francke.

Ernst, J [1985] 1978. Gastmahlgespräche: Lk 14,1–24, in Schnackenburg, R u.a. (Hg), *Die Kirche des Anfangs* (FS H. Schürmann). Freiburg/Basel/Wien: Herder, 57–78.

Ernst, J 1991. *Lukas. Ein theologisches Portrait*. Düsseldorf: Patmos.

Esler, P F 1987. *Community and Gospel in Luke-Acts. The Social and Political Motivations of Lucan Theology*. (MSSNTS 57) Cambridge: University Press.

Farmer, W R 1961/62. Notes on a Literary and Form-Critical Analysis of Some of the Synoptic Material Peculiar to Luke. *NTS* 8, 301–316.

Feldkämper, L 1978. *Der betende Jesus als Heilsmittler nach Lukas*. St. Augustin: Steyler.

Fitzmyer, J A 1964. The Story of the Dishonest Manager (Lk 16,1–13). *TS* 25, 23–42.

Fletcher, D R 1963. The Riddle of the Unjust Steward: Is Irony the Key? *JBL* 82, 15–30.

Foerster, W 1935. Art. εἰρήνη, *ThWNT* II:410.

Förster, N 2007. *Das gemeinschaftliche Gebet in der Sicht des Lukas*. (Biblical Tools and Studies 4) Leuven: Peeters.

Fowl, S 1993. Receiving the Kingdom of God as a Child: Children and Riches in Luke 18:15ff. *NTS* 39, 153–158.

Frauenlob, T 2015. *Die Gestalt der Zwölf-Apostel im Lukasevangelium. Israel, Jesus und die Zwölf-Apostel im ersten Teil des lukanischen Doppelwerks*. (FB 131) Würzburg: Echter.

Freed, E D 1987. The Parable of the Judge and the Widow (Luke 18.1–8). *NTS* 33, 38–60.

Fuchs, E 1960. *Zur Frage nach dem historischen Jesus.* Tübingen: J. C. B. Mohr (Paul Siebeck).

Funk, R 1974. The Good Samaritan as Metaphor. *Semeia* 2, 74–81.

Gillmann, J 1991. *Possessions and the Life of Faith. A Reading of Luke-Acts.* Minnesota: Liturgical.

Glombitza, O 1970. Der reiche Mann und der arme Lazarus. Luk. XVI 19–31. Zur Frage der Botschaft des Textes. *NT* 12, 166–180.

Glombitza, O 1971. Die christologische Aussage des Lukas in seiner Gestaltung der drei Nachfolgeworte Lukas IX 57–62. *NT* 13, 14–23.

Gnilka, J 1986. *Das Matthäusevangelium, I/1.* (HThK I/1) Freiburg/Basel/Wien: Herder.

Gressmann, H 1918. *Vom reichen Mann und armen Lazarus. Eine Literargeschichtliche Studie.* (APAW.PH 7) Berlin: Königliche Akademie der Wissenschaften.

Haenchen, E 1951. Matthäus 23. *ZTK* 48, 38–63.

Haenchen, E [1966] 1968. *Der Weg Jesu. Eine Erklärung des Markus-Evangeliums und der kanonischen Parallelen.* Berlin: Walter de Gruyer.

Hahn, F 1973. Die Worte vom Licht Lk 11:33–36, in Hoffmann, P et al (Hg), *Orientierung an Jesus. Zur Theologie der Synoptiker.* Freiburg, Basel, Wien: Herder, 107–138.

Hahn, F [1963] 1995. *Christologische Hoheitstitel. Ihre Geschichte im frühen Christentum.* (UTB 1873) Göttingen: Vandenhoeck & Ruprecht.

Hamm, D 1988. Luke 19:8. Once Again: Does Zacchaeus Defend or Resolve? *JBL* 107, 431–437.

Hamm, M D 1987. The Freeing of the Bent Woman and the Restoration of Israel: Luke 13,10–17 as Narrative Theology. *JSNT* 31, 23–44.

Hauck, F 1942. Art. Μαμμωνᾶς, *ThWNT* IV, 390–392.

Hays, C M 2010. *Luke's Wealth Ethics. A Study in Their Coherence and Character.* (WUNT. II/275) Tübingen: Mohr Siebeck.

Heil, C 2003. *Lukas und Q. Studien zur lukanischen Redaktion des Spruchevangeliums Q.* (BZNW 111) Berlin/New York: Walter de Gruyter.

Heininger, B 1991. *Metaphorik, Erzählstruktur und szenisch-dramatische Gestaltung in den Sondergutgleichnissen bei Lukas.* (NTA NF 24) Münster: Aschendorff.

Hengel, M 1968. *Nachfolge und Charisma. Eine exegetisch-religionsgeschichtliche Studie zu Mt 8,21f. und Jesu Ruf in die Nachfolge.* (BZNW 34) Berlin: Alfred Töpelmann.

Herrenbrück, F 1990. *Jesus und die Zöllner. Historische und neutestamentlich-exegetische Untersuchungen.* (WUNT II/42) Tübingen: Mohr Siebeck.

Hiers, R H 1970. Friends by Unrighteous Mammon: The Eschatological Proletariat (Luke 16:9). *JAAR* 38, 30–36.

Hock, R N 1987. Lazarus and Micyllus: Greco-Roman Backgrounds to Luke 16:19–31. *JBL* 106/3, 447–463.

Hoffmann, P 1972. *Studien zur Theologie der Logienquelle.* (NTA NF 8) Münster: Aschendorff.

Hommel, H 1966. Herrenworte im Lichte sokratischer Überlieferung. *ZNW* 57, 1–23.

Horn, F W 1983. *Glaube und Handeln in der Theologie des Lukas.* (GTA 26) Göttingen: Vandenhoeck & Ruprecht.

Hotze, G 2007. *Jesus als Gast. Studien zu einem christlogischen Leitmotive im Lukasevangelium.* (FB 111) Würzburg: Echter.

Huuhtanen, P 1977. Die Perikope vom „Reichen Jüngling" unter Berücksichtigung der Akzentuierungen des Lukas, in Fuchs, A (Hg), *Theologie aus dem Norden.* (SNTU.A 2) Linz, 79–98.

Jellicoe, S 1959/60. Luke and the 'Seventy (-Two)'. *NTS* 6, 319–321.

Jeremias, J 1931. Zöllner und Sünder. *ZNW* 30, 293–300.

Jeremias, J 1938. Art. Ἰωνᾶς, *ThWNT* III, 410–413.

Jeremias, J 1949. Zum Gleichnis vom verlorenen Sohn, Luk 15,11–32. *ThZ* 5, 228–231.

Jeremias, J [1949] 1956. *Die Gleichnisse Jesu.* Göttingen: Vandenhoeck & Ruprecht.

Jeremias, J 1958. *Die Kindertaufe in den ersten vier Jahrhunderten.* Göttingen: Vandenhoeck & Ruprecht.

Jeremias, J 1966. Paarweise Sendung im Neuen Testament, in ders., *Abba. Studien zur neutestamentlichen Theologie und Zeitgeschichte.* Göttingen: Vandenhoeck & Ruprecht, 132–139.

Jeremias, J 1971. Tradition und Redaktion in Lukas 15. *ZNW* 62, 172–189.

Jeremias, J 1980. *Die Sprache des Lukasevangeliums. Redaktion und Tradition im Nicht-Markusstoff des dritten Evangeliums.* (KEK Sonderband) Göttingen:

Vandenhoeck & Ruprecht.

Jeremias, J 1988. *Die Gleichnisse Jesu*. (Kleine Vandenhoeck-Riehe) Göttingen: Vandenhoeck & Ruprecht.

Johnson, L T 1977. *The Literary Function of Possessions in Luke-Acts*. (SBL.DS 39) Missoula: Scholars.

Johnson, L T 1982. The Lukan Kingship Parable (Lk 19:11–27). *NT* 24, 139–159

Jülicher, A [1888] 1910a. *Die Gleichnisreden Jesu, 1. Teil: Die Gleichnisreden Jesu im Allgemeinen*. Tübingen: J. C. B. Mohr.

Jülicher, A [1899] 1910b. *Die Gleichnisreden Jesu, 2. Teil: Auslegung der Gleichnisreden der drei ersten Evangelien*. Tübingen: J. C. B. Mohr.

Kamlah, E 1963. Die Parabel vom ungerechten Verwalter (Luk 16,1ff) im Rahmen der Knechtsgleichnisse, in Betz, O & Hengel, M u.a. (Hg), *Abraham unser Vater. Juden und Christen im Gespräch über die Bibel* (FS O. Michel, AGSU 5). Leiden: Brill, 276–294.

Karris, R J 1978. Poor and Rich: The Lukan Sitz im Leben, in Talbert, C H (ed), *Perspectives on Luke-Acts*. Danville/Edinburgh: T & T Clark, 112–115.

Käsemnn, E 1960. Die Anfänge christlicher Theologie. *ZThK* 57, 178.

Kerr, A. J 1987. Zacchaeus's Decision to Make Fourfold Restitution. *ET* 98, 68–71.

Kim, K -J 1998. *Stewardship and Almsgiving in Luke's Theology*. (JSNT.S 155) London: Sheffield Academic.

Klauck, H -J 1989. Die Armut der Jünger in der Sicht des Lukas, in ders., *Gemeinde – Amt – Sakrament. Neutestamentliche Perspektiven*. Würzburg: Echter, 160–194.

Klein, G 1972. Die Verfolgung der Apostel, Luk 11:49, in Baltenweiser, H & Reicke, B (Hg), *Neues Testament und Geschichte* (FS O. Cullmann). Zürich/Tübingen: Theologischer/Mohr, 113–124.

Klein, H 1987. *Barmherzigkeit gegenüber den Elenden und Geächteten. Studien zur Botschaft des lukanischen Sonderguts*. (BThSt 10) Neukirchen-Vluyn: Neukirchener.

Klein, H 2005. *Lukasstudien*. (FRLANT 209) Göttingen: Vandenhoeck & Ruprecht.

Klemm, H G 1969/70. Das Wort von der Selbstbestattung der Toten. Beobachtungen zur Auslegungsgeschichte von Mt. VIII. 22 par. *NTS* 16,

60–75.

Klinghardt, M 1988. *Gesetz und Volk Gottes. Das lukanische Verständnis des Gesetzes nach Herkunft, Funktion und seinem Ort in der Geschichte des Urchristentums.* (WUNT II/32) Tübingen: Mohr Siebeck.

Kloppenborg, J S 1988. *Q Parallels. Synopsis & Critical Notes Concordance.* California: Polebridge.

Kloppenborg, J S 1989. The Dishonoured Master (Luke 16,1–8a). *Bib.* 70, 474–495.

Koch, K 1968. Schatz im Himmel, in Lohse, B u.a. (Hg), *Leben angesichts des Todes. Beiträge zum theologischen Problem des Todes* (FS H. Thielicke). Tübingen: J. C. B. Mohr (Paul Siebeck), 47–60.

Kosch, D 1989. *Die eschatologische Tora des Menschensohnes. Untersuchungen zur Rezeption der Stellung Jesu zur Tora in Q.* (NTOA 12) Freiburg Schweiz: Universitätsverlag/ Göttingen: Vandenhoeck & Ruprecht.

Kossen, H B 1956. Quelques remarques sur l'ordre des paraboles dans Luc. XV et sur la structure de Matthieu XVIII 8–14. *NT* 1, 75–80.

Köster, H 1964. Art. συνέχω, *ThWNT* VII, 883 n. 77.

Krüger, R 1997. *Gott oder Mammon. Das Lukasevangelium und Ökonomie.* Luzern: Edition Exodus.

Kümmel, W G 1953. *Verheißung und Erfüllung. Untersuchungen zur eschatologischen Verkündigung Jesu.* Zürich: Zwingli-Verlag.

Kümmel, W G 1974. „Das Gesetz und die Propheten gehen bis Johannes" – Lukas 16,16 im Zusammenhang der Heilsgeschichtlichen Theologie der Lukasschriften, in Braumann 1974:398–415.

Kümmel, W G 1980. *Einleitung in das Neue Testament.* Heidelberg: Quelle & Meyer.

Lang, B 1982. Grussverbot oder Besuchsverbot? Eine sozialgeschichtliche Deutung von Lukas 10,4b. *BZ* 26, 75–79.

Lehtipuu, O 2007. *The Afterlife Imagery in Luke's Story of the Rich Man and Lazarus.* (NovTSup 123) Leiden, Boston: Brill.

Linnemann, E [1961] 1966. *Gleichnisse Jesu. Einführung und Auslegung.* Göttingen: Vandenhoeck & Ruprecht.

Loader, W 1989. Jesus and the Rogue in Luke 16,1–8A: The Parable of the Unjust Steward. *RB* 96, 518–532.

Loewe, W P 1974. Towards an Interpretation of Lk 19:1–10. *CBQ* 36, 321–331.

参考文献

Lührmann, D 1969. *Die Redaktion der Logienquelle.* (WMANT 33) Neukirchen-Vluyn: Neukirchener.

Luria, S 1926. Zur Quelle von Mt 8 19. *ZNW* 62, 141–171.

Luz, U 1985. Q 10,2–16; 11,14–23. *SBL.SP*, 101f.

Maier, G 1974. Verteilt Jesus die Güter dieser Erde? Eine Untersuchung zu Luk. 12,13–15. *ThBeitr* 5, 149–158.

Manson, T W [1937] 1954. *The Sayings of Jesus.* London: SCM.

Marshall, I H 1968. Luke XVI, 8 – Who Commended the Unjust Steward? *JTS* 19, 617–619.

Maccoby, H 1982. The Waching of Cups. *JSNT* 14, 3–15.

Meeûs, X De 1961. Composition de Lc., XIV et genre symposiaque. *EThL* 37, 847–870.

Metzger, B M 1958/59. Seventy or Seventy-Two Disciples? *NTS* 5, 299–306.

Metzger, B M [1971] 1994. *A Textual Commentary on the Greek New Testament.* Stuttgart: United Bibel Societies.

Michel, O 1942. Art. μισέω, *ThWNT* IV, 687–698.

Michel, O 1959. Art. ὄνος / ὀνάριον, *ThWNT* V, 287.

Michel, O 1969. Art. τελώνης, *ThWNT* VIII, 88–106.

Miller, R J 1989. The Inside is (Not) the Outside. Q 11:39–41 and GThom 89. *Forum* 5, 92–105.

Minear, P 1974. A Note on Luke 17:7–10. *JBL* 93, 82–87.

Mineshige, K 2003. *Besitzverzicht und Almosen bei Lukas. Wesen und Forderung des lukanischen Vermögensethos.* (WUNT II/163) Tübingen: Mohr Siebeck.

Mitchell, A C 1990. Zacchaeus Revisited: Luke 19,8 as a Defense. *Bib.* 71, 153–176.

Mitchell, A C 1991. The Use of συκοφανεῖν in Luke 19,8: Further Evidence for Zacchaeus's Defense. *CBQ* 72, 546f.

Miura, Y 2007. *David in Luke-Acts. His Portrayal in the Light of Early Judaism.* (WUNT II/232) Tübingen: Mohr Siebeck.

Miyoshi, M 1974. *Der Anfang des Reiseberichts Lk 9,51–10,24. Eine redaktionsgeschichtliche Untersuchung.* (AnBib 60) Rome: Biblical Institute.

Monselwski, W 1967, *Der barmherzige Samariter. Eine auslegungsgeschichtliche Untersuchung zu Lukas 10:25–37.* Tübingen: J. C. B. Mohr.

Moxnes, H 1988. *The Economy of the Kingdom. Social Conflict and Economic Relations in Luke's Gospel.* Philadelphia: Fortress.

Mussner, F 1961. *Die Botschaft der Gleichnisse Jesu.* München: Kösel.

Neumann, N 2010. *Armut und Reichtum im Lukasevangelium und in den kynischen Philosophie.* (SBS 220) Stuttgart: Kath. Bibelwerk.

Neusner, J 1975/76. 'First Cleanse the Inside'. *NTS* 22, 486–495.

O'Hanlon, J 1981. The Story of Zacchaeus and the Lukan Ethic. *JSNT* 12, 2–26.

O'Neill, J C 1983. The Unforgivable Sin. *JSNT* 19, 37–42.

O'Toole, R F 1991. The Literary Form of Luke 19,1–10. *JBL* 110, 107–116.

Onuki, T 2000. Tollwut in Q? Ein Versuch über Mt 12,43–5/Lk 11,24–6. *NTS* 46, 358–374.

Ott, W 1965. *Gebet und Heil. Die Bedeutung der Gebetsparnese in der lukanischen Theologie.* (StANT 12) München: Kösel.

Parrott, D M 1991. The Dishonest Steward (Luke 16.1–8a) and Luke's Special Parable Collection. *NTS* 37, 499–515.

Perles, F 1919/20. Zwei Übersetzungsfehler im Text der Evangelien. *ZNW* 19, 96.

Perles, F 1926. Noch einmal Mt 8,22, Lc 9,60, sowie Joh 20,17. *ZNW* 25, 286–287.

Pesch, R 1970. *Jesu ureigene Taten? Ein Beitrag zur Wunderfrage.* (QD 52) Freiburg im B.: Herder, 114–134.

Pesch, R 1976. Zur Exegese Gottes durch Jesus von Nazaret. Eine Auslegung des Gleichnisses vom Vater und den beiden Söhnen (Lk 15,11–32), in Casper, B (Hg), *Jesus. Ort der Erfahrung Gottes* (FS B. Welte). Freiburg/ Basel/Wien: Herder, 140–189.

Pesch, W E 1960a. Zur Formgeschichte und Exegese von Lk 12,32. *Bib.* 41, 25–40.

Pesch, W E 1960b. Zur Exegese von Mt 6,19–21 und Lk 12,33–34. *Bib.* 41, 356–378.

Petracca, V 2003. *Gott oder das Geld. Die Besitzethik des Lukas.* (TANZ 39) Tübingen: Francke.

Pilgrim, W 1981. *Good News to the Poor: Wealth and Poverty in Luke-Acts.* Minneapolis: Augsburg.

Pöhlmann, W 1993. *Der Verlorene Sohn und das Haus. Studien zu Lukas 15,11–32 im Horizont der antiken Lehre von Haus, Erziehung und Ackerbau.* (WUNT 68) Tübingen: J. C. B. Mohr (Paul Siebeck).

Pokorný, P 1998. *Theologie der lukanischen Schriften.* (FRLANT 174) Göttingen: Vandenhoeck & Ruprecht.

Preisker, H 1949. Lukas 16,1–7. *ThLZ* 74, 85–92.

Ravens, D A S 1990. Luke 9,57–62 and the Prophetic Role of Jesus. *NTS* 36, 119–129.

Ravens, D A S 1991. Zacchaeus: The Final Part of a Lukan Triptych? *JSNT* 41, 19–32.

Robinson, J M 1974. Der Theologische Interpretationszusammenhang des lukanischen Reiseberichts, in: Braumann 1974:115–134.

Robinson, J M 1985. The Mission and Beelzebul: Pap. Q 10,2–16; 11,14–23. *SBL.SP*, 97–99.

Rodenbusch, E 1903. Die Komposition von Lukas 16. *ZNW* 4, 243–254.

Roloff, J [1970] 1973. *Das Kerygma und der irdische Jesus. Historische Motive in den Jesus-Erzählungen der Evangelien.* Göttingen: Vandenhoeck & Ruprecht.

Rüger, P 1973. Art. Μαμωνας. *ZNW* 64, 127–131.

Rüstow, A 1960. ΕΝΤΟΣ ΥΜΩΝ ΕΣΤΙΝ. Zur Deutung von Lukas 17,20–21. *ZNW* 51, 197–224.

Sanders, J T 1969. Tradition and Redaction in Luke XV.11–32. *NTS* 15, 433–438.

Sato, M 1988. *Q und Prophetie. Studien zur Gattungs- und Traditionsgeschichte der Quelle Q.* (WUNT II/29) Tübingen: J. C. B. Mohr (Paul Siebeck).

Schmeller, T 1999. Die Radikalität der Logienquelle. Raben, Lilien und die Freiheit vom Sorgen (Q 12,22–32). *BiKi* 54, 85–88.

Schmidt, T E 1987. *Hostility to Wealth in the Synoptic Gospels.* (JSNT.S 15) Sheffield: JSOT.

Schnackenburg, R 1971. *Schriften zum Neuen Testament. Exegese in Fortschritt und Wandel.* München: Kösel.

Schnelle, U [1994] 2013. *Einleitung in das Neue Testament.* (UTB 1830) Göttingen: Vandenhoeck & Ruprecht.

Schnider, F 1977. *Die Verlorenen Söhne.* (OBO 17) Freiburg: Universitätverlag/ Göttingen: Vandenhoeck & Ruprecht.

Schottroff, L 1968. Das Gleichnis vom verlorenen Sohn. *ZTK* 68, 27–52.

Schottroff, L 1973. Die Erzählung vom Pharisäer und Zöllner. Als Beispiel für die theologische Kunst des Überredens, in Betz, H D & Schottroff, L (Hg), *Neues Testament und christliche Existenz* (FS H. Braun). Tübingen:

Mohr Siebeck, 439–461.

Schottroff, L [1994] 1996. *Lydias ungeduldige Schwestern. Feministische Sozial-geschichte des frühen Christentums.* Gütersloh: Chr. Kaiser.

Schottroff, L [2005] 2007. *Die Gleichnisse Jesu.* Gütersloh: Gütersloher Verlaghaus.

Schramm, T 1971. *Der Markus-Stoff bei Lukas. Eine Literarkritische und Redaktions-geschichtliche Untersuchung.* Cambridge: University Press.

Schulz, S 1972. *Q. Die Spruchquelle der Evangelisten.* Zürich: Theologischer Verlag.

Schulz, S 1973. „Die Gottesherrschaft ist nahe herbeigekommen" (Mt 10,7/ Lk 10,9). Der kerygmatische Entwurf der Q–Gemeinde Syriens, in Balz, H & Schulz, S (Hg), *Das Wort und die Wörter* (FS G. Friedrich). Stuttgart: Kohlhammer, 57–67.

Schürmann, H 1968. *Traditionsgeschichtliche Untersuchungen zu den synoptischen Evangelien.* (KBANT) Düsseldorf: Patmos.

Schürmann, H 1968. Sprachliche Reminiszenzen an abgeänderte oder ausgelassene Bestandteile der Redequelle im Lukas- und Matthäus-evangelium, in ders., 1968:111–125.

Schürmann, H 1968. „ ‚Wer daher eines dieser geringsten Gebote auflöst ...' Wo fand Matthäus das Logion Mt 5,19" ?, in ders., 1968:126–136.

Schürmann, H 1968. Protolukanische Spracheigentümlichkeiten? Zu Fr. Rehkoph, Die lukanische Sonderquelle. Ihr Umfang und Sprachge-brauch, in ders., 1968:209–227.

Schürmann, H 1968. Das Thomasevangelium und das lukanische Sondergut, in ders., 1968:228–247.

Schürmann, H 1986. Die Redekomposition wider „dieses Geschlecht" und seine Führung in der Redequelle (vgl. Mt 23,1–39 par Lk 11,37–54). Bestand – Akoluthie – Kompositionsformen. *SNTU.A* 11, 33–81.

Schwarz, G 1969. Lukas XIII, 1–5. Eine Emendation. *NT* 11, 121–126.

Schwarz, G 1974. „ ... lobte den betrügerischen Verwalter" ? (Lukas 16,8a). *BZ* 18, 94–95.

Schwarz, G 1981. Ἄφες τοὺς νεκροὺς θάψαι τοὺς ἑαυτῶν νεκρούς. *ZNW* 72, 272–276.

Schweizer, E 1948. Zur Frage der lukasquellen, Analyse vom Luk, 15.11–32. *ThZ* 4, 469–471.

Schweizer, E 1949. Antwort. *ThZ* 5, 231–233.

参考文献

Schweizer, E 1950. Eine hebraisierende Sonderquelle des Lukas? *ThZ* 6, 161–185.

Scott, B B 1983. A Master's Praise: Luke 16,1–8a. *Bib.* 64, 173–188.

Seccombe, D P 1982. *Possessions and the Poor in Luke-Acts.* (SNTU.B 6) Linz.

Sellin, G 1974. Lukas als Gleichniserzähler: Die Erzählung vom barmherzigen Samariter (Lk 10,25–37). *ZNW* 65, 166–189.

Sellin, G 1975. Lukas als Gleichniserzähler: Die Erzählung vom barmherzigen Samariter (Lk 10,25–37). *ZNW* 66, 19–60.

Seng, E W 1978. Der reiche Tor. Eine Untersuchung von Lk 12,16–21 unter besonderer Berücksichtigung form- und motivgeschichtlicher Aspekte. *NT* 20, 136–155.

Smith, D E 1987. Table Fellowship as a Literary Motif in the Gospel of Luke. *JBL* 106, 613–638.

Spitta, F 1908. Der Satan als Blitz. *ZNW* 9, 160–163.

Stählin, G 1964. Art. σάκκος, *ThWNT* VII, 56–64.

Stählin, G 1973. Art. φίλος κτλ., *ThWNT* IX, 144–169.

Steele, E S 1984. Luke 11:37–54 – A Modified Hellenistic Symposium? *JBL* 103/3, 379–394.

Stegemann, W 1991. *Zwischen Synagoge und Obrigkeit. Zur historischen Situation der lukanischen Christen.* (FRLANT 152) Göttingen: Vandenhoeck & Ruprecht.

Strobel, A 1961. In dieser Nacht (Luk 17,34). Zu einer älteren Form der Erwartung in Luk 17,20–37. *ZTK* 58, 16–29.

Tannehill, R C 1981. Varieties of Synoptic Pronouncement Stories. *Semiea* 20, 101–119.

Theißen, G 1974. *Urchristliche Wundergeschichten. Ein Beitrag zur formgeschichtlichen Erforschung der synoptischen Evangelien.* Gütersloh: Gerd Mohn.

Theißen, G 1989. *Lokalkolorit und Zeitgeschichte in den Evangelien. Ein Beitrag zur Geschichte der synoptischen Tradition.* (NTOA 8) Göttingen: Vandenhoeck & Ruprecht.

Topel, L J 1975. On the Injustice of the Unjust Steward: Lk 16:1–13. *CBQ* 37, 216–227.

Trudinger, P 1997. Exposing the Depth of Oppression (Luke 16:1b–8a). The Parable of the Unjust Steward, in Shillington, V G (Hg), *Jesus and His Parables. Interpreting the Parables of Jesus Today.* Edinburgh: T & T Clark,

548

121–137.

Tuckett, C M 1996. *Luke*. (New Testament Guides) Sheffield: Sheffield Academic Press.

Udoh, F E 2009. The Tale of an Unrighteous Slave (Luke 16:1–8[13]). *JBL* 128/2, 311–335.

Venetz, H -J 1980. Bittet den Herrn der Ernte. Überlegungen zu Lk 10,2 / Mt 9,37. *Diak* 11, 146–161.

Via, D O 1976. *The Parables. Their Literary and Existential Dimension.* Philadelphia: Fortress.

Vielhauer, Ph 1965. Gottessohn und Menschensohn in der Verkündigung Jesu, in ders., *Aufsätze zum Neuen Testament.* (Theologische Bücherei) München: Kaiser, 55–91.

Vögtle, A 1971. Der Spruch vom Jonaszeichen, in: *Das Evangelium und die Evangelien. Beiträge zur Evangelienforschung.* Düsseldorf: Patmos, 103–136.

Vollenweider, S 1988. »Ich sah den Satan wie einen Blitz vom Himmel fallen« (Lk 10_{18}). *ZNW* 79, 187–203.

Walter, N 1962. Zur Analyse von MC 10_{17-31}. *ZNW* 53, 206–218.

Weder, H [1978] 1990. *Die Gleichnisse Jesu als Metaphern. Traditions- und redaktionsgeschichtliche Analysen und Interpretationen.* (FRLANT 120) Göttingen: Vandenhoeck & Ruprecht.

Weder, H 1991. Die Suche nach den Söhnen und Töchtern des Friedens. Auslegung der Botenrede der Logienquelle (Mt 10 par Lk 10). *ZdZ* 44, 54–59.

Weiss, J 1910. „Zum reichen Jüngling" Mk 10,13–27. *ZNW* 11, 79–83.

White, P R 1979/80. Vindication for Zacchaeus? *ET* 91, 21.

Wilckens, U 1964. Art. σοφία κτλ., *ThWNT* VII, 505f.

Williams, F E 1964. Is Almsgiving the Point of the "Unjust Steward"? *JBL* 83, 293–297.

Wilson, S G 1969/70. Lukan Eschatology. *NTS* 16, 330–347.

Wilson, S G 1983. *Luke and the Law.* Cambridge: University Press.

Wrege, H -Th 1968. *Die Überlieferungsgeschichte der Bergpredigt.* (WUNT 9) Tübingen: J. C. B. Mohr.

Wright, N T 1996. *Jesus and the Victory of God Christian Origins and the Question of God.* Minneapolis: Fortress.

York, J O 1991. *The Last shall Be First. The Rhetoric of Reversal in Luke.* (JSNT.S

46) Sheffield: JSOT.

Zerwick, M 1959. Die Parabel vom Thronanwärter. *Bib* 40, 654–674.

Zimmermann, H [1967] 1978. *Neutestamentliche Methodenlehre. Darstellung der historisch-kritischen Methode*, Stuttgart.

Zimmermann, H 1970. Das Gleichnis vom barmherzigen Samariter: Lk 10,25–37, in Bornkamm, G & Rahner, K (Hg), *Die Zeit Jesu* (FS H. Schlier). Freiburg: Herder, 58–69.

青野太潮 1989.『「十字架の神学」の成立』ヨルダン社。

朝山宗路 2008.『マリアの素描——聖母への敬慕を原典に読む』サンパウロ。

荒井献 1974.『イエスとその時代』（岩波新書）岩波書店。

荒井献 1979.『イエス・キリスト』（人類の知的遺産 12）講談社。

荒井献 1986.『新約聖書とグノーシス主義』岩波書店。

荒井献 1988.『新約聖書の女性観』（岩波セミナーブックス 27）岩波書店。

荒井献 1996.『トマスによる福音書』（講談社現代文庫 1149）講談社。

荒井献 1999.『聖書のなかの差別と共生』岩波書店。

荒井献 2009.『イエス・キリストの言葉』（岩波現代文庫）岩波書店。

イェルヴェル, J 1999.『使徒言行録の神学』（叢書　新約聖書神学④）挽地茂男訳、新教出版社、原著 1996。

伊吹雄 1994.『ヨハネ福音書と新約思想』創文社。

岩隈直 1978.『希和対訳脚注つき新約聖書 3a——ルカ福音書（上）』山本書店。

岩隈直 1978.『希和対訳脚注つき新約聖書 3b——ルカ福音書（下）』山本書店。

ヴェーダー, H 2007.『山上の説教——その歴史的意味と今日的解釈』嶺重淑／A. ルスターホルツ訳、日本キリスト教団出版局、原著 1985。

エレミアス, J 1966.『新約聖書の中心的使信』川村輝典訳、新教出版社、原著 1959–1965。

エレミアス, J 1969.『イエスの譬え』善野碩之助訳、新教出版社、原著 ²1966。

エレミアス, J 1998.『イエスの宣教——新約聖書神学 I』角田信三郎訳、新教出版社、原著 ²1973。

太田修司 2009.「「金持とラザロの譬え」のメッセージ」『キリスト教学』51、59–74.

太田修司 2010.「「金持とラザロの譬え」の民話的背景」『聖書学論集』42、1–20。

大貫隆 1993a.『マルコによる福音書 I』（リーフ・バイブル・コンメンタリーシリーズ）日本基督教団・宣教委員会「"現代の宣教"のための聖書注解書」刊行委員会。

大貫隆 1993b.『神の国とエゴイズム──イエスの笑いと自然観』（大貫隆 奨励・講演集 2）教文館。

大貫隆 2003.『イエスという経験』岩波書店。

大貫隆 2019.『終末論の系譜──初期ユダヤ教からグノーシスまで』筑摩書房。

大貫隆 2021.『イエスの「神の国」のイメージ』教文館。

大貫隆 2023.「人の子と禿鷹──マタイ 24,28 ／ルカ 17,37 によせて」『生活大学研究』8、30–41。

大貫隆 2024.「神の国はあなたがたの〈内面〉に──ルカ福音書 17 章 21 節の ἐντός と禿鷹の言葉（ルカ 17:37）」川中仁編『宗教と終末論』リトン、11–84。

大宮有博 2019.「ファリサイ派の人と徴税人の祈りの譬の釈義的研究」日本新約学会編『イエスから初期キリスト教へ──新約思想とその展開』［青野太潮先生献呈論文集］リトン、151–172。

小河陽 1996.「不正な管理人の譬（ルカ 16:1–13）」『キリスト教学』38、117–138。

加藤隆 2006.『『新約聖書』の「たとえ」を解く』（ちくま新書 627）筑摩書房。

加山久夫 1997.『ルカの神学と表現』（聖書の研究シリーズ 47）教文館。

カルヴァン, J 1984.『カルヴァン・新約聖書註解　Ⅰ　共観福音書（上）』森川甫訳、新教出版社、原著 1555。

カルヴァン, J 2022.『カルヴァン・新約聖書註解　Ⅱ　共観福音書（下）』森川甫／吉田隆訳、新教出版社、原著 1555。

川島貞雄 1988.「愛の二重の戒め」『基督教論集』（青山学院大学基督教学会）31、7–22。

川島貞雄 2016.『聖書における食物規定──イエスを中心として』教文館。

川島重成 1989.「「不正な管理人」の一解釈」日本聖書学研究所編『聖書の使信と伝達──関根正雄先生喜寿記念論文集』（聖書学論集 23）山本書店、430–443。

川島重成 2000.『イエスの七つの譬え──開かれた地平』三陸書房。

河野克也 2020.「異邦人の王たちの現実：「ムナの譬え」とヘロデ・アンティパス──ルカ福音書における悪の人物造形」ペディラヴィウム編『ペディラヴィウム』74、17–40。

河野克也 2022a.「「永遠の天幕」（ルカ 16:9）のアイロニー──ルカ福音書における悪の人物造形をめぐる一考察」日本聖書学研究所編『聖書学論集』53、89–115。

河野克也 2022b.「腹いせの「拒絶」の上書き──「大宴会の譬え」（ルカ

14:15–24）における悪の人物造形」日本新約学会編『新約学研究』50、
　　7–29。

絹川久子 [1987] 1989.『聖書のフェミニズム——女性の自立を目指して』ヨルダ
　　ン社。

木原桂二 2001.「「不義な管理人の譬え」の解釈——ルカ福音書 16 章 1–9 節の
　　釈義的研究」『日本の聖書学』（ATD・NTD 聖書註解刊行会）6、51–95。

木原桂二 2012.『ルカの救済思想——断絶から和解へ』日本キリスト教団出版局。

木原桂二 2022.「ザアカイ物語における σώζειν の意味——ルカ 19:1–10 の釈義
　　的研究」関西学院大学商学研究会『商学論究』70、617–633。

グリーン，J B 2012.『ルカ福音書の神学』（叢書　新約聖書神学②）山田耕太訳、
　　新教出版社、原著 1999。

クルマン，O 1999.『新約聖書における祈り』（聖書の研究シリーズ 54）川村輝典
　　訳、教文館、原著 ²1997。

クロッサン，J D 1998.『イエス——あるユダヤ人貧農の革命的生涯』太田修司訳、
　　新教出版社、原著 1994。

小林信雄 1982.「「盛大な晩餐」の譬』『神学研究』30、26。

コーヘン，A 1997.『タルムード入門Ⅲ』市川裕／藤井悦子訳、教文館。

コンツェルマン，H 1965.『時の中心——ルカ神学の研究』田川建三訳、新教出
　　版社、原著 ⁴1962。

阪口吉弘 1992.『ラビの譬え　イエスの譬え』日本キリスト教団出版局。

佐竹明 1977.『新約聖書の諸問題』（現代神学双書 63）新教出版社。

シュヴァイツァー，E 1978.『マタイによる福音書』（NTD 新約聖書註解 2）佐竹
　　明訳、NTD 新約聖書註解刊行会、原著 1973。

シュヴァイツァー，E 1997.『イエス・神の譬え——イエスの生涯について実際
　　に何を知っているのか』（聖書の研究シリーズ 48）山内一郎監修、辻学訳、
　　教文館、原著 1994。

シュウェンツェル，C G 2022.『ヘロデ大王』波部雄一郎訳、教文館、原著 2011。

シュテーゲマン，W 1982.『貧しい人々と福音——社会史的聖書解釈入門』（新教
　　新書 202）佐伯晴郎訳、新教出版社、原著 1981。

シュトレッカー，G 1988.『「山上の説教」註解』佐々木勝彦／庄司眞訳、ヨルダ
　　ン社、原著 1984。

シュニーヴィント，J 1961.『放蕩息子』（新教新書 48）蓮見和男訳、新教出版社、
　　原著 1956。

シュールマン，H 1967.『キリストの教えた祈り——福音に基づく主の祈りの解
　　釈』（上智大学神学部編聖書研究叢書Ⅵ）増田和宣／谷口泰訳、南窓社、原

著 1965。

ショットロフ, L／フィオレンツァ, E S 1986.『聖書に見る女性差別と解放』大島衣訳、新教出版社、原著 1980。

ショットロフ, L／シュテーゲマン, W 1989.『ナザレのイエス——貧しい者の希望』大貫隆訳、日本キリスト教団出版局、原著 1978。

タイセン, G 2010.『イエス運動——ある価値革命の社会史』廣石望訳、新教出版社、原著 2004。

タイセン, G 2022.『新約聖書のポリフォニー——新しい非神話論化のために』大貫隆訳、新教出版社、原著 2021。

田川建三 1980.『イエスという男——逆説的反抗者の生と死』三一書房。

田川建三 2008.『新約聖書　訳と註 1　マルコ福音書／マタイ福音書』作品社。

田川建三 2011.『新約聖書　訳と註 2 上　ルカ福音書』作品社。

田中利光 2014.『ユダヤ慈善研究』教文館。

タルバート, C H 1980.『ルカ文学の構造——定型・主題・文学類型』加山宏路訳、日本キリスト教団出版局、原著 1974。

ツェラー, D 2000.『Q 資料註解』（聖書の研究シリーズ 57）今井誠二訳、新教出版社、原著 1984。

辻学 2010.『隣人愛のはじまり——聖書学的考察』（神学への船出 01）新教出版社。

ディベリウス, M 2022.『福音書の様式史』（聖書学古典叢書）辻学監訳、加山宏路／加山久夫／吉田忍訳、日本キリスト教団出版局、原著 [6]1971。

土井健司 2005.『愛と意志の生成の神——オリゲネスにおける「生成の論理」と「存在の論理」』教文館。

土岐健治 2015.『ヨナのしるし——旧約聖書と新約聖書を結ぶもの』一麦出版社。

ドッド, C H 1964.『神の国の譬』室野玄一／木下順治訳、日本基督教団出版部、原著 1935。

ナウエン, H J M 2003.『放蕩息子の帰郷——父の家に立ち返る物語』片岡伸光訳、あめんどう、原著 1992。

中野実 2001.「小さな癒しの物語の中の大きな救いの物語——ルカ 13:10–17 とイザヤ書 58 章（70 人訳）」『神学』63、80–103。

中野実 2006.「イエスとレプラの清め——イエスにとってイスラエルとは？」『聖書学論集』38、31–90。

橋本滋男 1977.「「よきサマリア人のたとえ」研究——ルカ神学の一側面」『基督教研究』40 (2)、37–48。

原口尚彰 2011.『幸いなるかな——初期キリスト教のマカリズム（幸いの宣言）』

新教出版社。

原口尚彰 2024.『メタファーとしての譬え——福音書中の譬え・譬え話の聖書学的考察』リトン。

ハルニッシュ, W 1993.『イエスのたとえ物語——隠喩的たとえ解釈の試み』廣石望訳、日本キリスト教団出版局、原著 ^{2}1990。

ハーン, F 2012.『新約聖書の伝道理解』勝田英嗣訳、新教出版社、原著 1963。

ハンター, A M 1962.『イエスの譬・その解釈』高柳伊三郎／川島貞雄訳、日本基督教団出版部、原著 1960。

蛭沼寿雄 1981.『新約本文演習　マタイ福音書』新約研究社。

廣石望 1991a.「「放蕩息子」の譬物語（ルカ 15:11–32）——ルカ特殊伝承におけるイエスの譬物語の一側面」『聖書学論集』24、45–77。

廣石望 1991b.「ルカ版 Q 資料（Q ルカ）におけるイエスのたとえ」佐藤研編『聖書の思想とその展開——荒井献先生還暦・退職記念献呈論文集』教文館、69–90。

廣石望 2011.『信仰と経験——イエスと〈神の王国〉の福音』新教出版社。

廣石望 2019.『新約聖書のイエス——福音書を読む（下）』NHK 出版。

フィオレンツァ, E S 2003.『彼女を記念して——フェミニスト神学によるキリスト教起源の再構築』山口里子訳、日本キリスト教団出版局、原著 1983。

フィロネンコ, M 2003.『主の祈り——イエスの祈りから弟子たちの祈りへ』加藤隆訳、新教出版社、原著 2001。

ブリンツラー, J 1988.『イエスの裁判』大貫隆／善野碩之助訳、新教出版社、原著 ^{4}1969。

ブルトマン, R 1963.『イエス』川端純四郎／八木誠一訳、未来社、原著 1926。

ブルトマン, R 1983.『共観福音書伝承史 I』（ブルトマン著作集 1）加山宏路訳、新教出版社、原著 ^{6}1964。

ブルトマン, R 1987.『共観福音書伝承史 II』（ブルトマン著作集 2）加山宏路訳、新教出版社、原著 ^{6}1964。

フロム, E 2013.『愛するということ』鈴木晶訳、紀伊國屋書店、原著 1956。

ベイリー, K E 2006.『ヤコブと放蕩息子』森泉弘次訳、教文館、原著 2003。

ベイリー, K E 2010.『中東文化の目で見たイエス』森泉弘次訳、教文館、原著 2008。

ペリン, N 1981.『新約聖書解釈における象徴と隠喩』（聖書の研究シリーズ）高橋敬基訳、教文館、原著 1979。

ヘンゲル, M 1989.『古代教会における財産と富』渡辺俊之訳、教文館、原著 1973。

細田あや子 2010.『「よきサマリア人」の譬え――図像解釈からみるイエスの言葉』三元社。

ボルンカム, G 1961.『ナザレのイエス』（現代神学双書）善野碩之助訳、新教出版社、原著 ^{2}1957。

マリーナ, B ／ロアボー, R 2001.『共観福音書の社会科学的注解』大貫隆監訳、加藤隆訳、新教出版社、原著 1993。

嶺重淑 2008.「イエスと律法学者――ルカにおける「教師」イエス像」辻学／嶺重淑／大宮有博編『キリスト教の教師――聖書と現場から』《山内一郎先生献呈論文集》新教出版社、60–76。

嶺重淑 2012.『ルカ神学の探究』教文館。

嶺重淑 2017.「聖書における「笑い」」『キリスト教文学研究』34、1–16。

宮田光雄 1996.『聖書を読む――解釈と展開』（宮田光雄集〈聖書の信仰〉Ⅲ）岩波書店。

宮田光雄 2012.『《放蕩息子》の精神史――イエスのたとえを読む』（新教新書 271）新教出版社。

三好迪 1987.『小さき者の友イエス』（現代神学双書 71）新教出版社。

三好迪 1993.「ルカ 14:15–24 大宴会のたとえ」『新約学研究』21、2–12。

三好迪 1996.『ルカによる福音書――旅空に歩むイエス』（福音書のイエス・キリスト 3）日本キリスト教団出版局。

村山盛葦 2014.「『不正な管理人』のたとえ（ルカ 16:1–8a）についての一考察」――反骨精神、「神の国」、そして慈愛」『基督教研究』76（1)、33–46。

森彬 2007.『ルカ福音書の集中構造』キリスト新聞社。

モルトマン＝ヴェンデル, E 1982.『イエスをめぐる女性たち――女性が自分自身になるために』大島かおり訳、新教出版社、原著 1980。

八木誠一 2009.『イエスの宗教』岩波書店。

山口里子 2004.『マルタとマリア――イエスの世界の女性たち』新教出版社。

山口里子 2014.『イエスの譬え話 1 ――ガリラヤ民衆が聞いたメッセージを探る』新教出版社。

山口里子 2017.『イエスの譬え話 2 ――いのちをかけて語りかけたメッセージは？』新教出版社。

山田耕太 2018.『Q 文書――訳文とテキスト・注解・修辞学的研究』教文館。

ヤング, B ／ビヴィン, D 1998.『主の祈りのユダヤ的背景』河合一充訳、ミルトス、原著 1984。

ユンゲル, E 1970.『パウロとイエス』高橋敬基訳、新教出版社、原著 ^{2}1964。

ルツ, U 1990.『マタイによる福音書（1–7 章)』（EKK 新約聖書註解 I/1）小河

陽訳、教文館、原著 1985。

ルツ, U 1997.『マタイによる福音書（8–17 章）』（EKK 新約聖書註解 I/2）小河
　　陽訳、教文館、原著 1990。

ルツ, U 2004.『マタイによる福音書（18–25 章）』（EKK 新約聖書註解 I/3）小
　　河陽訳、教文館、原著 1997。

ロロフ, J 2011.『イエス——時代・生涯・思想』嶺重淑／ A. ルスターホルツ訳、
　　教文館、原著 [4]2007。

※なお、本書で扱ったテキストの内、一部のテキストの注解については、これま
で紀要等に発表してきた以下の釈義論文の内容に基づいている。

1994.「慈悲深いサマリア人の譬え——ルカ編集の視点」『神学研究』41、31–49。

2001.「不正な管理人の譬え——ルカ 16:1–13 の釈義的研究」『神学研究』48、
　　1–17。

2008.「ファリサイ派と徴税人の譬え——ルカ 18:9–14 の編集史的考察」『神学
　　研究』55、17–25。

2009.「大宴会の譬え——ルカ 14:15–24 の釈義的研究」『キリスト教と文化研究』
　　10、23–34。

2018.「信従の覚悟——ルカ 9:57–62 の釈義的考察」『キリスト教と文化研究』
　　19、85–97。

2018.「マルタとマリア——ルカ 10:38–42 の釈義的考察」『ヴィア・メディア
　　（VIA MEDIA）』13、3–15。

2019.「父への祈り——ルカ 11:1–13 の釈義的考察」『キリスト教と文化研究』
　　20、1–20。

2019.「「愚かな金持ち」は貪欲か——ルカ福音書 12 章 13–21 節の釈義的考察」
　　日本新約学会編『イエスから初期キリスト教へ——新約思想とその展開《青
　　野太潮先生献呈論文集》』リトン、133–149。

2020.「弟子の条件——ルカ 14:25–35 の釈義的研究」『キリスト教と文化研究』
　　21、1–29。

2020.「父の愛の譬え——ルカ 15:11–32 の釈義的考察」『ヴィア・メディア（VIA
　　MEDIA）』15、2–20。

2021.「ファリサイ派と律法学者への禍いの言葉——ルカ 11:37–54 の釈義的考
　　察」『キリスト教と文化研究』22、35–55。

2021.「恐れなき信仰告白の要求——ルカ 12:1–12 の釈義的考察」『ヴィア・メ
　　ディア（VIA MEDIA）』16、19–32。

2022.「金持ちとラザロの譬え──ルカ 16:19–31 の釈義的考察」『キリスト教と文化研究』23、1–18。

2022.「やもめと裁判官の譬え──ルカ 18:1–8 の釈義的考察」『ヴィア・メディア（VIA MEDIA）』17、13–23。

2023.「金持ちの議員──ルカ 18:18–30 の釈義的考察」『キリスト教と文化研究』24、25–42。

2023.「ザアカイの物語──ルカ 19:1–10 の釈義的考察」『ヴィア・メディア（VIA MEDIA）』18、15–29。

2024.「ムナの譬え──ルカ 19:11–27 の釈義的考察」『キリスト教と文化研究』25、37–53。

2024.「時を見分ける──ルカ 12:54–56 の釈義的考察」『ヴィア・メディア（VIA MEDIA）』19、41–46。

あとがき

　ルカ福音書注解の第一分冊（1:1–9:50）を 2018 年に上梓してから早や 7 年が経過したが、このたび、それに続く第二分冊を完成させることができた。この第二分冊は、イエスが弟子たちを伴ってエルサレムへと旅する旅行記（9:51–19:27）を扱っているが、筆者自身も今、この 7 年がかりの旅を終え、心から安堵している。

　思い返すとこの 7 年の間に様々なことがあった。何より 2020 年以降、全世界を見舞ったコロナ禍は社会全体のあり方を大きく変え、次々と想定外の状況が起こってくるなか、それぞれの生きる姿勢が改めて問われることになり、それと共に「当たり前の日常」の大切さに気づかされることにもなった。その後、ロシア軍によるウクライナ侵攻、さらにはイスラエル軍によるガザ侵攻が始められ、世界における分断と対立はますます深刻化しており、私たちは今、このような世界の現実を目の当たりにして、人間の命やそれぞれの生き方について様々な問いを投げかけられている。

　今回も、完成に至るまでには多くの方々のお世話になった。特にウイリアムス神学館の 2021／23 年度の「新約釈義」の授業の一部は、執筆中の注解書の原稿を用いて行わせていただき、その内容について受講生から様々な質問や貴重な意見を受け取り、多くの示唆を与えられた。また、主要テキストの注解については随時、関西学院大学キリスト教と文化研究所（RCC）の『キリスト教と文化研究』やウイリアムス神学館の『ヴィア・メディア（VIA MEDIA）』等に釈義的論文の形で発表させていただいた。このような機会が与えられていることを心から感謝している。そしてまた、親しくしている牧師諸氏や大学関係者から、本注解の続巻の刊行を期待する声をしばしばいただいたが、そのことが筆者にとっては何よりの励ましになった。

最終巻となる第三分冊では受難・復活物語を含む「エルサレムにおける
イエス」（19:28–24:53）を扱うことになるが、第一、第二分冊に比べると
扱うテキストの量が少なくなることも勘案して 2029 年度の刊行を目標と
している。ここまで、すでに 15 年にわたってルカ注解の執筆に取り組ん
できたが、最終的なゴールを目指してもう少し旅を続けていきたい。

　最後になったが、今回も監修者として閲読の労を取ってくださった須藤
伊知郎教授（西南学院大学）と伊東寿泰教授（立命館大学）、そしてまた本
書の編集を担当してくださった日本キリスト教団出版局の秦一紀氏に心か
らの謝意を表したい。本書が、御言葉を取り次ぐ説教の課題に日々取り組
んでおられる説教者諸氏の一助となれば、筆者にとって望外の喜びである。

2025 年 1 月 17 日
阪神・淡路大震災から 30 年目の日に

嶺重　淑

みねしげ きよし
嶺重 淑

1962 年兵庫県生まれ。

早稲田大学第一文学部卒業（史学科西洋史学専修）、関西学院大学神学部卒業、同大学院神学研究科博士課程前期課程修了、同後期課程単位取得退学（新約聖書学）、スイス・ベルン大学プロテスタント神学部にて Dr. Theol.（神学博士号）取得。日本基督教団泉北栂教会担任教師、関西学院大学神学部教員を経て、現在、関西学院大学人間福祉学部教授（大学宗教主事）、日本基督教団喜音伝道所代務主任担任教師、ウイリアムス神学館非常勤講師。

著書：

Besitzverzicht und Almosen bei Lukas. Wesen und Forderung des lukanischen Vermögensethos (Mohr Siebeck, 2003, WUNT II 163)、『聖書の人間像——人類の古典に学ぶ』（キリスト新聞社、2009 年）、『キリスト教入門——歴史・人物・文学』（日本キリスト教団出版局、2011 年）、『ルカ神学の探究』（教文館、2012 年）、『よくわかるクリスマス』（共編著、教文館、2014 年）、『クリスマスの原像——福音書の降誕物語を読む』（かんよう出版、2017 年）、『NTJ 新約聖書注解　ルカ福音書 1 章〜9 章 50 節』（日本キリスト教団出版局、2018 年）他。

翻訳：

H. ヴェーダー『山上の説教——その歴史的意味と今日的解釈』（共訳、日本キリスト教団出版局、2007 年）、J. ロロフ『イエス——時代・生涯・思想』（共訳、教文館、2011 年）、W. R. テルフォード『マルコ福音書の神学』（共訳、新教出版社、2012 年）他。

NTJ 新約聖書注解

ルカ福音書　9章51節〜19章27節

2025 年 3 月 17 日　初版発行　　　　　　　　　© 嶺重淑　2025

著 者　嶺　重　　　淑
発 行　日本キリスト教団出版局
〒 169-0051　東京都新宿区西早稲田 2-3-18
電話・営業 03（3204）0422、編集 03（3204）0424
https://bp-uccj.jp

印刷・製本　精興社

ISBN 978-4-8184-1188-3　C1316　**日キ販**
Printed in Japan

日本語で書き下ろす聖書注解シリーズ

VTJ 旧約聖書注解
Vetus Testamentum Japonicum

NTJ 新約聖書注解
Novum Testamentum Japonicum

2017年、マルティン・ルターの宗教改革が始まって**500年**という節目を迎えた。
キリスト教が拠って立つ聖書を一般信徒の手に返したという意味で、
宗教改革はまさに画期的な出来事であった。
それによって、プロテスタント教会のみならず、カトリック教会においても
幾多の新しい流れが生まれ、新しい時代が準備されていった。
聖書には新しい時代を拓く力が宿っている。
私たちはそう信じ、宗教改革から500年を経た今日、
日本語で書き下ろされた聖書注解シリーズの刊行という旅路へ踏み出す。

5つの特長

1. 日本語で書き下ろされており、読みやすい
2. 原典の文書・文体・文法・語彙の特徴がわかる
3. 聖書各書の歴史的・文化的・社会的背景がわかる
4. 先入観に支配されず、聖書が提起している問題を理解できる
5. 聖書の理解を通して、現代社会への深い洞察を得ることができる

**2017年
日本キリスト教団出版局より
刊行開始！**

VTJ 旧約聖書注解

監修者
月本昭男／山我哲雄／大島 力／小友 聡

創世記	月本昭男
出エジプト記	鈴木佳秀
レビ記	山森みか
民数記	竹内 裕
申命記	鈴木佳秀
ヨシュア記	魯恩碩
士師記	山吉智久
サムエル記	勝村弘也
列王記	山我哲雄
歴代誌	山我哲雄
エズラ記・ネヘミヤ記	守屋彰夫
イザヤ書	大島 力
エレミヤ書	大串 肇、田島 卓
エゼキエル書	北 博
ホセア書	
ヨエル書	金井美彦
アモス書	小林 進
オバデヤ書	左近 豊
ヨナ書	水野隆一
ミカ書	金井美彦
ナホム書	左近 豊
ハバクク書	左近 豊
ゼファニヤ書	左近 豊
ハガイ書	樋口 進
ゼカリヤ書	樋口 進
マラキ書	樋口 進
ルツ記	加藤久美子
エステル記	高橋優子
ヨブ記	月本昭男
詩編1～72編	飯 謙
詩編73～150編	石川 立
箴言	加藤久美子
コヘレト書	小友 聡
雅歌	小友 聡
哀歌	左近 豊
ダニエル書	守屋彰夫

NTJ 新約聖書注解

監修者
須藤伊知郎／伊東寿泰／浅野淳博／廣石 望／中野 実／辻 学

マタイ福音書	須藤伊知郎
マルコ福音書	
ルカ福音書	嶺重 淑
ヨハネ福音書	伊東寿泰
使徒言行録	今井誠二
ローマ書簡	浅野淳博
第1コリント書簡	村山盛革
第2コリント書簡	廣石 望
ガラテヤ書簡	浅野淳博
フィリピ書簡	伊藤明生
第1テサロニケ書簡	山口希生
第2テサロニケ書簡	山口希生
フィレモン書簡	水谷 勤
エフェソ書簡	山田耕太
コロサイ書簡	山田耕太
第1、2テモテ書簡・テトス書簡	原口尚彰
ヘブライ書簡	中野 実
ヤコブ書簡	東よしみ
第1ペトロ書簡	辻 学
ユダ書簡・第2ペトロ書簡	辻 学
第1、第2、第3ヨハネ書簡	三浦 望
ヨハネ黙示録	遠藤勝信

VTJ／NTJの特設ホームページをぜひごらんください！

https://bp-uccj.jp/company/cc2305.html

本注解書シリーズの特長や監修者のコメント、「VTJ 旧約聖書注解」「NTJ 新約聖書注解」の関連資料など、豊富な内容を掲載。

日本キリスト教団出版局

〒169-0051 東京都新宿区西早稲田2-3-18　TEL 03-3204-0422　FAX 03-3204-0457
■ ホームページ https://bp-uccj.jp　■ Eメール eigyou@bp.uccj.or.jp